ŒUVRES
DE
WALTER SCOTT.

TOME XVI.

IMPRIMERIE DE H. FOURNIER,
RUE DE SEINE, N° 14.

LES AVENTURES DE NIGEL
CH. XXIX.

Publié par Furne, à Paris.

LES AVENTURES
DE NIGEL.

(The fortunes of Nigel.)

TRADUCTION

DE M. DEFAUCONPRET,

AVEC DES ÉCLAIRCISSEMENS ET DES NOTES
HISTORIQUES.

L'ÉMOULEUR. « Une histoire?... — Dieu vous bénisse!
« Je n'en ai point à vous conter. »
CANNING. *Poésie de l'Anti-Jacobin.*

PARIS.

FURNE, LIBRAIRE-EDITEUR,

QUAI DES AUGUSTINS, N° 39.

M DCCC XXX.

ÉPITRE

SERVANT D'INTRODUCTION.

LE CAPITAINE CLUTTERBUCK

AU RÉVÉREND DOCTEUR DRYASDUST.

Mon cher monsieur,

Je suis fort reconnaissant des civilités dont vous avez bien voulu m'honorer dans votre lettre obligeante : je m'empresse d'y répondre, et j'adhère entièrement à votre citation de — *quàm bonum et quàm jucundum!* — Nous pouvons en effet nous considérer comme issus de la même famille, ou, selon le proverbe de notre pays, comme enfans du même père ; vous n'aviez pas besoin d'excuse, révérend et cher monsieur, pour me demander tous les renseignemens qu'il est en mon pouvoir de vous fournir sur l'objet de votre curiosité. L'entrevue dont vous me parlez eut lieu dans le courant de l'hiver dernier, et elle est si profondément gravée dans ma mémoire, que je n'ai besoin d'aucun effort pour en rassembler les détails les plus minutieux.

Vous savez que la part que je pris à la publication du roman intitulé LE MONASTÈRE a fait de moi une espèce de personnage dans le monde littéraire de notre métropole écossaise. Je ne reste plus, dans la boutique extérieure de nos libraires, à marchander les objets dont j'ai besoin, avec un commis peu attentif, coudoyé par des enfans qui viennent acheter des Corderius et des cahiers, ou par des servantes marchandant un sou de papier; mais je suis accueilli avec cordialité par le *Bibliopole* lui-même, qui me dit en m'abordant : — Capitaine, faites-moi le plaisir d'entrer dans l'arrière-boutique. — Jeune homme, approchez donc une chaise au capitaine Clutterbuck.—Voilà la gazette, capitaine, — la gazette d'aujourd'hui; — ou bien : Voici l'ouvrage nouveau; — voilà un plioir; ne craignez pas de couper les feuilles, ou mettez-le dans votre poche et emportez-le chez vous; — ou bien : Monsieur, nous vous traiterons en confrère, vous l'aurez au prix de libraire. — Peut-être encore, s'il sort des presses du digne commerçant, sa libéralité pourra même s'étendre jusqu'à dire : — N'allez pas, monsieur, faire porter en compte une pareille bagatelle; c'est un exemplaire tiré en sus. Je vous prie de recommander l'ouvrage aux littérateurs vos amis.

Je ne parle pas de ces fines parties littéraires où les convives se réunissent, rangés autour d'un turbot, d'un gigot de mouton ou de quelque autre mets, non plus que de la circulation d'une excellente bouteille de la meilleure bière noire de Robert Cockburn, ou même de sa bière royale, pour animer notre conversation sur de vieux livres, ou nos plans pour en faire de nouveaux. Ce sont là des douceurs réservées à ceux qui ont été investis des privilèges et franchises de la corporation des lettres, et j'ai l'avantage d'en jouir complètement.

Mais tout change sous le soleil, et ce n'est pas sans un vif sentiment de regret que, dans mes visites annuelles à la métropole, je me vois privé de l'accueil franc et cordial de l'ami judicieux et obligeant qui le premier me fit connaître au public, dont l'esprit eût suffi à une douzaine de beaux parleurs de profession, et qui avait plus de gaieté originale qu'il n'en aurait fallu pour faire la fortune d'un pareil nombre. Cette grande perte a été suivie de la perte, momentanée j'espère, d'un autre libraire de mes amis, qui, par ses vues élevées et ses idées libérales, a non-seulement fixé dans sa patrie l'entrepôt de la littérature nationale, mais y a établi une cour littéraire, faite pour commander le respect aux personnes même les plus portées à s'écarter de ses règles. L'effet de ces changemens, opérés en grande partie par la rare intelligence et les habiles calculs d'un homme qui a su tirer un parti plus avantageux qu'il n'aurait osé l'espérer lui-même des talens en tous genres que produisait son pays, sera sans doute plus sensible quand une nouvelle génération aura succédé à la nôtre.

J'entrai dans la boutique du carrefour pour m'informer de la santé de mon digne ami, et j'appris avec satisfaction que son séjour dans le midi avait diminué les symptômes alarmans de sa maladie. Profitant alors des privilèges dont j'ai déjà parlé, je m'avançai dans ce labyrinthe de chambres petites et sombres, ou, pour parler le langage de nos antiquaires, dans ces cryptes qui forment le derrière de cette célèbre librairie. Cependant, en passant d'une pièce dans une autre, remplies les unes de vieux bouquins, les autres de livres, qui, rangés sur les rayons dans un ordre uniforme, me parurent être les publications du débit le plus lent parmi les ouvrages modernes, je ne pus résister à une sainte terreur qui s'empara de moi, lorsque je songeai au risque que je courais de déranger quelque barde inspiré, donnant cours à sa fureur poétique, ou peut-être d'interrompre la solitude encore plus formidable d'une bande de critiques occupés à mettre en pièces une proie abattue à leurs pieds. Dans cette supposition, j'éprouvais par anticipation les tortures de ces devins des Highlands que le don fatal de deutéroscopie force de voir des choses cachées aux yeux des autres mortels, et qui sont, pour me servir de l'expression de Collins,

> Tels que les malheureux qu'égare un vain délire,
> Et qui, d'un œil hagard, ont aperçu soudain
> Des spectres préparant leur travail clandestin.

Cependant l'impulsion irrésistible d'une vague curiosité m'entraînait toujours à travers cette enfilade de pièces obscures, lorsque, comme le joaillier de Delhi dans la maison du magicien Bennaskar, je parvins dans une chambre voûtée, consacrée au secret et au silence, et je vis, assise près d'une lampe et occupée à lire une seconde épreuve couverte de ratures, la personne, ou peut-être je devrais plutôt dire l'*Eidolon* ou l'apparition de l'auteur de *Waverley*. Vous ne serez pas surpris de l'instinct filial qui me fit reconnaître aussitôt les traits de ce vénérable fantôme, en même temps que je pliai le genou en lui adressant cette salutation classique : — *Salve, magne parens!* Cependant le spectre m'interrompit en me présentant un siège, et en me donnant à entendre que ma présence n'était pas inattendue, et qu'il avait quelque chose à me dire.

Je m'assis avec une soumission respectueuse, et je tâchai de bien remarquer les traits de celui auprès de qui je me trouvais d'une manière si inespérée; mais je ne puis donner à Votre Révérence aucune satisfaction sur ce point; car, outre l'obscurité de l'appartement et l'agitation de mes nerfs, je me sentais accablé par un sentiment de respect filial, qui m'empêcha de bien saisir et de me rappeler ce que, sans doute, le personnage qui était devant moi pouvait avoir envie de tenir secret. En effet, ses formes étaient si bien voilées et couvertes, soit par un manteau, soit par une robe de chambre, ou par quelque autre vêtement de ce genre, qu'on aurait pu lui appliquer ces vers de Spenser :

> Et cependant les traits de son visage
> N'auraient pu faire encor déterminer
> Quel sexe avait l'étrange personnage.

Quoi qu'il en soit, je continuerai, comme je l'ai commencé, à me servir du genre masculin ; car, malgré les raisons fort ingénieuses, et qui ont presque l'air de l'évidence, alléguées pour prouver que deux femmes à talent sont l'*auteur de Waverley*, je m'en tiens à l'opinion générale, celle qu'il est du sexe le moins aimable. Il y a dans ses écrits trop de choses

> *Quæ maribus sola tribuuntur* [1]

pour me permettre d'en douter un instant. Je vais répéter, sous la forme de dialogue, aussi exactement que possible, ce qui s'est passé entre nous ; je ferai seulement observer que, dans le cours de la conversation, son affabilité dissipa insensiblement ma timidité, et que je finis peut-être par retrouver toute la confiance qu'il m'était permis d'avoir.

L'auteur de Waverley. — Je désirais vous voir, capitaine Clutterbuck, car vous êtes la personne de ma famille pour qui j'ai le plus de considération, depuis la mort de Jedediah Cleishbotham ; et je crains de vous avoir fait tort en vous assignant *le Monastère* pour votre part dans mon héritage. J'ai envie de vous en indemniser en vous nommant parrain de cet enfant qui n'a pas encore vu le jour (il me montrait du doigt l'épreuve). — Mais d'abord, parlons du *Monastère :* qu'est-ce que le monde en dit ? Vous êtes répandu, et il vous est facile de le savoir.

[1] Qui ne sauraient appartenir qu'à l'homme. — Tr.

Le Capitaine Clutterbuck. — Hem! hem! c'est une question délicate. Je n'ai pas entendu les éditeurs s'en plaindre.

L'auteur. — C'est l'essentiel; mais encore un ouvrage insignifiant est quelquefois remarqué par ceux qui ont quitté le port avant lui, avec la brise en poupe. Qu'en disent les critiques?

Le capitaine. — L'opinion..... générale..... est qu'on n'aime pas la Dame Blanche.

L'auteur. — Je pense moi-même qu'elle ne devait pas faire fortune, mais plutôt à cause de l'exécution que de la conception du personnage. Si j'avais évoqué un *esprit follet*, à la fois fantasque et intéressant, capricieux et bon; une sorte de lutin qui n'eût été enchaîné par aucune loi fixe ni aucun motif d'action; fidèle et passionné, quoique tourmentant et léger....

Le capitaine. — Pardonnez-moi, monsieur, si je vous interromps; je crois que vous faites la description d'une jolie femme.

L'auteur. — Ma foi, je le pense aussi. Il faut que je donne à mes esprits élémentaires un peu de chair et de sang comme aux hommes. Leurs traits sont esquissés en lignes trop déliées pour le goût actuel du public.

Le capitaine. — On objecte également que votre Nixie[1] aurait dû avoir une noblesse plus soutenue; les plongeons qu'elle fait faire au prêtre ne sont pas des amusemens de naïade.

L'auteur. — Ah! on devrait pardonner quelque chose aux caprices de ce qui n'est après tout qu'un follet de meilleure espèce. Le bain dans lequel Ariel, la création la plus délicate de l'imagination de Shakspeare, fait entrer notre joyeux ami Trinculo, n'était ni à l'ambre ni à la rose. Mais personne ne me verra ramer contre le cou-

---

(1) Lutin femelle. — Ed.

rant. Que m'importe qu'on le sache! J'écris pour l'amusement du public; et quoique je n'aie nulle intention de jamais briguer la popularité par des moyens que je croirais indignes de moi, d'un autre côté je ne m'obstinerai pas à défendre mes propres erreurs contre l'opinion générale.

Le capitaine. — Vous abandonnez donc dans cet ouvrage (jetant à mon tour les yeux sur l'épreuve) le mystique, la magie, et tout le système des signes, des prodiges et des présages? Il n'y a ni songes, ni prédictions, ni allusions cachées aux événemens futurs?

L'auteur. — Pas une égratignure de Cock-Lane, mon fils. — Pas un seul coup sur le tambour de Tedworth. — Pas même le léger bruit que fait dans la boiserie ce faible animal présage de mort. Tout est simple et à découvert; un métaphysicien écossais pourrait en croire jusqu'au dernier mot.

Le capitaine. — Et la fable en est sans doute simple et vraisemblable; début intéressant, marche naturelle, conclusion heureuse, comme le cours d'un beau fleuve qui s'échappe en bouillonnant de quelque grotte sombre et pittoresque; roulant majestueusement son onde, sans jamais ralentir ni précipiter sa marche, il visite, comme par un instinct naturel, tous les objets intéressans du pays qu'il parcourt; à mesure qu'il avance, son lit devient plus large et plus profond; enfin, vous arrivez à la catastrophe finale, comme le fleuve dans un port imposant, où les bâtimens de toutes sortes baissent voiles et vergues.

L'auteur. — Hé! hé! que diable veut dire tout cela? Mais c'est la veine poétique d'Ercles, et il faudrait quelqu'un qui ressemblât bien plus que moi à Hercule, pour créer une histoire qui *jaillît et marchât sans jamais se ralentir; qui visitât, devînt plus large, plus profonde*, et tout ce qui s'ensuit. Je serais enfoncé dans la tombe jusqu'au menton avant d'avoir fini ma tâche; et pendant ce temps-là, toutes les saillies et les bons mots que j'aurais imaginés pour l'amusement de mon lecteur resteraient à moisir dans mon gosier, comme les proverbes de Sancho restaient dans le sien lorsqu'il avait encouru la disgrace de son maître. Il n'y a jamais eu un roman écrit sur ce plan depuis que le monde existe.

Le capitaine. — Pardonnez-moi, *Tom Jones.*

L'auteur.—Il est vrai, et peut-être même *Amélie.* Fielding se faisait une haute idée de la dignité d'un art dont il peut être considéré comme le fondateur. Il a rendu le roman digne d'être comparé à l'épopée. Smolett, Lesage et autres, secouant la rigueur des règles qu'il avait posées, ont écrit plutôt un récit des différentes aventures que rencontre un individu dans le cours de la vie, qu'ils n'ont suivi le plan d'une épopée régulière et bien liée, où chaque pas nous rapproche de plus en plus de la catastrophe finale. Ces grands maîtres se sont contentés d'amuser le lecteur sur la route, et la conclusion n'arrive que parce qu'une fin est nécessaire, comme le voyageur descend à l'auberge parce qu'il se fait nuit.

Le capitaine. — C'est une manière fort commode de voyager, pour l'auteur du moins. Bref, monsieur, vous êtes de l'avis de Bayes, lorsqu'il dit :—Que diable signifie le plan, si ce n'est pour amener de jolies choses?—

L'auteur.—En supposant que cela soit, et que je puisse écrire avec agrément et esprit quelques scènes jointes ensemble sans peine ni embarras, mais qui renferment assez d'intérêt pour apporter un soulagement aux souffrances du corps, pour distraire l'inquiétude de l'esprit, dérider un front sillonné par les fatigues du jour, chasser les mauvaises pensées ou en suggérer de meilleures, exciter un paresseux à étudier l'histoire de son pays; en un mot, pour offrir à tout le monde un amusement innocent, excepté à ceux que cette lecture détournerait de l'accomplissement de devoirs sérieux; l'auteur d'un pareil ouvrage, quelque mal exécuté qu'il fût, ne pourrait-il pas, afin de faire excuser ses erreurs et ses négligences, s'écrier comme cet esclave qui allait être puni pour avoir répandu la fausse nouvelle d'une victoire : — O Athéniens! serai-je châtié pour vous avoir donné un jour de bonheur?

Le capitaine.—Serez-vous assez bon pour me permettre de vous raconter une anecdote de mon excellente grand'mère?

L'auteur. — Je ne vois guère ce qu'elle peut avoir de commun avec ce qui nous occupe, capitaine Clutterbuck.

Le capitaine.—On peut l'admettre dans notre dialogue sur le plan de ceux de Bayes. — La bonne dame, Dieu veuille avoir son ame! joignait à une grande finesse d'esprit beaucoup de dévotion, et elle ne pouvait jamais entendre de mauvaises langues mal parler d'un ministre, sans prendre chaudement le parti de celui-ci. Il y avait cependant un certain grief pour lequel elle abandonnait toujours la cause de son révérend protégé : c'était du moment qu'elle apprenait qu'il avait prêché un sermon en forme contre les calomniateurs et les médisans.

L'auteur. — Et où en voulez-vous venir avec tout cela?

Le capitaine. — C'est que j'ai entendu dire à des ingénieurs qu'on risque d'indiquer le côté faible à l'ennemi, en prenant trop de soin pour le fortifier.

L'auteur. — Mais encore une fois, je vous prie, où en voulez-vous venir?

Le capitaine. — Hé bien donc, sans plus de métaphores, je crains que cette nouvelle production, dans laquelle vous avez la générosité de paraître me donner quelque part, n'ait un grand besoin d'indulgence, puisque vous croyez devoir commencer votre défense avant que l'affaire soit en jugement. Je gagerais une bouteille de bordeaux que la fable est conduite sans ordre.

L'AUTEUR. — Une pinte de porto, vous voulez dire, je pense?

LE CAPITAINE. — De bordeaux, vous dis-je, et du bon bordeaux du Monastère. Ah! monsieur, si seulement vous vouliez suivre les conseils de vos amis, pour tâcher de mériter au moins une partie de la faveur que vous avez obtenue du public, nous boirions tous du Tokay.

L'AUTEUR. — Peu m'importe ce que je bois, pourvu que le breuvage soit sain.

LE CAPITAINE. — Songez alors à votre réputation et à votre gloire.

L'AUTEUR. — A ma gloire? — Je vous ferai la réponse que, dans la défense du fameux Jem Mac-Coul, un de mes amis, homme de beaucoup d'esprit, de talent et d'instruction, fit à la partie adverse, lorsqu'elle reprochait à son client son refus de répondre à certaines questions, auxquelles, disait-on, tout homme qui aurait quelque égard pour sa réputation n'hésiterait pas à répliquer : — Mon client, dit-il (j'ajouterai encore en passant que Jem était debout derrière lui dans le moment, ce qui formait une bonne scène), mon client a le malheur de ne s'inquiéter nullement de sa réputation; et je n'agirais pas avec loyauté vis-à-vis de la cour, si je disais qu'elle mérite en aucune manière sa sollicitude. — Hé bien, moi, je suis, quoique par des motifs bien différens, dans cet heureux état d'insouciance. Que la gloire soit pour ceux qui ont une forme substantielle. Une ombre (et un auteur qui n'est personne est-il autre chose?) ne peut jeter d'ombre.

LE CAPITAINE. — Peut-être maintenant n'êtes-vous pas aussi inconnu qu'autrefois. Ces lettres au membre qui représente l'université d'Oxford au parlement... [1]

L'AUTEUR. — Prouvent l'esprit, le génie et la délicatesse de l'auteur; et je voudrais sincèrement qu'il en eût fait

(1) *Lettres à sir Richard Heber.* Ouvrage dans lequel on discute la question de savoir à qui doivent être attribués les romans de l'auteur de *Waverley.* — ED.

usage pour quelque objet plus important : elles prouvent, du reste, que l'incognito que j'ai conservé a engagé un talent précoce dans une discussion épineuse et délicate. Mais une cause, quoique ingénieusement plaidée, n'est pas pour cela gagnée. Vous devez vous souvenir que tous les témoignages qui avaient été si habilement rassemblés pour prouver les titres de sir Philip Francis aux *Lettres de Junius* semblaient d'abord irrécusables ; cependant ces raisonnemens ont perdu leur force, et Junius, dans l'opinion générale, est aussi inconnu que jamais. Mais ni la flatterie ni la violence ne pourront me déterminer à dire un mot de plus à cet égard. Dire qui je ne suis pas serait un pas pour dire qui je suis ; et comme je n'ambitionne aucunement, pas plus qu'un certain juge de paix cité par Shenstone [1], la rumeur ou les *on dit* que de tels ouvrages font naître dans le monde, je continuerai de garder le silence sur un objet qui, selon moi, né mérite pas tout le bruit qu'on en a fait, et encore moins les débats sérieux dans lesquels le jeune auteur de ces lettres a déployé tant d'esprit.

Le capitaine.—Mais en admettant, mon cher monsieur, que vous n'ayez pas besoin de vous inquiéter de votre réputation personnelle, ni de celle de tout homme de lettres sur qui vos fautes pourraient retomber, permettez-moi de dire que la reconnaissance que vous devez naturellement au public, pour l'accueil obligeant dont il vous a honoré, ainsi qu'aux critiques, pour la manière indulgente dont ils vous ont traité, devrait vous engager à donner plus de soin à vos histoires.

L'auteur. — Je vous exhorte, mon fils, à éloigner de votre esprit toute espèce d'hypocrisie, comme aurait dit le docteur Samuel Johnson. Quant aux critiques, ils ont leur affaire, et moi la mienne. Vous savez ce que disent les nourrices :

(1) Poète anglais. — Ed.

> Les enfans en Hollande ont du plaisir à faire
> Ces fragiles jouets, qu'avec même plaisir,
> Nos enfans, à leur tour, brisent en Angleterre.

De même je suis l'humble pourvoyeur des critiques, le chacal [1] trop occupé à leur chercher de la pâture, pour avoir le temps de m'inquiéter s'ils l'avalent ou la rejettent. — Quant au public, je suis vis-à-vis de lui à peu près comme le facteur de la poste qui laisse un paquet à la porte d'un individu. S'il contient quelque nouvelle agréable, un billet d'une maîtresse, une lettre d'un fils absent, un ordre de paiement d'un correspondant qu'on croyait en faillite, la lettre est reçue avec joie, lue, relue, pliée, ajoutée à la liasse, et déposée en sûreté dans le bureau. Si ce qu'elle renferme est d'une nature fâcheuse, si elle vient d'un créancier exigeant ou pressant, on donne au diable le correspondant, on jette la lettre au feu, et le port en est sincèrement regretté; tandis que le porteur des dépêches, dans l'un ou l'autre cas, n'y pense pas plus qu'aux neiges de l'hiver précédent. La seule bienveillance que le public accorde réellement à un auteur, c'est qu'il est assez disposé à accueillir avec une sorte d'indulgence les ouvrages qui sortent de la plume d'un ancien favori, ne fût-ce que par suite d'un esprit d'habitude, tandis que l'auteur a naturellement une haute idée du goût de ce public, qui a si libéralement applaudi à ses productions. Mais je nie que, d'une part ou d'autre, on ait le droit de réclamer aucune reconnaissance proprement dite.

Le capitaine. — Le respect pour vous-même, alors, devrait vous avertir d'être prudent.

L'auteur. — Oui, si la prudence pouvait augmenter mes chances de succès. Mais, à vous dire vrai, les ouvrages et les morceaux dans lesquels j'ai réussi ont gé-

---

[1] On prétent que le chacal amène la proie au lion pour se nourrir de ses restes.
—Ed.

néralement été écrits avec la plus grande rapidité; et, lorsque j'en ai vu comparer certaines parties à d'autres qu'on trouvait beaucoup mieux finies, j'en appelais à ma plume et à mon écritoire, témoins que les passages dont je m'étais si mal tiré étaient ceux qui m'avaient coûté le plus de travail. Du reste, je doute de l'effet salutaire de trop de relâche par rapport au public et à l'auteur. Il faut battre le fer tandis qu'il est chaud, et mettre à la voile quand le vent est bon. Si un auteur heureux n'occupe pas la scène, un autre s'en empare aussitôt. Si un écrivain reste dix ans avant de faire paraître un second ouvrage, il est supplanté par d'autres; ou, si le siècle est assez pauvre en hommes de génie pour qu'il n'ait pas à craindre cette rivalité, sa réputation même devient son plus grand ennemi. Le public s'attendra à trouver le nouvel ouvrage dix fois meilleur que celui qui l'a précédé; l'auteur espérera une popularité dix fois plus grande, et il y a cent contre un à parier qu'on sera trompé de part et d'autre.

Le capitaine. — Cela peut justifier un certain degré de rapidité dans le travail d'un instant; mais il ne faut pas perdre de vue ce vieux proverbe : *Hâte-toi lentement.* Vous devriez au moins prendre le temps nécessaire pour bien arranger votre plan.

L'auteur. — C'est là le difficile, mon fils. Croyez-moi, je n'ai pas été assez sot pour négliger les précautions ordinaires. Il m'est arrivé bien souvent de disposer le plan d'un ouvrage, de le diviser par volumes et par chapitres détachés, de construire une fable qui pût se développer graduellement d'une manière frappante, capable de tenir en suspens la curiosité, de l'exciter même; et qui, enfin, se terminât par une catastrophe remarquable. Mais je crois qu'un démon se place sur le bout de ma plume quand je me mets à écrire, et la détourne du but. Les caractères se développent sous ma main; les incidens se multiplient, l'histoire languit pendant que les matériaux augmentent; ma construction régulière se change en une irrégularité gothique, et l'ouvrage est achevé long-temps avant que j'aie atteint l'objet que je me proposais.

Le capitaine. — Avec de la résolution et une patience déterminée, vous pourriez remédier à cet inconvénient.

L'auteur. — Hélas! mon cher monsieur, vous ne connaissez pas la force de la tendresse paternelle. Lorsque je rencontre un caractère tel que le bailli Jarvie, ou Dalgetty, mon imagination s'échauffe, et mes idées s'éclaircissent à chaque pas que je fais dans la campagne; quoiqu'elle m'entraîne bien loin de la route tracée, et qu'elle me force de franchir haies et fossés pour rentrer dans le bon chemin. Si je résiste à la tentation, comme vous me le conseillez, mes idées deviennent prosaïques, plates et lourdes; j'écris d'une manière pénible pour moi-même, et je sens un abattement toujours croissant; les couleurs brillantes dont mon imagination avait revêtu les incidens disparaissent, et tout devient terne et sombre. Je ne suis plus le même auteur, pas plus que le chien condamné à tourner pendant plusieurs heures pour faire marcher la roue d'une machine ne ressemble au même animal courant gaiement après sa queue, et prenant librement ses ébats sans gêne et sans contrainte. Bref, monsieur, dans ces occasions, je crois que je suis ensorcelé.

Le capitaine. — Ma foi, monsieur, si les sortilèges s'en mêlent, il n'y a plus rien à dire, il faut bien marcher quand le diable nous pousse. Et telle est sans doute la raison qui fait que vous ne lancez aucun ouvrage sur la scène, comme vous y avez été si souvent engagé?

L'auteur. — Je pourrais alléguer, comme une excellente raison pour ne pas écrire de pièces de théâtre, mon incapacité pour construire un plan. Mais à vous parler franchement, ce qui a fait penser à des juges trop prévenus que je pouvais avoir quelques dispositions pour ce genre de littérature, ce sont ces lambeaux d'anciennes comédies qu'ils ont considérés comme le fruit de mon cerveau, parce qu'ils ont été tirés d'une source inaccessible aux compilateurs. La manière dont je devins le possesseur de ces fragmens est si extraordinaire, que je ne puis m'empêcher de vous la raconter.

Vous saurez qu'il y a une vingtaine d'années j'allai dans le Worcestershire pour voir un de mes anciens amis qui avait servi avec moi dans les dragons.

Le capitaine. — Vous avez donc servi, monsieur?

L'auteur. — Que j'aie servi ou non, cela revient au même : le titre de capitaine est très-utile en voyage. — Je trouvai par hasard la maison de mon ami remplie d'hôtes; et, comme d'usage, je fus condamné (le château étant fort ancien) à habiter l'*appartement hanté*. J'ai, comme l'a dit un illustre contemporain, vu trop de spectres pour y croire; ainsi je m'apprêtais à m'endormir, bercé par le vent qui sifflait à travers les tilleuls dont les branches obscurcissaient la clarté de la lune réfléchie dans la chambre à travers les vitraux de la croisée, lorsque je vis une ombre plus épaisse se placer entre la lune et moi; je distinguai sur le plancher de l'appartement...

Le capitaine.—La Dame Blanche d'Avenel, je présume? vous en avez déjà raconté l'histoire.

L'auteur. — Non : je vis une femme avec une coiffe ronde, une bavette et un tablier, les manches retroussées jusqu'au coude, tenant d'une main une boîte à farine, de l'autre une cuiller à ragoût. Je pensai d'abord que c'était la cuisinière de mon ami qui se promenait tout endormie; et comme je savais le prix qu'il attachait à Sally, qui retournait aussi bien une omelette qu'aucune fille du comté, je me levai pour la conduire tranquillement à la porte. Mais lorsque je m'approchai d'elle, elle s'écria :—Arrêtez, monsieur; pour qui me prenez-vous donc? Paroles qui me semblèrent si bien dictées par la circonstance, que je ne m'en serais guère inquiété, sans le son de voix creux et surnaturel dont elles étaient prononcées. — Sachez donc, dit-elle sur le même ton, que je suis le spectre de Betty Barnes. — Qui se pendit d'amour pour le cocher de la diligence, pensai-je; voilà une belle œuvre. — De cette malheureuse Elisabeth ou Betty Barnes, continua-t-elle, qui fut long-temps cuisinière de M. Warburton, ce laborieux amateur, mais, hélas! ce trop négligent dépositaire de la plus volumineuse collection de pièces de théâtre qui ait jamais existé, et dont, pour la plupart, les titres seuls sont restés pour orner les préfaces des éditions *variorum* de Shakspeare. Oui, étranger, ce sont ces mains fatales qui ont voué à la graisse et à la flamme ces nombreux et lourds in-quarto, qui, s'ils existaient encore, feraient perdre la tête à tout le club de Roxburgh. Voici les doigts coupables qui flambèrent des volailles grasses et essuyèrent des assiettes sales avec les ouvrages perdus de Beaumont et Fletcher, de Massinger, Johnson, Webster, je dirai plus..... de Shakspeare lui-même.

Comme tout amateur des antiquités dramatiques, j'éprouvais un choc mortel pour mon ardente curiosité en voyant que des pièces citées dans le répertoire des théâtres, objet de tant de recherches, avaient été comprises dans l'holocauste des victimes que cette malheureuse avait sacrifiées au lieu de la bonne chère. Il n'est donc pas étonnant que, comme l'ermite de Parnell,

> J'aie à l'instant rompu les liens de la crainte,
> M'écriant en accens entrecoupés d'horreur :
> O femme abominable! — A peine ma fureur
> Avait-elle lâché cette unique parole,
> Que Betty brandissant en l'air sa casserole.....

— Prenez garde, s'écria-t-elle; prenez garde que la colère à laquelle vous vous livrez si mal à propos ne vous fasse perdre l'occasion que j'ai encore d'indemniser le monde du tort que lui a fait mon ignorance. Dans ce caveau au charbon, qui n'a point servi depuis long-temps, gisent, souillés de graisse et de noir, le petit nombre de fragmens de ces anciens drames qui n'ont pas été entièrement détruits. Ainsi donc.....

Hé bien! pourquoi cet air d'étonnement, capitaine? je vous jure que c'est la vérité; à quoi me servirait de vous faire un mensonge? comme dit mon ami le major Longbow.

Le capitaine. — Un mensonge, monsieur? ah! Dieu me garde d'employer cette expression envers une personne aussi véridique que vous! Seulement vous êtes disposé à vous divertir un peu ce matin; voilà tout. Ne feriez-vous pas bien de réserver cette anecdote pour servir d'introduction — à trois pièces de théâtre retrouvées, ou quelque titre équivalent?

L'auteur. — Vous avez bien raison; l'habitude est une étrange chose, mon fils. J'avais oublié à qui je parlais. Oui, à des pièces de théâtre destinées à être lues dans le cabinet, et non à être représentées....

Le capitaine. — Fort bien : et de cette manière vous êtes sûr d'être joué; car les directeurs aiment prodigieusement à forcer les gens à s'enrôler sous leurs bannières, tandis que des milliers de volontaires s'offrent pour les servir.

L'auteur. — J'en suis une preuve vivante, car, bon gré mal gré, on a fait de moi un poète dramatique, comme un autre Laberius. Je crois que ma muse serait *terrifiée* au point d'être forcée à monter sur le théâtre, quand même je n'écrirais qu'un sermon.

Le capitaine. — Vraiment, dans ce cas-là, je craindrais que certaines gens n'en fissent une farce; ainsi donc, si vous vouliez changer de style, je vous conseillerais de composer un volume de drames comme lord Byron.

L'auteur. — Non; Sa Seigneurie est d'une autre trempe que moi. Je ne veux pas jouter contre lui, si je puis m'en dispenser. Mais voilà mon ami Allan qui vient de composer une pièce telle que j'en pourrais écrire une moi-même, dans un jour d'inspiration, et avec une des plumes surfines et brevetées de Bramah. Je ne puis rien faire de bon sans tous ces accessoires.

Le capitaine. — Voulez-vous parler d'Allan Ramsay?

L'auteur. — Non, ni de Barbara Allan, mais d'Allan Cunningham, qui vient de publier sa tragédie de *sir Marmaduke-Maxwell*, dans laquelle on trouve les fêtes mêlées aux massacres, une scène d'amour auprès d'une scène de sang, et des passages qui ne mènent à rien, mais qui, après tout, sont fort bien. Il n'y a pas une lueur de vraisemblance dans le plan; mais il y a tant de force dans certains passages, et partout une telle veine de génie poétique, que je désirerais en pouvoir mettre autant dans mes *Restes de cuisine*, si j'étais tenté de les publier. Dans une édition soignée, on lirait avec admiration les beautés d'Allan; dans l'état où il se présente, on ne remarquera peut-être que ses défauts; ou, ce qui est encore pire, on ne fera même aucune attention à lui. Mais ne vous en chagrinez pas, brave Allan, vous n'en êtes pas moins l'ornement de l'Ecosse. Il a fait aussi quelque pièces lyriques que vous feriez bien de lire, capitaine. La pièce intitulée *'Tis hame, and 'tis hame* [1], ne le cède point à celles de Burns.

Le capitaine. — Je suivrai votre conseil. Le club de Kennaquhair est devenu difficile depuis que Catalani est venue visiter l'abbaye. *Mon pauvre Gelé* a été reçu pauvrement et froidement; et *les Rives de Bonnie Doon* sont tombées à plat. — *Tempora mutantur*.

L'auteur.—Le temps ne peut rester stationnaire; il est soumis au changement ainsi que nous autres mortels. Qu'importe? — Au bout du compte, un homme vaut un homme.

(1) *C'est la maison, c'est la maison :* ce mot est pris aussi dans le sens de notre *chez nous*. — Tr.

Mais l'heure de nous séparer approche.

Le capitaine. — Vous êtes donc déterminé à suivre votre système? Ne craignez-vous pas qu'on n'attribue cette succession rapide d'ouvrages à un motif sordide? On pensera que vous ne travaillez que par l'appât du gain.

L'auteur. — En supposant qu'outre les autres motifs qui peuvent m'engager à me produire plus fréquemment devant le public, je calcule aussi les grands avantages qui sont le prix des succès en littérature; — cet émolument est la taxe volontaire que le public paie pour un certain genre d'amusement littéraire; elle n'est extorquée à personne, et n'est payée, je pense, que par ceux qui peuvent l'acquitter, et qui reçoivent une jouissance proportionnée au prix qu'ils donnent. Si le capital que ces ouvrages ont mis en circulation est considérable, n'a-t-il été utile qu'à moi seul? Ne puis-je pas dire à cent personnes comme le brave Duncan, le fabricant de papier, le disait aux diables [1] les plus mutins de l'imprimerie : — N'avez-vous pas partagé? N'avez-vous pas eu vos quinze sous? — Je pense, je l'avoue, que notre Athènes moderne me doit beaucoup pour avoir établi une manufacture aussi vaste; et, quand on aura accordé à tous les citoyens le droit de voter dans les élections, je compte sur la protection de tous les ouvriers subalternes que la littérature fait vivre, pour obtenir une place dans le parlement.

Le capitaine. — On croirait entendre parler un fabricant de calicot.

L'auteur. — C'est encore de l'hypocrisie, mon cher fils. — Il y a de la chaux dans ce vin-là. — Tout est falsifié dans ce monde. Je le soutiendrai, en dépit d'Adam Smith et de ses sectateurs : un auteur qui réussit est un cultivateur industrieux, et ses ouvrages constituent une portion de la fortune publique, aussi effective que ceux qui sortent de toute autre manufacture. Si une nouvelle denrée, ayant

---

(1) *Printer's devils :* on appelle ainsi les petits apprentis de l'imprimeur. — Ed.

par elle-même une valeur intrinsèque et commerciale, est le résultat de l'opération, pourquoi les ballots de livres d'un auteur seraient-ils regardés comme une portion moins profitable de la richesse publique, que les marchandises de tout autre manufacturier? Je parle ainsi, eu égard à la quantité d'argent en circulation, et au degré d'industrie qu'un ouvrage aussi futile que celui-ci doit exciter et récompenser, avant que les volumes quittent la boutique de l'éditeur. C'est à moi qu'on doit cet avantage, et en cela je rends service au pays. Quant à mes émolumens, je les gagne par mon travail, et je ne dois compte qu'au ciel de l'usage que j'en fais. L'homme équitable pensera que tout n'est pas consacré à satisfaire un vil égoïsme; et, sans que celui qui agit ainsi prétende s'en faire un grand mérite, il peut s'en trouver une partie

Qui, par le ciel guidée, aille trouver le pauvre.

LE CAPITAINE. — Néanmoins on regarde généralement comme une bassesse d'écrire par un motif d'intérêt.

L'AUTEUR. — C'en serait une si ce motif excluait tous les autres, s'il était le but principal d'une conception littéraire. J'oserais même avancer qu'aucun ouvrage d'imagination composé uniquement dans les vues d'en retirer un avantage pécuniaire n'a jamais réussi et ne réussira jamais. Ainsi l'avocat qui plaide, le soldat qui se bat, le médecin qui donne ses ordonnances, l'ecclésiastique,— si toutefois il en peut exister de semblables, — qui prêche sans avoir ni zèle pour sa profession, ni sentiment de sa dignité; tous ces gens, en un mot, qui ne songent qu'à toucher leur salaire, leur paie ou leurs appointemens, s'abaissent au rang de sordides artisans. C'est pourquoi, à l'égard de deux des facultés savantes, au moins, leurs services sont considérés comme inappréciables, et ceux qu'elles rendent sont récompensés, non d'après une estimation exacte, mais par un *honorarium*, ou reconnaissance volontaire; mais qu'un client ou un patient essaie d'oublier cette petite cérémonie de l'*honorarium*, qui est censée être une chose tout-à-fait hors de considération entre eux, et qu'il remarque la manière dont le savant docteur prendra la chose. Hypocrisie à part, il en est de même des émolumens littéraires. Aucun homme de sens, quel que soit son rang, ne doit regarder comme au-dessous de lui d'accepter ce qui est un juste dédommagement de son temps, ou une part raisonnable du capital qui doit son existence même à ses peines. Lorsque le czar Pierre travaillait aux tranchées, il recevait la paie d'un simple soldat; et les gentilshommes, les hommes d'Etat et les hommes d'Eglise les plus distingués de leur temps n'ont pas dédaigné de régler des comptes avec leur libraire.

LE CAPITAINE. — (*Il chante.*)

> S'ils ne l'ont jamais négligé,
> Ce n'est donc pas une bassesse;
> Qui pourrait accuser d'une indigne faiblesse
> Ou la noblesse ou le clergé?

L'AUTEUR. — Vous avez raison; mais aucun homme d'honneur, de génie ou d'esprit n'aura l'amour du gain pour principal objet, encore moins pour unique but de ses travaux. Quant à moi, je ne suis pas fâché de gagner au jeu sous la condition de plaire au public; je le continuerais probablement pour l'unique plaisir de jouer, car j'éprouve aussi fortement que personne cet amour de la composition qui est peut-être le plus vif de tous les instincts, et qui entraîne l'auteur vers sa plume, le peintre vers sa palette, souvent sans aucune chance de gloire, sans perspective de récompense. Peut-être en ai-je trop dit; il me serait sans doute possible, avec non moins de sincérité que bien des gens, de me disculper de l'accusation d'avoir l'ame bien avide ou mercenaire; mais je ne suis pas assez hypocrite pour nier les motifs ordinaires d'après lesquels tout ce qui m'entoure agit sans cesse aux dépens de la tranquillité, du bonheur, de la santé et de la vie. Je n'affecte pas le désintéressement de cette association ingénieuse d'individus dont parle Goldsmith, qui vendaient leur journal à six sous l'exemplaire, uniquement pour leur propre amusement.

Le capitaine.— Je n'ai plus qu'une observation à faire. — Le monde dit que vous vous épuisez.

L'auteur.— Le monde a raison; et qu'importe? Lorsqu'il ne dansera plus, je ne jouerai plus de ma cornemuse, et je ne manquerai pas de gens assez obligeans pour me faire apercevoir que mon temps est passé.

Le capitaine. — Et que deviendrons-nous alors, nous qui sommes votre malheureuse famille? Nous tomberons dans le mépris et l'oubli.

L'auteur. — Comme tant de pauvres diables chargés déjà d'une nombreuse famille, je ne puis m'empêcher de travailler à l'accroître. — C'est ma vocation, Hall [1]. — Il faut que ceux d'entre vous qui méritent l'oubli, vous tous peut-être, vous vous y résigniez. Du reste, vous avez été lus dans votre temps, et l'on n'en pourrait dire autant de quelques-uns de vos contemporains qui ont eu moins de bonheur et plus de mérite. Ils ne sauraient disconvenir que vous n'ayez eu la palme. Quant à moi, je mériterai toujours au moins le tribut involontaire que Johnson a payé à Churchill en comparant son génie à un arbre qui ne produit que des pommes sauvages, et qui pourtant est prolifique et porte une grande quantité de fruits. C'est toujours quelque chose que d'avoir occupé l'attention publique pendant sept ans. Si je n'avais écrit que *Waverley*, je n'aurais été depuis long-temps, comme on a coutume

---

(1) Expression de Shakspeare. — Tr.

de le dire, que l'ingénieux auteur d'un roman fort estimé dans le temps. Je crois en effet que la réputation de *Waverley* est soutenue, en grande partie, par les éloges de ceux qui peuvent être portés à préférer cet ouvrage aux suivans.

Le capitaine. — Vous voulez donc sacrifier la gloire future à la popularité du moment?

L'auteur. — *Meliora spero*. Horace lui-même ne s'attendait pas à revivre dans tous ses ouvrages, et moi j'espère vivre dans quelques-uns des miens; *non omnis moriar*. C'est une consolation de penser que les meilleurs auteurs de tous les pays ont été les plus volumineux; et il est souvent arrivé que ceux qui ont été le mieux accueillis de leur temps ont aussi continué de plaire à la postérité. Je n'ai pas assez mauvaise idée de la génération présente pour penser qu'une réprobation future soit la conséquence nécessaire de la faveur dont elle m'honore.

Le capitaine. — Si chacun agissait d'après de pareils principes, le public serait inondé.

L'auteur. — Encore une fois, mon cher fils, point d'hypocrisie. Vous parlez comme si le public était obligé de lire les livres uniquement parce qu'ils sont imprimés. Vos amis les libraires vous sauraient gré de faire goûter cet avis. Le plus grand mal que puissent causer ces *inondations*, c'est qu'elles renchérissent les chiffons. La multiplicité des ouvrages qu'on publie ne fait aucun mal au siècle présent, et peut être fort avantageuse à celui qui doit succéder au nôtre.

Le capitaine. — Je ne vois pas comment cela peut se faire.

L'auteur. — Les plaintes qui s'élevèrent dans le temps d'Elisabeth et de Jacques, sur la fertilité alarmante de la presse, retentirent aussi haut que celles que nous entendons; et pourtant, regardez le rivage sur lequel s'est répandue l'inondation de ce siècle, il ressemble aux rives enchantées de *la Reine des Fées* [1].

> Il est couvert d'or et de pierreries;
> Rubis, saphirs, brillent sur les prairies;
> Le sable même est mêlé de trésors.

Croyez-moi, dans les ouvrages même les plus négligés du siècle actuel, le siècle à venir pourra découvrir des mines précieuses.

Le capitaine. — Il est certains ouvrages qui mettront en défaut tous les alchimistes.

L'auteur. — Ils seront en petit nombre; car les écrivains qui n'ont absolument aucun mérite, à moins qu'ils ne publient leurs ouvrages à leurs frais, comme sir Richard Blackmore [2], perdront tout moyen d'ennuyer le public, par la difficulté de trouver des libraires qui se chargent de les publier.

Le capitaine.—Vous êtes incorrigible. N'y a-t-il aucunes bornes à votre audace?

L'auteur. — Il y a les bornes sacrées et éternelles de l'honneur et de la vertu. Je suis comme dans la chambre enchantée de Britomarte [3].

> Elle porte autour d'elle un regard interdit,
> Et sur la même porte elle aperçoit écrit :
> Du courage ! En tous lieux cet avis salutaire,
> Mille fois répété, lui paraît un mystère ;
> Quand sur une autre porte, en un coin écarté,
> Ces mots frappent ses yeux : Mais sans témérité.

Le capitaine. — Hé bien ! il vous faut courir le risque de continuer d'après vos propres principes.

[1] Poëme de Spencer. — Ed.
[2] Auteur d'épopées. — Ed.
[3] Spencer. — Ed.

L'auteur. — Et vous, agissez d'après les vôtres, et tâchez de ne pas rester ici à perdre votre temps pendant que l'heure du dîner s'écoule. — Je vais ajouter cet ouvrage à votre patrimoine, *valeat quantùm.*

Ici finit notre dialogue, car un petit Apollon de la Canongate, au visage noirci, vint demander l'épreuve de la part de M. Mac Corkindale; et j'entendis M. C.¹ gronder M. F. dans un autre détour du labyrinthe que j'ai déjà décrit, pour avoir laissé pénétrer quelqu'un dans les *penetralia* de leur temple.

Je vous laisse à penser ce qu'il vous plaira de l'importance de ce dialogue, et je ne puis m'empêcher de croire que je préviendrai les vœux de notre père commun en plaçant cette lettre au commencement de l'ouvrage auquel elle a rapport.

Je suis, révérend et cher monsieur, votre sincère et affectionné serviteur,

CUTHBERT CLUTTERBUCK.

Kennaquhair, 1ᵉʳ avril 1822.

(1) M. Constable. — ED.

LES AVENTURES DE NIGEL.

(The fortunes of Nigel.)

CHAPITRE PREMIER.

> « L'Anglais et l'Ecossais à la fin sont d'accord.
> « Voyez partir Saunders [1] pour passer la frontière.
> « Comme il y va briller ! Métamorphose entière.
> « Son vil habit de bure en drap d'or est changé.
> « Son sabre, de fer seul jusqu'à présent chargé,
> « Du plus noble métal maintenant étincelle.
> « Sa toque même a pris une forme nouvelle ;
> « C'est un casque éclatant, surmonté d'un cimier.
> « Où trouva-t-on jamais un plus galant guerrier ?
> « Sa mère aurait, je crois, peine à le reconnaître. »
>
> *Le Réformateur.*

Les longues hostilités qui avaient, pendant des siècles, divisé la partie méridionale de la Grande-Bretagne et celle qui est située plus au nord, s'étaient heureusement terminées par l'avénement du pacifique Jacques Ier au

---

(1) L'Ecossais : ce nom revient à celui de Paddy pour désigner l'Irlande. — ED.

trône d'Angleterre. Mais quoique les couronnes réunies d'Angleterre et d'Ecosse fussent portées par le même monarque, il fallut laisser écouler un laps de temps considérable, et plus d'une génération, avant qu'on vît disparaître les préjugés nationaux invétérés qui avaient régné si long-temps entre les deux royaumes voisins, et que les habitans des deux pays séparés par la Tweed pussent s'habituer à se regarder comme amis et comme frères.

Ces préjugés devaient avoir, comme de raison, plus de violence pendant le règne de Jacques. Les Anglais l'accusaient de partialité pour ses anciens sujets ; et les Ecossais, non moins injustes, lui reprochaient d'avoir oublié le pays qui l'avait vu naître, et de négliger ces anciens amis dont la fidélité lui avait été si utile.

Le caractère du roi, pacifique jusqu'à la timidité, l'engageait continuellement à se placer comme médiateur entre les factions opposées dont les querelles troublaient la cour. Mais, en dépit de toutes ses précautions, on voit dans l'histoire que mainte fois la haine mutuelle des deux nations, si récemment réunies après avoir été ennemies pendant mille ans, éclata avec une fureur qui menaçait de produire une convulsion générale. Le même esprit régnait dans les classes les plus élevées comme dans la plus basse, il occasionait des débats dans le conseil et dans le parlement, donnait lieu à des factions à la cour, à des duels entre les nobles, et faisait naître des dissensions et des querelles parmi le peuple.

A l'époque où cette animosité était portée au plus haut degré, il existait dans la cité de Londres un ouvrier ingénieux, mais fantasque et tenant fortement à ses idées. Il se nommait David Ramsay, et était fort adonné aux études abstraites. Soit que son talent dans sa profession lui eût servi de protection, comme le prétendaient les courtisans, ou que sa naissance dans la bonne ville de Dalkeith, près d'Edimbourg, lui eût valu cet avantage, comme ses voisins le disaient tout bas, il occupait dans la maison de Jacques Ier l'office de fabricant de montres et d'horloges de Sa Majesté : il ne dédaignait pourtant pas en même temps de tenir une boutique à Temple-Bar, à quelques pas de l'église de Saint-Dunstan.

La boutique d'un marchand de Londres, à cette époque, était, comme on peut bien le supposer, quelque chose de fort différent de celles qu'on voit aujourd'hui dans ce même quartier. Les marchandises exposées en vente dans des caisses n'étaient défendues de l'injure du temps que par un auvent couvert en grosse toile ; ce qui ressemblait aux étaux et aux échoppes qu'on établit momentanément dans les foires de village pour les colporteurs, plutôt qu'au magasin d'un commerçant recommandable ; mais la plupart des marchands d'un ordre élevé, et David Ramsay était de ce nombre, avaient un petit appartement dans lequel on entrait par le fond de la boutique, et qui était à l'échoppe qui le précédait ce qu'était la caverne de Robinson Crusoé à la tente qu'il avait élevée devant l'entrée. C'était là que maître Ramsay avait coutume de se retirer pour travailler à ses calculs mathématiques ; car il avait l'ambition de vouloir perfectionner son art, d'y faire des découvertes ; et, de même que Napier et d'autres mathématiciens de ce temps, il poussait quelquefois ses recherches jusqu'à la science abstraite.

Quand il était ainsi occupé, il abandonnait le poste extérieur de son établissement commercial à deux robustes apprentis à voix de Stentor, qui ne cessaient de crier :— Que désirez-vous ? que désirez-vous ? — sans manquer de joindre à ces paroles un pompeux éloge des objets qu'ils avaient à vendre. Cet usage de s'adresser aux passans pour les inviter à acheter ne subsiste plus aujourd'hui, à ce que nous croyons, que dans Montmouth-Street (si même il en existe encore dans ce dépôt de vieux habits, sous la garde des restes épars des tribus d'Israël) ; mais à l'époque dont nous parlons il était adopté par les Juifs et par les gentils, et remplaçait le charlatanisme de ces avis insérés dans les journaux, par lesquels les marchands sollicitent le public en général, et leurs amis en particulier, d'accorder leur attention à l'excellence sans égale des marchandises qu'ils vendent et qu'ils offrent à si bas prix, qu'on pourrait croire qu'ils ont en vue l'avantage du public, plutôt que leur intérêt particulier.

Ceux qui proclamaient de vive voix l'excellence de leurs marchandises avaient un avantage sur ceux qui font aujourd'hui servir les journaux au même but : ils pouvaient, en bien des cas, adapter leurs discours à l'air, à la mise et aux goûts apparens des passans. C'était, comme nous l'avons dit, ce qui, de notre mémoire, se pratiquait dans Montmouth-Street. Nous nous rappelons qu'on nous y a fait remarquer à nous-même quelques défauts de continuité dans la partie inférieure de nos vêtemens, et qu'on a pris de là occasion de nous exhorter à nous équiper plus convenablement. — Mais ceci est une digression.

Ce mode d'invitation directe et personnelle aux passans devenait pourtant une tentation dangereuse pour les jeunes égrillards chargés du rôle de solliciteurs en l'absence du personnage principalement intéressé à la vente. Se fiant sur leur nombre et sur leur union civique, les apprentis de Londres se permettaient des libertés avec les passans, et se laissaient souvent aller à exercer leur esprit aux dépens de ceux dont ils n'avaient pas l'espoir de faire des acheteurs par leur éloquence. Si quelque mécontent voulait se venger par quelque acte de violence, les habitans de toutes les échoppes accouraient en masse au secours de leur camarade; et, pour me servir de deux vers d'une vieille chanson que le docteur Johnson avait coutume de fredonner :

Et l'on voyait, grands et petits,
Accourir tous les apprentis.

Des querelles sérieuses s'élevaient souvent en pareille occasion, surtout quand les Templiers [1], ou les autres jeunes gens tenant à l'aristocratie, étaient insultés ou croyaient l'être. L'acier était alors fréquemment opposé au bâton des citoyens; et la mort enlevait quelquefois des victimes de part et d'autre. L'action de la police était dans ce temps lente et sans efficacité, et l'alderman de l'arrondissement n'avait d'autre ressource que d'appeler à haute voix les habitans pour étouffer la dispute sous le nombre, comme on sépare sur le théâtre les Capulets et les Montaigus [2].

A l'époque où telle était la coutume générale des plus respectables marchands, comme des plus petits boutiquiers de Londres, David Ramsay, dans la soirée à laquelle nous prions nos lecteurs d'accorder leur attention, s'étant retiré pour se livrer en particulier à des travaux d'une nature plus abstraite, avait abandonné l'administration de sa boutique extérieure, ou échoppe, aux susdits apprentis, malins, actifs, vigoureux, et doués d'excellens poumons, qui se nommaient Jenkin Vincent et Frank Tunstall.

Vincent devait son éducation à l'excellente fondation de l'hôpital de Christ-Church. Il avait donc été élevé à Londres, comme il y était né; et il était doué de cette dextérité, de cette adresse et de cette audace qui caractérisent la jeunesse d'une capitale. Il avait alors environ vingt ans, était de petite taille, mais fortement constitué, et il s'était fait remarquer par ses hauts faits les jours de congé, à la balle au pied et à d'autres exercices gymnastiques. A peine avait-il son égal dans le maniement du sabre,

---

(1) Les étudians en droit qui habitaient et habitent encore les bâtimens du Temple.
— Éd.

(2) Dans Roméo et Juliette. — Éd.

quoiqu'il ne s'y fût encore exercé qu'avec un simple bâton. Il connaissait tous les passages, toutes les allées borgnes et toutes les cours des environs, mieux qu'il ne savait son catéchisme. Il ne déployait pas moins d'activité dans les affaires de son maître que dans les aventures que lui attirait son caractère malin et pétulant ; et il arrangeait si bien les choses, que le crédit qu'il acquérait par le premier moyen le tirait d'affaire, ou du moins lui servait d'excuse, lorsque quelque incartade le mettait dans l'embarras. Il est juste d'ajouter qu'il ne s'était encore compromis dans aucune affaire déshonorante. Il était certains de ses écarts pour lesquels son maître, David Ramsay, le rappelait à l'ordre ; mais il en était d'autres sur lesquels il fermait les yeux, supposant qu'il en était de même que de l'échappement d'une montre, qui dispose de l'excédant de cette force mécanique dont l'impulsion met le tout en mouvement.

La physionomie de Jin Vin, abréviation familière sous laquelle il était connu dans le voisinage, répondait à l'esquisse que nous venons de tracer de son caractère. Sa tête, sur laquelle sa toque d'apprenti était ordinairement posée de côté, d'un air de négligence, était couverte de cheveux épais, noirs comme du jais, et bouclés naturellement, qui auraient atteint une grande longueur si l'usage modeste du poste qu'il occupait, et auquel son maître exigeait strictement qu'il se conformât, ne l'eût forcé à les tenir courts. Ce n'était pas sans regret, et il regardait d'un œil d'envie les cheveux flottans et frisés que les courtisans et les étudians aristocratiques du Temple, ses voisins, commençaient à porter, en signe de noblesse et de supériorité. Ses yeux profonds étaient noirs, vifs, pleins de feu, de malice et d'intelligence, et avaient une expression de sarcasme, même quand il ne faisait que tenir le langage du métier, comme s'il eût cherché à tourner en ridicule ceux qui étaient disposés à écouter sérieusement ses lieux communs. Il avait pourtant assez d'adresse pour y ajouter de son cru quelques touches qui donnaient une sorte de drôlerie même à la routine ordinaire de la boutique, et sa vivacité, son empressement, son désir évident d'obliger, son intelligence et sa civilité, quand il croyait la civilité nécessaire, avait fait de lui le favori de toutes les pratiques de son maître. Ses traits étaient loin d'être réguliers, car il avait le nez épaté, la bouche un peu trop fendue, et le teint plus brun qu'on ne l'estimait alors convenable à la beauté, même dans un homme; mais aussi, quoiqu'il eût toujours respiré l'air d'une cité populeuse, son teint brillait des couleurs de la santé; son nez retroussé donnait un air d'esprit et de raillerie à tout ce qu'il disait, et ses lèvres vermeilles et bien formées laissaient voir, quand il riait, un double rang de dents aussi blanches que des perles. Tel était l'apprenti en chef de David Ramsay, fabricant de montres et d'horloges de Sa Majesté très-sacrée Jacques Ier.

Le compagnon de Jenkin n'occupait que le second rang, quoiqu'il pût avoir le premier du côté des années. Du reste, il était d'un caractère plus rassis et plus tranquille. Frank Tunstall descendait d'une de ces fières et anciennes familles qui réclamaient le titre d'*irréprochable*, parce qu'au milieu de toutes les chances des longues et sanglantes guerres des deux Roses, elles étaient, avec une *loyauté* toujours pure, restées fidèles dès l'origine à la maison de Lancastre. Le plus mince rejeton d'un tel arbre attachait de l'importance à la souche dont il sortait, et l'on supposait que Tunstall nourrissait en secret quelques germes de cet orgueil de famille qui avait arraché des larmes à sa mère, veuve et presque indigente, quand elle se vit forcée de le lancer dans une carrière bien inférieure, d'après ses préjugés, à celle qu'avaient suivie ses ancêtres.

Cependant, malgré ce préjugé aristocratique, David

Ramsay trouvait le jeune homme bien né plus docile, plus régulier, plus attentif à ses devoirs, que son camarade plus actif et plus alerte. Il n'était pas moins satisfait de l'attention particulière que Tunstall semblait disposé à donner aux principes abstraits des sciences relatives au métier qu'il était obligé d'apprendre, et dont les bornes s'étendaient chaque jour en proportion de l'accroissement de la science des mathématiques. Vincent était incomparablement au-dessus de son compagnon derrière le comptoir, dans tout ce qui concernait la pratique et la dextérité nécessaire pour travailler dans les branches purement mécaniques de son art; et il le surpassait encore davantage dans tout ce qui avait rapport aux affaires commerciales de la boutique. Cependant leur maître avait coutume de dire que si Vincent était le plus habile pour l'exécution, Tunstall connaissait mieux les principes d'après lesquels on devait exécuter, et il reprochait quelquefois à celui-ci de connaître trop bien en quoi consistait l'excellence de la théorie pour se contenter jamais de la médiocrité en pratique.

Tunstall était aussi timide que studieux, et quoiqu'il fût parfaitement poli et obligeant, il semblait toujours ne pas se sentir à sa place quand il remplissait ses fonctions dans la boutique. Grand et bien fait, il avait les cheveux blonds, les traits réguliers, les yeux bleus et bien fendus, le nez à la grecque, et une physionomie qui annonçait la bonne humeur et l'intelligence. Mais il y joignait une gravité qui ne paraissait pas convenir à son âge, et qui allait presque jusqu'à la tristesse. Il vivait au mieux avec son compagnon, et était toujours prêt à lui prêter main-forte quand il le voyait engagé dans quelqu'une de ces escarmouches qui, comme nous l'avons déjà fait observer, troublaient à cette époque la paix de la cité de Londres. Mais quoiqu'il fût reconnu comme jouant mieux que personne du bâton à deux bouts, arme ordinaire des comtés du nord, et quoiqu'il eût reçu de la nature autant de vigueur que d'agilité, son intervention en de semblables querelles semblait toujours un objet de nécessité; et comme il ne prenait jamais volontairement part aux disputes ni aux jeux des jeunes gens du voisinage, il occupait dans leur esprit une place moins distinguée que son brave et infatigable ami Jin Vin. Bien plus, sans l'intérêt que Vincent prenait à son camarade, et sans son intercession, il aurait couru quelques risques d'être entièrement exclu de la société des jeunes gens qui suivaient le même état, et qui l'appelaient par dérision le Cavaliero Cuddy et le noble Tunstall.

D'une autre part, ce jeune homme lui-même, privé de l'air vif dans lequel il avait été élevé, et ne pouvant prendre l'exercice auquel il avait été habitué autrefois lorsqu'il habitait la maison qui l'avait vu naître, perdait peu à peu la fraîcheur de son teint, et, sans montrer aucun symptôme direct de maladie, devenait chaque jour plus maigre et plus pâle. On pouvait remarquer en lui les apparences d'une santé languissante; mais il ne faisait entendre aucune plainte, il n'avait aucune des habitudes des valétudinaires, si ce n'est une disposition à éviter la société, et à donner à l'étude le temps dont il pouvait disposer, plutôt que de partager les amusemens de ses compagnons. On ne le voyait même nullement enclin à fréquenter les théâtres, qui étaient alors le rendez-vous général des gens de sa condition, et où ils se battaient avec des pommes à demi mordues et des noix cassées, en faisant retentir la seconde galerie de leurs clameurs.

Tels étaient les deux jeunes gens qui reconnaissaient pour maître David Ramsay, et contre lesquels celui-ci s'impatientait du matin au soir, quand leur caractère se trouvait en opposition avec le sien ou arrêtait le cours tranquille et les profits de son commerce.

En somme, cependant, ils aimaient leur maître, qui lui-même doué d'un bon cœur, quoique distrait et fantasque, ne leur était guère moins attaché. Lorsqu'il avait fait une petite débauche, et qu'il se trouvait un peu échauffé par le vin, il avait coutume de se vanter, dans son dialecte du nord,—d'avoir deux braves garçons, des gaillards sur qui les dames de la cour ne manquaient jamais de jeter un coup d'œil quand elles venaient en carrosse à sa boutique, ou qu'elles faisaient une partie de plaisir dans la Cité. — Mais en même temps il avait toujours soin de redresser son grand squelette sec et maigre, d'étendre ses deux mâchoires de manière à faire une grimace effrayante, et d'indiquer par un signe de son visage long d'une demi-aune, et par le clignement d'un petit œil gris, qu'il pouvait exister dans Fleet-Street d'autres figures aussi bonnes à voir que celles de Frank et de Jenkin.

Sa vieille voisine, la veuve Simmons la couturière, qui, dans son temps, avait fourni à la plus fine fleur des tapageurs du Temple des manchettes, des jabots et des tours de col, faisait une distinction plus profonde de l'espèce d'attention que les femmes de qualité qui visitaient si régulièrement la boutique de David Ramsay accordaient à ceux qui l'habitaient. — Le jeune Frank, disait-elle attirait les regards des jeunes dames, parce qu'il avait dans la physionomie quelque chose de noble et de modeste; mais il ne savait pas se faire valoir, car le pauvre jeune homme n'avait pas une parole à jeter à un chien. Or Jin Vin avait en réserve tant de saillies et de reparties, il était si rempli de bonne volonté, si preste, si serviable, et joignait des manières si engageantes à une démarche aussi leste que celle d'un daim dans la forêt d'Epping; enfin ses yeux noirs comme ceux d'une Egyptienne, lançaient un tel éclat, qu'aucune femme connaissant le monde ne pouvait hésiter entre eux. Quant au pauvre voisin Ramsay, c'était un brave homme, un homme savant sans doute, et qui pourrait être riche si sa science était doublée d'un peu de sens commun : sans contredit, le voisin Ramsay n'était pas un méchant homme, tout Ecossais qu'il était ; mais il était si constamment noirci de fumée, couvert de limaille de cuivre, et barbouillé d'huile, qu'il faudrait sa boutique pleine de montres pour décider une femme sensée à le toucher autrement qu'avec des pincettes.

Une autorité encore plus haute, dame Ursule, femme du barbier Benjamin Suddlechops, était exactement du même avis.

Tels étaient, sous le rapport de leurs qualités naturelles et de l'opinion publique, les deux jeunes gens qui, dans un beau jour d'avril, remplaçaient leur maître dans les soins de la vente, après s'être acquittés de leur devoir en servant à table M. Ramsay et sa fille pendant leur dîner, à une heure, et s'être régalés des restes avec deux servantes dont l'une était cuisinière et faisait tout l'ouvrage de la maison, et dont l'autre avait le titre de femme de chambre de mistress Marguerite. C'était là en effet, jeunes apprentis de Londres, c'était là cette discipline à laquelle vos prédécesseurs étaient soumis. Ceux de notre horloger, suivant la coutume établie, se mirent donc à faire aux passans l'éloge des marchandises de David Ramsay, et à les engager à y accorder leur attention.

On peut bien supposer que, dans ce genre de service, Jenkin Vincent laissait fort en arrière son compagnon, plus timide et plus réservé. Celui-ci n'articulait qu'avec difficulté, et comme un acte de devoir dont il était presque honteux de s'acquitter, la formule ordinaire : — Que désirez-vous ? que désirez-vous ? des pendules, des montres, des lunettes ? Que désirez-vous ? des montres, des lunettes, des pendules ? Que désirez-vous, monsieur ? que désirez-vous, madame ? des lunettes, des pendules, des montres ?

Mais cette répétition sèche et ennuyante, quelque variée qu'elle pût être par la désinence et l'arrangement des mots, semblait encore plus plate quand on la comparait aux recommandations pompeuses que faisaient entendre les talens oratoires du hardi Vincent, qui avait toujours une réplique prête. — Que désirez-vous, noble seigneur? que désirez-vous, belle dame? disait-il d'un ton hardi et insinuant en même temps, et qu'il savait nuancer avec assez d'adresse pour plaire à ceux à qui il adressait ces paroles, et pour faire sourire les autres personnes qui les entendaient.

— Que Dieu vous bénisse, dit-il à un ecclésiastique bénéficier; le grec et l'hébreu ont affaibli la vue de Votre Révérence; achetez une paire de lunettes de David Ramsay. Le roi, que Dieu bénisse Sa Majesté très-sacrée! le roi n'en prend jamais d'autres pour lire de l'hébreu et du grec.

— En êtes-vous bien sûr? dit un gros ministre de la vallée d'Evesham. Si le chef de l'Eglise en porte! que Dieu bénisse Sa très-sacrée Majesté, j'essaierai si elles peuvent m'aider; car je n'ai pas été en état de distinguer une lettre d'hébreu d'une autre, depuis..... je ne saurais dire depuis quand; j'avais alors une mauvaise fièvre. Choisissez-m'en une paire semblable à celles que porte Sa très-sacrée Majesté, mon bon jeune homme.

— Sous le bon plaisir de Votre Révérence, répondit Jenkin en lui montrant une paire de lunettes qu'il toucha avec un air de déférence et de respect, en voici une paire que Sa Majesté a mise sur son nez sacré, il y a aujourd'hui trois semaines, et il l'aurait gardée pour s'en servir si la monture n'en eût été du jais le plus pur, comme le voit Votre Révérence, ce qui la rend, comme le dit Sa Majesté très-sacrée, plus convenable à un évêque qu'à un prince séculier.

— Sa Majesté très-sacrée, dit le digne ministre, a toujours été un vrai Daniel pour le jugement. Donnez-moi ces lunettes, mon bon jeune homme. Eh! qui peut dire sur quel nez elles se trouveront dans deux ans d'ici? — Notre révérend frère de Glocester avance en âge.

Il tira sa bourse, paya les lunettes, et se retira avec un air beaucoup plus imposant que celui avec lequel il était arrivé.

— C'est une honte! dit Tunstall à son compagnon; ces verres ne pourront jamais convenir à un homme de son âge.

— Vous êtes un fou, Frank; si le bon docteur avait voulu des lunettes pour lire, il les aurait essayées avant de les acheter. Il n'en a pas besoin pour voir les objets, mais pour se faire regarder lui-même; et elles lui serviront à cet égard aussi bien que les meilleurs verres de la boutique. — Que désirez-vous? cria-t-il encore en recommençant ses sollicitations; des miroirs de toilette, ma jolie dame? votre coiffure est un peu de travers, et c'est bien dommage, car elle est de si bon goût! La dame s'arrêta, et acheta un miroir. — Que désirez-vous? une montre, M. l'avocat, une montre aussi sûre et aussi bien réglée que votre éloquence?

—Taisez-vous, monsieur, répondit le chevalier de la robe noire, que les cris de Vincent troublaient dans une consultation qu'il tenait avec un fameux procureur; taisez-vous; vous êtes le drôle dont la langue est le mieux pendue depuis la taverne du Diable jusqu'à Guidhall.

—Une montre, continua Jenkin sans se rebuter, qui ne se dérangera pas de treize minutes pendant un procès de treize ans. — Il est trop loin pour m'entendre. — Une montre à quatre roues et à échappement. — M. le poète, une montre qui vous dira combien de temps durera la patience de votre auditoire la première fois que vous donnerez une pièce au théâtre de Black-Bull [1]. Le barde se mit

(1) Du *Taureau noir*. — Éd.

à rire, et, fouillant dans sa poche, y trouva dans un coin une petite pièce de monnaie qu'il lui donna.

— Voici un teston pour entretenir ton esprit, mon brave garçon, lui dit-il.

— Grand merci, répondit Vincent; j'aurai soin d'amener à votre première pièce une troupe de bons enfans dont les cris rendront civils les critiques du parterre et les élégans de la scène [1], ou malheur au rideau!

— Voilà ce que j'appelle une bassesse, dit Tunstall: accepter l'argent d'un pauvre rimeur à qui il en reste si peu!

— Je vous dis encore une fois que vous êtes un oison, répondit Vincent. S'il ne lui reste pas de quoi acheter du fromage et des raves, il en dînera un jour plus tôt avec un protecteur ou un comédien, et c'est ce qui lui arrive cinq jours sur sept. Il n'est pas naturel qu'un poète paie son pot de bière; j'emploierai ce teston à boire à sa santé, pour lui épargner cette honte, et à la troisième représentation, quand on jouera à son bénéfice, il en recevra bien d'autres, je vous le promets. — Mais voici une autre pratique qui arrive. Voyez donc cet original! il ouvre la bouche devant chaque boutique, comme s'il voulait en avaler les marchandises. Oh! Saint-Dunstan a attiré ses yeux. Fasse le ciel qu'il n'avale pas les statues! Voyez comme il a l'air étonné pendant qu'Adam et Eve jouent leur carillon! Allons, Frank, toi qui es un savant, explique-moi qui est ce drôle avec sa toque bleue surmontée d'une plume de coq pour montrer qu'il est de bonne condition; regarde-le avec ses yeux gris, ses cheveux roux, son épée dont la poignée de fer pèse cent livres, son habit râpé de drap gris, sa démarche française et le regard espagnol. Il porte à sa ceinture un livre d'un côté et un couteau de chasse de l'autre, sans doute pour faire voir qu'il est moitié pé-

---

[1] Les élégans du temps se plaçaient sur la scène même. On sait que, jusqu'à M. de Lauraguais, il en a été de même sur nos théâtres. — ÉD.

dant, moitié tapageur. Comment appelez-vous cette pièce curieuse, Frank?

— Un franc Ecossais nouvellement débarqué, je suppose, pour aider le reste de ses compatriotes à ronger jusqu'aux os la vieille Angleterre; une chenille qui vient dévorer ce que les sauterelles ont épargné.

— C'est cela même, Frank; et, comme le dit fort bien le poëte :

> Puisqu'en Ecosse il a reçu naissance,
> Tout gueux qu'il est il lui faut sa pitance.

— Chut, Vincent! songez à notre maître.

— Bon! il sait de quel côté son pain est beurré; et je réponds qu'il a vécu trop long-temps parmi les Anglais et aux dépens des Anglais, pour nous faire un crime d'avoir l'esprit anglais. — Mais voyez! notre Ecossais a fini de regarder Saint-Dunstan, et le voici qui vient de ce côté. De par le ciel! c'est un gaillard bien vigoureux et bien fait, en dépit de ses taches de rousseur et de son teint brûlé par le soleil. — Le voilà près de nous; il faut que je lui dise deux mots.

— Et si vous vous en avisez, vous attraperez quelque bonne taloche. Il n'a pas l'air d'un porteur de sacs à charbon [1].

— Je m'en moque, répondit Vincent; et s'adressant sur-le-champ à l'étranger : — Achetez une montre, très-noble Thane du nord, lui dit-il, pour compter les heures d'abondance depuis l'heureux instant où vous avez laissé Berwick derrière vous! achetez des lunettes pour voir l'or d'Angleterre que vous n'avez qu'à vous baisser pour prendre. Achetez tout ce qu'il vous plaira, et l'on vous fera crédit pendant trois jours, car vous êtes un Ecossais à Londres, et, quand vos poches seraient aussi vides que

---

[1] Proverbe anglais, pour dire qu'un homme sait rendre les coups qu'on lui donne.
— Ed.

celles du père Fergus, elles seront remplies au bout de ce temps.

L'étranger regardait le mauvais plaisant en fronçant le sourcil, et semblait saisir son bâton d'une manière un peu menaçante.

— Achetez une médecine, dit l'intrépide Vincent, si vous ne voulez acheter ni temps ni lumière; une médecine pour un estomac fier! Monsieur, il y a une boutique d'apothicaire de l'autre côté de la rue.

Ici le disciple apprenti de Galien qui était à la porte de son maître, la tête couverte de son bonnet plat, les bras entourés de ses bouts de manche de toile, et tenant en main un grand pilon de bois, ramassa la balle que lui jetait Jenkin, et s'écria : — Que désirez-vous, monsieur? achetez un onguent calédonien de première qualité : — *Flos sulphur, cum butyro quant. suff.....* [1].

—Dont il faut se servir, ajouta Vincent, après s'être fait doucement frotter avec une serviette de chêne d'Angleterre.

Le brave Ecossais avait donné beau jeu à cette décharge d'esprit de la Cité, en ralentissant son pas majestueux, et en regardant de travers, tour à tour, chacun de ses deux assaillans, comme s'il eût voulu les menacer d'une repartie ou d'une vengeance plus sérieuse; mais son flegme ou sa prudence l'emporta sur son indignation, et secouant la tête en homme qui méprisait les railleries dont il venait d'être l'objet, il continua d'avancer dans Fleet-Street, poursuivi par les bruyans éclats de rire de ses persécuteurs.

— L'Ecossais ne se bat que lorsqu'il voit son sang, dit Tunstall, que sa naissance dans le nord de l'Angleterre avait rendu familier avec tous les proverbes dirigés contre ceux qui vivaient encore plus au nord.

---

(1) Formule abrégée : *fleur de soufre et beurre, quantité suffisante.* — Ed.

— Je n'en sais ma foi rien, dit Jenkin ; le drôle a l'air de méditer un coup, et il fera payer les pots cassés à quelqu'un avant d'aller bien loin. — Ecoutez! écoutez! voilà le signal!

Effectivement le cri bien connu : — Apprentis! apprentis! aux bâtons! aux bâtons! retentissait déjà dans Fleet-Street, et Jenkin, saisissant son arme, qui était toujours à portée sur le comptoir, et criant à Tunstall d'en faire autant et de le suivre, sauta par-dessus la demi-porte au loquet qui fermait l'échoppe, et se mit à courir vers le lieu de la scène, en répétant le même cri, et en poussant et coudoyant tout ce qui se trouvait sur son passage. Son camarade, après avoir appelé son maître pour qu'il veillât sur sa boutique, suivit Jenkin en courant aussi vite qu'il le pouvait, mais avec un peu plus d'égards pour les passans. Le vieux David Ramsay, les mains et les yeux levés vers le ciel, ayant devant lui un tablier vert, et jetant dans son sein un verre qu'il polissait, arriva à la hâte dans sa boutique pour veiller à la sûreté de ses marchandises ; car il savait depuis long-temps par expérience que dès que le cri *aux bâtons!* se faisait entendre, il avait peu d'aide à espérer de ses apprentis.

CHAPITRE II.

> « C'est un gaillard ayant des écus à foison,
> « Et qui les fait danser de la bonne façon;
> « Mais pour les augmenter il a de l'industrie.
> « Le ciel m'en est témoin ; sa pire fantaisie
> « Est une charité sans rime et sans raison
> « Qui va de toutes parts battant chaque buisson
> « Pour chercher des objets dont s'éloigne le sage. »
> *Le vieux Couple.*

Le vieux marchand allait et venait avec humeur à la porte de sa boutique, mécontent d'y avoir été appelé si promptement, et d'être ainsi forcé d'interrompre ses études plus abstraites. Ne pouvant chasser de son esprit la suite des calculs dont il était occupé, il faisait un mélange bizarre des fragmens de son opération arithmétique avec la harangue d'usage qu'il adressait aux passans, et quelques réflexions grondeuses sur ses fainéans apprentis. — Que désirez-vous, monsieur? madame, que désirez-vous? des pendules pour le salon et l'antichambre, des montres pour le jour, des montres pour la nuit? *La roue d'arrêt étant 48, le pouvoir du grand ressort 8, les chevilles de la roue de sonnerie sont 48.* Que désirez-vous, monsieur? *le quotient, le multiplicande.* Faut-il que les coquins soient partis précisément à l'instant où.... *L'accélération étant en raison de 5 minutes 55 secondes 53 tierces 59 quartes....* Ils me le paieront tous deux quand ils reviendront! oui, ils me le paieront, de par l'immortel Napier!

Ici le philosophe contrarié fut interrompu par l'arrivée d'un grave et recommandable habitant de la Cité, qui, le saluant familièrement sous le nom de — David, ma vieille connaissance, — et lui serrant cordialement la main, lui demanda ce qui lui donnait de l'humeur.

Le costume de l'étranger, sans indiquer l'ostentation, était plus brillant que ne l'était d'ordinaire celui des commerçans de son rang. Ses larges chausses de velours noir étaient doublées en soie pourpre, doublure qui paraissait par plusieurs échancrures. Son pourpoint était de drap pourpre, et son habit court de velours noir assorti aux chausses. Le tout était orné d'un grand nombre de petits boutons d'argent richement travaillés en filigrane. Il portait au cou une chaîne d'or à trois rangs, et à sa ceinture, au lieu d'épée ou de couteau de chasse, pendaient un couteau de table ordinaire et un petit étui d'argent qui semblait contenir tout ce qu'il fallait pour écrire. On aurait pu le prendre pour un secrétaire ou un commis employé au service du public, si sa toque plate et sans ornement, et ses souliers bien noircis et reluisans, n'eussent indiqué qu'il appartenait à la Cité. C'était un homme bien fait, de moyenne taille, et qui paraissait jouir d'une bonne santé, quoiqu'il fût déjà avancé en âge. Ses regards annonçaient la sagacité et la bonne humeur, et l'air respectable que lui donnait son costume était relevé par des yeux brillans, des joues rubicondes et des cheveux gris. Les premiers mots qu'il prononça furent en dialecte écossais, mais de manière qu'on pouvait à peine distinguer si c'était une plaisanterie joviale qu'il se permettait aux dépens de l'accent de son ami, ou si c'était celui qui lui était naturel, car son ton ordinaire ne sentait guère la province.

En réponse aux questions de son respectable ami, Ramsay poussa un profond soupir et répéta ses propres paroles. — Ce qui me donne de l'humeur, maître Georges ? Quoi ! tout m'en donne ; je vous proteste qu'autant vaudrait vivre dans le pays de féerie que dans le quartier de Faringdon-Without. Mes apprentis sont changés en lutins ;

ils paraissent et disparaissent comme des fantômes, et ne sont pas mieux réglés qu'une montre sans échappement. S'il y a une balle à lancer, un bœuf à poursuivre, une tête à casser, un plongeon à donner à quelque femme criarde, Jenkin est toujours sûr de s'y trouver à un bout ou à l'autre, et Frank Tunstall ne manque jamais de le suivre par compagnie. Je crois que les boxeurs, les meneurs d'ours et tous les charlatans se sont ligués contre moi, mon cher ami, car ils passent devant ma boutique dix fois plus souvent que devant aucune autre de la Cité. Voilà encore qu'il vient d'arriver un coquin d'Italien qu'on nomme Polichinelle; et tout cela joint ensemble.....

— Fort bien, dit maître Georges en l'interrompant; mais quel rapport tout cela a-t-il avec votre humeur actuelle?

— Ne vient-on pas de crier au voleur ou à l'assassin? (Je désire que ce soit le moindre des deux maux, au milieu de ces pourceaux d'Anglais gorgés de pouding). J'ai été interrompu dans les plus profonds calculs auxquels un homme se soit jamais livré, maître Georges.

— Hé bien, ami, il faut prendre patience. Vous êtes un homme qui trafiquez du temps; vous en avancez ou vous en retardez le cours à volonté. Personne n'a moins de raison que vous de se plaindre d'en perdre un peu par-ci par-là. Mais voici vos jeunes gens; il faut que l'affaire ait été sérieuse, car ils rapportent un homme mort.

— Plus le mal est grand, meilleur est le jeu, dit le vieil horloger d'un ton bourru. Je suis pourtant charmé qu'il ne soit arrivé aucun accident ni à l'un ni à l'autre de ces vauriens. — Et pourquoi apportez-vous ici un cadavre, mauvais garnemens? demanda-t-il à ses apprentis qui portaient le corps, à la tête d'un nombre considérable de leurs compagnons, dont plusieurs étaient chargés d'honorables blessures qu'ils venaient de recevoir.

— Il n'est pas encore mort, monsieur, répondit Tunstall.

— Portez-le donc chez l'apothicaire, répliqua son maître. Croyez-vous que je puisse rendre le mouvement à un homme, comme s'il s'agissait d'une montre ou d'une pendule?

— Pour l'amour de Dieu, mon vieil ami, dit maître Georges, déposons-le dans l'endroit le plus voisin; il paraît n'être qu'évanoui.

— Evanoui! et qu'avait-il besoin de s'évanouir dans la rue? Mais au surplus, pour obliger mon ami maître Georges, je recevrais chez moi tous les morts de la paroisse de Saint-Dunstan. Appelez Sam Porter, pour qu'il veille à la boutique.

En parlant ainsi, il fit transporter dans son arrière-boutique l'homme évanoui; c'était ce même Ecossais qui, peu de temps auparavant, avait été l'objet des sarcasmes des deux apprentis, et qu'on plaça sur un fauteuil, jusqu'à ce que l'apothicaire de l'autre côté de la rue pût venir lui donner des secours. Celui-ci, comme cela arrive quelquefois aux membres des professions savantes, avait plus de mots scientifiques que de science, et il se mit à parler de *sinciput* et d'*occiput*, de *cerebrum* et de *cerebellum*, jusqu'à épuiser toute la patience de David Ramsay, qui n'en avait pas beaucoup.

— Bel homme! bel homme! répéta-t-il avec indignation; et qu'importe que ce soit un bel homme! c'est un emplâtre qu'il lui faut à la tête.

Maître Georges, avec un zèle mieux dirigé, demanda à l'apothicaire si une saignée ne serait pas utile. Le docteur hésita, balbutia, et, ne trouvant, dans l'urgence du moment, rien de mieux à ordonner, il dit que, dans tous les cas, cette opération soulagerait le cerveau, le *cerebrum*, si par hasard il y avait tendance à un dépôt de sang extravasé, qui pourrait occasioner une compression sur cet organe délicat. Heureusement il était en état de saigner, et il fut puissamment aidé par Jenkin Vincent, qui était passé maître en fait de têtes cassées. On employa l'eau froide et le vinaigre, suivant la méthode scientifique suivie de nos jours par ceux qui servent de seconds à nos boxeurs; et enfin le blessé commença à se soulever sur son fauteuil, serra son habit autour de lui, et montra tous les symptômes d'un homme qui cherche à recouvrer ses sens et sa mémoire.

— Il faudrait le porter sur le lit dans le petit cabinet, dit maître Georges; qui semblait connaître parfaitement toutes les distributions de la maison.

— Il peut prendre ma place sur le lit de camp, s'écria Jenkin, car le lit du petit cabinet servait aux deux apprentis; je puis bien dormir sous le comptoir.

— Et moi aussi, dit Tunstall, et le pauvre diable aura le lit tout entier.

— Le sommeil, dit l'apothicaire, est, suivant l'opinion de Galien, un restaurant et un fébrifuge, qu'on le trouve naturellement ou sur un lit de camp.

— Quand on ne peut en avoir un meilleur, dit maître Georges; mais voilà deux braves garçons qui abandonnent leur lit de bonne grace! Allons, il faut le débarrasser de ses habits, et le mettre au lit. J'enverrai chercher le docteur Irving, chirurgien du roi; il ne demeure pas loin d'ici, et ce sera ma part du devoir du Samaritain, voisin Ramsay.

— Fort bien, monsieur, dit l'apothicaire; vous êtes le maître de faire venir d'autres conseils, et je ne refuse pas d'entrer en consultation avec le docteur Irving, ou avec tout autre médecin instruit, ni de continuer à fournir de ma pharmacopée tels médicamens qui pourront être nécessaires. Cependant, quoi qu'en puisse dire le docteur Irving, qui, je crois, a pris ses degrés à Edimbourg, et tous les autres docteurs, soit écossais, soit anglais, je soutiens que le sommeil pris à propos est un fébrifuge, un sédatif, un restaurant.

Il prononça quelques autres mots savans, et termina son discours en informant l'ami de Ramsay, en anglais beaucoup plus intelligible que son latin, qu'il le considérerait comme responsable des médicamens fournis et à fournir, et des soins donnés et à donner au malade inconnu.

Maître Georges ne lui répondit qu'en le priant d'envoyer la note de ce qui lui était déjà dû, et de ne pas se déranger davantage, à moins qu'on ne le fît appeler. Le pharmacopole, qui, d'après certaines découvertes qu'il avait faites en voyant l'habit du malade s'entr'ouvrir, n'avait pas conçu une grande opinion des moyens qu'il avait de le payer, n'eut pas plus tôt vu un riche citadin s'intéresser à lui, qu'il éprouva quelque répugnance à renoncer à la possession du traitement; et, pour renvoyer chez lui cet Esculape de Temple-Bar, il fallut plus d'une insinuation de la part de maître Georges, qui, malgré toute sa bonne humeur, savait parler avec fermeté quand l'occasion l'exigeait.

Lorsqu'ils furent débarrassés de M. Raredrench, Jenkin et Frank firent de charitables efforts pour débarrasser le malade de son grand habit gris; mais l'Ecossais s'y opposa fortement. — Plutôt ma vie! plutôt ma vie! murmurait-il indistinctement. Au milieu de cette lutte dont son vêtement de dessus était l'objet, l'habit, qui demandait à être traité avec délicatesse, céda aux efforts des deux apprentis, mais non sans se déchirer, ce qui fit presque retomber en syncope celui à qui il appartenait. Il resta donc dans le fauteuil, n'ayant plus que ses vêtemens de dessous, dont l'état déplorable excitait en même temps la compassion et l'envie de rire. C'était bien certainement pour cette raison qu'il avait eu tant de répugnance à se dépouiller d'un manteau qui, de même que la charité, servait à couvrir tant d'imperfections.

Il jeta lui-même les yeux sur la misérable partie de ses vêtemens qui venait d'être mise au grand jour, et il parut si honteux de cette découverte, que tout en disant entre ses dents qu'il arriverait trop tard à un rendez-vous, il fit un effort pour se lever et sortir de la boutique. Mais Jenkin et son camarade, à un signe de maître Georges, s'opposèrent à ce dessein, et réussirent aisément à l'obliger à se rasseoir.

L'étranger regarda un moment autour de lui, et dit avec l'accent écossais le plus fortement prononcé :—Messieurs, comment appelez-vous cette manière de traiter un étranger qui vient séjourner dans votre ville? Vous m'avez cassé la tête, vous avez déchiré mon habit, et voilà que vous voulez me retenir prisonnier! Ils étaient plus sages que moi, ajouta-t-il après une pause d'un instant, ceux qui me conseillaient de mettre mes plus mauvais habits pour aller dans les rues de Londres; et si j'avais eu quelques vêtemens pires....

—Ce qui aurait été difficile, dit tout bas Jin Vin à son compagnon.

—Ils auraient encore été trop bons, continua l'inconnu, pour être maniés par des gens qui connaissent si peu les lois de la civilité honnête.

—Pour dire la vérité, reprit Jenkin, incapable de se réduire au silence plus long-temps, quoique l'usage de ce temps prescrivît aux jeunes gens, en présence de leurs pères, de leurs maîtres et des vieillards, une retenue respectueuse et une humilité dont la génération actuelle n'a pas d'idée; — pour dire la vérité, les habits de ce brave monsieur ont l'air de ne pas aimer beaucoup à se laisser manier.

—Taisez-vous, jeune homme, dit maître Georges d'un

ton d'autorité ; ne vous moquez jamais de l'étranger ni du pauvre. Le bœuf noir ne vous a pas encore marché sur le pied ¹. Vous ne savez encore ni dans quel pays vous pouvez faire voyage, ni quels habits vous pourrez porter avant de mourir.

Vincent baissa la tête et ne répliqua rien ; mais l'inconnu ne fut pas content de ce qu'on venait de dire en sa faveur.

— Que je sois étranger, monsieur, dit-il, c'est ce qui est certain, quoiqu'il me semble qu'en cette qualité on m'ait traité un peu familièrement dans votre ville. Mais si je suis pauvre, il me semble que personne n'a le droit de me le reprocher, jusqu'à ce que je demande de l'argent à quelqu'un.

—C'est le cher pays, trait pour trait, dit tout bas maître Georges à David Ramsay ; orgueil et pauvreté.

Mais David avait pris ses tablettes et sa plume d'argent, et profondément enfoncé dans des calculs qui embrassaient toute la science des nombres depuis l'unité jusqu'aux millions, aux billions et aux trillions, il ne répondit pas à l'observation de son ami, parce qu'il ne l'avait pas entendue. Maître Georges, le voyant plongé dans ses méditations savantes, adressa la parole à l'Ecossais.

— Je m'imagine donc, Jockey, que si quelqu'un vous offrait un noble, vous le lui jetteriez à la tête?

— Non, si je pouvais lui rendre honnêtement service pour le gagner. Je suis disposé à me rendre utile autant que je le pourrai, quoique je sorte d'une maison honorable, et que je puisse me dire, en une certaine manière, assez à mon aise....

—Oui-da ! Et quelle maison réclame l'honneur de votre origine ?

—La cotte d'armes en est usée, comme dit la comédie, souffla tout bas Jenkin à son compagnon.

(1) Proverbe fondé sur une superstition, pour dire qu'on n'a pas encore connu le malheur. — Ed.

4.

—Allons, Jockey, allons ; parlez donc, continua maître Georges qui remarquait que l'Ecossais, suivant l'usage de ses compatriotes, toutes les fois qu'on lui faisait une question directe et précise, prenait quelques instans pour y répondre.

— Je ne me nomme pas plus Jockey que vous ne vous nommez John, monsieur, dit l'étranger comme s'il eût trouvé mauvais qu'on lui donnât un nom par lequel on désignait alors généralement un Ecossais, comme on le fait aujourd'hui par celui de Sawney. Mon nom, si vous voulez le savoir, est Richie Moniplies, et je sors de l'ancienne maison de Castle Collop, bien connue au West-Port d'Edimbourg.

— Et qu'appelez-vous le West-Port?

— S'il plaît à Votre Honneur, dit Richie, qui, ayant assez retrouvé ses sens pour remarquer l'extérieur respectable de maître Georges, commença à lui parler avec plus de civilité qu'il ne l'avait fait d'abord ; le West-Port est une porte de notre ville, comme les arcades de briques de Whitehall forment ici l'entrée du palais du roi ; seulement le West-Port est construit en pierres, et il est décoré de plus d'ornemens d'architecture.

— En vérité, l'ami, savez-vous bien que les portes de Whitehall ont été exécutées d'après les dessins du célèbre Holbein? Je soupçonne que votre accident vous a dérangé le cerveau, mon bon homme. Vous me direz sans doute ensuite que vous avez à Edimbourg une rivière navigable aussi belle que la Tamise, avec tous les bâtimens qui la couvrent ?

— La Tamise! s'écria Richie avec un air de mépris inexprimable ; que Dieu fasse grace au jugement de Votre Honneur! nous avons à Edimbourg les eaux du Leith et le North-Loch.

— Et le Pow-Burn, et le Quarry-Holes, et le Gusedub, dit maître Georges en parlant bon écossais avec un accent

aussi naturel que fortement prononcé. Ce sont des vauriens comme vous qui détruisent ici par leurs mensonges
la réputation de notre pays.

— Que Dieu me pardonne, monsieur, dit Richie, fort
surpris de voir l'Anglais supposé changé en véritable
Ecossais; je prenais Votre Honneur pour un Anglais; mais
je pense qu'il n'y a pas grand mal à chercher à soutenir
l'honneur de son pays dans une contrée étrangère où
chacun ne songe qu'à le décrier.

— Et croyez-vous faire honneur à votre pays en démon-
trant qu'un de ses enfans est un impudent menteur? Mais
allons, n'en prenez pas de chagrin. Vous avez trouvé un
compatriote, et vous trouverez en lui un ami si vous le
méritez, et surtout si vous me répondez avec vérité.

— Je ne vois pas quel avantage je trouverais à vous
parler autrement.

— Eh bien donc, pour commencer, je soupçonne que
vous êtes le fils du vieux Mungo Moniplies, boucher au
West-Port.

— Votre Honneur est sorcier, à ce que je crois.

— Et comment osez-vous, monsieur, vous donner pour
noble?

— Je n'en sais trop rien, monsieur, répondit Richie en
se grattant la tête. J'entends beaucoup parler dans ces
environs d'un comte de Warwick, je crois que c'est Guy
qu'on le nomme, qui s'est rendu célèbre à force de tuer
des vaches sauvages, des sangliers et d'autres animaux.
Or je suis sûr que mon père a tué plus de vaches et de
cochons, pour ne rien dire des bœufs, des veaux, des
moutons, des brebis et des agneaux, que tous les hauts
barons de l'Angleterre pris ensemble.

— Vous êtes un fin matois; mais veillez sur votre langue, et prenez garde à vos réponses. Votre père était un
honnête bourgeois, syndic de sa corporation; je suis fâché
de voir à son fils de tels vêtemens.

— Ils ne sont pas des meilleurs, monsieur, dit Richie Moniplies en y jetant un coup d'œil, ils ne sont pas des meilleurs ; mais c'est la livrée ordinaire des enfans des pauvres bourgeois de notre pays ; ils sont tels que la vieille Misère nous les donne. Il faut de la patience. Depuis que le roi a quitté l'Ecosse, il n'y a plus rien à faire à Edimbourg. On fait du foin au carrefour de la Croix, et l'on pourrait couper l'herbe sur Grass-Market. Les bestiaux que mon père tuait trouveraient à paître à l'endroit où était son abattoir.

— Cela n'est que trop vrai, dit maître Georges ; et tandis que nous faisons ici notre fortune, nos anciens voisins meurent de faim chez eux ainsi que leurs familles. On devrait y songer plus souvent. — Mais pourquoi vous a-t-on rossé de cette manière? Ne mentez pas, surtout.

— Pourquoi vous conterais-je des mensonges, monsieur? Je passais par cette rue, et chacun s'amusait à me jeter son lardon. Vous êtes trop nombreux pour moi, me dis-je en moi-même ; mais que je vous rencontre dans le parc de Barford, ou au Vennel, et je vous ferai chanter une autre antienne. Si bien donc qu'un mauvais diable de potier s'approcha de moi tout doucement, et me présenta un vieux tesson, en me disant que je pourrais y mettre mes parfums d'Ecosse. Je le poussai, comme c'était bien naturel, et le coquin, tombant sur ses pots, en brisa une vingtaine. Ce fut alors un cri général contre moi ; et si ces deux braves jeunes gens n'étaient venus à mon aide, j'aurais été assassiné sans remède. Et justement comme ils me prenaient par le bras pour me tirer de la bagarre, j'ai reçu d'un batelier gaucher le coup qui m'a étourdi.

Maître Georges regarda les apprentis comme pour leur demander s'il devait ajouter foi à cette narration.

— C'est la vérité, monsieur, dit Jenkin. Seulement je n'ai pas entendu parler du tesson. On disait qu'il avait brisé quelques pots, et que.... je vous demande pardon, monsieur, qu'on ne pouvait réussir à rien dans le voisinage d'un Ecossais.

— Peu importe ce qu'on disait. Vous êtes un honnête garçon d'avoir pris le parti du plus faible. Et vous, drôle, continua maître Georges en s'adressant à son compatriote, venez me voir demain matin, voici mon adresse.

— Je me rendrai chez Votre Honneur, répondit l'Ecossais en s'inclinant jusqu'à terre, c'est-à-dire si mon honorable maître me le permet.

— Serait-ce d'un autre maître que de la Misère que vous portez la livrée, dites-nous ?

— Dans un certain sens, je puis dire que j'en ai deux, s'il plaît à Votre Honneur, car mon maître et moi nous sommes également les esclaves de la vieille Misère, et nous espérions lui montrer les talons en venant d'Ecosse en Angleterre. Vous voyez donc, monsieur, que je suis en quelque sorte un *noir tenancier*, comme on dit au pays, n'étant que le serviteur d'un serviteur.

— Et comment se nomme votre maître ? demanda maître Georges. Si c'est un secret, ne me le dites pas, ajouta-t-il en voyant qu'il hésitait à répondre.

— C'est un secret qu'il n'est pas bien utile de garder. Seulement vous savez que, nous autres estomacs du nord, nous sommes trop fiers pour appeler des témoins de notre détresse. Ce n'est pas que mon maître éprouve autre chose qu'une gêne du moment, ajouta Richie en jetant un coup d'œil sur les deux apprentis, il a une somme considérable au trésor royal. C'est-à-dire, ajouta Richie en parlant à l'oreille de maître Georges, le roi lui doit un déluge d'argent; mais le difficile, à ce qu'il paraît, c'est de s'en faire payer. Mon maître est le jeune lord Glenvarloch.

Maître Georges montra beaucoup de surprise en entendant prononcer ce nom.

— Vous feriez partie des gens de la suite du jeune lord Glenvarloch! s'écria-t-il; et sous de tels vêtemens!

— Et je suis moi seul toute sa suite, quant à présent, c'est-à-dire. Et je serais bien heureux de le voir dans une situation plus florissante que la mienne, dussé-je moi-même ne pas sortir de celle où vous me voyez.

— J'ai vu son père, dit maître Georges, marcher suivi de quatre pages et de dix laquais vêtus en velours et galonnés. Nous vivons dans un monde où tout change, mais il en vient un meilleur ensuite. La noble et ancienne maison de Glenvarloch, qui a servi son roi et son pays pendant cinq cents ans!...

— Votre Honneur peut bien dire pendant mille.

— Je dis ce que je sais être vrai, l'ami, et pas un mot de plus. Vous paraissez assez bien maintenant. Etes-vous en état de marcher?

— Fort en état, monsieur; je n'étais qu'étourdi. J'ai été élevé au West-Port, et ma tête peut résister à un coup qui assommerait un bœuf.

— Où demeure votre maître?

— Nous demeurons, s'il plaît à Votre Honneur, dans une petite maison au bout d'une rue qui descend au bord de l'eau, chez un homme fort honnête, nommé John Christie, revendeur pour la marine: son père était de Dundee. Je ne me souviens pas du nom de la rue, mais c'est juste en face de la grande église là-bas. Votre Honneur fera attention que nous ne portons que notre nom de famille; nous sommes M. Nigel Olifaunt, tout simplement, quoique en Ecosse nous nous nommions lord Nigel.

— C'est de la part de votre maître une preuve de sagesse, dit maître Georges. Je trouverai votre demeure, quoique vous ne me l'ayez pas indiquée bien clairement.

A ces mots il glissa une pièce d'argent dans la main de

Richie Moniplies, et lui dit de retourner chez lui et de ne pas se faire de nouvelles querelles.

— C'est à quoi je prendrai bien garde, répondit Richie avec un air d'importance, à présent que j'ai sur moi quelque chose à garder. Ainsi donc, vous souhaitant à tous une bonne santé, et remerciant particulièrement ces deux jeunes gentilshommes....

— Gentilhomme, je ne le suis pas, s'écria Jenkin en enfonçant sa toque sur sa tête. Je suis un apprenti de Londres, et j'espère un jour obtenir les libertés et franchises de la Cité. Frank peut se dire gentilhomme, si bon lui semble.

— Je le fus autrefois, dit Tunstall, et je me flatte de n'avoir rien fait pour mériter d'en perdre le nom.

— Hé bien, hé bien, comme vous le voudrez, dit Richie Moniplies ; mais je vous dois beaucoup à l'un et à l'autre ; et si je ne vous dis pas grand'chose à ce sujet, soyez bien certains que je n'en pense pas moins. Bonsoir, mon bon compatriote.

En parlant ainsi il tendit hors de la manche de son pourpoint rapiécé une longue main décharnée, et un bras dont les muscles étaient tendus comme des cordes. Maître Georges lui serra la main, tandis que Frank et Jenkin échangeaient entre eux un regard malin. Richie désirait aussi adresser ses remerciemens au maître de la boutique ; mais le voyant, ainsi qu'il le dit ensuite, écrire sur son grimoire comme s'il avait perdu l'esprit, il se contenta d'ôter sa toque avec politesse, et sortit.

—Voilà donc Jockey parti avec tout ce qu'il a de bon et de mauvais, dit maître Georges à maître David, qui suspendit, quoique bien involontairement, les calculs dont il s'occupait, et qui, tenant sa plume à un pouce de distance de ses tablettes, fixait sur son ami de grands yeux ternes qui n'exprimaient ni intelligence ni aucun intérêt a ce qu'on lui disait.— Ce drôle, continua maître Georges sans faire attention à l'état d'abstraction de Ramsay, montre, avec une grande fidélité de couleur, comment la Fierté et la Pauvreté écossaises font de nous des menteurs et des fanfarons. Et cependant le coquin, qui n'adressera pas trois mots à un Anglais sans qu'il s'y trouve un mensonge dont le but est de se vanter, sera pour son maître, je vous en réponds, un serviteur et un ami aussi dévoué que fidèle; et peut-être s'est-il dépouillé pour lui de son manteau, dans les derniers froids, au risque d'être obligé de se trouver lui-même *in cuerpo*, comme dit l'Espagnol. Il est étrange que le courage et la fidélité, car je suis garant du courage et de la fidélité du drôle, ne soient chez lui accompagnés que de rodomontades et de vanité. Mais vous ne m'écoutez pas, l'ami David.

—Pardonnez-moi, pardonnez-moi, je vous écoute, et avec une grande attention. Comme le soleil fait le tour du cadran en vingt-quatre heures, ajoutez pour la lune cinquante minutes et demie...

—Mais vous êtes dans le septième ciel, mon cher David.

—Pardon, pardon, que la roue A fasse le tour en vingt-quatre heures; j'y suis. Et que la roue B le fasse en vingt-quatre heures cinquante minutes et demie; cinquante-sept étant à cinquante-quatre comme cinquante-neuf à vingt-quatre heures cinquante minutes et demie, ou à peu près... Pardon, maître Georges, pardon; je vous souhaite le bonsoir.

— Le bonsoir! comment! vous ne m'avez pas encore souhaité le bonjour. Allons, mon vieil ami, laissez là ces tablettes, ou le mécanisme intérieur de votre tête se trouvera dérangé, comme l'enveloppe extérieure de celle de notre ami qui vient de partir se trouve fêlée. Bonsoir! oui-da! vous ne vous débarrasserez pas de moi si aisément. Je viens faire avec vous mon goûter, et entendre ma filleule, mistress Marget [1], jouer un air de luth.

(1) Abréviation écossaise de Marguerite. — ÉD.

— De bonne foi, j'étais distrait, maître Georges ; mais vous me connaissez; quand une fois je me trouve sous les roues...

— Il est heureux que vous n'en fabriquiez que de petites, lui répondit son ami pendant que Ramsay, sortant enfin de sa distraction, le faisait monter par un petit escalier conduisant à un appartement qu'il occupait avec sa fille, et qui était au premier étage.

Les deux apprentis congédièrent Sam Porter, et reprirent leur poste à la porte de la boutique.

— Frank, dit Jenkin à Tunstall, avez-vous vu comment le vieil orfèvre a secoué la main à ce mendiant son compatriote? Où trouverez-vous un Ecossais qui en ferait autant pour un brave Anglais? Il n'en existe pas un; et je le dirai des meilleurs Ecossais, ils se jetteront dans l'eau jusque par-dessus les oreilles pour être utiles à un concitoyen, et ils ne se mouilleraient pas le bout du doigt pour empêcher un Anglais de se noyer. Cependant maître Georges n'est à cet égard qu'à demi Ecossais, car je l'ai vu plus d'une fois rendre service même à des Anglais.

— Mais vous-même, Jenkin, dit Tunstall, je crois que vous n'avez reçu qu'une éducation à demi anglaise. Pourquoi avez-vous pris le parti de cet Ecossais?

— N'en avez-vous pas fait autant?

— Parce que je vous ai vu commencer. Et puis ce n'est pas la mode dans le Cumberland, de se mettre cinquante contre un.

— Ce ne l'est pas non plus à Christ-Church. Non, franc jeu, et vive la vieille Angleterre! D'ailleurs, pour vous dire un secret, sa voix avait un accent... son dialecte je veux dire... me rappelait une petite langue à laquelle je trouve plus de douceur que n'en aura pour mes oreilles le son de la cloche de Saint-Dunstan quand elle m'annoncera la fin de mon apprentissage. Devinez-vous de qui je veux parler, Frank?

— Non, en vérité. Ah! c'est peut-être de Jeannette, la petite blanchisseuse écossaise?

— Au diable Jeannette et son baquet à lessive! non, non, non, buse que tu es; ne vois-tu pas que je veux parler de la gentille mistress Marget?

— Hum! dit Tunstall d'un ton sec.

Un éclair de colère, mêlé d'un peu de soupçon, jaillit des yeux noirs de Vincent.

— Hum! et que signifie ce hum? serais-je le premier apprenti qui aurait épousé la fille de son maître?

— Je m'imagine du moins que ceux-là gardaient leur secret jusqu'à la fin de leur apprentissage.

— Je vous dirai ce qui en est, Frank. Ce peut être votre usage, à vous autres gentilshommes qu'on habitue dès l'enfance à porter deux faces sous le même bonnet, mais ce ne sera jamais le mien.

— L'escalier est là, répondit Tunstall d'un air froid; montez là-haut; demandez mistress Marget à notre maître, et vous verrez quelle mine il aura sous son bonnet.

— Je n'en ferai rien, dit Jenkin; je ne suis pas assez fou pour cela; mais je choisirai mon temps, et tous les comtes du Cumberland ne me couperont pas l'herbe sous le pied; c'est sur quoi vous pouvez compter.

Frank ne répliqua rien; et, reprenant leur occupation ordinaire, les deux jeunes gens se mirent à solliciter l'attention des passans.

CHAPITRE III.

> BOBADIL. — « J'espère que vous n'avez indiqué ma demeure à aucune de vos connaissances?
> MAÎTRE MATHIEU. — Qui? moi, monsieur! juste ciel! »
> BEN JOHNSON. *Chacun son caractère.*

La matinée du lendemain trouva Nigel Olifaunt, le jeune lord de Glenvarloch, assis triste et solitaire dans le petit appartement qu'il occupait chez John Christie, revendeur pour la marine; appartement que cet honnête marchand, peut-être par reconnaissance pour la profession dont il tirait ses principaux moyens d'existence, avait fait arranger de manière à ce qu'il ressemblât, autant que possible, à la chambre d'un capitaine dans son navire.

Cette maison était située près du quai de Saint-Paul, au bout d'une de ces allées étroites et tortueuses qui, jusqu'à ce que cette partie de la Cité eût été consumée par le grand incendie de 1666, formaient un labyrinthe extraordinaire d'issues petites, ténébreuses, humides et malsaines, dans quelque coin desquelles la peste, dans ce temps-là, se trouvait cachée à peu près aussi fréquemment qu'elle se trouve de nos jours dans les quartiers obscurs de Constantinople. Mais la maison de John Christie donnait sur la Tamise, et avait par conséquent l'avantage du bon air, quoiqu'elle fût imprégnée du fumet des denrées de toute espèce que contenait sa boutique, comme lard, beurre, savon, chandelles, fromage, tabac, etc., du parfum, de la poix, du goudron, et en outre d'une odeur de bourbe et de marécage chaque fois que la marée se retirait.

A cela près que son imagination ne flottait pas quand le flux arrivait, et n'échouait pas lors du reflux, le jeune lord se trouvait presque aussi bien logé qu'il l'avait été à bord du petit bâtiment de commerce sur lequel il était venu à Londres de la longue ville de Kircaldy dans le comté de Fife. Son hôte avait d'ailleurs pour lui toutes les attentions imaginables, car Richie Moniplies n'avait pas jugé nécessaire de conserver assez strictement l'incognito de son maître pour que l'honnête revendeur ne pût soupçonner que son locataire était d'une condition supérieure à ce qu'il paraissait être. Quant à dame Nelly son épouse, femme toute ronde, enjouée, aimant à rire, ayant des yeux noirs, un corset bien serré, un tablier vert et un jupon rouge, judicieusement raccourci de manière à faire voir une jambe fine et un petit pied placé dans un soulier bien ciré, elle prenait un intérêt tout naturel à un jeune homme bien fait, de bonne humeur, facile à contenter, et dont les manières prouvaient évidemment qu'il était d'un rang bien supérieur à celui des capitaines ses locataires habituels. En effet, lors du départ de ceux-ci elle trouvait ses planchers, si bien lavés, souillés de taches de tabac, herbe qui commençait alors à être en usage en dépit de tous les efforts du roi Jacques, et ses plus beaux rideaux parfumés de genièvre et d'autres liqueurs fortes; grand motif d'indignation pour dame Nelly, qui disait avec vérité que l'odeur de la boutique et du magasin suffisait bien sans cette addition.

Toutes les habitudes de M. Olifaunt, au contraire, étaient basées sur la régularité et sur la propreté; et ses manières, quoique franches et simples, annonçaient tellement le courtisan et l'homme bien né, qu'elles formaient un contraste très-prononcé avec les cris bruyans, les plaisanteries grossières et la brusque impatience des locataires ordinaires de dame Nelly. Elle voyait aussi que son hôte était mélancolique, quoiqu'il fît tous ses efforts pour paraître content et enjoué. En un mot, sans en connaître elle-même toute l'étendue, elle prit à lui cette sorte d'intérêt qu'un galant peu scrupuleux aurait pu être tenté de chercher à augmenter au préjudice de l'honnête John, qui avait au moins une vingtaine d'années de plus que sa compagne. Mais Olifaunt avait à penser à bien autre chose; et d'ailleurs si cette idée se fût présentée à son esprit, il l'aurait repoussée comme un acte d'ingratitude, et comme une abominable violation des lois de l'hospitalité ; car son père lui avait fait une religion des maximes les plus strictes de la foi nationale, et avait formé ses mœurs d'après les principes les plus délicats de l'honneur. Il n'avait pu se garantir de cette faiblesse qui domine dans son pays, une fierté excessive causée par sa naissance, et une disposition à apprécier le mérite et l'importance des autres d'après le nombre et la renommée de leurs ancêtres; mais cet orgueil de famille était subjugué, et en général presque entièrement dissimulé par son bon sens et sa politesse.

Tel que nous venons de le décrire, Nigel Olifaunt, ou plutôt le jeune lord-Glenvarloch, était, à l'instant où le prend notre narration, dans de grandes inquiétudes sur le sort de son fidèle et unique serviteur. Il avait envoyé la veille dans la matinée, et de très-bonne heure, Richard Moniplies jusqu'à la cour, à Westminster. Vingt-quatre heures s'étaient écoulées, et il n'était pas encore de retour. Nos lecteurs connaissent déjà ses aventures de la soirée, et à cet égard ils sont plus instruits que ne l'était son maître. Cependant dame Nelly, tout en partageant les inquiétudes de son hôte, cherchait à les lui faire oublier. Elle lui servit pour déjeuner une belle tranche de bœuf froid, saupoudrée de sel, avec son accompagnement ordinaire de carottes et de navets ; lui recommanda sa moutarde comme sortant directement de la boutique de son cousin de Tewksbury, lui épiça sa rôtie de ses propres mains ; et ce fut de ses propres mains encore qu'elle lui tira un pot d'ale mousseuse. Tels étaient, à cette époque, les élémens dont se composait un déjeuner.

Quand elle vit que l'inquiétude de son hôte l'empêchait de faire honneur au repas qu'elle lui avait préparé, elle commença la litanie des consolations verbales avec la volubilité ordinaire aux femmes de son état qui, sachant qu'elles ont quelque beauté, de bonnes intentions et de bons poumons, ne craignent ni de se fatiguer ni d'ennuyer leurs auditeurs.

— Hé bien ! qu'est-ce à dire ? faudra-t-il que nous vous renvoyions en Ecosse aussi maigre que vous êtes arrivé ? cela serait contraire au cours naturel des choses. Voilà le père de mon homme, le vieux Sandie Christie ; j'ai entendu dire que c'était un squelette quand il est arrivé du nord : hé bien ! quand il est mort, il y a eu dix ans à la Saint-Barnabé, il pesait cent soixante livres. J'étais encore jeune fille dans ce temps, et je demeurais dans le voisinage. Je ne pensais guère à épouser John, car il a une bonne vingtaine d'années de plus que moi ; mais il fait bien ses affaires, et il est bon mari. Et son père, comme je vous le disais, est mort gras comme un marguillier. Hé bien ! monsieur.....; mais j'espère que mon petit bavardage ne vous a pas offensé. Je me flatte que l'ale est au goût de Votre Honneur ; et le bœuf, et la moutarde ?

— Tout est excellent, répondit Olifaunt ; tout n'est que trop bon ; tout est chez vous si propre et si avenant, dame Nelly, que je ne sais comment je vivrai quand je serai de retour dans mon pays, si jamais j'y retourne.

Il ajouta ces derniers mots presque involontairement, et ils furent accompagnés d'un profond soupir.

— Je garantis que Votre Honneur y retournera si bon lui semble ; à moins que vous ne préfériez prendre en Angleterre une jolie femme ayant une bonne dot, comme l'ont fait plusieurs de vos compatriotes. Je vous assure que quelques-unes des femmes les plus huppées de la Cité ont épousé des Ecossais. Lady Trebleplumb, veuve de sir Thomas Trebleplumb, ce riche marchand de Turquie, a épousé sir Awley Macauley, que Votre Honneur connaît sans doute; et la jolie mistress Doublefee, la fille du vieil avocat Doublefee, qui sauta par la fenêtre de la maison de son père, épousa à la dernière foire de mai un Écossais dont le nom est si dur que je ne saurais le prononcer. Les deux filles du vieux Pitchpost, le marchand de bois, n'ont guère fait mieux, puisqu'elles ont épousé deux Irlandais; et, quand quelqu'un s'avise de faire des gorges chaudes de ce que j'ai pour locataire un Ecossais, voulant dire Votre Honneur, je lui réponds que c'est qu'il a peur pour sa fille ou pour sa femme. En bonne conscience, j'ai droit de soutenir les Ecossais, puisque John Christie l'est à moitié; et, comme je vous le disais, il fait bien ses affaires et il est bon mari, quoiqu'il y ait une vingtaine d'années entre nous. Ainsi donc je voudrais que Votre Honneur chassât le souci; et puisque voilà le déjeuner, mangez un morceau et buvez un coup.

— Je vous dirai en quatre mots, ma bonne hôtesse, que cela m'est impossible. L'absence de mon domestique dure si long-temps qu'elle me cause de vives inquiétudes. Votre ville offre tant de dangers !

Il faut dire, en passant, que la manière adoptée par dame Nelly pour donner des consolations était de prouver qu'on n'avait pas raison de s'affliger; on dit même qu'elle portait si loin ce système, qu'elle chercha un jour à consoler une de ses voisines qui avait perdu son mari, en lui disant que le cher défunt en vaudrait mieux le lendemain, ce qui n'aurait peut-être pas été le bon moyen de calmer sa douleur quand même il eût été possible. Dans l'occasion qui se présentait, elle nia fortement que Richie eût été absent vingt heures; quant à ce qui arrivait quelquefois, que des gens fussent tués dans les rues de Londres, il était bien vrai qu'on avait trouvé deux hommes tués dans les fossés de la Tour, la semaine précédente; mais c'était bien loin, et dans la partie orientale de la ville. On avait aussi coupé la gorge à un autre, mais c'était dans les champs, près d'Islington; et pour celui qui avait été tué par un étudiant du Temple, près de Saint-Clément dans le Strand, par suite d'une querelle de table, c'était un Irlandais. Elle citait tous ces exemples pour prouver qu'ils n'offraient rien qui fût applicable à Christie, puisqu'il était Ecossais, et qu'il n'était allé qu'à Westminster.

— Ma meilleure consolation, bonne dame, dit Olifaunt, c'est de savoir que ce brave garçon n'est ni tapageur, ni querelleur, à moins qu'il ne reçoive de fortes provocations, et qu'il n'a sur lui que quelques papiers qui à la vérité ne sont pas sans importance pour moi.

— Votre Honneur a raison, répondit l'inépuisable hôtesse, qui s'occupait le plus lentement possible à mettre tout en ordre dans la chambre et à desservir le déjeuner, afin de continuer plus long-temps son bavardage; je réponds que M. Moniplies n'est ni débauché, ni tapageur, sans quoi pourquoi n'irait-il pas faire des fredaines avec nos jeunes matelots du voisinage? Mais non, il n'y songe jamais. Une fois même que je l'engageai à venir chez ma commère dame Drinkwater manger un morceau de fromage et boire un verre d'anisette, car elle est accouchée de deux jumeaux, comme je l'ai dit à Votre Honneur, et c'était une politesse que je voulais faire à ce jeune homme, hé bien! il préféra rester à la maison avec John Christie, qui a bien vingt ans de plus que lui, car j'ose dire que le domestique de Votre Honneur ne paraît guère plus âgé que moi. Que pouvaient-ils avoir à se dire? Je l'ai demandé à Christie en rentrant; mais il m'a dit d'aller me coucher.

— S'il ne revient pas bientôt, je vous prierai de me dire

à quel magistrat je puis m'adresser ; car indépendamment de l'inquiétude que j'éprouve pour lui-même, j'en ai aussi pour les papiers dont il est chargé.

— Votre Honneur peut être bien sûr qu'il sera ici dans un quart d'heure ; il n'est pas garçon à s'absenter vingt-quatre heures tout d'un trait. Quant aux papiers, Votre Honneur lui pardonnera d'y avoir laissé jeter un clin d'œil pendant que je lui versais de l'eau distillée dans un petit verre, pas plus grand que mon dé, pour fortifier son estomac contre l'humidité, et j'ai vu qu'ils étaient adressés à la très-excellente majesté du roi ; par conséquent Sa Majesté a sans doute retenu Richie par civilité, pour avoir le temps de réfléchir sur votre lettre, et y faire une réponse convenable.

Le hasard en ce moment fit tomber dame Nelly sur un motif de consolation mieux choisi que ceux qu'elle avait employés jusqu'alors ; car le jeune lord avait lui-même quelque espérance vague que son messager avait été retenu à la cour jusqu'à ce qu'on pût lui faire une réponse favorable. Cependant malgré son inexpérience en tout ce qui concernait les affaires publiques, il ne lui fallut qu'un moment de réflexion pour se convaincre du peu de probabilité d'une circonstance si contraire à tout ce qu'il avait entendu dire des règles de l'étiquette, et des lenteurs qui suivaient la moindre réclamation à la cour. Il répondit à sa bonne hôtesse, en soupirant, qu'il doutait que le roi jetât même un coup d'œil sur les papiers qu'il lui avait adressés, et qu'il espérait encore bien moins qu'il les prît sur-le-champ en considération.

— Allons donc ! c'est avoir bien peu de courage. Pourquoi notre roi ne ferait-il pas pour nous ce que faisait notre gracieuse reine Élisabeth ? Les uns préfèrent un roi, les autres une reine, et il y a bien des choses à dire à cela ; mais quant à moi, je pense qu'un roi nous convient mieux à nous autres Anglais : et puis ce brave homme ne va-t-il pas aussi souvent par eau à Greenwich, et n'entretient-il pas autant de bateliers et de mariniers que la reine Elisabeth? N'accorde-t-il pas ses bonnes graces royales au poète John Taylor, le poète de l'Eau, qui a une barque et qui sait manier une paire de rames? Ne tient-il pas sa cour à Whitehall, sur le bord de la rivière? Ainsi donc, puisque notre roi est si bon ami de la Tamise, je ne vois pas pourquoi tous ses sujets, et particulièrement Votre Honneur, n'obtiendraient pas satisfaction de lui.

— C'est la vérité, dame Nelly, c'est la vérité ; espérons que tout ira pour le mieux : mais il faut que je prenne mon manteau et ma rapière, et que je prie votre mari de me conduire chez un magistrat.

— A coup sûr, c'est ce que je puis faire aussi bien que lui, car il n'a jamais eu la langue bien pendue, quoique je lui rende la justice de dire que c'est un bon mari, et un homme en état de faire son chemin dans le monde aussi bien que qui que ce soit qui se trouve dans cette rue depuis notre maison jusqu'à l'autre bout. Il y a toujours un alderman à Guildhall, qui est près de Saint-Paul ; et il fait dans la Cité tout ce que la sagesse humaine peut faire; pour le reste, il n'y a d'autre remède que la patience. Mais je voudrais être aussi sûre de tenir quarante bonnes livres, que je le suis de voir revenir Richie sain et sauf.

Olifaunt, qui ne partageait pas tout-à-fait sa tranquillité, jeta son manteau sur ses épaules et allait ceindre sa rapière, lorsque la voix de Richie Moniplies, qu'il entendit sur l'escalier, le dispensa de s'équiper pour sortir ; et presque en même temps son fidèle émissaire entra dans la chambre. Dame Nelly, après avoir félicité Moniplies de son retour, ne manqua pas de vanter la sagacité avec laquelle elle l'avait prédit, et se décida enfin à se retirer. La vérité était qu'outre un instinct de civilité naturelle qui combattait sa curiosité, elle ne voyait aucune apparence que Richie commençât sa narration tant qu'elle resterait dans la chambre, et elle en sortit en se flattant qu'elle aurait assez d'adresse pour tirer ce secret du maître ou du valet, quand elle se trouverait tête-à-tête avec l'un ou avec l'autre.

— Au nom du ciel, dit alors Nigel Olifaunt, que vous est-il arrivé? où avez-vous été? qu'avez-vous fait? Vous êtes pâle comme la mort; je vois du sang sur une de vos mains; votre habit est déchiré. Quelle vie avez-vous donc menée? Il faut que vous vous soyez enivré, Richard, et que vous vous soyez battu.

— Il est bien vrai que j'ai été un peu battu, répondit Richard; mais quant à m'être enivré, c'est ce qu'on ne fait pas aisément dans cette ville sans argent dans sa poche. Et quant à la vie que j'ai menée, je n'ai pas fait grand bruit, quoiqu'on m'ait fendu la tête, car elle n'est pas de fer, et mon habit n'est pas une cuirasse, de sorte qu'un coup de bâton a cassé l'une, et un tour de poignet a déchiré l'autre. Quelques coquins malappris ont dit des sottises de notre pays, et je crois que j'en ai débarrassé le pavé. Mais tout le guêpier ayant fondu sur moi, les plus nombreux ont été les plus forts; j'ai reçu ce coup de bâton sur la tête, et l'on m'a emporté sans connaissance dans une petite boutique près de la porte du Temple, où l'on vend de ces petites machines rondes qui servent à mesurer le temps comme on mesure une aune de tartan. On m'y a saigné, bon gré mal gré, et l'on m'a traité assez civilement, surtout un vieux compatriote dont je vous parlerai ci-après.

— Quelle heure pouvait-il être?

— Les deux bons hommes de fer qui sont au haut d'une église venaient de frapper six coups sur leur cloche.

— Et pourquoi n'êtes-vous pas revenu à la maison aussitôt que vous avez été en état de marcher?

— Tout *pourquoi* a un *parce que*, milord, et celui-ci en a un bon, je vous en réponds. Pour revenir à la maison, il fallait pouvoir la trouver, et j'avais perdu le nom de la rue. Or, plus je demandais mon chemin, et plus on me riait au nez, et chacun s'amusait à m'en éloigner; de sorte que je renonçai à le chercher davantage jusqu'à ce qu'il plût à Dieu d'envoyer le jour pour m'aider ; et, comme j'étais alors près d'une église, je m'établis commodément dans le cimetière pour y passer la nuit.

— Dans un cimetière? Mais je n'ai pas besoin de vous demander ce qui vous a réduit à cette extrémité.

— Ce n'était pas tout-à-fait le manque d'argent, milord, dit Richie avec un air d'importance mystérieuse ; je n'étais pas tant au dépourvu que vous pourriez le croire ; mais c'est ce dont nous parlerons plus tard. J'ai pensé qu'il faudrait être fou pour aller donner une pièce de six sous à une de ces coquines de servantes d'auberge, tandis qu'on pouvait dormir si bien et si tranquillement en plein air par une belle nuit de printemps. Combien de fois à Edimdourg, quand je revenais trop tard, et que le West-Port était fermé, n'ai-je pas trouvé un lit dans le cimetière de Saint-Cuthbert! Mais, dans le cimetière de Saint-Cuthbert, la terre est couverte d'un beau gazon sur lequel on peut dormir comme sur le duvet jusqu'à ce qu'on entende l'alouette chanter en s'élevant dans les airs aussi haut que le château ; tandis que ceux de Londres sont pavés de grosses pierres dures qui se touchent les unes les autres ; et, comme mon habit ne faisait qu'un matelas assez mince, je ne tardai pas à me relever, de peur d'avoir tous les membres perclus. Que les morts y dorment profondément, à la bonne heure ; mais du diable si d'autres qu'eux y pourraient sommeiller.

— Et qu'êtes-vous devenu ensuite?

— Je suis allé m'étendre sur une espèce d'établi en planches formant le devant d'une boutique, et servant à établir les marchandises pendant le jour; là j'ai dormi aussi bien que si j'eusse été dans un château. Ce n'est pas que je n'aie été éveillé plus d'une fois par des coureuses de nuit qui venaient me tirer par le bras ; mais, quand elles voyaient qu'elles n'avaient à gagner avec moi que quelque horion de mon André Ferrare [1], elles me souhaitaient le bonsoir en me traitant de mendiant écossais, et je n'étais pas fâché d'en être quitte à si bon marché. Enfin, dans la matinée, je suis venu ici tout doucement ; mais j'ai eu fort à faire pour trouver le chemin, car j'avais été d'un côté tout opposé, jusqu'à un endroit nommé Mile-End, et je vous réponds qu'il y a au moins cinq ou six milles d'ici.

— Je suis charmé que toutes vos aventures se soient heureusement terminées, Richie ; mais allez déjeuner, vous devez avoir gagné de l'appétit.

— Vous avez raison de le dire, milord ; mais avec la permission de Votre Seigneurie....

— Oubliez Ma Seigneurie quant à présent, Richie ; je vous l'ai déjà dit.

— En bonne conscience, répondit Richie, je pourrais bien oublier que Votre Honneur est un lord ; mais pour cela il faudrait que j'oubliasse aussi que je suis au service d'un lord ; et c'est ce qui n'est pas si facile [2]. Mais quoi qu'il en soit, ajouta-t-il en joignant aux charmes de l'élocution les graces du geste, en étendant le pouce et les deux premiers doigts de sa main droite en patte d'oiseau, tandis que les deux autres étaient fermés, je me suis rendu à la cour hier matin ; et l'ami qui m'avait promis de m'introduire en la présence de Sa très-gracieuse Majesté n'a pas manqué à sa parole, car il m'a emmené dans une

---

(1) Nom d'un ouvrier célèbre à cette époque pour la fabrication des armes. — Ed.

(2) Richie tient encore plus à sa dignité qu'à celle de son maître. Sa réponse rappelle l'anecdote du valet de la fameuse miss Gwyn, qui, le voyant rentrer tout rouge de colère, lui demanda le sujet de son émotion : — Ces coquins, dit le valet, ont eu l'audace de dire que ma maîtresse était une c...... — Hé bien, laisse-les dire, répondit lady Gwyn. — Madame, reprit le valet, qu'ils vous appellent une c...... tant qu'ils voudront, puisque cela vous fait plaisir; mais moi je ne veux pas être appelé le valet d'une c..... — Ed.

arrière-cuisine, où il m'a servi le meilleur déjeuner que j'aie fait depuis que nous sommes dans cette ville maudite de Londres, où tout ce que j'avais mangé jusqu'alors était toujours assaisonné de l'idée désagréable qu'il fallait le payer. Ce n'était pourtant que des os de bœuf et du bouillon gras ; mais Votre Honneur sait que le son du roi vaut mieux que la farine des autres, et dans tous les cas, le repas ne coûtait rien : mais je vois que vous vous impatientez.

— Point du tout, Richie, répondit le jeune lord avec un air de résignation ; car il savait que son domestique était comme ces chevaux auxquels l'éperon ne peut faire changer de pas. Vous avez assez souffert dans la mission dont vous avez été chargé, pour avoir droit d'en faire le récit à votre manière. Seulement dites-moi le nom de l'ami qui devait vous introduire en la présence du roi. Vous avez eu un air de mystère à ce sujet, quand vous avez entrepris de faire remettre ma supplique dans les propres mains de Sa Majesté, par son intervention, puisque toutes celles que j'ai envoyées jusqu'ici sont restées dans les mains de son secrétaire, comme j'ai tout lieu de le croire.

— Hé bien, milord, si je ne vous ai pas dit d'abord son nom et sa qualité, c'est parce que je craignais que vous fussiez mécontent qu'un homme comme lui se mêlât des affaires de Votre Seigneurie ; mais à la cour il y a bien des gens qui emploient de plus mauvaises échelles pour monter. Au surplus, c'est Laurie Linklater, un des yeomen de la cuisine, qui était autrefois apprenti chez mon père.

— Un yeoman de la cuisine! Quelque marmiton sans doute! s'écria lord Nigel en se promenant à grands pas dans la chambre avec un air d'humeur.

— Mais faites attention, milord, dit Richie sans se déconcerter, que tous vos grands amis se tiennent en arrière, semblent vous fuir, et qu'aucun d'eux n'a voulu se charger d'appuyer votre juste demande. Bien certainement, à cause de Votre Honneur, à cause de moi, et à cause de lui-même, car c'est un garçon serviable, je voudrais que Laurie eût une place plus élevée ; mais Votre Seigneurie doit faire attention qu'un marmiton, si marmiton peut se dire d'un yeoman de la très-royale cuisine du roi, a droit de se placer au même rang qu'un cuisinier en chef de toute autre maison ; car, comme je vous l'ai déjà dit, le son du roi vaux mieux....

— Vous avez raison, dit lord Nigel ; c'est moi qui avais tort. N'ayant pas le choix des moyens à employer pour faire valoir mes droits, il n'est pas de voie à laquelle je ne puisse recourir, pourvu qu'elle soit honnête.

—Et Laurie, dit Richie, est un aussi honnête garçon que qui que ce soit qui ait jamais manié l'écumoire. Ce n'est pas que je veuille dire qu'il ne puisse lécher ses doigts comme les autres, mais où est le grand mal ? Enfin, car, je vois que Votre Honneur s'impatiente encore, Laurie me conduisit au palais, où tout était en l'air parce que le roi allait partir pour aller à la chasse à Black-Heath, du moins c'est le nom que j'ai cru entendre. Et il y avait un cheval superbement enharnaché, le plus beau cheval gris que jamais cavale ait mis bas, avec la selle, les étriers, le mors et la gourmette d'or bien luisant, ou d'argent bien doré tout au moins. Enfin, milord, le roi arriva avec tous ses nobles vêtus d'habits de chasse de drap vert, brodés et galonnés en or. Je me rappelais sa figure, quoiqu'il y eût long-temps que je ne l'eusse vu. Par ma foi, mon garçon, pensai-je, les temps sont bien changés depuis le jour où vous vous sauviez sur l'escalier du vieux palais d'Holyrood, mourant de peur, en tenant en mains vos culottes, parce que vous n'aviez pas eu le temps de les mettre, et que Frank Stuart, l'enragé comte Bothwell, était sur vos talons ; et si le vieux lord Glenvarloch n'eût entouré son bras de son manteau, et reçu plus d'une blessure pour vous donner le temps de fuir, vous ne chanteriez pas si haut aujourd'hui. Pensant ainsi, je ne pus m'empêcher de croire que la supplique de Votre Seigneurie ne pouvait manquer de lui être agréable, et je me faufilai tout au beau milieu des lords. Laurie crut que je perdais l'esprit, et voulut me retenir par le collet de mon habit, tant et si bien qu'il lui resta dans la main. Je me trouvai donc en face du roi, comme il montait à cheval, et je lui mis en main la *surplique*. Il l'ouvrit d'un air surpris, et, pendant qu'il lisait la première ligne, il me vint à l'idée que je devais le saluer; mais, par malheur, le bout de mon bonnet frappa le nez de sa coquine de bête; la créature s'effaroucha et regimba; et le roi, qui se tient à cheval à peu près comme une paire de pincettes, fut sur le point de perdre la selle, ce qui m'aurait mis en risque d'avoir le cou allongé. Alors il jeta le papier par terre et s'écria : Qu'on me débarrasse de ce drôle! On se jeta sur moi en criant à la trahison, et je pensai aux Ruthvens qui avaient été poignardés dans leur propre maison, peut-être sans plus de raison. Cependant j'entendis qu'il n'était question que de coups de bâton, et tandis qu'on m'entraînait vers la loge du portier, sans doute pour m'y chatouiller le dos, je me mis à crier merci de toutes mes forces. Le roi m'entendit, et comme il avait eu le temps de se rassurer sur sa selle et de reprendre haleine, il cria qu'on ne me fît pas de mal. C'est un de nos bœufs du nord, dit-il, je le reconnais à la manière dont il beugle! et tout le monde se mit à rire et à beugler encore bien plus fort. Qu'on lui donne une copie de la proclamation, ajouta-t-il, et qu'il retourne dans le nord sur le premier chariot à charbon qu'il trouvera vide, avant qu'il lui arrive rien de pire! Alors on me lâcha, et ils partirent tous en riant, en ricanant, et en chuchotant je ne sais quoi à l'oreille. J'eus ensuite une fière querelle avec Laurie Linklater, qui me dit que cette affaire serait sa ruine ; mais quand je lui eus dit que ce que j'avais fait était pour vous servir, il me reprocha de ne pas l'en avoir informé auparavant; car s'il l'avait su, il aurait volontiers risqué de se faire gronder pour vous, parce qu'il n'avait pas oublié le brave vieux lord votre père. Ensuite il me montra comme j'aurais dû m'y prendre. Il fallait mettre une main sur mes sourcils, comme si la grandeur du roi et le poil brillant de son cheval m'avaient ébloui, et faire je ne sais combien de singeries semblables, au lieu de lui présenter la *surplique* comme si j'eusse apporté à manger à un ours; car le roi, Richie, me dit-il, est un homme bon et juste par nature; mais il a autour de lui un tas de vermine dont il faut se méfier. Je ne le dirais à personne qu'à un homme sage comme vous, ajouta-t-il en baissant la voix, mais il y a dans les alentours du roi des gens qui seraient en état de corrompre un ange descendu du ciel. J'aurais pu vous dire ce qu'il fallait faire, mais à présent, c'est de la moutarde après dîner.—Hé bien! hé bien! Laurie, répondis-je, vous pouvez bien avoir raison; mais puisque je n'ai plus à craindre ni la corde, ni le bâton, du diable si vous me revoyez jamais ici avec une *surplique*, et sur cela je m'en allai, et ce fut en revenant qu'il m'arriva l'accident dont je vous ai déjà parlé.

— Hé bien, mon brave Richie, dit lord Nigel, vos intentions étaient bonnes, et il me semble que votre entreprise n'avait pas été assez mal conduite pour mériter ce mauvais succès. Mais allez déjeuner, et vous me conterez ensuite le reste.

— Il ne reste rien à conter, milord, si ce n'est que j'ai rencontré un gentilhomme, ou pour mieux dire un bourgeois fort honnête, fort civil, fort bien vêtu, qui était dans l'arrière-boutique du marchand de ces machines rondes à aiguilles; et quand il eut appris qui j'étais, ne voilà-t-il pas qu'il s'est trouvé que c'était aussi un Ecossais, et, qui plus est, un enfant de notre bonne ville. Il m'a forcé de prendre cette pièce de Portugal, pour boire sans doute ; mais, ma foi, pensai-je, nous ne serons pas si sots, nous la mangerons. Il a parlé aussi de venir rendre visite à Votre Seigneurie.

— J'espère que vous ne lui avez pas dit où je demeure, misérable, s'écria lord Nigel avec emportement. De par la mort, tous les manans d'Edimbourg voudront être témoins de ma détresse ; ils viendront payer un shilling pour voir la marionnette du noble lord.

— Lui dire où vous demeurez ! répondit Richie en éludant la question ; comment aurais-je pu lui dire ce que je ne savais pas moi-même ? Si je m'étais rappelé le nom de la rue, je n'aurais pas couché la nuit dernière dans un cimetière.

— Ayez donc bien soin de n'en instruire personne, dit le jeune lord ; je puis trouver dans Saint-Paul, ou à la cour des requêtes, tous ceux à qui j'ai affaire.

— C'est fermer la porte de l'écurie quand le cheval est volé, pensa Richie ; il faut que je lui mette autre chose en tête.

Il demanda alors à son maître ce qu'il y avait dans la proclamation qu'on lui avait remise et qu'il tenait encore pliée à la main. — N'ayant pas eu le temps de l'épeler, dit-il, vous savez que je n'en puis connaître que l'image qui est en tête. Le lion a jeté ses griffes sur un des côtés de l'écu de la vieille Ecosse, mais cet écu n'en était pas pire quand il s'y trouvait une licorne à droite et à gauche.

Lord Nigel lut la proclamation, et il rougit de honte et d'indignation en faisant cette lecture, car ce qu'elle contenait était pour lui ce que du plomb fondu serait pour une blessure nouvellement faite.

— Que diable y a-t-il donc dans ce papier, milord ? demanda Richie qui ne put réprimer sa curiosité en voyant la rougeur monter au visage de son maître. Je ne vous ferais pas une pareille question s'il s'agissait de vos affaires particulières, mais une proclamation est faite pour être connue de tout le monde.

—Oui, sans doute, elle doit l'être, répondit lord Nigel; et elle proclame la honte de notre pays et l'ingratitude de notre monarque.

— Que le ciel nous protège! s'écria Moniplies. — Et publier cela à Londres!

— Ecoutez, Richard, dit Nigel Olifaunt; les lords du Conseil disent dans cet écrit,—qu'attendu que des fainéans de basse condition quittent le royaume d'Ecosse de Sa Majesté pour se rendre à sa cour d'Angleterre y faire des demandes et y présenter des pétitions ; que ces mendians, ces gens de vile extraction sont une honte pour l'auguste personne du roi, et déshonorent leur patrie aux yeux des Anglais, il est défendu à tout capitaine et maître de navire dans toutes les parties de l'Ecosse de prendre à bord de semblables individus pour les amener en Angleterre, à peine d'amende et d'emprisonnement.

—Je suis surpris que le capitaine nous ait reçus à bord, dit Richie.

—Alors vous ne serez pas surpris d'apprendre comment vous devez être renvoyé, dit lord Nigel. Voici un article qui porte que ces vagabonds seront reconduits en Ecosse aux frais de Sa Majesté, et seront punis de leur audace par l'emprisonnement ou par les verges, suivant l'exigence du cas ; ce qui veut dire, continua le jeune lord, suivant qu'ils seront plus ou moins pauvres, car je ne vois aucune autre distinction.

—Cela n'est guère d'accord avec notre vieux proverbe :

> Qui du souverain
> Voit la face
> Doit être certain
> De sa grace.

Mais qu'y a-t-il encore sur ce papier?

— Oh! rien qu'un petit article qui nous concerne particulièrement, car il prononce des peines encore plus sévères contre ceux qui seront assez hardis pour s'approcher de la cour sous prétexte de réclamer du roi le paiement d'anciennes dettes; — ce qui, de toutes les espèces d'importunités, dit la proclamation, est celle que Sa Majesté a le plus en horreur.

— A cet égard, le roi a bien des camarades; mais les créanciers sont une espèce de bétail que tout le monde ne peut pas chasser aussi aisément que lui.

Leur conversation fut interrompue ici par le bruit du marteau. Olifaunt regarda par la fenêtre, et vit un vieillard d'un air respectable qu'il ne connaissait pas. Richie jeta aussi un coup d'œil par la croisée; et ce fut précisément parce qu'il reconnut son ami de la veille, qu'il ne voulut pas avoir l'air de le reconnaître. Craignant que son maître ne découvrît que c'était lui qui lui avait procuré cette visite, il s'échappa de la chambre sous prétexte d'aller déjeuner, et laissa à dame Nelly le soin d'annoncer maître Georges à lord Nigel, ce dont elle s'acquitta avec toutes ses graces ordinaires.

CHAPITRE IV.

« Oui, monsieur, comme dit notre rustique adage,
« Soulier garni de clous en dure davantage;
« Et notre citadin à modestes habits,
« Qui porte chaîne d'or et souliers bien noircis,
« Sous son bonnet peut-être a bien plus de cervelle
« Que ce fier chevalier dont le casque étincelle,
« Ou cet homme d'Etat tout couvert de velours. »

Devinez mon énigme.

Le jeune lord écossais reçut le marchand de la Cité avec une politesse froide, indiquant cette sorte de réserve par laquelle un homme d'un rang élevé cherche quelquefois à faire sentir à un plébéien que sa visite est importune. Mais maître Georges ne parut ni mécontent ni déconcerté. Il accepta la chaise que lord Nigel, par égard pour son âge, n'avait pas cru pouvoir se dispenser de lui offrir; et il garda le silence quelques instants, les yeux fixés sur Nigel, avec un air de respect mêlé d'émotion.

—Pardonnez-moi cette impolitesse, lui dit-il enfin ; je cherchais à reconnaître en vous les traits du digne lord votre respectable père.

Il y eut une autre pause avant que le jeune Glenvarloch lui répondît, et toujours avec un air de réserve : — On a toujours trouvé que je ressemblais à mon père, monsieur, et je suis charmé de voir quelqu'un qui respecte sa mémoire; mais l'affaire qui m'a appelé en cette ville est de nature urgente et particulière, et je suis obligé......

— Je vous comprends, milord, et je ne voudrais pas vous interrompre long-temps dans vos affaires, ou vous priver d'une conversation plus agréable. L'objet de ma visite sera presque rempli quand je vous aurai dit que je me nomme Georges Heriot; que la protection de votre excellent père me fit connaître de la famille royale d'Ecosse, il y a plus de vingt ans, et qu'ayant appris d'un de vos gens que Votre Seigneurie était en cette ville pour une affaire de quelque importance, j'ai regardé comme un devoir..... je me suis fait un plaisir..... de..... me présenter devant le fils de mon protecteur; et comme je suis assez connu à la cour et dans la Cité, de lui offrir l'aide que mon crédit et mon expérience peuvent lui procurer.

— Je ne doute ni de l'un ni de l'autre, maître Heriot, et je vous remercie de la bonne volonté que vous témoignez pour servir un étranger; mais mon affaire à la cour est terminée, et j'ai dessein de quitter Londres et même l'Angleterre, et de passer en pays étranger pour y prendre du service. J'ajouterai que mon départ doit être si prompt, que j'ai peu de temps à ma disposition.

Maître Heriot fit la sourde oreille, et resta comme cloué sur sa chaise, mais avec l'air embarrassé d'un homme qui a quelque chose à dire, et qui ne sait trop comment l'exprimer. Enfin, secouant la tête en souriant : — Vous êtes bien heureux, milord, dit-il, d'avoir si promptement terminé votre affaire à la cour. Votre bavarde d'hôtesse m'a appris que vous n'êtes ici que depuis quinze jours, et il se passe ordinairement des mois et des années avant que la cour et un réclamant puissent se faire leurs adieux.

— Mon affaire s'est terminée très-brièvement, répondit lord Nigel avec une sécheresse laconique qui avait pour but de mettre fin à toute discussion.

Maître Heriot n'en restait pas moins sur sa chaise, et son air respectable, et la cordialité bienveillante qui se faisait remarquer en lui, empêchaient lord Nigel de lui expliquer plus clairement que son départ lui serait agréable.

— Votre Seigneurie, dit le citadin cherchant à soutenir la conversation, n'a pas encore eu le temps d'aller visiter tous les endroits publics d'amusement, les spectacles, et tous les lieux qui sont le rendez-vous de la jeunesse. Mais le papier que je vois dans la main de Votre Seigneurie est sans doute une affiche de quelque nouvelle pièce. Puis-je vous en demander le titre?

— Oh! elle est bien connue, répondit lord Nigel en jetant à terre avec un mouvement d'impatience la proclamation qu'il chiffonnait entre ses doigts; c'est une pièce excellente qui a parfaitement réussi. — *Nouveau moyen pour payer de vieilles dettes* [1].

— Je la connais dit Heriot en se baissant pour ramasser le papier; l'auteur est mon vieil ami Philippe Mas-

(1) C'est le titre de la pièce de Massinger. — ED.

singer. Mais ayant jeté les yeux sur la proclamation, il les leva ensuite sur lord Nigel Olifaunt, et lui dit d'un ton de surprise : J'espère que votre Seigneurie ne pense pas que cette prohibition soit applicable à sa personne ou à sa réclamation?

—J'ai eu quelque peine à le croire moi-même, et cependant le fait est certain ; et je vous dirai, pour terminer cet entretien, qu'il a plu à Sa Majesté de m'envoyer cette proclamation pour toute réponse à une pétition respectueuse par laquelle je lui demandais le remboursement de sommes considérables avancées par mon père pour le service de l'Etat, dans un temps où le roi en avait le plus grand besoin.

— Impossible! absolument impossible! Quand le roi aurait oublié ce qui est dû à la mémoire de votre père, il n'aurait pu..., je dirais même qu'il n'aurait osé commettre un acte d'injustice si criante envers le fils d'un homme qui, tout mort qu'il est, vivra long-temps encore dans le souvenir de tous les Ecossais.

— J'aurais été de votre opinion, mais les faits parlent.

— Et quelle était la teneur de cette supplique? Par qui a-t-elle été présentée? Il faut qu'il y ait eu quelque chose de bien étrange dans son contenu, ou que....

—Vous pouvez en avoir le brouillon, dit lord Nigel en lui remettant un papier qu'il prit dans un petit portefeuille. Le fonds m'en a été fourni en Ecosse par mon homme de loi, qui a autant de bon sens que d'habileté ; la rédaction est mon ouvrage ; et je me flatte qu'il n'y manque ni respect ni modestie.

Maître Heriot parcourut des yeux le projet qui venait de lui être remis.—Parfait! dit-il, excellent! rien ne peut être plus respectueux. Est-il possible que le roi ait traité cette pétition avec mépris?

—Il l'a jetée par terre, et m'a envoyé pour réponse cette

proclamation, qui me classe avec les pauvres et les mendians qui viennent d'Ecosse déshonorer sa cour aux yeux des orgueilleux Anglais. C'est toute la réponse que j'en ai reçue. — Si mon père ne l'avait soutenu de son courage, de son épée et de sa fortune, peut-être le roi lui-même n'aurait-il jamais vu la cour d'Angleterre.

— Mais par qui cette supplique a-t-elle été présentée, milord? car quelquefois le mécontentement que cause le messager influe sur l'accueil qu'on fait au message.

— Par mon domestique. — Par l'homme que vous avez vu, et pour lequel je crois que vous avez eu des bontés.

— Par votre domestique, milord? — Le drôle a l'air avisé. C'est sans doute un fidèle serviteur; mais il me semble que....

— Vous voulez dire que ce n'était pas un messager convenable à envoyer au roi? j'en conviens; mais que pouvais-je faire? j'avais échoué dans toutes mes tentatives pour faire arriver mes pétitions jusqu'au roi; elles s'étaient toujours arrêtées entre les mains des commis et des secrétaires, et cet homme m'avait dit qu'il avait dans la maison du roi un ami qui l'introduirait en présence du monarque; j'ai cru.....

— Fort bien, milord; mais vous à qui votre rang et votre naissance donnaient le droit de paraître à la cour, pourquoi n'avez-vous pas sollicité une audience qui n'aurait pu vous être refusée?

Le jeune lord rougit en jetant un coup d'œil sur ses vêtemens, qui étaient fort simples, et qui, quoique encore en bon état, paraissaient avoir fait quelque service.

— Je ne sais pourquoi je rougirais de dire la vérité, répondit-il après avoir hésité un moment : je n'avais pas de costume convenable pour me présenter à la cour; je suis déterminé à ne pas faire de dépenses que je ne pourrais payer; et je crois, monsieur, que vous ne me conseilleriez pas d'aller me placer en personne à la porte du palais, pour présenter ma pétition, avec les mendians qui exposent leurs besoins et sollicitent une aumône.

— Cela aurait été fort inconvenant, dit le citadin ; mais je ne puis m'ôter de l'idée, milord, qu'il y a eu ici quelque méprise. — Me permettriez-vous de parler à votre domestique ?

— Je ne vois pas à quoi cela pourra servir, répondit le jeune lord, mais l'intérêt que vous prenez à mes malheurs paraît si sincère, que.... Il frappa du pied, et presque au même instant Moniplies arriva, essuyant sa barbe et ses moustaches couvertes de mousse de bière et de quelques miettes de pain, qui indiquaient à quoi il était occupé.

— Votre Seigneurie me permet-elle de faire quelques questions à son valet? demanda Heriot.

— Dites au page de Sa Seigneurie, maître Georges, si vous voulez vous exprimer convenablement, répliqua Moniplies en lui témoignant par un signe de tête qu'il le reconnaissait.

—Point d'observations impertinentes, lui dit son maître, et contentez-vous de répondre distinctement aux questions qui vous seront adressées.

— Et *avec vérité*, ne vous déplaise, monsieur le page, ajouta le marchand de la Cité, car vous devez vous souvenir que j'ai le don de découvrir les mensonges.

— Hé bien ! hé bien ! à la bonne heure, répondit Richie un peu embarrassé, en dépit de son effronterie ; mais il me semble que la vérité qui suffit à mon maître doit suffire à tout le monde.

— Les pages mentent à leur maître par droit de coutume, dit maître Georges Heriot, et vous vous attribuez ce privilège, quoiqu'il me semble que vous n'êtes pas un des plus jeunes de la confrérie ; mais, quant à moi, si vous ne dites pas la vérité, je vous préviens que cela finira au poteau où l'on attache les pages.

— Et c'est un lieu de repos qui ne me plairait guère : ainsi voyons, maître Georges, quelles sont vos questions?

— Il paraît que vous avez remis hier entre les mains de Sa Majesté une supplique ou pétition de la part de cet honorable lord, votre maître?

— A quoi servirait-il de le nier? il y avait assez de témoins.

— Et vous prétendez que Sa Majesté a jeté ce papier à terre avec mépris? prenez-y garde, j'ai les moyens de savoir la vérité. Il vaudrait mieux pour vous d'être plongé jusqu'au cou dans ce North-Loch dont vous parliez hier avec tant d'éloges, que de compromettre le nom du roi dans vos mensonges.....

— Il n'y a pas besoin de mentir à ce sujet, répondit Richie avec fermeté ; le roi a jeté la *surplique* comme si elle lui avait sali les doigts.

— Vous l'entendez, monsieur, dit Olifaunt au citadin.

— Pardon, milord; le drôle est retors, il n'est pas mal nommé, il est riche en expédiens. — Un instant, drôle, dit-il à Moniplies, qui, murmurant entre ses dents qu'il n'avait pas fini de déjeuner, commençait à gagner la porte ; un instant, mes questions ne sont pas finies. En présentant à Sa Majesté la pétition de votre maître, ne lui auriez-vous pas remis autre chose?

— Et qu'est-ce que je lui aurais remis, maître Georges?

— C'est ce qu'il faut que j'apprenne de vous. Allons, parlez !

— Hé bien ! maître Georges, à cet égard.... je ne dirai pas que..... que je n'aie pas remis dans la main du roi.... un petit bout de *surplique* de ma part, avec celle de milord..... pour épargner le temps de Sa Majesté.... afin que le roi pût lire les deux en même temps.

— Une supplique de votre part, misérable ! s'écria son maître.

— Mais, milord, les petits peuvent avoir leurs *surpliques* à faire aussi-bien que les grands.

— Et quel était le but de cette importante pétition? demanda Heriot. — Je vous en supplie, milord, ayez de la patience, ou nous ne saurons jamais à quoi nous en tenir sur cette étrange affaire. — Allons, répondez-moi, drôle, et j'interviendrai en votre faveur auprès de votre maître.

— Ce serait une longue histoire à raconter; mais, au total, c'est un vieux compte de marchandises fournies par mon père pour la très-gracieuse mère de Sa Majesté, quand elle demeurait au château. Mon père s'était fait un honneur de les lui fournir, comme je ne doute pas que le roi ne s'en fasse un de les payer; de même qu'il me sera fort agréable d'en toucher le montant.

— Que signifient ces impertinences? s'écria lord Nigel.

— Ce sont toutes paroles de vérité, répondit Richie, comme celles qui sortaient de la bouche de John Knox [1]. Voici la copie de ma surplique.

Et il tira de sa poche un papier sale et chiffonné que maître Heriot lui arracha des mains, et dont il lut quelques fragmens. — Représente humblement..... que la très-gracieuse mère de Sa Majesté..... redevable de la somme de quinze marcs, dont le compte suit : — Douze pieds de veau pour faire de la gelée. — Un agneau aux fêtes de Noël. — Un cochon de lait bien gras pour la chambre privée, le jour où lord Bothwell soupa avec Sa Grace.

— Je crois, milord, que vous ne devez pas être très-surpris que le roi ait accueilli un peu brusquement une pareille pétition; — et j'en conclus, monsieur le page, que vous avez eu soin de présenter votre supplique avant celle de votre maître.

— Non, en vérité, répondit Moniplies, j'avais bien des-

[1] L'apôtre de la réforme en Ecosse. — ÉD.

sein de présenter celle de milord la première, comme c'était juste; d'ailleurs elle aurait préparé le chemin pour la mienne. Mais au milieu du tumulte,.... de la confusion,.... du tapage que faisaient toutes ces brutes de chevaux, il est bien possible,.... car je les tenais toutes les deux bien serrées dans ma main.... et je ne dis pas que la mienne n'a pas pu se trouver par-dessus. Au surplus, s'il y a eu quelque chose qui a été de travers, c'est moi qui en ai souffert toute la crainte et tout le risque; ainsi....

— Comme vous en aurez seul tous les coups qui s'ensuivront, s'écria Nigel. Misérable! croyez-vous que je me laisse insulter et déshonorer de cette manière? Comment avez-vous osé mêler vos sales affaires avec les miennes?

— Allons, allons, milord, dit le bon citadin, c'est moi qui ai réussi à tirer sa balourdise au grand jour; accordez-moi assez de crédit auprès de vous pour servir de caution à ses épaules. Vous avez sujet d'être irrité, mais je crois que la tête de ce drôle est plus coupable que son cœur, et je réponds qu'une autre fois il vous servira mieux si vous lui pardonnez cette faute. — Retirez-vous, drôle, je ferai votre paix avec votre maître.

— Non, non, dit Moniplies conservant son terrain fermement; s'il lui plaît de battre un serviteur qui l'a suivi par pure amitié, car, depuis que nous sommes partis d'Ecosse, je crois qu'il n'a guère été question de gages entre nous..... — Hé bien! que milord en passe son envie, et qu'il voie ce qu'il y gagnera. Je ne vous en remercie pas moins, maître Georges; mais j'aime mieux tâter du bâton de mon maître que de voir un étranger se mettre entre nous deux.

— Allez-vous-en donc, lui dit son maître, et ôtez-vous de mes yeux.

— Cela sera bientôt fait, répondit Moniplies en se retirant à pas lents; je ne suis venu que parce que vous m'avez appelé, et il y a une demi-heure que je serais parti bien volontiers, sans les questions de maître Georges, qui ont causé tout ce tapage.

Il sortit en murmurant ainsi, du ton boudeur d'un homme surpris de recevoir des reproches quand il aurait le droit d'en faire.

— Personne a-t-il jamais eu un valet si impudent? s'écria lord Nigel. Le drôle ne manque pas d'adresse, et je l'ai trouvé fidèle. Je crois qu'il m'est attaché, car il m'en a donné des preuves; mais il a une si bonne opinion de lui-même, il est si opiniâtre, et tient si fortement à ses idées, qu'il semble quelquefois qu'il soit le maître et que je sois le serviteur. Quelque sottise qu'il fasse, il ne manque jamais de se plaindre comme si toute la faute était à moi et non à lui.

— N'importe, milord, gardez-le précieusement à votre service. Croyez-en mes cheveux gris, l'affection et la fidélité sont des qualités plus rares aujourd'hui dans un serviteur que lorsque le monde était moins vieux. — Et cependant ne lui confiez pas de missions au-dessus de sa naissance et de son éducation, car vous voyez vous-même ce qui peut en résulter.

— Cela n'est que trop évident, maître Heriot, et je suis fâché d'avoir été injuste à l'égard de mon souverain, de votre maître. Mais, en véritable Écossais, je suis sage quand il est trop tard. La bévue a été commise. Ma supplique a été refusée. Il ne me reste qu'à me servir de mes dernières ressources pour me transporter avec Moniplies en pays étranger, chercher quelque brèche, et mourir les armes à la main comme l'ont fait mes ancêtres.

— Il vaudrait mieux vivre pour servir votre patrie, comme votre noble père, milord! Ne baissez pas les yeux, ne secouez point ainsi la tête : le roi n'a pas rejeté votre supplique, car il ne l'a pas vue. Vous ne demandez que justice, et il la doit à tous ses sujets. Oui, milord, et j'ajoute même que ses désirs sont d'accord à cet égard avec son devoir.

— Je serais charmé de pouvoir le croire, et cependant..... je ne parle pas des injustices que j'ai éprouvées, mais mon pays a souffert plus d'un tort qu'on n'a pas encore redressé.

— Milord, je parle du roi mon maître, non-seulement avec le respect que lui doit un sujet, et avec la reconnaissance d'un serviteur qu'il a favorisé, mais avec la franchise d'un Ecossais libre et loyal. Le roi est disposé par lui-même à maintenir dans un parfait équilibre la balance de la justice; mais il a autour de lui des gens qui savent jeter en secret leurs désirs et leur intérêt dans un des bassins. Vous en avez déjà été victime, et sans vous en douter.

— Après une si courte connaissance, maître Heriot, je suis surpris de vous entendre parler comme si vous étiez parfaitement au courant de toutes mes affaires.

— Milord, répondit l'orfèvre, la nature de mon commerce me donne un accès libre dans l'intérieur du palais. On sait que je ne me mêle en rien des intrigues et des menées d'aucun parti, et, par conséquent, aucun favori n'a encore cherché à me fermer la porte du cabinet du roi : au contraire, j'ai été bien avec chacun d'eux tant qu'il a été en place, et aucun d'eux ne m'a entraîné dans sa chute. Mais je ne puis avoir des relations si fréquentes avec la cour sans apprendre, que je le veuille ou non, quels rouages on y fait mouvoir, et comment on s'y prend pour en accélérer ou en retarder le mouvement. Il est tout simple que, lorsque je veux savoir quelque chose, je connaisse les sources auxquelles je dois m'adresser. Je vous ai dit pourquoi je prends intérêt aux affaires de Votre Seigneurie. Ce n'est qu'hier soir que j'ai appris que vous étiez en cette ville, et, avant de venir ici ce matin, j'ai déjà obtenu quelques renseignemens sur les obstacles qui s'opposent à la réussite de votre demande.

— Je vous remercie d'un zèle que je n'ai guère mérité, monsieur, dit Nigel avec un reste de réserve : je ne sais pas comment j'ai pu obtenir de vous tant d'intérêt.

— Permettez-moi d'abord, milord, de vous prouver qu'il est véritable. Je ne vous blâme pas de ne pas ajouter foi sur-le-champ aux belles protestations d'un étranger, quand vous avez trouvé si peu d'amitié dans des parens, dans des hommes de votre rang, qui vous étaient attachés par tant de liens. Mais écoutez-moi bien : il existe sur les grands biens de votre père une hypothèque de quarante mille marcs, dus ostensiblement à Peregrin Peterson, conservateur des privilèges d'Ecosse à Compvere.

— Je ne sais ce que c'est qu'une hypothèque, répondit le jeune lord; mais il est vrai qu'il existe un gage, et, faute de le racheter, j'encours la perte de tous les biens de mon père, pour une somme qui ne forme pas le quart de leur valeur. C'est pour cette raison que je presse le gouvernement de Sa Majesté de me payer les sommes dues à mon père, afin de pouvoir retirer mes biens des mains d'un avide créancier.

— Un gage de cette sorte en Ecosse, dit Heriot, est la même chose qu'une hypothèque de ce côté de la Tweed. Mais vous ne connaissez point encore votre véritable créancier. Le conservateur Peterson ne fait que prêter son nom à un autre, qui n'est rien moins que le lord chancelier d'Ecosse; et celui-ci espère, par le moyen de cette dette, s'approprier lui-même vos biens, ou peut-être satisfaire un tiers encore plus puissant. Il permettra probablement à sa créature Peterson de s'en mettre en possession ; et quand on aura oublié l'odieux de cette affaire, vos domaines seront transmis au grand personnage par l'officieux entremetteur, au moyen d'une vente ou de quelque autre arrangement.

— Cela est-il possible? s'écria lord Nigel : le chancelier pleura quand je pris congé de lui, m'appela son cousin, son fils même, et me donna des lettres de recommandation. Sans que je lui eusse demandé aucune assistance pécuniaire, il me témoigna son regret de ne pouvoir m'en offrir, attendu les dépenses qu'exigeaient de lui son rang et sa nombreuse famille. — Non, je ne puis croire qu'un homme noble ait porté si loin la bassesse et la duplicité.

— Il est bien vrai que je ne suis pas noble, répondit le citadin, mais je vous dis encore une fois de regarder mes cheveux gris. Pourquoi voudrais-je les déshonorer en m'abaissant au mensonge dans une affaire qui ne peut m'intéresser que parce qu'elle concerne le fils de mon bienfaiteur? Réfléchissez : quel avantage avez-vous retiré des lettres du chancelier?

— Pas le moindre. — De belles paroles, des politesses froides, et voilà tout. — J'ai pensé que ceux à qui elles étaient adressées ne désiraient que de se débarrasser de moi. Cependant l'un d'eux, à qui je parlais hier de mon projet de m'expatrier, m'offrit de l'argent pour faciliter mon départ.

— Je n'en suis pas surpris : ils vous fourniraient des ailes pour fuir, plutôt que de vous voir rester.

— Je vais le trouver à l'instant, s'écria lord Nigel, et lui dire ce que je pense d'une conduite si lâche.¹

— J'espère que vous n'en ferez rien, dit Heriot en le retenant ; voudriez-vous, par une querelle, occasioner la ruine de celui de qui vous tenez ces détails? Je risquerais volontiers la moitié de tout ce que contient ma boutique pour vous rendre service ; mais je crois que vous seriez fâché de me nuire sans utilité pour vous.

Le mot *boutique* sonna désagréablement aux oreilles du jeune lord, qui répliqua avec vivacité : — Vous nuire, monsieur! je suis si loin de vouloir vous nuire, que je vous supplie de cesser de faire d'inutiles offres de service à un homme qu'il est impossible de servir.

— Laissez-moi faire. Vous avez jusqu'ici pris la mauvaise route. Permettez-moi d'emporter le brouillon de cette supplique, j'en ferai faire une copie, et je me flatte que je saurai choisir avec plus de prudence que votre page le moment de la remettre entre les mains du roi. J'espère que l'occasion s'en offrira bientôt, et je garantirais presque qu'il y répondra comme vous le désirez; mais ne le fît-il pas sur-le-champ, je n'abandonnerais pas pour cela une bonne cause.

— Monsieur, dit lord Nigel, vos paroles sont si amicales, et je me trouve tellement au dépourvu, que je ne sais comment refuser vos offres de service, tout en rougissant de les accepter d'un étranger.

— J'espère que nous ne sommes plus étrangers l'un pour l'autre, répondit l'orfèvre, et pour me récompenser, quand ma médiation aura réussi et que votre fortune sera rétablie, vous achèterez votre premier service d'argenterie chez Georges Heriot.

— Vous aurez affaire à mauvaise paie, maître Heriot.

— Je n'en crois rien. Mais je suis charmé de vous voir sourire; il me semble que vous en ressemblez davantage au bon vieux lord votre père, et cela m'enhardit à vous présenter une petite requête : c'est de consentir à accepter demain chez moi un dîner sans cérémonie. Je demeure ici près, dans Lombard-Street. — L'ordinaire consistera en une jatte de bon bouillon, un chapon gras bien lardé, un ragoût de tranche de bœuf à l'écossaise, en l'honneur du pays, et peut-être y ajouterons-nous un verre de bon vin vieux, mis en tonneau avant que l'Ecosse et l'Angleterre ne formassent qu'une nation. Quant à la compagnie, elle se composera d'un ou deux de nos braves compatriotes, et peut-être ma bonne tante trouvera-t-elle moyen d'y joindre une ou deux de nos jolies concitoyennes.

— J'accepterais votre invitation, maître Heriot, mais on dit que les dames de la Cité de Londres aiment à voir aux hommes une mise élégante ; je ne voudrais pas rabaisser l'idée qu'elles ont pu se former d'un noble écossais, car sans doute vous leur vantez notre pauvre patrie, et... dans ce moment... mon costume n'est pas brillant.

— Votre franchise me fera faire un pas de plus, milord. Je... je dois de l'argent à votre père ; mais si Votre Seigneurie me regarde en face de cette manière, je ne pourrai arriver au bout de mon histoire ; et, pour parler franchement, je n'ai jamais su mentir. Je vous dirai donc, milord, que pour conduire votre affaire à bonne fin, il faut que vous vous présentiez à la cour d'une manière convenable à votre rang. Je suis orfèvre, et mon métier est de prêter de l'argent comme de vendre de l'argenterie. Je voudrais donc placer à intérêt entre vos mains une centaine de livres, jusqu'à ce que vos affaires soient arrangées.

— Et si elles ne s'arrangent pas ?

— En ce cas, milord, la perte d'une pareille somme sera pour moi de peu d'importance, comparée à mes autres sujets de regret.

— Maître Heriot, dit lord Nigel, vous m'offrez ce service avec générosité, et je l'accepterai avec franchise. Je dois présumer que vous voyez le moyen de réussir dans cette affaire, quoique je l'aperçoive à peine ; car je crois que vous seriez fâché de me charger d'un nouveau fardeau en me persuadant de contracter une dette qu'il me serait impossible de payer. J'accepterai donc l'argent que vous m'offrez, dans l'espoir et la confiance que vous me mettrez à même de vous le rendre.

— Je vous convaincrai, milord, répondit l'orfèvre, que j'ai dessein de traiter avec vous comme avec un débiteur dont je m'attends à être payé ; et par conséquent vous allez, si vous voulez bien, me signer une reconnaissance de cette somme, avec l'obligation de me la rembourser.

Il détacha de sa ceinture l'étui qui contenait tout ce qu'il fallait pour écrire, et rédigea lui-même la reconnaissance qu'il demandait. Tirant alors de sa poche un petit sac de cuir, il dit qu'il devait s'y trouver cent livres, et se mit à compter les cent livres. Nigel lui observa qu'il prenait une peine inutile, et que pour lui il recevrait l'argent sur la parole d'un créancier si obligeant ; mais cela répugnait aux idées habituelles du vieillard et à sa manière de traiter les affaires.

— Il faut que vous ayez la bonté de me permettre de suivre ma routine, milord, lui dit-il ; nous autres marchands de la Cité, nous sommes des gens prudens et circonspects, et je me perdrais de réputation partout où l'on peut entendre le son des cloches de Saint-Paul, si je recevais une obligation et si je signais ensuite une quittance pour une somme qui n'aurait pas été bien et réellement comptée, nombrée et délivrée. — Voyez, je crois qu'il n'y manque rien. — Mais, ajouta-t-il en regardant par la fenêtre, je vois qu'on m'amène ma mule, car il faut que j'aille à Westward-Hoe. Serrez votre argent, milord : il n'est pas prudent de laisser gazouiller de ces chardonnerets-là autour de soi dans un appartement garni, à Londres. Votre coffre-fort n'a peut-être pas une serrure de sûreté ; si cela est, je puis vous en fournir à bon marché un qui a contenu bien des mille livres. Il appartenait au bon vieux sir Faithful Frugal : son dissipateur de fils a vendu la coquille après avoir mangé la noix, et telle est la fin des fortunes de la Cité.

— J'espère que la vôtre en fera une meilleure, maître Heriot, dit le jeune lord.

— Je l'espère aussi, milord, répondit le vieillard en souriant ; mais, pour me servir d'une phrase de l'honnête John Bunyan [1], ajouta-t-il les larmes aux yeux, il a plu à Dieu de m'éprouver par la perte de deux enfans, il ne

(1) Nous craignons que l'auteur ne soit ici coupable d'un petit anachronisme, John Bunyan n'étant né qu'en 1628. — ÉD.

m'en reste qu'un adoptif. Hélas! le bonheur est bien voisin du malheur! Mais je suis résigné, et reconnaissant des faveurs que le ciel a bien voulu m'accorder. Je ne manquerai pas d'héritiers tant qu'il se trouvera des orphelins dans Auld-Reekie[1]. — Je vous souhaite le bonjour, milord.

— Il en existe déjà un qui vous doit des remerciemens, dit lord Nigel en le reconduisant jusqu'à la porte de sa chambre; et ce ne fut pas sans quelque difficulté que le vieillard l'empêcha de le suivre jusqu'à celle de la rue.

Au bas de l'escalier, il passa par la boutique où dame Nelly le salua de la tête, et il lui demanda des nouvelles de son mari. Elle regretta qu'il fût absent: mais il était allé à Deptford, dit-elle, pour régler un compte avec le maître d'un bâtiment hollandais.

— Le genre de nos affaires, monsieur, ajouta-t-elle, l'oblige à s'absenter souvent. Il faut qu'il soit aux ordres du premier matelot qui a seulement besoin d'une livre d'étoupes.

— Il ne faut rien négliger en affaires, bonne dame, dit l'orfèvre. Faites mes complimens, — les complimens de Georges Heriot, de Lombard-Street, à votre mari. — J'ai fait des affaires avec lui: il est juste et ponctuel, exact à remplir ses engagemens. Ayez des égards pour votre noble hôte, et veillez à ce que rien ne lui manque. Quoiqu'il lui plaise de vivre en ce moment retiré et solitaire, il ne manque pas de gens qui s'intéressent à lui, et je suis chargé de veiller à ce que rien ne lui manque. Ainsi vous pouvez me faire donner par votre mari des nouvelles de milord, et m'informer s'il a besoin de quelque chose.

— Et c'est donc véritablement un lord, après tout? Je m'en étais toujours douté à sa mine. Mais pourquoi ne va-t-il pas au parlement?

---

(1) *La Vieille enfumée*, nom local d'Edimbourg. — ED.

— Il ira au parlement d'Ecosse, au parlement de son pays.

—Oh! ce n'est donc qu'un lord écossais! et c'est pourquoi il est honteux d'en prendre le titre, comme on dit.

— Qu'il n'aille pas vous entendre parler ainsi?

— Qui? moi! une telle pensée ne me vient guère. Anglais ou Écossais, c'est un homme civil et avenant, et plutôt que de le laisser manquer de rien, je le servirais moi-même, et j'irais jusque dans Lombard-Street pour vous en donner avis.

—Que ce soit votre mari qui vienne me trouver, répondit l'orfèvre, qui, avec toute son expérience et la bonté de son cœur, était un peu formaliste, et tenait aux vieux usages : le proverbe dit que la maison s'en va quand les femmes courent; et laissez servir milord dans sa chambre par son valet, cela sera plus convenable. Adieu, bonne dame.

—Adieu, monsieur, répondit dame Nelly d'un air assez froid. Et dès qu'il fut assez éloigné pour ne plus l'entendre : — Qui vous demande des avis, s'écria-t-elle d'un ton un peu aigre, vieux chaudronnier écossais que vous êtes? Mon mari est aussi avisé et presque aussi vieux que vous, et s'il est content, c'est ce qu'il me faut! Quoiqu'il ne soit pas tout-à-fait aussi riche que certaines gens, j'espère le voir un jour tout comme eux monter sur une mule bien harnachée, et se faire suivre par deux habits bleus.

CHAPITRE V.

« Pourquoi donc tardez-vous à venir à la cour ?
« Savez-vous qu'il n'est pas de plus brillant séjour ?
« C'est là que l'opulence à plaisir se déploie,
« Et qu'on voit briller l'or sur des habits de soie.
« Le fou parle, et le sage écoute son jargon ;
« Le brave est coudoyé par plus d'un fanfaron :
« Plus d'un complot en silence s'y forge,
« Et c'est en chuchotant qu'on y coupe la gorge.
« Pourquoi donc tant tarder à venir à la cour ?
« Il n'est pas, dit Skelton, un plus brillant séjour. »

Skelton qui skeltonise.

Ce n'était pas tout-à-fait par vaine parade que notre bienveillant citadin avait fait venir sa mule et donné ordre à deux domestiques de le suivre ; ce qui, comme le lecteur l'a vu, avait un peu remué la bile de dame Christie, dont, pour lui rendre justice, tout le dépit s'exhala dans le petit soliloque que nous avons rapporté. Le brave homme, outre le désir naturel de maintenir l'extérieur convenable à un riche marchand, se rendait à Whitehall pour montrer au roi Jacques une pièce d'argenterie d'un travail précieux, qu'il croyait que Sa Majesté serait charmée de voir et pourrait peut-être même acheter. Il avait pris sa mule caparaçonnée, pour parcourir plus aisément des rues étroites, malpropres, et remplies d'une foule toujours renaissante. Tandis qu'un domestique portait sous son bras la pièce d'argenterie enveloppée dans un morceau de serge rouge, deux autres veillaient à sa sûreté ; car tel était l'état de la police de la capitale, qu'on y était souvent publiquement attaqué dans les rues par esprit de vengeance ou de cupidité ; et ceux qui avaient quelque chose à craindre sous l'un ou l'autre de ces deux rapports avaient toujours soin, si leur fortune le leur permettait, de se faire accompagner par quelques gens armés. Cette coutume, adoptée d'abord seulement par les grands et les gentilshommes, s'était étendue peu à peu à tous les citoyens qui étant connus pour porter avec eux quelques objets précieux auraient pu devenir un objet de spéculation pour les voleurs des rues.

En se rendant à Whitehall avec ce cortège, maître Georges Heriot s'arrêta à la porte de la boutique de son compatriote le vieil horloger; et, ayant chargé Tunstall, qui était à son poste, de remettre sa montre à l'heure juste, il demanda à parler à son maître. Le vieux mesureur du temps, ayant été averti, sortit de sa caverne, le visage semblable à un buste de bronze noir de poussière, et brillant çà et là de quelques paillettes de cuivre. Son esprit était tellement occupé des calculs auxquels il venait de se livrer, qu'il regarda son ami l'orfèvre pendant une minute avant de paraître savoir qui se présentait devant lui, et comprenant à peine l'invitation que lui faisait Heriot de venir dîner chez lui le lendemain, à midi, avec la jolie mistress Marguerite sa fille, en lui annonçant qu'il y trouverait un jeune lord leur concitoyen.

— Je trouverai bien le moyen de te faire parler, pensa Heriot en voyant que son ami ne lui répondait pas : Voisin David, ajouta-t-il en changeant tout à coup de ton et en élevant la voix, dites-moi quand nous ferons le réglement du lingot d'argent que je vous ai fourni pour monter l'horloge du château de Théobalds, et pour la pendule que vous avez faite au duc de Buckingham. J'ai eu à satisfaire la maison de commerce espagnole, et ai-je besoin de vous rappeler que vous êtes en arrière de huit mois?

Il y a quelque chose de si aigre et de si désagréable dans le son de la voix d'un créancier qui demande positivement ce qui lui est dû, qu'aucune oreille, quoique inaccessible à tout autre bruit, n'a le tympan assez dur pour y résister. David Ramsay tressaillit, sortit de sa rêverie, et répondit avec un ton d'humeur : — En vérité, Georges, voilà bien du bruit pour environ cent vingt livres ; tout le monde sait que je suis bon pour payer ce que je dois, et vous-même vous m'avez dit que vous attendriez jusqu'à ce que Sa très-gracieuse Majesté et le noble duc eussent réglé leur compte avec moi. Vous devez savoir, par votre propre expérience, que je ne puis aller hurler à leur porte comme un grossier montagnard, ainsi que vous venez le faire à la mienne.

Heriot se mit à rire, et lui répliqua : — Fort bien, David : je vois qu'une demande d'argent produit sur vous le même effet que si l'on vous jetait un seau d'eau sur les oreilles ; cela fait de vous un homme comme les autres. Et maintenant voulez-vous me répondre comme un chrétien, et me dire si vous consentez à venir demain dîner chez moi, à midi, avec ma jolie filleule, mistress Marguerite, pour vous trouver avec notre noble compatriote, le jeune lord de Glenvarloch ?

— Le jeune lord de Glenvarloch ! de tout mon cœur. J'aurai bien du plaisir à le revoir. Il y a quarante ans que nous ne nous sommes vus. Il était plus avancé que moi de deux ans dans ses humanités. C'est un charmant jeune homme.

— Vous parlez du père.... du père... du père... m'entendez-vous, vieux fou d'arithméticien ? Ce serait, ma foi, un joli jeune homme, s'il vivait encore, le digne seigneur. C'est de son fils que je parle, le lord Nigel.

— De son fils ! Il a peut-être besoin d'un chronomètre ou d'une montre. Il y a peu de jeunes seigneurs qui s'en passent aujourd'hui.

— Il pourrait même, qui sait ? acheter la moitié de votre fonds, s'il rentre jamais dans le sien. Mais, David, n'oubliez pas votre promesse, et ne faites pas comme le jour où ma ménagère a été obligée de laisser bouillir une tête de mouton jusqu'à deux heures en vous attendant.

— Sa cuisine ne lui en fit que plus d'honneur, puisqu'elle fut trouvée bonne; car, comme on dit dans notre pays, — tête de mouton trop cuite est un vrai poison.

— Fort bien, David; mais, comme nous n'aurons pas demain de tête de mouton, vous pourriez faire gâter un bon dîner; et je ne sais quel proverbe pourrait y remédier. Vous vous trouverez peut-être avec votre ami sir Mungo Malagrowther, car j'ai dessein de l'inviter; ainsi ne manquez pas à l'heure.

— Oui, j'irai, je serai aussi exact qu'un chronomètre.

— Je ne me fierai point à vous, cependant. — Jenkin, écoutez-moi, jeune homme. Allez charger Jeannette de dire à ma jolie filleule, mistress Marguerite, qu'elle songe à faire souvenir son père qu'il doit mettre demain son plus beau pourpoint, et se trouver chez moi avec elle, à midi précis. Dites-lui aussi que j'y attends un lord écossais, un beau jeune homme.

Jenkin fit entendre cette sorte de toux sèche à laquelle sont sujets ceux qu'on charge d'une commission qui ne leur plaît pas, ou qui entendent énoncer des opinions qui ne sont pas les leurs, mais qu'ils n'osent contredire.

— Que signifie cette toux? demanda maître Georges, qui, comme nous l'avons déjà fait remarquer, était scrupuleux sur l'article de la discipline domestique : vous chargerez-vous de ma commission, oui ou non, jeune drôle?

— Bien certainement, maître Georges Heriot, répondit l'apprenti en touchant à son bonnet; je voulais seulement dire qu'il n'était pas probable que mistress Marguerite oubliât une telle invitation.

— Je le crois aussi; c'est une bonne fille, et qui a de l'affection pour son parrain, quoique je l'appelle quelquefois une évaporée. Ecoutez-moi, Jenkin : vous et votre camarade vous feriez bien de venir avec vos bâtons pour les reconduire ici. Mais ayez soin de fermer la boutique, et auparavant de dire à Sam Porter d'y veiller et de lâcher le chien. Je vous ferai escorter par deux de mes domestiques, car on dit que ces jeunes gens du Temple deviennent plus étourdis et plus tapageurs que jamais.

— Nous saurons parer leur fer avec de bons bâtons, répondit Jenkin; vous n'avez pas besoin de nous envoyer vos domestiques.

— Ou si cela est nécessaire, ajouta Tunstall, nous avons des épées aussi-bien que les étudians du Temple.

— Fi donc! jeune homme! fi donc, dit le vieil orfèvre: — un apprenti porter l'épée! Oh! Dieu nous préserve! J'aimerais autant lui voir un chapeau à plumet.

— Hé bien, monsieur, répliqua Jenkin, nous trouverons des armes convenables à notre condition, et nous saurons défendre notre maître et sa fille, quand nous devrions arracher les pierres qui pavent les rues.

— C'est parler en brave apprenti de Londres, dit maître Georges; et pour récompense, jeunes gens, vous boirez un verre de vin à la santé des pères de la Cité. J'ai l'œil ouvert sur vous: vous êtes de braves garçons, et vous promettez chacun à votre manière. Adieu, David; à demain, à midi, ne l'oubliez pas.

A ces mots il remonta sur sa mule, la mit à l'amble, et traversa Temple-Bar de ce pas lent et décent qui convenait à son importance dans la Cité, et qui permettait à son cortège de le suivre facilement à pied.

A la porte du Temple il fit une autre halte, descendit de sa mule, et entra dans une des petites boutiques qu'occupaient dans ce voisinage les écrivains publics. Un jeune homme, portant des cheveux plats qui étaient coupés ras juste au-dessus de l'oreille, s'avança vers lui en le saluant de l'air le plus humble, et en ôtant un chapeau rabattu qu'aucun signe du vieux marchand ne put le déterminer à remettre sur sa tête.

— Comment vont les affaires, André? lui demanda le citadin.

— Assez bien, monsieur, répondit le jeune écrivain d'un air respectueux, grace à votre protection.

— Préparez une grande feuille de papier, mon garçon; prenez une plume neuve, et taillez-la avec soin. — Ne faites donc pas la fente si longue, André, c'est une pure perte dans votre état. Ceux qui ne font pas attention à un grain de blé n'en auront jamais un boisseau. J'ai connu un savant qui écrivait mille pages avec une même plume.

Le jeune homme écoutait les avis que lui donnait l'orfèvre sur son propre métier, d'un air de vénération et de docilité profonde.

— Avec les instructions d'un homme comme vous, monsieur, répondit-il, un pauvre homme comme moi peut espérer de faire son chemin dans le monde.

— Mes instructions sont courtes, André, et faciles à mettre en pratique; soyez honnête, industrieux et économe, et vous acquerrez bientôt des richesses et de la considération. Copiez-moi cette supplique, copiez-la de votre plus belle main; j'attendrai jusqu'à ce que vous ayez fini.

Le jeune homme se mit à écrire, et sa main ne quitta pas sa plume, ses yeux ne s'éloignèrent pas un instant de son papier, avant qu'il eût achevé sa tâche, à la satisfaction de celui qui l'employait. Maître Georges lui donna alors un angelot; et lui recommandant d'avoir toujours la plus grande discrétion sur toutes les affaires qui lui étaient confiées, il remonta sur sa mule et continua son chemin le long du Strand.

Il est peut-être à propos de rappeler à nos lecteurs qu'à cette époque Temple-Bar, où passait Heriot, n'était pas fermé par cette porte cintrée qu'on y voit aujourd'hui, mais par une grille ou barrière qu'en cas d'alarme on fermait la nuit avec des chaînes. Le Strand n'était pas une rue complètement bordée de maisons des deux côtés, quoique il commençât déjà à le devenir. On pouvait encore le regarder comme une sorte de grande route qui, du côté du sud, était couverte de maisons et d'hôtels appartenant à la noblesse, dont les jardins s'étendaient jusqu'à la Tamise, avec des escaliers conduisant à la rivière pour pouvoir plus facilement entrer dans une barque; ces édifices ont légué le nom de leurs nobles propriétaires à la plupart des rues qui conduisent maintenant du Strand à la Tamise Le côté du nord offrait aussi un très-grand nombre de maisons, et par-derrière, comme dans Saint-Martin's-Lane et dans d'autres endroits, des bâtimens s'élevaient rapidement; mais Covent-Garden était encore un véritable jardin, ou du moins on commençait à peine à y voir quelques édifices sans régularité. Tous les environs annonçaient pourtant l'accroissement rapide d'une capitale qui avait long-temps joui des bienfaits de la paix et de l'opulence, sous un gouvernement bien ordonné. De tous côtés s'élevaient des maisons; et l'œil clairvoyant de notre citadin se figurait déjà l'époque peu éloignée où l'espèce de chemin qu'il suivait deviendrait une rue régulière, unissant la ville et la cour à la Cité de Londres.

Il passa ensuite à Charing-Cross, qui n'était plus ce joli village solitaire où les juges avaient coutume de déjeuner en se rendant à Westminster-Hall, et qui commençait, pour nous servir d'une expression de Johnson, à devenir l'artère par laquelle coule tout le sang de la population de Londres. Mais, malgré le nombre toujours croissant des maisons qu'on y bâtissait, elles ne pouvaient donner qu'une faible idée de ce que cette place est aujourd'hui.

Enfin Whitehall vit arriver notre *voyageur*, qui passa sous une des belles portes dont le dessin était dû à Holbein, et construites en une espèce de marqueterie de briques; porte que Moniplies avait été assez profane pour comparer au West-Port d'Édimbourg. Il entra dans le vaste palais de Whitehall, où tout se ressentait de la confusion qui suit les travaux d'une construction nouvelle. Jacques soupçonnait peu qu'il élevait un palais dont une des fenêtres devait un jour servir de passage à son fils pour aller à l'échafaud ; il s'occupait à faire démolir les anciens bâtimens tombant en ruines de De Burg, d'Henry VIII et d'Elisabeth, pour faire place à l'architecture superbe pour laquelle Inigo Jones déployait tout son génie. Le roi, ignorant l'avenir, et voulant accélérer les travaux par sa présence, faisait encore sa résidence à Whitehall, au milieu des débris des vieux bâtimens, et de la confusion occasionée par l'érection du nouvel édifice, qui formait alors un labyrinthe peu facile à traverser.

L'orfèvre de la maison du roi, et qui, si la renommée n'est pas menteuse, en était aussi quelquefois le banquier, car ces deux professions n'étaient pas encore séparées l'une de l'autre, était un personnage trop important pour qu'un portier ou une sentinelle l'arrêtât un seul instant. Laissant sa mule et deux de ses domestiques dans la première cour, il frappa modestement à une porte de derrière du palais, et y fut admis sur-le-champ, son troisième domestique le suivant avec la pièce d'argenterie sous le bras. Il le laissa dans une antichambre où trois ou quatre pages, portant la livrée royale, mais déboutonnés, débraillés, en un mot n'offrant pas cette tenue que semblait exiger le lieu où ils se trouvaient et la proximité de la personne d'un monarque, jouaient aux dés, aux dames, ou, étendus sur des bancs, sommeillaient les yeux à demi fermés. Une galerie donnant dans l'antichambre était gardée par deux huissiers qui accordèrent un sourire au riche orfèvre en le voyant entrer. Pas un mot ne fut prononcé de part ni d'autre, mais l'un d'eux jeta un coup d'œil d'abord sur Heriot, et ensuite sur une petite porte à demi couverte par la tapisserie, semblant lui dire aussi clairement qu'un regard pouvait le faire : — Est-ce là que vous avez besoin d'aller ? Le citadin répondit par un signe de

tête affirmatif; et le courtisan, marchant sur la pointe des pieds avec autant de précaution que si la chambre eût été pavée avec des œufs, s'avança vers la porte, l'ouvrit bien doucement, et prononça quelques mots à voix basse. L'orfèvre reconnut sur-le champ la voix du roi Jacques, qui répondit avec un accent écossais fortement prononcé:
— Faites-le entrer sur-le-champ, Maxwell. Avez-vous vécu si long-temps à la cour sans savoir que l'or et l'argent sont toujours bien reçus?

L'huissier fit signe à Heriot d'avancer, et l'honnête citadin fut introduit dans le cabinet du souverain.

La scène de confusion au milieu de laquelle il trouva le roi assis était une image assez fidèle de l'esprit de ce prince. On y voyait de superbes tableaux et de riches ornemens; mais ils étaient mal placés, couverts de poussière, et ils perdaient la moitié de leur mérite, ou du moins de l'effet qu'ils devaient produire, par la manière dont ils étaient présentés à la vue. A côté d'énormes in-folio étaient de petits recueils de facéties et d'anecdotes licencieuses. La table était couverte de notes, de discours d'une longueur impitoyable, d'essais sur l'art de régner, de misérables rondeaux et ballades par l'apprenti royal dans l'art de la poésie, comme le roi se nommait lui-même; de projets sur la pacification générale de l'Europe; et il s'y trouvait aussi une liste contenant les noms de ses chiens, et un recueil de recettes contre la rage.

Jacques portait un pourpoint de velours vert, ouaté de manière à être à l'épreuve du poignard, ce qui lui donnait un air de corpulence qui lui allait fort mal; et comme il était boutonné de travers, sa taille semblait contrefaite. Par-dessus ce pourpoint il avait une robe de chambre de couleur brune, de la poche de laquelle sortait son cor de chasse. Son chapeau gris à haute forme, entouré d'une chaîne de rubis-balais, était par terre, roulant dans la poussière; et il portait un bonnet de nuit de velours bleu, surmonté de la plume d'un héron que quelque faucon favori avait saisi dans ses serres dans un moment critique, et que le roi gardait comme un souvenir honorable.

Ces ridicules contrastes dans son costume et dans ses occupations n'étaient que le symbole de ceux de son caractère, que ses contemporains ne pouvaient définir, et qui devait être un problème pour les historiens futurs. Il était profondément instruit, sans avoir une seule connaissance utile; il montrait de la sagacité en bien des cas, sans posséder un jugement sain. Tenant fortement à son autorité, et cherchant tous les moyens de la maintenir et de l'augmenter, il se laissait pourtant conduire par les plus indignes favoris. Faisant valoir bien haut par ses discours le moindre de ses droits, il les voyait tranquillement fouler aux pieds. Le roi Jacques aimait les négociations, et jamais il n'y était le plus adroit; et il craignait la guerre, quand il aurait pu faire des conquêtes. Il voulait soutenir sa dignité, et il se dégradait sans cesse par des familiarités assez inconvenantes. Capable de se livrer au travail des affaires publiques, il les négligeait pour le moindre amusement particulier qui s'offrait à lui; il était bel-esprit, mais pédant; savant, mais aimant la conversation des ignorans et des gens sans éducation. Sa timidité naturelle n'était même pas uniforme, et il y eut des instans dans sa vie, et des instans critiques, où il déploya l'énergie de ses ancêtres. Il était laborieux dans les bagatelles, et frivole quand il fallait se livrer à un travail sérieux. Il avait des sentimens religieux, mais ses discours étaient trop souvent profanes. Naturellement juste et bienfaisant, il ne savait pas réprimer les injustices et l'oppression que se permettaient ceux qui l'entouraient. Avare quand il s'agissait de donner l'argent de sa propre main, il le prodiguait inconsidérément quand il n'était question que de signer un mandat sur son trésorier. En un mot, les bonnes qualités qu'il montrait dans les occasions particulières n'étaient pas assez solides et assez constantes pour régler sa conduite générale; et, ne se montrant que par intervalle, elles ne lui donnaient droit qu'à la réputation que lui a faite Sully en disant que c'était le fou le plus sage de toute la chrétienté.

Par une destinée aussi bizarre que son caractère, ce monarque, celui des Stuarts qui eut certes le moins de talens, s'assit tranquillement sur un trône contre lequel ses prédécesseurs avaient eu tant de peine à défendre le leur. Et enfin, quoique son règne parût fait pour assurer à la Grande-Bretagne cette tranquillité durable et cette paix intérieure qui convenait si bien à ses dispositions, ce fut néanmoins pendant qu'il porta la couronne que se répandirent ces germes de dissension qui, comme les dents du dragon de la fable, produisirent pour moisson une guerre civile sanglante et universelle.

Tel était le monarque qui, saluant familièrement Heriot par le nom de Geordie Tintin, car c'était sa coutume bien connue de donner des sobriquets à tous ceux qu'il traitait avec familiarité, lui demanda quel nouveau tour de son métier il venait jouer pour lui soutirer de l'argent.

— A Dieu ne plaise, sire, répondit le citadin, que j'aie un projet si déloyal; mais je viens pour montrer à Votre Majesté une pièce d'argenterie que, d'après la beauté du travail et le sujet qu'elle représente, je n'ai pu me résoudre à proposer à aucun de vos sujets avant de l'avoir mise à votre disposition.

— Sur mon ame! je veux la voir, Heriot; et cependant le service d'argenterie pour Steenie m'a paru si cher, que je m'étais presque donné ma parole royale de ne plus changer mon or ni mon argent contre le vôtre.

— Relativement à l'argenterie du duc de Buckingham, sire, Votre Majesté avait donné ordre que rien ne fût épargné pour que...

—Qu'importe ce que j'avais ordonné? Quand un homme sage est avec des fous et des enfans, il faut qu'il joue, même à la fossette; mais vous auriez dû avoir assez de bon sens et de réflexion pour ne pas vous prêter à toutes les fantaisies de Bambin Charles et de Steenie. Ils auraient voulu paver les chambres en argent, et je suis surpris qu'ils ne l'aient pas fait.

Heriot inclina la tête, et garda le silence. Il connaissait trop bien son maître pour chercher à se justifier autrement que par une allusion éloignée à ses ordes; et Jacques, à qui ses idées d'économie ne causaient qu'une impression passagère et fugitive, conçut, le moment d'après, le désir de voir la pièce d'argenterie que l'orfèvre lui proposait de lui montrer. Il donna ordre à Maxwell d'aller la chercher, et en attendant il demanda à Heriot d'où elle venait.

—D'Italie, sire, répondit le citadin.

—Il ne s'y trouve rien qui sente le papisme, j'espère? dit le roi d'un air plus grave que de coutume.

—Non certainement, sire : il ne serait pas sage d'apporter en votre présence quelque chose qui aurait la marque de la bête.

—Vous n'en seriez que plus bête vous-même de le faire. Personne n'ignore que, dans ma jeunesse, j'ai combattu Dagon, et que je l'ai renversé sur le seuil même de son temple; preuve évidente qu'avec le temps je porterais, quoique indigne, le titre de Défenseur de la Foi [1]. Mais voici Maxwell qui arrive, courbé sous son fardeau, comme l'âne d'or d'Apulée.

Heriot se hâta de soulager l'huissier en lui enlevant la salière, qui était une pièce d'argenterie d'une dimension extraordinaire [2], et il la plaça sous un jour favorable pour que le roi en vît les sculptures.

---

(1) Titre porté par les rois d'Angleterre depuis Henry VIII. —Ed.

(2) La salière, encore usitée en Angleterre à cette époque, était une pièce d'argenterie de grandeur énorme qui représentait différens sujets, une tour, un château,

— Sur mon ame, dit le roi, c'est une pièce très-curieuse, et qui semble digne d'un roi. Comme vous le dites, Geordie, le sujet est convenable à une tête couronnée, car c'est, comme je le vois, le jugement de Salomon, prince sur les pas duquel tous les monarques vivans doivent marcher avec émulation.

— Mais sur les pas duquel, dit Maxwell, si un sujet ose parler ainsi, il n'en est qu'un seul qui ait pu jamais marcher.

— Taisez-vous, misérable flatteur que vous êtes, dit le roi, mais avec un sourire qui prouvait que la flatterie ne lui avait pas été désagréable; regardez ce chef-d'œuvre, et ne donnez pas l'essor à votre langue. Et qui a fait ce bel ouvrage, Geordie?

— Sire, il est sorti des mains du fameux Florentin Benvenuto Cellini; et il avait été fait pour Fränçois Ier, roi de France; mais j'espère qu'il trouvera un plus digne maître.

— François de France! Envoyer Salomon, roi des Juifs, à François, roi de France! Sur mon ame, il y aurait eu de quoi déclarer Cellini fou, quand il n'aurait jamais donné d'autres preuves de folie. François! c'était un extravagant qui ne songeait qu'à se battre. — Pas autre chose. — Il se fit faire prisonnier à Pavie, comme notre David d'Ecosse à Durham. Si l'on avait pu lui envoyer la sagesse de Salomon, on lui aurait rendu un plus grand service. Mais Salomon doit être dans une autre compagnie que celle de François de France.

— J'espère que Salomon aura ce bonheur, dit Heriot.

— La sculpture est curieuse et fort bien exécutée, continua le roi, mais il me semble que l'exécuteur brandit son sabre trop près du roi, car il pourrait le toucher. Il ne

---

un rocher. Elle était divisée en un grand nombre de compartimens où l'on servait différentes sortes d'épices et de sauces. Elle se plaçait au milieu de la table, et servait de ligne de séparation entre les convives d'un rang distingué et ceux d'une qualité inférieure. — Ed.

fallait pas toute la sagesse de Salomon pour lui apprendre qu'une lame bien affilée est toujours dangereuse, et il aurait dû ordonner à ce gaillard de rengaîner son sabre ou de se tenir plus loin.

Georges Heriot chercha à répondre à cette critique en assurant le roi que l'exécuteur était en réalité plus loin de Salomon qu'il ne le paraissait, et qu'il fallait avoir égard aux lois de la perspective.

—Allez-vous-en au diable avec votre perspective, s'écria Jacques. Il ne peut y avoir de perspective plus désagréable pour un roi légitime qui désire vivre en paix et mourir tranquillement et honorablement, que celle d'un sabre hors du fourreau devant ses yeux. Je suis aussi brave qu'un autre, on le sait; hé bien! je déclare que je ne puis jamais regarder une lame nue sans cligner les yeux. Mais, en somme, c'est un beau morceau. — Et quel en est le prix?

L'orfèvre commença par faire observer que cette salière n'était pas à lui, et qu'elle appartenait à un de ses compatriotes dans la détresse.

— Ce que vous dites pour avoir un prétexte d'en demander le double de sa valeur, dit le roi; je connais tous les tours des marchands de la Cité.

—Je ne puis espérer, dit Heriot, d'en imposer à la sagacité de Votre Majesté. Je ne vous ai dit que la verité, et le prix de ce chef-d'œuvre est de cent cinquante livres sterling, s'il plaît à Votre Majesté de le payer comptant.

— Cent cinquante livres! s'écria le monarque d'un ton irrité,—et autant de sorciers et de sorcières qui les lèvent pour vous! — Sur mon ame! Geordie Tintin, vous vous êtes mis en tête de faire tinter votre bourse sur un joli air. Comment vous ferais-je compter cent cinquante livres pour ce qui ne pèse pas autant de marcs? Et ne savez-vous pas que les serviteurs de ma maison et les officiers de ma bouche sont en arrière de six mois?

L'orfèvre, accoutumé à de pareilles objections, soutint

le choc avec fermeté, et se contenta de répondre que si la pièce d'argenterie plaisait à Sa Majesté, et qu'elle désirât l'acheter, il était facile de s'arranger pour le paiement. Il était vrai que le propriétaire avait besoin d'argent comptant; mais il pouvait, lui Georges Heriot, avancer cette somme pour le compte de Sa Majesté, si tel était son bon plaisir; et il attendrait la convenance du roi pour le remboursement de cet objet comme de plusieurs autres; l'argent, en attendant, rapporterait l'intérêt ordinaire.

—Sur mon ame! dit Jacques, voilà ce qui s'appelle parler en marchand honnête et raisonnable. Il faut que nous obtenions un autre subside des communes, et une partie sera employée à payer cette somme. — Emportez la salière, Maxwell; emportez-la, et placez-la dans un endroit où Steenie et Bambin Charles puissent la voir quand ils reviendront de Richemont. — A présent que nous sommes seuls, mon vieil ami Geordie, je vous dirai que je crois véritablement, en parlant de vous et de Salomon, que toute la sagesse du pays a abandonné l'Ecosse quand nous en sommes partis pour venir vers le sud.

Georges Heriot fut assez courtisan pour répondre que les sages suivent naturellement le sage, comme les daims suivent celui qui leur sert de chef.

—Il y a quelque chose de vrai, sur mon ame! dans ce que vous dites, répliqua le roi; car nous-même, avec les gens de notre cour et ceux de notre maison, comme vous par exemple, les Anglais, quelque bonne opinion qu'ils aient d'eux-mêmes, conviennent que nous ne manquons pas d'esprit; mais pour tous ceux que nous avons laissés derrière nous, la cervelle leur a tourné; ils ne savent pas plus ce qu'ils font qu'autant de sorciers et de sorcières, la veille du sabbat du diable.

—Je suis fâché de vous entendre tenir ce langage, sire. —Oserais-je demander à Votre Majesté ce qu'ont fait nos compatriotes pour mériter un tel reproche?

— Ils sont devenus fous, fous à lier. Nos hérauts ont beau s'enrouer à force de publier nos proclamations, nous ne pouvons les écarter de notre cour. Pas plus tard qu'hier, comme nous venions de monter à cheval, et que nous allions partir, arrive un vrai matou de gouttières d'Edimbourg, un drôle dont les haillons qui le couvraient semblaient se dire adieu les uns aux autres, dont le chapeau et l'habit auraient pu servir d'épouvantail pour les oiseaux, et qui, sans crainte et sans respect, nous jette brusquement dans la main une supplique où il était question de je ne sais quelle dette de notre gracieuse mère, et d'autres sottises semblables. Sur cela, notre cheval prend l'épouvante et se cabre ; et, si nous n'avions été assez habile dans l'art de l'équitation, art dans lequel on convient que nous l'emportons sur la plupart des princes souverains de l'Europe et de leurs sujets, je vous réponds que nous étions renversé sur le pavé.

— Vous êtes leur père commun, sire, et c'est ce qui leur donne la hardiesse de se montrer en votre gracieuse présence.

— Je sais que je suis assez *pater patriæ*, mais on croirait qu'ils veulent m'arracher les entrailles pour se partager l'héritage. Par la mort ! Geordie, il n'y a pas un de ces manans qui sache seulement comment on doit présenter une supplique à son souverain.

— Je voudrais en connaître la manière la plus convenable et la plus respectueuse, sire, ne fût-ce que pour apprendre à nos pauvres compatriotes à se mieux comporter.

— Sur mon ame ! vous êtes un homme civilisé, Geordie, et je veux bien perdre quelques instans à vous instruire. D'abord, voyez-vous, il faut vous approcher de nous de cette manière, en vous couvrant les yeux de la main, pour montrer que vous savez que vous êtes en présence du vice-roi du ciel. — Bien, Geordie, voilà qui est fait avec grace. — Ensuite vous vous agenouillez, et vous faites comme si vous vouliez baiser le pan de notre habit, la boucle de nos souliers, ou quelque chose de semblable. — Très-bien exécuté. — Tandis que nous, en prince débonnaire et ami de nos sujets, nous vous en empêchons, en vous faisant signe de vous relever. — Non, non. Vous n'obéissez pas, et comme vous avez une grace à demander, vous restez dans la même situation, vous fouillez dans votre poche, vous en tirez votre supplique, et vous nous la mettez respectueusement dans la main.

L'orfèvre s'était conformé avec la plus grande exactitude à tous les points de ce cérémonial, et il accomplit le dernier, au grand étonnement de Jacques, en lui mettant en main la pétition de lord Glenvarloch.

— Que veut dire ceci, traître? s'écria le roi en rougissant et bégayant de colère; vous ai-je appris le maniement des armes pour que vous vous en serviez contre nous? Autant vaudrait que vous eussiez dirigé contre nous un véritable pistolet. Et cela jusque dans notre cabinet, où nul ne doit entrer que d'après notre bon plaisir!

— J'espère, dit Heriot toujours à genoux, que Votre Majesté daignera me pardonner d'avoir mis en pratique, en faveur d'un ami, la leçon qu'elle avait la bonté de me donner.

— D'un ami? tant pis! tant pis! vous dis-je. Si c'eût été pour vous, il y aurait eu plus de bon sens; on aurait pu espérer que vous n'y reviendriez pas; mais vous pouvez avoir une centaine d'amis, et vouloir me présenter des pétitions pour chacun d'eux, les unes après les autres.

— Je me flatte que Votre Majesté daignera me juger d'après l'expérience, et qu'elle ne me soupçonnera pas de vouloir me rendre coupable d'une telle présomption.

— Je n'en sais rien, répondit le monarque facile à s'apaiser, car je crois que tout le monde devient fou; mais *semel insanivimus omnes.* Tu es mon vieux et fidèle serviteur, c'est une vérité; et s'il s'agissait de quelque chose qui te concernât personnellement, tu ne me le demanderais pas deux fois. Mais Steenie m'aime tellement, qu'il trouve mauvais que tout autre que lui me demande une grace.

L'huissier venait de rentrer après avoir emporté la salière. — Maxwell, lui dit le roi, retirez-vous dans l'antichambre, vous et vos longues oreilles. — En conscience, Geordie, je n'ai pas oublié qu'il y a bien long-temps que tu as ma confiance, et que tu étais mon orfèvre quand je pouvais dire avec le poète moraliste :

Non ebur neque aureum
Med renidet in domo lacunar ¹.

Car, sur mon ame! la vieille maison de ma mère avait été si bien pillée, que ce qui nous restait de mieux dans le buffet, c'étaient des gobelets d'étain, des plats de terre et des assiettes de bois, et nous étions assez contens d'avoir quelque chose à y mettre, sans nous fâcher contre le métal dont étaient faits ces précieux ustensiles. Te rappelles-tu, car tu étais de la plupart de toutes nos bonnes parties, comme nous envoyâmes six de nos bandouliers bleus mettre à contribution le colombier et le poulailler de lady de Loganhouse, et combien de plaintes la pauvre dame fit contre Jock de Milch et les voleurs d'Annandale, qui étaient aussi innocens du fait que je le suis du crime de meurtre ?

— Jock ne s'en est pas mal trouvé, dit Heriot, car, si je m'en souviens bien, cela l'a sauvé, à Dumfries, d'un licou qu'il avait mérité pour d'autres méfaits.

— Ah, oui! vous en souvenez-vous? Mais ce Jock de Milch avait d'autres talens. Il était excellent chasseur ; et,

(1) Ni l'ivoire ni l'or
Dans mon manoir ne brille encor.
HORACE.
— ÉD.

quand il appelait un chien, sa voix retentissait dans toute une forêt. Cela n'empêcha pas qu'il ne finît en vrai chasseur d'Annandale, car lord Torthorwald lui passa sa lance au travers du corps. Morbleu! Geordie, quand je pense à ces temps-là, je ne sais si nous ne vivions pas plus gaiement dans notre vieux palais d'Holyrood, en faisant ressource de tout, qu'aujourd'hui que nous avons le foin et la mangeoire. *Cantabit vacuus.* Nous n'avions pas beaucoup d'inquiétude.

— Et Votre Majesté se rappelle-t-elle combien nous eûmes de peine à rassembler assez de vaisselle d'or et d'argent pour jeter de la poudre aux yeux de l'ambassadeur d'Espagne?

— Sans doute, répondit le roi qui était en train de se livrer au commérage; mais j'ai oublié le nom du brave lord qui nous en prêta jusqu'à sa dernière once, afin que son roi pût se faire quelque honneur aux yeux de ceux qui avaient les Indes à leurs ordres.

— Je crois que Votre Majesté s'en souviendrait si elle voulait jeter les yeux sur le papier qu'elle tient en main.

— Oui-da! lord Glenvarloch. Oui vraiment, c'était lui. *Justum et tenacem propositi virum;* un homme juste, mais entêté comme un taureau qu'on poursuit. Il fut un temps où il s'était déclaré contre nous ce lord Randal Olifaunt de Glenvarloch; mais au fond c'était un sujet loyal et qui nous était attaché. Celui dont il est question doit être son fils, car Randal est depuis long-temps où tous les rois et les lords doivent aller, *quò pius Æneas,* où vous irez aussi, Geordie. Et qu'est-ce que son fils nous demande?

— Le paiement d'une somme considérable qui lui est due par le trésor public, et que son père a avancée à Votre Majesté dans un moment fort critique, au temps de l'affaire de Ruthven.

— Je m'en souviens fort bien. Sur mon ame! Geordie, je venais d'échapper aux griffes du Maître de Glamis et de

ses complices, et jamais argent n'est venu plus à propos
à un prince. N'est-ce pas une honte qu'une tête couronnée
puisse avoir besoin d'une somme si modique? Mais qu'a-
t-il besoin de nous tourmenter et de nous donner la chasse
comme à un blaireau? Nous reconnaissons la dette, et nous
la paierons à notre convenance, ou nous nous acquitterons
de quelque autre manière ; c'est tout ce qu'un sujet peut
demander de son prince. Nous ne sommes pas *in medita-
tione fugæ*, Georgie ; nous ne songeons pas à nous enfuir,
pour qu'il soit besoin de nous arrêter d'une manière si
pressante.

— Hélas! sire, répondit l'orfèvre en secouant la tête,
c'est bien malgré lui, ce n'est que parce qu'il y est forcé
par la nécessité la plus urgente, que ce pauvre jeune lord
vous importune ainsi. Mais il lui faut de l'argent, il lui
en faut sans délai pour rembourser une somme due par
son père à Peregrin Peterson, conservateur des privilèges
à Compvere, qui, à défaut de paiement, est sur le point
de l'évincer de sa baronnie et de tous ses domaines de
Glenvarloch.

— Que me dites-vous là? — que me dites-vous là? s'é-
cria le roi d'un ton d'impatience : la noble et ancienne
famille d'Olifaunt se trouverait évincée par ce rustre de
conservateur, par le fils d'un vil matelot hollandais! De
par Dieu! il n'en sera rien. Nous suspendrons les poursuites par des lettres de débit et de surséance.

— Je doute que cela soit possible, sire, car vos gens
de lois en Ecosse prétendent que, suivant les lois du pays,
il n'y a d'autre remède que le paiement.

— Hé bien! qu'il se maintienne de vive force contre le
rustre jusqu'à ce que nous puissions mettre ordre à ses
affaires.

— Le gouvernement pacifique de Votre Majesté, sire,
la volonté que vous avez montrée de rendre à tous vos sujets une justice impartiale, le bon ordre que vous avez

établi dans vos États, tout cela fait que la force est un mauvais moyen à employer : ce n'est plus que dans quelques coins des montagnes d'Écosse qu'on ose encore y avoir recours.

— Diable, diable! Geordie, dit le monarque embarrassé, dont toutes les idées de justice, de convenances et d'expédiens se trouvaient fort embrouillées en pareille occasion, il est juste que nous payions nos dettes, comme ce jeune homme doit payer les siennes ; il faut qu'il soit payé, et il le sera, *in verbo regis*; j'en donne ma parole royale. Mais comment nous procurer de l'argent, Geordie? c'est là le nœud gordien. Il faut que vous tâtiez la Cité.

— Pour vous dire la vérité, sire, à force d'emprunts, de dons gratuits et de subsides, la Cité est en ce moment.....

— Je n'ai que faire de savoir ce qu'est la Cité. Notre trésorerie est aussi sèche que le sont les homélies du doyen Giles sur les psaumes de la pénitence. *Ex nihilo nihil*. — Il n'est pas facile d'ôter les culottes à un montagard écossais. — Ceux qui viennent me demander de l'argent devraient me dire en même temps comment m'en procurer. — Je vous dis qu'il faut tâter la Cité, Heriot; croyez-vous que ce soit pour rien qu'on vous appelle Geordie Tintin? *In verbo regis*, j'acquitterai ma dette envers le jeune homme, si vous me procurez un emprunt, et je ne serai pas difficile sur les conditions. — De vous à moi, Geordie, je verrais avec peine que l'ancien domaine de Glenvarloch changeât de maître. — Et pourquoi ce jeune lord ne vient-il pas à la cour? A-t-il bonne mine, Geordie? est-il présentable?

— On ne peut l'être davantage, sire ; mais...

— Je vous comprends, je vous comprends. — *Res angusta domi*. — Pauvre garçon! Son père avait le cœur d'un véritable Écossais, quoiqu'il fût un peu entêté à certains égards. — Heriot, il faut lui remettre deux cents livres pour qu'il puisse s'équiper. — Tenez, tenez, ajouta le roi en prenant la chaîne de rubis qui entourait son chapeau, vous avez déjà eu cela en gage pour une somme plus considérable, vieux lévite que vous êtes, demeurez-en nanti jusqu'à ce que je vous rende cette somme sur le premier subside que j'obtiendrai.

— S'il plaisait à Votre Majesté de me donner cet ordre par écrit, dit le prudent citadin.

— Va-t'en au diable, Geordie, tu es aussi formaliste qu'un puritain, — tu es un nullifidien¹ jusqu'à la moelle des os. — Est-ce que la parole d'un roi ne vous suffit pas pour une misérable somme de deux cents livres?

— Pardonnez-moi, sire, mais non pas pour retenir les joyaux de la couronne.

Le roi, à qui une longue expérience avait appris à traiter avec des créanciers soupçonneux, écrivit à George Heriot, son bien amé orfèvre et joaillier, l'ordre de payer à Nigel Olifaunt, lord de Glenvarloch, deux cents livres sterling, à valoir sur ce qui lui était dû par la couronne, et l'autorisant à garder en sa possession une chaîne de rubis-balais et un gros brillant, ainsi que le tout était décrit dans l'inventaire des joyaux de Sa Majesté, jusqu'au remboursement effectif de cette somme. Par un autre écrit, Sa Majesté chargea George Heriot de traiter avec quelques capitalistes pour en obtenir un emprunt de telle somme qu'il pourrait trouver, mais qui devait être au moins de cinquante mille marcs.

— Et ce lord Nigel a-t-il quelque instruction? demanda ensuite le roi.

George Heriot ne pouvait répondre très-précisément à cette question; mais il dit qu'il croyait que le jeune lord avait étudié en pays étranger.

— Nous lui donnerons nos avis sur la manière de con-

(1) Secte peu connue aujourd'hui. — ED.

tinuer ses études avec fruit ; il est possible que nous le fassions venir à notre cour pour étudier avec Steenie et Charles. — Mais à présent que j'y pense, Geordie, allez-vous-en ; les enfans vont arriver, et je ne veux pas qu'ils sachent rien de l'affaire que nous venons de traiter. Ainsi, *propera pedem*, Geordie ; serrez votre mule entre vos jambes, et bon voyage.

Ainsi se termina la conférence entre le roi Jacques et son bon orfèvre joaillier.

CHAPITRE VI.

« Je le connais fort bien. — C'est un citron de cour,
« Dont tous nos beaux esprits vont se rincer la bouche,
« S'imaginant qu'il doit prêter à ce qu'il touche
« Ce piquant qu'ils voudraient donner à leurs discours.
« Mais hélas ! son acide est parti pour toujours.
« D'en tirer quelques sucs c'est en vain qu'on s'efforce :
« Le jus trop exprimé n'a laissé que l'écorce;
« Insipide aliment des hommes rebuté,
« Et dont le pourceau même est à peine tenté. »

Le Chambellan, comédie.

La bonne compagnie que George Heriot avait invitée à se réunir dans sa maison hospitalière de Lombard-Street pour y prendre ce repas qui divise la journée, s'y rassembla à midi, heure à laquelle les gens à la mode de notre siècle se retournent sur leur oreiller, et, après avoir bien hésité, bien réfléchi, pensent enfin qu'il commence à être temps de sortir de leur lit. Le jeune Nigel y arriva simplement vêtu, mais cependant sous un costume plus convenable à son âge et à son rang que celui qu'il portait la veille, suivi de son valet Moniplies, dont l'extérieur avait aussi considérablement gagné. Son air grave et solennel se faisait remarquer sous une toque de velours bleu, placée de côté sur sa tête ; il avait un habit de drap bleu, solide, et qui, tout différent de ses anciens vêtemens, aurait résisté aux efforts de tous les apprentis de Fleet-Street. Le sabre et le petit bouclier qu'il portait étaient les insignes de sa condition, et une plaque d'argent sur laquelle étaient gravées les armoiries de son maître annonçait qu'il appartenait à un des membres de l'aristocratie. Il alla s'asseoir en arrivant dans la cuisine du bon citadin, et ne fut pas peu satisfait en songeant que son service à table, derrière la chaise de son maître, serait récompensé par une chère telle qu'il n'en avait encore vu que bien rarement.

M. David Ramsay, ce profond et ingénieux artiste, arriva sans accident dans Lombard-Street à l'heure fixée, bien lavé, bien brossé, bien nettoyé de la suie de sa forge et de ses fourneaux. Sa fille, qui l'avait accompagné, avait environ vingt ans. Elle était fort jolie, très-réservée ; mais des yeux noirs pleins de vivacité démentaient de temps en temps l'expresion de gravité à laquelle le silence, la discrétion, un bonnet de velours et une collerette de batiste condamnaient mistress Marguerite, comme fille d'un tranquille citadin.

Il s'y trouvait aussi deux autres marchands de Londres, portant d'amples habits, et des chaînes d'or qui faisaient plusieurs fois le tour de leur cou ; hommes avancés dans le monde, pleins d'expérience dans leur état, mais qui n'exigent pas de nous une description plus particulière ; et avec eux un membre du clergé, déjà avancé en âge, portant le vêtement distinctif de sa profession : vénérable personnage dont les manières annonçaient qu'il partageait la simplicité des ouailles confiées à ses soins.

Nous pouvons nous borner à ce peu de mots pour ce qui les concerne ; mais il n'en est pas de même de sir Mungo Malagrowther de Girnigo-Castle, qui exige de nous un peu plus d'attention, comme offrant en sa personne des traits caractéristiques du temps où il vivait.

Ce bon chevalier frappa à la porte de maître Heriot précisément à l'instant où le premier coup de midi sonnait, et il était assis avant que le dernier se fût fait entendre. Cela lui fournit l'occasion de lancer quelques sarcasmes contre ceux qui arrivaient plus tard que lui, sans compter quelques traits décochés contre ceux qui avaient été assez indiscrets pour se montrer trop tôt.

N'ayant guère d'autres propriétés que son titre, sir Mungo avait été attaché à la cour, dès sa première jeunesse, en qualité d'*enfant de fouet* du roi Jacques VI, comme on appelait alors cette place, et il avait été instruit dans toutes les sciences, avec Sa Majesté, par son célèbre précepteur George Buchanan. La place d'enfant du fouet condamnait le malheureux qui en remplissait les fonctions à recevoir toutes les punitions corporelles que l'oint du Seigneur, dont la personne était sacrée, pouvait mériter dans le cours de ses voyages à travers la grammaire et la prosodie. Il est bien vrai que, sous la discipline sévère de George Buchanan, qui n'approuvait pas ce mode de châtiment par procuration, Jacques supportait lui-même la peine de ses fautes, et Mungo Malagrowther jouissait d'une sinécure; mais l'autre pédagogue de Jacques, maître Patrice Young, remplissait plus littéralement ses fonctions, et faisait frémir le jeune roi jusqu'au fond de l'ame par les coups dont il accablait l'enfant du fouet lorsque la tâche royale n'était pas convenablement accomplie. Et il faut dire à l'éloge de Mungo, que, sous certains rapports, il convenait admirablement à sa place officielle. Il avait, dès sa plus tendre jeunesse, les traits naturellement grotesques et irréguliers; et, lorsqu'il était agité par la crainte, la douleur ou la colère, il ressemblait à une de ces figures bizarres qu'on voit sur les corniches gothiques. Il avait aussi la voix aigre et grêle, et lorsqu'il était à la torture sous les verges de l'impitoyable maître Patrice Young, l'expression de sa physionomie grotesque, et ses cris, qui ne semblaient avoir rien de commun avec la voix humaine, étaient faits pour produire sur le monarque qui avait mérité le fouet tout l'effet qu'on pouvait attendre de la vue d'un innocent portant la peine des fautes d'un coupable.

Ce fut ainsi que sir Mungo Malagrowther (car il devint chevalier) fut introduit à la cour. Tout autre que lui en aurait tiré avantage et s'y serait maintenu; mais, quand il devint trop grand pour être fouetté, il se trouva n'avoir aucune qualité qui le rendît recommandable : un esprit caustique, une humeur mordante, une habitude de malice, un sentiment d'envie contre tous ceux qui étaient plus favorisés que le possesseur de qualités aussi aimables, qualités qui n'ont pas toujours été, il est vrai, des obstacles insurmontables à l'avancement d'un courtisan, surtout lorsqu'elles se trouvent amalgamées avec une certaine dose de prudence et d'adresse, et sir Mungo n'en possédait pas un grain. Ses satires emportaient la pièce, son envie ne pouvait se cacher; et à peine était-il majeur, qu'il se fit un si grand nombre de querelles, qu'il aurait fallu les neuf vies d'un chat pour y faire face.

Dans une de ces rencontres il reçut (nous devrions peut-être dire heureusement) une blessure qui le mit hors d'état de répondre à de pareilles invitations. Sir Rullion Rattray de Ranagullion lui abattit, dans un combat à mort, trois doigts de la main droite, ce qui le mit dans l'impossibilité de manier le sabre ou l'épée à l'avenir. Quelque temps après, ayant composé des vers satiriques contre lady Cockpen, il fut si maltraité par quelques individus chargés de le châtier, qu'on le trouva à demi mort, avec une cuisse cassée, sur la place où il avait reçu cette correction. Cette jambe fut si mal remise, qu'il resta boiteux pour le reste de sa vie. Ce double accident, tout en ajoutant à l'air grotesque de cet original, le mit du moins à l'abri des conséquences plus dangereuses de son humeur, et il vieillit au service de la cour, *assuré* contre la perte de la vie et des membres qui lui restaient, mais sans s'y faire des amis, et sans y obtenir aucun avancement.

Il est bien vrai que le roi s'amusait quelquefois de ses saillies caustiques, mais jamais il n'eut assez d'adresse pour saisir l'occasion favorable : et ses ennemis, qui dans le fait composaient la totalité de la cour, trouvaient toujours le moyen de lui faire perdre la faveur de son maître. Le célèbre Archie Armstrong eut la générosité de lui offrir un jour un pan de son habit de fou, afin de lui communiquer ainsi les privilèges et les immunités d'un bouffon de profession, car, disait l'homme à la marotte, sir Mungo, de la manière dont il agit, ne gagne à un bon mot que le pardon que lui accorde le roi pour l'avoir prononcé.

Même à Londres, la pluie d'or qui tombait autour de lui ne fit pas revivre la fortune de sir Mungo Malagrowther. En vieillissant il devint sourd et acariâtre ; il perdit même cette vivacité qui avait animé ses sarcasmes, et il n'était plus qu'enduré par Jacques, qui, quoique lui-même presque aussi avancé en âge, conservait à un degré peu ordinaire et même absurde le désir d'être entouré de jeunes gens.

Sir Mungo, arrivé sans fortune à l'automne de ses ans, montrait à la cour sa taille maigre et ses broderies flétries, aussi rarement que son devoir le lui permettait ; il passait son temps et nourrissait son penchant pour la satire en se promenant dans les endroits publics, et surtout dans les ailes de la cathédrale de Saint-Paul, qui étaient alors le rendez-vous général des nouvellistes et de tous les désœuvrés ; s'associant principalement à ceux de ses concitoyens qu'il regardait comme d'une condition inférieure à la sienne. De cette manière, tout en haïssant et méprisant le commerce, il voyait fréquemment les artistes et les marchands écossais qui avaient suivi la cour à Londres. Il pouvait se livrer avec eux à son humeur cynique sans risquer de les offenser beaucoup, car quelques-uns supportaient ses sarcasmes par égard pour sa naissance et pour le titre qu'il portait, et les autres, doués de plus de bon sens, prenant pitié d'un vieillard que ni la nature ni la fortune n'avaient favorisé, lui pardonnaient sa mauvaise humeur.

Du nombre de ces derniers était George Heriot, qui, quoique ses habitudes et son éducation lui eussent appris à porter le respect pour l'aristocratie à un degré qui paraîtrait extravagant aujourd'hui, avait cependant trop d'esprit et de bon sens pour s'en laisser imposer par un homme tel que sir Mungo, ou pour souffrir qu'il prît avec lui des libertés peu convenables : cependant il lui témoignait en toute occasion non-seulement une civilité respectueuse, mais encore de la bonté et de la générosité.

Cette conduite influa probablement sur la manière dont sir Mungo se conduisit en entrant dans l'appartement : il salua très-civilement maître Heriot et une femme âgée ayant l'air un peu sévère, portant une simple coiffe sur sa tête, et qui, sous le nom de *ma tante Judith*, faisait les honneurs de la maison et de la table du citadin : mais sa physionomie prit un air d'aigreur méprisante quand il fit une légère inclination de tête à David Ramsay et aux deux autres marchands. Il entra pourtant en conversation avec ceux-ci pour leur dire qu'il venait d'apprendre à Saint-Paul des nouvelles de la banqueroute de Pindivide, gros marchand qui, pour nous servir de son expression, venait de fournir un pouding aux corbeaux, et dont il savait que les deux individus à qui il s'adressait étaient créanciers.—Il n'y a rien à en espérer, dit-il, je le sais de bonne part. C'est un navire perdu corps et bien ; pas une planche ne surnage.

Les deux marchands se regardèrent en faisant la grimace; mais, trop prudens pour faire de leurs affaires particulières un sujet de discussion devant témoins, ils baissèrent la tête, et rompirent l'entretien en se mettant à causer ensemble à voix basse. Le vieux chevalier écossais se tourna alors vers l'horloger, et lui dit avec le même ton de familiarité peu cérémonieuse : — Hé bien, David, vieil idiot, vieux songe-creux, la tête ne vous a-t-elle pas encore tourné en appliquant les sciences mathématiques, comme vous les appelez, au livre de l'Apocalypse? J'espère vous entendre expliquer le signe de la Bête, et nous le rendre aussi clair qu'un air qu'on tire d'un sifflet d'un liard.

— Sir Mungo, dit Ramsay après avoir fait un effort pour se rappeler qui venait de lui parler et ce qui lui avait été dit, il peut se faire que vous soyez plus près du but que vous ne le pensez vous-même, car, en prenant les dix cornes de la bête, vous pouvez aisément compter sur vos doigts.....

— Sur mes doigts, vieille horloge rouillée ! s'écria sir Mungo d'un ton moitié goguenard, moitié courroucé ; et mettant sur la poignée de son épée sa main, ou pour mieux dire sa griffe, car le sabre de sir Rullion lui avait donné cette forme, il ajouta : — Avez-vous dessein de me reprocher le malheur que j'ai d'avoir été mutilé?

Maître Heriot intervint. — Je ne puis parvenir, dit-il, à persuader à notre ami David que les prophéties contenues dans les Écritures sont destinées à rester dans l'obscurité jusqu'à ce que leur accomplissement inattendu fasse voir, comme autrefois, la vérité de ce qui est écrit. Malgré cela, il ne faut pas que vous exerciez contre lui votre valeur chevaleresque.

— Sur ma foi! ce serait l'employer en pure perte, répondit sir Mungo en riant; autant vaudrait sonner du cor et monter à cheval pour poursuivre un mouton. — Tenez, le voilà déjà avec ses abstractions, enfoncé jusqu'au menton dans les chiffres, les quotiens et les dividendes. — Dites-moi, mistress Marguerite, mon bel ange, car les charmes de la jeune citadine forçaient le visage de sir Mungo lui-même à se dérider, votre père est-il toujours aussi amusant qu'il le paraît en ce moment?

Marguerite rougit, baissa les yeux, les leva, les porta d'un autre côté, et après avoir assez joué l'embarras pour couvrir, comme elle croyait devoir le faire, une promptitude de repartie qui lui était assez naturelle, elle répondit : — Il est vrai que mon père est fort distrait, mais j'ai toujours entendu dire qu'il tient cela de mon grand-père.

— De votre grand-père! s'écria sir Mungo, comme s'il croyait n'avoir pas bien entendu; n'a-t-elle pas dit de son grand-père? Son esprit est dérangé. Existe-il une fille du côté de Temple-Bar qui puisse citer un degré de parenté si éloigné?

— Dans tous les cas, sir Mungo, dit George Heriot, elle peut citer un parrain pour lequel vous aurez assez d'égards pour écouter la prière qu'il vous fait de ne pas faire ainsi rougir sa jolie filleule.

— Elle rougit! s'écria sir Mungo; tant mieux! cela lui fait honneur si, étant née et ayant été élevée dans un quartier où l'on entend le son des cloches de l'église de Bow, elle peut encore rougir de quelque chose. Et sur ma foi! maître George, elle est assez jolie pour qu'on lui pardonne de manquer d'ancêtres, du moins dans une région comme Cheapside, où le poêlon ne peut reprocher à la marmite...

Marguerite rougit encore, et maître George interrompit sir Mungo avant qu'il eût fini de citer son proverbe trivial, pour le présenter à lord Nigel. Sir Mungo n'entendit pas d'abord ce que son hôte lui disait : — Que dites-vous? s'écria-t-il; qui? qui?

Le nom de Nigel Olifaunt, lord de Glenvarlorch, lui ayant été une seconde fois répété dans l'oreille, il se redressa, et, regardant le maître de la maison avec une sorte d'humeur, il lui reprocha de n'avoir pas fait faire plus tôt connaissance ensemble à deux hommes de qualité qui se trouvaient chez lui, afin qu'ils pussent se présenter leurs civilités avant de s'occuper du reste de la compagnie. Il salua ensuite le jeune lord avec autant de grace que pouvait en avoir un homme estropié d'une main et d'une jambe. Il lui dit qu'il avait connu le feu lord son père, qu'il était charmé de le savoir à Londres, et qu'il espérait le voir à la cour.

Les manières de sir Mungo et les lèvres pincées de maître George, qui annonçaient des efforts pour s'empêcher de rire, firent comprendre sur-le-champ à lord Nigel qu'il avait affaire à un original d'une espèce rare, et il lui rendit ses politesses de manière à satisfaire l'homme le plus pointilleux. Sir Mungo, pendant ce temps, le regardait avec beaucoup d'attention; et, comme les dons de la nature chez les uns ne l'affligeaient pas moins que ceux de la fortune chez les autres, il n'eut pas plus tôt vu la belle taille et les traits avantageux du jeune lord, qu'il s'approcha de lui pour l'entretenir de la grandeur passée des anciens lords de Glenvarloch, et du regret avec lequel il avait appris que le représentant actuel de cette noble famille allait probablement se trouver dépouillé des domaines de ses ancêtres. Il s'étendit fort au long sur les beautés de la baronnie de Glenvarloch, la situation avantageuse du château, le noble lac qui en était voisin et qui fournissait tant d'oiseaux sauvages pour la chasse au faucon, les collines bien boisées offrant une retraite aux daims et aux cerfs; enfin il fit si bien valoir tout le prix de ce noble et ancien domaine, que Nigel, en dépit de tous ses efforts, ne put retenir un soupir.

Sir Mungo était habile à reconnaître quand la sensibilité de ceux à qui il parlait était désagréablement affectée. Il vit que sa nouvelle connaissance était sur les épines, et par conséquent il aurait volontiers prolongé la discussion; mais le cuisinier, frappant sur une table avec un couteau de cuisine, donna un signal assez bruyant pour être entendu de toute la maison, depuis la cave jusqu'au grenier ; signal qui avertissait en même temps les domestiques de placer le dîner sur la table, et les convives de passer dans la salle à manger. Sir Mungo, amateur de bonne chère (ce goût, soit dit en passant, pouvait avoir contribué à lui faire oublier sa dignité en visitant des citadins), sir Mungo fut debout au premier bruit ; et, laissant en paix Nigel et les autres convives, il n'eut plus d'autre inquiétude que de savoir où il serait placé à table. La tante Judith le pria de s'asseoir à sa gauche, et les honneurs de la droite furent réservés à lord Nigel, que sir Mungo ne vit pas sans envie entre la matrone et la jolie mistress Marguerite. Mais ce qui contribua à lui faire prendre patience, ce fut la vue d'un superbe chapon lardé servi devant lui.

Le dîner fut conforme à l'usage du temps ; tout était excellent dans son genre. Indépendamment des ragoûts écossais qui avaient été promis, on voyait aussi sur la table le rostbeef et le pouding, mets favoris de la vieille Angleterre. Un buffet couvert d'argenterie de choix et d'un travail précieux attira les complimens de quelques personnes de la compagnie ; ceux de sir Mungo furent mêlés d'une teinte d'ironie, et il félicita le propriétaire de ce que la main-d'œuvre ne lui en coûtait rien.

— Je ne rougis pas de mon état, sir Mungo, dit l'honnête citadin. On dit qu'un bon cuisinier doit savoir se lécher les doigts, et il me semble qu'il serait assez singulier que mon buffet fût couvert d'étain, quand j'ai fourni l'argenterie de la moitié de tous ceux de la Grande-Bretagne.

Le ministre prononça le *Benedicite*, et les convives se trouvèrent en liberté d'attaquer les mets sur la table. Les premiers instans se passèrent dans le silence, suivant l'usage ; enfin la tante Judith, pour recommander son chapon, assura qu'il était d'une espèce particulière, apportée d'Ecosse par elle-même.

— Il ressemble donc à beaucoup de ses compatriotes, madame, répliqua l'impitoyable sir Mungo en jetant un coup d'œil à la dérobée sur son hôte; il a été bien lardé en Angleterre.

— Il y a certains de ses concitoyens, dit maître George, que tout le lard de l'Angleterre n'a pas été en état d'engraisser.

Sir Mungo rougit; le reste de la compagnie se mit à rire; mais le cynique, qui avait ses raisons pour ne pas se brouiller avec maître George, garda le silence pendant tout le reste du dîner. Lorsqu'on eut desservi, on plaça sur la table le dessert et des vins de la première qualité; et Nigel vit que les repas des bourgmestres opulens auxquels il avait assisté en pays étranger étaient éclipsés par l'hospitalité d'un marchand de Londres. Il n'y avait pourtant aucune ostentation, rien au-dessus de ce que pouvait se permettre un riche bourgeois.

Pendant le dîner, Nigel, suivant les usages de la politesse du temps, adressa d'abord la parole à mistress Judith, qu'il jugea une femme de beaucoup de bon sens, mais ayant plus de tendance au puritanisme que son frère maître George, car elle était sa sœur, quoiqu'il l'appelât toujours sa tante. Elle lui était tendrement attachée, et elle avait soin que rien de ce qui pouvait lui être agréable ne lui manquât. Comme la conversation de cette bonne dame n'était pas très-animée, et n'avait rien de bien attrayant, le jeune lord s'adressa naturellement à son autre voisine, la fille du vieil horloger; mais il lui fut impossible d'en obtenir une réponse dont la longueur excédât celle d'un monosyllabe; et, pendant qu'il lui débitait les plus beaux complimens que la politesse pouvait lui suggérer, le léger sourire qui faisait entr'ouvrir ses lèvres était de si courte durée, qu'à peine on pouvait l'apercevoir. Nigel commençait à être ennuyé de la compagnie dans laquelle il se trouvait, car les quatre marchands avaient commencé à causer d'affaires commerciales, en termes qui lui étaient tout-à-fait inintelligibles, quand sir Mungo Malagrowther attira tout à coup l'attention générale.

Cet aimable personnage avait quitté la table depuis quelques instans, et se tenait près d'une croisée placée de manière à donner vue sur la rue et sur la porte de la maison. Il avait probablement choisi ce poste, parce que les rues d'une capitale offrent un tableau mouvant qui présente ordinairement quelques objets d'accord avec les pensées d'un misanthrope. Ce qu'il y avait vu jusqu'alors était sans doute peu important, mais en ce moment on entendit le bruit d'un cheval, et sir Mungo s'écria : — Sur ma foi, maître George, vous feriez mieux de descendre dans votre boutique, car voici Knighton l'écuyer du duc de Buckingham, suivi de deux laquais, comme si c'était le duc lui-même.

— Mon caissier est en bas, répondit Heriot sans se déranger. Si les ordres de Sa Grace exigent ma présence sur-le-champ, il m'en informera.

— Un caissier ! pensa sir Mungo ; c'eût été une place facile à remplir quand j'ai commencé à le connaître ? — Mais ne viendrez-vous pas à la fenêtre, du moins ? lui demanda-t-il ; Knighton vient de faire rouler une pièce d'argenterie dans votre maison. Ha! ha! ha! il l'a fait rouler comme si c'eût été un cerceau. — Ha! ha! ha! je ne puis m'empêcher de rire de l'impudence du drôle.

— Je crois, répondit maître George en se levant et en sortant de l'appartement, que vous ne pourriez vous empêcher de rire quand votre meilleur ami serait au lit de la mort.

— Le trait est-il piquant, milord? demanda sir Mungo à lord Nigel. Notre ami n'est pas orfèvre pour rien : les flèches qu'il décoche ne sont pas armées de plomb. — Il faut que j'aille voir ce qui se passe là-bas.

Heriot, en descendant l'escalier, rencontra son caissier qui montait, et vit, à son air, que tout n'allait pas comme il l'aurait désiré. — Qu'y a-t-il donc, Roberts? lui demanda-t-il; que veut dire tout cela?

— C'est Knighton qui arrive de la cour, maître Heriot; Knighton, l'écuyer du duc: il vient de rapporter la salière que vous avez portée ce matin à Whitehall, et il l'a jetée à l'entrée de la boutique comme si c'eût été une vieille soupière d'étain, en disant que le roi n'avait que faire de vos guenilles.

— De mes guenilles! répéta Heriot. Suivez-moi dans le comptoir, Roberts. Il s'aperçut que sir Mungo les avait rejoints, et qu'il se disposait à y entrer avec eux. Pardon, sir Mungo, lui dit-il; je vous prie de m'excuser un instant.

En vertu de cette prohibition indirecte, sir Mungo, qui, de même que le reste de la compagnie, avait entendu sur l'escalier la courte conversation entre maître George et son caissier, se vit condamné à s'arrêter dans la pièce d'entrée, se flattant de pouvoir satisfaire sa curiosité en faisant quelques questions à Knighton quand il s'en irait; mais cet émissaire d'un grand homme, après avoir ajouté au message incivil de son maître quelques grossièretés de son crû, partit comme un éclair, suivi de ses deux satellites, sans daigner faire la moindre attention au chevalier.

Pendant ce temps, le nom du duc de Buckingham, du tout-puissant favori du roi et du prince de Galles, avait répandu quelque inquiétude parmi la société restée au premier étage. Il était craint plus qu'il n'était aimé, et s'il n'était pas d'un caractère tyrannique, il passait pour être hautain, violent et vindicatif. Un instinct secret semblait dire à Nigel, sans qu'il pût concevoir ni pourquoi ni comment, qu'il pouvait être lui-même la cause première du ressentiment du duc contre maître George. Les autres firent leurs commentaires à demi-voix, et Ramsay, qui n'avait rien entendu de ce qui venait de se passer, mais qui était toujours occupé de calculs relatifs aux sciences abstraites, dont il faisait l'application à tous les événemens qui arrivaient, eut pourtant l'oreille frappée de quelques mots qui le firent s'écrier : — Le duc ! — le duc de Buckingham ! — George Williers ! Oui. — J'ai parlé de lui avec Lambe [1].

— Jésus et Notre-Dame ! comment pouvez-vous parler ainsi, mon père ! s'écria sa fille, qui avait assez de discernement pour voir que son père marchait sur un terrain dangereux.

— Comment donc ! ma fille, dit Ramsay ; les astres peuvent dominer, mais ils ne peuvent forcer ! Vous savez que ceux qui ont le talent de dresser un thème de nativité disent qu'il y avait, lors de la naissance de Sa Grace, une conjonction remarquable de Mars et de Saturne, dont le temps apparent ou réel, en réduisant à la latitude de Londres les calculs faits par Eichstadt pour celle d'Oranienbourg, donne sept heures cinquante-cinq minutes quarante et une secondes et...

— Taisez-vous, vieil astrologue, dit Heriot, qui rentra en ce moment d'un air tranquille et serein ; vos calculs sont vrais et incontestables quand ils ont pour objet la mécanique et l'horlogerie ; mais les événemens futurs sont à la disposition de celui qui porte dans sa main le cœur des rois.

— Fort bien, maître George, répondit Ramsay, mais il y avait à la naissance de ce seigneur des signes qui prouvaient que sa vie serait fort étrange. Il y a long-temps qu'on a dit de lui qu'il est né au moment de la jonction de la nuit avec le jour, sous des influences qui se com-

---

(1) Astrologue du temps. — ÉD.

132 LES AVENTURES

battent et se traversent, et qui peuvent nous affecter ainsi que lui.

> Marée haute et pleine lune,
> Signe de grande fortune.
> Rouge aurore et ciel de feu,
> Signe de mort en haut lieu.

— On ne doit point parler de pareilles choses, dit Heriot, surtout quand il s'agit des grands. Les murs ont des oreilles, et un oiseau sert de messager.

Plusieurs des convives parurent partager l'opinion de leur hôte. Les deux marchands firent brièvement leurs adieux, comme s'ils eussent pressenti que quelque chose allait mal. Les deux apprentis, gardes-du-corps de mistress Marguerite, étant arrivés, elle tira son père par la manche, et interrompant ses calculs, soit qu'ils eussent pour objet les rouages du temps, soit qu'ils fussent relatifs à ceux de la fortune, souhaita le bonsoir à mistress Judith, et reçut la bénédiction de son parrain, qui en même temps lui mit au petit doigt une bague de quelque valeur et d'un travail précieux, car il était rare qu'il la quittât sans lui laisser quelque gage de son affection. Ce fut ainsi qu'elle partit, accompagnée de son escorte, pour retourner dans Fleet-Street.

Sir Mungo avait fait ses adieux à maître Heriot quand celui-ci était sorti de son comptoir; mais tel était l'intérêt qu'il prenait aux affaires de son ami, que tandis que l'orfèvre remontait dans le salon, il ne put s'empêcher d'entrer dans le *sanctum sanctorum* pour voir ce qu'y faisait le caissier. Il le trouva occupé à faire des extraits dans de gros volumes in-folio manuscrits, reliés en cuir et garnis d'agrafes de cuivre, qui sont l'orgueil et la sûreté des commerçans, et l'effroi de leurs pratiques dont l'année de grace est expirée [1]. Le bon chevalier appuya les coudes

---

[1] Allusion à l'usage où l'on est en Angleterre de ne payer les marchands et fournisseurs qu'au bout d'une année. C'est ordinairement après les fêtes de Noël. — Éd.

sur son bureau, et dit à l'employé d'un ton de condoléance :
— Je crains que vous n'ayez perdu une bonne pratique, maître Roberts, vous êtes sans doute occupé à faire son mémoire ?

Or il arriva que Roberts, comme sir Mungo lui-même, était un peu sourd; et comme sir Mungo, il savait aussi tirer parti de sa surdité. Il lui répondit donc, comme s'il avait mal entendu : — Votre mémoire, sir Mungo? Je vous demande pardon de ne pas vous l'avoir envoyé plus tôt; mon maître m'avait dit de ne pas vous importuner; mais, puisque vous le désirez, en un instant je puis vous en donner les articles. En même temps il tourna les pages de son *livre des destins* en murmurant : Raccommodage d'un cachet d'argent; — une agrafe neuve pour une chaîne d'or; — un ornement doré pour un chapeau, savoir, d'une croix de Saint-André entourée de chardons, — une paire d'éperons dorés. — Nous avons pris ce dernier article chez Daniel Driver, car nous ne tenons pas d'objets de ce genre.

Il allait continuer, mais sir Mungo, qui ne se souciait pas d'entendre le catalogue de ses dettes, et encore moins de les payer, souhaita le bonsoir au teneur de livres, et sortit de la maison sans plus de cérémonie. Le commis le suivit des yeux avec l'air à la fois poli et goguenard de la Cité; puis il reprit le travail plus sérieux que la visite de sir Mungo avait interrompu.

CHAPITRE VII.

« Nous venons de finir une importante affaire;
« Ne songerons-nous pas à la plus nécessaire?
« Celle que l'Ecriture, en toute occasion,
« Recommande surtout à notre attention. »
Le Chambellan.

Lorsque toute la compagnie réunie chez maître Heriot se fut retirée, à l'exception du ministre, le jeune lord Glenvarloch se leva aussi pour prendre congé de ses hôtes; mais maître George le pria d'attendre encore un instant.

— Milord, lui dit le digne citadin, nous venons d'employer quelques instans à une récréation honnête et permise, et je voudrais maintenant vous voir vous occuper un moment d'un soin plus grave et plus important. Nous sommes dans l'usage, quand nous sommes assez heureux pour jouir de la société du bon M. Windsor, de l'entendre réciter les prières du soir avant de nous séparer. Votre excellent père, milord, ne nous aurait pas quittés sans accomplir ce devoir avec nous. Puis-je espérer que vous en ferez autant?

—Avec grand plaisir, monsieur, répondit Nigel, et vous ajoutez une nouvelle obligation à celles que je vous ai déjà. Quand des jeunes gens oublient leur devoir, ils doivent des remerciemens à l'ami qui le leur rappelle.

Tandis qu'ils parlaient ainsi, les domestiques enlevaient la table, apportaient un pupitre, et préparaient des chaises et des nattes pour leur maître, leur maîtresse et le noble étranger. A côté de la chaise destinée à maître Heriot ils placèrent un autre siège plus bas, ou pour mieux dire un tabouret. Quoique cette circonstance fût peu importante, Nigel ne put s'empêcher d'y faire attention, parce que, comme il se disposait à occuper cette place, le vieil orfèvre lui fit signe de n'en rien faire, et de prendre une des chaises. Le ministre se plaça devant le pupitre. Les apprentis, les commis et les domestiques, qui étaient en grand nombre et que Moniplies accompagna, se rangèrent sur des bancs, derrière la famille, avec un air de gravité.

Tout le monde était assis, et, du moins à l'extérieur, dans un recueillement religieux, quand on entendit frapper doucement à la porte de l'appartement. Mistress Judith regarda son frère comme pour lui demander ses ordres; celui-ci lui fit un signe de tête en jetant les yeux vers la porte; et sa sœur, allant l'ouvrir elle-même, fit entrer dans l'appartement une femme charmante, dont l'arrivée soudaine et singulière aurait presque pu faire croire que c'était une apparition. Son visage était d'une pâleur de mort. Pas la plus légère nuance d'incarnat n'animait des traits que la nature semblait avoir pris plaisir à former, et qui, sans cette circonstance, auraient pu passer pour parfaits. Ses longs cheveux noirs, peignés avec soin, flottaient sur ses épaules; mais aucun ornement ne les couvrait, ce qui paraissait extraordinaire à une époque où les femmes de toutes les conditions portaient ce qu'on appelait une parure de tête, plus ou moins riche, suivant leurs moyens. Elle était vêtue d'une robe blanche de la forme la plus simple, et qui couvrait toute sa personne à l'exception de son cou, de sa tête et de ses mains. Elle était si élégante et si bien proportionnée, que les yeux de ceux qui la voyaient ne songeaient pas à y trouver un défaut. En opposition à l'extrême simplicité de tout le reste de son costume, elle portait un collier qui aurait pu faire envie à une duchesse, tant les gros brillans qui le composaient étaient éclatans. Sa ceinture ornée de rubis n'était guère de moindre valeur.

Quand cette figure singulière entra dans l'appartement, elle jeta les yeux sur Nigel, et s'arrêta un instant, comme si elle n'eût su si elle devait avancer ou se retirer; car ses regards semblaient annoncer l'incertitude et l'hésitation plutôt que la honte et la timidité. La tante Judith la prit par la main, et la conduisit vers la compagnie. Ses yeux noirs continuaient à être fixés sur Nigel, avec une expression de mélancolie dont il se sentit étrangement affecté. Même quand elle se fut assise sur le tabouret qui probablement lui avait été préparé, elle le regarda encore plus d'une fois avec le même air pensif, inquiet et réfléchi, mais sans aucun mélange d'embarras ou de timidité, et sans que cette attention soutenue appelât sur ses joues le moindre coloris.

Dès que cette femme étrange eut pris le livre de prières qui était sur un coussin placé devant elle, ses devoirs religieux parurent l'occuper exclusivement; et, quoique l'attention que Nigel désirait donner aux prières fût tellement détournée par cette apparition extraordinaire, qu'il ne put s'empêcher de la regarder bien souvent pendant que le ministre les prononçait, il ne vit pas une seule fois ses yeux se lever du livre qu'elle tenait en main, et rien n'annonça en elle la plus légère distraction. Nigel, au contraire, en eut beaucoup, car l'apparence de cette dame était si extraordinaire, que, quoique son père l'eût habitué à donner la plus grande attention au service divin, il était troublé malgré lui par la présence de cette inconnue, et il attendait avec impatience la fin de la prière, dans l'espoir de pouvoir satisfaire sa curiosité.

Quand le service fut terminé, et que chacun, suivant la pratique édifiante de l'Eglise, eut passé quelques instans dans le recueillement d'une dévotion mentale, cette dame mystérieuse se leva la première, et Nigel remarqua qu'aucun des domestiques ne quitta sa place et ne se permit même le moindre mouvement avant qu'elle eût été fléchir un genou devant Heriot, qui sembla lui donner sa bénédiction, en étendant la main sur sa tête, avec un geste et un regard mélancoliques et solennels. Elle salua ensuite mistress Judith, mais sans s'agenouiller devant elle ; et, après avoir accompli ces deux actes de respect, elle sortit de l'appartement : mais à l'instant où elle en sortait, elle fixa encore ses yeux pénétrans sur Nigel, qui se trouva forcé de baisser les siens. Il les leva presque sur-le-champ pour la revoir encore, mais elle était partie, et il n'aperçut plus que le pan de sa robe blanche qui flottait pendant qu'elle se retirait.

Ce ne fut qu'alors que les domestiques partirent ; on offrit du vin, des fruits et des épices à lord Nigel et au ministre, et celui-ci prit congé de la compagnie. Le jeune lord désirait le suivre, dans l'espoir d'en obtenir l'explication de la scène singulière dont il venait d'être témoin ; mais il fut arrêté par son hôte, qui lui demanda quelques minutes d'entretien dans son comptoir.

— J'espère milord, lui dit-il quand ils y furent entrés, que vos préparatifs pour vous présenter à la cour sont en bon train, et que vous pourrez y aller après-demain. Ce sera peut-être la dernière fois, d'ici à quelque temps, que le roi recevra publiquement ceux à qui leur naissance, leur rang ou leurs places donnent le droit de se montrer devant lui. Le jour suivant, il va au château de Théobalds; et dans cette résidence il est tellement occupé de la chasse et d'autres plaisirs, qu'il ne se soucie point d'y être dérangé.

— Je serai prêt à rendre mes devoirs à Sa Majesté; mais à peine en ai-je le courage. Les amis qui devaient m'encourager et me protéger m'ont trompé ou ne m'ont montré qu'indifférence et froideur, et bien certainement je n'irai demander à aucun de m'accompagner en cette oc casion. Vous direz, si vous voulez, que c'est un enfantillage ; mais je l'avoue, j'éprouve une sorte de répugnance à me présenter seul sur une scène si nouvelle pour moi.

— Il est peut-être bien hardi à un simple marchand comme moi de faire une pareille offre à un noble lord ; mais il faut que j'aille après-demain à la cour. En vertu du privilège dont je jouis comme attaché à la maison du roi, je puis vous accompagner jusqu'à son cabinet, et vous en faciliter l'entrée si vous éprouviez quelque difficulté. Je puis aussi vous indiquer le temps et la manière convenables pour approcher du roi. — Mais je ne sais pas, ajouta Heriot en souriant, si ces petits avantages pourront balancer l'inconvénient d'en être redevable à un orfèvre de la Cité.....

— Dites plutôt au seul ami que j'aie trouvé à Londres, s'écria Nigel en lui offrant la main.

— Si vous pensez ainsi, il n'y a plus rien à dire. J'irai vous prendre après-demain avec une barque convenable à l'occasion. Mais souvenez-vous, milord, que je ne cherche pas, comme certaines gens, à m'élever au-dessus de ma condition, et à saisir les occasions de me mettre de niveau avec ceux qui sont au-dessus de moi. Ne craignez donc pas de me mortifier en me laissant à quelque distance quand nous serons en présence du souverain ; il doit y avoir en cet endroit une ligne de séparation entre nous ; et je me trouverai fort heureux si j'ai pu rendre quelque service au fils de mon ancien protecteur.

Le sujet de cette conversation était si éloigné de l'objet qui avait excité la curiosité du jeune lord, qu'il ne vit aucun moyen de la satisfaire ce soir-là. Il fit ses remerciemens à George Heriot, et prit congé de lui, promettant de l'attendre le surlendemain à dix heures du matin, et d'être prêt à le suivre.

La race des porte-falots, célébrée par le comte Antoine Hamilton comme particulière à Londres, avait déjà commencé ses fonctions sous le règne de Jacques Ier, et l'un d'eux fut chargé de marcher devant lord Nigel et son serviteur avec sa torche fumante, pour les éclairer jusqu'à leur logement, dont ils auraient couru risque de ne pas retrouver le chemin dans l'obscurité, quoiqu'ils commençassent à connaître passablement la Cité. Cela fournit à l'adroit Moniplies l'occasion de s'approcher de son maître après avoir passé sa main gauche dans son bouclier, et s'être assuré que son sabre ne tenait pas au fourreau, afin de se trouver prêt à tout ce qui pourrait arriver.

— Si ce n'était pour le vin et la bonne chère qu'on trouve chez ce vieux marchand, milord, dit-il d'un ton sentencieux, et si je ne le connaissais, par ouï-dire, pour un homme vivant bien sous plusieurs rapports, et pour un véritable enfant d'Édimbourg, j'aurais désiré de voir s'il n'y avait pas un pied fourchu sous sa belle rosette et son soulier de Cordoue.

— Comment, drôle, répondit son maître, après avoir été si bien traité et avoir rempli votre estomac aux dépens de ce brave homme, vous vous permettez de faire sur lui de semblables réflexions !

— Sauf respect, milord, c'est seulement pour vous dire que je voudrais le connaître un peu mieux. — J'ai fait bonne chère chez lui, c'est la vérité ; et il n'est que plus honteux que des gens comme lui puissent se régaler ainsi, tandis que Votre Seigneurie et moi nous sommes souvent réduits à la bouillie au pain d'orge. — J'ai aussi bu de son vin, et...

— Et je vois que vous en avez bu beaucoup plus que vous n'auriez dû le faire.

— Pardonnez-moi, milord ; vous ne parleriez pas ainsi si vous saviez que je n'ai fait que vider une bouteille avec Jenkin, — un apprenti de Fleet-Street, et c'était par manière de reconnaissance du service qu'il m'avait rendu. Je dois convenir aussi que je lui ai chanté la bonne vieille chanson d'Elsie Marlie, comme de sa vie il ne l'avait entendu chanter.

Et chemin faisant (comme dit John Bunyan), il se mit à chanter à haute voix :

> Avez-vous vu Marlie,
> Qui vend des pains tout chauds?
> Elle est bien trop jolie
> Pour garder les pourceaux.
> Avez-vous vu.....

Mais le chanteur fut interrompu par son maître, qui, le saisissant au collet et le secouant rudement, le menaça de le faire mourir sous le bâton s'il attirait la garde de la Cité par cette mélodie hors de saison.

— Pardon, milord, je vous demande bien humblement pardon. Seulement, quand je pense à ce Jin Vin, comme on l'appelle, je ne puis m'empêcher de fredonner : *Avez-vous vu?*... Non, milord, non; pardon, je serai tout-à-fait muet, si vous me l'ordonnez.

— Parlez, car pour m'assurer que vous ne parlerez plus, vous bavarderiez plus long-temps que si je vous laissais liberté entière. Parlez; je veux savoir ce que vous avez à dire contre maître Heriot.

Il est plus probable qu'en interrogeant ainsi son serviteur, le jeune lord espérait trouver dans sa réponse quelque chose qui aurait rapport à la jeune dame apparue d'une manière si mystérieuse à l'heure de la prière. Mais, soit qu'il eût réellement conçu cet espoir, soit qu'il désirât seulement que Moniplies fît évaporer son exubérance d'esprits animaux en paroles prononcées du ton calme de la conversation, plutôt que de la voir produire une éruption en chants bruyans, il est certain qu'il permit à Richie de lui raconter son histoire à sa manière.

— Je vous dirai donc, continua l'orateur en profitant du privilège qui venait de lui être accordé, que je voudrais savoir quelle espèce d'homme est ce maître Heriot.

Il a fourni à Votre Seigneurie une mine d'or, à ce qu'il me paraît, et si cela est, il a eu ses raisons pour le faire, car dans ce monde rien pour rien. Or, si Votre Seigneurie avait la disposition de ses domaines, il n'y a pas de doute que cet homme, comme tant d'autres qui font le même métier,—des orfèvres, comme ils s'appellent; moi, je dis des usuriers,—ne fût assez content de changer quelques livres de poussière d'Afrique, par quoi je veux dire de l'or, contre autant d'acres et de centaines d'acres de bonnes terres en Ecosse.

—Mais vous savez bien que je n'ai pas de terres : du moins je n'en ai point qui puisse répondre d'une dette contractée en ce moment. Il me semble que vous n'aviez pas besoin de me le rappeler.

—C'est la vérité, milord, c'est la vérité, et, comme vous le dites, il ne faut pas une grande intelligence pour le savoir. Or donc il faut que maître Heriot ait un autre motif pour être libéral, puisqu'il doit savoir qu'il ne peut jeter le grapin sur vos biens. Je ne lui soupçonne pas de projets contre la liberté de votre personne : qu'y gagnerait-il? ne serait-ce donc pas à votre ame qu'il en voudrait?

— A mon ame, fou que vous êtes? et quel bien pourrait lui faire mon ame?

— Tout ce que je puis vous dire à cet égard, c'est qu'ils vont rugissant et cherchant qui ils puissent dévorer; il faut donc qu'ils soient friands de la proie après laquelle ils courent. Et, milord, ajouta Moniplies en se rapprochant encore davantage de son maître, on dit que maître Heriot a déjà un esprit dans sa maison.

—Un esprit! que voulez-vous dire, misérable ivrogne? je vous briserai les os si vous me contez plus long-temps de pareilles sornettes.

—Ivrogne! est-ce là votre histoire, à vous? Est-ce que je pouvais m'empêcher de boire à la santé de Votre Sei-

gneurie à genoux quand maître Jenkin me l'a proposé?
Du diable si j'aurais voulu le refuser! J'aurais coupé avec
mon sabre les jarrets de l'impudent coquin qui n'aurait
pas voulu en faire autant, et je lui aurais fait plier les genoux de telle sorte qu'il aurait eu bien de la peine à se
relever.

Il se tut un instant, dans l'espoir que son maître répon-
drait quelque chose à cette tirade de bravoure ; mais, voyant
qu'il gardait le silence : — Quant à l'esprit, ajouta-t-il,
Votre Seigneurie l'a vu de ses propres yeux.

— Je n'ai pas vu d'esprit, dit Glenvarloch, respirant à
peine, comme quelqu'un qui attend une découverte singulière ; que voulez-vous dire par un esprit?

— Vous avez vu venir à la prière une jeune dame qui
n'a parlé à personne, et qui a seulement fait la révérence
au vieux Heriot et à la vieille dame de la maison. — Savez-
vous qui elle est?

— Non. Quelque parente de la famille, sans doute.

— Vous n'y êtes pas. Diable! si elle a une goutte de sang
humain dans ses veines, ce n'est pas du sang qui vienne
de cette famille. Je vous dirai ce que reconnaissent comme
vérité tous ceux qui demeurent dans l'arrondissement de
Lombard-Street. Cette dame, cette sorcière, ou quel que
soit le nom que vous voudrez lui donner, est morte de
corps depuis bien des années, quoiqu'elle vienne voir la
famille, même pendant ses dévotions.

— Vous conviendrez du moins que c'est un bon esprit,
puisqu'elle choisit un pareil moment pour venir voir ses
amis.

— Je n'en sais rien, milord. Je ne connais pas d'esprit
qui aurait pu résister en face à John Knox, que mon père
a soutenu dans toutes ses tribulations, excepté quand
la cour s'est déclarée contre lui, parce qu'il fournissait
à la cour la viande de boucherie. Mais le ministre qui
était là n'est pas de la même église que le révérend M. Rol-

lock et le révérend M. David Black de North-Leith, et tant d'autres. Qui sait si les prières que les ministres anglais lisent dans leur vieux livre noir tout vermoulu n'ont pas autant d'efficacité pour attirer les diables, qu'une bonne prière sortant du cœur, chaude comme un fer rouge, prononcée par un ministre écossais, en a pour les chasser, comme le mauvais esprit a été chassé par l'odeur du foie de poisson de la chambre nuptiale de Sara, fille de Raguel : mais, quant à cette dernière histoire, je ne prétends pas dire si elle est vraie ou fausse ; car on dit que des gens plus savans que moi en ont douté.

— Fort bien ! fort bien ! dit son maître avec impatience ; nous voici près du logis, et je vous ai laissé parler à votre aise afin de voir où aboutiraient vos sottes superstitions.
— Pour qui donc, vous et les gens absurdes qui vous ont conté cette fable, prenez-vous cette dame ?
— C'est ce que je ne puis vous dire précisément ; mais il est certain que son corps est mort et a été mis en terre il y a bien long-temps, quoiqu'elle revienne encore parmi les vivans, et surtout dans la famille de maître Heriot ; cependant ceux qui la connaissent bien l'ont vue aussi en d'autres lieux. Mais qui est-elle ? c'est ce que je ne saurais vous dire ; pas plus que la raison pourquoi elle s'est attachée à une famille particulière, comme une Brownie [1] d'Écosse. — On dit qu'elle a un appartement à elle, antichambre, salon, chambre à coucher ; mais du diable si elle a un autre lit qu'un cercueil. Et les portes et les fenêtres sont si bien fermées et calfeutrées, que le moindre jour n'y peut entrer, et il lui faut des chandelles en plein midi.
— Qu'en a-t-elle besoin, si c'est un esprit ?
— Comment pourrais-je le dire à Votre Seigneurie ? Dieu merci, je ne sais ni ce qu'il lui faut, ni ce qu'il ne lui faut pas. — Seulement son cercueil est là. Et dites-moi si une

(1) Espèce d'esprit familier, en Ecosse. — ED.

personne vivante a plus besoin d'un cercueil qu'un esprit d'une lanterne?

—Quelle raison peut avoir une femme si jeune et si belle pour faire un objet de contemplation habituelle du lit où elle trouvera un jour le long et dernier repos?

—En vérité, je n'en sais rien, milord. Mais le cercueil est là, comme me l'ont dit ceux qui l'ont vu. Il est de bois d'ébène, garni de clous d'argent, et doublé de damas digne de servir pour le lit d'une princesse.

—Cela est fort singulier, dit Nigel, dont l'esprit, comme celui de la plupart des jeunes gens, s'intéressait aisément à tout ce qui avait une apparence extraordinaire et romanesque; et ne mange-t-elle jamais avec la famille?

—Qui? elle? il faudrait une cuiller à long manche pour manger la soupe avec elle. Cependant on lui met toujours quelque chose dans *le tour*, car c'est ainsi qu'ils appellent une espèce de boîte ronde ouverte d'un côté et fermée de l'autre, et qu'on fait tourner comme un moulinet.

— Je sais ce que c'est; j'en ai vu dans des couvens en pays étranger. Et c'est ainsi qu'on lui donne sa nourriture?

—On y met tous les jours quelque chose, à ce qu'on m'a dit; mais ce n'est que pour la forme. On ne doit pas croire qu'elle y touche plus que les images de Baal et du dragon ne touchaient aux vivres qu'on plaçait devant elles. Il y a assez de domestiques et de servantes dans la maison pour jouer le rôle d'Avale-tout, comme les soixante-dix prêtres de Bel, sans compter leurs femmes et leurs enfans.

— Et jamais on ne la voit qu'aux heures de la prière?

— Jamais que je sache.

— Cela est singulier! pensa Nigel Olifaunt. Sans les riches bijoux qu'elle porte, et surtout si elle ne prenait pas part aux prières de l'église protestante, je serais tenté de croire que c'est une religieuse catholique qui, pour quelque raison urgente, a obtenu la permission d'établir sa cellule à Londres, ou quelque dévote papiste qui s'est imposé une pénitence terrible. Mais d'après ces deux circonstances, je ne sais qu'en penser.

Sa rêverie fut interrompue par les coups que frappait le porte-falot à la porte de l'honnête John Christie. Dame Nelly accourut, le sourire sur les lèvres, une chandelle à la main, et conduisit le jeune lord jusqu'à son appartement.

CHAPITRE VIII.

« Voyez cette matrone, et ne souriez pas
« De la coiffe en clocher qui couvre ses appas.
« On voyagerait loin sans trouver sa pareille.
« De Denys-le-Tyran je l'appelle l'oreille :
« Par oreille j'entends cet horrible donjon
« Qui, de l'oreille humaine imitant la façon,
« Bien loin de là portait au roi pusillanime
« Jusqu'au moindre soupir que poussait sa victime.
« Tout ce qui chaque jour arrive en la Cité
« Est de Marthe connu; tout par elle est conté,
« Pourvu que son profit ou le vôtre l'exige. »
La Conspiration.

Il est nécessaire que nos lecteurs fassent maintenant connaissance avec un autre personnage bien plus affairé, bien plus important que son rang dans la société ne semblait l'annoncer, en un mot, avec dame Ursule Suddlechops, femme de Benjamin Suddlechops, le barbier le plus renommé de Fleet-Street. Cette dame avait des qualités qui lui étaient particulières; mais son principal mérite, s'il faut en croire ce qu'elle disait elle-même, était un désir sans bornes de rendre service à son prochain. Laissant son époux, maigre et à demi affamé, se vanter d'avoir le coup de rasoir le plus léger de tous les barbiers de Londres, et desservir une boutique où de faméliques apprentis écorchaient le menton de ceux qui étaient assez fous pour le confier entre leurs mains, elle s'occupait d'un commerce séparé et plus lucratif, mais qui se divisait en tant de branches divergentes, qu'elles semblaient quelquefois se diriger en sens inverse.

Ses fonctions les plus relevées et les plus importantes étaient d'une nature secrète et confidentielle ; et dame Ursule Suddlechops était connue pour n'avoir jamais trahi la confiance de ceux qui employaient son ministère, à moins qu'elle n'eût été mal payée de ses services, ou que quelqu'un ne trouvât le moyen par un double paiement de se faire initier dans le mystère. Or ces deux cas étaient si rares, que sa discrétion continuait à passer pour être aussi irréprochable que son honnêteté et sa bienveillance.

Dans le fait, c'était une matrone admirable, et qui savait se rendre utile à la fragilité humaine dans la naissance, les progrès et les suites d'une tendre passion. Elle connaissait les moyens de ménager une entrevue à des amans qui lui donnaient de bonnes raisons pour se voir en particulier, de soulager une belle qui avait fait un faux pas, du fardeau qui en était la suite, et peut-être d'établir le rejeton d'un amour illégitime comme héritier d'une famille où l'amour était légitime, mais où il ne se trouvait pas d'héritier. Elle pouvait faire encore plus, et elle possédait des secrets plus importans et qu'elle faisait payer plus cher. Elle était élève de mistress Turner, et elle avait appris d'elle la manière de faire l'empois jaune, et deux ou trois autres secrets d'une importance encore plus grande, quoique peut-être aucun d'eux ne fût aussi criminel que ceux dont sa maîtresse avait été accusée. Mais toutes les parties sombres et tristes de son caractère étaient couvertes par une apparence de gaieté et de bonne humeur; par l'enjouement et la plaisanterie qu'elle savait employer pour se concilier les vieilles gens de son voisinage, et par une foule de petits moyens qu'elle avait pour se rendre utile à la jeunesse, surtout à celle de son propre sexe.

Dame Ursule paraissait à peine avoir passé quarante ans ; elle avait de l'embonpoint sans excès, des traits agréables, et son visage, quoique teint de couleurs un peu trop vives, avait une expression joyeuse et animée qui faisait valoir les restes d'une beauté sur son déclin. Jusqu'à une distance assez considérable de sa demeure, on croyait qu'un mariage ou un baptême ne pouvait se célébrer convenablement sans que dame Ursley, comme on l'appelait, y fût présente. Elle imaginait toutes sortes de jeux et de passe-temps pour amuser la compagnie nombreuse que l'hospitalité de nos ancêtres rassemblait en pareille occasion, de sorte que sa présence à ces cérémonies joyeuses passait pour être indispensable dans toutes les familles de moyen rang. On lui supposait aussi une telle connaissance des détours variés de la vie, qu'elle était la confidente volontaire de la moitié des amans de son voisinage, qui lui communiquaient leurs secrets et recevaient ses conseils. Les riches récompensaient ses servives en lui donnant des bagues, des colliers ou des pièces d'or, ce qu'elle préférait à tout ; et elle avait la générosité de donner aux pauvres des secours gratuits, d'après le principe qui porte les jeunes médecins à les soulager de même, partie par compassion, partie pour s'entretenir la main.

La réputation de dame Ursley dans la Cité était si grande que sa pratique s'était étendue bien au-delà de Temple-Bar, et qu'elle avait des connaissances, disons même des protecteurs et des protectrices, parmi les gens de qualité, dont le rang, attendu que leur nombre était moins considérable, et la difficulté d'approcher de la sphère de la cour beaucoup plus grande, avait un degré d'importance inconnu de nos jours, où le bout du pied du bourgeois presse de si près le talon du courtisan. Elle maintenait ses relations avec cette classe supérieure de pratiques, soit par un petit commerce de parfums, d'essences, de pommades, et de parures de tête venant de France, de porcelaines et d'ornemens de la Chine qui commençaient déjà à devenir à la mode, pour ne rien dire de drogues de diverses espèces, principalement à l'usage des dames; mais aussi par d'autres services qui concernaient plus directement les branches secrètes de sa profession, auxquelles nous avons déjà fait allusion.

Avec des moyens si variés et si multipliés de réussir, dame Ursule était pourtant pauvre, et elle aurait probablement été plus riche ainsi que son mari, si elle avait renoncé aux affaires de son négoce pour s'occuper tranquillement à aider Benjamin dans celles de sa boutique. Mais Ursule aimait la bonne chère, et il ne lui était pas plus possible de s'accoutumer à l'économie de la table du barbier, que d'endurer la monotonie uniforme de sa conversation.

C'est dans la soirée du jour où lord Nigel Olifaunt avait dîné chez le riche orfèvre, que nous devons mettre en scène Ursule Suddlechops. Elle avait fait le matin un long voyage jusqu'à Westminster, était fatiguée, et s'était assise dans un grand fauteuil de bois devenu luisant à force d'avoir servi, au coin d'une cheminée où brûlait un feu brillant, quoique peu considérable; entre le sommeil et la veille, elle regardait bouillir à petits bouillons un pot d'ale bien épicée sur la surface de laquelle nageait une petite pomme sauvage grillée. A l'autre coin de la cheminée, une jeune mulâtresse veillait avec encore plus d'attention à la cuisson d'un ris de veau placé dans une casserole d'argent, mets sur lequel Ursule comptait sans doute pour terminer une journée qui avait été bien employée, dont elle croyait les travaux finis, et dont elle pensait avoir le reste à sa disposition. Elle se trompait pourtant, car à l'instant même où l'ale était bonne à boire, et où la jeune servante basanée lui annonçait que le ris de veau était prêt à être mangé, la voix aigre et fêlée de Benjamin se fit entendre au bas de l'escalier.

— Ma femme! — Dame Ursule! — Ma femme! — Mon amour! — On vous attend avec plus d'impatience qu'un rasoir émoussé n'attend le cuir.

— Je voudrais que ton rasoir te coupât le sifflet, vieil âne, murmura-t-elle dans le premier moment d'impatience. — Et qu'y a-t-il donc, M. Suddlechops? s'écria-t-elle; je vais me coucher; je n'ai fait que courir toute la journée.

— Ce n'est pas moi qui ai besoin de vous, ma femme, mon doux cœur, répondit le patient barbier; c'est la servante écossaise du voisin Ramsay qui veut vous parler sur-le-champ.

En entendant les mots de mon doux cœur, dame Ursule jeta un regard de connaisseuse sur son ris de veau qui était cuit à point; elle poussa un soupir, et répondit:
— Dites à Jenny de monter, M. Suddlechops; je serai charmée d'entendre ce qu'elle veut me dire. Elle ajouta d'un ton plus bas : — J'espère qu'elle ira au diable, brûlée dans une chemise enduite de poix, comme y sont allées avant elle tant d'autres sorcières écossaises.

Jeannette entra, et comme elle n'avait pas entendu le souhait charitable de dame Suddlechops, elle la salua avec beaucoup de respect, et lui dit que sa jeune maîtresse, venant de rentrer indisposée, désirait voir dame Ursley à l'instant même.

— Mais, Jenny, ne suffira-t-il pas que j'y aille demain matin, ma bonne femme? demanda dame Ursule. J'ai déjà été aujourd'hui à Whitehall, et j'ai les jambes lasses, ma chère amie.

— Hé bien, répondit Jeannette avec beaucoup de sang-froid, puisqu'il en est ainsi, il faut que je prépare les miennes pour aller plus loin. Je vais aller jusqu'à Hungerford-Stairs chercher la vieille mère Redcap, qui a, comme vous, des secrets pour soulager bien des maux ; car il faut que ma jeune maîtresse voie une de vous deux avant de se coucher ; c'est tout ce que j'en sais.

Et, sans insister davantage, la vieille émissaire, faisant un demi-tour sur le talon, se diposait à partir quand dame Ursule s'écria : — Non, Jenny, non ! Si cette chère enfant, votre maîtresse, a besoin de bons avis et de soins intelligens, il ne faut pas que vous alliez chez la mère Redcap. Que des femmes de matelots, des filles d'ouvriers la consultent, à la bonne heure ; mais pour la jolie mistress Marguerite, la fille de l'horloger de Sa très-sacrée Majesté, ce sera moi, moi seule qui me rendrai près d'elle. Ainsi je vais prendre mes patins et ma mante, et je pars à l'instant. Mais dites-moi vous-même, ma bonne Jenny, n'êtes-vous pas quelquefois ennuyée des fantaisies de votre jeune maîtresse, qui change souvent d'avis vingt fois dans un jour ?

— Non, sur ma foi, répondit la patiente servante, si ce n'est qu'elle est parfois un peu difficile sur le blanchissage de ses dentelles. Mais j'ai été près d'elle depuis qu'elle est née, ma voisine, et cela fait une différence.

— Sans doute, dit dame Ursule en s'entourant d'un grand mouchoir pour se garantir du froid de la nuit, et vous savez fort bien qu'elle a deux cents livres de rente en bonnes terres.

— Que sa grand'mère lui a léguées, la bonne femme ! Que Dieu ait pitié de son ame ! Elle ne pouvait les laisser à personne qui les méritât mieux.

— C'est vrai, c'est vrai ; car avec tous ses petits caprices, j'ai toujours dit que mistress Marguerite Ramsay était la plus jolie fille du quartier ; mais je garantirais que la pauvre enfant n'a pas eu à souper.

— Je ne dis pas le contraire, dame Ursley, car mon maître ayant dîné en ville avec elle, et les deux apprentis étant sortis pour aller les chercher, après avoir fermé la boutique, la cuisinière et moi nous avons été chez Sandy Macgivin, pour voir une amie arrivée d'Ecosse.

— Comme cela était bien naturel, mistress Jeannette, dit dame Ursule, qui trouvait son intérêt à être toujours de l'avis des autres, quoi qu'ils pussent dire.

— De manière que le feu s'est éteint, ajouta Jenny.

— Ce qui était encore bien naturel, dit dame Suddlechops. Mais en deux mots comme en quatre, Jenny, j'emporterai le petit souper que j'avais préparé, car je n'ai pas dîné aujourd'hui, et il est possible que la jolie mistress Marguerite mange un morceau avec moi, car c'est quand elles ont l'estomac vide, mistress Jeannette, que les jeunes filles se mettent dans la tête toutes ces fantaisies de maladie.

A ces mots elle mit entre les mains de Jenny le pot d'argent dans lequel elle avait versé l'ale épicée bien chaude, et se levant avec l'air de résignation d'une femme déterminée à sacrifier son inclination à son devoir, elle mit sa grande mante, sous les amples plis de laquelle elle cacha la casserole contenant le ris de veau; après quoi elle ordonna à la petite mulâtresse de marcher devant elle avec une lanterne pour les éclairer.

— Et où allez-vous si tard? lui demanda son mari comme elle traversait la boutique, où il était occupé avec ses apprentis à manger un morceau de stockfish et des navets.

— Où vous ne pourriez aller pour moi, Gaffie, lui répondit-elle avec un air de froideur méprisante; et par conséquent je n'ai pas besoin de vous le dire.

Benjamin était trop accoutumé aux manières indépendantes de sa femme pour lui faire une question de plus, et dans le fait la dame n'attendit pas qu'il la questionnât davantage; mais elle sortit sans s'arrêter, en disant à l'aîné des apprentis de ne pas se coucher qu'elle ne fût rentrée, et de veiller à la maison.

La nuit était sombre et pluvieuse, et quoique la distance qui séparait les deux boutiques ne fût pas considérable, dame Ursule, qui marchait en relevant ses jupons, trouva encore le temps de se livrer aux réflexions que lui suggérait sa mauvaise humeur.

— Qu'ai-je donc fait, pensait-elle, pour être obligée d'être ainsi aux ordres de chaque vieille folle, ou de la première jeune tête sans cervelle à qui il plaît de me faire appeler? On m'a fait trotter de Temple-Bar à White-Chapel pour la femme d'un fabricant d'épingles qui s'était piqué le doigt. Puisque son mari avait fait l'arme qui l'avait blessée, que ne se chargeait-il de guérir la blessure? Et voilà le tour de cette petite fantasque, la jolie mistress Marguerite. Jolie! une poupée de Hollande l'est autant. Et elle a des caprices et des fantaisies comme si c'était une duchesse. Je l'ai vue, le même jour, têtue comme une mule, et variable comme une girouette. Je voudrais bien savoir si le cerveau fêlé de son vieux fou de père renferme plus de lubies. Mais elle a deux cents livres sterling de rente en terres dans un pays de chien; le père a la main serrée au milieu de toutes ses bizarreries ; il est notre propriétaire, et elle nous a obtenu de lui un délai pour payer nos loyers : ainsi donc, Dieu me soit en aide! il faut de la complaisance. D'ailleurs la petite capricieuse est la seule porte par laquelle je puisse arriver au secret de maître George Heriot, et ma réputation est intéressée à y réussir : par conséquent *andiamos*, comme on dit en langue franque.

Tout en faisant ces réflexions, elle marchait à grands pas, et elle ne tarda pas à arriver à la porte de l'horloger. Jeannette l'ouvrit par le moyen d'un passe-partout, et dame Ursule entra, marchant tantôt bien éclairée, tantôt dans les ténèbres, non comme l'aimable lady Christabelle.

au milieu de sculptures gothiques et d'antiques armures, mais cherchant à se frayer un chemin parmi des débris de vieilles machines et des modèles de nouvelles inventions dans les différentes branches de la mécanique, monumens d'une industrie sans utilité, dont la plupart n'avaient pas même reçu la dernière main, qui encombraient toute la maison, et contre lesquels elle heurtait à chaque pas.

Elles arrivèrent enfin, par un escalier fort étroit, à l'appartement de la jolie mistress Marguerite, ou cette Cynosure [1], point de mire de tous les jeunes garçons de Fleet-Street assez hardis pour lever les yeux jusqu'à elle, était assise d'un air moitié boudeur, moitié mécontent. Ses épaules blanches s'arrondissaient en ligne courbe, son menton à fossette reposait sur le creux de sa petite main, dont les doigts étaient allongés sur sa bouche, tandis que son coude était appuyé sur une table, et que ses yeux étaient fixés sur le charbon qui brûlait encore dans une petite grille, mais sur le point de s'éteindre. A peine tourna-t-elle la tête quand dame Ursule entra; et, lorsque la vieille servante écossaise annonça, d'une voix claire et assurée, l'arrivée de cette estimable matrone, mistress Marguerite, sans déranger sa jolie taille, se contenta de murmurer quelques mots qui furent inintelligibles.

—Allez à la cuisine avec Wilie, mistress Jeannette, dit dame Ursule, qui était habituée à toutes les frasques de ceux à qui elle avait affaire; mettez au coin du feu le pot et la casserole, et allez-vous-en. Il faut que je parle en particulier à mon cher amour, mistress Marguerite.—Et d'ici à l'église de Bow, il n'y a pas un garçon qui ne m'enviât ce privilège.

Jeannette se retira, comme on le lui ordonnait, et dame Ursule ayant remué les restes du feu pour entretenir la chaleur sous sa casserole, s'approcha de la filleule de l'or-

---

[1] Du grec Κυνόσουρα, c'est-à-dire cette constellation, cet astre polaire. — Ed.

fèvre, et, baissant la voix, lui demanda d'un ton confidentiel : — Qu'avez-vous donc, ma belle enfant, la fleur de mes voisines?

—Rien, dame Ursule, répondit Marguerite avec un peu d'impatience; et elle changea d'attitude, de manière à tourner presque le dos à celle qui l'interrogeait.

—Rien, mon oiseau de paradis! Et êtes-vous dans l'usage de faire ainsi lever vos amis pour rien au milieu de la nuit?

— Ce n'est pas moi qui vous ai envoyé chercher.

—Et qui est-ce donc? Si l'on n'était pas venu me chercher, je ne serais pas venue ici à une pareille heure, je vous en réponds.

—Je présume que c'est cette vieille folle de Jenny qui se l'est mis dans la tête, car depuis deux heures elle ne fait que m'étourdir en me parlant de vous et de la mère Redcap.

—De moi et de la mère Redcap! c'est vraiment une folle d'accoupler ainsi les gens. — Mais allons, ma jolie petite voisine, Jenny après tout n'est pas aussi folle qu'on pourrait le croire, car elle a senti que la mère Redcap n'est pas en état de donner aux jeunes têtes les avis dont elles ont besoin, et elle a été chercher du secours où elle savait qu'elle en trouverait. Ainsi donc, ma jolie enfant, rassurez votre petit cœur, dites-moi ce qui vous tourmente, et fiez-vous à dame Ursule pour y trouver un remède.

—Puisque vous êtes si savante, mère Ursule, vous pouvez deviner ce que j'ai sans que je vous le dise.

—Sans doute! mon enfant, sans doute; personne ne peut jouer mieux que moi au vieux jeu, *dites-moi à quoi ressemble ce que je pense?* Hé bien, je garantis que votre petite tête est en feu, parce qu'elle désire porter une parure plus haute d'un pied que celles de nos dames de la Cité. — Ou peut-être avez-vous envie de faire une partie de plaisir à Islington ou à Ware, et votre père a de l'humeur et ne veut pas y consentir.— Ou....

— Vous êtes une vieille folle, dame Suddlechops, et vous ne devriez pas vous mêler de choses auxquelles vous n'entendez rien.

— Aussi folle qu'il vous plaira, mistress Marguerite, répondit dame Ursule, offensée à son tour; mais quant à vieille, je ne le suis pas plus que vous de beaucoup d'années.

— Ah! nous nous fâchons! Eh! dites-moi, s'il vous plaît, madame Ursule, comment se fait-il que vous qui n'êtes pas plus vieille que moi de beaucoup d'années, vous veniez m'entretenir de pareilles fadaises, moi qui suis plus jeune que vous d'un assez grand nombre, et qui ai assez de bon sens pour me soucier fort peu d'une parure de tête, ou d'Islington?

— Fort bien, ma belle, fort bien, dit la sage conseillère en se levant; je vois que je ne puis être bonne à rien ici; et il me semble que, puisque vous savez mieux que personne ce qu'il vous faut, vous pourriez vous dispenser de déranger les gens à minuit pour leur demander des avis.

— Mais vraiment vous êtes en colère, ma bonne mère, dit Marguerite en la retenant; cela vient sans doute de ce que vous êtes sortie ce soir sans avoir soupé, car je ne vous ai jamais vue de mauvaise humeur quand votre estomac ne vous demande rien. — Jeannette! Jeannette! apportez une assiette et du sel pour dame Ursule.— Et qu'avez-vous donc dans ce pot? De l'ale? Fi donc! — Jeannette, jetez-la par la fenêtre, ou plutôt gardez-la pour le déjeuner de mon père; et apportez la bouteille de vin des Canaries qu'on lui avait préparée. Au milieu de ses profonds calculs, il ne saura seulement pas s'il boit de la bière ou du vin.

— Je pense comme vous, ma chère enfant, dit dame

Ursule, dont le déplaisir momentané s'évanouissait en voyant ces préparatifs de bonne chère; et s'établissant dans un grand fauteuil devant une table à trois pieds, elle se mit à manger de bon appétit le mets délicat qu'elle s'était préparé. Elle ne manqua pourtant pas à la civilité, et elle pressa mistress Marguerite d'en prendre sa part, mais ce fut inutilement : elle ne put y réussir.

— Du moins vous boirez un verre de vin des Canaries avec moi, dit dame Ursule; j'ai entendu dire à ma grand'mère que, du temps des catholiques, le pénitent buvait toujours un coup avec son confesseur avant de se confesser, et vous êtes ma pénitente.

— Je ne boirai pas, répondit Marguerite; et je vous ai déjà dit que, si vous n'êtes pas en état de deviner ce qui me tourmente, je n'aurai jamais le courage de vous le dire.

A ces mots, elle se détourna encore, reprit sa première attitude, appuyant son menton sur sa main et son coude sur la table, et tournant le dos ou du moins une épaule du côté de la confidente.

— Il faut donc que j'exerce ma science tout de bon. Hé bien, donnez-moi cette jolie main, et je vous dirai par la chiromancie, aussi bien qu'une Egyptienne, de quel pied vous boitez.

— Comme si je boitais de l'un ou de l'autre! dit Marguerite avec un air de dédain. Et cependant elle souffrit qu'Ursule lui prît la main gauche, quoiqu'elle continuât à lui tourner le dos.

— Je n'y vois que des lignes de bonheur, dit Ursule, et rien de fâcheux ne s'y mêle. — Plaisir, — richesse, — de joyeuses nuits, des journées agréables, — un équipage qui fera trembler les murs de Whitehall, — un mari..... Ah! vous souriez! j'ai donc touché l'endroit sensible. Et pourquoi ne deviendrait-il pas lord-maire, et n'irait-il pas à la cour dans son carrosse doré, comme les autres l'ont fait avant lui?

— Lord-maire! Bah!

— Et pourquoi dire bah au lord-maire? Peut-être cela s'adresse à ma prophétie? — Au milieu des lignes de vie les plus heureuses, il y en a d'autres qui les traversent ; mais quoique je voie dans cette jolie main un bonnet d'apprenti, l'œil noir et brillant qui est en dessous n'a pas son pareil dans tout le quartier de Faringdon-Without.

— De qui parlez-vous donc? demanda Marguerite d'un ton sec.

— Et de qui parlerais-je, si ce n'est du prince des apprentis, du roi de la bonne compagnie, de Jenkin Vincent?

— De Jenkin Vincent! Fi donc! — Un homme de rien, — un *cockney*¹! s'écria la jeune fille d'un ton d'indignation.

— Le vent vient-il de ce côté, la belle? il a donc bien changé depuis que nous ne nous sommes vues; car, la dernière fois, il était favorable au pauvre Jin Vin. Le brave garçon est fou de vous. Il a plus de plaisir à voir vos yeux que le premier rayon du soleil le jour de la grande fête du premier de mai.

— Je voudrais donc que mes yeux eussent, comme le soleil, le pouvoir de l'aveugler, afin de lui apprendre à se tenir à sa place.

— Il est très-vrai qu'il y a bien des gens qui trouvent que Frank Tunstall vaut bien Jin Vin. D'ailleurs, il est cousin au troisième degré d'un chevalier baronnet, et par conséquent il est de bonne maison. Qui sait si vous n'irez pas vous établir dans le Nord.

— Cela n'est pas impossible, dame Ursule; mais ce ne sera pas avec un apprenti de mon père. — Je vous dois bien des remerciemens.

— Que le diable se charge donc de deviner vos pensées pour moi! s'écria dame Ursule ; voilà ce que c'est que de

---

(1) Badaud de Londres. — Éd.

vouloir ferrer un cheval qui regimbe, et qui change de place éternellement.

— Ecoutez-moi donc, et faites attention à ce que je vais vous dire. — J'ai dîné en ville aujourd'hui...

— Je puis vous dire où. — C'était chez votre parrain le riche orfèvre. — Vous voyez que je sais quelque chose. — Et si je voulais, je pourrais vous dire avec qui vous y avez dîné.

— Vraiment! s'écria Marguerite en se tournant vers elle avec un air de surprise, et en rougissant jusqu'au blanc des yeux.

— Avec le vieux sir Mungo Malagrowther. Il s'est fait raser, chemin faisant, dans la boutique de Benjamin.

— Un vrai épouvantail! un vieux squelette!

— C'est bien la vérité, ma chère enfant. C'est une honte qu'on le voie hors du charnier de Saint-Pancrace; car je ne connais pas de place qui lui convienne si bien, à ce vieux goguenard à bouche sale. — Il disait ce matin, à mon mari....

— Quelque chose qui n'a nul rapport à ce qui nous occupe, à coup sûr. Il faut donc que je parle. — Il y avait à dîner avec nous un lord....

— Un lord! la pauvre fille a perdu la tête!

— Un jeune lord écossais, continua Marguerite sans faire attention à cette exclamation....

— Que la sainte Vierge nous aide! s'écria la confidente; elle est tout-à-fait folle! A-t-on jamais vu la fille d'un horloger devenir amoureuse d'un lord? — et d'un lord écossais, qui pis est? On sait qu'ils sont tous fiers comme Lucifer, et gueux comme Job. — Un lord écossais! J'aimerais autant vous entendre parler d'un colporteur juif. Songez où cela vous conduira, ma belle, avant de vous embarquer dans les ténèbres.

— C'est ce qui ne vous regarde pas, Ursule; c'est votre assistance que je vous demande, et non votre avis;

et vous savez que vous ne perdrez pas votre temps avec moi.

— Je ne suis pas intéressée, mistress Marguerite; mais bien véritablement je voudrais vous voir écouter quelques conseils : songez à votre condition.

— Je sais que mon père exerce une profession ignoble, mais notre sang ne l'est pas. Il m'a dit que nous descendons, d'un peu loin à la vérité, des grands comtes de Dalwolsey.

— Sans doute, sans doute; parmi vous autres Ecossais, je n'en connais pas un qui ne descende de quelque grande maison; mais, comme vous le dites, c'est d'un peu loin, et la distance est telle, qu'on ne peut en apercevoir le bout. Mais dites-moi donc le nom de ce galant du Nord, afin que je voie ce qu'il est possible de faire pour vous.

— C'est lord Glenvarloch, qu'on appelle aussi lord Nigel Olifaunt, dit Marguerite en baissant la voix, et en se détournant pour cacher sa rougeur.

— C'est le diable, s'écria dame Suddlechops, et quelquel chose de pire encore! Que le ciel nous protège!

— Que voulez-vous dire? demanda Marguerite, surprise de la vivacité de cette exclamation.

— Comment! ne savez-vous pas qu'il a de puissans ennemis à la cour? Ne savez-vous pas que... Maudite langue! elle va plus vite que ma tête. — Il suffit de vous dire qu'il vaudrait mieux placer votre couche nuptiale sous une maison prête à s'écrouler que de songer au jeune Glenvarloch.

— Il est donc malheureux! Je le savais, je l'avais deviné. Il y avait dans sa voix un accent de tristesse, même quand il s'efforçait d'être gai. J'ai remarqué une teinte d'infortune dans son sourire mélancolique. Je me serais moins occupée de lui si je l'avais vu briller de tout l'éclat de la prospérité.

— Les romans lui ont tourné la cervelle, dit dame Ursule; c'est une fille perdue! absolument perdue! Aimer un lord écossais! et l'aimer parce qu'il est dans le malheur! J'en suis fâchée, mistress Marguerite; mais c'est une affaire dans laquelle je ne puis vous aider. Ce serait agir contre ma conscience. Cela sort du cercle de mes occupations ordinaires. Mais je ne vous trahirai pas.

— Vous n'aurez pas la bassesse de m'abandonner après avoir tiré de moi mon secret! s'écria Marguerite avec indignation. Si vous m'aidez, je vous récompenserai bien; si vous refusez de le faire, je sais comment me venger. La maison que vous occupez appartient à mon père.

— Je ne le sais que trop, mistress Marguerite, répondit Ursule après un moment de réflexion, et je voudrais vous servir dans tout ce qui est à ma portée. Mais quand il s'agit de gens d'un rang plus élevé.... Je n'oublierai jamais la pauvre mistress Turner mon honorée maîtresse : que la paix soit avec elle! elle eut le malheur de se mêler de l'intrigue de Sommerset et d'Overbury; le grand comte et sa femme eurent assez d'esprit pour retirer leur tête du nœud coulant, et la laissèrent dans les lacs à leur place, avec une demi-douzaine d'autres. Je crois la voir encore debout sur l'échafaud, ayant autour de son beau cou une collerette apprêtée avec l'empois jaune que je l'avais si souvent aidée à faire, et qui allait être remplacée par une vilaine corde de chanvre. Un tel spectacle, ma chère amie, est bien fait pour ôter l'envie de se mêler d'affaires trop fortes pour moi, ou qui pourraient, comme un fer rouge, me brûler la main.

— Folle que vous êtes! est-ce que je vous propose d'employer les pratiques criminelles qui ont fait condamner à mort cette misérable? Tout ce que je vous demande, c'est de me procurer des renseignemens certains sur l'affaire qui amène ce jeune lord à la cour.

— Et quand vous connaîtriez son secret, mon cœur, à quoi cela servirait-il? Mais, si vous voulez que je vous rende ce service, il faut que vous m'en rendiez un autre.

— Et qu'est-ce que vous désirez de moi?

— Je vous l'ai déjà demandé, mais vous vous êtes mise en colère tout de bon. Je voudrais avoir quelque explication sur l'histoire de l'esprit qui est chez votre parrain, et qu'on ne voit qu'à l'heure des prières.

— Pour rien au monde je ne servirai d'espion pour découvrir les secrets de mon bon parrain; jamais je ne chercherai à connaître ce qu'il désire cacher. Mais vous savez, Ursule, que j'ai une fortune à moi, et que je dois en être maîtresse absolue dans un temps qui n'est pas bien éloigné. Songez à quelque autre récompense.

— Oh! je ne l'ignore pas. Ce sont vos deux cents livres sterling par an, mon cœur, et l'indulgence de votre père, qui vous rendent si opiniâtre et si volontaire.

— Cela peut être. En attendant, si vous voulez me servir fidèlement, voici une bague de prix que je vous donne comme un gage que je rachèterai cinquante pièces d'or quand je serai maîtresse de ma fortune.

— Cinquante pièces d'or! et cette bague, qui a bien son mérite, pour preuve que vous tiendrez votre parole! Ma foi, mon cœur, si je dois mettre mon cou en danger, je ne puis le risquer pour une ame plus généreuse; et je ne voudrais pas autre chose que le plaisir de vous servir, si ce n'était que Benjamin devient tous les jours plus fainéant, et que notre famille...

— Ne parlez plus de cela; nous nous entendons. Maintenant dites-moi ce que vous savez des affaires de ce jeune lord, et pourquoi vous étiez si peu disposée à vous en mêler.

— Je ne puis pas encore vous en dire grand'chose. Tout ce que je sais, c'est que les hommes les plus puissants à la cour, même parmi ses compatriotes, sont déclarés contre lui: mais j'en apprendrai davantage. Ce serait un livre bien mal imprimé que celui où je ne pourrais lire pour le service de la jolie mistress Marguerite. Mais où demeure ce jeune lord?

— Je l'ai appris par hasard, répondit Marguerite en rougissant, comme si elle eût été honteuse d'avoir en cette occasion une mémoire si fidèle ; il loge, je crois, chez un nommé Christie. — Un revendeur pour la marine, près du port de Saint-Paul, si je ne me trompe pas.

— Joli logement pour un jeune baron ! — Mais que cela ne vous tourmente point, mistress Marguerite ; s'il est arrivé comme une chenille, ainsi que tant de ses compatriotes, il peut, de même que la plupart d'entre eux, jeter sa vieille peau, et devenir papillon. Ainsi je vous souhaite une bonne nuit et de jolis rêves, et je bois à votre santé ce dernier verre de vin ; dans vingt-quatre heures vous aurez de mes nouvelles. Et maintenant allez reposer votre tête sur votre oreiller, ma perle des perles, ma marguerite des marguerites.

En parlant ainsi, elle baisa la joue de sa jeune amie ou protectrice, qui ne se prêtait qu'à contre-cœur à cette politesse, et elle partit de ce pas léger et prudent auquel sont habitués ceux qui ont souvent à remplir des missions qui demandent de la diligence et de la discrétion.

— J'ai eu tort, dit Marguerite après l'avoir vue s'éloigner, de souffrir qu'elle m'arrachât mon secret ; mais elle est adroite, hardie, serviable, et fidèle, je crois. Dans tous les cas, elle sera fidèle à son intérêt, et il dépend de moi de m'en assurer. — Je suis pourtant fâchée de lui avoir parlé : j'ai commencé une tâche sans espoir. Que m'a-t-il dit qui m'autorise à me mêler de ses affaires? Il ne m'a adressé que des lieux communs, de ces complimens qu'on fait à table sans y attacher aucune importance. Cependant, qui sait?.... En parlant ainsi, ses yeux se fixèrent, sans qu'elle y pensât, sur une glace, et les charmes qui y étaient réfléchis firent que son imagination termina cette phrase par une conclusion plus favorable que sa bouche n'osait l'exprimer.

CHAPITRE IX.

> « Malheureux le plaideur ! C'est un métier maudit ;
> « Mille y sont ruinés pour un qui réussit.
> « Il faut, pour le savoir, en avoir fait l'épreuve.
> « Est bien fou qui jamais s'embarque sur ce fleuve....
> « Tel qui veut y nager, finit par s'y noyer,
> « Et le temps qu'on y perd pourrait mieux s'employer.
> « Tour à tour on perd tout, même la patience ;
> « On meurt de désespoir en vivant d'espérance.
> « On adule, on courtise, on flatte bassement,
> « Et tel qui donne tout, perd tout en un moment. »
> *Conte de la mère Hubberd.*

Dans la matinée du jour où George Heriot devait accompagner le jeune lord Glenvarloch à la cour de Whitehall, on peut raisonnablement supposer que ce jeune homme, dont la fortune paraissait dépendre de cette démarche, éprouva une inquiétude plus qu'ordinaire. Il se leva de bonne heure, et fit sa toilette avec plus de soin que de coutume ; mis à même, grace à la générosité de son compatriote plébéien, de faire valoir d'une manière convenable les dons qu'il avait reçus de la nature, il ne put s'empêcher de jeter sur lui-même un coup d'œil d'approbation, en se voyant dans un miroir, et il entendit son hôtesse s'écrier, avec un transport de joie qui allait jusqu'à l'enthousiasme, qu'il prendrait l'avantage du vent sur tous les élégans de la cour, tant le commerce de son mari lui avait été utile pour enrichir ses discours de métaphores !

A l'heure convenue, maître George Heriot arriva dans

une barque élégante, armée d'un nombre suffisant de rameurs, et couverte d'une banne sur laquelle il avait fait peindre son chiffre et les armes de la corporation des orfèvres.

Le jeune lord de Glenvarloch reçut l'ami qui lui avait donné des preuves d'un attachement si désintéressé, avec la politesse affectueuse dont il était bien digne.

Ce ne fut qu'alors que maître Heriot lui parla de la somme que le roi l'avait chargé de lui payer, et il la remit à son jeune ami sans vouloir en déduire, pour le présent, ce qu'il lui avait lui-même déjà avancé. Nigel sentit toute la reconnaissance que méritaient le désintéressement et l'amitié du citadin, et ne manqua pas de la lui exprimer convenablement.

Cependant, comme le jeune lord s'embarquait pour se rendre à l'audience de son souverain, sous les auspices d'un homme dont la qualité la plus distinguée était d'être un des principaux membres de la corporation des orfèvres, il éprouva une sorte de surprise, pour ne pas dire de honte, de sa situation, et Richie Moniplies, en arrivant à bord, ne put s'empêcher de murmurer à voix basse :— Les temps sont bien changés! Quelle différence entre maître Heriot et son honnête homme de père qui demeurait dans le Krœmes! mais c'est bien autre chose de frapper sur l'or et sur l'argent, ou de battre du cuivre ou de l'étain.

Grâce aux rames de quatre vigoureux bateliers, ils avançaient sur la Tamise, qui était alors la principale grande route de communication entre Londres et Westminster, car peu de gens se hasardaient d'aller à cheval dans les rues étroites et populeuses de la Cité; les équipages étaient alors un luxe que la plus haute noblesse se permettait seule, et auquel un simple citoyen, quelle que fût sa fortune, n'aurait osé aspirer. L'introducteur de Nigel lui fit remarquer la beauté des rives de ce fleuve, surtout du côté du nord, où elles étaient bordées par les jardins des hôtels des grands seigneurs, qui s'avançaient jusqu'au bord de l'eau ; mais ce fut inutilement. L'esprit du jeune lord Glenvarloch était entièrement occupé, et d'une façon peu agréable, à se figurer la réception que lui ferait un roi pour lequel sa famille s'était presque entièrement ruinée ; avec l'anxiété ordinaire à ceux qui se trouvent dans une pareille situation, son imagination supposait les questions que le roi pourrait lui adresser, et il se creusait l'esprit pour y préparer des réponses. Maître Heriot vit aisément ce qui l'occupait, et il ne voulut pas augmenter son embarras en cherchant à l'en distraire par sa conversation ; de sorte que, après lui avoir brièvement expliqué le cérémonial usité dans une présentation à la cour, il garda le silence pendant tout le reste du voyage.

Ils débarquèrent à l'escalier de Whitehall, et ils furent admis dans le palais après avoir décliné leur nom. Les sentinelles rendirent à lord Glenvarloch les honneurs dus à son rang. Le cœur du jeune lord battait bien vivement quand il entra dans les appartemens du roi. L'éducation fort simple qu'il avait reçue en pays étranger ne lui avait donné que des idées imparfaites de la grandeur d'une cour, et les réflexions philosophiques qui lui avaient appris à mépriser un vain cérémonial et toute magnificence extérieure se trouvèrent, comme toutes les maximes de pure philosophie, sans efficacité contre l'impression que fit naturellement sur l'esprit d'un jeune homme sans expérience l'éclat d'une scène à laquelle il n'était pas accoutumé. Les appartemens splendides qu'ils traversèrent, le riche costume des domestiques, des gardes, des huissiers ; le cérémonial qui accompagnait leur passage d'une salle dans une autre : tout cela, quoique pouvant paraître insignifiant aux yeux d'un courtisan exercé, avait quelque chose d'embarrassant et même d'alarmant pour un homme qui en était témoin pour la première fois, et qui ignorait quel accueil lui ferait le souverain devant lequel il n'avait jamais paru.

Heriot, attentif à épargner à son jeune ami le plus court embarras, avait eu le soin de donner le mot d'ordre nécessaire aux sentinelles, aux huissiers de la chambre, aux chambellans, en un mot, à tous les officiers du roi qu'ils rencontraient, quels que fussent leur nom et leur grade, de sorte qu'ils avancèrent sans éprouver d'obstacle.

Ils traversèrent ainsi plusieurs antichambres remplies de gardes et de personnes attachées à la cour, dont les amis de l'un et de l'autre sexe, parés de leurs plus brillans costumes, et les yeux pétillans de curiosité, rangés modestement le long des murailles, indiquaient en eux des spectateurs, et non les acteurs de cette scène de la cour.

De ces appartemens, lord Glenvarloch et son ami le citadin entrèrent dans un grand et magnifique salon qui communiquait avec la salle d'audience, et où n'étaient admis que ceux à qui leur naissance, les fonctions qu'ils remplissaient dans le gouvernement et dans la maison du roi, ou une faveur particulière du souverain, donnaient le droit de paraître à la cour et de présenter leurs respects au monarque.

Au milieu de cette compagnie favorisée et choisie, Nigel remarqua sir Mungo Malagrowther, qui, dédaigné et repoussé par tous ceux qui savaient combien il avait peu de crédit, se trouva trop heureux de pouvoir s'accrocher à un homme du rang de lord Glenvarloch, qui avait encore assez peu d'expérience pour ne pas savoir se débarrasser d'un importun.

Le chevalier donna de suite à sa physionomie grimacière l'expression d'un sourire qui ne servit pas à l'embellir; et, après un signe de tête préalable, adressé à George Heriot, et qu'il accompagna d'un geste de la main fait d'un air de supériorité et de protection, il cessa entièrement de s'occuper de l'honnête marchand, à qui il devait bien des dîners, pour s'attacher exclusivement au jeune lord, quoiqu'il le soupçonnât d'éprouver quelquefois, comme lui-même, le besoin d'en trouver un. L'arrivée de cet original, tout singulier et peu aimable qu'il était, ne fut pas tout-à-fait désagréable à lord Glenvarloch ; car il se trouva par là délivré de l'espèce de gêne où le mettait le silence absolu et presque contraint de son ami Heriot, et qui lui laissait toute liberté de se livrer à ses réflexions pénibles. Il ne pouvait s'empêcher de prendre quelque intérêt aux saillies critiques d'un courtisan observateur, quoique mécontent, mais qui n'était pas moins charmé de trouver un auditeur bénévole dans un homme de naissance, que Nigel ne l'était lui-même de rencontrer un homme dont la conversation pouvait le distraire pendant quelques instans. Cependant Heriot, négligé par sir Mungo, et résistant à tous les efforts que faisait la politesse reconnaissante de lord Glenvarloch pour lui faire prendre part à l'entretien, restait debout près d'eux, avec une sorte de demi-sourire sur ses lèvres; mais lui était-il arraché par l'esprit de sir Mungo, ou se le permettait-il à ses dépens? on aurait eu peine à le décider.

Ce groupe occupait un coin du salon, près de la porte de la salle d'audience, qui n'était pas encore ouverte, quand Maxwell, armé de la verge indiquant les fonctions qu'il remplissait, arriva d'un air affairé dans l'appartement, où chacun s'empressait de lui faire place, à l'exception des seigneurs du plus haut rang. Il s'arrêta près de la compagnie sur laquelle l'attention de nos lecteurs se trouve naturellement fixée, regarda un instant le jeune lord écossais, fit un signe de tête à Heriot, et enfin, s'adressant à sir Mungo Malagrowther, se plaignit vivement à lui de la conduite des gardes et des gentilshommes pensionnaires, qui souffraient que des gens de toutes conditions, des citadins, des pétitionnaires, des écrivains, en trassent dans les antichambres, ce qui était contraire à la décence et au respect dû à Sa Majesté.

— Les Anglais en sont scandalisés, ajouta-t-il, car pareille chose ne serait pas arrivée du temps de la reine. Sous son règne, les cours du palais étaient pour la populace, et les appartemens pour la noblesse. C'est une honte pour vous, qui appartenez à la maison du roi, qu'il ne règne pas ici un meilleur ordre.

Sir Mungo fut attaqué en ce moment, comme c'était assez son usage en pareille occasion, d'un de ces accès de surdité auxquels il était sujet, et il répondit qu'il n'était pas surprenant que les gens du peuple se permissent quelque licence, quand ceux qu'il voyait en place ne valaient guère mieux qu'eux pour la naissance et l'éducation.

— Vous avez raison, monsieur, parfaitement raison, répondit Maxwell en plaçant sa main sur la broderie fanée qui ornait la manche du vieux chevalier : quand de pareils drôles voient des hommes en place porter des habits de hasard comme de misérables bateleurs, il n'est pas étonnant que la cour soit encombrée d'intrus.

— Faites-vous l'éloge de ma broderie ? lui demanda sir Mungo, feignant de ne pas entendre ses paroles et de ne faire attention qu'à son geste; elle est du meilleur goût. C'est l'ouvrage du père de votre mère, du vieux James Stitchell, maître tailleur dans Merlin's Wynd, à qui je me suis fait un devoir de donner ma pratique, vu que votre père a jugé à propos d'épouser sa fille.

Maxwell se mordit les lèvres; mais, sachant qu'il n'y avait rien à gagner avec sir Mungo en le faisant condamner à une amende, et qu'une querelle avec un tel adversaire ne ferait que le rendre ridicule, et donner de la publicité à la mésalliance de son père, ce dont il n'était nullement curieux, il cacha son ressentiment sous un sourire moqueur; et, exprimant son regret de ce que sir Mungo était devenu trop sourd pour entendre ce qu'on lui disait et y faire attention, il avança plus loin, et alla se poster devant les portes battantes de la salle d'audience, où il devait exercer ses fonctions d'huissier de la chambre et de vice-chambellan, quand elles s'ouvriraient.

— La salle d'audience va s'ouvrir, dit l'orfèvre à voix basse à son jeune ami; ma profession ne me permet pas d'aller plus loin avec vous. Présentez-vous hardiment, comme votre naissance vous en donne le droit, et remettez au roi votre supplique; il ne refusera pas de la recevoir, et j'espère qu'il y répondra favorablement.

Il parlait encore quand les portes s'ouvrirent; et, comme c'est l'usage en pareille occasion, les courtisans commencèrent à entrer, comme les eaux d'un fleuve roulant sans interruption d'un cours lent et majestueux. Lorsque Nigel se présenta à son tour, et eut déclaré son nom et son titre, Maxwell sembla hésiter. — Vous n'êtes connu de personne, milord, lui dit-il, mon devoir me défend de laisser entrer dans la salle d'audience toute personne qui m'est inconnue, à moins que quelqu'un ne s'en rende responsable.

— Je suis venu avec maître George Heriot, dit Nigel un peu embarrassé de cet obstacle inattendu.

— Quand il s'agira d'or ou d'argent, milord, répondit Maxwell avec un sourire moitié civil, moitié ironique, la parole de maître George Heriot passera pour comptant; mais, en fait de rang et de naissance, ce n'est pas la même chose. — Vous ne pouvez entrer, milord; ma place m'oblige à beaucoup de circonspection. — L'entrée est obstruée, milord, je suis fâché d'être obligé de vous le dire. Il faut que vous ayez la bonté de reculer.

— De quoi s'agit-il donc? demanda un vieux seigneur écossais qui avait causé avec maître George Heriot depuis que Nigel l'avait quitté, et qui s'avança en voyant cette altercation entre le jeune lord et Maxwell.

— C'est seulement monsieur l'huissier de la chambre

et vice-chambellan Maxwell, milord, dit sir Mungo Malagrowther, qui exprime sa joie de voir à la cour lord Glenvarloch, dont le père lui a fait obtenir la place qu'il occupe. Je suppose du moins que c'est dans ce sens qu'il lui parle, car Votre Seigneurie connaît mon infirmité.

Ce sarcasme fit rire tous ceux qui l'entendirent, quoique avec la retenue qui convenait au lieu et à la circonstance ; mais le vieux lord s'avança davantage. — Quoi ! s'écria-t-il, le fils de mon brave et ancien antagoniste, Ochtred Olifaunt ! je veux le présenter moi-même à Sa Majesté.

A ces mots, il passa sans cérémonie son bras sous celui de Nigel, et ils allaient entrer dans la salle d'audience, quand Maxwell en barra l'entrée avec sa verge officielle, en disant avec un air d'embarras et d'hésitation : — Je prie Votre Seigneurie d'observer que milord n'est pas connu. Mes ordres sont stricts.

— Que veux-tu dire? s'écria le vieux lord ; rien qu'à la coupe de ses sourcils je le reconnaîtrais pour le fils de son père, et toi-même, Maxwell, tu as connu assez lord Olifaunt pour ne pas avoir de sots scrupules. Et, tout en parlant ainsi, il détourna la verge du vice-chambellan, et entra dans la salle d'audience, tenant toujours Nigel sous le bras.

— Il faut que nous fassions connaissance, jeune homme; il le faut. J'ai bien connu votre père. Nous avons rompu une lance ensemble, nos épées se sont croisées, et je me glorifie de vivre pour le dire. Il avait pris le parti du roi, et j'avais embrassé celui de la reine pendant les guerres de Douglas. Nous étions jeunes tous deux ; ni le feu ni l'acier ne nous faisaient peur, et nous avions en outre une de ces querelles féodales qui descendaient de père en fils, comme nos sceaux, nos armoiries et nos claymores.

— Trop haut, milord, trop haut, dit à voix basse un gentilhomme de la chambre; voici le roi !

Le vieux comte, car tel était son titre, ne se fit pas répéter l'avis, et garda le silence. Jacques entra par une porte latérale, entouré d'un petit groupe de favoris et d'officiers de sa maison auxquels il adressait la parole de temps en temps, et il reçut les hommages des étrangers. On avait pris à cette occasion un peu plus de soin pour la toilette de Sa Majesté, que lorsque nous l'avons présentée pour la première fois à nos lecteurs; mais sa tournure était naturellement si gauche, qu'aucun costume ne pouvait bien lui aller: sa prudence ou son caractère timide lui avait fait adopter, avons-nous dit, l'usage de porter des vêtemens rembourrés à l'épreuve du poignard, ce qui lui donnait une raideur qui contrastait singulièrement avec son air de frivolité et avec les gestes animés, mais sans grace, dont il accompagnait sa conversation. Et cependant, quoique l'extérieur du roi fût dépourvu de dignité, il avait l'abord si obligeant, si affable et annonçant tant de bonhomie; il cherchait si peu à cacher ses propres faiblesses, et il était si indulgent pour celles des autres, que toutes ces qualités, jointes à son érudition et à quelques traits de l'esprit malin de sa mère, ne manquaient pas de produire une impression favorable sur ceux qui approchaient de sa personne.

Lorsque le comte d'Huntinglen eut présenté Nigel à son souverain, cérémonie dont le vieux pair s'était chargé lui-même, le roi dit à son introducteur qu'il était charmé de les voir tous deux côte à côte : — Car je sais que vos ancêtres à tous deux, milord, ajouta-t-il, et vous-même, milord, avec le père de ce jeune homme, vous vous êtes vus face à face à la distance de l'épée, et dans une attitude des moins agréables.

— Votre Majesté doit se rappeler, dit le comte, qu'elle nous ordonna, à lord Ochtred et à moi, de nous donner la main, le jour mémorable où elle réunit dans un même festin tous les nobles qui avaient des dissensions entre eux, et leur commanda de se réconcilier en sa présence.

— Je m'en souviens, dit le roi; je m'en souviens fort bien. C'était un heureux jour, le 19 septembre, le plus heureux jour de l'année. Je riais sous cape en voyant quelques-uns d'entre eux faire la grimace en se serrant la main. Sur mon ame, j'ai cru qu'il y en aurait, et notamment parmi les chefs montagnards, qui commenceraient une nouvelle querelle en notre présence. Mais nous les fimes marcher bras dessus bras dessous, et boire un verre de bon vin à la santé les uns des autres, à l'extinction de toutes les haines, et à la perpétuité de la bonne intelligence.

— Ce fut vraiment un heureux jour, dit le comte d'Huntinglen, et il ne sera pas oublié dans l'histoire du règne de Votre Majesté.

— Je ne voudrais pas qu'il le fût, milord; je serais fâché que nos annales n'en parlassent point. Oui, oui, *beati pacifici*. Mes sujets anglais qui sont ici ne doivent pas être fâchés de m'avoir, car il est bon qu'ils sachent que le ciel leur a donné le seul homme pacifique qui soit jamais sorti de ma famille. Si Jacques Face-de-feu fût venu parmi vous, ajouta-t-il en regardant autour de lui, ou seulement mon bisaïeul de Flodden-Field!

— Nous l'aurions renvoyé dans le Nord, dit à voix basse un lord anglais.

— Ou du moins, répondit un autre sur le même ton, nous aurions eu un *homme* pour souverain, quoique ce n'eût été qu'un Ecossais.

— Et maintenant, mon jeune garçon, demanda le roi à lord Glenvarloch, où avez-vous passé le temps de votre *vélage*[1] ?

— A Leyde, sire, répondit lord Nigel.

— Ah! ah! s'écria le roi, c'est un savant, et, sur mon

---

(1) *Your calf-time*. Mot à mot : *Le temps où vous n'étiez qu'un veau*. Le roi se servait volontiers de ces métaphores un peu vulgaires, comme on l'a déjà vu. — Ed.

ame, un jeune homme modeste et ingénu, qui sait encore rougir, ce qu'ont oublié la plupart de nos jeunes gens qui ont voyagé et qui sont revenus ici des *Messieurs*. Nous le traiterons en conséquence.

Alors se redressant, toussant deux ou trois fois, et jetant autour de lui un coup d'œil qui semblait dire : — Vous allez avoir un échantillon de mon érudition supérieure, — le monarque savant commença à interroger Nigel en latin, tandis que tous les courtisans se pressaient autour de lui, qu'ils entendissent ou non cette langue [1].

— Hem! hem! *Salve, bis quaterque, salve, Glenvarlochides noster! Nuperne à Lugduno-Batavorum Britanniam rediisti* [2] ?

Le jeune lord répondit en faisant un profond salut :

— *Imò, Rex augustissime.* — *Biennium ferè apud Lugdunenses moratus sum* [3].

Jacques continua :

— *Biennium dicis? benè, benè, optimè factum.* — *Non uno die quod dicunt... Intelligis, domine Glenvarlochides* [4].

— Ah! ah!

Nigel ne répondit que par un salut respectueux, et le roi, se tournant vers ceux qui étaient derrière lui, leur dit :

— *Adolescentulus quidem ingenui vultûs, ingenuique pudoris* [5]. Et il continua ses savantes questions.

— *Et quid hodiè Lugdunenses loquuntur?* — *Vossius*

(1) De peur que quelques personnes, n'importe de quel sexe, ne soupçonne qu'il y a du mystère dans les phrases imprimées en italique, nous croyons devoir prévenir nos lecteurs qu'elles ne contiennent que quelques phrases latines relatives à l'état de la littérature en Hollande; lieux communs qui ne méritent pas d'être traduits, et qui ne supporteraient pas la traduction littérale. (*Note de l'auteur anglais.*)

(2) Nous essaierons pourtant d'en donner la traduction à nos lecteurs, par respect pour la curiosité des dames françaises. — Salut! deux et quatre fois salut, notre cher Glenvarloch! Etes-vous revenu depuis peu de Leyde dans la Grande-Bretagne? — Ed.

(3) Oui, roi très-auguste; — je suis resté à Leyde environ deux ans. — Ed.

(4) Deux ans, dites-vous? Bien, bien, très-bien! On dit que ce n'est pas en un jour..... Vous m'entendez, lord Glenvarloch! — Ed.

(5) C'est un jeune homme qui a l'air modeste, et qui a de la retenue. — Ed.

vester nihilne novi scripsit ? Nihil certè, quòd doleo, typis recenter edidit¹.

— *Valet quidem Vossius, Rex benevole*, répondit Nigel. *At senex veneratissimus annum agit, ni fallor, septuagesimum*².

— *Virum, meherclè! vix tam grandævum crediderim*, répondit le monarque. *Et Vorstius iste, Arminii improbi successor æquè ac sectator,* — *herosne adhùc, ut cum Homero loquar,* Ζωός ἐστι, καὶ ἐπὶ χθονὶ δέρκων ³.

La bonne fortune de Nigel voulut qu'il se souvînt que ce Vorstius, le théologien dont Sa Majesté venait de parler dans sa dernière question, avait soutenu contre Jacques une querelle de controverse dans laquelle le roi avait mis tant de chaleur, qu'il avait enfin fait sentir aux Provinces-Unies, dans sa correspondance officielle, qu'ils feraient bien d'employer le bras séculier pour arrêter les progrès de l'hérésie, en adoptant des mesures contre la personne du professeur ; demande que les principes de tolérance universelle de leurs hautes puissances leur firent éluder, quoique non sans difficulté. Instruit de ces circonstances, lord Glenvarloch, quoiqu'il ne fût courtisan que depuis cinq minutes, eut assez d'adresse pour répliquer ainsi qu'il suit :

— *Vivum quidem, haud diù est, hominem videbam; vigere autem quis dicat qui sub fulminibus eloquentiæ tuæ, Rex magne, jamdudùm pronus jacet et prostratus*⁴ ?

Ce tribut payé à ses talens polémiques porta à son

---

(1) Et que dit-on aujourd'hui à Leyde ? — Votre Vossius n'a-t-il rien écrit de nouveau ? Du moins il n'a rien fait imprimer depuis peu, et j'en suis fâché. — Ed.

(2) Vossius se porte bien, roi plein de bonté ; mais ce vieillard vénérable est, si je ne me trompe, dans sa soixante-dixième année. — Ed.

(3) Sur mon ame ! je ne le croyais pas si âgé. — Et ce Vorstius, le successeur et le sectateur du méchant Arminius, ce héros, pour me servir des paroles d'Homère, est-il encore vivant et demeurant sur la terre ? — Ed.

(4) Il n'y a pas long-temps, grand roi, que je l'ai vu vivant, si l'on peut appeler vivant un homme renversé et terrassé depuis long-temps par la foudre de votre éloquence. — Ed.

comble la satisfaction et le bonheur de Jacques, qui triomphait déjà d'avoir pu donner de telles preuves d'érudition.

Il se frotta les mains, fit craquer ses doigts, rit à gorge déployée, et s'écria : *Eugè! bellè! optimè!* puis, se tournant vers les évêques d'Excester et d'Oxford, qui étaient derrière lui, il ajouta : — Vous venez d'avoir, messieurs, un petit échantillon de la manière dont nous parlons latin en Ecosse. Nous voudrions que tous nos sujets en Angleterre connussent cette langue aussi bien que ce jeune lord et les autres jeunes gens bien nés de notre ancien royaume. Faites attention aussi que nous conservons la véritable prononciation romaine, comme les autres nations savantes du continent ; ce qui fait que nous pouvons converser avec tous les savans de quelque partie que ce soit de l'univers ; au lieu que vous autres Anglais vous avez adopté dans vos universités, fort savantes d'ailleurs, une manière de prononcer le latin qui fait, ne trouvez pas mauvais que je vous le dise franchement, qui fait, dis-je, qu'aucune nation sur la terre ne peut vous entendre que vous-mêmes. Il en est résulté que le latin, *quoàd Anglos*[1], cesse d'être *communis lingua*, le drogman ou interprète général de tous les savans de la terre.

L'évêque d'Excester baissa la tête, comme pour reconnaître la justesse de la critique du roi ; mais celui d'Oxford se redressa, comme s'il eût été disposé à braver le bûcher pour défendre la prononciation du latin adoptée dans son université, comme s'il s'agissait de quelque article de sa foi religieuse.

Le roi, sans attendre la réponse des deux prélats, continua à interroger Nigel, mais en employant sa langue naturelle.

— Et quel motif, mon jeune Alumnus[2] des muses, lui demanda-t-il, vous a engagé à quitter le nord ?

(1) *Selon les Anglais.* — ED.
(2) Nourrisson. — ED.

— Pour rendre mes hommages à Votre Majesté, répondit le jeune lord en fléchissant un genou, et pour lui soumettre cette humble et respectueuse supplique.

La vue d'un pistolet dirigé contre lui aurait certainement fait tressaillir le roi d'une manière plus prononcée; mais, en mettant à part la frayeur, le danger eût à peine été plus désagréable à son indolence habituelle.

— Et cela est donc bien vrai! s'écria le roi : il est donc dit que pas un de nos sujets, ne fût-ce que pour la rareté du fait, ne viendra d'Ecosse, si ce n'est *ex proposito*, dans le dessein bien formé de voir ce qu'il pourra tirer de son souverain! Il n'y a que trois jours que nous avons presque manqué de perdre la vie et de faire porter le deuil à trois royaumes, par la hâte avec laquelle un manant maladroit est venu nous jeter dans la main je ne sais quelle pétition; et voilà que, jusque dans notre cour, nous sommes exposé à une pareille impunité. — Remettez ce papier à notre secrétaire d'Etat, milord; remettez-lui ce papier.

— J'ai déjà remis mon humble supplique au secrétaire d'Etat de Votre Majesté, répondit lord Glenvarloch; mais il paraît...

— Qu'il n'a pas voulu la recevoir? dit le roi en l'interrompant. Sur mon ame, notre secrétaire connaît beaucoup mieux que nous cet article des prérogatives royales qu'on appelle un refus, et il ne veut écouter que ce qu'il lui plaît. Je crois que je serais pour lui un meilleur secrétaire qu'il ne l'est pour moi. — Hé bien, milord, vous êtes le bienvenu à Londres, et, comme vous me paraissez un jeune homme instruit et intelligent, je vous invite à tourner le nez du côté du nord aussitôt que vous le trouverez convenable, et à vous fixer quelque temps à Saint-André[1]. Nous serons très-charmé d'apprendre que vous faites de nouveaux progrès dans vos études. *Incumbite remis fortiter.*

(1) Ville d'Ecosse, où il y avait alors une université célèbre. — ED.

Tout en parlant ainsi, le roi tenait la pétition du jeune lord d'un air d'insouciance, en homme qui attend l'instant où le suppliant lui aura tourné le dos, pour s'en débarrasser et la mettre dans un lieu où il ne la reverra plus. Nigel, qui lisait cette détermination dans les regards froids et indifférens du monarque, et dans la manière dont il roulait et chiffonnait sa supplique entre ses mains, se releva avec un sentiment amer de désappointement qui allait même jusqu'à la colère. Mais le comte d'Huntinglen, qui était près de lui, l'arrêta en touchant d'une manière presque imperceptible le pan de son habit, et Nigel, comprenant cet avis, ne s'éloigna de la personne du roi que de quelques pas. Cependant le comte s'agenouilla à son tour devant le roi, et lui dit :

— Votre Majesté daignera-t-elle se rappeler, sire, que vous m'avez promis, dans une certaine occasion, de m'accorder une grace chaque année de votre précieuse vie?

— Je me le rappelle fort bien, répondit le roi, et j'ai de bonnes raisons pour me le rappeler. Ce fut lorsque vous m'arrachâtes des mains de ce traître de Ruthven, qui avait jeté ses griffes autour de notre cou royal; et lorsque, en sujet fidèle, vous lui enfonçâtes votre poignard dans le sein. Nous vous promîmes alors, comme vous venez de nous le rappeler (ce qui n'était pas bien nécessaire), étant à peu près hors de nous, dans l'excès de la joie où nous mit notre délivrance, nous vous promîmes de vous accorder une faveur tous les ans; promesse que nous confirmâmes quand nous eûmes repris l'entier usage de nos facultés royales; mais *restrictivè et conditionaliter*, c'est-à-dire pourvu que les demandes de Votre Seigneurie fussent telles, que nous puissions raisonnablement les lui accorder dans l'exercice de notre royale discrétion.

— C'est la vérité, très-gracieux souverain; mais oserai-je encore vous demander si j'ai jamais excédé les bornes de vos bontés?

— Non, sur mon ame ! je ne me souviens pas que vous m'avez jamais demandé autre chose qu'un chien, un faucon, un daim de notre parc de Theobalds, ou quelque autre bagatelle semblable. — Mais où voulez-vous en venir avec cette préface?

— A la grace que j'ai à vous demander, sire; et c'est qu'il plaise à Votre Majesté de jeter les yeux à l'instant sur le placet de lord Glenvarloch, et de prononcer sur ce qu'il contient comme votre jugement royal le trouvera juste et convenable, sans consulter votre secrétaire ni aucun membre de votre conseil.

— Sur mon ame, cela est fort étrange! Vous plaidez en faveur du fils de votre ennemi.

— D'un homme qui avait été mon ennemi, sire, jusqu'à ce que Votre Majesté en eût fait mon ami.

— Bien parlé, milord, et avec un esprit véritablement chrétien. — Quant à la supplique de ce jeune homme, je puis aisément deviner ce qu'elle contient; et, pour dire la vérité, j'avais promis à George Heriot de lui être favorable. — Mais voici où le soulier blesse. — Steenie et Charles se sont déclarés contre lui, et il en est de même de votre propre fils, milord; c'est pourquoi je pense qu'il vaut mieux qu'il retourne en Ecosse, avant que quelqu'un d'eux lui joue un mauvais tour.

— Si Votre Majesté me permet de le lui dire, sire, ce n'est ni sur l'opinion de mon fils, ni sur celle d'aucun autre jeune écervelé, que je règle ma conduite.

— Et, par l'ame de mon père! ils n'influeront pas sur la mienne. Aucun d'eux ne jouera le roi avec moi. Je ferai ce que je veux et ce que je dois faire, en monarque souverain.

— Votre Majesté m'accorde donc ma demande?

— Oui, oui, sur mon ame, je vous l'accorde. Mais suivez-moi par ici, je veux vous parler en particulier.

A ces mots, il fit passer le comte d'Huntinglen au milieu des courtisans, qui regardaient cette scène extraordinaire en silence et avec une grande attention, comme c'est l'usage dans les cours. Le roi entra d'un pas précipité dans un petit cabinet, et son premier soin fut de dire au comte de fermer la porte; mais il révoqua cet ordre au même instant, en lui disant : — Non, non, sur mon ame! je suis roi; je ferai ce que je veux et ce que je dois faire. — Je suis *justus et tenax propositi*, comte. — Cependant, tenez-vous près de la porte, lord Huntinglen, de crainte que Steenie n'arrive avec son humeur de fou.

— O mon pauvre maître ! pensa le comte en soupirant, quand vous habitiez le froid climat de l'Ecosse, un sang plus chaud circulait dans vos veines.

Le roi parcourut la pétition à la hâte, jetant de temps en temps les yeux du côté de la porte, et les reportant promptement sur le papier qu'il avait à la main, comme s'il eût craint que lord Huntinglen, qu'il respectait, ne s'aperçût de sa timidité.

— Il faut que j'en convienne, dit le roi après avoir terminé sa lecture, ce jeune homme se trouve dans une position bien dure ; — plus dure même qu'on ne me l'avait représentée, car j'avais déjà entendu parler de cette affaire. Il ne demande l'argent que nous lui devons que pour racheter le domaine de ses pères. — Mais, au bout du compte, il aura d'autres dettes à acquitter. — Qu'a-t-il besoin de tant de terres ? — Il faut que le domaine parte, Huntinglen; il faut qu'il parte. Il a été promis à Steenie par notre chancelier d'Ecosse. Il contient la meilleure chasse de tout ce royaume. Charles et Steenie veulent y courre le cerf l'année prochaine. Il faut qu'ils aient ce domaine, il le faut. — Quant à notre dette, elle lui sera payée à plack et bawbee [1], et il pourra dépenser à notre cour l'argent qu'il recevra. S'il est si affamé de terre, nous lui emplirons l'estomac de terres anglaises qui ont

---

(1) Nom de deux petites monnaies d'Ecosse, comme si l'on disait en français *à sous et deniers.* — E.D.

une double valeur : oui, nous lui en donnerons dix fois autant que ces maudites montagnes, ces rochers, ces bruyères et ces marécages dont il est si épris.

En parlant ainsi, le pauvre roi marchait en long et en large dans l'appartement, dans un état d'incertitude digne de compassion, et il paraissait encore plus ridicule par la manière dont il allait les jambes écartées, et par l'air gauche avec lequel il jouait avec les nœuds de rubans qui attachaient la partie inférieure de ses vêtemens.

Le comte d'Huntinglen l'écouta avec beaucoup de sang-froid, et lorsqu'il eut cessé de parler : — Votre Majesté me permettra-t-elle, lui dit-il, de lui citer la réponse que fit Naboth à Achab, qui convoitait son vignoble ? — A Dieu ne plaise que je t'abandonne l'héritage de mes pères !

— Eh ! milord, eh ! s'écria Jacques, en rougissant jusqu'au blanc des yeux, j'espère que vous n'avez pas le dessein de m'apprendre la théologie ? Vous ne devez pas craindre que je refuse de rendre justice à qui que ce soit ; et, puisque Votre Seigneurie ne veut pas m'aider à arranger cette affaire d'une manière plus amiable, — qui serait, à ce qu'il me semble, plus utile pour le jeune homme, comme je vous l'ai déjà dit, — hé bien ! — puisqu'il le faut, de par la mort ! je suis roi, je suis le maître, il aura son argent ; et, quand il aura racheté sa terre, qu'il y bâtisse une église ou un moulin si bon lui semble.

A ces mots, il écrivit un ordre sur la trésorerie d'Ecosse, pour la somme en question, et il ajouta : — Je ne vois pas trop comment ils pourront payer cet argent, mais je réponds qu'avec cet ordre il en trouvera chez les orfèvres, qui en ont pour tout le monde, excepté pour moi. — Et maintenant, milord d'Huntinglen, vous voyez que je ne suis pas un homme sans parole, qui refuse de tenir ce qu'il vous a promis ; ni un Achab qui convoite le vignoble de Naboth ; ni un nez de cire que des favoris font tourner d'un côté et de l'autre, comme bon leur semble. J'espère que vous conviendrez que je ne suis rien de tout cela ?

— Vous êtes mon roi, et le plus noble des princes, répondit le comte en fléchissant un genou pour baiser la main de Sa Majesté, juste et généreux quand vous écoutez la voix de votre propre cœur.

— Oui, oui, dit le roi d'un air de bonté, en relevant son fidèle serviteur, voilà ce que vous dites tous quand je fais quelque chose qui vous convient. — Tenez, prenez cet ordre, et allez-vous-en bien vite avec ce jeune homme; car je suis surpris que Steenie et Charles ne soient pas encore venus nous surprendre.

Le comte d'Huntinglen se hâta de sortir du cabinet, car il prévoyait une scène dont il ne se souciait pas d'être témoin, et qui manquait rarement d'arriver quand Jacques faisait sur lui-même un effort pour prouver qu'il était roi et maître, comme il s'en vantait, sans consulter le bon plaisir de son impérieux favori, le duc de Buckingham, qu'il nommait Steenie, d'après une ressemblance supposée entre ses beaux traits et ceux que les peintres italiens ont donnés au premier des martyrs, à saint Etienne.

Dans le fait, ce favori hautain, qui jouissait de la bonne fortune, assez rare, d'être aussi bien avec l'héritier présomptif du trône qu'avec le monarque régnant, n'avait pas conservé, à beaucoup près, le respect qu'il témoignait à son souverain dans le commencement de sa faveur, et les courtisans les plus déliés croyaient voir que Jacques se soumettait à sa domination par habitude, par timidité, par crainte d'avoir à essuyer une bourrasque, plutôt que par une continuation de l'amitié qu'il avait eue pour celui dont la grandeur était l'ouvrage de ses mains. Ce fut donc pour s'épargner le désagrément de voir ce qui se passerait probablement lors de l'arrivée du duc, et pour épargner au roi la nouvelle humiliation que la présence d'un témoin lui aurait fait éprouver, que le comte sortit du cabinet le plus promptement possible, après avoir eu soin de mettre dans sa poche l'ordre important qu'il venait d'obtenir.

Dès qu'il fut rentré dans la salle d'audience, il chercha promptement lord Glenvarloch. Celui-ci s'était retiré dans une embrasure de croisée pour se dérober aux regards des courtisans, qui ne semblaient disposés qu'à lui accorder cette attention qui naît de la surprise et de la curiosité. Lord Huntinglen, le prenant par le bras, sans lui parler, le fit sortir de la salle d'audience pour rentrer dans le salon qui la précédait. Ils y trouvèrent le digne orfèvre, qui vint à leur rencontre, les yeux étincelans de curiosité. Le comte d'Huntinglen modéra son impatience en lui disant : — Tout va bien. — Votre barque vous attend-elle ? — Heriot lui répondit affirmativement. — En ce cas, reprit le comte, vous me reconduirez un bout de chemin, comme disent les bateliers ; et, pour m'acquitter avec vous, je vous donnerai à dîner à tous deux, car il faut que nous ayons une conversation ensemble.

Ils suivirent le comte en silence, et ils venaient d'entrer dans la seconde antichambre quand l'annonce officielle des huissiers de la chambre et le murmure que firent entendre les courtisans, qui se répétaient les uns aux autres à demi-voix : — Le duc ! le duc ! leur apprirent l'arrivée du favori tout-puissant.

Il entra ce malheureux favori de la cour, portant le costume somptueux et pittoresque qui vivra à jamais sur la toile de Vandick, et qui caractérise si bien le siècle orgueilleux où l'aristocratie, quoique minée de toutes parts et s'approchant du terme de sa chute, cherchait, par la profusion de ses dépenses et par l'éclat de son extérieur, à prouver sa supériorité sur les classes subalternes de la société. Sa taille majestueuse, la régularité de ses traits, son air imposant, sa démarche aisée, ses gestes pleins de grace : tout contribuait à faire que ce vêtement magnifique lui allait mieux qu'à aucun de ses contemporains. En ce moment, pourtant, sa physionomie semblait annoncer qu'il était agité par une violente colère; ses habits étaient plus en désordre que le lieu ne semblait le permettre; son pas était précipité, et sa voix impérieuse.

Chacun remarqua son front sourcilleux, et l'on se retira avec tant de précipitation pour lui faire place, que le comte d'Huntinglen, qui n'affecta point en cette occasion une hâte extraordinaire, et ses deux compagnons, qui ne voulaient ni ne pouvaient décemment s'éloigner de lui, restèrent seuls au milieu de l'appartement, et se trouvèrent sur le chemin du favori courroucé. Il toucha sa toque d'un air fier en regardant Huntinglen, mais il se découvrit entièrement la tête devant George Heriot, et le salua profondément avec un air de respect moqueur. L'orfèvre lui rendit son salut de la manière la plus simple et sans la moindre affectation, en lui disant : — Trop de politesse, milord-duc, n'est pas toujours un signe de bienveillance.

— Je suis fâché que vous pensiez ainsi, maître Heriot, répondit le duc. Mon seul but, en vous rendant mes hommages, est de vous demander votre protection, monsieur, et l'honneur de votre patronage. — Vous êtes devenu, à ce que j'ai appris, un solliciteur à la cour, — un protecteur, — un distributeur des faveurs du souverain. — Vous appuyez les prétentions des hommes de mérite et de qualité qui ont le malheur d'être sans le sou. Je souhaite que vos sacs lestent suffisamment votre barque pour vous mener jusqu'au port.

— Ils me mèneront d'autant plus loin, milord, répondit le citadin, que je n'ai pas dessein de naviguer beaucoup.

— Vous ne vous rendez pas la justice qui vous est due, mon cher maître Heriot, répliqua le duc sur le même ton d'ironie. Pour le fils d'un chaudronnier d'Edimbourg, vous avez à la cour un parti formidable. — Aurez-vous la bonté de me présenter au noble lord qui a eu l'honneur d'obtenir votre protection?

— Ce sera moi qui aurai cet avantage, dit le comte d'Huntinglen avec un peu d'emphase. Milord-duc, je suis charmé de vous faire connaître Nigel Olifaunt, lord de Glenvarloch, représentant d'une des plus anciennes et des plus puissantes maisons baroniales d'Ecosse. — Lord Glenvarloch, je vous présente à Sa Grace le duc de Buckingham, représentant de sir George Villiers, chevalier de Brookesby, dans le comté de Leicester.

Le duc rougit en saluant lord Glenvarloch d'un air de dédain, et Nigel lui rendit cette courtoisie avec hauteur et avec une indignation mal déguisée.

— Nous nous connaissons donc l'un l'autre, dit le duc après un moment de silence. Et, comme s'il eût vu dans les traits du jeune lord quelque chose qui méritait une attention plus sérieuse que la raillerie amère avec laquelle il avait commencé la conversation : — Nous nous connaissons répéta-t-il; et vous me connaissez, milord, pour votre ennemi.

— Je vous remercie de votre franchise, milord-duc, répondit Nigel; un ennemi déclaré vaut mieux qu'un faux ami.

— Quant à vous, lord Huntinglen, dit le duc, il me semble que vous avez excédé les bornes que vous deviez vous prescrire, comme père de l'ami du prince, qui est aussi le mien.

— Sur ma foi, milord-duc, répondit le comte, il est aisé d'excéder des bornes dont on ne connaît pas l'existence. Ce n'est pour obtenir ni ma protection ni mon approbation que mon fils voit une compagnie d'un rang si élevé.

— Oh! milord, s'écria le duc, nous vous connaissons, et nous vous permettons tout. Vous êtes de ces gens qui croient que le mérite d'une bonne action doit rejaillir sur tout le reste de leur vie.

— Et quand cela serait, milord, répondit le vieux duc; par ma foi! j'ai du moins l'avantage sur ceux qui pensent de même sans avoir jamais rien fait qui leur en donne le droit. — Mais je ne veux pas avoir de querelle avec vous, milord; nous ne pouvons être ni amis ni ennemis : vous avez votre chemin et moi le mien.

Buckingham ne lui répondit qu'en remettant sur sa tête sa toque surmontée d'un superbe panache, et en secouant la tête d'un air d'insouciance et de mépris. Il traversa l'appartement pour entrer dans ceux qui conduisaient chez le roi. Les deux lords et Heriot, sortant du palais, se placèrent dans la barque du citadin.

CHAPITRE X.

« Craignez ces os que l'art en cube a travaillés ;
« Desséchant à l'instant la main qui les secoue,
« De l'aveugle Fortune ils font tourner la roue.
« — Comme l'Egyptienne, amante d'un Romain,
« N'allez pas avaler vos perles dans du vin.
« C'est par de tels moyens que d'un arpent de terre
« Il ne reste qu'un pied à son propriétaire :
« Que l'or se change en cuivre, et que l'infortuné
« Qui d'honneurs aurait pu se voir environné,
« Descend dans le tombeau, courbé sous l'infamie. »
Les Changemens.

Quand la barque vogua paisiblement, le comte tira de sa poche la pétition de lord Glenvarloch, au bas de laquelle le roi avait écrit de sa propre main l'ordonnance de paiement; et, montrant cette ordonnance à George Heriot, il lui demanda si elle était en bonne forme.

Le digne citadin la lut à la hâte, avança la main vers Nigel, comme pour le féliciter, la retira pour mettre ses besicles (présent du vieux David Ramsay), et lut une seconde fois cette pièce importante, avec toute l'attention qu'aurait pu y donner l'homme d'affaires le plus expérimenté.

— Elle est dans la meilleure forme, il n'y manque rien, dit-il en regardant le comte d'Huntinglen, et je m'en réjouis sincèrement.

— Je n'en doute nullement, répondit le comte; le roi entend parfaitement les affaires; et, s'il ne s'en occupe pas plus souvent, c'est parce que l'indolence nuit aux talens dont la nature l'a doué. — Mais que reste-t-il à faire pour notre jeune ami, maître Heriot? Vous connaissez ma position. Les lords écossais qui sont à la cour d'Angleterre ne sont pas riches en argent comptant; et cependant, à moins qu'on ne puisse lever de l'argent sur-le-champ avec cette ordonnance, j'entrevois, d'après le peu de mots que vous m'avez dits à la hâte, que l'on va fermer l'hypothèque, le *wadset*, ou n'importe quel autre nom.

— C'est la vérité, dit Heriot d'un air un peu embarrassé; la somme qu'il nous faut est considérable, et cependant, si on ne la trouve pas, milord sera forclos, comme disent les gens de loi, et ses biens passeront à son créancier.

— Mes nobles, mes dignes amis, dit lord Nigel, vous qui avez pris d'une manière si inattendue les intérêts d'un homme qui n'avait rien fait pour le mériter, songez bien que je n'entends pas devenir un fardeau pour votre amitié. Vous n'avez déjà que trop fait pour moi.

— Paix! jeune homme, paix! dit lord Huntinglen : laissez-nous discuter cette affaire, le vieil Heriot et moi. Je vois qu'il va s'ouvrir; écoutez-le.

— Milord, dit le citadin, le duc de Buckingham lance des sarcasmes contre nos sacs d'argent de la Cité, et cependant ils peuvent quelquefois soutenir une noble maison près de tomber.

— Je ne l'ignore pas, répondit le comte ; mais ne songez pas à Buckingham, et voyez ce qu'il est possible de faire.

— J'ai déjà fait entendre à lord Glenvarloch, dit l'orfèvre, que sur une ordonnance comme celle-ci, on pouvait trouver la somme nécessaire pour le rachat ; et je garantis, sur mon crédit, qu'elle se trouvera ; mais, pour donner toute sûreté au prêteur, il faut qu'il chausse les souliers du créancier qui sera remboursé.

— Les souliers ! s'écria le comte ; et, qu'est-ce que des souliers ou des bottes ont de commun avec cette affaire, mon bon ami ?

—.C'est une phrase usitée par les gens de loi, milord ; c'est un jargon dont mon expérience m'a fait acquérir quelque connaissance.

— Et quelque chose qui vaut beaucoup mieux, maître Heriot ; mais que signifie-t-elle ?

— Simplement que le prêteur de cette somme remboursera le créancier qui a une hypothèque sur le domaine de Glenvarloch, et se fera subroger dans tous ses droits, de manière à conserver son privilège sur le domaine, dans le cas où l'ordonnance sur la trésorerie d'Ecosse ne serait pas acquittée. Le crédit public est si peu stable en ce moment, que, sans une double sécurité de cette nature, il serait très-difficile de trouver une somme si considérable.

— Halte-là ! s'écria le comte d'Huntinglen, une idée me frappe. Si le nouveau créancier devenait épris du domaine, autant que Sa Grace le duc de Buckingham paraît l'être ; s'il découvrait que c'est le meilleur canton de toute l'Ecosse pour la chasse ; s'il lui prenait fantaisie d'y courre le cerf l'année prochaine, il me semble que, d'après votre plan, maître George, il aurait autant de droit que le créancier actuel pour déposséder Glenvarloch.

Le citadin se mit à rire. — Je vous garantis, répondit-il, que, parmi tous ceux à qui je puis m'adresser à ce sujet, le chasseur le plus déterminé ne pensera jamais à suivre les chiens plus loin que la forêt d'Epping, où le lord-maire va chasser tous les ans aux fêtes de Pâques. Cependant la réflexion de Votre Seigneurie est très-juste. Il faudra que le créancier s'oblige à accorder à lord Glenvarloch un délai suffisant pour racheter lui-même son domaine par le moyen de la somme qu'il recevra en vertu de l'ordonnance du roi ; il faudra aussi qu'il renonce à profiter de l'expiration du premier terme ; et il me semble que cela est d'autant plus facile que le créancier actuel doit être remboursé au nom de lord Glenvarloch.

— Mais où trouverons-nous à Londres un homme en état de rédiger les actes nécessaires ? demanda le comte. Si mon vieil ami sir John Skene d'Halyards vivait encore, nous aurions eu recours à ses avis ; mais le temps presse, et....

— Je connais, dit Heriot, un orphelin, écrivain public, demeurant près de Temple-Bar, qui est en état de rédiger des actes d'après les lois d'Angleterre et d'Ecosse ; et je l'ai souvent employé pour des affaires d'importance majeure. Je vais l'envoyer chercher par un de mes domestiques, et les actes nécessaires pourront être dressés en présence de Votre Seigneurie, car la situation des choses ne permet aucun délai.

Le comte y consentit ; et, comme la barque s'arrêtait en ce moment au pied de l'escalier qui conduisait dans le jardin du bel hôtel qu'il habitait, le messager fut dépêché sans perte de temps

Nigel, qui était resté presque dans un état de stupéfaction tandis que ses amis zélés s'occupaient des moyens à prendre pour dégager sa fortune, fit alors une autre tentative pour les forcer à écouter les expressions encore confuses de sa reconnaissance. Mais lord Huntinglen lui imposa silence une seconde fois, en lui déclarant qu'il ne voulait pas entendre un seul mot à ce sujet, et il proposa de faire une promenade dans le jardin, ou de s'asseoir sur un banc de pierre d'où l'on dominait sur la Tamise, en attendant que le retour de son fils donnât le signal du dîner.

— Je désire que Dalgarno et lord Glenvarloch fassent connaissance ensemble, dit-il ; ils doivent être proches voisins, et j'espère qu'ils vivront en meilleure intelligence que leurs pères ne l'ont fait autrefois. Il n'y a que trois milles d'Ecosse entre leurs châteaux, et du haut des créneaux de l'un on aperçoit les tours de l'autre.

Le vieux comte garda le silence un instant, et parut occupé des souvenirs que le voisinage de ces deux châteaux avait réveillés en lui.

— Lord Dalgarno se propose-t-il de suivre la cour à Newmarket la semaine prochaine? demanda Heriot, dans le dessein d'amener un autre sujet de conversation.

— Je crois qu'il en a le projet, répondit le comte ; et il retomba dans sa rêverie pendant une ou deux minutes.

Se retournant alors tout à coup vers Nigel :—Mon jeune ami, lui dit-il, j'espère que lorsque vous serez en possession de votre héritage, temps que je ne crois pas bien éloigné, vous n'augmenterez pas le nombre des fainéans qui suivent la cour, mais que vous fixerez votre résidence dans le domaine de vos pères, pour y aimer vos vassaux, vos pauvres parens, les protéger contre toute oppression subalterne, et faire ce que faisaient nos ancêtres, avec moins de connaissances et de lumières que nous n'en avons.

— Et c'est un homme qui depuis bien long-temps est un ornement de la cour de Jacques Ier, dit Heriot, qui donne le conseil d'habiter la province!

— Oui, répondit le comte, un vieux courtisan, et le premier de sa famille à qui l'on ait pu donner ce nom. Ma barbe grise tombe sur une fraise de mousseline et sur un pourpoint de soie, tandis que celle de mon père descendait sur une cotte de peau de buffle et sur une cuirasse. Je ne désire pas le retour de ces jours de combats, mais j'aimerais à faire encore retentir ma vieille forêt de Dalgarno du son des cors, des cris des chasseurs et des aboiemens des chiens. Je voudrais que l'ancienne grande salle de mon château fût encore le témoin de l'allégresse qui animait mes vassaux quand l'ale et le vin circulaient gaiement parmi eux. Je serais charmé de revoir le Tay majestueux avant de mourir. La Tamise même, selon mon cœur, ne lui est pas comparable.

— Cela vous est sûrement bien facile, milord; il ne vous en coûterait qu'un moment de résolution et quelques jours de voyage. Qui peut vous empêcher de vous rendre où vous désirez être?

— L'habitude, maître George, l'habitude. Pour un jeune homme ce n'est qu'un fil de soie, mais pour un vieillard c'est une chaîne de fer dont rien ne peut délivrer ses membres raidis. Aller en Écosse pour un court intervalle, ce serait vraiment prendre une peine inutile; et, quand je pense à m'y fixer, je ne puis me déterminer à quitter mon vieux maître, à qui je m'imagine que je suis quelquefois utile, et dont j'ai partagé si long-temps la bonne et la mauvaise fortune. Mais Dalgarno sera un vrai noble écossais.

— A-t-il jamais été dans le nord?

— Il y a été l'année dernière, et ce qu'il a dit de notre pays au jeune prince lui a inspiré le désir de le voir.

— Lord Dalgarno est en grande faveur auprès de Son Altesse Royale et du duc de Buckingham.

— C'est la vérité, et je désire que ce soit pour l'avantage de tous les trois. Le prince est juste et équitable dans ses sentimens, quoiqu'on remarque de la froideur et de la hauteur dans ses manières, et qu'il soit obstiné, même dans les moindres bagatelles. Le duc, noble et brave, franc et généreux, est fier, ambitieux et violent. Dalgarno n'a aucun de ces défauts ; et ceux qu'on aurait à lui reprocher peuvent se corriger par la compagnie qu'il fréquente. Mais le voici qui arrive.

Lord Dalgarno parut au bout d'une allée du jardin, et il s'avança vers le banc sur lequel son père et ses deux hôtes s'étaient assis. Pendant qu'il arrivait, Nigel eut le temps d'examiner sa physionomie. Il était vêtu à la dernière mode, et elle convenait à son âge, qui semblait être d'environ vingt-cinq ans, à son air noble et à ses beaux traits, dans lesquels il était facile de reconnaître ceux de son père, mais dont l'expression était adoucie par un air habituel de politesse affable que le vieux comte ne daignait pas toujours prendre à l'égard de tout le monde. Son abord annonçait la franchise et la galanterie sans aucun mélange d'orgueil et de hauteur. Il ne paraissait certainement pas qu'on pût lui reprocher, soit une froide fierté, soit une impétuosité ardente ; et c'était avec raison que son père l'avait représenté comme exempt des défauts qu'il attribuait au prince et à son favori Buckingham.

Tandis que le vieux comte présentait à son fils sa nouvelle connaissance, lord Glenvarloch, comme un jeune homme dont il désirait qu'il fît son ami, Nigel observa avec attention la physionomie de lord Dalgarno, pour voir s'il y trouverait quelque signe qui annonçât que ce jeune lord avait conçu des préventions contre lui, comme le roi l'avait donné à entendre au comte d'Huntinglen, préventions qui pouvaient avoir pour cause les intérêts différens qui semblaient diviser le duc de Buckingham et lord Glenvarloch. Mais il n'y remarqua rien de semblable. Au contraire, lord Dalgarno le reçut avec cette franchise et cette cordialité qui font des conquêtes subites quand elles attaquent le cœur d'un jeune homme ingénu.

Est-il besoin de dire que l'accueil ouvert et amical de

lord Dalgarno fut reçu par Nigel Olifaunt avec les mêmes démonstrations? Depuis plusieurs mois, à l'âge de vingt-deux ou vingt-trois ans, les circonstances avaient privé lord Glenvarloch de toute société avec des jeunes gens. Lorsque la mort subite de son père l'avait forcé à quitter les Pays-Bas pour retourner en Ecosse, il s'était trouvé engagé dans un labyrinthe d'affaires judiciaires qui paraissaient inextricables, et qui menaçaient de se terminer par l'aliénation de son patrimoine et la privation des moyens nécessaires pour soutenir son rang. Le deuil qu'il portait dans son cœur, encore plus que sur ses habits, sa fierté blessée, et le chagrin que lui faisait éprouver une infortune inattendue et non méritée, l'incertitude de l'avenir qui s'ouvrait devant lui, tout l'avait engagé à vivre en Ecosse dans la retraite et dans l'isolement. Nos lecteurs savent déjà comment il avait passé son temps à Londres; mais cette vie triste et solitaire ne convenait ni à son âge, ni à son caractère qui était sociable et enjoué. Ce fut donc avec un véritable plaisir qu'il reçut les avances d'un jeune homme de son âge; et, quand il eut échangé avec lord Dalgarno quelques-unes de ces paroles, quelques-uns de ces signes qui, comme dans la franc-maçonnerie, font reconnaître à deux jeunes gens qu'ils désirent se lier ensemble, on aurait dit que les deux jeunes lords se connaissaient déjà depuis long-temps.

Pendant que ce commerce tacite s'établissait entre eux, un domestique de lord Huntinglen vint introduire un homme en habit noir, qui le suivait avec une extrême vitesse, relativement à la posture qu'il gardait en marchant; car le respect qu'il croyait devoir témoigner à la compagnie devant laquelle il allait paraître lui fit pencher le corps parallèlement à l'horizon, dès qu'il put être aperçu.

—Quel est cet homme? demanda le comte, qui, malgré sa longue absence d'Ecosse, avait conservé le caractère impatient et le bon appétit d'un baron écossais; — et pourquoi John Cook, que le diable emporte, nous fait-il attendre si long-temps le dîner?

— C'est l'écrivain que nous avons mandé, répondit George Heriot, et par conséquent, si c'est un intrus, nous ne pouvons en accuser que nous-mêmes. — Lève donc la tête, André, et regarde-nous en face, en homme qui n'a rien à se reprocher, au lieu de diriger contre nous ta nuque, comme un bélier qui nous menacerait de ses cornes.

L'écrivain leva la tête sur-le-champ, par un mouvement semblable à celui d'un automate qui obéit tout à coup à l'impulsion d'un ressort caché. Mais, ce qui est bien étrange, ni la hâte avec laquelle il s'était empressé de se rendre aux ordres de maître George pour travailler, comme on le lui avait fait dire, à une affaire pressée et importante, ni même la situation penchée vers la terre, dans laquelle il avait, par humilité, tenu sa tête depuis l'instant où il avait mis le pied sur les domaines du comte d'Huntinglen, n'avaient attiré le moindre coloris sur ses joues. La fatigue faisait couler de son front de grosses gouttes; mais son visage était encore aussi pâle et aussi blafard qu'auparavant. Ce qui semblait plus étrange encore, c'était que, lorsqu'il eut relevé la tête, on vit ses cheveux tomber au bas de ses oreilles, aussi droits et aussi lisses qu'on les a vus lorsque nous l'avons présenté pour la première fois à nos lecteurs dans sa boutique, tranquillement assis devant son humble bureau.

Lord Dalgarno ne put tout-à-fait dissimuler un rire étouffé en voyant la figure ridicule et l'espèce de tournure puritaine qui se présentait devant lui comme un squelette décharné, et il dit en même temps à l'oreille de lord Glenvarloch :

— Te confonde l'enfer, figure de fromage !
D'où vient cet air d'oison sur ton triste visage ¹ ?

(1) Citation de Shakspeare. — Éd.

Nigel connaissait trop peu le théâtre anglais pour comprendre une citation qui était déjà une allusion fréquente dans Londres. Dalgarno vit qu'il ne le comprenait pas, et ajouta : — Ce drôle, à en juger par la mine, doit être un saint ou un coquin hypocrite; et j'ai si bonne opinion de la nature humaine, que je soupçonne toujours le pire. —Mais ils semblent fort affairés. Ferons-nous un tour de jardin, milord, ou préférez-vous assister à ce grave conclave?

— Je vous suivrai bien volontiers, milord, répondit Nigel. Et ils commençaient à s'éloigner quand George Heriot, avec l'air de formalité convenable à la circonstance, fit observer que, l'affaire qu'ils traitaient regardant lord Glenvarloch, il ferait mieux de rester pour en prendre connaissance, et être témoin de ce qui se ferait.

—Ma présence est entièrement inutile, mon cher lord, et mon bon ami, maître Heriot. Je suis sans expérience en affaires; je n'y comprendrais rien, et je puis vous dire dès à présent ce que je vous dirai quand tout sera terminé, que je n'ose retirer le gouvernail des mains des pilotes habiles dont l'amitié a dirigé ma course si près d'un port où je n'espérais guère d'entrer. J'apposerai ma signature et mon sceau à tout ce que vous jugerez convenable, et une courte explication que me donnera maître Heriot, s'il veut bien prendre cette peine pour moi, m'instruira mieux que tous les termes techniques et savans d'un homme de loi.

—Il a raison, dit lord Huntinglen; notre jeune ami fait bien de s'en reposer sur vous et sur moi. Il n'a pas mal placé sa confiance.

Maître George regarda quelques instans les deux jeunes gens, qui se promenaient déjà dans les allées du jardin, en se tenant par le bras. — Sans doute, dit-il enfin, j'ose dire, comme Votre Seigneurie, qu'il n'a pas mal placé sa confiance; et cependant il n'est pas dans le bon chemin.

Il convient que chacun se mette au fait de ses affaires, quand il en a qui méritent qu'on y fasse attention.

Après cette réflexion, il expliqua à l'écrivain, en présence du comte, de quelle manière il fallait rédiger un acte qui, en donnant toute sûreté à ceux qui devaient avancer l'argent, conserverait au jeune lord le droit de racheter le patrimoine de sa famille quand il aurait obtenu les moyens de le faire par le remboursement qu'il devait recevoir de la trésorerie d'Ecosse, ou de quelque autre manière que ce fût. Il est inutile d'entrer dans ces détails, mais il ne l'est pas de faire observer, comme trait de caractère, qu'Heriot prouva par la discussion la plus minutieuse sur toutes les questions de droit, combien l'expérience lui avait appris à connaître même les détours les plus compliqués de la jurisprudence écossaise; et que le comte d'Huntinglen, quoique plus étranger aux détails techniques, ne souffrit pas qu'on avançât d'un seul pas dans cette affaire sans s'en être fait expliquer le but, pour avoir une idée générale, mais bien distincte, de la signification et de l'utilité de chaque formule.

Ils furent admirablement secondés dans leurs bonnes intentions à l'égard du jeune lord Glenvarloch, par le talent et le zèle du scribe qu'Heriot avait fait venir pour cette affaire, la plus considérable qu'André eût jamais traitée de sa vie, et qu'il avait à discuter avec des personnages non moins importans qu'un comte et un homme qui, par sa fortune et sa réputation, pouvait devenir alderman de son quartier, et peut-être ensuite lord-maire à son tour. Cette discussion les occupait tellement, que le bon lord d'Huntinglen, en oubliant son appétit et le délai qu'on mettait à lui servir son dîner, ne pensa qu'à veiller à ce que tout fût dûment pesé et considéré, afin que l'écrivain reçût toutes les instructions qui pouvaient lui être nécessaires avant de commencer à rédiger les actes qu'on lui demandait.

Pendant ce temps, les deux jeunes gens se promenaient sur une terrasse qui dominait sur la Tamise, et causaient des objets que lord Dalgarno, le plus âgé et celui qui connaissait le mieux le monde, jugeait le plus propres à intéresser son nouvel ami. Leur conversation roula, comme cela était assez naturel, sur les plaisirs qu'on goûtait à la cour; et le fils du comte se montra fort étonné de ce que son jeune ami se proposait de retourner sur-le-champ en Écosse.

— Vous vous moquez de moi! s'écria-t-il. Pourquoi vous le cacherais-je! Il n'est bruit à la cour que du succès extraordinaire de votre demande, en dépit des intérêts contraires de l'âstre dont l'influence règne sur l'horizon de Whitehall. On ne pense qu'à vous, on ne parle que de vous; tous les yeux sont fixés sur vous; chacun se demande qui est ce jeune lord écossais qui a été si loin en un seul jour. On cherche tout bas à deviner jusqu'où vous pousserez votre fortune. — Et tous vos projets se bornent à retourner en Écosse, pour manger des gâteaux de farine d'orge, cuits sur un feu de tourbe; vous voir serrer la main par tout porteur de toque bleue à qui il plaira de vous appeler son cousin, quoique votre parenté remonte jusqu'à Noé; boire de l'ale écossaise à deux sous; vous régaler de la chair d'un daim maigre et affamé, quand vous l'aurez tué; monter un bidet du pays, et vous entendre appeler très-honorable et très-digne lord!

— J'avoue que ma perspective n'est pas très-gaie, répondit lord Glenvarloch; quand même votre respectable père et le bon maître Heriot parviendraient à mettre mes affaires sur un pied à me donner quelque espoir plausible. Et cependant j'espère faire quelque chose pour mes vassaux, comme mes ancêtres l'ont fait avant moi, et apprendre à mes enfans, comme je l'ai appris moi-même, à faire quelques sacrifices personnels, si la nécessité l'exige, pour maintenir avec dignité le rang où la Providence les aura placés.

Après s'être contraint une ou deux fois pendant ce discours, lord Dalgarno partit enfin d'un bruyant éclat de rire, mais si franc et si irrésistible, qu'il entraîna Nigel en dépit de lui-même ; et, quoique peu content d'un accès de gaieté qui lui semblait non-seulement sans cause, mais presque impertinent, il ne put s'empêcher de la partager.

Il revint pourtant bientôt à lui, et dit d'un ton fait pour calmer l'enjouement excessif de lord Dalgarno :
— Tout cela est fort bien, milord ; mais comment dois-je prendre cette gaieté subite? Lord Dalgarno ne lui répondit que par de nouveaux éclats de rire, et il finit par saisir son habit comme si les convulsions qu'il éprouvait lui eussent fait sentir la nécessité d'un point d'appui pour se soutenir sur ses jambes.

Nigel se trouva enfin moitié honteux, moitié irrité de se voir ainsi l'objet de la risée de sa nouvelle connaissance ; et il ne s'abstint de témoigner au fils tout son ressentiment, que parce qu'il songea à la reconnaissance qu'il devait au père. L'accès de lord Dalgarno se calma enfin, et d'une voix entrecoupée et les yeux encore humides de larmes, il reprit enfin la parole, et dit à Nigel :

— Pardon, mon cher lord Glenvarloch, dix mille fois pardon ! mais à ce dernier tableau de dignité rurale, accompagné par votre air de surprise et de colère en me voyant rire de ce qui aurait fait éclater le dernier des chiens qui aurait une seule fois aboyé à la lune, du fond de la cour de Whitehall, — il m'a été impossible d'y tenir.
— Quoi ! mon très-cher lord, vous, jeune homme bien fait, d'une haute naissance, portant un titre et le nom d'un domaine ; si bien reçu par le roi à votre première entrevue, qu'il est impossible de douter que vous n'alliez très-loin si vous savez profiter de votre succès, — car le roi a dit — que vous étiez un brave garçon, et bien versé dans la culture des lettres ; — vous que toutes les femmes, toutes les beautés les plus célèbres de la cour désirent voir, parce

que vous venez de Leyde, que vous êtes d'Ecosse, et que vous avez gagné en un instant le procès le plus hasardeux; vous qui avez l'extérieur d'un prince, l'œil de feu, l'esprit prompt à la repartie, vous penseriez à jeter vos cartes sur la table quand la partie est en vos mains, à retourner au pôle glacial, à épouser, — voyons, — quelque grande fille aux yeux bleus, à la peau blanche, avec dix-huit quartiers dans son écusson ; une espèce de femme de Loth nouvellement descendue de son piédestal, et à vous enfermer avec elle dans une chambre tendue en tapisserie ! — De par Dieu ! je ne survivrai jamais à cette idée !

Il est bien rare qu'un jeune homme, quelque élévation qu'il ait dans l'esprit, ait assez de force dans le caractère et de stabilité dans ses principes pour braver le ridicule. Moitié mécontent, moitié mortifié, et, pour dire la vérité, à demi honteux de ses projets louables, Nigel succombant se flatta qu'il n'était pas nécessaire, en dépit d'une voix secrète qui lui inspirait de meilleures pensées, de jouer le rôle d'un patriote moral et rigide en présence d'un jeune homme à qui une éloquente volubilité, et l'expérience qu'il avait acquise dans les cercles les plus élevés de la société, donnaient un ascendant momentané. Il chercha donc à transiger, et à éviter toute discussion ultérieure, en lui avouant avec franchise que, quand même son retour en Ecosse ne serait pas pour lui une affaire de choix, c'en serait une de nécessité, ses affaires n'étant pas encore arrangées, et ses revenus étant fort précaires.

— Et où trouver à la cour l'homme dont les affaires soient arrangées et dont les revenus ne soient pas tout au moins précaires? s'écria Dalgarno ; on n'y voit que des gens qui perdent ou qui gagnent. Ceux qui ont de la fortune y viennent pour s'en débarrasser ; ceux qui, comme vous et moi, mon cher Glenvarloch, n'en ont que peu ou point du tout, conservent la chance de partager les dépouilles des autres.

— Je n'ai pas une pareille ambition, répondit Nigel : et, quand je l'aurais, lord Dalgarno, je dois vous dire franchement que je n'ai pas moyen de m'y livrer. A peine puis-je dire que l'habit que je porte m'appartienne ; car je ne rougis pas de vous avouer que c'est à l'amitié de ce bon marchand que je dois l'argent qui m'a servi à le payer.

— J'ai besoin de me retenir pour ne plus rire, répliqua Dalgarno. Quoi! avoir emprunté d'un orfèvre de quoi acheter un habit ! je vous aurais fait connaître un honnête tailleur, plein de confiance, qui vous en aurait fait une demi-douzaine, uniquement pour l'amour de ce petit mot *lord* qui précède votre nom. Alors votre orfèvre, si c'est un véritable ami, vous aurait fourni une bourse remplie de beaux nobles d'or à la rose, qui vous aurait mis en état d'en faire faire trois fois autant; ou il aurait encore mieux fait pour vous.

— Je n'entends rien à toutes ces pratiques, milord, dit Nigel en qui le mécontentement l'emportait sur la mauvaise honte. Si jamais je parais à la cour de mon souverain, ce sera quand je pourrai m'y montrer sans recourir à des emprunts et à des ressources secrètes, avec le costume et la suite que mon rang exige.

— Que mon rang exige! répéta lord Dalgarno. Sur mon honneur! je crois entendre parler mon père. Vous aimeriez sans doute à vous présenter à la cour comme lui, suivi d'une vingtaine de vieux habits bleus, à cheveux blancs et à nez rouge, portant des boucliers et des sabres dont leurs mains, que l'âge et les liqueurs fortes ont rendues tremblantes, ne sont plus en état de se servir; ayant sur le bras, pour montrer quel est le maître qui entretient ce troupeau de fous, des plaques d'argent assez massives pour couvrir d'argenterie tout un buffet; — des drôles qui ne sont bons qu'à remplir nos antichambres d'une odeur d'ognon et de genièvre! — pouah!

— Les pauvres gens ont peut-être servi votre père dans nos guerres. Que deviendraient-ils, s'il les renvoyait?

— Ils iraient à l'hôpital, ou ils se tiendraient au bout du pont pour vendre des houssines. Le roi est bien autrement riche que mon père, et cependant c'est ce que vous voyez faire tous les jours à ceux qui l'ont servi dans ses guerres; sans cela, une fois leur habit bleu usé, ce seraient de fameux épouvantails. — Voyez-vous ce drôle qui avance dans cette allée? le plus hardi corbeau n'oserait approcher à trois pieds de ce nez de cuivre. Je vous dis qu'il y a plus de service à attendre, comme vous le verrez vous-même, de mon valet de chambre et de mon mauvais sujet de page Lutin, que d'une vingtaine de ces vieux trophées ambulans des guerres de Douglas, dans lesquelles on se coupait la gorge l'un à l'autre dans l'espoir de trouver douze sous d'Ecosse sur la personne du mort. Mais, morbleu! milord, ils savent s'en dédommager aujourd'hui; chacun d'eux mange comme quatre, et ils boivent de l'ale comme si leur ventre était un poinçon. — Mais la cloche du dîner va sonner. J'entends qu'on lui donne un branle préliminaire pour lui éclaircir son gosier rouillé. C'est encore là un reste bruyant d'antiquité qui serait bientôt au fond de la Tamise, si j'étais le maître. De par le diable! n'est-il pas bien intéressant pour ceux qui passent dans le Strand, et pour les artisans qui y demeurent, de savoir que le comte d'Huntinglen va se mettre à table? — Mais mon père nous regarde; doublons le pas, il faut que nous arrivions avant les *graces* [1], ou nous serions en *disgrace*, si vous me pardonnez un jeu de mots qui aurait fait rire Sa Majesté. Vous nous trouverez tout d'une pièce; et, accoutumé comme vous l'avez été aux petits plats des pays étrangers, je suis presque honteux que vous voyiez nos océans de pain trempé et nos mon-

---

[1] La prière qui précède le dîner s'appelle *graces* en Angleterre. — Éd.

tagnes de bœuf, semblables aux lacs et aux rochers de notre pays. — Mais demain vous ferez meilleure chère. Où logez-vous? J'irai vous chercher. Je veux être votre guide à travers le désert populeux, pour vous conduire dans un certain pays enchanté que vous découvririez difficilement sans carte et sans pilote. — Où logez-vous?

— J'irai vous joindre dans une des ailes de Saint-Paul, à l'heure qu'il vous plaira de m'indiquer, répondit Nigel fort embarrassé.

— Vous désirez être seul? Oh! ne craignez rien, je ne serai pas importun. — Mais nous voici arrivés à ce vaste réservoir de chair, de volaille et de poisson. Je suis toujours surpris que les planches de la table ne fléchissent pas sous le poids.

Ils venaient effectivement d'entrer dans la salle à manger, où une table plus qu'abondamment servie, et le nombre des domestiques, justifiaient jusqu'à un certain point les sarcasmes de lord Dalgarno. Le chapelain de la famille et sir Mungo Malagrowther faisaient partie de la compagnie. Celui-ci félicita lord Glenvarloch de l'impression qu'il avait faite à la cour.

— On aurait cru, milord, dit-il, que vous aviez apporté dans votre poche la pomme de discorde, ou que vous étiez le tison qu'Althée enfanta, et qu'elle en était accouchée cette fois-ci dans un baril de poudre; car le roi, le prince et le duc se sont querellés à cause de vous; et il en a été de même de bien d'autres qui, avant ce bienheureux jour, ne se doutaient seulement pas que vous existassiez sur la surface de la terre.

— Sir Mungo, dit le comte, faites attention à ce qui est sur votre assiette, et ne le laissez pas refroidir.

— L'avis est bon, milord; car ordinairement les dîners de Votre Seigneurie ne brûlent pas la bouche. Les serviteurs deviennent vieux, de même que nous, milord, et il y a loin de la cuisine à la salle à manger.

Cette petite explosion de misanthropie caustique fut la seule que sir Mungo se permit pendant tout le cours du repas; mais quand on eut placé le dessert sur la table, fixant les yeux sur un beau pourpoint neuf que portait lord Dalgarno, il lui fit un compliment sur son économie, prétendant le reconnaître pour celui que le comte son père avait porté à Edimbourg du temps de l'ambassadeur d'Espagne.

Lord Dalgarno connaissait trop le monde pour s'offenser des sarcasmes lancés par un tel adversaire; et, tout en cassant ses noix avec l'air du plus grand sang-froid, il répliqua qu'il était bien vrai que ce pourpoint appartenait en quelque sorte à son père, attendu qu'il lui coûterait incessamment cinquante livres. Sir Mungo, avec son obligeance ordinaire, s'empressa d'annoncer au comte cette nouvelle agréable, en lui faisant observer que son fils savait faire un marché mieux que Sa Seigneurie, car, dit-il, il a acheté un pourpoint aussi riche que celui que Votre Seigneurie portait lorsque l'ambassadeur d'Espagne était à Holyrood, et il ne l'a payé que cinquante livres d'Ecosse [1]. Ce n'est pas un marché de fou, j'espère.

—Cinquante livres sterling, s'il vous plaît, sir Mungo, répondit le comte d'un ton calme; et c'est un marché de fou dans tous les temps du verbe. Dalgarno *fut* un fou quand il l'acheta; j'en *serai* un quand je le paierai; et, je vous en demande pardon, sir Mungo, vous en *êtes* un autre *in præsenti*, en parlant de ce qui ne vous regarde pas.

Tout en parlant ainsi, le comte s'occupait de l'affaire sérieuse de la table, et faisait circuler les bouteilles avec une rapidité qui augmenta la gaieté des convives, mais qui menaçait leur tempérance. Heureusement on vint annoncer que le scribe avait terminé sa besogne, et George Heriot

(1) La livre d'Ecosse ne forme qu'environ la vingtième partie de la livre sterling.
— Ed.

s'étant levé de table en disant que les verres et les affaires étaient des voisins qui ne se convenaient point, le comte et lord Glenvarloch passèrent avec lui dans un autre appartement où l'écrivain les attendait.

Le comte lui demanda si l'on avait eu soin de lui donner un verre et une assiette dans l'office; mais André lui répondit, avec le ton du plus profond respect, qu'à Dieu ne plût qu'il eût pensé à boire ou à manger avant d'avoir fini l'affaire dont Sa Seigneurie l'avait chargé.

— Il faudra pourtant que tu dînes avant de partir, s'écria le comte; et je veux que tu essaies si une bonne bouteille de vin des Canaries ne pourra faire monter quelques couleurs à tes joues. L'honneur de ma maison y est intéressé. Ce serait une honte pour moi si l'on te voyait entrer dans le Strand, en sortant de mon hôtel, avec cette figure de fantôme. Et appelant lord Dalgarno, il le chargea de veiller à ce que le scribe fût bien traité.

Pendant que lord Dalgarno était allé donner les ordres nécessaires, lord Glenvarloch et l'orfèvre signèrent les actes qui avaient été préparés, et en prirent chacun un double. Le jeune lord, ne sachant guère autre chose de l'affaire qu'il venait de terminer, si ce n'est qu'elle était le résultat des soins d'un ami sincère et zélé qui se faisait fort de trouver la somme nécessaire pour empêcher le domaine de Glenvarloch de devenir la propriété du créancier actuel, en lui faisant son remboursement le premier août suivant, à midi, près du tombeau du comte de Murray, régent d'Écosse, dans la grande église de Saint-Giles à Edimbourg, lieu, jour et heure fixés pour le paiement, à peine de forclusion.

Lorsque cette affaire fut terminée, le vieux comte les pressa de se remettre à table; mais le citadin, alléguant l'importance des actes dont il était chargé, et la nécessité de s'occuper le lendemain de bonne heure des moyens de trouver les fonds, non-seulement refusa de rejoindre la compagnie, mais emmena même avec lui lord Glenvarloch, qui, sans cela, se serait peut-être montré plus traitable.

Quand ils furent assis dans la barque, et qu'elle commença à s'avancer sur la Tamise, le vieil orfèvre reporta les yeux sur la maison qu'il venait de quitter, et dit d'un air sérieux :

— C'est sous ce toit que vivent l'ancienne et la nouvelle mode. Le père est comme une vieille et noble épée un peu couverte de rouille par négligence, et faute de servir; le fils est la rapière moderne, bien montée, bien dorée, faite à la mode du temps ; mais il s'agit de savoir si le métal est aussi bon qu'il en a l'air. Dieu le veuille! c'est un ancien ami de la famille qui fait cette prière.

Rien d'important ne se passa entre eux. Lord Glenvarloch débarqua sur le quai de Saint-Paul, et fit ses adieux à son ami. Il regagna ensuite son appartement, où Richie, la tête un peu échauffée par la bonne ale qu'il avait bue, fit un superbe récit de l'hospitalité du comte Huntinglen à dame Nelly, qui se réjouit d'apprendre que le soleil commençait à luire sur ce que Moniplies appelait le bon côté de la haie.

CHAPITRE XI.

« Vous ne savez juger ni du temps ni des mœurs.
« De la vertu le vice a pris la ressemblance;
« On n'y peut plus trouver la moindre différence :
« Habits, repas, chevaux, et même jusqu'au lit,
« Tout est commun entre eux. »
BEN JOHNSON.

LE lendemain matin, tandis que Nigel, après avoir déjeuné, pensait à la manière dont il emploierait la journée, un bruit qui se fit entendre sur l'escalier attira son attention, et presque au même instant dame Nelly, rouge comme écarlate, entra dans son appartement, tout essoufflée, et pouvant à peine lui dire : — Un jeune seigneur, monsieur......! Et quel autre, ajouta-t-elle en passant légèrement la main sur ses lèvres, quel autre serait si hardi?..... — Un jeune seigneur, monsieur, demande à vous parler.

Elle fut suivie presque au même instant par lord Dalgarno, plein d'aisance et de gaieté, sans le moindre embarras, et paraissant aussi charmé de revoir sa nouvelle connaissance que s'il avait visité Nigel dans un palais. Celui-ci, au contraire, car la jeunesse est esclave de sa honte dans de pareilles circonstances, fut mortifié et déconcerté en se voyant surpris par un courtisan si élégant et si bien mis, dans un appartement qui lui sembla en ce moment plus bas, plus étroit, plus sombre, plus misérable qu'il ne l'avait jamais trouvé. Il commençait par lui faire quelques excuses de le recevoir ainsi, mais Dalgarno l'interrompit.

— Ne m'en parlez pas! s'écria-t-il; pas un seul mot! Je sais pourquoi vous êtes à l'ancre ici; mais je puis garder un secret. Une si jolie hôtesse ferait trouver agréable un plus mauvais logis.

— Sur ma parole, sur mon honneur! dit lord Glenvarloch.....

— N'en parlons plus, vous dis-je, répliqua Dalgarno. Je ne suis point bavard, et je n'irai pas sur vos brisées. Il ne manque pas de gibier dans la forêt, Dieu merci, et je puis aller à la chasse pour mon propre compte.

Il dit ce peu de mots d'un air tellement significatif, et l'explication qu'il avait adoptée mettait la galanterie de lord Glenvarloch sur un pied si respectable, que celui-ci cessa de chercher à le détromper. Moins honteux peut-être, car telle est la faiblesse humaine, du vice qu'on lui supposait que de sa pauvreté réelle, il changea de conversation, et laissa la réputation de la pauvre dame Nelly et la sienne à la merci des fausses interprétations du jeune courtisan.

Il lui offrit des rafraîchissemens en hésitant. Lord Dalgarno avait déjeuné depuis long-temps; mais comme il venait de faire une partie à la paume, il dit qu'il boirait volontiers un verre de la bière de la jolie hôtesse. Il était facile de lui en procurer; et, comme l'hôtesse ne manqua pas d'apporter elle-même sa bière, lord Dalgarno profita de cette occasion pour la regarder une seconde fois avec plus d'attention; après quoi il lui dit, de l'air le plus grave, qu'il allait boire à la santé de son mari, faisant en même temps à lord Glenvarloch un signe de tête presque imperceptible. Dame Nelly fut très-flattée de cette politesse; en roulant entre ses mains le bout de son tablier, elle répondit que c'était bien de l'honneur pour John. C'était un bon mari, un homme qui se mettait en quatre pour sa famille. On trouverait à peine son pareil dans toute la rue, et même en allant jusqu'à Saint-Paul.

Elle allait probablement parler ensuite de la différence de leurs âges comme du seul alliage que connût le bonheur conjugal; mais Nigel, qui craignait d'avoir encore à essuyer les plaisanteries de son joyeux ami, lui fit signe, contre son habitude, de se retirer, et elle sortit de l'appartement.

Dalgarno jeta les yeux tour à tour sur elle et sur Glenvarloch, secoua la tête, et répéta ces vers bien connus :

— *Milord, beware of jealousy.*
It is the green eyed monster which doth make
The meat it feeds on.

Craignez, Seigneur, craignez la jalousie,
C'est le monstre aux yeux verts, qui pétrit de sa main
Le fatal aliment qui nourrit son venin [1].

(1) Citation d'*Othello* de Shakspeare. — ÉD.

— Mais je ne sais pas pourquoi je m'amuse à vous harceler ainsi, ajouta-t-il en changeant de ton, moi qui ai à m'accuser de tant de folies, quand je devrais vous faire mes excuses de me trouver ici, et vous expliquer pourquoi j'y suis venu.

A ces mots, il prit une chaise pour lui-même, en avança une autre à lord Nigel, malgré l'empressement avec lequel celui-ci chercha à lui en épargner la peine, et continua de lui parler avec le même ton d'aisance et de familiarité.

— Nous sommes voisins, milord, et à peine venons-nous d'être présentés l'un à l'autre; mais je connais assez la chère Ecosse pour savoir qu'il faut, en ce pays, que les voisins soient amis jurés ou ennemis mortels; qu'ils marchent en se donnant la main, ou en la tenant sur la garde de leur épée. Quant à moi, je vous propose la main, à moins que vous ne rejetiez cette offre.

— Me serait-il possible, milord, répondit Glenvarloch, de refuser ce que vous m'offrez avec tant de franchise? Et prenant la main de lord Dalgarno: — Je crois que je n'ai pas perdu de temps, ajouta-t-il; je n'ai encore passé qu'un seul jour à la cour, et je m'y suis déjà fait un excellent ami et un puissant ennemi.

— L'ami vous remercie de lui rendre justice; mais, mon cher Glenvarloch, ou plutôt, — car les titres ont quelque chose de trop cérémonieux entre nous, qui sommes de la bonne souche, — quel est votre nom de baptême?

— Nigel.

— Hé bien! nous serons Nigel et Malcolm l'un pour l'autre, et milord pour le monde plébéien qui nous entoure. Mais je voulais vous demander qui vous regardez comme votre ennemi?

— Nul autre que le tout-puissant favori, le grand duc de Buckingham.

— Vous rêvez! qui peut vous avoir donné cette idée!

—Il me l'a dit lui-même, et en cela il a agi à mon égard d'une manière franche et honorable.

—Oh! vous ne le connaissez pas encore! Le duc est un composé de cent qualités nobles et généreuses qui le font regimber d'impatience comme un cheval plein de feu, lorsqu'il rencontre le moindre obstacle sur son chemin. Mais il ne pense pas ce qu'il dit dans ses momens de chaleur. J'ai plus de crédit sur lui, grace au ciel, que la plupart de ceux qui l'entourent; vous viendrez le voir avec moi, et vous verrez comment il vous recevra.

—Je vous ai dit, milord, répondit Glenvarloch avec fermeté, et non sans un peu de hauteur, que ce duc de Buckingham, sans que je l'eusse offensé en rien, s'est déclaré mon ennemi en face de toute la cour; et il réparera cet acte d'agression aussi publiquement qu'il l'a commis, avant que je fasse la moindre avance vers lui.

—En tout autre cas, ce serait agir convenablement; mais en celui-ci, vous avez tort. Le duc a l'ascendant sur l'horizon de la cour; et la fortune d'un courtisan hausse ou baisse suivant le degré où il se trouve dans ses bonnes graces. Le roi vous rappellerait votre Phèdre;

Arripiens geminas, ripis cedentibus, ollas [1],

et cætera. Vous êtes le pot de terre; prenez garde de vous briser contre le pot de fer.

—Le pot de terre évitera le choc en se tenant hors du courant. Je n'ai pas dessein de reparaître à la cour.

—Il faut absolument que vous y alliez; votre affaire d'Ecosse ira mal sans cela. Vous aurez encore besoin de protection et de faveur pour faire mettre à exécution l'ordonnance que vous avez obtenue. Nous reviendrons sur ce sujet. Mais en attendant, mon cher Nigel, dites-moi, n'êtes-vous pas surpris de me voir ici de si bonne heure?

---

(1) *Fable du pot de terre et du pot de fer.* — ED.

— Je suis fort étonné que vous ayez pu me trouver dans un réduit si obscur.

— Mon page Lutin est un vrai diable pour les découvertes de cette espèce. Je n'ai qu'à lui dire : — Lutin, je voudrais savoir où demeure un tel ou une telle, et il m'y conduit sur-le-champ comme par magie.

— J'espère qu'il ne vous attend pas dans la rue, milord. Je vais l'envoyer chercher par mon domestique.

— Ne vous en inquiétez pas. Il joue en ce moment à la fossette, ou à pair ou non, avec les polissons du quai, à moins qu'il n'ait changé ses habitudes.

— Et ne craignez-vous pas que ses mœurs ne se dépravent dans une telle compagnie?

— Que ceux qu'il fréquente prennent garde aux leurs ; car pour lui, il n'y a que la société du diable qui puisse lui donner plus de malice qu'il n'en a déjà. Dieu merci, pour son âge, il est assez avancé dans le mal. Je n'ai pas l'embarras de veiller sur ses mœurs, car il est aussi impossible de les amender que de les rendre pires.

— Et comment pourrez-vous rendre compte de sa conduite à ses parens?

— Où diable irais-je les chercher pour leur rendre ce compte?

— Il est donc orphelin? Mais puisqu'il est page dans la maison de Votre Seigneurie, ses parens doivent être d'un rang élevé?

— Oh! sans doute, répondit Dalgarno avec beaucoup de sang-froid ; ils se sont élevés aussi haut que le gibet a pu les porter, car son père et sa mère ont été pendus, à ce que je crois. Du moins c'est ce que m'ont dit les Egyptiens de qui je l'ai acheté il y a cinq ans. — Je vois que vous êtes surpris. Mais dites-moi, Nigel, au lieu d'un petit gentillâtre fainéant, plein d'importance, blanc comme petit-lait, pour qui j'aurais dû être un vrai pédagogue, d'après vos idées de l'autre monde, veillant à ce qu'il se lavât les mains et le visage, à ce qu'il dît ses prières, à ce qu'il apprît son rudiment, ne prononçât jamais un gros mot, brossât son chapeau, et ne mît son meilleur pourpoint que le dimanche ; au lieu, dis-je, d'un pareil *Jeannot bon-enfant*, ne vaut-il pas mieux avoir à mon service une sorte d'esprit follet comme celui-ci ?

Il siffla en prononçant ces mots, et le page dont il parlait parut dans la chambre presque avec la promptitude d'une apparition. A sa taille, on ne lui aurait donné que quinze ans ; mais d'après ses traits, il pouvait avoir deux ou trois ans de plus. Il était bien fait, richement vêtu, avait ce visage basané qui appartient à la race égyptienne, et de grands yeux noirs étincelans qui semblaient vouloir percer à travers ceux qu'il regardait.

— Le voici, dit lord Dalgarno, prêt à exécuter tous les ordres qu'il reçoit, n'importe qu'ils aient le bien ou le mal pour objet, ou qu'ils soient indifférens. — Le plus grand vaurien, le plus grand voleur et le plus grand menteur de toute sa caste.

— Qualités qui ont rendu plus d'un service à Votre Seigneurie, dit le page avec effronterie.

— Va-t'en, fils de Satan ! s'écria son maître ; pars, disparais, ou ma baguette magique te frottera les oreilles.

Le page tourna sur ses talons, et disparut aussi vite qu'il était venu.

— Vous voyez, ajouta lord Dalgarno, qu'en formant ma maison, ce que je puis faire de mieux pour la noblesse du sang, c'est de l'en exclure ; car ce gibier de potence serait en état de corrompre tout une antichambre de pages, fussent-ils descendus des Rois ou des Césars.

— J'ai peine à croire, dit Nigel, qu'un homme de votre rang ait besoin des services d'un page tel que votre Lutin. Vous vous amusez aux dépens de mon inexpérience.

— Le temps vous apprendra si je plaisante ou non, mon

cher Nigel; en attendant, j'ai à vous proposer de profiter de la marée pour faire une promenade sur l'eau en remontant la Tamise, et à midi j'espère que vous dînerez avec moi.

Nigel consentit sans peine à une proposition qui ne pouvait que lui être agréable; et son nouvel ami et lui, suivis de Lutin et de Moniplies, qui, accouplés ainsi, ressemblaient assez à l'ours dans la compagnie du singe, prirent possession de la barque de Dalgarno, qui, avec ses bateliers portant sur la manche une plaque d'argent aux armes de Sa Seigneurie, attendait leur arrivée.

L'air était délicieux sur la rivière, et la conversation animée de lord Dalgarno ajoutait encore aux plaisirs de cette promenade. Non-seulement il faisait connaître à son compagnon les édifices publics et les maisons de différens seigneurs qu'ils voyaient sur les bords de la Tamise; mais il assaisonnait sa conversation d'une foule d'anecdotes politiques ou scandaleuses; car s'il n'avait pas un esprit transcendant, du moins il possédait parfaitement le jargon à la mode; ce qui suffisait, dans ce temps-là comme dans le nôtre, pour suppléer à tout le reste.

Ce style était aussi étranger pour Nigel que le monde, et il n'est guère surprenant que, malgré son bon sens et son esprit naturel, il se soit soumis plus aisément que l'un et l'autre ne semblaient le permettre au ton d'autorité que prenait son nouvel ami en lui donnant ses instructions. Il aurait, dans le fait, trouvé quelque difficulté à y résister. Essayer de prendre le ton d'une morale sévère pour répondre aux propos légers de Dalgarno, qui se tenait toujours entre le sérieux et la plaisanterie, c'eût été vouloir se faire passer pour un pédant ridicule; et toutes les fois qu'il essayait de combattre les propositions de son compagnon, en employant le même ton de légèreté, il ne faisait que montrer son infériorité dans ce genre de controverse. Il faut en convenir d'ailleurs; quoiqu'il désapprouvât intérieurement une grande partie de ce qu'il entendait, lord Glenvarloch était moins alarmé des discours et des manières du jeune courtisan que la prudence ne l'eût exigé.

De son côté, lord Dalgarno ne voulait pas effaroucher son prosélyte en insistant sur des idées qui paraissaient diamétralement opposées à ses habitudes ou à ses principes, et il faisait un mélange si adroit du sérieux et de la plaisanterie, qu'il était souvent impossible à Nigel de distinguer s'il parlait sérieusement ou si ses discours n'étaient que l'expression d'un esprit dont la joyeuse légèreté ne pouvait s'astreindre à aucune borne. Des sentimens d'honneur et de courage jaillissaient aussi de temps en temps comme des éclairs dans sa conversation, et semblaient prouver que lord Dalgarno, quand il serait animé par quelque motif louable de conduite, se montrerait bien différent du courtisan n'aimant que le plaisir et ses aises, dont il lui plaisait de jouer le rôle en ce moment.

En redescendant la Tamise, lord Glenvarloch, remarquant que la barque passait devant l'hôtel du comte d'Huntinglen sans s'y arrêter, en fit l'observation à son compagnon, en lui disant qu'il croyait que c'était chez son père qu'ils devaient dîner.

—Non certainement, répondit Dalgarno; je ne suis pas sans miséricorde, et je ne veux pas une seconde fois vous étouffer sous une montagne de bœuf, et vous noyer dans une mer de vin des Canaries. J'ai en vue quelque chose qui, je vous le promets, sera plus agréable pour vous qu'un tel banquet scythe. D'ailleurs mon père doit dîner aujourd'hui chez le grave et ancien comte de Northampton, jadis le célèbre abatteur de prétendues prophéties, lord Henry Howard.

—Et vous ne l'y accompagnez pas?

—A quoi bon l'y accompagnerais-je? serait-ce pour entendre Sa sage Seigneurie parler d'ennuyeuses affaires politiques en mauvais latin, dont le vieux renard se sert toujours pour fournir au savant roi d'Angleterre l'occasion de corriger ses fautes de grammaire. Ce serait, ma foi, bien employer mon temps !

— Quand ce ne serait que pour donner à milord votre père une marque de respect en le suivant.

— Milord mon père a assez de mouches bleues [1] pour le suivre, sans y ajouter un papillon comme moi. Il n'a que faire de moi pour porter à sa bouche son verre de vin des Canaries ; et s'il arrivait que ladite tête paternelle perdit un peu l'équilibre, il ne manquerait pas de gens pour reporter Sa très-honorable Seigneurie dans son très-honorable lit. Ne me regardez pas, Nigel, comme si ce que je dis devait faire enfoncer la barque sous l'eau avec nous. J'aime mon père, je l'aime tendrement ; je le respecte même, quoiqu'il y ait peu de chose au monde que je respecte ; jamais plus brave vieux Troyen n'a attaché une épée à un ceinturon. Mais qu'en résulte-t-il ? nous appartenons, lui à l'ancien monde, et moi au nouveau ; il a ses folies, et j'ai les miennes ; et moins l'un de nous verra les peccadilles de l'autre, plus nous nous porterons d'honneur et de respect. C'est, je crois parler convenablement : oui, le respect. Séparés, chacun de nous sera ce qu'il est réellement, se montrera tel que l'ont fait la nature et les circonstances ; mais rassemblez-nous trop près l'un de l'autre, vous serez sûr de mener en laisse un vieil hypocrite, ou un jeune, et peut-être deux en même temps.

Il parlait encore lorsque la barque s'arrêta près de Blackfriars. Lord Dalgarno sauta sur le rivage, jeta son manteau et sa rapière à son page, et invita son compagnon à en faire autant. Nous allons nous trouver dans la foule, lui dit-il, et si nous marchions ainsi affublés, nous ressemblerions à l'Espagnol à visage tanné qui s'enveloppe avec

---

[1] Lord Dalgarno désigne par mouches bleues les *blue-bonnets*, les toques bleues, c'est-à-dire les Ecossais. — ED.

soin de son manteau pour cacher les défauts de son pourpoint.

— J'ai connu bien des honnêtes gens qui en faisaient autant, dit Richard Moniplies à l'affût de l'occasion de se mêler à la conversation, et qui n'avait probablement pas encore oublié l'état dans lequel se trouvaient son pourpoint et son habit il n'y avait pas encore bien long-temps.

Lord Dalgarno, le regardant comme s'il eût été surpris de son assurance, lui répondit sur-le-champ : — Vous pouvez savoir bien des choses, l'ami ; mais vous ignorez le principal, car vous n'entendez rien à votre service. Que ne portez-vous le manteau de votre maître de manière à montrer avec avantage les galons qui en couvrent les coutures, et la fourrure qui le double? Voyez comme Lutin porte mon épée couverte de mon manteau, mais il a soin d'en laisser voir la poignée richement travaillée en argent. Donnez votre épée à votre domestique, Nigel, afin qu'il prenne une leçon dans cet art si nécessaire.

— Croyez-vous qu'il soit prudent, dit Nigel en détachant son épée et en la donnant à Moniplies, de marcher tout-à-fait sans armes?

— Et pourquoi non? Vous pensez encore à Auld Reekie, comme mon père appelle tendrement votre bonne capitale d'Ecosse, où il y a tant de querelles particulières et de dissensions publiques, qu'on ne peut traverser deux fois High-Street sans courir trois fois le risque de la vie. Mais ici tout tapage dans les rues est défendu. Dès que votre citadin à tête de bœuf voit une lame en l'air, il prend fait et cause, et l'on entend le mot d'ordre — aux bâtons!

— Et c'est un terrible mot! dit Moniplies, comme ma tête peut encore en rendre témoignage.

— Si j'étais ton maître, drôle, répondit lord Dalgarno, ta tête paierait pour les fautes de ta langue, toutes les fois que tu t'aviserais de m'adresser la parole sans être interrogé.

Richie murmura quelques mots qu'on ne put entendre ; mais il se tint pour averti, et se rangea derrière son maître, à côté de Lutin, qui ne manqua pas de s'amuser à exposer son nouveau compagnon à la risée des passans en contrefaisant, toutes les fois qu'il pouvait le faire sans que Moniplies s'en aperçût, sa démarche raide, sa tournure gauche et son air boudeur.

— Dites-moi donc maintenant, mon cher Malcolm, dit Nigel, où nous allons ainsi, et si nous devons dîner dans un appartement qui vous appartienne ?

— Un appartement qui m'appartienne ! Oui, sans doute, vous dînerez dans un appartement qui m'appartient, qui vous appartient, qui appartient à vingt autres, et où la table sera mieux servie et nous offrira meilleure chère et de meilleurs vins que si nous la tenions à frais communs. Nous allons dîner au plus fameux Ordinaire de Londres [1].

— C'est-à-dire, en langage *ordinaire*, à l'auberge ou à la taverne.

— Auberge ! taverne ! s'écria lord Dalgarno ; non, non, mon cher nouveau débarqué ; ce sont des endroits où les citadins tachés de graisse vont boire un pot de bière et fumer une pipe ; où les fripons de gens de loi vont passer l'éponge sur leurs malheureuses victimes ; où les étudians du Temple font des plaisanteries aussi vides de sens que les coquilles des noix qu'ils ont mangées ; où la petite noblesse va boire du vin si maigre, qu'il rend hydropique au lieu d'enivrer. Un Ordinaire est une invention nouvelle, un temple consacré à Bacchus et à Comus, où la plus haute noblesse du jour se rassemble avec l'esprit le plus fin et le plus subtil du siècle ; où le vin, qui est l'âme même de la grappe la plus choisie, est exquis comme le

---

(1) *Ordinary*. C'est ainsi qu'on nommait alors, et qu'on nomme encore aujourd'hui à Londres les tables d'hôtes. — Ed.

génie du poète, vieux et généreux comme le sang des nobles. Les mets n'y ressemblent en rien à votre nourriture terrestre et grossière. On met à contribution la terre et la mer pour les fournir, et l'imagination de six ingénieux cuisiniers est sans cesse à la torture pour que leur art égale et surpasse même, s'il est possible, les matériaux précieux qui sont la base de leur travail.

— Tout ce que je puis entendre à cette rapsodie, c'est que, comme je le disais, nous allons à une taverne choisie où nous serons somptueusement régalés, probablement en payant somptueusement notre écot.

— Ecot ! s'écria lord Dalgarno d'un ton d'indignation comique ; périsse ce mot vulgaire ! Quelle profanation ! M. le chevalier de Beaujeu, la fleur de la Gascogne, la quintessence de Paris, — qui peut dire l'âge de son vin à l'odeur seule, — qui distille ses sauces dans un alambic, à l'aide de la philosophie de Lulle, — qui découpe avec une précision si exquise, qu'il donne au noble chevalier et au simple écuyer exactement la portion d'un faisan qui est due à son rang ; — qui divise un becfigue en douze parts avec un tel scrupule, que de douze convives aucun n'en aura l'épaisseur d'un cheveu ou la vingtième partie d'une drachme de plus que l'autre ! quoi ! vous pouvez parler de lui et d'un écot dans la même phrase ! C'est l'arbitre général et bien connu dans tout ce qui concerne les mystères du *hasard*, du *passage*, du *penneeck*, du *verquire* et de tant d'autres jeux. Beaujeu est le roi du jeu de cartes, le duc des dés. — Lui demander un écot comme à un nez rouge à tablier vert, fils d'un vulgaire tourne-broche ! — Oh ! mon cher Nigel, quel mot vous avez prononcé, et en parlant d'un tel personnage ! La seule excuse d'un tel blasphème, c'est que vous ne le connaissez pas ; et à peine la regardé-je comme suffisante ; car, avoir passé un jour à Londres, et ne pas connaître Beaujeu, c'est un crime dans son espèce. Mais vous allez le connaître, vous en bénirez le moment, et vous apprendrez à avoir horreur de la profanation dont vous vous êtes rendu coupable.

— Oui, mais ce digne chevalier ne donne pas, je pense, toute cette bonne chère à ses frais.

— Non sans doute; il existe un cérémonial que les amis du chevalier entendent parfaitement, mais qui ne vous regarde pas aujourd'hui. Il y a, comme le dirait Sa Majesté, un *symbolum* à débourser. C'est-à-dire qu'un échange mutuel de politesse a lieu entre Beaujeu et ses convives. Il leur fait un don gratuit d'un bon dîner et d'excellent vin toutes les fois qu'ils consultent leur bonheur en se rendant chez lui à l'heure de midi; et ceux-ci, par reconnaissance, font présent au chevalier d'un jacobus. Vous saurez ensuite qu'indépendamment de Bacchus et de Comus, cette princesse des affaires sublunaires, *diva Fortuna*, reçoit fréquemment des adorations chez Beaujeu ; et, comme il est le grand-prêtre officiant, il trouve, comme de raison, un avantage considérable dans la portion qu'il a dans l'offrande.

— En d'autres termes, dit lord Glenvarloch, cet homme tient une maison de jeu.

— Une maison où certainement vous pouvez jouer, — comme vous le pouvez dans votre chambre, si cela vous plaît. Je me rappelle même que le vieux Tom-Tally fit une main au *putt*, par gageure, avec Quinze-le-va, un Français, dans l'église de Saint-Paul, pendant les prières du matin. La matinée était obscure, le ministre dormait à moitié, la congrégation n'était composée que d'eux et d'une vieille femme aveugle, et par conséquent ils ne furent pas découverts.

— D'après tout cela, Malcolm, dit Nigel d'un ton grave, je ne puis dîner avec vous aujourd'hui à cet Ordinaire.

— Et pourquoi, au nom du ciel! rétractez-vous la parole que vous m'avez donnée? s'écria lord Dalgarno.

— Je ne la rétracte pas, Malcolm; mais je suis lié par

une promesse que j'ai faite à mon père, de ne jamais mettre les pieds dans une maison de jeu.

— Je vous dis que ce n'en est point une. C'est, au vrai, une maison où l'on donne à manger, comme il y en a tant d'autres à Londres; seulement elle est conduite avec plus de civilité et l'on y trouve meilleure compagnie : si quelques personnes s'amusent quelquefois à y jouer aux cartes ou aux dés, ce sont des gens d'honneur, et ils ne risquent que ce qu'ils peuvent perdre. Ce n'était pas, ce ne pouvait pas être de semblables maisons que votre père vous recommandait d'éviter. D'ailleurs il aurait aussi bien fait de vous faire jurer que vous n'entreriez jamais dans une auberge, dans une taverne, dans aucun endroit public de ce genre; car il n'en existe pas où vos yeux ne puissent être souillés par la vue d'un paquet de morceaux de carton peint, et vos oreilles profanées par le bruit de petits cubes d'ivoire. La différence, c'est que, dans la maison où nous allons, nous verrons peut-être quelques personnes de qualité s'amuser à jouer, et que dans les autres vous trouveriez des filous et des aigrefins qui chercheraient à vous duper et à accrocher votre argent.

— Je suis sûr que vous ne voudriez pas m'engager à à faire ce qui serait mal; mais mon père avait en horreur tous les jeux de hasard, et je crois que ce sentiment lui était inspiré par la religion autant que par la prudence. Il jugea, je ne sais d'après quelle circonstance, et j'espère qu'il se trompait, que j'avais du penchant pour le jeu; et je vous ai dit la promesse qu'il exigea de moi.

— Sur mon honneur, ce que vous venez de dire est pour moi une raison d'insister plus fortement pour que vous m'accompagniez. Un homme qui veut fuir un danger doit d'abord s'assurer en quoi il consiste, et quelle est son étendue; et il lui faut pour cela un guide confidentiel, une sauvegarde. Me prenez-vous pour un joueur? Sur ma foi! les chênes de mon père croissent trop loin de

Londres, et sont trop fortement enracinés sur les montagnes du Perthshire, pour que je les fasse rouler sur des dés, quoique j'aie vu abattre des forêts entières comme des quilles. Non, non; ces jeux sont bons pour le riche Anglais, mais ils ne conviennent point au pauvre noble écossais. — Je vous répète que c'est une maison où l'on donne à manger; et ni vous ni moi nous n'y ferons autre chose. S'il se trouve des gens qui y jouent, c'est leur faute, ce n'est ni là nôtre ni celle de la maison.

Peu satisfait de ce raisonnement, Nigel insista encore sur la promesse qu'il avait faite à son père; son compagnon parut mécontent, et sembla disposé à lui attribuer des soupçons malhonnêtes et injurieux. Lord Glenvarloch ne put résister à ce changement de ton; il songea qu'il devait des égards à lord Dalgarno, à cause de l'amitié dont le comte son père lui avait donné des preuves si peu équivoques, et un peu aussi à cause de la manière franche dont il lui avait lui-même offert la sienne. Il n'avait aucun motif pour douter de l'assurance qu'il lui donnait que la maison où ils se rendaient n'était pas du genre de celles dont son père lui avait défendu l'entrée. Enfin, il se sentait fort de la résolution bien ferme qu'il formait de résister à toutes les tentations qu'il pourrait éprouver de jouer à quelque jeu de hasard. Il calma donc le mécontentement de lord Dalgarno en lui disant qu'il consentait à l'accompagner; et le jeune courtisan, reprenant toute sa bonne humeur, se mit à lui faire un portrait grotesque et chargé de leur hôte, M. de Beaujeu, qu'il ne termina qu'en arrivant à la porte du temple élevé à l'hospitalité par cet éminent professeur.

CHAPITRE XII.

« C'est ici qu'on instruit ces héros emplumés,
« Ces coqs, dès leur enfance, à vaincre accoutumés.
« Voyez ces champions, frais sortis de l'écaille ;
« En guerriers valeureux ils se livrent bataille.
« Déjà, la crête en l'air, l'éperon menaçant,
« Les plumes sur leur cou d'ire se hérissant,
« Des Césars de leur race ils montrent le courage. »
Le Jardin aux Ours.

Un Ordinaire, mot ignoble aujourd'hui, était, dans le temps de Jacques Ier, une institution nouvelle, aussi à la mode parmi les jeunes gens de ce siècle, que les clubs de la première classe le sont parmi les *fashionables* du nôtre. Il en différait principalement en ce qu'il était ouvert à quiconque avait une mise décente et l'assurance nécessaire pour s'y présenter. Toute la compagnie dînait communément à la même table, et le chef de l'établissement y présidait comme maître des cérémonies.

M. le chevalier de Saint-Priest de Beaujeu (comme il se qualifiait lui-même) était un fin Gascon, au corps fluet, et âgé d'environ soixante ans. Il avait été banni de son pays, disait-il, à cause d'une affaire d'honneur dans laquelle il avait eu le malheur de tuer son adversaire, quoique ce fût la meilleure lame de tout le midi de la France. Ses prétentions à la noblesse étaient soutenues par un chapeau à plumes, une longue rapière, et un habit complet de taffetas brodé, presque encore neuf, taillé à la dernière mode de la cour de France, et garni, comme un mai, de tant de nœuds de rubans, qu'on calculait qu'il devait y en entrer au moins cinq cents aunes. Malgré cette profusion de décorations, il existait pourtant des gens qui trouvaient M. le chevalier si admirablement à sa place dans le poste honorable qu'il remplissait, qu'ils croyaient que la nature n'avait jamais eu l'intention de lui en donner un plus élevé d'un pouce. Cependant une partie de l'amusement que trouvaient en cette maison lord Dalgarno et d'autres jeunes gens de qualité était de traiter ironiquement M. le chevalier avec beaucoup de cérémonie ; et le troupeau d'oisons vulgaires qui la fréquentaient, voulant les imiter, lui témoignait un respect véritable. Cette circonstance ajoutait encore au caractère suffisant et avantageux du Gascon; il lui arrivait souvent de sortir des bornes que sa situation devait lui prescrire, et il avait la mortification d'être forcé d'y rentrer d'une manière peu agréable.

Lorsque Nigel entra dans la maison de ce personnage important, résidence naguère d'un grand baron de la cour d'Elisabeth, qui, à la mort de cette illustre reine, s'était retiré dans ses terres, il fut surpris de la beauté des appartemens qu'elle contenait, et du nombre de personnes qui y étaient déjà rassemblées. De toutes parts on voyait flotter des plumes, briller des éperons, des dentelles et des broderies, et le premier coup d'œil semblait justifier l'éloge qu'en avait fait lord Dalgarno, en disant que la compagnie était presque entièrement composée de jeunes gens de la première qualité. En examinant les choses de plus près, il n'en porta pas un jugement tout-à-fait aussi favorable. On pouvait aisément découvrir plusieurs individus qui ne semblaient pas tout-à-fait à leur aise sous le costume splendide qu'ils portaient, et qu'on pouvait par conséquent regarder comme n'étant pas habitués à tant de magnificence ; et il y en avait d'autres dont les vêtemens, quoiqu'en général ils ne parussent pas inférieurs à ceux du reste de la société, laissaient apercevoir, quand on les examinait de plus près, quelques-uns de ces petits expédiens par lesquels la vanité s'efforce de déguiser l'indigence.

Nigel eut peu de temps pour faire ces observations, car l'arrivée de lord Dalgarno fit sensation, et occasiona un murmure général dans la société, parmi laquelle son nom fut répété de bouche en bouche. Les uns s'avançaient pour le voir, tandis que les autres reculaient pour lui faire place. Les jeunes gens de son rang s'empressaient de venir le saluer, ceux d'une qualité inférieure examinaient ses moindres gestes pour les imiter, et cherchaient à graver dans leur mémoire la coupe des vêtemens qu'il portait pour s'en faire faire de semblables, et pouvoir déclarer qu'ils étaient à la dernière mode.

Le *Genius loci*[1], le chevalier lui-même, ne fut pas le dernier à venir rendre hommage à un jeune lord qui était l'ornement et le principal soutien de son établissement. Il s'avança d'un air gauche, se confondit en mille singeries respectueuses, et répéta mille *cher milord*, pour exprimer le bonheur qu'il éprouvait en revoyant lord Dalgarno.

— J'espère, milord, lui dit-il, qué vous raménez lé soleil avec vous ; votré pauvré chévalier s'en trouve privé, et même dé la lune, quand vous l'abandonnez si long-temps. Sandis ! jé crois qué vous les portez dans vos poches.

— C'est sans doute parce que vous n'y avez pas laissé autre chose, chevalier, répondit Dalgarno. Mais, M. le chevalier, je vous présente mon ami et mon compatriote lord Glenvarloch.

— Ah! ah! — très-honoré ! Je m'en souviens, oui, j'ai connu autréfois un milord Kenfarloque en Ecosse, Oui, jé mé lé rappelle; — lé péré dé milord apparemment. — Nous étions dé grands amis quand j'étais à Oly Root[2] avec

(1) Le Génie du lieu. — Tr.
(2) Pour Holyrood. Mauvaise pointe par laquelle le chevalier semble appeler Holyrood — (*Sainte-Croix*) — *Sainte-Racine*. — Ed.

M. de La Motte. J'ai souvent joué à la paume avec milord Kenfarloque à l'abbaye de Oly Root. Il était même plus fort qué moi. Sandis! lé beau coup dé révers qu'il avait? Jé mé souviens aussi qu'auprès des jolies filles... Ah! ah! un vrai diable déchaîné. Jé n'ai pas oublié....

—Vous feriez mieux de ne pas vous souvenir si bien du feu lord Glenvarloch, dit lord Dalgarno en interrompant le chevalier sans cérémonie ; car il prévit que l'éloge qu'il allait faire du défunt déplairait autant au fils qu'il était peu mérité par le père, qui, bien loin d'avoir été, comme le représentaient les souvenirs du chevalier, un joueur et un libertin, avait été pendant toute sa vie strict et sévère dans ses mœurs, et même un peu rigoriste.

—Vous avez raison, milord, répondit le chevalier; vous avez raison. Qu'ést-cé qué nous avons à faire avec lé temps passé? Lé temps passé appartenait à nos péres, à nos ancêtres, fort bien! mais lé temps présent nous appartient.
— Ils ont leurs belles tombes dé marbre ou dé bronze, avec leurs épitaphes ou leurs armoiries, et nous nous avons dé bonné soupe et dé pétits plats exquis. — Jé vais donner ordre qu'on serve lé dîner sur-lé-champ, milord.

A ces mots, il fit une pirouette sur les talons, et mit ses domestiques en mouvement pour placer le dîner sur la table. Dalgarno sourit, et remarquant un air de gravité à son jeune ami : — Qu'avez-vous? lui dit-il; vous n'êtes pas assez simple pour vous fâcher contre un pareil âne.

— Je réserve ma colère pour de meilleures occasions, répondit lord Glenvarloch ; mais j'avoue que j'ai été indigné en entendant ce drôle prononcer le nom de mon père.
—Et vous, milord, et vous qui m'avez assuré que l'endroit où vous me conduisiez n'était pas une maison de jeu, vous venez de lui dire que vous en étiez sorti les poches vides.

—Ah! ah! ah! s'écria Dalgarno, je lui ai parlé selon le

jargon du temps; et puis, à vrai dire, il faut bien qu'on joue de temps en temps un ou deux jacobus, sans quoi on se ferait regarder comme un ladre. — Mais voici le dîner, et nous verrons si la bonne chère du chevalier vous plaira plus que sa conversation.

On se mit à table, et les deux places d'honneur furent données aux deux jeunes amis. Ils furent comblés des attentions les plus cérémonieuses par le chevalier, qui leur fit les honneurs de sa table ainsi qu'aux autres convives, et assaisonna le tout de son agréable conversation. Le dîner était véritablement excellent, dans ce style piquant que les Français avaient déjà introduit, et que les jeunes Anglais qui aspiraient au rang de connaisseurs et d'hommes de goût se voyaient dans la nécessité d'admirer. Toutes les espèces de vins étaient aussi de première qualité, et l'on en servit avec abondance. La compagnie n'était presque composée que de jeunes gens, et par conséquent la conversation fut frivole, vive et amusante. Nigel, dont l'esprit avait été depuis long-temps abattu sous l'inquiétude et l'infortune, se trouva plus à l'aise, et sentit naturellement renaître une partie de sa gaieté.

Parmi les convives réunis, les uns avaient véritablement de l'esprit et savaient s'en servir avec avantage; d'autres étaient des fats dont on pouvait rire sans qu'ils s'en aperçussent; quelques-uns étaient des originaux qui, à défaut d'esprit, disaient des folies dont ils ne trouvaient pas mauvais qu'on s'amusât. La plupart de ceux qui brillaient dans la conversation avaient le véritable ton de la bonne compagnie de ce temps, ou du moins le jargon qui en tient lieu.

En un mot, la compagnie et l'entretien furent si agréables, que le rigorisme de Nigel s'en adoucit; il commença à voir de meilleur œil même le maître de la maison, et il écouta avec patience les détails que lui donna le chevalier de Beaujeu sur les mystères de la cuisine, voyant, lui dit-

il, que milord avait du goût pour le curieux et l'utile.
Pour satisfaire en même temps le goût pour l'antiquité
qu'il supposait sans doute aussi à son nouveau convive, il
fit l'éloge des grands artistes des anciens temps, et en
vanta surtout un qu'il avait connu, dans sa jeunesse,
maître de cuisine du maréchal de Strozzi, très-bon gentilhomme pourtant, qui avait entretenu tous les jours
pour son maître une table de douze plats pendant le long
et sévère blocus du petit Leith, quoiqu'il n'eût à y servir
que de la chair de cheval et les mauvaises herbes qui
croissaient sur les remparts. — Dé par Dieu! c'était un
homme superbe [1]! s'écria-t-il; avec une tête de chardon
et une ou deux orties, il savait faire une soupe pour vingt
personnes; la cuisse d'un chien faisait un excellent rôti;
mais son coup de maître fut pour *la reddition* [2] de la place.
Avec le quartier de derrière d'un cheval salé, il fit qua-
rante-cinq plats, de sorte que les officiers anglais et écossais qui dînèrent avec monseigneur se seraient donnés au
diable pour deviner ce qu'ils avaient mangé.

Cependant le vin avait circulé si rapidement et avait
produit un tel effet sur les convives, que ceux qui étaient
placés au bas bout de la table, et qui jusqu'alors s'étaient
bornés au rôle passif d'auditeurs, commencèrent à changer de rôle, ce qui ne fut ni à leur honneur ni à celui de
l'Ordinaire.

— Vous parlez du siège de Leith, dit un grand homme
sec et maigre, qui avait d'épaisses moustaches relevées en
l'air, un large ceinturon de peau de buffle, une longue
rapière, et les autres symboles extérieurs de l'honorable
profession qui vit en tuant les autres; vous parlez du
siège de Leith, et j'ai vu cette place. — Une espèce de
village, entouré d'un mur en guise de rempart, et un ou
deux pigeonniers à chaque angle, en forme de tours. —

---

[1] La plupart des phrases du chevalier sont citées d'après le texte, et se compo-
sent de français ou de mauvais anglais. — Tr.

[2] Dans le texte : *rendition*. — Éd.

Mille sabres et mille fourreaux! un capitaine de notre époque n'aurait pas mis tant de temps à l'emporter d'assaut. En vingt-quatre heures, il aurait pris la place et tous ses poulaillers l'un après l'autre, ou il n'aurait pas mérité plus de grace que le grand-prévôt n'en accorde quand il a serré le nœud coulant.

— Monsieur, dit le chevalier, monsieur lé capitaine, jé n'étais pas au siège du pétit Leith, et jé né sais pas cé qué vous voulez dire en parlant dé poulaillers. Mais jé dirai, sandis! qué monseigneur de Strozzi entendait la grande guerre; qué c'était un grand capitaine : — plus grand qué certains capitaines d'Angléterre qui parlent bien haut.

— Ténez, monsieur, c'est à vous qué jé m'adresse.

— Oh! monsieur, répondit l'homme à la rapière, on sait que le Français se bat bien quand il est derrière une bonne muraille, défendu par une bonne cuirasse, et le pot en tête.

— Lé pot! s'écria le chevalier, qué voulez-vous dire par lé pot? Avez-vous dessein dé m'insulter en présence dé mes nobles convives? Apprénez qué j'ai fait mon dévoir en gentilhomme sous lé grand Henri IV, à Courtrai et à Ivry. Et, ventré saint gris! nous n'avions ni pot ni marmite, et nous chargions toujours en chémise.

— Ce qui réfute une autre calomnie, dit lord Dalgarno en riant; car j'ai entendu prétendre que le linge était rare parmi les hommes d'armes français.

— Oui, oui, milord, on pouvait souvent leur voir les coudes, dit le capitaine du bout de la table. Je vous demande pardon, milord, mais je connais un peu ces hommes d'armes, et je...

— Nous vous ferons grace de vos connaissances quant à présent, répondit lord Dalgarno d'un ton dédaigneux, et nous épargnerons votre modestie en vous dispensant de nous dire comment vous avez acquis cette connaissance.

— Je n'ai pas besoin d'en parler, milord, reprit l'homme à moustaches, tout le monde le sait; — tout le monde, excepté peut-être les chevaliers de l'aune, les vils faquins de citadins de Londres, qui verraient l'homme le plus brave réduit à se manger les poings, sans tirer de leur longue bourse la plus petite pièce de monnaie pour le soulager. — Oh! si une bande de braves garçons que j'ai connus s'approchait jamais de ce nid de coucous!

— Nid de coucous! répéta un jeune homme placé en face de lui de l'autre côté de la table, et qui portait un habit magnifique sous lequel il ne paraissait pas très à l'aise; et c'est ainsi que vous parlez de la Cité de Londres? Osez répéter un tel propos!

— Quoi! dit le capitaine fronçant ses deux épais sourcils noirs, portant une main sur la poignée de sa rapière, et relevant de l'autre ses énormes moustaches, voulez-vous être le champion de votre Cité.

— Oui, certes, je veux l'être, répondit le jeune homme. Je suis de la Cité; peu m'importe qu'on le sache. Quiconque ose en médire est un âne, un oison, et je lui casserai la tête pour lui apprendre à vivre.

Les autres convives, qui avaient peut-être leurs raisons pour ne pas estimer le courage du capitaine aussi haut qu'il le faisait lui-même, s'amusaient beaucoup de la chaleur que l'indignation du jeune citadin lui faisait apporter dans cette querelle, et l'on s'écria de toutes parts : — Bien sonné, cloche de l'église de Bow! Bien chanté, coq du clocher de Saint-Paul! Qu'on sonne une charge comme il faut, le capitaine se trompera de signal et battra en retraite.

— Vous ne me connaissez pas, messieurs, dit le capitaine en promenant ses regards sur tous les convives d'un air de dignité. Je m'informerai d'abord si ce *cavaliero* citadin est d'un rang et d'une naissance qui lui permettent de faire face à un homme de courage; car vous devez sentir, messieurs, que je ne puis me mesurer avec le premier venu sans me perdre de réputation; et, en cas d'affirmation, il recevra bientôt honorablement de mes nouvelles par voie de cartel.

— Et vous me sentirez déshonorablement par voie de bâton, s'écria le citadin en se levant de table, et prenant son épée qu'il avait mise dans un coin. Suivez-moi, ajouta-t-il.

— D'après toutes les règles, dit le capitaine, c'est à moi à choisir le lieu et le temps du combat. Le lieu sera le labyrinthe, dans Tothill-Fields [1]; nous prendrons pour témoins deux personnes étrangères à la querelle, et le temps sera... d'aujourd'hui en quinze à la pointe du jour.

— Et moi, dit le citadin, je choisis pour lieu du combat cette allée servant de jeu de boule, derrière cette maison. Nos témoins seront l'honorable compagnie qui se trouve ici; et le temps, ce moment même.

A ces mots, il enfonça sur sa tête son chapeau orné d'un plumet, donna sur les épaules du capitaine un coup du fourreau de son épée, et descendit en lui faisant signe de le suivre. Le capitaine ne montra pas beaucoup d'empressement à obéir à ce signal. Cependant, voyant enfin qu'il devenait un sujet de risée pour tous les convives, il les assura fort gravement que tout ce qu'il faisait, il le faisait avec sang-froid et délibération. Prenant alors son chapeau, qu'il mit sur sa tête de l'air du vieux Pistol [2], il descendit pour se rendre sur le lieu du combat, où son adversaire l'attendait déjà l'épée à la main. Toute la compagnie se leva de table, et la majeure partie semblait enchantée de l'idée du spectacle qu'elle allait avoir. Les uns coururent aux fenêtres qui donnaient sur le ter-

---

(1) Quartier de Westminster où était jadis un jardin, et où est située aujourd'hui une prison. — ED.

(2) Ami de Falstaff et officier des plus peureux dans le *Henri IV* et le *Henri V* de Shakspeare. — ED.

rain servant de lice, et les autres suivirent les combattans. Nigel ne put s'empêcher de demander à Dalgarno s'il n'interposerait pas sa médiation pour prévenir tout accident.

— Ce serait un crime contre l'intérêt public, répondit le jeune courtisan; il ne peut arriver entre de pareils êtres aucun accident qui ne soit un bienfait positif pour la société; et surtout pour l'établissement du chevalier, comme il l'appelle. Il y a un mois que je suis las, outre mesure, du ceinturon de buffle et du pourpoint rouge de ce capitaine, et j'espère que ce brave courtaud de boutique fera sortir à coups de bâton ce vieil âne de dessous sa vieille peau de lion. Voyez, Nigel, ce vaillant citadin, ferme sur son terrain, à un jet de boule, au milieu de l'allée; ne le prendrait-on pas pour un porc sous les armes? Voyez-le avancer le pied droit, et brandir son épée comme s'il voulait s'en servir pour mesurer une aune de mousseline! Mais voici le capitaine qui arrive. On a, ma foi, l'air de le faire marcher malgré lui. Le voilà en face de son antagoniste. Il n'en est plus qu'à douze pas. Ah! le voilà qui tire son épée; mais, en bon général, il regarde par-dessus son épaule pour voir s'il a des moyens de retraite en cas qu'il ait le dessous. Voyez le brave boutiquier baisser la tête, plein de confiance sans doute dans le heaume civique dont son épouse lui a fortifié le crâne. De par le ciel! c'est un spectacle admirable. A-t-il donc le projet d'entrer en lice comme un bélier?

Tout se passa comme lord Dalgarno se l'imaginait. Le citadin, comme on dit, y allait bon jeu bon argent, et s'apercevant que le capitaine n'avançait pas, il se précipita sur lui, fit baisser son épée par un coup de la sienne, et lui en portant un autre, parut l'avoir blessé mortellement, car le capitaine tomba en poussant un profond gémissement. Une vingtaine de voix crièrent au vainqueur, qui restait tout étonné de sa victoire : —Vite! vite! fuyez!

Entrez dans Whitefriars, ou passez la rivière à Bankside !
Hâtez-vous, nous retiendrons la populace, les constables !
Et le vainqueur, laissant le vaincu étendu par terre, prit
la fuite de toute la vitesse de ses jambes.

— De par le ciel ! dit Dalgarno, je n'aurais jamais cru que
ce drôle attendît qu'on lui portât un pareil coup. Il faut
que la peur l'ait paralysé, et qu'il ait perdu tout à coup
l'usage de ses jambes. Voyez, voilà qu'on le relève.

Le corps du capitaine semblait déjà raide quand un ou
deux convives le relevèrent ; mais, lorsqu'ils commençaient à ouvrir son pourpoint pour chercher une blessure
qui n'existait pas, le guerrier reprit ses sens tout à coup,
et, sentant que l'Ordinaire n'était plus un théâtre sur
lequel il pût désormais déployer sa valeur, il donna une
preuve de la bonté de ses jambes en prenant la fuite à
son tour au milieu des éclats de rire de toute la compagnie.

— Sur mon honneur ! dit lord Dalgarno, il suit le
même chemin qu'a pris son vainqueur. J'espère que le
ciel permettra qu'il le rejoigne, et le vaillant citadin se
croira poursuivi par l'esprit de celui qu'il a tué.

— De par Dieu ! milord, dit le chevalier, on devrait
lui attacher un vieux torchon en guise de linceul, pour
prouver que c'est l'ombre d'un grand fanfaron.

— En attendant, M. le chevalier, dit lord Dalgarno,
vous nous obligerez tous en donnant ordre à vos garçons
de recevoir cet homme d'armes le bâton à la main, s'il
avait la hardiesse de se représenter ici. L'honneur de
votre maison l'exige.

— Ventre saint gris ! milord, fiez-vous à moi, répondit le chevalier. De par Dieu ! la fille du cuisinier jettera
sur la tête du grand poltron l'eau de vaisselle.

Quand on eut assez ri de cette aventure burlesque, la
société commença à se diviser par groupes. Les uns prirent
possession de l'allée qui venait d'être le théâtre de ce com-

bat grotesque, demandèrent des boules, et la rendirent ainsi à sa destination primitive. Ils firent bientôt retentir le jardin de tous les termes techniques de ce jeu, et prouvèrent la vérité du proverbe qui dit qu'on perd trois choses au jeu de boule, son temps, son argent et ses juremens.

Le reste de la compagnie rentra dans la maison. Les uns prirent des cartes et firent diverses parties d'hombre, de bassette, de gleek, de primero, et d'autres jeux qui étaient alors à la mode, tandis que d'autres, préférant les dés, jouèrent au hasard, au passage, etc. On ne paraissait pourtant pas jouer très-gros jeu; tout se passait avec décence et décorum, et rien ne pouvait porter lord Glenvarloch à douter de la vérité de ce que lui avait dit son compagnon, que cette maison était fréquentée par des hommes de qualité, et que tout y était honorablement conduit.

Lord Dalgarno ne proposa pas à son ami de jouer, et il s'en abstint lui-même. Il allait de table en table, faisant des remarques sur le bonheur qui favorisait tel ou tel joueur, et sur le talent qu'il montrait à en profiter. Il causait aussi avec les personnes les plus respectables et du rang le plus élevé. Enfin, comme s'il eût été fatigué de son oisiveté, il se rappela tout à coup que Burbage [1] devait jouer le rôle du roi Richard, dans la tragédie de Shakspeare qui porte ce titre, au théâtre de la Fortune, et qu'il ne pouvait procurer à un étranger à Londres, comme lord Glenvarloch, un plus grand plaisir qu'en l'y conduisant. Il lui en fit donc la proposition : — A moins, ajouta-t-il tout bas, qu'il n'existe une interdiction paternelle sur le théâtre aussi-bien que sur l'Ordinaire.

— Mon père n'a jamais pu me parler des spectacles, répondit Nigel ; car ce sont des amusemens d'une date mo-

(1) Le Kean, ou, si l'on veut, le Talma anglais de l'époque. — Ed.

derne, et on ne les connaît pas encore en Ecosse. Cependant, si ce que j'en ai entendu dire est vrai, je doute qu'il les eût approuvés.

— Vous en doutez! s'écria Dalgarno. Quoi! George Buchanan lui-même a composé des tragédies, et son élève royal va voir en représenter, tout savant et sage qu'il est; c'est donc presque un crime de haute trahison que de s'en abstenir. Les meilleurs auteurs d'Angleterre écrivent pour le théâtre, et c'est le rendez-vous des plus jolies femmes de Londres. J'ai à la porte une couple de chevaux qui nous feront traverser les rues avec la rapidité de l'éclair; cette course facilitera la digestion de la venaison et des ortolans, et dissipera les fumées du vin. Ainsi donc, à cheval! Adieu, messieurs. Adieu, chevalier de la fortune.

Deux valets attendaient lord Dalgarno, et les deux amis montèrent à cheval; le courtisan sur son cheval barbe favori, et Nigel sur un cheval d'Espagne qui n'était guère moins beau.

En se rendant au théâtre, lord Dalgarno chercha à découvrir quelle était l'opinion de son ami sur la société dans laquelle il venait de l'introduire, afin de combattre les préventions qu'elle pouvait lui avoir inspirées.

— Et pourquoi êtes-vous si pensif, mon cher néophyte? lui dit-il. Sage fils de l'*Alma Mater* des sciences des Pays-Bas, qu'avez-vous donc? La feuille du livre du monde que nous venons de tourner ensemble est-elle moins bien imprimée que vous ne l'espériez? Consolez-vous, et pardonnez quelques taches d'encre; vous êtes destiné à en lire bien des pages qui seront aussi noires que l'infamie peut les écrire avec sa plume couleur de suie. Souvenez-vous, très-immaculé Nigel, que nous sommes à Londres et non à Leyde; que nous étudions le monde et non les livres.

(1) *Vénérable Mère*. Terme générique des universités en Angleterre. — Ep.

Résistez aux reproches d'une conscience trop timide ; et quand vous ferez, en bon arithméticien, la récapitulation de vos actions de la journée, dites à l'esprit accusateur, à sa barbe de soufre, avant d'en balancer le compte sur votre chevet, que si vos oreilles ont entendu le bruit des os du diable secoués dans des cornets, votre main n'y a pas touché ; et que si vos yeux ont vu la querelle de deux fous, votre lame est restée paisiblement dans son fourreau.

— Tout cela peut être fort spirituel et fort sage, répondit Nigel ; mais je n'en pense pas moins que Votre Seigneurie et les autres personnes de qualité avec qui je viens de dîner auraient pu choisir un lieu de rendez-vous dont l'entrée aurait été fermée à des gens de l'espèce de ce capitaine, et un meilleur maître de cérémonies que cet aventurier étranger.

— Tout cela sera réformé, *sancte Nigelle,* répliqua Dalgarno, lorsque, nouveau Pierre-l'Ermite, vous prêcherez une croisade contre la mauvaise compagnie, les dés et les cartes. Nous nous réunirons pour dîner dans l'église du Saint-Sépulcre ; nous mangerons dans une des ailes ; nous boirons notre vin dans la sacristie ; le ministre débouchera les flacons, et son clerc répondra *amen* à chaque santé que nous porterons. Allons, Nigel, de la gaieté, et secouez cette humeur noire et insociable. Croyez-moi, les puritains, qui nous font un reproche des faiblesses inhérentes à la nature humaine, ont eux-mêmes tous les vices de vrais diables : malice, hypocrisie, orgueil spirituel dans toute sa présomption. Il y a d'ailleurs dans la vie bien des choses qu'il faut voir, ne fût-ce que pour apprendre à les éviter. Shakspeare, qui vit après sa mort, et qui va vous faire goûter un plaisir que lui seul peut procurer, a appelé le brave Falcombridge,

(1) Chevalier auquel Shakspeare fait jouer un beau rôle. — Ed.

— Bâtard du temps présent,
Qui ne sait pas encor ce qu'il faut qu'on observe.
Je ne veux pas tromper, non; le ciel m'en préserve!
Mais je prétends savoir comment on peut tromper,
Pour qu'un maître aigrefin ne puisse me duper.

Mais nous voici à la porte de la Fortune, où nous entendrons l'incomparable Shakspeare parler pour lui-même. Lutin, et vous, lourdaud, donnez vos chevaux à mes palefreniers, et faites-nous faire place.

Ils descendirent de cheval, et Lutin travailla si bien des genoux, des coudes et des épaules, en répétant à haute voix le nom de son maître, qu'il leur ouvrit un passage à travers une foule serrée de citadins murmurant, et d'apprentis jetant les hauts cris. Ils entrèrent enfin, et Dalgarno prit deux tabourets sur le théâtre pour son ami et pour lui. Ils s'y trouvèrent assis au milieu des jeunes gens de leur rang, qui choisissaient cette place pour mieux faire étalage de leurs magnifiques habits et de leurs manières à la mode, tandis qu'ils critiquaient la pièce pendant que l'on jouait, formant ainsi en même temps partie du spectacle et de l'auditoire.

Nigel Olifaunt prenait à la pièce un intérêt trop réel et trop profond pour être en état de jouer le rôle qu'exigeait de lui la place qu'il occupait. Il éprouvait l'influence des enchantemens de ce magicien qui, dans le cercle étroit d'une espèce de grange, avait fait revivre les longues guerres d'York et de Lancastre, forçant les héros de ces deux races à paraître sur la scène et à y parler comme si les morts fussent sortis du tombeau pour l'amusement et l'instruction des vivans. Burbage, regardé jusqu'à Garrick comme l'acteur qui avait le mieux représenté Richard, joua le rôle du tyran et de l'usurpateur avec tant de force et de vérité, que lorsque la bataille de Bosworth sembla terminée par sa mort, la vérité et la fiction se trouvaient tellement confondues dans l'esprit de lord Glenvarloch, qu'il lui fallut quelques instans pour bien comprendre son compagnon quand celui-ci lui annonça que le roi Richard souperait avec eux à *La Sirène*[1].

Ils y furent joints par quelques-unes des personnes avec qui ils avaient dîné, et ils recrutèrent en outre deux ou trois des beaux esprits et des poètes les plus distingués du temps, qui manquaient rarement de se rendre au théâtre de *La Fortune*, et qui n'étaient que trop disposés à terminer une journée d'amusement par une nuit de plaisir. Ils se rendirent ainsi dans cette taverne, et au milieu des coupes d'excellent vin des Canaries, des traits d'esprit et des saillies de gaieté, ils semblèrent réaliser ce que disait à Ben Johnson un de ses contemporains quand il faisait souvenir le poète

— De ces festins joyeux
Où régnait parmi nous la gaîté sans ivresse,
Où tes vers pleins de sel, répandant l'allégresse,
Faisaient valoir le vin, et valaient encor mieux.

CHAPITRE XIII.

« Si vous voulez avoir ce superbe saumon,
« Laissez-le donc d'abord avaler l'hameçon,
« La proie est assurée avec de la prudence :
« Donnez-lui de la ligne, et prenez patience ;
« Car, si vous l'effrayez, il a dans ce rocher
« Bien des creux, bien des trous où pouvoir se cacher. »
Albion.

Il est rare qu'un jour de plaisir laisse dans la mémoire une impression aussi douce que celle dont sa durée a été

[1] Taverne qui fut souvent le théâtre des réunions joyeuses de Shakspeare et des auteurs ses contemporains. — Ed.

accompagnée. Il est du moins certain que le souvenir du jour dont il a été question dans le chapitre qui précède n'offrit rien de bien agréable à l'imagination de Nigel, et il fallut une visite de son nouvel ami pour le réconcilier avec lui-même. A peine finissait-il de déjeuner quand lord Dalgarno arriva, et la première question que celui-ci lui adressa fut pour lui demander comment il avait trouvé la compagnie de la soirée précédente.

— Parfaitement bien, répondit lord Glenvarloch ; seulement les traits d'esprit m'auraient plu davantage s'ils avaient été plus naturels. L'imagination de chacun semblait être à la torture, et la moitié de vos beaux esprits ne semblait occupée qu'à chercher les moyens de renchérir encore sur chaque saillie extravagante.

— Et pourquoi non? A quoi sont bons ces gens-là, si ce n'est à se livrer des combats d'esprit pour nous amuser? Si quelqu'un d'eux se montrait récalcitrant, il faudrait le condamner à ne boire que de l'ale trouble, et le mettre sous la protection de la corporation des bateliers. Je vous réponds que plus d'un bel esprit a été mortellement blessé par un jeu de mots ou un quolibet à *La Sirène*, et en a été renvoyé dans un état piteux à l'hôpital des beaux esprits, dans le Vintry[1], où il végète encore avec des imbéciles et des aldermen.

— Cela peut être, et cependant je jurerais sur mon honneur que je crus voir avec nous hier soir plus d'un homme à qui son génie et son érudition auraient dû assurer un plus haut rang dans notre compagnie, et qui, ne l'obtenant pas, aurait dû se retirer d'une société où il ne jouait qu'un rôle subalterne et indigne de lui.

— Voilà encore votre conscience délicate! s'écria lord Dalgarno. Au diable ces proscrits du Parnasse! Quoi! ce sont les restes de ce noble banquet de harengs salés et de

---

[1] *Cabaret* dans la Cité. —Éd.

vin du Rhin qui a coûté à Londres tant de ces principaux marchands d'esprit et de ces bardes de la basoche! Qu'auriez-vous dit si vous aviez vu Nash ou Green, puisque vous prenez tant d'intérêt aux pauvres bacheliers que vous avez vus hier soir? Ils ont bien bu, bien mangé; cela doit leur suffire. Ils dormiront bien, et il est probable que leur appétit ne s'éveillera que ce soir : alors, s'ils ont de l'industrie, ils trouveront quelque protecteur ou quelque comédien qui leur paiera à souper. Du reste, que leur manque-t-il? ils trouveront de l'eau tant que la source de la Nouvelle-Rivière [1] ne tarira point, et les pourpoints qu'on porte sur le Parnasse sont d'éternelle durée.

— Horace et Virgile avaient des protecteurs plus utiles.

— Sans doute, mais ces drôles ne sont ni Virgile ni Horace. D'ailleurs, nous avons de beaux esprits d'une autre sorte, que je vous ferai connaître avant peu. Notre cygne de l'Avon [2] a fait entendre ses derniers chants; mais il nous reste le vieux Ben [3], qui a autant de génie et de science qu'aucun des poètes qui ont jamais chaussé le cothurne et le brodequin. — Mais ce n'est pas de lui que je veux vous parler en ce moment. Je viens vous prier, par amitié, de m'accompagner jusqu'à Richmond, où deux ou trois des galans que vous avez vus hier doivent régaler un cercle de belles de musique et de syllabub [4]; et je vous promets que vous y verrez des yeux qui feraient oublier à un astrologue la contemplation de la voie lactée. Ma sœur conduit la couvée, et je désire vous présenter à elle. Elle a des admirateurs à la cour, et quoique ce ne soit pas à moi de faire son éloge, je puis vous dire qu'elle passe pour une des beautés de notre temps.

(1) Rivière amenée tout récemment à Londres, sous les auspices de Jacques 1er, par un orfèvre nommé Middleton. Ce sont plusieurs sources réunies en un bassin dans le comté de Hereford. — Ed.

(2) Shakspeare. — Ed.

(3) Ben Johnson, plus érudit en effet qu'aucun poète dramatique. — Ed.

(4) Boisson composée de lait, de vin, de sucre et d'épices. — Ed.

Il n'était guère possible de refuser une invitation faite à un homme naguère placé si bas à ses propres yeux, au nom d'une dame de haute condition, d'une des merveilles de la cour. Lord Glenvarloch accepta, comme cela était inévitable, et passa la journée dans un cercle d'*agréables* et de *beautés*. Il fut attelé tout le jour au char de la sœur de son ami, la belle comtesse de Blackchester, qui aspirait à la fois à tenir le premier rang dans les trois royaumes de la mode, du crédit de cour et de l'esprit. Elle était beaucoup plus âgée que son frère, et avait probablement complété ses six lustres; mais ce qui pouvait lui manquer du côté de l'extrême jeunesse se trouvait habilement compensé par le soin tout particulier qu'elle prenait de sa toilette. Elle était la première instruite de toutes les modes étrangères, et elle avait le talent de les adapter parfaitement à son teint et à ses traits. A la cour, elle savait aussi bien qu'aucune des dames qui en formaient le cercle quel ton il convenait de prendre, moral ou politique, sérieux ou badin, suivant l'humeur particulière du monarque, et l'on présumait que son crédit personnel avait beaucoup contribué à faire obtenir à son mari une place éminente que le vieux vicomte goutteux ne pouvait avoir méritée par un mérite fort ordinaire et par une intelligence des plus communes.

Il fut beaucoup plus aisé à cette dame qu'à son frère de réconcilier un courtisan aussi jeune que lord Glenvarloch avec les coutumes et les usages d'une sphère si nouvelle pour lui. Dans toute société civilisée, les femmes du haut rang et d'une beauté distinguée donnent le ton, et deviennent les arbitres des manières, et par là même des mœurs. Lady Blackchester avait d'ailleurs à la cour, ou sur la cour, un crédit dont la source n'était point parfaitement connue, mais qui lui faisait des amis, et qui en imposait à ceux qui auraient été disposés à jouer à son égard le rôle d'ennemis.

Il avait été un temps où on la supposait liguée avec la famille Buckingham, avec laquelle son frère était toujours étroitement lié. Un peu de froideur était survenue entre elle et la duchesse; on les voyait rarement ensemble, et la comtesse de Blackchester affectait de vivre d'une manière retirée. Mais on disait tout bas que sa rupture avec l'épouse du grand favori ne lui avait fait rien perdre de son crédit sur celui-ci.

Nous n'avons pas assez de détails sur les intrigues particulières de la cour à cette époque, ni sur les individus qui en tenaient le fil, pour prononcer sur les divers bruits auxquels les circonstances que nous venons de rapporter avaient donné naissance. Il nous suffira de dire que lady Blackchester possédait une grande influence sur le cercle qui l'entourait, et qu'elle en était redevable à ses charmes, à ses talens, et au savoir-faire qu'on lui supposait pour conduire une intrigue de cour. Nigel Olifaunt ne fut pas long-temps sans éprouver son pouvoir, et il devint, jusqu'à un certain point, esclave de cette espèce d'habitude qui porte bien des gens à se rendre à telle heure dans telle société sans y trouver, et même sans y espérer ni amusement ni intérêt.

Voici à peu près quelle fut sa vie pendant plusieurs semaines. L'Ordinaire commençait assez bien la journée, et le jeune lord trouva bientôt que si la société qui s'y rassemblait n'était pas irréprochable, c'était néanmoins le rendez-vous le plus agréable qu'il pût avoir avec les jeunes gens à la mode, dans la compagnie desquels il allait à Hyde-Park, au spectacle, dans les autres lieux publics, ou joindre le cercle joyeux et brillant qui se réunissait autour de lady Blackchester. Il n'avait plus cette horreur scrupuleuse qui, dans l'origine, l'avait même fait hésiter d'entrer dans une maison où l'on se permettait de jouer. Au contraire, il commençait à concevoir l'idée qu'il ne pouvait y avoir aucun mal à être témoin de cet amusement, quand ceux qui s'y livraient le faisaient avec modération. La suite de ce raisonnement était toute naturelle; c'était qu'il n'y avait pas plus de mal à se le permettre à soi-même, pourvu que ce fût avec la même réserve. Mais lord Glenvarloch était Ecossais: il avait été accoutumé de bonne heure à réfléchir, et il n'avait aucune habitude de prodigalité. Ni la nature ni l'éducation n'avaient fait de lui un dissipateur; et, suivant toutes les probabilités, quand son père s'était représenté avec une noble horreur son fils s'approchant d'une table de jeu, il avait plus redouté ses gains que ses pertes. En effet, suivant ses principes, la perte avait une fin, une fin déplorable sans doute, la ruine de la fortune matérielle; mais le gain ne faisait qu'augmenter le danger qu'il craignait le plus; et mettait en péril en même temps le corps et l'ame du joueur.

Quel que fût le fondement des craintes du vieux lord, la conduite de son fils ne tarda pas à prouver qu'elles étaient justes. Après avoir été quelque temps spectateur des jeux de hasard de l'Ordinaire, il en vint peu à peu à s'y intéresser par de petites gageures, et l'on ne peut nier que son rang et ses espérances ne lui permissent de risquer quelques pièces d'or, car il n'allait pas plus loin, contre des gens qu'il pouvait supposer fort en état de faire une pareille perte, d'après la légèreté avec laquelle ils engageaient leur argent.

Il arriva, ou, pour nous servir d'une phrase du temps, le mauvais génie de Nigel avait décrété qu'il serait heureux dans toutes ses gageures. D'une part, il avait de la prudence, du sang-froid, une excellente mémoire, une facilité étonnante pour les calculs; de l'autre, il était ferme et intrépide; personne n'aurait osé le regarder avec un air de légèreté, encore moins lui adresser un mot inconsidéré; à plus forte raison ne se serait-on pas hasardé à employer contre lui quelqu'un de ces tours de chevaliers d'industrie qui souvent ne réussissent qu'en intimidant ceux qui en sont les victimes. Lord Glenvarloch ne jouait jamais qu'un jeu régulier, c'est-à-dire l'argent sur la table; et quand il voyait la fortune s'éloigner de lui, ou qu'il ne voulait pas la tenter plus long-temps, les joueurs de profession qui fréquentaient la maison de M. le chevalier de Saint-Priest de Beaujeu n'osaient exprimer tout haut leur mécontentement de le voir se retirer en gagnant. Mais comme cette circonstance se représenta plusieurs fois, les joueurs murmurèrent tout bas entre eux contre la prudence et le bonheur du jeune Ecossais ; et il s'en fallait de beaucoup qu'il fût avancé dans leurs bonnes graces.

Ce qui ne contribua pas peu à le confirmer dans cette pernicieuse habitude, quand il l'eut une fois prise, ce fut que le gain l'exemptait de la nécessité désagréable pour sa fierté naturelle de contracter de nouvelles obligations pécuniaires, que son séjour prolongé à Londres lui aurait, sans cela, rendues indispensables. Il avait à solliciter des ministres l'accomplissement de certaines formes officielles qui devaient rendre exécutoire l'ordonnance signée par le roi en sa faveur; et, quoiqu'on ne pût lui adresser un refus à cet égard, on lui faisait éprouver des délais qui le portaient à croire qu'une opposition secrète occasionait le retard de l'expédition de son affaire. Son premier mouvement avait été de se rendre une seconde fois à la cour, avec l'ordonnance du roi, et de demander à Sa Majesté elle-même si ses ministres avaient le droit de rendre inutile sa générosité royale, à force de délais. Mais le vieux comte d'Huntinglen, qui était intervenu en sa faveur d'une manière si franche dans la première occasion, et qu'il continuait à voir de temps en temps, l'avait fortement dissuadé de risquer une telle démarche, et l'avait exhorté à attendre patiemment la signature des ministres, ce qui le dispenserait de rester plus long-temps à la suite de la cour.

Lord Dalgarno se joignit à son père pour le détourner de se montrer de nouveau à la cour, du moins jusqu'à ce qu'il se fût réconcilié avec le duc de Buckingham. — Je lui ai offert mon aide pour y réussir, quelque faible qu'elle puisse être, dit-il à son père en présence de son jeune ami ; mais il m'a été impossible de déterminer Nigel à faire le moindre acte de soumission envers le duc de Buckingham.

— Sur ma foi ! je crois que le jeune homme a raison, répondit le vieux lord écossais, inébranlable sur tout ce qui touchait à l'honneur. Quel droit Buckingham, ou, pour mieux dire, le fils de sir George Villiers, a-t-il de demander hommage et soumission à un homme plus noble que lui de huit quartiers ? Je l'ai entendu moi-même se déclarer l'ennemi de lord Nigel, sans qu'à ma connaissance il en eût aucune raison ; et ce ne sera jamais par mon avis que le jeune homme lui adressera une parole de douceur, avant qu'il ait réparé lui-même son incivilité.

— C'est précisément l'avis que j'ai donné à lord Glenvarloch, mon père ; mais vous devez convenir aussi que notre ami risquerait tout s'il se montrait en présence du roi tandis que le duc est son ennemi. Il vaut mieux me laisser le soin d'effacer peu à peu les préventions fâcheuses et injustes que quelques intrigans ont inspirées au duc contre lui.

— Si vous réussissez à convaincre Buckingham de son erreur, Malcolm, je dirai que, pour une fois, il se trouve de la candeur et de l'honnêteté à la cour ; mais j'ai dit bien des fois à votre sœur et à vous-même que je n'ai qu'une estime bien mince pour tout ce qu'on y voit.

— Vous devez être bien sûr que je ne négligerai rien pour servir Nigel ; mais songez aussi, mon père, qu'il faut que j'emploie des moyens plus lents et plus doux que ceux qui ont fait de vous un favori il y a vingt ans.

— Eh, sur mon honneur! Malcolm, je ne doute pas de votre bonne volonté. J'aimerais mieux descendre dans le tombeau que de douter un instant de votre honneur et de votre loyauté. Cependant je vois que ces deux qualités ne sont pas aussi utiles à la cour que dans ma jeunesse ; comment se fait-il que vous y êtes bien vu ?

— Oh! le temps actuel n'exige pas le même genre de services que le siècle passé. Nous n'avons plus une insurrection chaque jour, une tentative d'assassinat chaque nuit, comme c'était la mode à la cour d'Ecosse. On n'a plus besoin d'avoir sans cesse le fer à la main pour servir le roi. Cela serait aussi ridicule que de voir vos vieux serviteurs avec leurs plaques, leurs claymores et leurs boucliers dans un bal masqué. D'ailleurs, mon père, une loyauté trop empressée n'est pas sans inconvénient. J'ai entendu dire, et c'est par le roi lui-même, que lorsque vous poignardâtes le traître Ruthven ce fut avec si peu de considération, que la pointe de votre poignard entra de trois lignes dans le postérieur royal. Le roi n'en parle jamais sans se frotter la partie injuriée, et sans citer : — *Infandum... jubes renovare dolorem.* Voilà le désagrément des anciennes modes, et de porter une longue dague de Liddesdale, au lieu d'un poignard de Parme. Vous appelez pourtant cela avoir rendu un service avec promptitude et courage. Soit, mais le roi, à ce qu'on m'a dit, ne put s'asseoir de quinze jours ; et l'on avait pourtant mis en réquisition, pour rembourrer son fauteuil de parade, tous les coussins du vieux château de Falkland, et ceux du prévôt de Dunfermline par-dessus le marché.

— C'est un mensonge! s'écria le vieux comte; un infame mensonge! n'importe qui l'ait forgé. Il est vrai que je portais à mon côté une dague dont on pouvait se servir, et non un poinçon comme la vôtre qui n'est bonne qu'à se curer les dents. Diable! peut-on mettre trop de précipitation quand un roi crie au meurtre et à la trahison, comme une poule à qui on tord le cou? Mais vous autres jeunes courtisans, vous n'y entendez rien, et vous ne valez pas mieux que ces oisons verts qu'on apporte des Indes, et qui n'ont d'autre mérite que de savoir répéter quelques mots de leur maître. — Un troupeau de langues dorées, de flatteurs, de bavards. — Quant à moi, je suis vieux; et il est trop tard pour changer de manière de vivre, sans quoi je planterais la cour là, et j'irais encore une fois entendre les eaux du Tay se précipiter du haut de la chaîne de rochers de Campsie-Linn.

— Mais la cloche sonne le dîner, mon père, dit lord Dalgarno; et si la venaison que je vous ai envoyée est bien à point, ce son-là est tout au moins aussi agréable.

— Suivez-moi donc, jeunes gens, s'il vous plaît, répondit le comte; et il sortit d'un berceau de verdure sous lequel l'entretien avait eu lieu, pour se diriger vers l'hôtel avec son fils et lord Glenvarloch.

Dans leurs conversations particulières, lord Dalgarno n'avait pas beaucoup de peine à détourner Nigel du projet d'aller directement à la cour; mais, d'une autre part, les offres qu'il lui faisait de le conduire chez le duc de Buckingham étaient toujours accueillies par un refus positif et méprisant. Alors Dalgarno se bornait à lever les épaules en homme qui veut se faire un mérite d'avoir donné un bon conseil à un ami opiniâtre, et qui ne veut pas qu'on ait à lui reprocher les conséquences de son opiniâtreté.

Quant au père, sa table et son meilleur vin, dont il faisait plus de profusion qu'il n'était nécessaire, étaient au service de son jeune ami, ainsi que ses avis et tout son crédit pour la suite de ses affaires. Mais le crédit dont jouissait le comte d'Huntinglen avait plus d'apparence que de réalité; la faveur qu'il avait acquise en défendant courageusement la personne du roi avait été si maladroitement employée par lui-même, et se trouvait si facilement éludée par les ministres et les favoris du souverain, qu'à l'exception d'une ou deux occasions où ce prince avait été pris, on pourrait dire par surprise, comme dans l'affaire de lord Glenvarloch, il n'avait jamais efficacement profité des bontés du roi, ni pour lui ni pour ses amis.

— Jamais, dit un jour à Nigel lord Dalgarno, qui, connaissant plus à fond la cour d'Angleterre, voyait ce qui manquait à son père pour y réussir; jamais il n'a existé un homme qui ait eu plus complètement en son pouvoir les moyens d'élever sa fortune que mon pauvre père. Il avait acquis le droit de construire, marche par marche, avec lenteur et sûreté, l'édifice de son élévation, en faisant de la faveur qu'il aurait reçue chaque année un point d'appui pour parvenir encore plus haut la suivante. — Mais votre fortune ne fera pas naufrage sur la même côte, Nigel. Si j'ai moins de moyens d'influence que mon père n'en a, ou plutôt n'en avait, et dont il ne s'est servi que pour obtenir des tonneaux de vin des Canaries, des faucons, des chiens, et autres fadaises semblables, je suis plus en état que lui de faire valoir ceux que je possède, et je les emploierai tous pour vous servir. — Ne soyez ni surpris ni offensé, mon cher Nigel, si vous me voyez maintenant moins fréquemment que de coutume. La saison de la chasse au cerf vient de commencer, et le prince exige que je le suive plus fréquemment. Il faut aussi que je redouble d'assiduité auprès du duc, afin de pouvoir plaider votre cause quand l'occasion s'en présente.

— Je n'ai pas de cause à plaider auprès du duc, répondit Nigel d'un ton grave; je vous l'ai déjà dit bien souvent.

— Ce que je veux dire, esprit soupçonneux et entêté, répliqua Dalgarno, c'est que je plaiderai votre cause devant lui comme je plaide maintenant la sienne devant vous. Je ne demande qu'une part dans la bénédiction favorite du roi notre maître : *beati pacifici* ¹*!*

Maintes fois les conversations de lord Glenvarloch, tant avec le vieux comte qu'avec son fils, prirent la même tournure, et se terminèrent de même. Il lui sembla quelquefois que le crédit de l'un et de l'autre, pour ne rien dire de l'influence invisible et secrète, mais non moins certaine, de lady Blackchester, aurait pu accélérer un peu la marche d'une affaire aussi simple que la sienne. Mais il était impossible de douter de l'honneur et de la franchise du père, de l'amitié ardente et officieuse du fils; et il n'était pas aisé de supposer que la protection d'une dame qui le recevait avec tant de distinction pût lui manquer si elle pouvait lui devenir utile.

Nigel sentait d'ailleurs la vérité de ce que lord Dalgarno lui avait dit plus d'une fois, que, le favori étant supposé son ennemi, le plus mince commis par les mains duquel son affaire devait nécessairement passer voudrait se faire un mérite de multiplier des obstacles qu'il ne pouvait surmonter que par la patience et la fermeté, à moins qu'il ne voulût fermer la brèche, comme le disait lord Dalgarno, en faisant sa paix avec le duc de Buckingham.

Nigel, en cette occasion, aurait pu avoir recours aux avis de son ami George Heriot; et il n'aurait sans doute pas manqué de le consulter, s'en étant déjà si bien trouvé. Mais la seule fois qu'il le vit, depuis leur visite à la cour, il trouva le digne citadin faisant à la hâte ses préparatifs pour un voyage de Paris, où il devait se rendre, par commission spéciale de la cour et du duc de Buckingham, pour affaire très-importante concernant sa profession, et qui paraissait devoir lui rapporter de grands bénéfices. Le brave homme sourit en nommant le duc de Buckingham.

(1) Heureux les pacifiques. — Tr.

Il avait été à peu près sûr, dit-il, que sa disgrace de ce côté ne serait pas de longue durée.

Lord Glenvarloch lui témoigna sa joie de cette réconciliation, ajoutant que rien ne lui avait été plus pénible que de penser que l'intérêt que lui témoignait maître Heriot aurait pu faire encourir au digne orfèvre le mécontentement d'un favori puissant, et l'exposer même à en recevoir de mauvais offices.

— Milord, répondit Heriot, je ferais bien des choses pour le fils de votre père ; et cependant, si je me connais bien, je ferais, certes, par amour de la justice, pour un homme qui m'inspirerait bien moins d'intérêt, tout ce que je me suis hasardé à faire pour vous. Mais, comme nous ne nous reverrons pas d'ici à quelque temps, il faut que je vous confie à votre propre prudence pour la suite de cette affaire.

Ils se séparèrent avec toutes les marques d'une affection réciproque.

Il s'était aussi opéré dans la situation de lord Glenvarloch d'autres changemens dont il convient que nous disions quelques mots. Ses occupations actuelles et les habitudes d'amusement qu'il avait contractées lui rendaient incommode son logement, situé loin dans la Cité. Peut-être aussi commençait-il à rougir un peu de l'humble appartement d'une rue obscure sur le quai de Saint-Paul, et désirait-il se loger d'une manière un peu plus convenable à son rang. En conséquence il avait loué un petit appartement garni près du Temple. Il en fut pourtant presque fâché quand il vit que son départ semblait faire quelque peine à John Christie, et en causait beaucoup à sa bonne et officieuse hôtesse. Le mari, qui était d'un caractère grave et taciturne, se borna à dire qu'il espérait que tout avait été chez lui au gré de lord Glenvarloch, et qu'il ne les quittait point par suite de quelque négligence dont il aurait eu à se plaindre. Mais une larme brilla dans les yeux de la dame Nelly quand elle fit l'énumération de toutes les améliorations qu'elle avait faites dans l'appartement, pour le rendre plus commode à Sa Seigneurie.

— Il y avait une grande caisse, dit-elle, qu'elle avait fait porter dans la petite chambre que le garçon de boutique occupait au grenier, quoiqu'il ne lui restât que dix-huit pouces de terrain pour gagner son lit; et Dieu savait, — car elle n'en savait rien, — s'il serait possible de la redescendre par un escalier si étroit. Ensuite, elle avait fait changer le cabinet en alcôve, ce qui lui avait coûté vingt bons shillings; et bien certainement le cabinet eût été plus commode pour tout autre locataire que pour Sa Seigneurie. Elle avait aussi acheté du linge tout exprès pour lui. Mais enfin il fallait que la volonté du ciel s'accomplît. Elle ne manquait pas de résignation.

Il n'est personne qui ne soit flatté de recevoir des marques d'attachement personnel, et le cœur de Nigel lui faisait réellement quelques reproches, comme si l'amélioration qu'il avait lieu d'espérer dans sa fortune lui faisait déjà dédaigner l'humble toit qui l'avait couvert dans des temps moins heureux, les soins de ses pauvres amis et les services qu'il en recevait naguère comme autant de faveurs. Il ne manqua pas d'alléger les regrets de ses hôtes par des assurances d'amitié et par un paiement aussi libéral qu'il put le faire accepter; un baiser donné sur les jolies lèvres de dame Nelly scella son pardon à l'instant de son départ.

Richie Moniplies resta un instant après son maître, pour demander à John Christie si, en cas de besoin, il ne pourrait faciliter à un brave Écossais les moyens de retourner en son pays. John lui ayant répondu affirmativement:— En ce cas, lui dit-il en partant, je vous rappellerai bientôt cette promesse; car si mon maître n'est pas fatigué de cette vie de Londres, je connais quelqu'un qui en est tout-à-fait las; ce quelqu'un c'est moi. Je suis déterminé à revoir Arthur's Seat [1] avant d'être plus vieux d'une semaine.

CHAPITRE XIV.

« Bingo ! Bingo ! viens donc ! ici, monsieur, ici !
« —Mais je l'appelle en vain, il est déjà parti.
« Il prétend au logis rentrer avant son maître;
« C'est le plus entêté des chiens nés comme à naître.
« Il m'aime cependant, j'en suis sûr, et jamais
« Mendiant n'aima mieux les dons qui lui sont faits.
« Mais quand Bingo se met quelque caprice en tête,
« Il faut qu'il se le passe, il n'est rien qui l'arrête.
« On fixerait plutôt la maîtresse d'un grand. »

Le Magister et son chien.

RICHIE MONIPLIES fut fidèle à sa parole. Deux ou trois jours après que son jeune maître se fut installé dans son nouvel appartement, il parut devant Nigel à l'instant où celui-ci allait s'habiller, s'étant levé beaucoup plus tard qu'il n'avait naguère coutume de le faire.

Lord Glenvarloch, en jetant les yeux sur son domestique, reconnut qu'indépendamment de l'air solennel qu'avait toujours sa physionomie, il s'y trouvait une expression qui annonçait un nouveau degré d'importance qu'il voulait prendre, ou un mécontentement extraordinaire, peut-être même l'un et l'autre

— Hé bien, Richie, lui dit-il, qu'avez-vous donc ce matin? pourquoi votre figure ressemble-t-elle à celles de ces statues grossières qui sont sur ces gouttières? Et il lui

(1) Eminence qui domine Edimbourg et le sublime paysage de ses environs. *Voy.* les *Vues pittoresques d'Ecosse.* —ED.

montrait du doigt le haut de l'église gothique du Temple, qu'on apercevait de la fenêtre.

Richie tourna la tête à droite, mais avec la même lenteur et les mêmes précautions que s'il eût eu un torticolis ; et reprenant sa première posture : — Qu'importe? dit-il ; ce n'est pas de pareilles choses que j'ai à vous parler.

— Et de quoi donc avez-vous à me parler? lui demanda son maître, que les circonstances avaient habitué à souffrir la familiarité de son valet.

— Milord... répondit Richie, et il s'arrêta pour tousser, comme si ce qu'il avait à dire s'arrêtait à sa gorge.

— Je devine le mystère, Richie, dit Nigel ; vous voudriez quelque argent. Hé bien, cinq pièces d'or vous suffiront-elles en ce moment?

— Il est probable que j'aurai besoin d'un peu d'argent, milord; je suis ravi et en même temps fâché qu'il soit moins rare dans la poche de Votre Seigneurie qu'autrefois.

— Ravi et fâché! Vous me donnez des énigmes à deviner, Richie.

— Vous en aurez bientôt le mot, milord. Je viens prendre les ordres de Votre Seigneurie pour l'Ecosse.

— Pour l'Ecosse! êtes-vous fou? ne pouvez-vous attendre pour y retourner avec moi?

— Je ne pourrais plus guère vous être utile, milord, puisque vous allez prendre un page et un laquais.

— Quoi donc! sot jaloux que vous êtes, ne voyez-vous pas que votre fardeau en deviendra plus léger? Allez déjeuner, et buvez double dose d'ale pour vous chasser cette absurde fantaisie de la tête. Je me fâcherais sérieusement contre vous, si je ne me souvenais que vous m'êtes resté fidèlement attaché pendant l'adversité.

— L'adversité ne nous aurait jamais séparés, milord, dit Richie. Il me semble qu'au pis-aller j'aurais jeûné aussi bravement que Votre Seigneurie, et même encore mieux, y étant en quelque sorte accoutumé; car quoique je sois né dans l'étal d'un boucher, je n'ai pas toujours été nourri de tranches de bœuf.

— Que signifie tout ce bavardage? s'écria Nigel; n'avez-vous d'autre but que de me faire perdre patience? Vous savez bien que quand j'aurais vingt domestiques à mon service, il n'en existerait pas un seul que je préférasse au fidèle serviteur qui a été mon compagnon d'infortune. Mais il est tout-à-fait déraisonnable de venir me tourmenter de vos graves caprices.

— En déclarant que vous avez de l'attachement pour moi, milord, vous faites une chose qui vous est honorable, et j'ose dire humblement que je n'en suis pas tout-à-fait indigne. Et cependant il faut que nous nous séparions.

— Et, de par le ciel! quelle en est la cause, si nous sommes mutuellement satisfaits l'un de l'autre?

— La manière dont Votre Seigneurie emploie son temps, milord, est telle que je ne puis la sanctionner par ma présence.

— Que voulez-vous dire, drôle? reprit son maître d'un ton courroucé.

— Sauf respect, milord, ce n'est pas jouer franc jeu que de vous fâcher quand je parle comme quand je garde le silence. Si vous voulez écouter avec patience les motifs de mon départ, il peut se faire que vous vous en trouviez bien dans ce monde et dans l'autre; sinon, permettez-moi de partir en silence, et qu'il n'en soit plus question.

— Parlez, expliquez-vous; rappelez-vous seulement à qui vous parlez.

— Je parle avec toute humilité, milord, répondit Moniplies avec un air de plus d'importance et de dignité que jamais; mais croyez-vous que cette vie que vous menez, en jouant aux dés et aux cartes, en courant les tavernes et les spectacles, convienne à Votre Seigneurie?

Quant à moi, je suis sûr qu'elle ne me convient pas.

— Êtes-vous donc devenu précisien ou puritain, fou que vous êtes? lui demanda lord Glenvarloch en riant; mais, se trouvant partagé entre le sentiment de la honte et celui de la colère, ce ne fut pas sans quelque peine qu'il put donner à ses traits une expression riante.

— Je comprends ce que veut dire cette question, milord. Il est possible que je sois un peu précisien, et je voudrais qu'il plût au ciel que je fusse digne de ce nom. Mais laissons cela de côté. J'ai rempli mes devoirs de serviteur autant que le permet ma conscience écossaise. Quand je me trouve dans un pays étranger, je puis parler en faveur de mon maître et de mon pays, quand même je devrais laisser la pure vérité quelque part derrière moi. Je donnerais volontiers une bonne taloche à quiconque parlerait mal de l'un ou de l'autre, et je m'exposerais même à en recevoir une au besoin; mais les maisons de jeu, les tavernes et les théâtres ne sont pas mon élément : je ne puis y trouver l'air qu'il me faut pour vivre. — Et quand j'entends dire que Votre Seigneurie a gagné l'argent de quelque pauvre diable qui peut en avoir grand besoin... Sur mon ame! si vous en étiez réduit là, j'aimerais mieux sauter par-dessus une haie avec Votre Seigneurie, et crier halte-là! au premier fermier qui reviendrait du marché de Smithfield avec le prix de ses veaux d'Essex dans son sac de cuir.

— Quelle folie! s'écria Nigel, qui n'était pourtant pas sourd aux reproches que lui faisait sa conscience; je ne joue jamais que de petites sommes.

— Sans doute, milord, reprit l'inflexible serviteur; et, toujours sauf votre respect, cela n'en est que pire. Si vous jouiez avec vos égaux, le péché serait le même, mais du moins il y aurait plus d'honneur aux yeux du monde. Votre Seigneurie sait, ou peut savoir par sa propre expérience, qui ne date encore que de quelques semaines, qu'une petite somme fait un grand vide dans la poche de celui qui n'en a pas d'autres. Et, pour être franc avec vous, j'ajouterai qu'on a remarqué que Votre Seigneurie ne joue qu'avec ces pauvres créatures égarées qui n'ont le moyen de perdre que de petits enjeux.

— Qui oserait parler ainsi? s'écria Nigel d'un ton courroucé. Je joue avec qui bon me semble, et je ne risque que ce qu'il me plaît.

— C'est justement ce qu'on dit, milord, répondit l'impitoyable Richie, que son goût naturel pour sermonner et son éducation grossière empêchaient d'avoir une idée de ce qu'il faisait souffrir à son maître. Ce sont précisément les mots dont on se sert. Hier encore, à cet Ordinaire, il plut à Votre Seigneurie de gagner cinq livres sterling ou environ à ce jeune homme, ce demi-gentilhomme à pourpoint de velours cramoisi et à chapeau à plumet, celui qui s'est battu avec ce fanfaron de capitaine; hé bien! je l'ai vu sortir de la salle, et, s'il lui restait *croix et pile* dans la poche, je n'ai jamais vu un homme ruiné.

— Impossible! Qui est-il donc? il avait l'air d'un homme riche.

— Tout ce qui reluit n'est pas or, milord; les broderies et les boutons d'argent vident les poches. Et si vous demandez qui il est... il est possible que je m'en doute et que je ne me soucie pas de le dire.

— Du moins, si je lui ai fait tort, dites-moi comment je puis le réparer.

— Ne vous inquiétez pas, milord; toujours sauf respect. On aura convenablement soin de lui par la suite. Ne pensez à lui que comme à un homme qui s'en allait au diable en poste, et à qui Votre Seigneurie a donné un coup d'épaule en chemin pour le pousser plus vite. Mais je l'arrêterai, si la raison le peut. Ainsi Votre Seigneurie n'a pas besoin de me faire plus de questions à ce sujet, car il n'est pas nécessaire que vous en sachiez davantage, tout au contraire.

— Ecoutez-moi, coquin, s'écria Nigel; j'ai eu mes raisons pour souffrir la liberté que vous prenez avec moi, mais n'abusez pas plus long-temps de ma bonté. Vous voulez partir? hé bien! au nom du ciel! partez. Voici de quoi faire votre voyage. En même temps il lui mit en main quelques pièces d'or, que Richie compta l'une après l'autre avec beaucoup d'attention.

— Hé bien! trouvez-vous votre compte? demanda Nigel, très-piqué de la présomption avec laquelle Richie venait de lui donner une leçon de morale, quelqu'une des pièces vous paraît-elle trop légère? Qui diable vous retient, quand vous étiez si pressé de partir il y a cinq minutes?

— Le compte est juste, répondit Richie avec une gravité imperturbable; et, quant au poids, quoique les gens de ce pays soient tellement difficiles qu'ils font la grimace à une pièce qui est un peu légère ou dont le bord est écorné, on sautera après celle-ci à Edimbourg, comme un coq après un grain d'orge. Les pièces d'or n'y sont pas en si grande abondance, malheureusement.

— Vous n'en êtes que plus fou, dit Nigel, dont la colère n'était jamais que momentanée, de quitter un pays où l'on n'en manque pas.

— Pour vous parler franchement, milord, répliqua Richie, la grace de Dieu vaut mieux que des pièces d'or. Quand Goblin, comme vous appelez ce monsieur Lutin, et qu'on pourrait aussi bien nommer Gibet, car c'est là qu'il finira, vous recommandera un page, vous n'entendrez pas sortir de sa bouche une doctrine semblable à celle que je viens de vous prêcher. Mais quand ce seraient mes dernières paroles, milord, ajouta Richie en élevant la voix, je dois vous dire que vous êtes dans le mauvais chemin; que vous êtes sorti de la route sur laquelle votre honorable père a toujours marché; et, qui pis est, et encore sauf respect, que vous allez au diable avec un torchon attaché à votre dos; car ceux qui vous font mener cette vie désordonnée sont les premiers à rire à vos dépens.

— A rire à mes dépens! répéta Nigel, qui, comme la plupart des jeunes gens, était plus sensible au ridicule qu'à la raison. Qui ose rire à mes dépens?

— Milord, aussi vrai que je vis de pain, aussi vrai que je vous suis fidèle, — et je pense que Votre Seigneurie n'a jamais entendu que la vérité sortir de la bouche de Richie, à moins qu'il n'y allât de l'honneur de Votre Seigneurie ou de celui de mon pays, ou que quelque petite raison d'intérêt particulière ne m'obligeât à la déguiser; — je vous dis donc, avec toute vérité, que, quand je vis cette pauvre créature traverser le vestibule, à cet Ordinaire qui (Dieu me pardonne de jurer) est maudit de Dieu et des hommes, quand je la vis passer grinçant les dents, les poings serrés, et son chapeau enfoncé sur ses sourcils comme un homme au désespoir, Lutin me dit : — Voilà un poulet de basse-cour que votre maître a joliment plumé; mais il se passera du temps avant qu'il arrache une plume à un coq de combat. — Ainsi donc, milord, pour tout vous dire, les laquais et les maîtres, et surtout votre ami intime, lord Dalgarno, vous appellent l'épervier aux moineaux. J'avais quelque idée de frotter les épaules à Lutin pour un tel discours; mais, après tout, cela ne valait pas une dispute.

— Se sont-ils servis de pareils termes? s'écria lord Nigel. — Mort et diable!

— Et diablesse aussi, milord; car tous trois sont affairés à Londres; — et d'ailleurs Lutin et son maître se moquent de vous, en disant que vous avez voulu faire croire que vous étiez au mieux avec la femme du brave et honnête homme dont vous avez quitté la maison parce qu'elle n'était pas digne de votre nouvelle élégance ; tandis qu'ils disaient, les maudits menteurs, que, tout en prétendant à ses bonnes graces, vous n'aviez pas eu le courage de soutenir une querelle pour elle, et que l'épervier avait été trop lâche pour fondre sur la femme d'un marchand de fromage.

Il se tut un moment, et regarda en face son maître, qui rougissait jusqu'au blanc des yeux, de honte et de colère. — Milord, continua-t-il ensuite, je vous ai rendu justice en moi-même, et je me la suis rendue aussi ; car, pensai-je, il se serait plongé dans cette sorte de déréglement comme dans les autres, sans les bons soins de Richie.

— De quelles nouvelles sottises avez-vous encore à me tourmenter ? dit lord Glenvarloch ; mais continuez, puisque c'est la dernière fois que je dois être ennuyé de vos impertinences ; voyons, profitez du peu d'instans qui vous restent.

— En conscience, c'est bien ce que j'ai envie de faire ; et, puisque le ciel m'a donné une langue pour parler et donner des avis.....

— Don du ciel qu'on ne peut vous accuser de ne pas mettre à profit, dit lord Nigel en l'interrompant.

— C'est la vérité, milord, répondit Richie en faisant un signe de la main comme pour demander à son maître silence et attention ; et j'espère que vous y penserez encore quelquefois par la suite. Comme je vais quitter votre service, il est à propos que vous sachiez la vérité, afin que vous considériez les pièges auxquels votre innocence et votre jeunesse peuvent être exposées quand vous n'aurez plus près de vous des têtes plus vieilles et plus sages. Il faut que vous sachiez, milord, qu'il est venu une commère de bonne mine, d'une quarantaine d'années ou environ, qui m'a fait bien des questions sur vous.

— Hé bien! que me voulait-elle?

— D'abord, milord, je vous dirai que, comme elle paraissait une femme de bonnes manières, et qui prenait plaisir à une conversation sensée, je n'ai pas fait difficulté de m'entretenir avec elle.

— J'en suis certain, — ni de lui conter toutes mes affaires.

— Qui? moi! milord, non vraiment! quoiqu'elle m'ait fait bien des questions sur votre réputation, votre fortune, l'affaire qui vous avait amené ici, et beaucoup d'autres encore, je n'ai pas jugé à propos de lui dire tout-à-fait la vérité sur tout cela.

— Je ne vois pas quel besoin vous aviez de mentir ou de dire la vérité à cette femme sur des choses qui ne la regardaient pas.

— C'est ce que j'ai pensé aussi, milord; et partant je ne lui ai dit ni vérité ni mensonge.

— Et que lui avez-vous dit, bavard éternel? s'écria son maître impatienté, et curieux pourtant de savoir à quoi tout cela aboutirait.

— Je lui ai dit sur votre fortune et sur tout le reste quelque chose qui n'est pas exactement la vérité en ce moment, mais qui fut vrai, qui devrait encore être vrai à présent, et qui, j'espère, sera vrai bientôt, c'est-à-dire que vous avez de belles terres, tandis que la vérité est seulement que vous y avez droit. Nous eûmes une conversation agréable sur ce sujet et sur plusieurs autres; mais enfin elle me montra le pied fourchu [1], en me parlant d'une jolie fille qui, me dit-elle, avait de bonnes intentions pour Votre Seigneurie; et elle aurait voulu vous en parler à vous-même; mais, dès le premier mot, je vis que ce n'était pas autre chose que..... Et il finit en sifflant d'une manière expressive.

(1) Expression proverbiale qui revient souvent en anglais pour désigner le diable
—Ed.

— Et que fit votre sagesse dans une telle circonstance? demanda lord Nigel, qui, malgré son mécontentement, eut peine à s'empêcher de rire.

— Je la regardai d'un air, milord, répondit Richie en fronçant les sourcils, — d'un air qui aurait dû la faire rougir d'un tel métier. Je lui reprochai l'énormité de ses fautes, et je la menaçai du *ducking-stool*[1]. De son côté, elle m'injuria, m'appela insolent, manant d'Ecossais; et nous nous séparâmes pour ne plus nous revoir, à ce que j'espère. Ainsi donc, milord, je me plaçai entre Votre Seigneurie et une tentation qui aurait été plus forte que l'Ordinaire et le théâtre, puisque vous savez ce que Salomon, roi des Juifs, dit de la femme étrangère : car, me dis-je à moi-même, nous sommes déjà dans les dés; si nous donnons maintenant dans les femmes, Dieu sait ce qui viendra ensuite.

— Votre impertinence mériterait punition; mais comme c'est la dernière fois que j'aurai à vous pardonner, d'ici à quelque temps du moins, je vous la pardonne; et, puisque nous allons nous séparer, je me bornerai à vous dire, relativement aux précautions que vous avez cru devoir prendre pour moi, que je crois que vous auriez mieux fait de me laisser agir comme je l'aurais jugé convenable.

— Mieux! — pas du tout, milord, pas du tout; nous sommes tous de fragiles créatures, et nous voyons plus clair dans les affaires des autres que dans les nôtres. Et, quant à moi-même, excepté le cas de la *surplique*, ce qui aurait pu arriver à tout autre, j'ai toujours remarqué que j'agissais avec beaucoup plus de prudence en ce qui concernait les intérêts de Votre Seigneurie qu'en ce qui tou-

---

(1) Littéralement de la *chaise à plongeon*, appelée aussi *cucking-stool*, du mot saxon *kaker* (espèce de pilon). Ce supplice consistait à fixer le délinquant sur un tabouret ou chaise attaché à une longue poutre qui s'abaissait soudain dans un bassin ou une marre : cette espèce de *bain de surprise* était non-seulement le châtiment infligé aux femmes de mauvaise vie, mais quelquefois aussi, dans l'origine, aux boulangers en contravention aux lois. — Ed.

chait les miens, qui n'ont jamais passé qu'en dernier, comme c'était mon devoir.

— Je vous crois, dit lord Glenvarloch, car je vous ai toujours reconnu fidèle et attaché; mais puisque Londres vous plaît si peu, Richie, je vous dirai un court adieu : vous pouvez aller à Edimbourg jusqu'à ce que j'y retourne moi-même, et alors je présume que vous rentrerez à mon service.

— Que le ciel vous bénisse pour cette parole, milord! dit Moniplies en levant les yeux en l'air. Depuis quinze jours je n'en ai pas entendu sortir de la bouche de Votre Seigneurie une seule dont le son me fût aussi agréable. Adieu, milord.

En parlant ainsi il étendit sa grande main décharnée, saisit celle de lord Glenvarloch, la porta à ses lèvres, tourna sur ses talons, et sortit précipitamment, comme s'il eût craint de montrer plus d'émotion que le décorum ne le permettait. Lord Nigel, un peu surpris de cette sortie subite, le rappela en lui demandant s'il croyait avoir assez d'argent : mais Richie, tout en secouant la tête d'un air affirmatif, sans lui faire aucune réponse, descendit l'escalier en courant, ferma la porte de la maison avec grand bruit en sortant, et s'éloigna à grands pas dans le Strand.

Son maître s'approcha d'une fenêtre presque involontairement, suivit des yeux son ancien serviteur, le distingua quelque temps parmi les passans, à sa grande taille, et le perdit enfin de vue dans la foule.

Les réflexions auxquelles il se livrait n'étaient pas celles d'un homme qui approuve sa propre conduite. Il ne pouvait s'empêcher de s'avouer à lui-même que ce n'était pas un bon signe de voir qu'un si fidèle serviteur n'était plus animé par le même orgueil d'être à son service, par le même attachement pour sa personne. Il sentait même quelques remords de conscience en reconnaissant qu'il pouvait y avoir quelque vérité dans les reproches que Richie, naguère serviteur si éprouvé, venait de lui faire; il ne put échapper à un sentiment de honte et de mortification en songeant aux couleurs sous lesquelles on représentait ce qu'il appelait sa prudence et sa modération au jeu. Sa seule excuse était qu'il n'avait jamais considéré sa conduite sous ce point de vue.

D'une autre part, l'orgueil et l'amour-propre lui suggéraient que Richie, avec toutes ses bonnes intentions, n'était autre chose qu'un domestique qui s'en faisait accroire. — Richie, pensait-il, aurait voulu jouer le rôle de précepteur, au lieu de se borner à celui de laquais : par affection, comme il le disait, pour la personne de son maître, il s'arrogeait le droit de surveiller ma conduite et de critiquer mes actions ; Richie, enfin, me rendait ridicule par ses manières antiques, et par une présomption qui passait toutes les bornes.

Nigel venait à peine de se retirer de la croisée quand son nouvel hôte, entrant dans son appartement, lui présenta un papier bien plié, soigneusement entouré d'un écheveau de soie, et scellé avec précaution. Il lui avait été remis, dit-il, par une femme qui ne s'était pas arrêtée un instant. Ce qu'il y lut attaquait la même corde que Richie Moniplies venait déjà de toucher, car l'épître était conçue dans les termes suivans :

« *A l'honorable lord Glenvarloch, de la part d'un ami inconnu.*

« Milord ;

« Vous donnez votre confiance à un faux ami, et vous
« perdez une bonne réputation. Un ami inconnu de Votre
« Seigneurie vous dira en deux mots ce que des flatteurs
« ne vous apprendraient pas en autant de jours qu'il en fau-
« drait seulement pour achever votre ruine. Celui que vous
« regardez comme votre plus sincère ami, lord Dalgarno,
« vous trahit; et, sous le masque de l'amitié, il ne cherche

«qu'à nuire à votre fortune, et à vous faire perdre la
« bonne renommée qui pourrait l'améliorer. Le bon ac-
« cueil qu'il vous fait est plus dangereux que la froideur
« du prince; de même qu'il est plus honteux de gagner à
« l'Ordinaire de Beaujeu que d'y perdre. Gardez-vous de
« l'un et de l'autre. Cet avis vous est donné par un ami
« véritable, quoiqu'il ne vous fasse pas connaître son nom.

« Ignoto. »

Lord Glenvarloch réfléchit un instant, froissa le papier entre ses doigts, l'ouvrit de nouveau, le relut, réfléchit encore, et s'écria en le déchirant en mille pièces :

— Vile calomnie! Mais je veillerai, j'observerai.

Les pensées se succédaient en foule dans son esprit; mais lord Glenvarloch était si peu satisfait du résultat de ses réflexions, qu'il résolut de s'en distraire en allant faire un tour de promenade dans le parc; et, prenant son manteau, il s'y rendit en effet.

CHAPITRE XV.

« De l'agile Snowball la tête grisonnait,
« Quand un malheureux lièvre à ses yeux se présente.
« — Qui ne connaît Snowball, dont la race vaillante
« Brille encore à Swaffham et même à Newmarket ?
« En vain pour fuir la mort qui l'attend, le pauvret
« A recours à la fuite, a recours à la ruse ;
« Snowball est trop malin pour qu'un lièvre l'abuse,
« Et le lièvre forcé meurt au coin d'un buisson.
« C'est ainsi qu'un beau jour un maudit mirmidon,
« Coudoyant les passans sans épargner les dames,
« Se mit à ma poursuite au milieu de Saint-James,
« Parcourut sur mes pas la ville et les faubourgs,
« Et m'atteignit enfin malgré tous mes détours. »

ETC., ETC., ETC.

Le parc de Saint-James, quoique agrandi, planté de belles allées et embelli sur d'autres plans par Charles II, était déjà, sous le règne de son aïeul, une promenade publique fort agréable, fréquentée par la meilleure compagnie, qui y allait pour prendre de l'exercice ou pour passer le temps.

Lord Glenvarloch s'y rendit pour chasser de son esprit les réflexions désagréables qu'y avaient fait naître d'abord sa séparation d'avec son fidèle serviteur Richie Moniplies, d'une manière peu flatteuse soit pour son amour-propre, soit pour sa délicatesse, et ensuite la lettre anonyme qui semblait confirmer tout ce qui lui avait été dit dans la conversation rapportée à la fin du chapitre précédent.

Il y avait foule dans le parc lorsqu'il y arriva ; mais, la situation où se trouvait alors son esprit le portant à éviter toute société, il s'éloigna des allées les plus fréquentées, c'est-à-dire de celles qui étaient voisines de Westminster et de Whitehall, et s'avança vers le nord, ou, comme nous le dirions aujourd'hui, du côté de Piccadilly, croyant qu'il pourrait s'y livrer tranquillement à ses pensées, ou plutôt les combattre.

Il se trompait pourtant ; car, comme il se promenait, les mains enveloppées dans son manteau et son chapeau rabattu sur les yeux, il se vit tout à coup aborder par sir Mungo Malagrowther, qui, évitant les autres ou évité lui-même par eux, avait volontairement ou par force battu en retraite vers la partie du parc la moins fréquentée, que lord Glenvarloch avait aussi choisie pour sa promenade.

Nigel tressaillit en entendant la voix aigre, sonore et perçante du chevalier, et il fut encore plus alarmé quand il vit son grand corps maigre accourir vers lui en boitant. Il était enveloppé d'un manteau montrant la corde, et sur la surface duquel mille taches formaient une bigarrure sur l'écarlate, qui en était la couleur primitive. Sa tête était presque cachée sous un vieux bonnet de castor entouré d'une bande de velours noir au lieu de chaîne, et surmonté d'une plume de chapon en guise de plume d'autruche.

Lord Glenvarloch aurait volontiers pris la fuite ; mais, comme le disent les vers que nous avons mis en tête de ce chapitre, un lièvre a peu de chances pour échapper à la poursuite d'un lévrier expérimenté. Sir Mungo, pour continuer la métaphore, avait appris depuis longtemps à *courre sus*, et était certain de *forcer* le gibier qu'il poursuivait. Nigel se trouva donc obligé de s'arrêter, et de répondre à la question si usée : — Quelles nouvelles aujourd'hui ?

— Rien d'extraordinaire, je crois, répondit le jeune lord en essayant de passer outre.

— Oh ! vous allez à l'Ordinaire français ? dit sir Mungo ; mais il est encore de bonne heure, et nous avons le temps de faire un tour de parc. Cela vous aiguisera l'appétit.

En disant ces mots, il glissa son bras sous celui de sa victime, malgré toute la résistance que la politesse permit à Nigel de faire; et, se trouvant ainsi maître de sa prise, il s'avança en la remorquant.

Nigel resta sérieux et taciturne, dans l'espoir de se débarrasser de son désagréable compagnon; mais sir Mungo avait décidé que, si le jeune lord ne parlait pas, du moins il entendrait parler.

— Vous allez probablement dîner à l'Ordinaire, milord? C'est on ne peut mieux; on y trouve une compagnie d'élite, parfaitement choisie, à ce qu'on m'a assuré. C'est sans doute une société telle qu'on doit désirer que tous les jeunes gens de qualité en fréquentent. — Votre digne père aurait certainement été ravi de vous y voir.

— Je crois, dit lord Glenvarloch, se croyant obligé de dire quelque chose, que la compagnie y est aussi bonne que celle qu'on trouve en général dans tous les endroits dont on ne peut fermer la porte à ceux qui viennent y dépenser leur argent.

— C'est vrai, milord, très-vrai, répliqua son persécuteur avec un éclat de rire bruyant et discordant. Ces boutiquiers, ces manans de citadins ne demandent qu'à se glisser parmi nous, s'ils trouvent seulement une porte entr'ouverte. Et quel remède y a-t-il à cela? Je n'en vois qu'un seul, c'est de leur gagner l'argent qui leur donne tant d'impudence. Tondez-les de près, milord; brûlez-leur le poil, comme une cuisinière fait au rat qui se laisse prendre, et je vous réponds qu'ils n'y reviendront plus de long-temps. Oui, oui, je vous le répète, il faut les plumer; et les chapons lardés n'oseront plus prendre un vol si élevé au milieu des autours et des éperviers.

Et, tout en parlant ainsi, sir Mungo fixait sur Nigel ses yeux gris, vifs et perçans, cherchant à voir l'effet que produirait son sarcasme, comme un chirurgien, dans une opération délicate, suit les progrès de son scalpel anatomique.

Quoique Nigel désirât cacher ses sensations, il ne put priver celui qui le tourmentait du plaisir de voir ce qu'il souffrait dans cette opération morale. Il rougit de colère et d'indignation; mais il comprit qu'une querelle avec sir Mungo Malagrowther ne ferait que le rendre souverainement ridicule, et il se borna à murmurer à demi-voix ces mots : — Fat impertinent! et, pour cette fois, la surdité ne l'empêcha pas de les entendre; mais il en détourna l'application.

— Oui, sans doute, sans doute, c'est la vérité; ce sont de fats impertinens de se montrer ainsi dans la société de gens qui valent mieux qu'eux, s'écria le caustique courtisan. — Mais Votre Seigneurie sait en tirer parti. Vous avez la main sur eux. On a raconté, vendredi dernier, en présence du roi, un bon tour que vous avez joué à un jeune boutiquier à qui vous avez fait faire naufrage corps et biens, emportant ses *spolia opima*[1], tout l'or qu'il avait sur lui, jusqu'aux boutons d'argent de son habit, en l'envoyant brouter l'herbe avec Nabuchodonosor, roi de Babylone. Cela fait honneur à Votre Seigneurie. On dit que le faquin s'est jeté dans la Tamise de désespoir; mais il reste encore assez de ces manans : on perdit bien plus d'hommes à la bataille de Flodden.

— On vous a conté un tissu de mensonges en ce qui me concerne, sir Mungo, s'écria Nigel d'une voix haute et d'un ton sérieux.

— Rien n'est plus probable, répondit sir Mungo; on ne fait que mentir à la cour. Ainsi donc le pauvre diable n'est pas noyé. C'est dommage; mais je n'ai jamais cru cette partie de l'histoire : un marchand de Londres a plus de bon sens dans sa colère. Je parierais que le drôle est

[1] Dépouilles opimes. — Tr.

en ce moment, un balai à la main, cherchant dans les ruisseaux de la Cité quelques clous rouillés pour se faire une nouvelle pacotille. On dit qu'il a trois enfans : ils lui seront d'un grand secours pour l'aider à nettoyer le Strand; et, s'il a du bonheur dans ce nouveau métier, Votre Seigneurie pourra le ruiner une seconde fois.

— Cela est plus qu'insupportable! s'écria Nigel, ne sachant s'il devait se justifier avec indignation ou repousser avec dédain de son bras son cruel persécuteur; mais un moment de réflexion le convainquit que l'un ou l'autre de ces partis ne ferait que donner un air de consistance et de vérité aux bruits calomnieux dont il commençait à voir qu'on voulait noircir sa réputation, même dans les cercles les plus élevés. Il prit donc la résolution plus sage de supporter l'impertinence étudiée de sir Mungo, dans l'espoir d'apprendre, s'il était possible, de quelle source partaient des rapports si injurieux à son honneur.

Sir Mungo, suivant son usage, releva le dernier mot que venait de prononcer son compagnon, et l'interpréta à sa manière.

— Supportable, dit-il; oui, véritablement, milord, on dit que vous avez un bonheur supportable, et que vous savez mettre à l'ordre cette insigne coquette, dame Fortune; recevant ses faveurs, quand elle vous sourit, en jeune homme sage et prudent, et ne vous exposant jamais à ses rigueurs. C'est ce que j'appelle porter le bonheur dans son sac.

— Sir Mungo Malagrowther, dit lord Glenvarloch d'un ton sérieux en se tournant vers lui, ayez la bonté de m'entendre un instant.

— Aussi bien que je le pourrai, milord, aussi bien que je le pourrai, lui répéta sir Mungo en portant à son oreille un des doigts de sa main gauche : vous connaissez mon infirmité.

— Je tâcherai de parler très-distinctement, répliqua

Nigel en s'armant de patience. Vous me prenez pour un joueur de profession, mais je vous donne ma parole que vous avez été mal informé ; je ne le suis nullement. J'espère que vous me donnerez une explication sur la source d'où vous avez tiré de si faux renseignemens.

— Je n'ai jamais ni entendu dire ni pensé que vous fussiez un *grand* joueur, milord, répondit sir Mungo, qui trouva impossible d'éviter d'entendre le peu de mots que Nigel venait de prononcer de la manière la plus distincte. Je vous le répète, je n'ai jamais entendu dire, ni dit, ni pensé que vous fussiez un *grand* joueur, un de ceux qu'on appelle de la première classe. Faites attention à ma distinction, milord : j'appelle un joueur celui qui joue avec des gens possédant la même science que lui, pouvant jouer le même jeu, et qui s'expose à la fortune, bonne ou mauvaise. J'appelle un grand joueur, ou joueur de la première classe, celui qui joue franchement gros jeu. Mais l'homme assez prudent et assez patient pour ne jamais risquer que de petites sommes, assez considérables, tout au plus, pour faire un trou à la bourse de l'apprenti d'un épicier ; celui qui, ayant la sienne mieux garnie, peut toujours attendre l'instant où la fortune le favorise, pour vider celle des autres, et qui quitte le jeu dès qu'elle lui devient contraire ; celui-là, milord, je ne l'appelle ni joueur ni grand joueur, quel que soit le nom auquel il puisse avoir droit.

— Et vous voudriez me donner à entendre, s'écria lord Glenvarloch, que je suis ce lâche, cette ame vile et sordide, cet homme qui craint les joueurs habiles et qui ne joue qu'avec les ignorans ; qui évite de jouer avec ses égaux pour mieux piller ses inférieurs ? Dois-je comprendre que tels sont les bruits qu'on fait courir sur moi ?

—Vous ne gagnerez rien, milord, à le prendre si haut, dit sir Mungo, qui, indépendamment de ce que son humeur caustique était soutenue par un courage naturel, comptait pleinement sur les immunités que lui avaient assurées l'épée de sir Rullion Rattray et le bâton des satellites employés par lady Cockpen.— Et au fond, continua-t-il, Votre Seigneurie sait si elle a jamais perdu plus de cinq pièces d'or en une séance, depuis qu'elle fréquente l'Ordinaire de Beaujeu, si vous n'en êtes pas ordinairement sorti en gagnant, et si les braves jeunes gens qui s'y trouvent, je parle de ceux que leur rang et leur fortune distinguent des autres, sont dans l'habitude de jouer de cette manière.

— Mon père avait raison! s'écria lord Glenvarloch dans l'amertume de son cœur, et c'est avec justice que sa malédiction m'a suivi lorsque j'ai mis le pied pour la première fois dans cet endroit. L'air y est souillé, et celui dont la fortune reste intacte y perd son honneur et sa réputation.

Sir Mungo Malagrowther, qui épiait tous les mouvemens de sa victime avec l'œil satisfait d'un pêcheur expérimenté, vit alors que s'il tirait la ligne trop brusquement, il courrait le risque de voir le fil se rompre. De peur donc de perdre sa proie, il protesta que lord Glenvarloch ne devait pas prendre sa franchise en mauvaise part.— Si vous êtes un peu circonspect dans vos amusemens, milord, ajouta-t-il, on ne peut nier que ce ne soit le meilleur moyen pour ne pas mettre en plus grand danger votre fortune, déjà dilapidée; et si vous jouez avec vos inférieurs, vous n'avez pas le désagrément de mettre en poche l'argent de vos amis et de vos égaux. D'ailleurs les coquins de plébéiens qui vous cèdent la victoire ont l'avantage *tecum certasse* [1], comme dit Ajax Telamonius *apud Metamorphoseos*. Avoir joué avec un noble écossais, c'est pour des gens comme eux une compensation honnête et suffisante de la perte de leur enjeu; perte que la plupart de ces manans sont bien en état de supporter.

(1) D'avoir combattu avec vous. — Éd.

—Quoi qu'il en soit, sir Mungo, je voudrais bien savoir...

—Bon, bon! A quoi bon s'inquiéter si ces bœufs gras de Basan sont en état ou non de supporter leur perte? Des hommes de condition ne doivent pas limiter leur jeu par égard pour une pareille canaille.

—Je vous dis, sir Mungo, que je voudrais savoir dans quelle compagnie vous avez entendu tenir des propos si offensans pour moi.

—Sans doute, milord, sans doute; j'ai toujours entendu dire, et déclaré moi-même que Votre Seigneurie voit en particulier la meilleure compagnie possible. Il y a la belle comtesse de Blackchester... — Mais je crois qu'elle ne se montre guère en public depuis son affaire avec Sa Grace le duc de Buckingham, — et puis le brave noble écossais de la vieille cour, lord Huntinglen : on ne peut nier que ce ne soit un homme de la première qualité; c'est dommage que le vin lui monte si facilement à la tête, ce qui ne laisse pas de nuire un peu à sa réputation. — Et ce jeune lord Dalgarno, cet élégant courtisan qui porte toute la prudence des cheveux gris sous des boucles qui auraient charmé l'œil d'une maîtresse. C'est une belle race! Père, fille et fils, tous sont de la même honorable famille. Je crois que nous n'avons pas besoin de parler de George Heriot, le brave et honnête homme, puisque nous nous occupons de la noblesse. Telle est la compagnie que j'ai entendu dire que vous fréquentez, milord, sans parler de celle que vous trouvez à l'Ordinaire.

—Il est vrai que mes connaissances ne s'étendent guère au-delà du cercle dont vous venez de parler; mais pour couper court...

—La cour, milord, c'est précisément ce que j'allais vous dire. Lord Dalgarno dit qu'il ne peut vous déterminer à venir à la cour, et cela vous est préjudiciable; le roi entend les autres parler de vous, quand il devrait vous voir en personne. Je vous parle d'amitié, milord. Il y a quelques jours, votre nom ayant été prononcé dans le cercle de Sa Majesté, je l'entendis s'écrier : — *Jacta est alea* [1], Glenvarlochides est devenu buveur et joueur ! — Lord Dalgarno prit votre défense ; mais sa voix fut étouffée par celle des courtisans, qui parlaient de vous comme d'un homme n'ayant de goût que pour la société de la Cité, et risquant sa couronne de baron au milieu des bonnets plats des apprentis.

— Et l'on parla ainsi de moi publiquement, en présence du roi ?

— Si l'on en parla publiquement ? Oui, sur ma parole ; c'est-à-dire chacun le chuchotait, et c'est parler aussi publiquement qu'il est possible ; car la cour n'est pas un endroit où tout le monde soit de pair à compagnon, et où l'on puisse crier comme à l'Ordinaire.

— Au diable la cour et l'Ordinaire ! s'écria Nigel avec impatience.

— De tout mon cœur, reprit le vieux cynique. Je n'ai pas gagné grand'chose à la cour en y remplissant le devoir de chevalier, et la dernière fois que j'ai été à l'Ordinaire j'y ai perdu quatre angelots.

— Puis-je vous prier, sir Mungo, de me faire connaître les noms de ceux qui prennent de telles libertés avec la réputation d'un homme qu'ils ne peuvent guère connaître, et qui ne les a jamais offensés ?

— Ne vous ai-je pas déjà dit que le roi avait dit quelque chose à ce sujet ? — Le prince en a fait autant ; et, d'après cela, vous devez bien juger que tous ceux qui ne gardaient pas le silence ont chanté la même chanson.

— Mais vous venez de me dire que lord Dalgarno a pris ma défense.

— Oh ! bien certainement ! dit sir Mungo d'un ton iro-

(1) Le sort en est jeté. — Ed.

nique; mais le jeune lord ne se fit pas long-temps écouter : il avait un gros catarrhe, et il parlait comme un corbeau enroué. S'il avait eu sa voix ordinaire, il aurait plaidé votre cause comme il plaide la sienne au besoin, et c'est toujours très-intelligiblement. — Et permettez-moi de vous demander en passant si lord Dalgarno vous a jamais présenté au duc de Buckingham ou au prince; car l'un ou l'autre aurait pu terminer votre affaire.

— Je n'ai aucun droit aux faveurs du prince ni du duc de Buckingham, répondit lord Glenvarloch. — Comme vous semblez avoir fait une étude particulière de mes affaires, sir Mungo, quoique cela ne fût peut-être pas bien nécessaire, vous pouvez avoir appris que j'ai présenté au roi une pétition pour obtenir le paiement d'une somme due à ma famille. Je ne puis douter du désir qu'a Sa Majesté de me rendre justice, et je ne puis décemment avoir recours aux sollicitations du prince ou du duc de Buckingham pour obtenir d'elle ce qui doit m'être accordé comme un droit, ou m'être tout-à-fait refusé.

Sir Mungo se mit à ricaner; et en donnant aux traits de son visage une expression des plus grotesques :

— C'est, répliqua-t-il, exposer l'affaire de la manière la plus claire et la plus précise, milord; et, en comptant làdessus, vous montrez une connaissance parfaite et intime du roi, de la cour et des hommes. — Mais qui nous arrive ici? — Par ici, milord, par ici ! il faut faire place. Sur ma parole d'honneur ! ce sont ceux dont nous parlions. — Parlez du diable, dit le proverbe, et vous en verrez..... hum !

Il est bon de dire ici que, pendant cette conversation, lord Glenvarloch, peut-être dans l'espoir de se débarrasser de sir Mungo, avait dirigé leur promenade vers une des allées les plus fréquentées du parc, tandis que son persécuteur se tenait toujours accroché à son bras, s'inquiétant peu où ils porteraient leurs pas, pourvu qu'il eût toujours la griffe sur son compagnon. Ils étaient pourtant encore à quelque distance de l'endroit où la foule était le plus serrée, quand l'œil expérimenté de sir Mungo aperçut ce qui le fit changer tout à coup de conversation.

Un murmure respectueux s'éleva parmi les groupes nombreux de ce côté. D'abord ils se serrèrent, chacun tournant la tête du côté de Whitehall; puis ils se séparèrent de droite et de gauche pour faire place à une compagnie brillante qui arrivait du palais et qui s'avançait dans le parc, tandis que la foule se partageait en deux rangs à mesure qu'elle approchait, et que chacun, la tête découverte, se disposait à la voir passer.

Plusieurs de ces élégans courtisans portaient le costume que le pinceau de Vandick nous a rendu familier, même après un intervalle de près de deux siècles, et qui précisément à cette époque commençait à l'emporter sur la mode plus frivole adoptée en France à la cour de Henri IV.

Tous ceux qui composaient cette troupe splendide avaient la tête nue, à l'exception du prince de Galles, qui fut depuis le plus infortuné des monarques anglais. Il s'avançait le premier, portant ses longs cheveux châtains en tresses bouclées; un chapeau à l'espagnole, surmonté d'une belle plume d'autruche, ornait sa tête, et on lisait sur son visage l'expression d'une mélancolie anticipée. A sa droite était le duc de Buckingham, dont l'air imposant et gracieux en même temps laissait presque dans l'ombre la personne et la majesté du prince qu'il suivait. Les regards, les mouvemens et les gestes du grand favori étaient si composés, et se conformaient si bien à toutes les règles d'étiquette que prescrivait sa situation, qu'ils formaient un contraste fortement prononcé avec la frivolité et la gaieté presque folle qui lui avaient valu les bonnes graces de son *cher papa* et *compère* le roi Jacques. Il faut convenir que le destin de ce courtisan accompli était bien singulier; car étant en même temps le favori en pied d'un père et d'un fils dont les manières étaient si différentes, il était obligé, pour plaire au jeune prince, de courber sous les lois du respect et de la gravité cette humeur libre et enjouée qui faisait le charme du vieux monarque.

Buckingham connaissait parfaitement la différence qui existait entre le caractère de Jacques et celui de Charles, et il ne trouvait pas difficile de se conduire de manière à se maintenir dans la plus haute faveur auprès de l'un et auprès de l'autre. Il est vrai qu'on a supposé que le duc, après s'être entièrement rendu maître de l'esprit de Charles, ne conserva l'affection du père que par la tyrannie de l'habitude; et que si Jacques avait pu se déterminer à prendre une résolution vigoureuse, surtout dans les dernières années de sa vie, il est assez vraisemblable qu'il aurait disgracié Buckingham, en l'éloignant de ses conseils. Mais s'il pensa jamais à effectuer un tel changement, il était trop timide, et trop habitué à l'influence que le duc avait long-temps exercée sur lui, pour avoir la force de mettre ce projet à exécution. Dans tous les cas, il est certain que Buckingham, qui survécut au maître qui l'avait élevé, offrit le rare exemple d'un favori dont le crédit tout-puissant n'essuya aucune éclipse pendant le cours de deux règnes, jusqu'à ce qu'il s'éteignît dans son sang, sous le poignard de l'assassin Felton [1].

Terminons cette digression. — Le prince avançait avec sa suite; il se trouva bientôt près de l'endroit où lord Glenvarloch et sir Mungo s'étaient mis à l'écart pour lui livrer passage et lui rendre les marques ordinaires de respect. Nigel put remarquer alors que lord Dalgarno marchait immédiatement derrière le duc, et il crut même le voir dire quelques mots à l'oreille du favori, tout en

---

[1] Le duc allait s'embarquer à Portsmouth pour aller secourir les protestans de la Rochelle, le 23 août 1628. John Felton était un officier irlandais qui crut délivrer sa patrie d'un de ses plus cruels persécuteurs en immolant le duc de Buckingham. Il frappa le duc au cœur avec un couteau. Arrêté sur-le-champ, il ne chercha pas à se soustraire à son sort, content du coup qu'il avait porté. — ÉD.

avançant. Quoi qu'il en soit, quelque chose parut diriger l'attention du prince et celle du duc sur Nigel, car ils tournèrent tous deux la tête de son côté, et le regardèrent avec attention. Le regard du prince était grave et mélancolique, mêlé d'une expression de sévérité, celui de Buckingham témoignait une sorte de triomphe méprisant. Lord Dalgarno ne parut pas apercevoir son ami, peut-être parce que, les rayons du soleil parvenant à lui du côté de l'allée où était Nigel, Malcolm était obligé de lever son chapeau pour s'en préserver les yeux.

Lorsque le prince passa, lord Glenvarloch et sir Mungo le saluèrent comme le respect l'exigeait, et Charles, leur ayant rendu leur salut avec cet air de gravité et de cérémonial qui accorde à chacun ce qui lui est dû, et rien au-delà, fit signe à sir Mungo de s'approcher. Celui-ci s'avança clopin-clopant, et préluda par des excuses qu'il termina en arrivant près du prince, et dont le but était de lui témoigner son regret sur son infirmité, qui ne lui permettait pas de se rendre plus vite à ses ordres. Sir Mungo écouta d'un air attentif quelques questions que Charles lui fit d'un ton si bas, qu'il aurait certainement eu un accès de surdité si elles lui eussent été adressées par tout autre que l'héritier présomptif du trône. Après une minute de conversation, le prince jeta encore sur Nigel un de ces regards fixes si embarrassans pour ceux qui en sont l'objet, salua légèrement sir Mungo en portant la main à son chapeau, et continua sa promenade.

— C'est comme je le soupçonnais, milord, dit sir Mungo lorsqu'il eut rejoint lord Glenvarloch, en cherchant à donner à ses traits une expression de mélancolie et de compassion semblable à la grimace d'un singe qui vient de mettre dans sa bouche un marron trop chaud; — vous avez de froids amis, milord, c'est-à-dire des amis qui ne sont pas des amis; — ou, pour parler plus clairement, vous avez des ennemis auprès de la personne du prince.

— Je suis fâché de l'apprendre, répondit Nigel, mais je voudrais savoir de quoi ils m'accusent.

— Vous allez entendre, milord, les propres paroles du prince : — Sir Mungo, m'a-t-il dit, je suis bien aise de vous voir, et charmé que vos douleurs de rhumatisme vous permettent de prendre de l'exercice dans le parc. — J'ai salué, comme c'était mon devoir ; et il faut que vous le remarquiez, milord, parce que cela fut le premier point de notre conversation. Le prince m'a demandé alors si la personne avec laquelle je me trouvais était le jeune lord Glenvarloch. — Oui, répondis-je, prêt à servir Votre Altesse ; et ce fut le second point. Le prince m'a dit ensuite qu'on le lui avait dit, — voulant dire qu'on lui avait dit que c'était vous, — mais qu'il ne pouvait pas croire que l'héritier de cette noble maison pût mener une vie oisive, scandaleuse et précaire, dans les tavernes et les cabarets de Londres, tandis que les tambours du roi battaient, et que ses drapeaux étaient déployés en Allemagne pour soutenir la cause de l'électeur palatin, son gendre. Votre Seigneurie pense bien que je n'ai pu que saluer une seconde fois ; et un gracieux — Bonjour, sir Mungo Malagrowther, — m'a permis de venir vous retrouver. Et maintenant, milord, si votre plaisir ou vos affaires vous appellent à l'Ordinaire Beaujeu, ou ailleurs, dans la Cité, vous pouvez y aller ; car vous penserez sans doute que vous êtes resté assez long-temps dans le parc. Le prince ira probablement jusqu'au bout de l'allée, et reviendra ensuite sur ses pas ; or vous concevez que tout ce que vous venez d'entendre est un avis que vous ne devez pas vous presser de vous montrer de nouveau aux yeux de Son Altesse.

— Vous pouvez rester, ou vous en aller, comme il vous plaira, sir Mungo, répondit Nigel avec une expression de ressentiment calme, mais profond ; quant à moi, ma résolution est prise ; je ne quitterai cette promenade publique pour le bon plaisir de qui que ce soit; et je la quitterai encore moins en homme indigne de se montrer. J'espère que le prince et son cortège repasseront par ici, comme vous le croyez; je les attendrai, sir Mungo, et je les braverai.

— Vous les braverez! s'écria sir Mungo au comble de la surprise; braver le prince de Galles! l'héritier présomptif de la couronne! — Sur mon ame! vous le braverez tout seul.

Il avait déjà fait quelques pas pour s'éloigner de Nigel, quand un mouvement d'intérêt peu commun en lui, et que lui inspirait un jeune homme sans expérience, adoucit un moment son cynisme habituel.

— Vieux fou que je suis! pensa-t-il, ai-je donc le diable au corps? Moi qui dois si peu à la fortune et à mes semblables, qu'ai-je besoin de m'intéresser à cet étourdi que je garantis aussi entêté qu'un marcassin possédé du diable? car c'est un esprit de famille. — Il faut pourtant que je lui donne un bon avis.

Et retournant à lui : — Mon cher petit lord Glenvarloch, lui dit-il, écoutez-moi bien. Il ne s'agit pas ici d'un jeu d'enfant. Le prince ayant prononcé les expressions que je vous ai rapportées, elles sont équivalentes à un ordre de ne pas reparaître en sa présence. Suivez donc le conseil d'un vieillard qui vous veut du bien, qui vous en désire peut-être plus qu'il n'a raison d'en désirer à personne. Continuez votre chemin, et laissez passer le vautour, comme un bon enfant. Rentrez chez vous : que vos pieds ne vous conduisent plus dans les tavernes; que vos doigts ne touchent plus les dés; chargez quelqu'un qui soit plus en faveur que vous à la cour d'arranger tranquillement vos affaires, et vous aurez une bonne somme ronde d'argent pour aller pousser votre fortune en Allemagne, ou ailleurs. Ce fut un soldat de fortune qui fut le fondateur de votre famille il y a quatre ou cinq cents ans; hé bien ! si vous avez pour vous le courage et la fortune, vous pouvez en devenir le restaurateur. Mais, soyez-en bien sûr, vous ne réussirez jamais à la cour d'Angleterre.

Quand sir Mungo eut achevé cette exhortation, dans laquelle il entrait plus d'intérêt véritable à la situation d'un autre qu'il n'en avait jamais exprimé à personne, lord Glenvarloch lui répondit : — Je vous remercie, sir Mungo ; je crois que vous m'avez parlé avec sincérité, je vous en suis obligé. Mais par reconnaissance pour votre bon avis, je vous engage à me quitter. Je vois le prince et sa suite revenir de ce côté ; et, en restant avec moi, vous pourriez vous nuire à vous-même, sans m'être d'aucune utilité.

— C'est la vérité, dit sir Mungo ; et pourtant, si j'avais dix ans de moins, je serais tenté de rester avec vous et de les attendre. Mais, quand on a passé trois fois vingt ans, le courage se refroidit ; et ceux qui ne peuvent gagner leur vie ne doivent pas hasarder le peu qu'ils ont dans leur vieillesse. Je vous veux pourtant du bien, milord ; mais la partie n'est pas égale.

A ces mots il dirigea ses pas d'un autre côté, mais en s'arrêtant et en tournant la tête en arrière de temps en temps, comme si son caractère bouillant, quoique suffoqué par la situation dans laquelle il se trouvait, et son amour pour la contradiction, lui eussent fait éprouver de la répugnance à adopter une marche nécessaire à sa sûreté.

Abandonné ainsi par son compagnon, dont il pensa plus favorablement lors de son départ qu'il ne l'avait fait en le voyant arriver, Nigel resta les bras croisés, appuyé contre un arbre solitaire dont les branches s'étendaient sur l'allée, décidé à s'exposer à une rencontre qui pouvait être le moment critique de son destin. Mais il se trompait en supposant que le prince de Galles lui adresserait la parole ou lui fournirait l'occasion de s'expliquer dans un lieu public comme le parc. Le prince ne passa pourtant pas sans faire attention à lui, car lorsque Nigel le salua d'un air respectueux mais hautain, et avec un regard qui annonçait qu'il était instruit, sans en être effrayé, de l'opinion défavorable que le prince avait conçue de lui, et qu'il avait manifestée quelques instans auparavant, Charles lui rendit son salut, mais en fronçant les sourcils de cette manière que ne se permettent que ceux qui sentent leur autorité et qui veulent faire sentir leur courroux. Son cortège le suivit; le duc ne parut pas même voir lord Glenvarloch, et lord Dalgarno passa les yeux baissés vers la terre, quoique le soleil fût caché sous un nuage, les rayons brillans de cet astre l'ayant sans doute ébloui quelques instans auparavant.

Lord Glenvarloch eut peine à contenir son indignation, quoiqu'il sentît que s'y livrer en un pareil instant eût été un trait de folie complète. Il suivit le cortège du prince de manière à ne pas le perdre de vue, ce qui ne lui fut pas difficile, attendu la lenteur de la marche. Il le vit prendre le chemin du palais. Quand on fut arrivé à la porte, le prince se retourna, salua les seigneurs qui l'avaient accompagné, comme pour les congédier, et rentra dans le palais, suivi seulement du duc de Buckingham et de deux écuyers. Le reste de la suite, lui ayant rendu son salut avec le respect qu'exigeait son rang, commença à se disperser dans les diverses allées du parc.

Lord Glenvarloch ne perdit aucun de ces mouvemens, et ajustant son manteau, serrant le ceinturon de son épée de manière à ce que la poignée fût plus à portée de sa main, il murmura à demi-voix : — Il faudra que Dalgarno m'explique tout cela, car il est évident qu'il est dans le secret.

CHAPITRE XVI.

> « Place! place à l'instant! Je veux avoir justice.
> « Et que m'importe à moi que ce lieu soit sacré!
> « L'affront que j'ai reçu doit être réparé.
> « Rangez-vous sur-le-champ; malheur à qui m'arrête!
> « On verra que mon bras vaut mon cœur et ma tête;
> « Et vengeant mon honneur, en dépit de la loi,
> « Ce qu'elle me refuse, il l'obtiendra pour moi. »
>
> *Le Chambellan.*

Nigel ne fut pas long-temps sans découvrir lord Dalgarno venant de son côté avec un autre jeune homme de qualité de la suite du prince. Comme ils se dirigeaient vers l'angle sud-est du parc, il en conclut qu'ils se rendaient chez le comte d'Huntinglen. Ils s'arrêtèrent pourtant tout à coup, et prirent une autre allée conduisant vers le nord : Nigel supposa que ce changement de direction avait eu lieu parce qu'ils l'avaient aperçu, et qu'ils désiraient l'éviter.

Nigel les suivit sans hésiter, par un sentier qui tournait autour d'un bosquet d'arbres et d'arbrisseaux, et qui conduisait à la partie la moins fréquentée du parc. Il examina quelle direction prenaient lord Dalgarno et son compagnon; et, s'avançant de l'autre à grands pas, il se trouva bientôt en face d'eux.

— Bonjour, milord Dalgarno, dit lord Glenvarloch d'un ton froid.

— Ah! mon ami Nigel! dit Dalgarno avec le ton d'insouciance qui lui était ordinaire; mon ami Nigel, le front chargé d'ennui, occupé de quelque affaire. — Mais attendez, nous nous verrons à midi chez Beaujeu, car sir Ewes

Haldimund et moi nous sommes occupés en ce moment pour le service du prince.

— Quand vous le seriez pour celui du roi, milord, répondit lord Glenvarloch, il faut que vous vous arrétiez et que vous me répondiez.

— Ah, ah! dit Dalgarno d'un air de surprise, que signifie cet emportement? voilà le style du roi Cambyse[1]. Vous avez trop fréquenté les théâtres depuis quelque temps. — Allons, Nigel, point de folie; mangez pour votre dîner une soupe et une salade, buvez de l'eau de chicorée pour vous rafraîchir le sang, couchez-vous avec le soleil, et chassez-moi ces démons funestes, la colère et le faux rapport.

— Il y a eu assez de faux rapports sur moi parmi vous, répondit Glenvarloch d'un ton de mécontentement bien prononcé, et en votre présence, milord, quoique vous vous fussiez couvert du masque de l'amitié.

— Voilà qui est à ravir! s'écria Dalgarno en se tournant vers sir Ewes Haldimund, comme pour en appeler à son jugement; voyez-vous ce querelleur, sir Ewes! il y a un mois il n'aurait osé regarder en face un des moutons qui sont là-bas; aujourd'hui c'est le prince des rodomonts; il sait plumer un pigeon; il se mêle de critiquer les poètes et les acteurs; et, par reconnaissance de ce que je lui ai indiqué le moyen d'arriver à la réputation qu'il a acquise, il vient ici chercher querelle à son meilleur ami, si ce n'est au seul qu'il puisse citer.

— Je renonce à une amitié si fausse, milord, répliqua Nigel; je désavoue la réputation que vous cherchez à me donner, même en ma présence; et vous me rendrez compte de cette conduite avant que nous nous séparions.

— Milords, dit sir Ewes Haldimund, je vous prie tous

---

[1] Tragédie ampoulée que déjà Shakspeare tournait en ridicule dans ses pièces.
— Éd.

deux de vous rappeler que vous êtes dans le parc du roi : ce n'est pas un lieu où il soit permis de se quereller.

— Je soutiens ma querelle partout où je rencontre mon ennemi, s'écria lord Glenvarloch, qui ne connaissait pas les priviléges de ce lieu, ou à qui son emportement les faisait oublier.

— Vous me trouverez très-disposé à une querelle, répondit lord Dalgarno avec beaucoup de sang-froid, dès que vous m'en aurez donné une cause suffisante. Sir Ewes Haldimund, qui connaît la cour, vous garantira que je ne recule jamais en pareilles occasions. Mais de quoi avez-vous à vous plaindre, après n'avoir reçu que des civilités de ma famille et de moi?

— Je ne me plains pas de votre famille, répliqua Nigel; elle a fait pour moi tout ce qu'elle pouvait faire; plus, beaucoup plus que je ne devais l'espérer. Mais vous, milord, vous qui m'appeliez votre ami, vous avez souffert qu'on me calomniât, quand un mot de votre bouche aurait pu me faire rendre justice; et c'est de là qu'est parti le message injurieux que je viens de recevoir de la part du prince de Galles. Entendre des calomnies dirigées contre un ami sans les réfuter, milord, c'est en devenir coupable.

— Vous avez été mal informé, milord, dit sir Ewes Haldimund; j'ai moi-même entendu souvent lord Dalgarno défendre votre réputation, et regretter que votre goût exclusif pour les plaisirs de Londres vous empêchât de venir régulièrement à la cour rendre vos devoirs au roi et au prince.

— Tandis que c'était lui-même, s'écria lord Glenvarloch, qui me dissuadait de m'y présenter!

— Il faut couper court à cet entretien, dit lord Dalgarno avec une froideur hautaine. Vous semblez vous être imaginé, milord, que vous et moi nous étions Pylade et Oreste, — une seconde édition de Damon et Pythias, — Thésée et Pyrithoüs tout au moins. Vous vous êtes trompé; vous avez donné le nom d'amitié à ce qui n'était de ma part que bonté, pure compassion pour un ignorant provincial fraîchement débarqué de son pays : je me rendais aussi aux désirs de mon père, qui m'avait engagé à vous faire connaître le monde; mission fort pénible pour moi. Quant à votre réputation, milord, personne ne vous l'a faite; vous ne la devez qu'à vous-même. Je vous ai introduit dans une maison où, comme partout, on trouve compagnie mélangée; vous avez préféré la mauvaise, soit par goût, soit par habitude. Votre sainte horreur à la vue des dés et des cartes a dégénéré en résolution prudente de ne jouer qu'avec les personnes que vous étiez sûr de gagner, et seulement autant que la fortune vous favorisait. Personne ne peut long-temps agir ainsi sans se perdre de réputation; et vous n'avez pas le droit de me reprocher de n'avoir pas démenti ce que vous savez vous-même être vrai. Souffrez que nous continuions notre chemin, milord; et, si vous voulez de plus amples explications, prenez un autre temps et choisissez un autre lieu.

— Aucun temps ne peut être plus convenable que le moment actuel, s'écria lord Glenvarloch, outré par le sang-froid de lord Dalgarno, et par la manière insultante dont il venait de se justifier; aucun lieu n'est mieux approprié que celui où nous nous trouvons. Les membres de ma famille se sont toujours vengés d'une insulte à l'instant et sur le lieu où ils l'avaient reçue, fût-ce au pied du trône. — Lord Dalgarno, je vous accuse de fausseté et de trahison; — défendez-vous. Et en même temps il tira son épée hors du fourreau.

— Perdez-vous la raison? dit lord Dalgarno en reculant d'un pas; nous sommes dans l'enceinte de la cour.

— Tant mieux! répondit lord Glenvarloch; je la purgerai d'un calomniateur et d'un lâche. Et, s'avançant sur lord Dalgarno, il le frappa du plat de son épée.

La querelle avait commencé à attirer l'attention, et l'on entendit en ce moment crier de toutes parts : — La paix! la paix, au nom du roi! Une épée nue dans le parc! à la garde! à la garde! et au même instant la foule accourut de tous côtés vers le lieu où se passait cette altercation.

Lord Dalgarno, qui avait à demi tiré son épée quand il s'était senti frapper, la fit rentrer dans le fourreau dès qu'il vit la foule accourir, et, prenant le bras de sir Ewes Haldimund, il s'éloigna à la hâte, après avoir dit à lord Glenvarloch en le quittant :

— Vous paierez cher cette insulte. — Nous nous reverrons.

Un homme âgé, décemment vêtu, qui s'aperçut que Nigel restait à sa place, eut compassion de son air de jeunesse, s'approcha de lui, et lui dit : —Savez-vous bien que cette affaire est de la compétence de la chambre étoilée, jeune homme, et qu'elle peut vous coûter la main droite? N'attendez pas l'arrivée des gardes et des constables; fuyez bien vite, cachez-vous, sauvez-vous dans le sanctuaire de Whitefriars, jusqu'à ce que vous trouviez des amis, ou que vous puissiez quitter Londres.

L'avis n'était pas à négliger. Lord Glenvarloch crut devoir en profiter, et se hâta de prendre la route qui devait le conduire hors du Temple par le palais de Saint-James, qui était alors l'hôpital de Saint-James. Cependant le tumulte croissait derrière lui, et plusieurs officiers de paix de la maison du roi arrivèrent pour s'emparer de la personne du coupable. Heureusement pour Nigel il s'était répandu sur l'origine de la querelle un bruit qui rendit le peuple favorable à sa cause. On disait qu'un compagnon du duc de Buckingham avait insulté un homme étranger[1], et que celui-ci s'était vengé en lui donnant des coups de

---

(1) C'est-à-dire étranger à Londres, *stranger*, un gentilhomme de province. On dit un *foreigner* pour exprimer un étranger à la nation. — Éd.

bâton. Un favori, ou le compagnon d'un favori, est toujours odieux à John Bull, qui d'ailleurs a toujours une sorte de partialité pour ceux qui, comme le disent les hommes de loi, procèdent par *voie de fait* [1]. Or ces deux préjugés étaient en faveur de Nigel. Les officiers qui venaient pour l'arrêter ne purent donc obtenir des spectateurs aucun renseignement ni sur son signalement ni sur le chemin qu'il avait pris, et ce fut à cette circonstance qu'il dut sa sûreté en ce moment.

Les discours que lord Glenvarloch entendait tenir dans la foule, à mesure qu'il avançait dans sa route pour sortir du parc, étaient bien suffisans pour lui faire sentir que son impatience et son ressentiment l'avaient placé dans une situation très-dangereuse. Il n'ignorait pas combien les jugemens de la chambre étoilée étaient sévères, et combien ses formes étaient arbitraires, surtout dans le cas de violation de privilège, ce qui la rendait un objet de terreur générale. Il savait que, sous le règne d'Elisabeth, un individu avait été condamné à avoir le poing coupé pour un délit du même genre que celui qu'il venait de commettre, et que cette sentence avait été exécutée. Il faisait aussi la réflexion, bien pénible sans doute, que la querelle qu'il venait d'avoir avec lord Dalgarno devait lui faire perdre l'amitié et les bons offices du comte d'Huntinglen son père et de lady Blackchester sa sœur, qui étaient presque les seules personnes de considération dont il pût attendre quelque protection ; tandis que tous les bruits calomnieux que l'on avait fait circuler contre lui devaient ajouter un poids considérable à son désavantage, dans un cas où l'opinion dépendait beaucoup de la réputation de l'accusé. A l'imagination d'un jeune homme, l'idée d'une peine telle que la mutilation semble plus épouvantable que la mort même, et chaque mot qu'il entendait dans les

---

(1) Expression française qui a passé dans la jurisprudence anglaise. — Ed.

groupes qu'il rencontrait, parmi lesquels il se mêlait, ou près desquels il passait, lui annonçait que telle était la peine réservée à son délit. Il n'osait doubler le pas, de peur de se rendre suspect; et plus d'une fois il vit les officiers de justice si près de lui, que son pouls battait comme s'il avait eu le bras déjà placé sur le bloc fatal. Enfin il se vit hors du parc, et il eut un peu plus de loisir pour réfléchir sur ce qu'il avait à faire.

Whitefriars, édifice contigu au Temple, était alors connu sous le sobriquet d'Alsace, et jouissait du privilège qui lui fut conservé pendant le siècle suivant d'être un sanctuaire inviolable où nul officier de justice ne pouvait pénétrer sans un ordre du lord grand justicier ou des lords du conseil privé. C'était le refuge d'une foule de misérables de toute espèce, de banqueroutiers, de joueurs ruinés, de dissipateurs incorrigibles, de duellistes de profession, d'assassins et de débauchés, tous ligués ensemble pour soutenir les immunités du lieu qui leur servait d'asile. Il était même difficile et dangereux pour les officiers de justice chargés de mettre à exécution les mandats d'arrêt décernés par les deux hautes autorités qui en avaient le droit, de se hasarder parmi des gens dont la sûreté était incompatible avec des mandats d'arrêt, quels qu'ils fussent. Lord Glenvarloch était instruit de tous ces détails, mais quelque odieux que lui parût ce lieu de refuge, il le regarda comme le seul qui, du moins pendant quelque temps, pût lui assurer une retraite et un asile contre les poursuites qui allaient être dirigées contre lui, jusqu'à ce qu'il trouvât le loisir de pourvoir à sa sûreté, ou quelque moyen pour arranger cette affaire désagréable.

Cependant, tout en marchant à la hâte pour se réfugier dans ce sanctuaire, Nigel se reprochait vivement de s'être laissé entraîner par lord Dalgarno dans un séjour de dissipation, et ne s'accusait pas moins d'avoir cédé à un emportement qui le réduisait à chercher un asile dans le repaire avoué du crime, du vice et de la débauche.

— Dalgarno n'avait que trop raison en cela, pensait-il avec amertume; je me suis fait moi-même une mauvaise réputation en suivant ses conseils insidieux, et en négligeant les avis salutaires auxquels j'aurais dû obéir avec soumission, et qui me faisaient un devoir de fuir jusqu'à l'approche du danger. Mais si je réussis à me tirer du dangereux labyrinthe dans lequel ma folie, mon inexpérience et la violence de mes passions m'ont égaré, je trouverai quelque moyen pour rendre tout son lustre à un nom qui n'a jamais été souillé que par la faute de celui qui le porte aujourd'hui.

Tout en formant cette sage résolution, lord Glenvarloch entra dans les allées du Temple, d'où une porte donnait dans Whitefriars; et cette entrée étant la plus secrète, c'était par celle-là qu'il comptait se rendre dans le sanctuaire. En approchant de ce repaire profane, dans lequel il ne pouvait songer sans frémir qu'il allait chercher un asile, son pas se ralentit involontairement; les marches à demi brisées d'un vieil escalier lui rappelèrent le *facilis descensus Averni*, et il hésita un moment encore, ne sachant s'il ne valait pas mieux braver tout ce qui pourrait lui arriver en restant publiquement au milieu d'hommes d'honneur, que d'échapper au châtiment en se renfermant avec des misérables souillés de vices et de débauches.

Comme il restait indécis, il vit venir à lui un jeune étudiant du Temple, qu'il avait vu fréquemment à l'Ordinaire de Beaujeu, et avec lequel il avait causé plusieurs fois. Ce jeune homme y allait assez souvent, et y était toujours bien reçu, attendu qu'il était passablement pourvu d'argent; il passait dans les spectacles et dans les autres endroits publics le temps que son père supposait qu'il employait à étudier la jurisprudence. Mais Reginald

Lowestoffe, tel était le nom du jeune étudiant du Temple, pensait que la connaissance des lois n'était pas bien nécessaire pour le mettre en état de dépenser le revenu des terres qui lui appartiendraient après la mort de son père, et par conséquent il ne se mettait guère en peine d'en acquérir davantage que ce que l'air qu'il respirait dans les régions savantes où il avait élu domicile pouvait lui en communiquer. Du reste, c'était un des beaux esprits du Temple; il lisait Ovide et Martial, visait à se faire une réputation par la vivacité de ses reparties, et par des jeux de mots quelquefois cherchés un peu loin ; il dansait, faisait des armes, était adroit au tennis, et jouait quelques airs sur le violon et sur la trompette, ce qui ne contrariait pas peu le vieil avocat Barratter, dont l'appartement était au-dessous du sien.

Tel était Reginald Lowestoffe, vif, alerte, et connaissant parfaitement la ville. Il s'approcha de lord Glenvarloch, le salua par son nom et son titre, pour lui demander s'il avait dessein d'aller ce jour-là chez le chevalier de Beaujeu, ajoutant qu'il était près de midi, et que le faisan serait sur la table avant qu'ils y fussent arrivés.

— Je n'y vais pas aujourd'hui, répondit lord Glenvarloch.

— Et où allez-vous donc, milord? demanda le jeune étudiant, qui n'aurait pas été fâché d'être remarqué dans les rues avec un lord, quoique ce ne fût qu'un lord écossais.

— Je... je... dit Nigel, qui désirait profiter des connaissances locales de ce jeune homme, mais qui éprouvait de la honte et de la répugnance à lui avouer son intention de se réfugier dans un asile si peu honorable, et à lui apprendre la situation dans laquelle il se trouvait ; — j'ai quelque curiosité de voir Whitefriars.

— Quoi ! Votre Seigneurie a la fantaisie de faire un tour en Alsace; je vous y accompagnerai, milord; vous ne pouvez avoir un meilleur guide que moi dans les régions infernales. Je vous promets que vous trouverez de bon vin, et pour le boire de bons compagnons, quoique un peu souffrans des rigueurs de la fortune. Mais Votre Seigneurie me pardonnera si je lui dis qu'il n'est personne de notre connaissance à qui j'eusse supposé moins qu'à elle le projet d'un tel voyage de découvertes.

— Je vous remercie, maître Lowestoffe, de la bonne opinion que vous me témoignez en me faisant cette observation; mais les circonstances où je me trouve me mettent dans la nécessité de passer un jour ou deux dans ce sanctuaire.

— En vérité? s'écria Lowestoffe du ton de la plus grande surprise. Je croyais que Votre Seigneurie avait toujours eu soin de ne risquer aucun enjeu considérable. Je vous demande pardon, mais si les dés se sont trouvés perfides, je connais assez les lois pour savoir qu'un pair ne peut être arrêté; et si vous n'éprouvez que le manque d'argent, il est plus facile de s'en passer partout ailleurs qu'à Whitefriars, où la pauvreté est telle, qu'on se dévore les uns les autres.

— Mon infortune n'a aucun rapport au manque d'argent.

— Je suppose donc, milord, que vous avez joué du bâton pointu, et que vous avez fait une boutonnière à votre homme. En ce cas, et avec une bourse raisonnablement garnie, vous pouvez rester perdu dans Whitefriars un an si bon vous semble. Mais à propos, il faut que vous soyez reçu comme membre de l'honorable *comparution*, et investi des franchises de la bourgeoisie d'Alsace, sans quoi vous n'y trouverez ni paix ni sûreté.

— Ma faute n'est pas aussi grave que vous paraissez le croire, maître Lowestoffe; j'ai frappé du plat de mon épée un gentilhomme dans le parc : voilà tout.

— De par ma main droite! milord, vous auriez mieux

fait de la lui passer au travers du corps à Barns-Elms. Frapper dans l'enceinte et la juridiction de la cour! Vous avez sur les bras une affaire bien difficile, milord; surtout si votre adversaire a du crédit.

— Je ne vous cacherai rien, maître Lowestoffe, puisque j'ai déjà été si loin. Celui que j'ai traité de cette manière est lord Dalgarno, que vous avez vu chez Beaujeu.

— Un seigneur de la suite du duc de Buckingham! et un de ses favoris! c'est un événement très-fâcheux, milord. Mais j'ai le cœur anglais, et je ne puis supporter de voir un jeune lord écrasé sous le crédit d'ennemis puissans, comme il est vraisemblable que vous le serez si nous n'y mettons ordre. D'abord la situation de vos affaires ne nous permet pas de causer ainsi en public. Les étudians du Temple ne souffriraient pas qu'aucun huissier mît à exécution un mandat d'arrêt dans leur enceinte, s'il ne s'agissait que d'un duel; mais, dans une affaire telle que celle qui a eu lieu entre lord Dalgarno et vous, il pourrait se faire que les uns fussent pour vous et les autres contre. Il faut donc que vous veniez sur-le-champ dans mon humble appartement, ici près, et que vous fassiez quelques changemens à votre costume avant d'entrer dans le sanctuaire, sans quoi toute la canaille de Whitefriars tomberait sur vous, comme des corbeaux se jettent sur le faucon qui se hasarde au milieu d'eux. Il faut que vous preniez des vêtemens un peu plus semblables à ceux des naturels d'Alsace, ou vous ne trouveriez pas à y vivre.

Tout en parlant ainsi, il conduisait lord Glenvarloch dans son appartement, où il avait une jolie bibliothèque remplie de tous les poëmes et de toutes les pièces de théâtre alors en vogue. Lowestoffe envoya un jeune homme qui lui servait de domestique chercher une couple de plats chez le traiteur voisin : — Ce sera le dîner de Votre Seigneurie, dit-il à Nigel, avec un verre de vieux vin des Canaries, dont ma grand'mère m'a envoyé une douzaine de bouteilles, que Dieu l'en récompense! en me recommandant de le prendre avec du petit-lait clarifié quand je me trouverai échauffé par trop d'application à l'étude. Morbleu! nous en boirons à la santé de la bonne vieille femme, si tel est le bon plaisir de Votre Seigneurie, et vous verrez comme nous autres pauvres étudians nous vivons au Temple.

Dès que le dîner fut arrivé, la porte extérieure de l'appartement fut fermée à la clef et aux verroux, et le page de l'étudiant reçut ordre d'y veiller et de ne laisser entrer personne. Lowestoffe pressa le jeune lord de partager ce qu'il lui offrait, et se mit à prêcher d'exemple. Ses manières franches et cordiales, quoiqu'elles fussent loin de l'aisance d'un courtisan, tel par exemple que lord Dalgarno, étaient faites pour produire une impression favorable; et lord Glenvarloch, quoique la perfidie de son ami prétendu lui eût donné de l'expérience et lui eût appris à ne pas croire trop légèrement à des protestations d'amitié, ne put s'empêcher de témoigner sa reconnaissance au jeune étudiant, qui se montrait si attentif à tous ses besoins, et qui prenait tant d'intérêt à sa sûreté.

— Ne parlez pas de reconnaissance, milord, dit Lowestoffe; l'obligation que vous m'avez n'est pas grande. Sans doute j'aime à me rendre utile à tout homme bien né qui a quelques motifs pour chanter :— *O Fortune ennemie!* — et je me fais un honneur tout particulier de servir Votre Seigneurie; mais pour dire la vérité, j'ai aussi une vieille dette à payer à lord Dalgarno.

— Et puis-je vous demander à quelle occasion, maître Lowestoffe? dit lord Glenvarloch.

— Oh! milord, c'est la suite d'un petit événement qui arriva à l'Ordinaire il y a environ trois semaines, un soir, après que vous en étiez parti. — Du moins je crois que vous n'y étiez plus, car Votre Seigneurie nous quittait toujours avant qu'on se fût échauffé au jeu. — Je n'entends pas vous offenser, milord : vous savez que c'était vôtre coutume. — Nous faisions une partie de *gleek* ¹, Sa Seigneurie et moi, et nous eûmes une petite difficulté à ce sujet. Sa Seigneurie avait les quatre as qui comptaient huit, *tib* ² qui valait quinze ; total vingt-trois. Or j'avais roi et reine qui comptaient trois, un *towser*, naturel, quinze, et *tiddy*, dix-neuf, total trente-sept. Nous avions joué plusieurs parties en doublant notre enjeu, de sorte qu'il était alors de la moitié de mon revenu annuel, — cinquante oiseaux jaunes des Canaries, aussi beaux qu'aucun qui ait jamais chanté au fond d'une bourse de soie verte. — Nous comptâmes les points, et j'avais gagné la partie. Mais pas du tout : il plut à Sa Seigneurie de dire que nous avions joué sans *tiddy*, et comme il fut soutenu par tous les autres, et surtout par ce requin de Beaujeu, je fus obligé de convenir que j'avais perdu, et de lui payer plus que je ne gagnerai peut-être de toute l'année. Jugez si je n'ai pas un reste de compte à régler avec Sa Seigneurie. Avait-on jamais vu auparavant jouer au *gleek* à l'Ordinaire sans *tiddy* ? Au diable Sa Seigneurie ! Quiconque y va l'argent à la main a le droit d'y faire de nouvelles lois aussi bien que milord, j'espère. — Camarades de pot et camarades de jeu sont égaux partout.

Tandis que Lowestoffe débitait ce jargon de joueur, lord Glenvarloch éprouvait quelque honte et quelque mortification, et son orgueil aristocratique fut profondément blessé quand il sentit, par la dernière phrase que prononça le jeune étudiant, que les dés, comme la tombe, rabaissaient au niveau général ces sommités sociales dont les distinctions étaient peut-être un peu trop chères aux préjugés de Nigel. Il était pourtant impossible de rien répondre aux savans raisonnemens de Lowestoffe ;

---

(1) Nous avons dans le vieux français (Voy. *le Glossaire de Roquefort*.) le mot *glic*, désignant un jeu de cartes : ce doit être le même jeu appelé *gleek* en anglais.—Ed.

(2) *Tib, towser, tiddy*, noms que prennent les figures à ce jeu-là. — Ed.

il se borna donc à détourner la conversation en lui faisant quelques questions sur l'état actuel de Whitefriars ; son hôte était encore ici sur son terrain.

— Vous savez, milord, répondit-il, que nous autres Templiers, nous formons une puissance et une domination ; je suis fier de pouvoir vous dire que j'occupe un certain rang dans notre république. J'étais, l'année dernière, trésorier du lord de la Basoche [1], et je suis en ce moment candidat pour cette dernière dignité. Dans de pareilles circonstances, nous sommes dans la nécessité d'entretenir des relations amicales avec nos voisins d'Alsace, de même que les Etats chrétiens se trouvent quelquefois forcés, par pure politique, à faire des alliances avec le Grand Turc ou les Etats barbaresques.

— J'aurais cru les habitans du Temple plus indépendans de leurs voisins.

— Vous nous faites un peu trop d'honneur, milord : les Alsaciens et nous, nous avons les mêmes ennemis, et nous avons aussi, en secret, quelques amis communs. Nous sommes dans l'usage de ne permettre à aucun huissier d'entrer dans nos domaines, et nous sommes puissamment aidés par nos voisins, qui ne souffriraient pas qu'un seul haillon appartenant à recors, mort ou vif, se montrât chez eux. D'ailleurs, — je vous prie de bien m'écouter, — les Alsaciens ont le pouvoir de protéger ou de desservir ceux de nos amis, n'importe de quel sexe, qui peuvent avoir besoin de se réfugier dans leurs limites. En un mot, les deux empires se sont mutuellement utiles, quoique ce soit une ligue entre deux Etats de qualité différente. J'ai été chargé moi-même de traiter entre eux de quelques affaires importantes, et mes négociations ont obtenu l'approbation des deux corps. Mais écoutez ! écoutez ! Qu'est-ce que j'entends ?

Le bruit par lequel Lowestoffe fut interrompu était le

(1) En anglais c'est le *the lord of Misrule*. — ED

son lointain, mais très-retentissant, d'un air de chasse, et qui fut suivi par le murmure, assez éloigné aussi, d'une acclamation.

— Il faut qu'il se passe quelque chose à Whitefriars en ce moment, continua l'étudiant ; c'est le signal qu'on donne quand quelque huissier ou quelque constable ose violer les privilèges du sanctuaire. Au son de ce cor, chacun sort de chez soi comme les abeilles sortent de leur ruche quand on vient les y troubler. — Jim, cria-t-il à son page, cours vite, et va voir ce qui se passe en Alsace.

— Le petit bâtard vaut son pesant d'or, ajouta-t-il pendant que le jeune homme, accoutumé à l'impatience de son maître, se précipitait au bas de l'escalier ; il sert six maîtres, dont quatre demeurent à des numéros différens, et il se trouve toujours près de celui qui a besoin de lui. On le prendrait pour un esprit. Il n'a son pareil ni à Oxford ni à Cambridge pour l'intelligence et la vivacité. S'il entend quelqu'un au bas de l'escalier, il distingue d'en haut, au bruit de ses pas, si c'est un créancier ou un client, un légiste assesseur ou une jolie fille. En un mot, c'est, tout bien considéré.... — Mais je vois que Votre Seigneurie se livre à ses inquiétudes. Puis-je vous offrir un verre du cordial de ma bonne grand'mère, ou voulez-vous me permettre de vous montrer ma garde-robe et de vous servir de valet de chambre ?

Lord Glenvarloch n'hésita pas à convenir que sa situation actuelle l'agitait péniblement, et qu'il désirait s'occuper des moyens de se mettre à l'abri de tout danger.

Le jeune Templier, aussi bon qu'étourdi, le conduisit dans sa chambre à coucher, et, ouvrant des malles, des porte-manteaux et des caisses, sans oublier une vieille commode en bois de noyer, il se mit à y choisir les vêtemens qu'il crut les plus convenables pour déguiser Nigel, et le mettre en état de paraître au milieu de la compagnie turbulente et déréglée de l'Alsace.

CHAPITRE XVII.

« Approchez-vous, jeune homme. — Ecoutez. — Vous voilà
« Parmi de braves gens, vivant à main armée,
« Moins de leur revenu que de leur renommée.
« Chacun d'eux ne fait qu'un; oui-da; mais chacun d'eux
« Est suivi, s'il le faut, de cent bras vigoureux,
« Et hasarde au besoin, — c'est une bagatelle, —
« Et son corps périssable et son ame immortelle,
« Et l'habit qui le couvre et tous les biens qu'il a.
« Quel risque, s'il vous plaît, court-il, quand tout cela
« N'est déjà plus à lui, mais a changé de maître?
« Ses biens hypothéqués sont sous la main d'un traître,
« Païen, juif ou chrétien, qu'on appelle usurier;
« Ses vêtemens encor sont dus à l'ouvrier;
« Son corps, toujours malade, est au mal qui l'accable;
« Et son ame.... oh! son ame, elle appartient au diable,
« Qui sourit en voyant des fous et des soldats
« S'acquitter mieux que lui de son rôle ici-bas. »
Les Mohocks.

— IL faut que Votre Seigneurie, dit Reginald Lowestoffe, ait la complaisance de me laisser sa belle rapière, que je conserverai soigneusement pour la lui rendre, et prenne ce sabre dont la poignée de fer rouillé pèse une centaine de livres; il faut qu'elle change ses hauts-de-chausses élégans contre ces *chausses à la matelote.* Vous ne prendrez pas de manteau, car les Alsaciens n'en portent jamais, et vont, *in cuerpo*, comme disent les Espagnols; et ce pourpoint de velours éraillé, cette broderie fanée, et, — je rougis de le dire, — ces taches de jus de la grappe vous donneront parfaitement l'air d'un tapageur. — Je vais vous quitter un instant; commencez votre toilette, et je viendrai vous aider à l'achever.

Lowestoffe se retira, et Nigel se mit, avec lenteur et non sans hésiter, à exécuter ses instructions. Il éprouvait autant de dégoût que de répugnance à prendre le misérable déguisement dont il était obligé de se couvrir ; mais en songeant à la peine terrible prononcée par la loi contre l'acte de violence inconsidéré qu'il s'était permis ; en se représentant le caractère faible et indifférent du roi, les préventions du prince et l'influence toute-puissante du duc de Buckingham, qui mettait un poids dans la balance contre lui ; en réfléchissant surtout qu'il devait maintenant regarder lord Dalgarno, ce courtisan actif, artificieux et insinuant, comme un ennemi mortel, il se rendit au langage de la raison, qui lui disait que, dans la situation dangereuse où il se trouvait, tout moyen était bon, quelque désagréable qu'il pût être en apparence, pourvu qu'il n'eût rien de contraire à l'honneur, et qu'il tendît à le tirer de péril.

Pendant que Nigel faisait ces réflexions tout en changeant de costume, son hôte obligeant entra dans la chambre à coucher.

— Malepeste ! milord, s'écria-t-il, il est fort heureux que vous ne soyez pas entré dans notre Alsace à l'instant où vous en aviez le projet, car les faucons s'y sont abattus. Voici Jim qui en arrive, et qui vient de m'apprendre qu'il a vu un poursuivant d'armes avec un mandat du conseil privé, ayant à sa suite une douzaine de yeomen armés jusqu'aux dents ; et le cor dont nous avons entendu les sons était un signal pour appeler aux armes tous les Alsaciens. Mais quand le vieux duc Hildebrod a vu qu'il s'agissait de chercher un homme dont il n'avait jamais entendu parler, il a eu la courtoisie de permettre aux limiers de faire une battue dans ses domaines, bien assuré qu'ils n'y trouveraient pas la proie dont ils étaient affamés ; car le duc Hildebrod est un potentat judicieux. — Retournes-y, petit bâtard, et viens nous avertir quand tout y sera tranquille.

— Et qui est donc ce duc Hildebrod? demanda lord Glenvarloch.

— Comment diable! milord, avez-vous si long-temps vécu à Londres sans avoir jamais entendu parler du vaillant, du sage, du politique duc Hildebrod, le grand protecteur des libertés de l'Alsace? Je croyais que jamais homme n'avait fait rouler un dé sans le connaître au moins de réputation.

— Et cependant je n'en ai jamais entendu parler, maître Lowestoffe, ou, ce qui est la même chose, je n'ai fait aucune attention à ce qu'on a pu en dire en ma présence.

— Hé bien donc... Mais d'abord permettez-moi de présider à votre toilette. — Faites attention que je laisse quelques-unes des pointes de votre pourpoint sans en nouer les rubans; je le fais à dessein. — Il serait bon aussi de laisser voir entre votre pourpoint et la ceinture de votre pantalon un échantillon de votre chemise : cela vous donnera l'air d'un déterminé, et vous en serez plus respecté en Alsace, où le linge est assez rare. — Maintenant, j'attache quelques-unes des pointes de travers, car un Alsacien ne doit jamais avoir un costume trop soigné. Ensuite,...

— Arrangez tout comme vous le voudrez, maître Lowestoffe; mais dites-moi quelque chose sur l'état du malheureux quartier habité par de tels misérables, et où je suis forcé de chercher un asile.

— L'Alsace, dont nous sommes les voisins, milord, et que la loi appelle le sanctuaire de Whitefriars, est un Etat qui a eu ses changemens et ses révolutions comme de plus grands empires. Le gouvernement en étant un peu arbitraire, il en est résulté naturellement que lesdites révolutions y ont été plus fréquentes que dans des républiques mieux réglées, comme le Temple, Gray's Inn [1], et autres associations semblables. Nos traditions et nos annales font mention de vingt bouleversemens, à peu près, qui y ont eu lieu depuis douze ans, pendant lesquels ledit Etat a passé plusieurs fois du despotisme absolu au républicanisme, pour ne point parler des époques intermédiaires où il a été soumis à une monarchie limitée, à une oligarchie, et même à une gynocratie ; car je me souviens moi-même d'avoir vu l'Alsace gouvernée pendant neuf mois par une vieille marchande de poisson ; elle est tombée ensuite sous la domination d'un procureur banqueroutier, détrôné depuis par un capitaine réformé, qui, ayant voulu jouer le rôle de tyran, fut déposé pour faire place à un prédicateur des rues ; et celui-ci, ayant volontairement abdiqué, a été remplacé par le duc Jacob Hildebrod, premier du nom, à qui Dieu puisse-t-il accorder un long règne !

— Et le gouvernement de ce potentat a-t-il un caractère despotique ? demanda lord Glenvarloch, qui fit un effort sur lui-même pour paraître prendre quelque intérêt à cette conversation.

— Non, milord ; ce souverain est trop sage pour s'exposer, comme l'ont fait plusieurs de ses prédécesseurs, à l'odieux d'exercer un pouvoir si important au gré de son seul caprice. Il a établi un conseil d'Etat qui se réunit régulièrement trois fois par jour ; d'abord à sept heures, pour boire le coup du matin ; ensuite à onze, pour prendre leur *ante meridiem*, ou le repas qui divise la journée ; et enfin à deux heures après midi, pour délibérer, le verre à la main, sur les affaires de l'Etat. Or les membres de ce sénat y travaillent avec tant d'ardeur, ils regrettent si peu le temps qu'ils y consacrent, qu'ils restent souvent assemblés en conclave solennel jusqu'à minuit. C'est à ce

---

(1) Autre école de droit. — Ed.

digne aréopage, composé en partie des prédécesseurs du duc Hildebrod dans sa haute dignité, et dont il s'est entouré pour écarter l'envie qui s'attache à l'autorité souveraine quand une seule main en est armée, que je dois vous présenter, afin que vous soyez admis aux privilèges du lieu, et qu'on vous assigne une résidence.

— Quoi! ce conseil a véritablement ce droit?

— Il le regarde comme un article important de ses privilèges, milord; et il est vrai que c'est un de ses plus puissans moyens pour maintenir son autorité. En effet, quand le duc Hildebrod et son sénat s'aperçoivent que quelqu'un des principaux habitans de Whitefriars devient mécontent et factieux, ils n'ont qu'à lui donner pour locataire quelque gros banqueroutier, quelque nouvel arrivé, forcé de trouver un lieu de refuge, et dont la bourse est bien garnie; et le loup qui hurlait devient doux comme un mouton. Quant aux réfugiés indigens, on les laisse se tirer d'affaire comme ils le peuvent; mais l'inscription du nom du nouveau venu sur le registre du duc, et le paiement d'un droit d'entrée proportionné aux moyens de chacun, sont deux formalités dont personne n'est jamais exempt. — Whitefriars serait une résidence peu sûre pour l'étranger qui refuserait de se soumettre à ces deux points de juridiction.

— Allons, maître Lowestoffe, il faut bien que je cède à l'empire des circonstances qui me font une loi de me cacher ainsi: cependant je ne voudrais faire connaître ni mon nom ni mon rang.

— C'est un parti fort sage, milord; et ce cas a été prévu par un des statuts de la république ou du royaume que vous allez habiter, n'importe quel nom vous lui donnerez. Ce statut porte que celui qui désirera qu'on ne lui fasse aucune question sur son nom, son état, le motif de son arrivée, etc., pourra en être dispensé en payant un droit d'entrée double de celui qu'il aurait dû payer après avoir subi l'interrogatoire d'usage. En satisfaisant à ce réglement essentiel, Votre Seigneurie peut se faire enregistrer comme roi de Bantam, si bon lui semble, car on ne vous fera pas une seule question. Mais voici notre vedette qui revient, et par conséquent la paix et la tranquillité sont rétablies. Je vais vous accompagner, et vous présenter au conseil d'Alsace, en vous appuyant de toute mon influence comme un des grands dignitaires du Temple, ce qui n'est pas peu de chose aux yeux des Alsaciens, car ils n'ont marché que d'une jambe toutes les fois que nous avons pris parti contre eux, et ils ne l'ignorent pas. Le moment est propice: le conseil doit être assemblé en ce moment, et les rues du Temple sont désertes. Maintenant, milord, enveloppez-vous de votre manteau pour cacher les vêtemens que vous portez, et vous le donnerez à Jim au bas de l'escalier qui conduit au sanctuaire. Par ce moyen, vous vous dépouillerez de votre noblesse dans le Temple, et vous vous élèverez au rang d'Alsacien dans Whitefriars, de même que la ballade dit que la reine Eléonore tomba à Charing-Cross, et se releva à Queen-Hithe [1].

Ils partirent suivis du page, traversèrent les jardins du Temple, descendirent le vieil escalier, et, sur la dernière marche, le jeune étudiant s'écria:

— Maintenant disons avec Ovide:

*In nova fert animus mutatas dicere formas
Corpora.....*

— A bas! à bas! vêtemens empruntés! continua-t-il du même ton; — soulevez le rideau qui couvrait Borgia! dit-il ensuite. Mais s'apercevant que lord Glenvarloch semblait véritablement mortifié de son changement de costume: — J'espère, milord, lui dit-il, que vous n'êtes pas offensé de ma folie poétique? Je ne voudrais que vous réconcilier

(1) Deux quartiers de Londres. — ED.

avec votre situation actuelle, et monter votre esprit sur un ton qui fût à l'unisson de celui de cet étrange séjour. Allons, un peu de courage! j'espère que vous n'y resterez que peu de jours.

Nigel ne fut en état que de lui serrer la main, et lui répondit d'une voix mal assurée : — Je suis sensible à votre bonté; je sens qu'il faut que je boive la coupe que ma propre folie m'a versée. Pardonnez-moi si, en la portant à mes lèvres, je ne puis m'empêcher d'en sentir l'amertume.

Reginald Lowestoffe avait un bon cœur, et un désir d'obliger qu'il portait presque à l'excès; mais, accoutumé lui-même à mener une vie dissipée et extravagante, il ne se faisait pas une idée des réflexions douloureuses de lord Glenvarloch; et il ne pensait à la retraite forcée qu'il allait faire à Whitefriars que sous le rapport du tour qu'un enfant joue à son précepteur quand il se cache pour s'en faire chercher. Il connaissait trop bien d'ailleurs l'endroit où ils entraient pour que la vue en produisît sur lui aucune impression; mais elle fit une sensation profonde sur son compagnon.

L'ancien sanctuaire de Whitefriars était situé sur un terrain infiniment plus bas que les terrasses et les jardins du Temple, et par conséquent il était le plus souvent enveloppé dans les vapeurs et les brouillards de la Tamise. Tous les bâtimens en briques s'y touchaient presque les uns les autres; car dans un local qui jouissait d'un tel privilège chaque pouce de terrain était précieux. Mais les maisons, bâties en grande partie par des gens dont les fonds étaient insuffisans pour une semblable spéculation, avaient été en général mal construites, et celles qui étaient encore presque neuves offraient déjà les symptômes d'une dégradation prématurée. Les pleurs des enfans, les cris de leurs mères qui les grondaient, la vue de misérables haillons suspendus aux croisées pour y sécher, tout annonçait le besoin et la détresse des habitans de ce triste séjour; mais si d'un côté les plaintes et les gémissemens affligeaient l'oreille, de l'autre on entendait des acclamations tumultueuses, des juremens grossiers, des chansons licencieuses, de bruyans éclats de rire dans les cabarets et les tavernes, dont le nombre, comme on le voyait d'après les enseignes, égalait celui de toutes les autres maisons réunies. Enfin, pour que rien ne manquât au tableau, des femmes au regard effronté, vêtues de guenilles arrangées avec prétention, et dont le visage flétri était couvert d'une couche de rouge, examinaient les deux étrangers qui arrivaient, tandis que quelques-unes, un peu plus modestes, semblaient s'occuper de quelques pots de fleurs ébréchés, contenant du réséda ou du romarin, et placés sur l'appui de leur croisée, au péril imminent des passans.

— *Semi reducta Venus*, dit l'étudiant en désignant une de ces nymphes, qui semblait craindre d'être aperçue, et qui se cachait à moitié derrière sa fenêtre, en parlant à un merle enfermé dans une prison d'osier suspendue au dehors de sa croisée. Je connais la figure de cette créature, et, d'après l'attitude qu'elle affecte, je gagerais un noble à la rose que sa coiffure de tête est blanche, mais que le reste de ses vêtemens a grand besoin d'une lessive. — Mais voici deux habitans du sexe masculin qui, tels que des volcans ambulans, viennent en vomissant des torrens de fumée. Ce sont des tapageurs du premier calibre, à qui Nicotia [1] et la Trinité fournissent ce qui leur tient lieu de bœuf et de pouding; car il faut que vous sachiez, milord, que la déclaration du roi Jacques contre l'herbe venant des Indes n'a pas plus cours ici que n'en aura le mandat d'arrêt décerné contre vous.

Tandis qu'il parlait ainsi, les deux fumeurs avançaient.

---

(1) Le tabac. — Éd.

C'étaient deux drôles mal peignés, dont les énormes moustaches retombaient derrière leurs oreilles, et se mêlaient à quelques mèches de cheveux qui s'étaient fait jour sous le vieux chapeau placé de côté sur leur tête, et dont les trous facilitaient la sortie d'une autre partie de leur chevelure. Leurs vestes de pluche fanée, leurs larges chausses, leurs ceinturons de peau tout souillés de graisse, leurs ceintures sales, et par-dessus tout l'air d'ostentation avec lequel ils portaient, l'un un grand sabre, l'autre une rapière d'une longueur démesurée et un poignard, désignaient le vrai fier-à-bras alsacien, caractère bien connu alors, et qui le fut encore pendant un siècle.

— Regarde bien, dit un de ces coquins à l'autre dans le jargon du lieu, en lui montrant la fille dont Lowestoffe venait de parler : vois-tu comme elle fait la coquette avec ces étrangers ?

— Je flaire un espion, répondit l'autre en regardant Nigel ; crève-lui les yeux avec ton poignard.

— Eh non, eh non ! dit son compagnon ; son camarade est Reginald Lowestoffe du Temple ; je le connais, c'est un bon enfant : il jouit des privilèges de la province.

Tout en parlant ainsi, et plus que jamais enveloppés d'un épais nuage de fumée, ils passèrent leur chemin, sans s'inquiéter davantage de nos deux amis.

— *Crasso in aere!* dit l'étudiant. Vous entendez quelle réputation me font ces impudens ; mais pourvu qu'elle puisse servir à Votre Seigneurie, je m'en inquiète peu.

— A présent, permettez-moi de vous demander quel nom vous voulez prendre, car nous voici près du palais ducal du duc Hildebrod.

— Je prendrai le nom de Grahame, répondit Nigel ; c'était celui de ma mère.

— Grime [1] conviendrait assez pour l'Alsace, répliqua

---

(1) Le jeu de mots est reproduit assez exactement. *Grim* en anglais signifie renfrogné. — ED.

Lowestoffe : on y fait souvent la grimace, et le lieu n'a pas un aspect très-aimable.

— J'ai dit Grahame, monsieur, et non Grime, dit Nigel en appuyant sur la double voyelle, car peu d'Ecossais entendent la plaisanterie quand il s'agit de leurs noms.

— Pardon, milord, j'avais mal entendu, répliqua l'étudiant, qui ne voulait pas perdre l'occasion de jouer sur le mot ; Graam convient aussi à la circonstance, car ce mot, en hollandais, signifie tribulation, et Votre Seigneurie doit être considérée comme un homme en tribulation.

Nigel ne put s'empêcher de rire du nouveau calembourg de Lowestoffe, et celui-ci, lui montrant une enseigne qui représentait, ou pour mieux dire qui était censée représenter un chien attaquant un taureau, et lui sautant à la tête, d'après les principes scientifiques de ce noble combat : — C'est là, dit-il, que le brave duc Hildebrod distribue à ses fidèles Alsaciens des lois, de l'ale et des liqueurs fortes. Etant un champion déterminé du jardin de Paris [1], il a choisi une enseigne convenable à ses habitudes, et il donne à boire à ceux qui viennent s'abreuver chez lui. — Entrons dans la maison toujours ouverte de ce second Axylus.

En parlant ainsi ils entrèrent dans une taverne de mauvaise mine, mais qui était pourtant plus grande et moins délabrée que la plupart des maisons du voisinage. Deux ou trois garçons en haillons, à figure hagarde, paraissant, comme les hiboux, n'être dans leur élément que pendant les ténèbres, et se trouver gênés et offusqués par l'éclat du jour, se remuaient beaucoup pour servir les pratiques. Guidés par un de ces nouveaux Ganymèdes, ils arrivèrent dans une chambre où les faibles rayons du soleil étaient presque éclipsés par le volume d'épaisse

---

[1] Jardin très-connu alors à Londres, où, sous Elisabeth surtout, l'on avait donné de fameux combats d'ours. — ÉD.

fumée qui sortait des pipes de tous les membres de cet auguste sénat; l'un d'eux chantait à haute voix en ce moment cette vieille chanson :

> Avez-vous connu sir Simon,
> Au nez couleur de malvoisie,
> Qui toujours sur son pantalon
> Portait les traces d'une orgie,
> Et qui répétait pour chanson :
> Et gai, gai, gai, jouissons de la vie?

Le duc Hildebrod, qui daignait donner lui-même ce concert à ses sujets chéris, était un vieillard que l'embonpoint rendait monstrueux, qui n'avait qu'un œil, et dont le nez rubicond prouvait que, s'il buvait souvent et beaucoup, l'eau n'était pas sa liqueur favorite. Il portait une jaquette de pluche d'un brun foncé, souillée par le superflu du pot à bière, qui depuis bien des années avait cessé d'être neuve, et dont le bas était déboutonné pour laisser à l'aise son vaste abdomen. Derrière lui était un bouledogue favori, à qui sa tête ronde, le seul œil qui lui restait, et son énorme corpulence, donnaient une ressemblance burlesque avec son maître.

Les fidèles et amés conseillers qui entouraient le trône ducal, qui l'encensaient de fumée de tabac, qui faisaient raison à leur souverain en vidant comme lui maints verres d'ale trouble et épaisse, et qui répétaient en chœur le refrain de sa chanson, étaient des satrapes dignes d'un tel soudan. Le pourpoint de buffle, le large ceinturon et le grand sabre de l'un d'eux, annonçaient un homme ayant servi dans les Pays-Bas, et dont l'air d'importance et le regard, rendu encore plus effronté par l'ivresse, attestaient ses droits au sobriquet qu'il s'était donné lui-même de *Lame de Forban*. Il sembla à Nigel qu'il avait vu ce drôle quelque part. A la gauche du duc était assis un prédicateur des rues, ou mendiant à cheveux ronds, ainsi qu'on a eu l'irrévérence de nommer cette classe de cléricature, et qu'on distinguait aisément à son rabat déchiré, à son chapeau rabattu, et à sa vieille soutane couleur de rouille. Près du ministre était un procureur rayé du rôle de ses confrères pour quelques malversations, et à qui il ne restait de sa profession que la coquinerie. On voyait à sa gauche un vieillard sec, maigre, ayant sur la tête un vieux capuchon de grosse serge montrant la corde, boutonné jusqu'à la gorge, et dont le visage, ridé comme celui du vieux Daniel, était éclairé

> Par un œil trahissant la faiblesse de l'âge,
> Mais malicieux encor dans son dernier regard.

Quelques autres personnages moins importans, parmi lesquels se trouvait une figure qui, de même que celle du militaire, ne parut pas inconnue à Nigel, quoiqu'il ne pût se rappeler où il l'avait vue, complétaient le conseil de Jacob, duc Hildebrod.

Les deux nouveaux venus eurent tout le loisir de faire ces observations; car, soit que Sa Grace le duc fût irrésistiblement entraîné par le charme de l'harmonie, soit qu'il voulût leur donner une idée convenable de son importance, il continua sa chanson jusqu'au dernier couplet avant de leur adresser la parole, quoique, tout en chantant, son œil unique s'occupât à les examiner.

Lorsque le duc Hildebrod eut fini de chanter, il informa ses pairs qu'un dignitaire du Temple était devant eux, et, ordonnant au capitaine et au ministre de céder leurs fauteuils aux deux étrangers, il les fit placer à ses côtés. Les dignes représentans de l'armée et de l'église d'Alsace allèrent s'asseoir au bout de la table sur un vieux banc qui, n'étant pas destiné à soutenir des personnages d'un tel poids, se brisa sous eux; et l'homme au sabre et l'homme à la soutane tombèrent sur le carreau en roulant l'un sur l'autre, au milieu des éclats de rire de toute la compagnie. Ils se relevèrent furieux, en se disputant à qui jurerait avec plus d'énergie ; mais le ministre eut l'avantage dans cette lutte sur le capitaine, attendu ses connaissances supérieures en théologie.

La tranquillité se rétablit enfin, quoique avec difficulté, grace aux sièges plus solides apportés par les garçons alarmés, et à un grand verre de la boisson rafraîchissante qui moussait dans les pots placés sur la table. Le duc but à la prospérité du Temple de la manière la plus gracieuse, et à la santé de maître Reginald Lowestoffe ; celui-ci, par reconnaissance pour l'honneur qui lui était rendu, demanda la permission de faire apporter à ses frais un gallon de vin du Rhin, avant de rendre compte du motif qui l'avait amené.

La mention d'une liqueur si supérieure à leurs libations ordinaires produisit un effet très-favorable sur tous les membres du sénat, et leur physionomie, s'épanouissant, parut promettre le meilleur accueil à la proposition que maître Lowestoffe avait à faire. Il attendit pourtant que les verres fussent remplis pour la seconde fois avant de les informer que la demande qu'il avait à leur faire était d'admettre son ami maître Nigel de Graham aux privilèges et immunités du sanctuaire de l'Alsace, en qualité de grand payeur : car c'était ainsi qu'on nommait ceux qui payaient un double droit d'entrée lors de leur immatriculation, pour éviter la nécessité d'exposer devant le sénat les motifs qui les obligeaient à y chercher un asile.

L'œil du digne duc brilla de plaisir quand il entendit cette proposition ; et il ne faut pas s'en étonner. Pareille circonstance se présentait rarement, et elle était d'un grand avantage pour sa bourse privée. Il ordonna donc qu'on lui apportât son registre ducal, gros volume fermé par des agrafes de cuivre, comme les livres d'un marchand, et dont les feuilles, tachées de vin et de tabac, contenaient sans doute les noms d'autant de coquins qu'on en pourrait trouver sur celles du registre des écrous de Newgate.

Nigel fut alors invité à déposer sur la table deux nobles pour son droit d'entrée, et à former sa demande d'admission aux privilèges de l'Alsace, en répétant les vers suivans, que le duc Hildebrod lui dicta lui-même :

> Moi, Nigel Grahame, exposant,
> Vous remontre que, supposant
> Qu'un huissier ou quelque autre drôle,
> Venant me frapper sur l'épaule,
> Pourrait bientôt vouloir sur moi
> Mettre les griffes de la loi,
> Griffes qu'arment meilleures serres
> Qu'épines, ronces et bruyères;
> Devant vous je m'offre aujourd'hui,
> Afin de réclamer l'appui
> De votre esprit, de vos flamberges,
> Contre les huissiers et leurs verges,
> Et pour que de ma liberté
> Le droit ici soit respecté.

Tandis que le duc Hildebrod commençait, d'une main tremblante, à faire l'inscription sur son registre, et comme il venait avec une libéralité superflue de donner deux *g* au nom de Nigel [1], le ministre l'interrompit. Ce révérend personnage s'entretenait à voix basse, depuis une ou deux minutes, non pas avec le capitaine dont nous avons fait le portrait, mais avec cet autre individu dont les traits

---

[1] Ce registre curieux existe encore, et il est en la possession du savant antiquaire le docteur Dryasdust, qui a offert libéralement à l'auteur la permission de faire graver l'autographe du duc Hildebrod, à l'appui de ce passage. Malheureusement, étant aussi rigoriste que Ritson (*) même pour s'en tenir à la lettre de son manuscrit, le digne docteur attacha à sa libéralité la condition que nous adopterions l'orthographe du duc, et que nous intitulerions cet ouvrage : *les Aventures de Niggle* (**) ; mais nous n'avons pas cru devoir accepter cette proposition.
(*Note de l'auteur anglais.*)

(*) Ritson, éditeur des *Old English metrical romance*. — ED.

(**) Nigel est un nom écossais : *Niggle* en traduit assez bien la prononciation, mais en dénature l'orthographe. — ED.

étaient restés gravés, quoique imparfaitement, dans le souvenir de Nigel, comme nous l'avons déjà dit. Ayant peut-être encore un reste d'humeur, par suite de l'accident qu'il venait d'essuyer, il demanda à être entendu avant que l'immatriculation eût lieu.

— Cet homme, dit-il, qui a l'assurance de se proposer comme candidat pour obtenir les privilèges et immunités de cette honorable société, n'est autre chose, en propres termes, qu'un mendiant écossais. Nous avons déjà assez de ces sauterelles à Londres. Si nous admettons dans le sanctuaire ces chenilles, ces vers rongeurs, nous aurons bientôt toute l'Ecosse sur les bras.

— Nous n'avons pas le droit, dit le duc Hildebrod, de lui demander s'il est Ecossais, Français ou Anglais ; puisqu'il a honorablement payé sa bien-venue, il a droit à notre protection.

— Sur mon honneur ! très-souverain duc, répondit le ministre, je ne lui fais aucune question. — Son accent le trahit. — C'est un Galiléen, et l'argent qu'il a déposé est confisqué pour le punir de la témérité qu'il a eue de se présenter ici. Je vous demande donc, sire duc, de mettre la loi à exécution contre lui.

Ici le Templier se leva, et il allait interrompre la discussion de la cour, quand le duc l'assura gravement qu'il écouterait ce qu'il aurait à dire en faveur de son ami, quand le conseil aurait terminé sa délibération.

Le procureur se leva ensuite, et, après avoir annoncé qu'il allait parler de l'affaire sous un point de vue légal, il dit — qu'il était aisé de voir que le cas qui avait amené en Alsace l'individu dont il s'agissait n'était pas du ressort des lois civiles; qu'il croyait fermement que c'était l'histoire dont ils avaient déjà entendu parler, relativement à un coup donné dans l'enceinte du parc; que le sanctuaire ne pouvait servir de refuge au criminel dans un pareil cas; que le vieux chef de l'Angleterre enverrait des balais qui nettoieraient les rues de l'Alsace depuis le Strand jusqu'à la Tamise ; enfin que la politique imposait à ses collègues le devoir de songer aux dangers qui menaceraient leur république s'ils donnaient asile à un étranger dans de telles circonstances.

Le capitaine, qui était resté assis avec un air d'impatience pendant que ces deux orateurs donnaient leur opinion, se leva alors tout à coup avec la violence d'un bouchon qui part d'une bouteille de bière mousseuse, et qui s'élance au plafond. Retroussant ensuite ses moustaches d'un air martial, et jetant un regard de mépris sur l'homme de loi et sur celui de l'Eglise, il prononça le discours qui suit :

— Très-noble duc Hildebrod,

Quand j'entends des conseillers de Votre Grace faire des propositions si ignominieuses et si lâches ; quand je me rappelle les Huffs, les Muns, et les *Tytire-tu*, dont les avis dirigèrent, en pareilles occasions, les ancêtres et les prédécesseurs de Votre Grace, je commence à croire que l'esprit de courage est éteint en Alsace comme dans le cœur de ma grand'mère. Il n'en est rien pourtant ; non, il n'en est rien, et je trouverai encore ici assez de bons garçons pour soutenir nos privilèges contre tous les balayeurs de Westminster. Et si la force l'emportait sur nous un moment, mort et furie ! n'avons-nous pas le temps de renvoyer ce brave homme, par eau, soit au jardin de Paris, soit à Bankside ? Et, s'il est de bonne roche, ne nous indemnisera-t-il pas de tout l'embarras qu'il pourrait nous donner ? Que les autres sociétés existent par la loi, je dis que la nôtre doit vivre en dépit d'elle, et qu'elle ne sera jamais plus florissante que lorsqu'elle sera en opposition avec les mandats et les ordonnances, avec les constables, les baillis, les sergens, les huissiers, leurs masses, leurs verges et leurs bâtons. —

Cette harangue fut accueillie par un murmure approbateur, et Lowestoffe, voulant profiter de ce mouvement favorable pour frapper un coup décisif, rappela au duc et à son conseil que la sécurité du royaume d'Alsace reposait en grande partie sur l'amitié de la république du Temple, qui, en fermant ses portes, pouvait priver les Alsaciens d'un moyen de communication très-important; et que, suivant la manière dont ils se conduiraient en cette occasion, ils s'assureraient son crédit sur sa corporation, crédit qu'ils savaient n'être pas à dédaigner, ou le perdraient pour toujours. — Quant à cette objection, que mon ami est un étranger et un Ecossais, ajouta-t-il, comme le révérend ministre et le savant jurisconsulte viennent de le faire observer, vous devez faire attention à la cause qui en a fait une victime de la persécution; c'est pour avoir donné une bastonnade, non à un Anglais, mais à un de ses compatriotes. Quant à moi, continua-t-il en touchant légèrement lord Glenvarloch pour lui donner à entendre qu'il ne parlait qu'en plaisantant, quand tous les Ecossais qui sont à Londres se battraient en bataille rangée comme des Irlandais, et se tueraient jusqu'au dernier, il me semble que le survivant aurait des droits à notre gratitude pour avoir rendu un tel service à la pauvre vieille Angleterre.

Des éclats de rire prolongés et des applaudissemens bruyans suivirent cette ingénieuse apologie de Lowestoffe, tendant à faire pardonner à son ami sa qualité d'étranger; et le Templier en profita pour faire au conseil une autre proposition fort adroite.

— Je sais, dit-il, que l'usage invariable des pères de cet ancien et honorable Etat est de délibérer mûrement et à loisir sur toutes leurs affaires, en ayant soin de se rafraîchir le jugement par un nombre de libations convenable. A Dieu ne plaise que je vous propose d'enfreindre une coutume si louable, ou que je prétende qu'une affaire telle que celle-ci ait été constitutionnellement méditée et pesée pendant qu'on vidait un misérable gallon de vin; mais comme il doit être indifférent à cet honorable conclave de boire d'abord et de délibérer ensuite, ou de commencer par délibérer et de finir par boire, je propose à Votre Grace, d'après l'avis de vos sages et puissans sénateurs, de rendre d'abord l'édit, accordant à mon digne ami les immunités de l'Alsace, et de lui fixer, suivant vos sages réglemens, un logement où il se retirera sur-le-champ, fatigué comme il l'est d'une journée qui a été chaude pour lui; après quoi je vous ferai monter un quartaut de vin du Rhin, accompagné d'une quantité proportionnée de langues de bœuf et de harengs salés, pour vous rendre tous aussi glorieux qu'un George-a-Green [1].

Cette proposition fut généralement applaudie.

On ferma aussi la bouche aux dissidens, s'il pouvait exister dans le sénat de l'Alsace quelques membres capables de résister à une ouverture si flatteuse. Les mots — excellent cœur! noble dignitaire du Temple! brave et généreux garçon! — passaient de bouche en bouche. Le nom du pétitionnaire fut sur-le-champ inscrit sur le registre, et le digne doge lui fit prêter le serment d'usage, qui était en vers, comme les lois des douze tables, comme celles des anciens Cambro-Bretons, et de toutes les nations primitives. Il était conçu ainsi qu'il suit :

> Sur nos barils, nos robinets,
> Nos ceinturons et nos rapières,
> Tu fais serment d'être à jamais
> Le champion de tous nos frères;
> D'être un mur contre les huissiers
> Qui nous feraient quelques querelles,

---

[1] *George-a-Green*, ou *Jack in the green*, est un personnage de la fête des ramoneurs, dont on peut voir la description dans l'ouvrage intitulé : *Six Mois à Londres*, par M. Defauconpret. George-a-Green est un homme placé sous un panier d'osier en forme de pain de sucre, entièrement couvert de feuillage, orné de fleurs et de rubans, et qui en cet état parcourt les rues, et danse au son des instrumens. — ÉD.

La terreur de nos créanciers,
Et le chevalier de nos belles.

Nigel n'éprouvait que du dégoût pour cette grave momerie; mais son ami, le voyant sur le point d'en donner des marques trop évidentes, lui dit tout bas qu'il était trop avancé pour reculer, et lord Glenvarloch fit un signe d'assentiment lorsque la formule fut terminée. Le duc procéda alors à l'investir des privilèges et immunités de l'Alsace, en prononçant les vers suivans :

Contre le bout de doigt maudit
Qui, rien qu'en te touchant l'épaule,
Par ce seul geste t'avertit
Que tu vas coucher à la geôle;
Contre tout constable, recors,
Huissier, bailli, prévôt et garde,
Qui viendraient pour te prendre au corps,
Je t'accorde une sauvegarde.
De notre confraternité
Je t'imprime le caractère
En te donnant la liberté
Dont jouit ici chaque frère.
Tu pourras être en un seul jour
Trompeur et trompé tour à tour.
Si l'on te bat, tu pourras battre.
Veux-tu jurer, à toi permis.
Permis de boire autant que quatre,
Et de trébucher étant gris.
Si l'on insulte ta maîtresse,
Tu n'as pas un poignard pour rien;
Et si la fortune traîtresse
Ne te traite pas assez bien,
Songe qu'à la force l'adresse
Prête souvent un bon soutien.
Les dés qu'adroitement on pipe
Pour toi ne seront pas proscrits.
Fume tranquillement ta pipe
En dépit de tous les édits.
En été, dans notre domaine,
En veste tu peux demeurer;

> En hiver prends habit de laine,
> Quand tu pourras t'en procurer.
> Lorsque ton intérêt l'exige,
> Tu peux jurer par ton honneur;
> Nul n'ira crier au prodige,
> Si l'on te reconnaît menteur.
> Si contre toi l'on tend des pièges,
> Tu peux en dresser à ton tour.
> Tels sont les nobles privilèges
> Dont je t'investis en ce jour.

Cette homélie ayant été prononcée, une dispute s'éleva relativement au domicile qu'on devait assigner au nouveau frère. Une maxime des Alsaciens étant que le lait d'ânesse engraisse, il y avait toujours rivalité entre les habitans pour obtenir l'avantage de loger un nouveau membre de la société.

L'Hector qui avait parlé si chaudement en faveur de Nigel, dans un moment si critique, se déclara le champion, le chevalier d'une certaine Blowselinda ou Bonstrops, qui avait à louer une chambre naguère résidence momentanée de Slicing Dick de Paddington. Mais il avait été pendu depuis peu à Tyburn, et sa mort prématurée faisait que l'inconsolable demoiselle gémissait dans son veuvage solitaire, comme une tourterelle plaintive.

Mais le crédit du capitaine ne put résister à celui du vieillard au capuchon de serge, qui malgré sa décrépitude passait pour savoir plumer un pigeon aussi bien et même mieux que qui que ce fût en Alsace.

Ce personnage vénérable était un usurier nommé Trapbois, jouissant d'une certaine célébrité dans son état, et qui, tout récemment, avait rendu un service important à l'Etat en avançant un subside indispensable pour renouveler l'approvisionnement de la cave du duc, le marchand de vin du Vintry ne se souciant pas de faire affaire avec un si grand homme à d'autres conditions qu'argent comptant.

Quand donc ce digne vieillard se fut levé, et, dans un

discours interrompu par de nombreux accès de toux, eut rappelé au duc qu'il avait un pauvre appartement à louer, toutes les autres réclamations furent mises de côté, et Trapbois fut désigné comme l'hôte futur de Nigel.

Cet arrangement ne fut pas plus tôt terminé que lord Glenvarloch témoigna à Lawestoffe son impatience de quitter une compagnie si peu faite pour lui, et il fit ses adieux avec une hâte et une insouciance qui auraient été prises en mauvaise part si le quartaut de vin du Rhin ne fût arrivé à l'instant même où il sortait de l'appartement.

Le jeune étudiant accompagna son ami chez le vieil usurier. De même qu'un grand nombre de ses compagnons, il ne connaissait que trop bien la rue. Chemin faisant, il assura lord Glenvarloch qu'il allait être logé dans la seule maison de Whitefriars où il régnât un peu de propreté ; ce qui était dû aux soins de la fille unique de l'usurier, demoiselle qui avait passé la première jeunesse, laide comme le péché mortel, mais assez riche, à coup sûr, pour tenter un puritain quand le diable se serait emparé du vieux père comme d'une proie qui lui était due.

Lowestoffe finissait à peine de donner ces détails à son ami, quand ils arrivèrent chez Trapbois. Il frappa à la porte, et ce qu'il venait de dire se trouva confirmé par la physionomie revêche et désagréable de la femme qui vint l'ouvrir. Elle écouta d'un air mécontent et peu gracieux l'annonce que lui fit le jeune étudiant que son compagnon venait loger chez son père, murmura quelque chose sur l'embarras qu'un locataire devait lui occasioner, et finit pourtant par conduire l'étranger dans l'appartement qu'il devait occuper. Nigel le trouva beaucoup mieux qu'il n'aurait osé l'espérer ; et s'il n'était pas tout-à-fait aussi propre que celui de John Christie, il était du moins beaucoup plus grand.

Lowestoffe, ayant vu son ami en possession de son nouveau domicile, et lui ayant fait venir une carte contenant le prix des alimens qu'il pourrait se procurer chez un traiteur du voisinage, prit congé de lui en lui offrant ses services pour faire transporter dans sa nouvelle habitation les effets qu'il avait laissés dans son ancienne demeure. Nigel le pria de lui envoyer différens objets; et ils étaient en si petit nombre, que l'étudiant ne put s'empêcher de lui dire qu'il ne paraissait pas avoir dessein de jouir long-temps de ses nouveaux priviléges.

— Ils sont trop peu conformes à mes goûts, à mes habitudes et à mes principes, répondit lord Glenvarloch.

— Il est possible que vous changiez d'avis demain, répliqua Lowestoffe; ainsi je vous souhaite le bonsoir. Demain, je vous reverrai.

Le lendemain arriva; mais au lieu de voir arriver le jeune étudiant, Nigel n'en reçut qu'une lettre. Lowestoffe lui mandait que quelques vieilles perruques du Temple ayant pris ombrage de ses fréquens voyages en Alsace, et lui en ayant fait des reproches, il jugeait prudent de ne pas s'y montrer, quant à présent, de crainte d'attirer l'attention sur la nouvelle résidence de lord Glenvarloch. Il ajoutait qu'il avait pris des mesures pour la sûreté de ses effets, et qu'il lui enverrait par une personne sûre les objets dont il avait besoin, et la cassette qui contenait son argent. La lettre était terminée par quelques sages avis inspirés par la connaissance que Lowestoffe avait acquise des mœurs du pays que son ami habitait. Il lui conseillait de tenir l'usurier dans une ignorance absolue de l'état de ses finances; de ne jamais jouer aux dés avec le capitaine, parce qu'il avait l'habitude non-seulement de jouer serré, mais encore de ne jamais payer ses dettes; — enfin méfiez-vous, lui disait le Templier, du duc Hildebrod; il est aussi fin qu'une aiguille, quoique la lumière soit à sa tête ce que le fil est à cet instrument si nécessaire à l'industrie du beau sexe, c'est-à-dire ne pouvant se faire jour que par un seul orifice.

CHAPITRE XVIII.

LA MÈRE. « Le Miroir de l'Amour vous a-t-il éblouie ?
« Semblable à nos enfans, quelquefois Cupidon
« Sait de même au soleil dérober un rayon ;
« Et le réfléchissant sur sa perfide glace,
« Il aveugle un instant le voyageur qui passe,
« Riant à ses dépens s'il le voit trébucher.
LA FILLE. « La cause de mon mal ailleurs doit se chercher :
« C'est un éclair soudain qui m'a brûlé la vue.
« La lumière est pour moi sans retour disparue. »
Bœuf ou Pouding, ancienne comédie.

QUOIQUE nous ayons laissé notre héros Nigel dans une situation qui n'était ni agréable ni sûre, et encore moins honorable, il faut que nous l'abandonnions quelque temps pour entrer dans différens détails qui ont un rapport immédiat avec ses aventures.

Ce fut le troisième jour après qu'il avait été obligé de chercher une retraite dans la maison du vieux Trapbois, l'usurier bien connu de Whitefriars, à qui l'on donnait communément le surnom de Trapbois-le-Doré, que la jolie fille du vieux Ramsay l'horloger, après avoir vu pieusement son père déjeuner, et veillé à ce qu'il n'avalât point, dans un de ses momens d'abstraction, la salière au lieu d'une croûte de pain, sortit de sa boutique aussitôt qu'elle le vit replongé dans la profondeur de ses calculs, et se faisant seulement accompagner de Jeannette, sa vieille et fidèle servante écossaise, pour qui tous ses caprices étaient autant de lois, se rendit dans Lombard-Street, et entra à une heure peu ordinaire, à huit heures du matin, dans l'appartement de la tante Judith, la sœur de son digne parrain.

La vénérable demoiselle ne reçut pas cette visite avec son air le plus gracieux ; car, et cela était assez naturel, elle n'avait ni la même admiration que son frère pour la jolie figure de Marguerite, ni la même complaisance pour son caractère impatient et capricieux. Cependant elle savait que mistress Marguerite était la favorite de son frère, et la volonté de ce frère était une loi suprême pour la tante Judith. Elle se borna donc à lui demander par quel hasard elle promenait de si bonne heure sa figure pâle dans les rues de Londres.

— Je voudrais parler à lady Hermione, répondit la jeune fille presque hors d'haleine, tandis que le sang, se portant avec rapidité vers ses joues, faisait évanouir le reproche de pâleur que la tante Judith venait de faire à son teint.

— A lady Hermione ! répéta la tante Judith, et à une pareille heure, quand à peine consent-elle à voir quelqu'un de la famille, même à des heures convenables ! — Vous êtes une folle, une étourdie, ou vous abusez de l'indulgence que mon frère et cette dame vous ont toujours témoignée.

— Oh ! non, vraiment, je n'en abuse pas, s'écria Marguerite en cherchant à retenir la larme qui, à la moindre occasion, semblait vouloir sortir de ses yeux malgré elle. — Dites-lui seulement que la filleule de votre frère désire instamment de lui parler, et je sais qu'elle ne refusera pas de me voir.

La tante Judith fixa sur elle un regard soupçonneux qui semblait vouloir pénétrer dans ses pensées. — Vous pouviez me choisir pour confidente aussi bien que lady Hermione, jeune fille, lui dit-elle ; je suis plus âgée et plus en état de vous donner des avis. J'ai plus d'expérience du monde qu'une femme toujours claquemurée, et j'ai plus de moyens de vous bien guider par conséquent.

— Oh ! non, non, s'écria Marguerite avec plus de franchise que de politesse. Il y a des choses sur lesquelles vous ne pouvez me donner des conseils, ma tante Judith. Il s'a-git d'une chose, — qui n'est pas de votre compétence.

— J'en suis charmée, jeune fille, répondit Judith avec un ton d'humeur, car je crois que les folies de la jeunesse actuelle feraient perdre la raison à une vieille tête comme la mienne. Vous voilà levée avec l'alouette, et courant les rues de Londres pour venir parler à une femme qui ne voit le soleil que quand il brille sur le mur de briques qui fait face à ses croisées ! Au surplus, je vais l'informer que vous êtes ici.

A ces mots elle sortit, rentra presqu'au même instant, et lui dit d'un ton sec : — Lady Hermione dit qu'elle sera charmée de vous voir ; et c'est plus que vous n'aviez droit d'espérer, mistress Marguerite.

Marguerite baissa la tête en silence. Elle était trop occupée des idées qui l'agitaient pour chercher à remettre la tante Judith en meilleure humeur, ou pour lui rendre la pareille en lui répondant avec un ton aussi froid et aussi sec, ce qui, en toute autre occasion, aurait été plus conforme à son caractère. Elle suivit donc la sœur de son parrain d'un air triste et pensif jusqu'à la porte épaisse en bois de chêne qui séparait l'appartement de lady Hermione du reste de la maison spacieuse de George Heriot.

Il est nécessaire que nous nous arrêtions à la porte de ce sanctuaire pour relever ce qu'il y avait d'inexact dans les rapports que Richie Moniplies avait faits à son maître, relativement à la singulière apparition de cette dame lors de la prière, car nous reconnaissons maintenant que c'était lady Hermione. Une partie de ces exagérations avait été puisée par le digne Écossais dans la conversation qu'il avait eue avec Jenkin Vincent, qui possédait au plus haut degré le genre d'esprit qui a long-temps été à la mode dans la Cité sous le nom d'esprit mystificateur, genre d'esprit auquel le grave Richie Moniplies, qui n'avait garde de croire qu'on pût rire à ses dépens, et avec son penchant naturel pour le merveilleux, offrait un but admirable. Les autres embellissemens de l'histoire étaient dus à Richie lui-même, dont la langue, surtout quand elle avait été aiguisée par de bon vin, avait une tendance à l'amplification, et qui ne manqua pas, quand il rapporta à son maître toutes les circonstances merveilleuses que Vincent lui avait racontées, d'y ajouter quelques conjectures de son cru, et que son imagination avait promptement changées en faits indubitables.

Cependant la vie que lady Hermione avait menée depuis deux ans qu'elle habitait la maison de George Heriot était si singulière, qu'elle justifiait presque une partie des bruits ridicules répandus sur elle. La maison du digne orfèvre avait autrefois appartenu à une riche et puissante famille baroniale, qui sous le règne de Henry VIII s'éteignit en la personne d'une douairière très-riche, très-dévote, et très-attachée à la foi catholique. L'amie de cœur de l'honorable lady Foljambe était l'abbesse du couvent de Saint-Roch, qui par conséquent professait comme elle le catholicisme. Quand la maison de Saint-Roch fut supprimée par la volonté despotique de Henry VIII, lady Foljambe reçut chez elle son amie et deux de ses vestales qui, de même que leur abbesse, avaient résolu de continuer à vivre strictement de la manière prescrite par leurs vœux, au lieu de profiter de la liberté profane qui venait de leur être rendue. Elle fit arranger pour leur résidence, avec le plus grand secret (car Henry VIII ne lui aurait pas su bon gré de son zèle), un appartement composé de quatre pièces et d'un petit cabinet, qu'elle changea en oratoire ou chapelle; elle le fit fermer par une porte de chêne très-solide, pour en exclure les étrangers, et y fit disposer, comme dans tous les couvens catholiques, un tour par lequel on faisait passer aux recluses tout ce dont elles pouvaient avoir besoin. L'abbesse de Saint-Roch et ses deux religieuses passèrent plusieurs années dans cette retraite, sans avoir de communication avec personne, si ce n'est avec lady Foljambe, qui, grace à leurs prières et à la protection qu'elle leur accordait, ne se croyait guère moins qu'une sainte sur la terre. L'abbesse, heureusement pour elle, mourut avant sa bienfaisante protectrice, qui ne fut appelée à rejoindre ses pères que bien des années après l'avènement d'Elisabeth au trône.

Cette maison passa alors en la possession d'un chevalier fanatique, parent collatéral et éloigné de lady Foljambe; et celui-ci crut, en chassant de chez lui des prêtresses de Baal, acquérir aux yeux des saints le même mérite que s'était attribué sa parente en accueillant celles qu'elle regardait comme des filles du ciel. Des deux infortunées religieuses expulsées du lieu qui leur avait servi de refuge, l'une passa en pays étranger, et l'autre, à qui sa vieillesse ne permettait pas d'entreprendre un tel voyage, mourut sous le toit d'une veuve catholique d'une bonne condition. Sir Paul Crambagge, s'étant débarrassé des religieuses, dépouilla la chapelle de tous ses ornemens, et conçut d'abord le projet de changer toute la distribution de cet appartement. Mais il fut retenu par la réflexion que cette opération serait une dépense inutile, puisqu'il n'occupait que trois pièces de cette spacieuse maison, et qu'il n'avait pas le moindre besoin d'un logement plus considérable. Son fils, qui fut un prodigue et un dissipateur, vendit cette habitation à notre ami George Heriot, lequel trouvant, comme sir Paul, le reste de la maison suffisant pour sa famille, laissa l'appartement Foljambe ou de Saint-Roch, comme on le nommait, dans l'état où il l'avait trouvé.

Environ deux ans et demi avant l'époque à laquelle notre histoire commence, Heriot étant en voyage sur le continent, envoya des ordres spéciaux à sa sœur et à son caissier pour qu'on meublât proprement, mais avec simplicité, l'appartement Foljambe pour une dame qui devait venir l'occuper quelque temps, et qui vivrait plus ou moins avec sa famille, suivant son bon plaisir. Il ordonna aussi que les réparations nécessaires se fissent avec secret, et qu'on parlât le moins possible du sujet principal de sa lettre.

Quand le moment de son retour approcha, la tante Judith fut dévorée d'impatience, et il en était de même de toute la maison. Maître George arriva enfin; et comme il l'avait annoncé, il était accompagné d'une femme d'une beauté si parfaite, qu'elle aurait pu passer pour la plus belle des créatures qui fussent sur la terre, sans la pâleur extrême qui couvrait uniformément tous ses traits. Elle avait avec elle une femme de chambre ou une humble compagne, dont l'unique affaire semblait être de la servir. C'était une fille d'un caractère très réservé, âgée d'environ cinquante ans, et que son accent annonçait comme étrangère. Sa maîtresse lui donnait le nom de Monna Paula; maître Hériot et les autres la nommaient mademoiselle Pauline. Elle couchait dans la même chambre que sa maîtresse, prenait ses repas dans le même appartement, et ne la quittait presque pas un instant de toute la journée.

Ces deux étrangères se mirent en possession du cloître de l'abbesse, et sans observer une réclusion aussi rigoureuse, elles rendirent presque cet appartement à sa destination primitive. Elles vivaient et prenaient leurs repas à part du reste de la famille. Lady Hermione, car c'était ainsi qu'on nommait la dame étrangère, n'avait aucune communication avec les domestiques, et mademoiselle Pauline n'avait avec eux que les relations indispensables, et dont elle prenait toujours soin d'abréger la durée autant qu'il était possible. Des largesses aussi fréquentes que libérales réconciliaient les domestiques avec cette conduite, et ils se disaient souvent entre eux que rendre un service à mademoiselle Pauline c'était trouver un trésor caché par les fées.

Lady Hermione témoignait toujours beaucoup de politesse à la tante Judith; mais elle la voyait très rarement : conduite qui inspirait quelque curiosité à la sœur de l'orfèvre, en même temps qu'elle offensait un peu sa dignité. Mais elle connaissait si bien son frère, et elle l'aimait si tendrement, qu'il n'avait qu'à exprimer une volonté pour qu'elle devînt aussi la sienne. Le digne citadin avait à peu près contracté l'habitude de ce ton impérieux que prend, presque sans y songer, l'homme doué du caractère le plus heureux quand il n'a qu'un mot à prononcer pour être obéi par tout ce dont il est entouré. Maître George ne souffrait pas qu'on l'interrogeât dans sa famille; et quand il eut une fois annoncé que sa volonté était que lady Hermione vécût de la manière qui lui serait la plus agréable, et qu'on ne se permît aucune question ni sur son histoire ni sur les motifs qu'elle avait pour mener une vie si retirée, sa sœur comprit qu'il aurait été sérieusement mécontent si l'on eût fait quelque tentative pour découvrir ce secret.

Mais quoique les domestiques fussent bien payés pour garder le silence, et que la tante Judith en fît autant par égard pour son frère, tous ces arrangemens n'étaient pas de nature à échapper aux observations critiques du voisinage. Les uns pensaient que le riche orfèvre allait se faire papiste, et rétablir le couvent de lady Foljambe; les autres croyaient qu'il devenait fou, et il en était même qui prétendaient qu'il avait dessein d'épouser l'étrangère, ou de faire encore pis. La présence régulière de maître George à l'église, et la circonstance que la prétendue catholique assistait toujours aux prières qui se faisaient dans la famille suivant le rituel de l'Église anglicane, le justifiaient assez du premier de ces soupçons. Ceux qui avaient à traiter avec lui d'affaires commerciales ne pouvaient douter qu'il n'eût la tête parfaitement saine; pour réfuter les autres bruits, il suffisait de savoir, et ceux qui prenaient les renseignemens les plus exacts ne pouvaient en douter, que maître George Hériot ne voyait jamais l'étrangère qu'en présence de mademoiselle Pauline, qui était toujours à travailler dans un coin de la chambre où ils s'entretenaient. Il fut reconnu en outre que ces visites duraient rarement une heure, et qu'elles n'avaient lieu qu'une fois par semaine tout au plus. Leurs relations étaient donc trop peu fréquentes et avaient trop peu de durée pour que l'amour fût le nœud qui les rassemblait.

Les curieux se trouvèrent donc en défaut, et furent forcés de renoncer à découvrir le secret de maître Hériot. Mais mille contes ridicules circulèrent parmi les gens ignorans et superstitieux, et notre ami Richie Moniplies en avait entendu quelques échantillons sortir de la bouche du malicieux apprenti de David Ramsay.

Il existait pourtant une personne qui à ce qu'on croyait aurait pu donner sur lady Hermione plus de renseignemens que qui que ce fût dans Londres à l'exception de George Hériot, et c'était la fille unique dudit David Ramsay.

Marguerite n'avait guère plus de quinze ans quand lady Hermione était arrivée en Angleterre. Elle allait souvent chez son parrain qui s'amusait beaucoup de ses saillies enfantines, et qui aimait à l'entendre chanter avec une grace naturelle les airs de son pays. C'était une véritable enfant gâtée, tant par l'indulgence de son parrain que par les distractions et l'insouciance de son père, et la déférence qu'assuraient à tous ses caprices sa beauté et la fortune dont elle devait jouir un jour. La réunion de toutes ces circonstances avait rendu la beauté de la Cité aussi capricieuse et aussi volontaire que le devient presque toujours quiconque est l'objet d'une indulgence excessive. Tantôt elle montrait cette affectation de réserve, de timidité et de froideur silencieuse que les jeunes filles prennent souvent pour une aimable modestie ; tantôt elle se livrait à ce babil inconsidéré que la jeunesse confond quelquefois avec l'esprit. Marguerite ne manquait pourtant pas de ce dernier don ; elle y joignait un jugement sain auquel il ne fallait que des moyens d'observation pour se développer ; elle avait de la vivacité, de l'enjouement, de l'aménité, et par-dessus tout un excellent cœur. La lecture des romans et des pièces de théâtre, à laquelle elle consacrait une assez grande partie de son temps, lui avait donné quelque penchant pour le romanesque ; et elle y avait puisé des idées bien différentes de celles qu'elle aurait acquises dans les instructions si précieuses d'une mère tendre et éclairée. Enfin les caprices auxquels elle était assez sujette la faisaient accuser, sans trop d'injustice, d'avoir du penchant à la coquetterie. Mais la petite personne était assez adroite pour cacher ses imperfections à son parrain à qui elle était sincèrement attachée ; elle était tellement dans ses bonnes graces qu'elle obtint, à sa recommandation, la permission de voir lady Hermione.

La vie singulière que menait cette dame, son extrême beauté que sa grande pâleur rendait encore plus intéressante, le mouvement d'orgueil intérieur que Marguerite éprouvait en se voyant admise plus intimement que personne au monde dans la société d'une femme qui était enveloppée de tant de mystère, tout concourut à faire une profonde impression sur l'esprit de la jeune fille de David Ramsay; et quoique ses conversations avec lady Hermione ne fussent ni bien longues ni confidentielles, cependant, fière de la confiance qui lui était accordée, Marguerite gardait un secret aussi rigoureux sur ce qui se disait dans leurs entretiens que si chaque mot qu'elle en eût répété eût dû lui coûter la vie. C'était en vain qu'on avait recours à l'insinuation et à la flatterie pour la faire parler : les questions les plus adroites qui lui étaient faites, soit par dame Ursule, soit par toute autre personne également curieuse, ne pouvaient lui arracher le moindre renseignement sur ce qu'elle entendait ou voyait dans cet appartement mystérieux. La plus légère question sur l'Esprit de maître Hériot suffisait, même dans ses momens du plus grand abandon, pour arrêter son babil, et la rendre silencieuse comme le tombeau.

Nous faisons mention de cette circonstance pour donner une idée de la force de caractère dont Marguerite était douée, même dans sa première jeunesse; force cachée sous mille lubies fantasques, comme le pilier d'un ancien mur disparaît sous la tapisserie de lierre et de violiers qui le couvre. Il faut pourtant avouer que quand elle aurait dit tout ce qu'elle voyait et tout ce qu'elle entendait dans l'appartement Foljambe, elle n'aurait eu que bien peu de moyens pour satisfaire la curiosité de ceux qui l'interrogeaient.

Dans les commencemens, lady Hermione avait coutume de récompenser les attentions de sa jeune amie par de petits présens plus élégans que précieux, et de l'amuser en lui montrant des curiosités venant de pays étrangers, et dont plusieurs étaient d'une valeur considérable. Quelquefois le temps se passait d'une manière beaucoup moins agréable pour Marguerite, c'est-à-dire à recevoir les leçons de Pauline pour divers ouvrages à l'aiguille. Quoique celle qui l'instruisait les exécutât avec cette dextérité qu'on ne connaissait alors que dans les couvens étrangers, son élève était si paresseuse et si maladroite que les travaux d'aiguille furent abandonnés, et des leçons de musique prirent leur place. Pauline était aussi une excellente maîtresse dans cet art, et Marguerite à qui la nature avait donné des dispositions pour ce talent, fit des progrès marqués dans la musique vocale et instrumentale. Ces leçons se donnaient en présence de lady Hermione, et paraissaient lui faire plaisir. Elle accompagnait même quelquefois de la voix la plus mélodieuse qu'on pût entendre l'instrument dont touchait sa jeune amie, mais ce n'était jamais que lorsque l'air qu'elle jouait était d'un genre religieux.

Lorsque Marguerite avança en âge, ses relations avec la recluse prirent un autre caractère. On lui permit de parler de ce qu'elle avait vu dans le monde, on l'y encourageait presque; et lady Hermione, en remarquant la justesse et la vivacité d'esprit de sa jeune amie, trouva bien des occasions de lui recommander de se tenir en garde contre le danger de former des jugemens trop précipités, et d'énoncer ses opinions avec trop d'irréflexion et de légèreté.

Le respect habituel avec lequel Marguerite regardait cette femme singulière, quoiqu'elle n'aimât ni la contradiction ni les reproches, la portait à écouter ses avis avec patience, et à les pardonner en quelque sorte aux bonnes intentions de celle qui les lui donnait. Et cependant, au fond de son cœur, elle pouvait à peine concevoir que lady Hermione, qui ne sortait jamais de l'appartement Foljambe, entreprît d'instruire dans la connaissance du monde une jeune fille qui deux fois par semaine parcourait tout l'espace qui séparait Temple-Bar de Lombard-Street, sans parler des promenades du dimanche dans le parc toutes les fois que le temps était beau. Certainement la jolie mistress Marguerite était si peu disposée à endurer de telles remontrances, que ses visites dans l'appartement solitaire seraient probablement devenues plus rares à mesure que ses relations avec le monde devenaient plus fréquentes, si elle n'avait été retenue d'une part par ce respect habituel dont elle ne pouvait se défendre, et de l'autre par l'idée d'être admise, jusqu'à un certain point, à une confiance pour laquelle tant d'autres soupiraient en vain.

D'ailleurs, quoique sa conversation fût toujours sérieuse, Hermione n'était ni sévère ni même trop grave. Elle ne s'offensait pas des écarts de légèreté que Marguerite se permettait quelquefois en sa présence, même dans des occasions où Monna Paula levait les yeux au ciel, et soupirait avec toute la compassion que peut accorder une dévote à ceux qu'elle regarde comme les esclaves d'un monde profane. Ainsi donc, au total, la jeune fille se résignait, quoique non sans quelque dépit, à écouter les sages avis de lady Hermione, et d'autant plus aisément qu'au mystère dont cette dame était enveloppée il s'était joint dès sa première jeunesse une idée vague de richesse et d'importance, confirmée par bien des circonstances accidentelles qu'elle avait remarquées depuis qu'elle était en état de faire des observations.

Il arrive fréquemment que les avis que nous recevons à contre-cœur, quand on nous les donne sans que nous les demandions, nous deviennent précieux quand quelque embarras nous inspire plus de méfiance contre notre propre jugement que nous n'en avons lorsque tout va au gré de nos désirs; et cela arrive surtout quand nous supposons à la personne de qui nous les recevons le désir et le pouvoir de joindre à ses conseils des secours efficaces. Telle était la situation dans laquelle Marguerite se trouvait en ce moment. Elle était, ou elle croyait être dans un état à avoir besoin de conseils et de secours, et ce fut pour cette raison qu'après avoir passé une nuit dans l'inquiétude et sans fermer l'œil, elle résolut d'avoir recours à lady Hermione, qu'elle savait très disposée à donner des avis, et qu'elle espérait trouver en état de lui procurer aussi un autre genre d'assistance. La conversation qui eut lieu entre elles expliquera le sujet de cette visite.

CHAPITRE XIX.

« Parlez-moi, ventrebleu! d'une femme pareille!
« Dans les camps, à l'armée, elle ferait merveille.
« Elle est faite, ma foi, pour aimer un soldat.
« En l'armant elle-même à l'instant du combat,
« Elle lui chanterait couplet et chansonnette,
« Quand même l'ennemi, du son de sa trompette,
« Semblerait à deux pas répéter son refrain ;
« On la verrait panser et bander de sa main,
« Sans trembler, sans frémir, sans pousser un murmure,
« D'un amant renversé la plus large blessure,
« Et baiser tendrement son front ensanglanté. »

Ancienne comédie.

Lorsque Marguerite entra dans l'appartement Foljambe, elle trouva celles qui l'habitaient occupées, à leur ordinaire, la maîtresse à lire, et la suivante à travailler à une grande pièce de tapisserie, ouvrage auquel elle s'était constamment appliquée depuis le premier instant que Marguerite avait été admise dans cette retraite.

Hermione fit un signe de tête à Marguerite d'un air de

bonté; mais sans lui parler, et cette jeune fille, accoutumée à cet accueil, ne fut pas fâchée d'avoir quelques instans pour recueillir ses idées. Elle se baissa sur le métier à tapisserie de Monna Paula, et lui dit à demi-voix : — Vous en étiez justement à cette rose, Monna, la première fois que je vous vis. — Voyez : voilà l'endroit où j'ai eu le malheur de gâter la fleur en essayant d'imiter votre point. Je n'avais guère que quinze ans alors. Ces fleurs me vieillissent, Monna Paula.

— Je voudrais qu'elles vous rendissent sage, mon enfant, répondit Monna Paula, dans les bonnes graces de laquelle la jolie mistress Marguerite n'était pas aussi avancée que dans celles de sa maîtresse; ce qui venait en partie d'un caractère naturellement austère qui ne pardonnait rien à la jeunesse et à la gaîté, et en partie aussi de la jalousie que conçoit toujours une suivante favorite contre quiconque lui paraît une sorte de rivale dans l'affection de sa maîtresse.

— Que dites-vous à Monna, petite? demanda Hermione.

— Rien, madame, répondit Marguerite, si ce n'est que j'ai vu trois fois fleurir les fleurs véritables depuis que je vois Monna Paula travailler dans le jardin de sa tapisserie; et ses violettes ne fleurissent pas encore.

— C'est la vérité, ma petite; mais les fleurs qui sont le plus long-temps à s'épanouir sont celles qui durent davantage. Vous les avez vues trois fois fleurir dans le jardin, mais aussi vous les avez vues se faner trois fois. Celles-ci ne redoutent ni la rigueur du froid ni l'ardeur du soleil.

— Vous avez raison, madame; mais elles n'ont ni vie ni odeur.

— C'est comparer une vie agitée par l'espoir et la crainte, mêlée de succès et de revers, en proie à la fièvre de l'amour et de la haine, partagée entre les passions et la sensibilité, remplie d'amertume et abrégée par des alternatives de toute espèce, à une existence calme et tranquille, qui n'est animée que par le sentiment du devoir, et qui ne s'occupe pendant son cours doux et paisible qu'à s'en acquitter avec constance. Est-ce là la morale de votre réponse, ma petite?

— Je n'en sais rien, madame ; mais j'aimerais mieux être l'alouette qui chante en s'élevant au haut des airs sur les ailes du vent d'été, que le coq perché sur cette verge de fer, qui ne remue que pour s'acquitter de son devoir, en indiquant de quel côté le vent souffle.

— Des métaphores ne sont pas des argumens, ma belle enfant, dit Hermione en souriant.

— J'en suis fâchée, madame, car c'est une manière assez commode de dire sa façon de penser quand elle diffère de celle des personnes à qui l'on doit du respect. D'ailleurs il s'en présente sans fin à l'esprit, et elles sont si agréables! elles vont si bien au fait!

— Vraiment! Eh bien! faites-m'en donc entendre quelques-unes?

— Par exemple, il serait bien hardi à moi de vous dire que, plutôt que de mener une vie calme et tranquille, j'aimerais assez une petite variété d'espoir et de crainte, de passions et de sensibilité, et... et de tout ce dont vous venez de parler. Mais je puis dire librement, et sans que personne me blâme, que je préfère un papillon à un escarbot; un tremble, dont les feuilles sont toujours agitées, au triste pin d'Écosse, dont le feuillage est perpétuellement immobile ; et que de tous les ressorts, de toutes les chaînes, de tout le bois et le cuivre que les doigts de mon père assemblent artistement, il n'est rien que je déteste autant qu'une vieille grande horloge à la mode d'Allemagne, qui sonne sans jamais y manquer les heures, les demi-heures, les quarts et même les demi-quarts d'heure, comme s'il était bien important que tout le monde sache qu'elle est remontée et qu'elle va. Or comparez à cette lourde et vilaine machine la jolie pendule que maître Hériot vous a fait faire, qui joue cent jolis airs, et qui, lorsqu'elle sonne l'heure, fait sortir et sautiller en rond une troupe de joyeux danseurs.

— Mais laquelle de ces deux pendules va le mieux, Marguerite ?

— Je dois convenir que... la vieille pendule allemande a l'avantage à cet égard. Je crois que vous avez raison, madame, des comparaisons ne sont pas des argumens; du moins les miennes ne m'ont pas réussi.

— Vraiment, Marguerite, dit Hermione en souriant, il me paraît que vous avez fait bien des réflexions à ce sujet depuis peu.

— Peut-être trop, madame, répondit Marguerite d'un ton assez bas pour n'être entendue que d'Hermione, derrière la chaise de laquelle elle venait de se placer. Elle prononça ces mots d'un ton grave, et ils furent accompagnés d'un demi-soupir qui n'échappa point à l'attention de celle à qui ils s'adressaient.

Hermione tourna sur-le-champ la tête, regarda fixement Marguerite, et après un instant de silence ordonna à Monna Paula de se retirer dans l'antichambre, et d'y emporter son métier à tapisserie. Lorsqu'elle fut seule avec sa jeune amie qui restait toujours appuyée sur le dossier de sa chaise, elle lui dit de venir s'asseoir près d'elle sur un tabouret.

— Je resterai ici, madame, si vous me le permettez, répondit Marguerite sans changer de position; je voudrais que vous m'entendissiez sans me voir.

— Au nom du ciel! ma chère enfant, qu'avez-vous donc à m'apprendre que vous ne puissiez dire en face à une amie aussi véritable que je le suis?

— Vous aviez raison, madame, dit Marguerite sans répondre directement à cette question, quand vous me disiez que j'avais fait bien des réflexions depuis peu; mais malgré toutes mes réflexions, je sens que j'ai eu tort : vous serez fâchée contre moi, mon parrain sera mécontent, et cependant je ne saurais qu'y faire, il faut le sauver.

— *Le!* répéta Hermione, ce petit mot m'explique tout le mystère. Mais venez devant moi, petite folle, que je vous voic. Je parie que vous avez pensé trop souvent au malin apprenti de votre père; il y a long-temps que le nom du jeune Vincent n'est sorti de votre bouche, ce n'est pas une preuve que votre cœur ne songe pas à celui qui le porte. Avez-vous été assez folle pour lui permettre de s'expliquer sérieusement? on m'en a parlé comme d'un jeune homme entreprenant.

— Il ne l'est pas assez pour me dire des choses qui pourraient me déplaire, madame.

— Mais elles ne vous ont peut-être pas déplu, ou peut-être ne vous a-t-il pas encore parlé, ce qui serait plus sage. Ouvrez-moi votre cœur, ma chère amie; votre parrain ne tardera pas à revenir, et nous l'admettrons en tiers à notre consultation. Si le jeune homme a de l'industrie, et que sa famille soit honnête, il est possible que son défaut de fortune ne soit pas un obstacle insurmontable; mais vous êtes tous deux bien jeunes, Marguerite, et je suis bien sûre que votre parrain voudra que Vincent d'abord finisse son apprentissage.

Marguerite n'avait pas cherché jusqu'alors à désabuser lady Hermione de sa méprise, uniquement parce qu'elle n'osait l'interrompre; mais le dépit que lui firent concevoir ses derniers mots lui donna enfin la hardiesse de s'écrier:

— Je vous demande pardon, madame, mais ce n'est ni le jeune homme dont vous parlez, ni aucun apprenti, ni même aucun maître de la cité de Londres...

— Marguerite! s'écria lady Hermione, le ton de mépris avec lequel vous parlez des gens de votre classe, dont plusieurs sont au-dessus de vous sous tous les rapports et vous feraient beaucoup d'honneur en pensant à vous, ne me paraît pas une bonne garantie de la sagesse de votre choix; car il me semble que vous avez fait un choix, et je crains bien qu'il ne soit inconsidéré. A qui donc êtes-vous attachée ainsi?

— A un jeune lord écossais, madame, à lord Glenvarloch,

répondit Marguerite en baissant la voix, mais cependant d'un ton assez ferme pour un pareil aveu.

— Au jeune lord Glenvarloch! répéta lady Hermione du ton de la plus grande surprise; jeune fille, votre raison est égarée.

— Je savais que vous me parleriez ainsi, madame, répliqua Marguerite; c'est ce qu'une autre personne m'a déjà dit, c'est peut-être ce que tout le monde me dirait, c'est ce que je suis quelquefois tenté de me dire moi-même; mais regardez-moi, madame, car à présent je puis me placer devant vous, et dites-moi si mes yeux et mon accent annoncent quelque dérangement dans mon esprit, quand je vous répète que j'ai fixé toute mon affection sur ce jeune lord.

— S'il n'y a de la folie ni dans vos yeux ni dans votre accent, jeune fille, j'en trouve beaucoup dans ce que vous dites, répondit lady Hermione d'un ton de réprimande; où avez-vous jamais vu qu'un amour déplacé ait produit autre chose que des malheurs? — Cherchez un époux parmi vos égaux, Marguerite, et ne vous exposez pas aux dangers et aux maux sans nombre, résultat inévitable d'une passion qui ose s'élever plus haut qu'elle ne peut atteindre. — Pourquoi souriez-vous, jeune fille? Y a-t-il quelque chose à mépriser dans ce que je vous dis?

— Non, certainement, madame. Si je souris, c'est seulement parce que je pense qu'il est bien singulier que tandis que le rang établit une si grande différence entre des créatures formées du même limon, l'esprit du vulgaire se rencontre quelquefois si bien avec celui des plus hautes classes de la société : il n'y a de différence que dans l'expression. Dame Ursley m'a dit précisément la même chose que vous venez de me dire; la seule différence, c'est que vous, madame, vous me parlez de dangers et de maux sans nombre, et dame Ursley m'a parlé de potence et d'une mistress Turner qui a été pendue.

— En vérité! et qui peut être cette dame Ursley, que

votre prudence m'a associée dans la tâche difficile de donner des conseils à une jeune folle?

— La femme du barbier Suddlechops qui demeure à deux pas d'ici, madame, répondit Marguerite avec l'air de la plus grande simplicité, mais n'étant pas fâchée au fond du cœur de trouver un moyen indirect de mortifier celle qui lui donnait des avis peu agréables. C'est après vous, madame, la femme la plus prudente que je connaisse.

— C'est une confidente parfaitement choisie! Vous avez mis beaucoup de délicatesse dans ce choix, et vous n'avez oublié ni ce que vous devez aux autres, ni ce que vous vous devez à vous-même! Mais qu'avez-vous donc? où allez-vous?

— Demander les avis de dame Ursley, madame, répondit Marguerite en feignant de se retirer; car je vois que vous êtes trop en colère contre moi pour vouloir m'en donner, et le cas est pressant.

— Mais de quoi s'agit-il donc, folle que vous êtes? dit Hermione d'un ton plus doux. Asseyez-vous, petite, et voyons ce que vous avez à me dire. Il est vrai que vous êtes une folle et une enfant gâtée, mais je ne vous en aime pas moins; vous m'intéressez, et je vous aiderai si la chose est possible. Asseyez-vous, vous dis-je, et vous verrez que mes avis valent bien ceux de la femme du barbier. Allons, dites-moi ce qui vous fait supposer que vous avez donné votre cœur sans retour à un homme que vous n'avez vu qu'une fois, à ce que je crois.

— Je l'ai vu plus d'une fois, répondit Marguerite en baissant les yeux; mais je ne lui ai parlé qu'une seule. L'impression qu'il a faite sur moi a été si profonde, que je pourrais encore vous répéter jusqu'à la parole la plus insignifiante qu'il a prononcée. Cependant je crois que cette impression aurait pu s'effacer de mon cœur, si d'autres circonstances survenues depuis ce temps ne l'y eussent gravée pour toujours.

— Jeune fille, *toujours* est un mot qui se présente naturellement sur nos lèvres en pareilles occasions ; et cependant c'est le dernier que nous devrions employer. Ce monde, ses usages, ses passions, ses peines, ses plaisirs passent comme le souffle du vent. *Toujours* offre une idée qui n'appartient qu'à ce qui existe au-delà du tombeau.

— Vous avez bien raison, madame ; aussi ne veux-je vous parler que de l'état actuel de mon cœur, de ce qui durera autant que ma vie, et je n'ignore pas qu'il peut se faire qu'elle soit courte.

— Et qu'y a-t-il donc en ce lord écossais qui puisse l'avoir si fortement gravé dans votre imagination ? Je conviens qu'il est fort bien, car je l'ai vu, et je veux bien supposer qu'il est poli et que sa conversation est agréable. Mais quelles sont ses autres qualités ? car il faut qu'il en ait de peu communes.

— Il est malheureux, madame, le plus malheureux des hommes ; entouré de piéges de toute espèce ingénieusement disposés pour le perdre de réputation, le dépouiller de ses biens, et peut-être même le priver de la vie. Ce plan a été formé d'abord par la cupidité ; mais aujourd'hui il est suivi par la vengeance, par la méchanceté la plus prononcée, la plus active ; car lord Dalgarno...

— Monna Paula ! Monna Paula ! s'écria lady Hermione interrompant sa jeune amie ; elle ne m'entend pas, ajouta-t-elle, il faut que j'aille lui parler, je reviendrai dans un moment. Elle sortit de l'appartement, et y rentra presqu'au même instant.

— Vous avez prononcé un nom que je croyais connaître, lui dit-elle ; mais Monna Paula vient de me remettre sur la voie ; je ne connais pas votre lord... Quel nom lui avez-vous donné ?

— Lord Dalgarno, le plus méchant homme qui existe. Sous l'apparence de l'amitié, il a conduit lord Glenvarloch dans une maison de jeu, dans l'espoir de le voir s'y ruiner ; mais l'homme à qui ce faux ami, ce traître avait affaire était trop vertueux, trop modéré, trop prudent pour se laisser prendre dans un pareil piége. Que fit alors ce vil lord Dalgarno ? il tourna la prudence et la modération de celui qu'il voulait perdre contre lui-même, et persuada aux autres que parce qu'il ne voulait pas devenir la proie des loups, il s'associait avec eux pour avoir une part de leur butin. Et pendant qu'il cherchait si bassement à perdre un compatriote bien éloigné de concevoir le moindre soupçon, il avait grand soin de le tenir entouré de ses créatures, et de l'empêcher de se présenter à la cour et de voir les personnes de son rang. Depuis la conspiration des poudres il n'y a pas eu de complot plus infâme, tramé avec une adresse plus perfide, suivi avec plus de constance et de malignité.

La chaleur avec laquelle Marguerite s'exprimait arracha un sourire mélancolique à lady Hermione. Soupirant ensuite elle lui dit qu'elle connaissait bien peu le monde dans lequel elle allait vivre, puisqu'elle était si étonnée de le trouver rempli de perfidie et de trahison.

— Mais de quelle manière, lui demanda-t-elle ensuite, avez-vous pu découvrir les vues secrètes de lord Dalgarno, d'un homme qui a dû prendre toutes les précautions que les traîtres oublient rarement ?

— Permettez-moi de ne pas répondre à cette question, madame ; je ne pourrais le faire sans trahir le secret que j'ai promis à d'autres. Qu'il me suffise de vous dire que ce que je viens de vous apprendre est aussi sûr que les moyens par lesquels je l'ai appris sont certains. Mais je ne dois les faire connaître à personne. — Pas même à vous, madame.

— Vous êtes trop hardie, Marguerite. Vous mêler de pareilles affaires à votre âge ! — Non-seulement c'est une chose dangereuse, mais cela ne convient même pas à une jeune fille.

— Je savais que vous me diriez encore cela, madame, répondit Marguerite avec plus de douceur et de patience qu'elle n'en montrait ordinairement quand on lui faisait quelque reproche ; mais Dieu sait que mon cœur n'est animé en ce moment que du désir de sauver un homme innocent, et victime d'un traître. — J'ai trouvé moyen de lui faire donner avis de la fausseté de son ami ; mais hélas ! cette précaution n'a fait qu'accélérer sa perte ; car il est perdu si l'on ne peut le secourir promptement. Il a accusé de trahison son faux ami ; il a tiré l'épée contre lui dans le parc, et il est maintenant exposé au châtiment terrible prononcé par la loi contre ceux qui violent les priviléges du palais.

— Voilà une histoire bien extraordinaire ! Lord Glenvarloch est-il donc en prison ?

— Non, Dieu merci, madame. Il est dans le sanctuaire de Whitefriars ; mais il est douteux que cet asile puisse le protéger dans le cas où il se trouve. On parle d'un ordre délivré par le lord grand-justicier. Un étudiant du Temple a été arrêté, et se trouve inquiété pour avoir favorisé sa fuite. On profitera même du refuge que la nécessité l'a forcé de chercher dans un pareil endroit, pour nuire encore davantage à sa réputation. — Je sais tout cela, mais je ne puis le sauver. — Je ne puis le sauver sans votre aide.

— Sans mon aide, jeune fille ! vous perdez la raison. — Dans la retraite où je vis, quel moyen puis-je avoir de secourir ce malheureux jeune lord ?

— Vous en avez pourtant le moyen ! — Oui, vous en avez le moyen, ou je suis bien trompée. — Ce moyen, qui dans cette ville, dans ce monde, peut venir à bout de tout. — Vous êtes riche, et une faible portion de votre richesse me mettrait en état de le soustraire au danger qui le menace. Il recevrait les moyens et les instructions nécessaires pour s'échapper, et je....

— Et vous l'accompagneriez dans sa fuite sans doute, dit Hermione d'un ton d'ironie, pour recueillir le fruit de vos sages efforts en sa faveur.

— Que le ciel vous pardonne cette pensée injuste, madame ! — Je ne le reverrai jamais, mais je l'aurai sauvé, et cette idée me rendra heureuse.

— C'est une conclusion bien froide pour un enthousiasme si ardent et si hardi, dit Hermione en souriant d'un air d'incrédulité.

— Je n'en attends pourtant pas autre chose, madame.

— Je pourrais presque dire que c'est tout ce que je désire. Il est bien sûr que je ne ferai aucune tentative pour arriver à un autre but. Si je suis hardie pour ses intérêts, je suis assez craintive en ce qui concerne les miens. Pendant la seule entrevue que j'ai eue avec lui, je n'ai pas eu le courage de lui adresser un seul mot ; il ne connaît pas le son de ma voix, et tout ce que j'ai risqué, tout ce qu'il faut que je risque encore, c'est pour un homme qui, si on lui parlait de moi, dirait qu'il a oublié depuis long-temps qu'il ait jamais vu une créature si insignifiante, qu'il lui ait parlé, qu'il ait été assis près d'elle.

— C'est se livrer à une passion romanesque et dangereuse d'une manière aussi étrange que déraisonnable, dit lady Hermione.

— Vous ne voulez donc pas m'aider ? reprit Marguerite ; en ce cas, madame, je n'ai plus qu'à me retirer. — Vous avez mon secret, mais je sais que je puis compter sur votre discrétion.

— Un moment, mon enfant ; dites-moi quels moyens vous auriez pour servir ce jeune homme, si vous aviez de l'argent à votre disposition.

— Il est inutile que je vous réponde, madame, si vous n'avez pas dessein de m'aider ; et si vous en avez l'intention, cela n'est pas moins inutile ; vous ne pourriez comprendre les moyens que je dois employer, sans des explications que l'urgence du moment ne permet pas.

— Mais en avez-vous réellement les moyens ?

— Avec une somme d'argent un peu considérable, j'ai le moyen de déjouer tous ses ennemis, de le soustraire à la colère du roi courroucé, — au ressentiment plus froid, mais plus déterminé, du prince, — à la vengeance de Buckingham, qui poursuit avec acharnement tout ce qui barre le chemin à son ambition, — à la malice infernale de Dalgarno! — tout, je puis tout déjouer.

— Mais tout cela peut-il s'effectuer sans que vous couriez des risques personnels, Marguerite? Quelque but que vous vous proposiez, vous ne devez mettre en danger ni votre personne ni votre réputation, par le dessein romanesque de rendre service à un autre. — Moi-même si je vous aidais dans une entreprise fatale ou indigne de vous, j'en serais responsable auprès de votre parrain, votre bienfaiteur et le mien.

— Comptez sur la parole que je vous en donne, madame, sur le serment que je vous en fais; je n'agirai que par l'entremise d'autres personnes; je ne paraîtrai dans aucune entreprise qui pourrait être dangereuse, ou qui ne conviendrait pas à une personne de mon sexe.

— Je ne sais vraiment que faire, dit lady Hermione; ce peut être un acte d'imprudence, d'irréflexion, que de vous aider dans un projet si étrange, et cependant le but en paraît honorable; et si vos moyens sont sûrs... — Quel est donc le châtiment qu'il doit subir, s'il tombe entre les mains de ses ennemis?

— Hélas! la perte de sa main droite, répondit Marguerite d'une voix entrecoupée par des sanglots.

— Les lois anglaises sont-elles si cruelles? Ce n'est donc que du ciel qu'il faut attendre merci, puisque, même en ce pays de liberté, les hommes sont des loups qui se dévorent les uns les autres. — Calmez-vous, Marguerite, et dites-moi quelle somme est nécessaire pour assurer l'évasion de lord Glenvarloch.

— Deux cents pièces d'or, répondit Marguerite. — Je vous parlerais bien de vous les rendre, car j'en aurai le moyen un jour; mais je sais, c'est-à-dire je pense que cela vous est fort indifférent.

— Ne m'en dites pas davantage, dit lady Hermione, et allez chercher Monna Paula.

CHAPITRE XX.

« Remontez au déluge ; et même par-delà,
« Vous verrez qu'en tout temps la femme fut crédule,
« Et que l'homme toujours la trompa sans scrupule.
« L'amour au repentir la conduit-il un jour,
« Son cœur trop confiant la ramène à l'amour. »

Le nouveau Monde.

Au moment où Marguerite rentrait avec Monna Paula, lady Hermione quittait la table sur laquelle elle venait de tracer quelques lignes sur une petite feuille de papier qu'elle remit à sa suivante.

— Monna Paula, dit-elle, portez ce papier à Roberts le caissier ; qu'il vous remette la somme qui y est marquée, et apportez-la-moi ici sans retard.

Monna Paula sortit, et sa maîtresse continua :

— Je ne sais, Marguerite, si j'ai tort dans ce que j'ai fait et dans ce que je vais faire pour vous être agréable. Ma vie s'est passée dans une grande solitude, et j'ignore tout-à-fait les usages de ce monde. — Cette ignorance, je le sais bien, ne saurait être suppléée par la seule connaissance des livres. — J'ai bien peur de vous faire tort à vous-même, et de violer les lois du pays qui m'accorde un refuge, en me rendant à vos désirs : cependant je sens dans mon cœur quelque chose qui m'empêche de résister à vos prières.

— Oh ! écoutez votre cœur ; n'écoutez que lui, généreuse dame ! dit Marguerite en tombant à genoux et en embrassant ceux de sa bienfaitrice, dans l'attitude d'une beauté affligée qui supplie son ange tutélaire. — Les lois des hommes, continua-t-elle, ne sont que des injonctions humaines; mais les inspirations du cœur sont l'écho de la voix de Dieu.

— Levez-vous, levez-vous, jeune fille, dit Hermione; vous m'avez attendrie plus que je ne croyais pouvoir l'être. Levez-vous, et expliquez-moi comment il se fait que vos pensées, vos discours et vos moindres actions aient si promptement cessé d'être ceux d'une jeune fille capricieuse et fantasque, et que vous vous exprimiez avec toute l'énergie et l'éloquence du cœur.

— Certainement, je ne sais, généreuse dame, répondit Marguerite en baissant les yeux; mais je présume que, lorsque j'étais légère, je ne songeais qu'à des frivolités. Mes réflexions ont maintenant un objet profond et sérieux, et je suis heureuse que mes expressions répondent à mes pensées.

— Cela doit être, répondit la dame; cependant ce changement me semble aussi étrange que soudain. Je crois voir une enfant transformée tout à coup en femme réfléchie et passionnée, prête à tout employer ou à tout sacrifier, parce qu'elle éprouve pour l'objet de sa prédilection ce malheureux dévouement qui est souvent si mal récompensé.

Lady Hermione soupira amèrement, et Monna Paula était revenue avant que la conversation allât plus loin. Elle parla à sa maîtresse dans la langue étrangère dont elles se servaient souvent entre elles, et qui était inconnue à Marguerite.

— Il nous faut prendre patience pour quelques instans, dit la dame à Marguerite; le caissier est sorti, mais on l'attend dans une demi-heure.

Marguerite se tordit les mains avec un air de chagrin et d'impatience.

— Les minutes sont précieuses, continua lady Hermione, je le sais, et nous chercherons du moins à n'en point laisser échapper une: Monna Paula restera en bas pour épier le retour de Roberts et terminer avec lui.

Lady Hermione parla en conséquence à sa suivante, qui sortit une seconde fois.

— Vous êtes pleine de bonté, madame, pleine de bienveillance, dit la pauvre Marguerite ; — et le tremblement de ses lèvres et de sa main témoignait assez l'agitation douloureuse qui trouble le cœur de ceux qui voient leurs espérances différées.

— Prenez patience, Marguerite, et remettez-vous, dit lady Hermione ; vous pouvez avoir, — vous aurez beaucoup à faire pour venir à bout d'une entreprise si hardie ; réservez toutes les forces de votre esprit ; vous en aurez grand besoin. — De la patience.... — C'est le seul remède à opposer aux maux de la vie.

— Oui, madame, dit Marguerite en essuyant ses yeux et cherchant en vain à contenir l'impatience naturelle à son caractère, — c'est ce que l'on m'a répété, — et souvent ; — c'est, je l'avoue, ce que j'ai moi-même, Dieu me pardonne ! dit à ceux qui étaient inquiets et affligés ; mais c'était avant que j'eusse connu moi-même l'affliction et l'inquiétude. Oh ! bien certainement je ne prêcherai plus la patience à qui que ce soit, maintenant que je sais combien le remède est cruel pour le cœur à qui on l'administre.

— Vous y penserez mieux, jeune fille, dit lady Hermione.

— Moi aussi, quand je connus le malheur pour la première fois, j'accusais d'injustice ceux qui me parlaient de patience. Mais mes chagrins n'ont cessé que lorsque j'ai appris à regarder la patience comme la meilleure et la seule consolation que cette vie nous offre. — J'en excepte les devoirs de la religion, dont la patience il est vrai fait partie.

Marguerite, qui ne manquait ni de bon sens ni de sensibilité, essuya ses yeux à l'instant, et demanda à sa protectrice pardon de sa vivacité.

— J'aurais pu, j'aurais dû penser, dit-elle, d'après votre genre de vie, madame, que vous aviez aussi connu l'affliction ;

et cependant Dieu sait que la patience que je vous ai vue déployer vous donne toute sorte de titres pour proposer votre exemple aux autres.

La dame garda un moment le silence, puis elle répondit :

— Marguerite, je vais vous faire une confidence importante. Vous n'êtes plus une enfant, mais une femme raisonnable et sensible. — Vous m'avez dit de votre secret tout ce que vous avez osé ; — je vous dirai du mien tout ce que je puis me hasarder à vous faire connaître. Peut-être me demanderez-vous pourquoi je veux rappeler votre intérêt sur mes chagrins au moment où votre esprit est si agité. Je réponds que je ne puis résister à l'impulsion qui m'y engage. Peut-être est-ce parce que j'ai vu pour la première fois, depuis trois ans, les effets naturels d'une passion réelle, que ma douleur s'est réveillée, et ne peut plus être contenue dans mon sein. — Peut-être dois-je avoir l'espérance que vous profiterez de mon histoire, puisque vous êtes sur le point d'aller vous briser sur le rocher contre lequel toutes mes espérances de bonheur ont échoué sans retour. — Mais n'importe : si vous voulez m'écouter, je vous ferai connaître la triste solitaire de l'appartement Foljambe, et pourquoi elle y réside. Mon récit servira du moins à nous faire passer le temps, jusqu'à ce que Monna Paula nous apporte la réponse de Roberts.

A toute autre époque de sa vie, Marguerite aurait entendu avec un intérêt sans partage une confidence si flatteuse en elle-même, et sur un sujet qui avait si fortement excité l'attention générale. Même dans ce moment d'angoisse, quoiqu'elle ne cessât pas d'écouter avec inquiétude et émotion, dans l'espoir d'entendre le bruit des pas de Monna Paula, cependant, autant par reconnaissance et par égard que par un peu de curiosité, elle eut du moins toute l'apparence de prêter une attention soutenue à lady Hermione, et elle la remercia humblement de la confiance qu'elle lui accordait.

Lady Hermione, avec ce calme qui accompagnait ses discours et ses actions, raconta ainsi son histoire à sa jeune amie :

— Mon père, dit-elle, était un marchand, mais il était d'une ville dont les marchands sont des princes. Je suis la fille d'une noble maison de Gênes, dont le nom antique et glorieux était des plus révérés parmi ceux de cette fameuse aristocratie.

Ma mère était une noble écossaise. Elle descendait, — ne tressaillez pas, — elle descendait à un degré peu éloigné de la maison de Glenvarloch. — Il n'est donc pas étonnant que je me sois facilement laissé intéresser par les malheurs de ce jeune lord. Il est mon proche parent. Ma mère, qui était assez fière de son origine, m'apprit de bonne heure à prendre intérêt à ce nom. Mon aïeul maternel, cadet de la maison Glenvarloch, avait suivi la fortune d'un infortuné fugitif, Francis, comte de Bothwell, qui, après avoir promené ses malheurs dans plusieurs cours étrangères, s'établit enfin en Espagne, et y vécut d'une misérable pension qu'il obtint en embrassant la foi catholique. Ralph Olifaunt, mon grand-père, se sépara de lui, et fixa son séjour à Barcelone, où l'amitié du gouverneur fit tolérer son hérésie, puisque tel est le nom qu'on donnait à ses principes religieux. Mon père, par la nature de son commerce, résidait plus à Barcelone que dans son pays natal, quoiqu'il fît parfois des voyages à Gênes.

Ce fut à Barcelone qu'il connut ma mère, qu'il l'aima et l'épousa. Ils différaient de croyance, mais l'amour les mettait toujours d'accord. Je fus leur seul enfant. En public je me conformais aux doctrines et aux rites de l'Église de Rome ; mais ma mère, qui les avait en horreur, m'élevait secrètement dans la religion réformée ; et mon père, soit indifférence, soit qu'il ne voulût pas affliger la femme qu'il aimait, ignora ou eut l'air d'ignorer que j'avais adopté la religion de son épouse.

Mais quand malheureusement mon père fut attaqué, dans

la force de l'âge, d'une forte maladie dont il mourut, et qu'il reconnut incurable, il prévit les risques auxquels sa veuve et sa fille seraient exposées, quand il ne serait plus, dans un royaume tout dévoué au catholicisme. Pendant les deux dernières années de sa vie, il s'occupa de réaliser et de faire passer en Angleterre une grande partie de sa fortune, et elle fut avantageusement placée, grace à la probité de l'homme vertueux sous le toit de qui je réside. Si mon père avait assez vécu pour accomplir son dessein, il aurait retiré tous ses fonds du commerce, nous aurait accompagnées en Angleterre, et nous y aurait vues vivre en paix et honorées avant sa mort. Il mourut laissant plusieurs sommes engagées entre les mains de ses débiteurs d'Espagne; il avait fait surtout une consignation considérable à une société de commerçans de Madrid, qui, après sa mort, ne se montra nullement disposée à rendre ses comptes.

Plût à Dieu que nous eussions laissé ces méchans hommes en possession de leur butin! car ce fut ainsi que leur cupidité considéra la propriété de leur correspondant. Nous avions assez pour vivre dans l'aisance, et même dans la splendeur en Angleterre; mais nos amis se récrièrent sur la folie de souffrir que ces hommes sans principes nous dépouillassent. La somme qui était notre propriété légitime était forte, et la réclamation en ayant été faite, ma mère pensa que la mémoire de mon père exigeait qu'on persistât d'autant plus à la soutenir, que les associés cherchaient à porter atteinte à sa réputation, pour donner une couleur de justice à leur refus de nous satisfaire.

Nous allâmes donc à Madrid. J'étais alors de votre âge, ma chère Marguerite; jeune et inconsidérée comme vous l'avez été jusqu'ici. Nous allâmes, dis-je, à Madrid solliciter la protection de la cour et du roi, sans laquelle on nous prévint que nous attendrions vainement justice contre une société riche et puissante.

Notre séjour dans la capitale de l'Espagne se prolongea

pendant plusieurs mois. Pour ce qui me regardait, la douleur naturelle que m'avait causée la mort d'un père dont la tendresse était réelle, quoique peu démonstrative, s'étant adoucie, je m'inquiétai peu d'être retenue à Madrid par un procès, quand il aurait dû nous y retenir pour toujours. Ma mère se permit et m'accorda plus de liberté que nous n'étions accoutumées d'en avoir. Elle trouva des parens parmi les officiers irlandais et écossais, dont plusieurs avaient des grades élevés au service d'Espagne. Leurs femmes et leurs filles devinrent nos amies et notre société. J'eus de continuelles occasions de m'exercer dans la langue de ma mère, que j'avais apprise dès l'enfance. Peu à peu ma mère devenant mélancolique, et voyant dépérir sa santé, se laissa entraîner par sa tendresse aveugle pour moi à me permettre d'aller dans des sociétés où elle ne venait pas : j'y allais avec certaines dames à qui elle croyait pouvoir me confier, et surtout sous les auspices de la femme d'un officier général, dont la faiblesse ou la trahison fut la première cause de tous mes malheurs. J'étais vive, Marguerite, et je le répète, inconsidérée comme vous l'étiez naguère; et mon attention, comme la vôtre, se fixa sur un seul objet, et fut absorbée par un seul sentiment.

La personne qui l'excita était un Anglais, un militaire, jeune, noble, beau et brave. Jusque-là nos destinées se ressemblent : fasse le ciel que le parallèle ne puisse aller plus loin ! Cet homme si noble, si beau, si accompli, si brave,— ce *lâche*, car c'est là son véritable nom, Marguerite, me parla d'amour et se fit écouter. Pouvais-je soupçonner sa sincérité? S'il était riche, noble, et d'une naissance illustre, n'étais-je pas une riche et noble héritière? Il est vrai qu'il ne sut jamais quelle était la fortune de mon père, je ne la lui fis point connaître; je ne me rappelle guère si moi-même, à cette époque, je savais que la plus grande partie de cette fortune était à l'abri d'un pouvoir arbitraire et affranchie des caprices d'un tribunal sans honneur. Mon amant pouvait penser, comme ma mère aurait voulu le faire croire à tout le monde, que presque toute notre fortune dépendait du procès hasardeux que nous étions venues suivre à Madrid. — Opinion qu'elle avait laissé s'établir à dessein, persuadée que si l'on savait que mon père avait transporté en Angleterre une portion si considérable de sa fortune, cela ne ferait que nuire au recouvrement des sommes qui nous étaient dues. Cependant, sans en savoir plus que le public sur ma position réelle, l'homme dont je parle était, je crois, sincère dans ses prétentions. Il avait lui-même assez de crédit pour obtenir une décision en notre faveur dans les cours de justice; et quand ma fortune n'aurait consisté qu'en ce qu'il y avait en Espagne, elle aurait encore été assez considérable. En un mot, quels que fussent ses motifs, il s'adressa à ma mère pour obtenir ma main, de mon consentement et de mon aveu. Le jugement de ma mère s'était affaibli pendant une langueur et une maladie toujours croissantes; mais ses passions n'en étaient devenues que plus irritables.

Vous avez entendu parler des anciennes inimitiés écossaises, dont on peut dire en empruntant le langage de l'Ecriture que les pères mangent des raisins verts et que les dents des enfans sont agacées. Malheureusement (je devrais dire heureusement, maintenant que je connais le perfide tel qu'il s'est montré) quelque trahison semblable à la sienne avait sans doute divisé jadis sa maison et celle de ma mère qui avait hérité de la haine de ses aïeux. Quand il fit la demande de ma main, elle ne put contenir son indignation. — Elle lui rappela tous les outrages que les deux familles ennemies s'étaient prodigués pendant une haine de deux siècles. — Elle l'accabla de toutes les expressions de son mépris, et rejeta son alliance comme celle du dernier des hommes.

Mon amant se retira irrité; moi, je restai pleurant et murmurant contre la fortune. Je dois avouer ma faute, je murmurai même contre ma tendre mère. J'avais puisé d'autres sentimens dans mon éducation; les traditions des guerres et des haines de la famille de ma mère en Ecosse, qui étaient pour elle des monumens et des chroniques révérées, me semblaient aussi folles et aussi insignifiantes que les exploits et les caprices de Don-Quichotte. Je blâmais amèrement ma mère de sacrifier mon bonheur à un vain rêve de dignité de famille.

Cependant mon amant chercha à renouer notre liaison. Nous nous revîmes souvent chez la dame dont je parlais tout à l'heure, et qui, soit légèreté, soit esprit d'intrigue, favorisait notre tendresse clandestine. — Enfin nous fûmes mariés en secret, — tant je fus entraînée par mon aveugle passion !

Mon amant s'était procuré l'assistance d'un ministre de l'Eglise anglicane. Monna Paula, qui avait été ma suivante depuis l'enfance, fut un des témoins de notre union. Je dois rendre justice à cette fidèle compagne. — Elle me conjura de suspendre ma résolution jusqu'à ce que la mort de ma mère nous permît de célébrer publiquement notre hymen; mais les instances de mon amant et ma passion elle-même l'emportèrent sur ses remontrances. La dame qui était dans le secret de notre amour, mais qui peut-être ignorait les sentimens réels de mon époux, nous servit aussi de témoin. C'était à l'ombre de son nom et sous l'abri de son toit que nous avions trouvé les moyens de nous voir si souvent..... Mon époux semblait aussi sincère et aussi tendre que moi-même.

— Il était empressé, disait-il, de satisfaire son orgueil en me présentant à un ou deux de ses nobles compatriotes, ses amis. C'est ce qui ne pouvait avoir lieu chez lady D***; mais par ses ordres, que je pouvais dès lors considérer comme des lois pour moi, je me hasardai à aller le visiter deux fois à son hôtel, accompagnée seulement de Monna Paula.

Il y avait une petite réunion de deux dames et de deux gentilshommes. On fit de la musique, on rit, on dansa ; j'avais entendu parler de la franchise de la nation anglaise, mais je ne pus m'empêcher de penser qu'elle touchait presqu'à la licence pendant cette espèce de fête et la collation qui suivit. J'attribuais mes scrupules à mon inexpérience, il est vrai, et me gardais bien de douter que rien de ce qu'approuvait mon époux pût être inconvenant.

Bientôt ma destinée devait changer : ma pauvre mère mourut. — Je fus heureuse que ce triste événement eût lieu avant qu'elle eût découvert ce qui lui eût déchiré le cœur.

On a pu vous dire comment en Espagne les prêtres et surtout les moines assiégent les lits des mourans pour en obtenir des legs destinés au trésor de l'Eglise. Je vous ai dit que le caractère de ma mère était aigri par la maladie, et que son jugement avait aussi souffert à proportion. Elle recueillit ses forces pour se livrer à tout le ressentiment que lui inspira l'importunité des prêtres réunis autour de son lit de mort; et l'esprit sévère de la secte réformée à laquelle son cœur avait toujours été attaché sembla animer ses dernières paroles.

Elle avoua la religion qu'elle avait long-temps cachée, renonça à toute espérance, à tout secours qui ne venait point d'elle, repoussa avec mépris les cérémonies de l'Eglise romaine, reprocha amèrement aux prêtres étonnés leur hypocrisie et leur avarice, et finit par leur ordonner de sortir de la maison.

Ils sortirent avec rage, mais ce fut pour revenir avec le pouvoir inquisitorial, ses mandats d'arrêt et ses officiers. — Ils ne trouvèrent plus que le cadavre de celle sur qui ils espéraient assouvir leur vengeance.

Comme on découvrit bientôt que j'avais partagé l'hérésie de ma mère, je fus arrachée de ses bras refroidis par la mort, emprisonnée dans un cloître solitaire, et traitée avec une sévérité que l'abbesse m'assura être due autant au déréglement de ma vie qu'à mes erreurs spirituelles. J'avouai mon mariage pour justifier la situation dans laquelle je me trouvais. — J'implorai le secours de la supérieure pour en instruire mon époux. Elle sourit froidement à cette proposition, et me dit que l'Église m'avait destiné un meilleur époux. Elle me conseilla de penser à la grace spirituelle, et de mériter un traitement plus doux en me hâtant de prendre le voile.

Afin de me convaincre que je n'avais point d'autre ressource, elle me montra un décret du roi, par lequel toute ma fortune était assurée au couvent de Sainte-Magdeleine, et devenait sa propriété à ma mort, ou dès que j'aurais prononcé mes vœux. Comme j'étais inébranlable dans mon refus de prendre le voile, par principe de religion et par amour pour mon époux, je crois (Dieu me pardonne si j'ai tort), je crois que l'abbesse désirait s'assurer mes dépouilles en accélérant ma fin.

Le couvent était pauvre, et situé dans les montagnes de Guadarama. Quelques-unes des sœurs étaient filles d'*Hidalgos*, voisins aussi pauvres que fiers et ignorans. D'autres étaient des femmes qu'on y avait enfermées par suite de leur inconduite. La supérieure elle-même était d'une grande famille, au crédit de laquelle elle devait sa place. Mais on prétendait qu'elle avait déshonoré ses parens par ses vices dans sa jeunesse; et maintenant, dans son âge avancé, l'avarice, la soif du pouvoir, un véritable instinct de sévérité et de cruauté, avaient succédé à son goût pour les voluptés terrestres. — Je souffris beaucoup sous cette femme; encore à présent son œil terne et sinistre, sa grande taille, et son visage dur et austère, m'effraient pendant mon sommeil.

Je n'étais pas destinée à être mère. Je fus très malade, et ma guérison fut long-temps douteuse; les plus violens remèdes me furent administrés, si toutefois c'étaient des remèdes. Ma santé se rétablit enfin contre mon attente et celle de tous ceux qui m'entouraient; mai-, quand j'aperçus mon visage pour la première fois dans une glace, je crus que c'était celui d'un spectre. J'étais accoutumée à être flattée par tout le monde, et surtout par mon époux, sur la beauté de mon teint; — ce teint était complètement privé de sa fraîcheur, et ce qui est plus extraordinaire, je ne l'ai jamais recouvrée. J'ai remarqué que le petit nombre de personnes qui me voient me regardent comme un fantôme. — Telles ont été les suites du traitement que j'ai essuyé. Dieu puisse pardonner à ceux qui en furent les instrumens! — Je remercie le ciel de pouvoir parler ainsi avec autant de sincérité que j'en mets à prier pour le pardon de mes propres péchés.

On s'adoucit à mon égard; on était touché peut-être par mon aspect étrange qui attestait mes souffrances, ou l'on craignait que cette affaire n'attirât l'attention pendant la visite que l'évêque devait bientôt faire au monastère.

Un jour que je me promenais dans le jardin du couvent, ce dont j'avais récemment obtenu la permission, un vieil esclave maure qui le cultivait murmura quelques paroles à demi-voix, au moment où je passais près de lui, mais sans cesser de tenir fixés vers la terre son front ridé et tout son corps décrépit; j'entendis distinctement qu'il prononçait le mot de *poterne* et le nom d'une fleur qui est l'emblème de la consolation.

Je connaissais un peu le langage symbolique des fleurs, qui fut jadis si perfectionné parmi les Maures d'Espagne; mais quand je l'aurais ignoré, le captif a bientôt compris tout ce qui semble lui promettre sa liberté. Avec autant de promptitude que je pus en risquer, de peur d'être observée par l'abbesse ou quelques-unes des religieuses, je me dirigeai vers la porte du jardin. Elle était soigneusement fermée comme de coutume; je toussai faiblement, et j'entendis qu'on me répondait de l'autre côté du mur. — O ciel! c'était la voix de mon époux qui disait:

— Ne restez pas une minute de plus en ce moment, mais revenez aussitôt que la cloche aura sonné les vêpres.

Je me retirai transportée de joie. Je n'avais ni le droit ni la permission d'assister aux vêpres; mais j'étais ordinairement enfermée dans ma cellule pendant que les religieuses étaient dans le chœur.

Depuis ma convalescence, elles avaient cessé de fermer la porte, quoique je fusse menacée du plus sévère châtiment si je franchissais le seuil de ma cellule. — Quel que fût ce châtiment, je me hâtai de le braver. — Dès que le dernier son de la cloche de vêpres eut cessé de se faire entendre, je m'esquivai de ma chambre; je descendis au jardin sans être vue; je courus à la porte; je la vis ouverte; jugez de mon ravissement : un moment après, j'étais dans les bras de mon époux. Il avait avec lui un autre cavalier d'un extérieur noble. — L'un et l'autre étaient armés et masqués. Leurs chevaux, et un troisième sellé pour moi, nous attendaient dans un bosquet voisin, sous la garde de deux autres cavaliers masqués aussi, et qui paraissaient être des valets. En moins de deux minutes nous fûmes à cheval, et nous galopâmes aussi vite que nous le pûmes à travers des routes détournées et en mauvais état. Un des domestiques nous précédait pour nous servir de guide.

La précipitation de notre fuite et l'agitation de tous mes sens me faisaient garder le silence et m'empêchaient d'exprimer ma surprise et ma joie autrement que par quelques paroles entrecoupées.

C'était aussi une excuse pour le silence de mon époux. Enfin nous nous arrêtâmes dans une cabane solitaire. — Les cavaliers descendirent de leurs montures, et ce ne fut pas m..... m..... mon époux, voulais-je dire, qui me donna la main; il semblait tout occupé de son cheval, pendant que l'étranger m'aidait à descendre.

—Entrez dans cette cabane, me dit-il, hâtez-vous de changer de costume. Vous trouverez quelqu'un pour vous aider. — Il faut partir dès que vous aurez mis de nouveaux vêtemens.

J'entrai dans la cabane, où je fus reçue par la fidèle

Monna Paula, qui attendait mon arrivée depuis plusieurs heures, agitée par la crainte et l'inquiétude. Avec son aide, je me dépouillai des vieux vêtemens du couvent, dont je changeai le costume détesté pour un habit de voyage à la mode anglaise. J'observai que Monna Paula en avait un semblable. J'avais à peine revêtu le mien qu'on nous pressa de remonter à cheval. On en avait préparé un pour Monna Paula, et nous poursuivîmes notre route. Nous passâmes bientôt près d'un lac où fut jeté mon vêtement de religieuse, dans lequel on avait enveloppé une pierre. Les deux cavaliers nous précédaient; je venais après eux avec ma compagne, et les deux valets formaient l'arrière-garde.

Monna Paula me répéta plusieurs fois dans la route l'injonction de ne pas parler : notre vie en dépendait. Je fus aisément persuadée de garder le silence, car une fois que la première agitation produite par le sentiment de la liberté fut passée, je me sentis étourdie par la rapidité de la course, et j'eus besoin de tout mon courage pour me tenir en selle, jusqu'à ce qu'à la nuit tombante nous aperçûmes tout à coup devant nous une grande lumière.

Mon époux arrêta son cheval, et il approcha deux fois de ses lèvres un sifflet, dont le son fut suivi d'une réponse dans le lointain. Toute notre troupe alors s'arrêta sous les larges branches d'un liége; et mon époux, s'approchant de moi, me dit d'une voix dont j'attribuai alors l'accent embarrassé à sa sollicitude pour ma sûreté :

— Il faut nous séparer. Ceux à qui je vous confie sont des *contrebandiers*, qui ne vous connaissent que comme Anglaise, mais qui, moyennant une forte somme, ont consenti à vous escorter à travers les Pyrénées jusqu'à Saint-Jean-de-Luz.

— Et vous, m'écriai-je avec émotion, quoiqu'à voix basse, ne venez-vous pas avec nous?

— Impossible, répondit-il; ce serait tout perdre. — Prenez bien garde de ne parler qu'anglais à ces gens-là. — Ne leur laissez pas même soupçonner que vous entendez ce qu'ils disent en espagnol. — Votre vie en dépend. — Quoiqu'ils vivent en éludant les lois d'Espagne, ils frémiraient à l'idée seule d'outrager celles de l'Église. — Je les vois venir. — Adieu, adieu.

Ces derniers mots furent précipitamment prononcés. — Je tentai de le retenir encore un moment par son manteau, que je saisis d'une faible main.

— Vous viendrez donc me rejoindre, j'espère, à Saint-Jean-de-Luz?

— Oui, oui, répondit-il à la hâte. — Vous trouverez votre protecteur à Saint-Jean-de-Luz.

Il retira son manteau de mes mains, et disparut dans l'obscurité. — Son compagnon s'approcha, me baisa la main, ce dont je m'aperçus à peine dans ce moment d'angoisse, et il suivit mon époux avec un des domestiques.

Les larmes d'Hermione coulèrent ici assez abondamment pour faire craindre l'interruption de son récit. Quand elle reprit, ce fut en adressant une espèce d'apologie à Marguerite.

— Chaque circonstance de cette époque où je jouissais encore d'une illusion de bonheur, dit-elle, est profondément gravée dans ma mémoire, qui pour tout ce qui m'est arrivé depuis, est aussi aride qu'un désert monotone d'Arabie. Mais je n'ai aucun droit, Marguerite, agitée comme vous l'êtes par votre anxiété, de vous faire essuyer l'ennui des détails de mes inutiles souvenirs.

Les yeux de Marguerite étaient remplis de larmes. Il était impossible qu'il en fût autrement, puisque ce récit lui était fait par sa bienfaitrice infortunée, et ressemblait à quelques égards à sa propre situation : cependant on ne doit pas la blâmer trop sévèrement, si, tout en pressant la généreuse dame de poursuivre son histoire, elle jetait involontairement un regard vers la porte, dans l'impatience que lui causait le retard de Monna Paula.

Lady Hermione comprit et pardonna ce conflit d'émotions. Elle méritait bien aussi d'être excusée, si à son tour, dans le minutieux récit des secrets long-temps ensevelis dans son sein, elle semblait oublier les peines personnelles de sa protégée, dont l'esprit en était au moins occupé principalement, si elles n'absorbaient pas toute sa sensibilité.

— Je vous disais, je crois, reprit la dame en continuant son histoire, qu'un des deux domestiques suivit les deux cavaliers; l'autre resta avec nous dans le but probablement de nous remettre entre les mains de ceux que m..... — je veux dire de ceux que mon époux avait appelés par son signal. Après un mot ou deux d'explication entre eux et le domestique, dans une sorte de *patois* que je ne comprenais pas, un des étrangers saisit mon cheval par la bride, un autre celui de Monna Paula, et ils nous emmenèrent vers la lumière à l'apparition de laquelle j'ai dit que nous nous étions arrêtés. Je touchai Monna Paula, et je m'aperçus qu'elle tremblait; ce qui me surprit, parce que je savais que son caractère était presque aussi énergique et aussi hardi que celui d'un homme.

Quand nous fûmes près du feu, l'aspect des espèces d'Égyptiens qui étaient autour, leurs larges chapeaux, leurs ceintures garnies de poignards et de pistolets, et tout l'appareil d'une vie d'aventures et de périls, m'auraient effrayée dans toute autre circonstance. Mais alors je ne pensais qu'à la douleur de m'être séparée de mon époux au moment où je venais d'être délivrée.

Les femmes de la troupe, car il y en avait trois ou quatre parmi ces contrebandiers, nous reçurent avec une espèce de politesse grossière. Par leurs costumes et leurs manières, elles ne différaient guère des hommes auxquels elles étaient associées. — Même audace, même soif de périls; elles portaient des armes comme eux, et nous eûmes l'occasion de voir qu'elles s'en servaient presque aussi bien.....

Il m'était impossible de ne pas redouter cette troupe de sauvages; cependant ils ne nous fournirent aucun motif de plainte, car ils nous témoignaient dans toutes les occasions une espèce de prévenance brusque, ayant égard à notre faiblesse et à nos besoins, pendant le voyage, même lorsque nous les entendions murmurer entre eux contre notre mollesse : semblables à un grossier voiturier qui, chargé de marchandises riches et fragiles, prend toutes les précautions nécessaires pour leur conservation, tout en maudissant le surcroît de peine qu'elles lui occasionnent. Une fois ou deux seulement, qu'ils furent contrariés dans leur trafic de contrebande, qu'ils perdirent quelques marchandises dans une rencontre avec les officiers du fisc, et qu'ils furent poursuivis par des soldats, leurs murmures prirent un caractère plus alarmant pour les oreilles épouvantées de ma suivante et pour les miennes. Sans oser paraître les comprendre, nous les entendions maudire les hérétiques insulaires à cause desquels Dieu, saint Jacques et Notre-Dame avaient frustré leurs espérances. Ce sont là de tristes souvenirs, Marguerite.

— Pourquoi donc, généreuse dame, répondit Marguerite, vous y arrêtez-vous ainsi ?

— Ah ! dit lady Hermione, c'est parce que je suis comme le criminel sur l'échafaud, et je voudrais prolonger le temps qui précède la dernière catastrophe. Oui, chère Marguerite, je m'appesantis sur les événemens de ce voyage, si fécond en fatigues et en dangers... Nous traversâmes des déserts arides et des montagnes; et quoique nos compagnons, hommes et femmes, fussent sans pitié et sans lois, exposés à de terribles représailles de la part de ceux avec qui ils avaient constamment affaire, — cependant j'aimerais mieux détailler nos hasards et nos périls pendant cette route pénible, que de dire ce qui m'attendait à Saint-Jean-de-Luz.

— Mais vous y arrivâtes en sûreté ? dit Marguerite.

— Oui, ma fille, reprit lady Hermione, et nous fûmes conduites par le chef des contrebandiers à la maison qui lui avait été indiquée pour nous recevoir; il nous y conduisit, dis-je, avec la même exactitude scrupuleuse qu'il aurait mise à livrer à un de ses correspondans une balle de marchandises prohibées. On me dit que quelqu'un m'y attendait depuis deux jours : — je volai dans l'appartement; et lorsque j'espérais embrasser mon époux, je me trouvai dans les bras de son ami.

— L'infâme ! s'écria Marguerite, dont l'anxiété avait en dépit d'elle-même été suspendue un moment par le récit de la dame.

— Oui, reprit Hermione avec calme, quoique sa voix fût tremblante, — c'est là le nom qui lui convient. Lui, Marguerite, lui pour qui j'avais tout sacrifié, — dont l'amour et le souvenir m'étaient même plus chers que ma liberté quand j'étais dans le couvent, — plus chers que ma vie dans mon périlleux voyage ; — eh bien ! il avait pris ses mesures pour se délivrer de moi et me passer comme une vile courtisane à un ami débauché.

D'abord l'étranger ne fit que rire de mes larmes et de mon désespoir, comme si ce n'eût été que la colère d'une prostituée qui se voyait abusée, ou l'affectation rusée d'une courtisane. Il rit de m'entendre invoquer mon mariage, en m'assurant qu'il savait que c'était une comédie que j'avais exigée de son ami pour me réserver dans l'occasion un rôle de délicatesse. Il exprima sa surprise de ce que je considérais autrement une cérémonie qui ne pouvait être valide ni en Espagne ni en Angleterre, et il eut l'audace de m'outrager jusqu'à m'offrir de contracter avec moi une semblable union. Mes cris appelèrent Monna Paula à mon secours.
— Elle n'était pas loin, car elle s'attendait à quelque scène de cette espèce.

— Bon dieu ! dit Marguerite, était-elle complice de votre lâche époux ?

— Non, lui répondit Hermione, ne lui faites pas cette injustice. Ce fut sa persévérance qui découvrit le lieu où j'étais captive. — Ce fut elle qui en informa mon époux ; et remarquant dès lors que la nouvelle intéressait bien plus son ami que lui, elle conclut que c'était le projet de l'infâme de se débarrasser de moi. Dans le voyage ses soupçons furent confirmés ; elle l'avait entendu faire observer à son compagnon, avec un sourire ironique, le changement complet que ma prison et ma maladie avaient opéré dans mes traits ; et l'autre avait répliqué que mon teint se réparerait par un peu de rouge espagnol. Cette circonstance réunie à d'autres l'ayant préparée à cette trahison, Monna Paula entra, maîtresse d'elle-même, et se disposant à me soutenir. Ses calmes remontrances firent plus que mon désespoir. Si l'étranger ne crut pas tout ce que nous lui apprîmes, il se conduisit du moins en homme d'honneur, qui ne voulait point faire violence à des femmes, quelles qu'elles fussent. Il renonça à nous importuner de sa présence ; et non-seulement il apprit à Monna Paula comment nous devions nous rendre à Paris, mais encore il lui remit de l'argent pour le voyage.

De Paris j'écrivis à M. Hériot, le plus fidèle correspondant de mon père. Il partit au reçu de ma lettre, et..... — Mais voici Monna Paula avec la somme que vous désirez, et davantage ; prenez-la, ma chère fille. — Servez ce jeune homme, si vous le voulez ; mais, Marguerite, n'attendez pas sa reconnaissance en retour.

Lady Hermione prit des mains de sa suivante le sac d'or et le donna à sa jeune amie, qui se jeta dans ses bras, baisa ses joues pâles, que le récent souvenir de ses chagrins venait de baigner de larmes ; puis, essuyant ses yeux, Marguerite sortit de l'appartement d'un pas résolu.

CHAPITRE XXI.

« N'allez point parcourir la terre;
« C'est ici que vous pourrez voir
« L'homme unique dont le rasoir
« N'est égalé que par sa bière. »
Inscription sur l'enseigne d'un cabaret tenu par un barbier.

Nous sommes obligés de transporter nos lecteurs à l'habitation de Benjamin Suddlechops, mari de l'active et industrieuse dame Ursule, et qui lui-même faisait plus d'un métier. Il ne se contentait pas de peigner les cheveux et la barbe, de retrousser les moustaches à la militaire ou de leur donner la forme inclinée qui distinguait les bourgeois : il savait aussi tirer du sang par le moyen des ventouses ou de la lancette, extraire un chicot et s'acquitter des autres fonctions de la pharmacie subalterne presque aussi bien que son voisin Raredrench l'apothicaire; il pouvait au besoin tirer un verre de bierre aussi bien qu'arracher une dent, percer un tonneau comme une veine, et laver avec une bonne rasade d'ale les moustaches que son adresse venait de friser; mais il faisait ces divers métiers séparément.

Sa boutique de barbier projetait sa longue et mystérieuse enseigne dans Fleet-Street; elle était peinte de toutes couleurs, pour figurer les rubans qui l'eussent garnie au temps jadis. A sa fenêtre, on voyait des rangs de dents enfilées avec du laiton, comme les grains d'un chapelet ; — des bassins au fond desquels était un haillon rouge, pour figurer du sang : un avertissement de longueur raisonnable expliquait ces emblèmes, et invitait les malades à se faire saigner, ventouser, etc., etc., tandis que les opérations plus profitables mais moins honorables sur la coiffure et la barbe étaient annoncées plus brièvement, mais en un style non moins sérieux.

En entrant on trouvait la vieille chaise de cuir pour les patiens, et la guitare, alors appelée *ghittern*, avec laquelle une pratique pouvait s'amuser jusqu'à ce que son prédécesseur sortît des mains de Benjamin. Cet instrument maintes fois écorchait par métaphore les oreilles de celui dont le menton éprouvait littéralement la scarification du rasoir. Tout dans ce lieu indiquait le chirurgien-barbier ou le barbier-chirurgien.

Mais il y avait sur le derrière de la maison une petite salle destinée à servir de buvette, dont l'entrée séparée s'ouvrait dans une allée sombre et étroite communiquant avec Fleet-Street, après maints circuits à travers plusieurs passages et plusieurs cours.

Ce temple secret de Bacchus avait aussi une sombre communication avec la boutique de Benjamin par un long corridor étroit qui conduisait dans le sanctuaire où quelques vieux ivrognes avaient coutume de faire leur libation du matin, et où d'autres buveurs honteux vidaient leur verre de liqueur après être entrés chez le barbier sous le prétexte de se faire raser.

En outre cette chambre avait une issue séparée dans l'appartement de dame Ursule, et dont on croyait qu'elle faisait usage dans ses diverses fonctions, soit pour sortir elle-même secrètement, soit pour introduire ceux de ses cliens qui ne se souciaient pas d'être aperçus quand ils allaient chez elle.

En conséquence, après une heure de l'après-midi, lorsque les buveurs timides, qui étaient les meilleures pratiques de Benjamin, avaient leur ration sur la conscience, le temple cessait d'être consacré à Bacchus, et la charge de veiller à la porte de derrière passait de l'un des apprentis du barbier à la petite mulâtre, la brune Iris de dame Suddlechops. Alors tout devenait mystère; des galans enveloppés dans leurs manteaux, des femmes masquées ou déguisées de mille manières, se glissaient dans le ténébreux labyrinthe du passage, et même le faible coup de marteau qui appelait souvent l'attention de la créole avait en soi quelque chose qui sentait le secret et la crainte d'être découvert.

Ce fut le soir du jour où Marguerite avait eu la longue conférence avec lady Hermione, que dame Suddlechops avait recommandé à la petite portière de fermer la porte aussi soigneusement que la bourse d'un avare, et de ne laisser entrer que... — Elle prononça le nom tout bas et en faisant un signe de tête.

La petite mulâtre cligna de l'œil pour répondre qu'elle comprenait, se rendit à son poste, et bientôt après introduisit en présence de sa maîtresse ce même brave chevalier de la Cité qui semblait se trouver si mal à l'aise dans ses beaux habits, et qui s'était conduit avec tant de bravoure dans le combat qui eut lieu lorsque pour la première fois Nigel s'était rendu à l'Ordinaire du chevalier de Beaujeu. La mulâtresse l'introduisit. — Mistress, — le beau gentilhomme tout d'or et de velours! — et elle ajouta entre ses dents : — Beau gentilhomme! un digne apprenti de celui qui fait le tic-tac.

C'était en effet, nous sommes fâchés de le dire et nous espérons que nos lecteurs partageront notre intérêt ; — c'était en effet l'honnête Jenkin Vincent qui, abandonné par son bon ange, avait été entraîné à se travestir et à visiter dans le costume d'un galant du jour ces rendez-vous de la dissipation et du plaisir, où c'eût été pour lui une tache ineffaçable que d'être reconnu pour ce qu'il était, s'il lui eût été possible de s'y faire admettre sans recourir à ce déguisement.

Il entra, l'air soucieux. Son riche habit était passé à la hâte et boutonné de travers. Son ceinturon était bouclé gauchement, de manière que son épée allait s'écartant de son côté gauche au lieu d'y être suspendue avec une gracieuse négligence, tandis que son poignard, quoique richement ciselé et doré, était fixé à sa ceinture comme le couteau d'un boucher dans les plis de son tablier bleu.

Les personnes *comme il faut* de ce temps-là, soit dit en passant, avaient l'avantage d'être mieux distinguées du vulgaire qu'aujourd'hui. En effet, ce que l'ancien panier et le cerceau plus moderne étaient aux dames de la cour, l'épée l'était aux gentilshommes; cet article de l'ajustement ne servait qu'à rendre ridicule celui qui l'adoptait sans avoir le droit et surtout l'habitude de le porter. La rapière de Vincent s'embarrassa entre ses jambes et le fit trébucher. — Tudieu! s'écria-t-il, voilà la seconde fois qu'elle me joue ce tour; je crois que cette maudite flamberge sait que je ne suis pas un vrai gentilhomme, et le fait exprès.

— Allons, allons, mon brave Jin Vin, — allons, mon garçon, dit la dame d'un ton radouci, ne t'inquiète pas de tout cela : — un franc et honnête apprenti de Londres vaut tous les galans de la Basoche.

— J'étais un franc et honnête apprenti de Londres avant de vous connaître, dame Suddlechops, dit Vincent; trouvez vous-même un nom pour ce que je suis devenu, grace à vos bons avis; car, par saint George! je suis honteux d'y songer moi-même.

— Allons donc! reprit la dame Ursule, en sommes-nous là? — Alors je n'y vois qu'un remède. Et à ces mots, allant vers une armoire d'encoignure en boiserie sculptée, elle l'ouvrit au moyen d'une clef, et en tira un grand flacon entouré d'osier, avec deux longs verres de Flandre à large ventre. Elle remplit le premier jusqu'aux bords pour son hôte, et l'autre plus modestement jusqu'aux deux tiers pour elle-même, en répétant pendant que le précieux cordial tombait en flots huileux :

— Du vrai *rosa solis*, si jamais il en fût, et rien n'est meilleur pour chasser les humeurs noires.

Mais quoique Jin Vincent vidât son gobelet sans scrupule,

tandis que la dame dégustait le sien plus lentement, la liqueur ne parut pas produire sur son humeur l'effet qu'elle en attendait. Au contraire, se jetant dans le grand fauteuil de cuir où dame Ursule se reposait ordinairement, Jin déclara qu'il était le plus misérable de tous les hommes.

— Et pourquoi être assez fou pour vous croire si malheureux, mon pauvre enfant? dit dame Suddlechops; mais c'est toujours la même chose; les fous et les enfans ne savent jamais quand ils sont bien. Mais quoi! il n'y a pas un homme qui se promène à Saint-Paul, soit avec un simple chapeau, soit avec un beau panache, non, il n'y en a pas un seul qui recueille autant d'œillades des filles que vous, quand vous traversez Fleet-Street avec votre bâton sous le bras et votre toque sur l'oreille. Vous savez bien que depuis la première jusqu'à la dernière il n'en est pas une qui ne lorgne à travers ses doigts pour vous voir passer; vous vous appelez misérable, et il faut que je vous répète tout cela, et que je vous le répète encore comme il me faudrait siffler tous les refrains de Londres à un enfant maussade pour le mettre de bonne humeur.

La flatterie de dame Ursule sembla éprouver le sort de son cordial; — elle fut reçue avec quelque plaisir, mais elle ne put agir comme calmant sur l'esprit du jeune homme. Il sourit un moment, moitié de dédain, moitié de vanité, puis il jeta un sombre regard sur dame Ursule en répondant à ses derniers mots :

—Vous me traitez comme un enfant, en effet, quand vous me chantez sans cesse la même chanson, dont je me soucie comme d'une parcelle de limaille de cuivre.

— Ah, ah! dit dame Ursule, c'est-à-dire que peu vous importe de plaire à toutes, s'il en reste une à qui vous voudriez plaire. Vous êtes un véritable amant, je le jure, et vous vous moqueriez de toutes les beautés de Londres depuis la Cité jusqu'à White-Chapel, pourvu que vous puissiez vous mettre bien dans les papiers de votre jolie Marguerite. Bien, bien!

un peu de patience, mon ami, et laissez-vous guider par moi, car je serai le cerceau qui doit vous lier ensemble à la fin.

— Il en serait temps, dit Jenkin, car jusqu'à présent vous avez été le coin qui nous a séparés.

Dame Suddlechops venait de vider son verre. Ce n'était pas la première dose de cordial qu'elle avait prise ce jour-là; et quoique femme d'une forte tête, et prudente du moins, sinon toujours sobre dans ses libations, on aurait tort de croire cependant que le régime qu'elle observait fût favorable à la patience.

— Quoi donc, s'écria-t-elle, ingrat! n'ai-je pas tout fait pour te procurer les bonnes graces de ta maîtresse? Elle aime la noblesse, la fière Écossaise, comme un Gallois aime le fromage, et elle garde dans son cœur le souvenir de ce duc de Daldevil, ou quel que soit son diable de nom, dont son père descend, avec autant de soin qu'un avare serre son or dans son coffre, quoiqu'elle le fasse voir aussi rarement. — Eh bien! elle ne veut entendre parler que d'un homme comme il faut. — N'ai-je pas fait de toi un homme comme il faut, Jin Vin? Le diable ne saurait le nier.

— Vous avez fait de moi un vrai fou, répondit le pauvre Jenkin en jetant un coup d'œil sur la manche de son pourpoint.

— Et tu n'en es pas plus mauvais gentilhomme pour cela, répliqua dame Ursule en riant.

— Et ce qui est pire, continua Jenkin en lui tournant le dos avec un air de colère, vous avez fait de moi un fripon.

— Oui? eh bien! tu n'en es pas plus mauvais gentilhomme pour cela! dit dame Ursule du même ton. — Qu'un homme soutienne sa folie gaîment et sa friponnerie avec audace, et qu'on me dise si la gravité et la probité oseront le regarder en face au temps où nous sommes. — Bah! mon garçon, du temps du roi Arthur, à la bonne heure, un gentilhomme était supposé ternir son écusson en faisant un écart. — Mais aujourd'hui la hardiesse du coup d'œil, l'adresse de la main, l'éclat des habits, un jurement toujours prêt et un cerveau éventé, voilà ce qui fait les galans à la mode.

— Je sais ce que vous avez fait de moi, dit Jin Vin, depuis que j'ai renoncé au passe-temps de mon état, pour la paume et les boules ; à la bonne ale anglaise, pour le léger bordeaux et le vin du Rhin ; au roast-beef et au pouding, pour les faisans et les bécasses ; à ma batte, pour une épée ; à ma casquette, pour un feutre ; à cela est vrai, pour un serment à la mode ; à ma religion, pour les antiennes du diable ; et à mon nom d'honnête homme, pour... — Femme, je t'assommerais, quand je pense quelle est celle dont les avis m'ont mené là !

— Les avis de qui donc ? — Parle : les avis de qui ? — pauvre apprenti ! répliqua dame Ursule avec indignation, et le rouge au visage ; malpeste ! mon pauvre compagnon, — dites-nous qui vous a conseillé de vous faire joueur, et fripon même, comme vous sembleriez le dire. — Le Seigneur nous préserve de tout mal !

A ces mots, dame Ursule se signa dévotement.

— Doucement ! dame Ursule Suddlechops, dit Jenkin en se mettant debout, et les yeux étincelans de colère : souvenez-vous que je ne suis pas votre mari ; et que si je l'étais, vous feriez bien de ne pas oublier de quelle porte on balaya le seuil la dernière fois qu'on fit courir le Skimmington[1] à une autre commère de votre espèce.

— J'espère auparavant vous voir monter à Holborn, dit dame Ursule, qui ne ménageait plus ses expressions, avec un bouquet à votre boutonnière et un prêtre à votre côté.

---

(1) Espèce de procession triomphale en l'honneur de la suprématie du sexe, lorsqu'elle s'élevait assez haut pour attirer l'attention du voisinage. Cette procession est décrite avec détail dans Hudibras (IIe partie, chant II). Ceux qui y figuraient s'arrêtaient devant chaque porte des ménages où le mari était soupçonné vivre sous la loi de sa femme. On en balayait le seuil, ce qui signifiait que la ménagère devait se préparer quelque jour à une ovation semblable. Le Skimmington n'a plus lieu en Angleterre, probablement parce que le sexe y gouverne moins despotiquement que chez nos ancêtres. — Éd.

— Cela pourra arriver, répondit Jin Vin amèrement, si je continue de suivre vos avis comme par le passé; mais avant que ce jour luise, vous éprouverez que Jin Vin a encore sous sa main tous les joyeux apprentis de Fleet-Street.
— Oui, vieille endiablée, vous irez sur la charrette comme sorcière et entremetteuse; vous serez conduite au Bridewell au bruit des chaudrons et des bassins, comme si le diable lui-même s'en servait pour battre le tambour.

Dame Ursule devint rouge écarlate, saisit le flacon encore à demi-plein, et son geste annonçait qu'elle allait le lancer à la tête de son adversaire; mais tout à coup, comme cédant à un effort secret, elle contraignit son ressentiment, et rendant le cristal à son usage légitime, elle remplit les deux gobelets avec un sang-froid merveilleux, et dit avec un sourire qui allait mieux à sa physionomie joviale que la fureur qui l'animait tout à l'heure : — A ta santé, Jin Vin, mon garçon, et de bon cœur encore, quelle que soit ton ingratitude pour celle qui a toujours été pour toi une seconde mère.

Le bon naturel de Jenkin ne put résister à cette invitation; il prit l'autre verre, et ayant fait raison à la dame en gage de réconciliation, il chercha à s'excuser de sa violence.

— Car vous savez, dit-il, que c'est vous qui me persuadâtes de me procurer ces beaux habits, d'aller à cette infâme réunion et de vous rapporter les nouvelles : vous me dîtes que je gagnerais au *gleek* comme aux boules, et que comme j'étais le coq de mon quartier, je le serais bientôt parmi les gens comme il faut; je devais enfin faire fortune; et puis tant d'autres promesses! Vous voyez où elles nous ont amenés.

— Tu dis vrai, mon garçon, reprit Ursule, mais il faut de la patience. Rome ne fut pas bâtie en un jour; vous ne pouvez vous habituer en un mois à porter des habits de cour;
— pas plus que quand vous avez quitté votre habit long pour prendre un pourpoint et des hauts-de-chausses : et quant au

jeu, il faut s'attendre à perdre et à gagner. — C'est celui qui reste le dernier qui fait rafle.

— On a fait rafle de mon dernier sou, reprit Jin Vin, et je voudrais que ce fût le pire; mais je dois encore toute cette belle parure; le jour du paiement approche, et mon maître trouvera mon compte trop court d'une vingtaine de pièces d'or. Mon vieux père sera appelé pour y faire face. — J'épargnerai au bourreau sa peine, et je me pendrai moi-même, ou je ferai le voyage de la Virginie.

— Ne parlez pas si haut, mon enfant, dit dame Ursule, mais expliquez-moi pourquoi vous n'empruntez pas d'un ami de quoi payer cette somme; vous pourriez fort bien lui rendre le même service quand ce serait son tour de compte.

— Non, non, c'est assez comme cela, dit Vincent; Tunstall me le prêterait bien, le pauvre diable, s'il avait de l'argent; mais ses parents malaisés lui prennent tout et le laissent aussi nu qu'un bouleau à la Noël. Non, non, ma destinée peut s'écrire en cinq lettres, RUINE.

— Chut! chut! simple que vous êtes; n'avez-vous jamais entendu dire que c'est quand la disette est à son comble que le secours est proche? Nous pouvons encore vous prêter secours, et plus tôt que vous ne croyez. Certainement je ne vous aurais jamais conseillé comme j'ai cru devoir le faire, si vous ne vous étiez mis la jolie mistress Marguerite en tête. — Il fallait que je vous donnasse ces conseils pour vous servir. — N'était-ce pas un bon avis que de vous dire de laisser là vos manières d'artisan et de chercher fortune où tant de gens la trouvent?

— Oui, oui, je me rappelle fort bien vos conseils; je devais lui être présenté quand j'aurais été un galant accompli et aussi riche que le roi; et puis elle aurait été surprise de reconnaître le pauvre Jin Vin, qui du matin au soir courait après un regard de ses yeux : mais au lieu de tout cela, elle s'est amourachée de ce milan écossais qui m'a plumé jusqu'à mon dernier sou; maudit soit-il! j'ai fait ainsi banqueroute en amour, en fortune et en probité en peu de temps ; tout cela, grace à vous, mère la Nuit.

— Ne me donnez pas d'autre nom que le mien, mon cher Jin Vin, reprit Ursule d'un ton qui tenait de la colère et de l'ironie, ne vous y fiez pas. Je ne suis pas une sainte, mais une pauvre pécheresse qui n'a pas plus de patience qu'il ne lui en faut pour se conduire à travers les croix de ce bas monde. Si je vous ai nui par de mauvais conseils, j'y remédierai par de bons avis. — Quant à l'argent qui vous manque, voici une bourse verte qui contient de quoi arranger cette affaire, et nous engagerons le vieux Crospath le tailleur à prendre patience.

— La mère, parlez-vous sérieusement ? s'écria Jin Vin qui en croyait à peine ses yeux et ses oreilles.

— Oui, reprit la dame Ursule, oui ; et m'appellerez-vous encore la mère la Nuit maintenant, Jin Vin ?

— Mère la Nuit ! s'écria Jenkin en embrassant la dame dans son transport, et lui donnant sur la joue un baiser bien appliqué qui fit autant de bruit qu'un coup de pistolet et qui fut reçu de bon cœur ; — mère le Jour, plutôt, car vous m'avez tiré des ténèbres ; — mère plus chère à mon cœur que celle qui me porta dans son sein ! car l'autre pauvre femme n'a fait que me mettre dans un monde de tribulations et de péchés, tandis que c'est à votre secours que je dois mon salut.

Et le bon jeune homme retomba dans sa chaise, en passant la main sur ses yeux.

— Vous ne songez donc plus à me faire courir le Skimmington, dit Ursule, ou à me conduire à Bridewell au bruit des chaudrons, en marchant vous-même en tête du cortége ?

— J'aimerais mieux être conduit moi-même à Tyburn, répondit le jeune homme repentant.

— Allons, eh bien ! montrez-vous un homme, essuyez vos larmes ; et si vous êtes content de moi, je vous dirai comment vous pourrez reconnaître ce que j'ai fait pour vous.

— Comment! dit Jenkin Vincent en se redressant dans sa chaise, vous voulez donc exiger de moi quelque service en retour de votre bienfait?

— Oui certes, dit dame Ursule; car vous saurez que quoique je sois charmée de vous remettre en équilibre par le moyen de cette somme, elle ne m'appartient pas; elle a été placée dans mes mains pour trouver un fidèle agent pour certaine affaire. Ainsi donc... — Mais qu'avez-vous? — Êtes-vous fou de vous fâcher parce que vous ne pouvez avoir une bourse d'or pour rien? — Où diable l'argent vient-il à ce prix? Je n'en ai jamais trouvé dans le milieu d'un chemin, je vous assure.

— Non, non, dame Ursule, dit le pauvre Jenkin, ce n'est pas cela; car, voyez-vous, j'aimerais mieux manger mes mains jusqu'aux poignets, que de... — Mais... — et il s'arrêta à ce mot.

— Mais quoi? demanda Ursule: vous voulez gagner par votre travail ce qui vous manque; et quand je vous en offre les moyens, vous me regardez comme le diable regarde Lincoln!

— Vous avez tort de me parler du diable, la mère, continua Jenkin, c'était à lui que je pensais; car, voyez-vous, je suis dans cette passe où l'on dit qu'il apparaît aux pauvres gens sans ressource, et leur offre de l'argent pour acheter leur ame. Mais voici deux jours que je me fortifie dans la pensée de souffrir honte et douleur plutôt que de me tirer de mon embarras par quelques nouveaux méfaits. Ainsi prenez garde, dame Ursule, de ne pas me tenter de rompre mes bonnes résolutions.

— Je ne cherche pas à vous tenter, jeune homme, répondit Ursule; et puisque je vois que vous êtes trop entêté pour être sage, je vais mettre ma bourse dans ma poche, et chercher quelqu'un qui acceptera mes offres avec plus de reconnaissance. Vous pouvez faire tout ce que bon vous semblera, — ruiner votre père, perdre votre réputation, et dire adieu pour toujours à Marguerite.

— Arrêtez, arrêtez, dit Jenkin. Cette femme est aussi pressée qu'un boulanger qui voit son four trop chaud. Apprenez-moi d'abord ce que vous exigez de moi.

— Il ne s'agit que de tirer d'embarras un gentilhomme distingué par son rang et sa fortune, et de le conduire en secret jusqu'à l'île des Chiens, ou de ces côtés-là, afin qu'il puisse rester caché jusqu'à ce qu'il passe à l'étranger. Je sais que tu connais toute la côte de la rivière aussi bien que le diable connaît un usurier, ou un mendiant son écuelle.

— Au diable vos comparaisons, dame Ursule, reprit l'apprenti, car c'est au diable que je dois l'exacte connaissance de ces lieux, et la conséquence pourrait bien en être la misère. Mais qu'a donc fait ce gentilhomme pour avoir besoin de se cacher ? — Ce n'est point un papiste, j'espère, ni une affaire comme celle de Catesby et Percy. — Ce n'est point une conspiration des poudres.

— Fi, fi donc ! pour qui me prenez-vous ? répondit la dame Suddlechops. Je suis aussi bonne anglicane que la femme du ministre, si ce n'est que des affaires urgentes ne me permettent pas d'aller à l'église plus souvent que le jour de Noël, le ciel me soit en aide ! Non, non, il n'est pas ici question de papiste. Ce gentilhomme en a blessé un autre dans le parc.

— Quoi ! que me dites-vous donc ? s'écria Vincent, qui tressaillit en l'interrompant.

— Oui ! oui ! je vois que vous me comprenez. C'est celui dont nous avons parlé si souvent, lord Glenvarloch lui-même.

Vincent se leva de son siége et traversa la chambre d'un pas rapide et d'un air égaré.

— Vous voilà encore, continua la dame Ursule ; vous êtes toujours glace ou salpêtre. Vous vous tenez assis sur le grand fauteuil de cuir, aussi tranquille qu'une fusée sur son cadre dans une nuit de réjouissances, jusqu'à ce que la mèche soit allumée; et alors pst! vous vous élancez au troisième ciel, hors de la portée de la voix et de l'œil. Quand vous vous serez fatigué à vous promener de long en large dans la chambre, me direz-vous à quoi vous vous décidez? car le temps presse. Voulez-vous me servir, ou non?

— Non, non, non... non, mille fois non. Ne m'avez-vous pas avoué que Marguerite l'aime?

— Oui, elle croit l'aimer, mais cela ne durera pas.

— Et ne vous ai-je pas dit, il n'y a pas long-temps, que c'est ce même Glenvarloch qui me soutira tout mon argent, et qui a fait en outre un fripon de moi en me gagnant plus que je n'avais? — Maudit soit l'or que Shortyard le mercier m'avait payé ce matin-là en à-compte pour raccommoder l'horloge de Saint-Stephens [1]! Si je ne l'avais pas eu par malheur sur moi, je n'aurais perdu que ma bourse, sans nuire à ma probité. Après avoir été plumé de tout le reste par tous ces beaux messieurs, il me fallut bien risquer mes cinq dernières pièces avec ce requin tyran des goujons.

— D'accord, je le sais, et j'avoue que comme Glenvarloch est le dernier avec qui vous avez joué, vous avez le droit de mettre votre ruine sur son compte. — De plus, j'admets que Marguerite l'ait rendu votre rival. Cependant, à cette heure qu'il est en danger de perdre la main, ce n'est pas le temps de se souvenir de tout cela.

— Par ma foi! ce n'est pas mon avis. Perdre la main! on peut bien lui couper la tête aussi, peu m'importe; tête et mains m'ont rendu bien misérable.

—Maintenant ne vaudrait-il pas mieux, mon prince des toques plates, vous arranger ensemble, et par le moyen du lord écossais qui vous a privé, dites-vous, de votre bourse et de votre maîtresse, recouvrer l'une et l'autre en peu de temps?

(1) Saint-Étienne. — Éd.

— Et comment toute votre science ferait-elle ce miracle, dame Ursule ? — Mon argent, à la bonne heure, je le conçois, — c'est-à-dire, si je consens à votre proposition ; mais ma jolie Marguerite... — Comment donc, en servant ce lord dont elle est follement éprise, puis-je conquérir ses affections ? c'est ce qui passe mon intelligence.

— C'est tout simplement parce que tu ne connais guère le cœur de la femme. Écoute, mon garçon ; si je disais à mistress Marguerite qu'il est arrivé un malheur au jeune lord parce que tu n'as pas voulu le secourir, tu lui serais odieux à jamais. Elle te détesterait autant que celui qui coupera la main de Glenvarloch, et n'en aimerait que davantage celui-ci. On ne parlera que de lui à Londres, on ne pensera qu'à lui pendant trois semaines au moins, et tout ce bruit ne fera que redoubler sa tendresse pour lui ; car rien ne charme une jeune fille comme de tenir à quelqu'un dont le monde s'occupe. Ainsi donc, s'il n'échappe pas à la loi, ce sera un hasard si elle l'oublie jamais. J'ai vu moi-même, du temps de la reine, exécuter ce pauvre Babington, et quoique je ne fusse qu'une petite fille, il me resta dans la tête pendant plus d'un an après qu'il eût été pendu. Mais surtout, qu'il obtienne sa grace ou non, Glenvarloch demeurera probablement à Londres, sa présence entretiendra le caprice de cette petite folle; tandis que s'il s'échappe...

— Eh bien! montrez-moi à quoi cela servira, dit Jenkin.

— S'il s'échappe, continua la dame Ursule en reprenant son argument, il faut qu'il renonce à la cour pour des années, sinon pour toujours ; et vous connaissez ce vieux proverbe :

Les absens ont toujours tort.

— Vrai, très vrai ! dit Jenkin ; c'est parler en oracle, très sage Ursule.

— Oui, oui, je savais bien que vous finiriez par entendre raison. Ainsi donc, quand le lord sera loin une bonne fois, qui sera le préféré, je vous prie, de la jolie Marguerite ? qui remplira le vide de son cœur ? qui ? si ce n'est vous, perle des apprentis. D'ailleurs, vous lui aurez sacrifié votre penchant ; et toute femme est sensible à cela. Vous aurez aussi couru quelques risques pour lui plaire : et qu'est-ce que la femme aime plus que le dévouement à ses caprices et le courage ? Puis, vous avez son secret ; il faudra qu'elle vous traite avec égard, qu'elle se fie à vous, qu'elle corresponde secrètement avec vous, jusqu'à ce qu'elle pleure d'un œil l'amant absent à jamais, tandis que de l'autre elle accordera un sourire de tendresse à celui qui sera présent pour la consoler. Alors, si vous ne venez pas à bout de gagner entièrement ses bonnes graces, vous n'êtes pas le plus adroit des verts galans, comme vous en avez la réputation de par le monde. Eh bien ! que répondez-vous à cela ?

— Vous avez parlé comme une reine, divine Ursule ; je ferai toutes vos volontés.

— Vous connaissez bien l'Alsace ? continua dame Ursule.

— Trop bien, reprit son protégé en secouant la tête, trop bien ; j'y ai jadis entendu rouler les dés avant de faire le gentilhomme et d'aller chez le chevalier Bojo, comme on l'appelle, je crois. Et c'est bien sa maison qui est le pire des deux endroits, quoique les milans sur lesquels il préside aient un plumage plus séduisant.

— L'on t'y respecte, n'est-ce pas ?

— Oui, oui, reprit Vincent ; quand j'aurai remis mon pourpoint de futaine, je puis me promener dans l'Alsace à minuit comme je le ferais dans Fleet-Street en plein jour ; pas un des habitans de ce quartier ne broncherait devant le prince des apprentis et le roi des bâtons ; ils savent que j'ai sous mes ordres un bataillon de jeunes gaillards.

— Et vous connaissez tous les bateliers ?

— Je puis converser avec tous les bateliers de la Tamise dans leur jargon, depuis Richemond jusqu'à Gravesend ; je les connais tous, depuis John Taylor le poète jusqu'à Grigg le grimacier, qui ne fait pas un geste sans montrer toutes ses dents.

— Et vous pouvez prendre les déguisemens que vous voulez, batelier, boucher, soldat, n'importe?

— Il n'est pas de meilleur comédien que moi, et tu le sais de reste, dame Ursule. Je puis défier la troupe du théâtre elle-même dans tous les rôles, excepté celui de gentilhomme. — Otez-moi de dessus le corps cette friperie maudite, qui me semble une peau dans laquelle le diable m'a enfermé, et il n'est aucun personnage que je ne représente au naturel.

— Bien, bien, nous parlerons tout à l'heure de votre métamorphose ; vous ne manquerez ni d'habits ni d'argent, car il en faudra pour que tout aille bien.

— Mais d'où viendra l'argent, dame Ursule ? c'est une question à laquelle je voudrais bien que vous fissiez réponse avant de me le faire toucher.

— Quoi donc ! quelle folle question ! Supposez que je veuille bien l'avancer à Marguerite, quel mal y trouveriez-vous ?

— C'est ce que je ne supposerai pas, reprit brusquement Jenkin. — Je sais, dame Ursule, que vous n'avez point d'or en réserve, et vous ne le garderiez pas long-temps si vous en aviez. — Ainsi il faut chanter sur une autre gamme. Cet argent doit venir de Marguerite elle-même.

— Eh bien ! soupçonneux jeune homme, et quand cela serait?

— En ce cas, j'irai la trouver, et je lui demanderai si tant d'argent lui vient de bonne source. Car plutôt de consentir à ce qu'elle se le fût procuré par quelque coupable manœuvre, j'irais me pendre. C'est assez de ce que j'ai fait moi-même, sans engager la pauvre Marguerite dans un mauvais sentier. — J'irai, oui, j'irai l'avertir du danger ; j'irai, de par le ciel !

— Vous êtes fou d'y penser, dit la dame Ursule alarmée

outre mesure ; écoutez-moi un instant. Je ne sais pas au juste de qui elle tient cette somme ; mais je suis sûre qu'elle l'a trouvée chez son parrain.

— Comment donc? dit Jenkin; maître George Hériot n'est pas de retour de France!

— Non, mais dame Judith est au logis, — et la dame bizarre qu'on appelle l'Esprit de maître Hériot. — Celle-là ne s'absente jamais.

— C'est vrai, dame Suddlechops, et je crois que vous avez deviné. — On dit que la dame a de l'argent tant qu'elle en veut. — Et si Marguerite peut se procurer une poignée de cet or magique, elle est libre d'en faire l'usage qu'il lui plaît.

— Ah! Jin Vin, reprit Ursule en baissant la voix, nous n'aurions plus besoin d'argent si nous pouvions deviner seulement l'énigme de cette dame.

— La devine qui voudra, dit Jenkin; je ne me mêle point de ce qui ne me regarde pas. — Maître George Hériot est un digne et brave citadin qui fait honneur à Londres; il a le droit de mener sa barque à son gré. On parlait un jour dans la populace de le poursuivre à coups de pierres, parce qu'il tenait un couvent dans sa maison, comme la vieille lady Foljambe. Mais maître George est très aimé des apprentis, et nous nous rassemblerions en assez grand nombre pour intimider ceux qui oseraient mettre cette idée à exécution.

— C'est bien, c'est bien, dit Ursule. Maintenant, dites-moi comment vous ferez pour vous absenter un jour ou deux de la boutique ; car vous devez bien penser que cette affaire ne sera pas finie plus tôt.

— Quant à cela, — je ne puis rien dire; j'ai toujours fait mon devoir exactement, je n'ai aucune envie de faire l'école buissonnière, et de faire perdre à mon maître mon temps et son argent.

— Non, sans doute; mais c'est son argent qu'il s'agit de rattraper et qu'il risque de perdre à jamais sans cette condition : ne pourriez-vous pas demander la permission d'aller chez votre oncle à Essex, pour deux ou trois jours? Votre oncle pourrait être malade ; vous savez...

— Allons! s'il le faut, il le faut, dit Jenkin avec un soupir; mais on ne me prendra plus à m'égarer légèrement dans ces sentiers sombres et tortueux.

— Taisez-vous donc, reprit Ursule ; obtenez la permission dès ce soir, revenez ici, et je vous dirai tout ce qu'il y a à faire. — Arrêtez, arrêtez. — Le garçon perd la tête. — Est-ce que vous voudriez aller ainsi fait à la boutique de votre maître? Votre malle est dans la chambre à côté avec vos habits d'apprenti. — Allez les reprendre, et vite.

— Je crois que je suis ensorcelé, dit Jenkin en jetant les yeux sur son costume, ou que ce harnachement de fou m'a rendu tout aussi sot que maint personnage qui en porte de semblables; mais qu'une fois je sorte de ces beaux habits, et si l'on me les reprend sur le dos, je consens qu'on me vende à un Égyptien pour porter des pots, des poêles à frire, et tout le bagage des mendians le reste de ma vie.

Et à ces mots il se retira pour aller changer de costume.

CHAPITRE XXII.

« Comptez sur le hasard! il ne saurait tout faire ;
« C'est lui qui donne un vent ou propice ou contraire;
« Mais si le timonier s'endort au gouvernail,
« Si son œil attentif ne préside au travail,
« Le vent qui conduisait le navire au rivage,
« Contre de noirs écueils peut causer son naufrage. »
Ancienne comédie.

Nous avons laissé Nigel, dont nous sommes engagés par le titre de l'ouvrage à retracer les aventures, dans la triste et solitaire demeure de Trapbois l'usurier, au moment où il venait de recevoir une lettre, au lieu d'une visite de son

ami le templier, qui lui expliquait quelles raisons l'empê‑
chaient de venir le voir dans l'Alsace. Ses rapports avec la
classe respectable de la société semblaient donc pour le mo‑
ment entièrement rompus. C'était une réflexion triste et
humiliante pour un esprit aussi fier que celui de Nigel.

Il s'approcha de la fenêtre de son appartement, et trouva
la rue enveloppée d'un de ces brouillards sombres et jau‑
nâtres qui couvrent souvent la partie basse de Londres et
de Westminster. — Au milieu de cette épaisse et palpable
obscurité, on voyait errer un ou deux débauchés, comme
des fantômes que le matin avait surpris dans le même lieu
où les avait laissés la nuit, et qui maintenant guidés par cet
instinct que l'ivresse ne peut pas entièrement éteindre, ga‑
gnaient leur demeure d'un pas chancelant pour faire du jour
la nuit, et se reposer de la débauche qui avait fait pour eux
de la nuit le jour. Quoiqu'il fût grand jour dans tous les
autres quartiers de la ville, l'aurore commençait à peine à
poindre dans ceux de l'Alsace; on n'y entendait pas encore
le bruit de l'active industrie qui déjà depuis long-temps
avait chassé le sommeil des autres parties de la ville. Le
spectacle qu'offrait cette rue était trop désagréable pour
retenir lord Glenvarloch dans cette situation; aussi quittant
la croisée, il examina avec intérêt l'ameublement de l'appar‑
tement qu'il habitait.

Les meubles, pour la plupart, avaient été dans leur temps
riches et curieux. — Il y avait un énorme lit à quatre pieds,
dont le bois ciselé avec art aurait suffi pour construire la poupe
d'un vaisseau de guerre; et les tentures semblaient assez
vastes pour lui servir de voiles. On y voyait un énorme miroir
avec un cadre de cuivre doré, de la manufacture de Venise,
et qui devait avoir coûté une somme considérable avant qu'il
eût reçu l'énorme fêlure qui le traversant d'un coin à l'autre,
faisait sur sa surface le même effet que le Nil sur la carte
d'Égypte. Les chaises étaient de formes et de grandeur
différentes. Les unes avaient été ciselées, d'autres dorées,

quelques-unes couvertes de damas, d'autres d'étoffes brodées; mais toutes étaient endommagées et piquées par les vers. Sur la cheminée, un tableau représentant Susanne et les deux vieillards; et l'on aurait pu le regarder comme un ouvrage de prix, si les rats n'eussent pas osé attenter au nez de la pudique juive, et ronger une partie de la barbe de l'un de ses révérends admirateurs.

En un mot, tout ce que voyait lord Glenvarloch semblait autant d'objets enlevés par les sergens ou achetés à vil prix chez un obscur fripier, et entassés dans cet appartement comme dans un magasin, sans ordre et sans goût.

Ce lieu parut à Nigel ressembler à ces maisons situées près des côtes de la mer, et qui sont trop souvent remplies des dépouilles des vaisseaux naufragés, comme celle-ci l'était probablement des dépouilles des malheureux ruinés. — Mon propre esquif se trouve au milieu des brisans, pensa Glenvarloch, quoique mon naufrage doive ajouter peu de chose aux richesses du voleur.

Son attention fut surtout attirée par l'état de la grille du foyer, énorme assemblage de barres de fer rouillées, plantées dans la cheminée, et inégalement soutenues par trois pieds de bronze en forme de griffes de lion, dont le quatrième, courbé par accident, semblait se redresser avec un orgueilleux dédain, comme s'il eût nourri l'ambitieux projet de s'avancer au milieu de l'appartement. Un léger sourire s'arrêta un moment sur le visage de Nigel, lorsque cette idée se présenta à son imagination. — Il faut pourtant que j'arrête sa marche, pensa-t-il, car il fait assez froid ce matin pour que l'on ait besoin de feu.

En conséquence il appela du haut d'un large escalier garni d'une longue balustrade de chêne qui conduisait à sa chambre et à plusieurs autres appartemens, car cette maison était antique et vaste. Mais personne ne répondit à ses appels répétés, et il fut obligé d'aller chercher quelqu'un qui pût lui procurer ce dont il avait besoin.

Nigel, conformément aux anciennes mœurs de l'Écosse, avait reçu une éducation qui sous beaucoup de rapports pouvait être regardée comme fort simple, mais sévère et exempte de faste. Néanmoins il avait été accoutumé à beaucoup d'égards personnels, et il avait toujours eu un ou deux domestiques à ses ordres. C'était une coutume générale en Écosse, où les gages se réduisaient presqu'à rien, et où un homme riche et puissant pouvait avoir autant de domestiques qu'il en voulait, pour les simples frais de la nourriture, de l'habillement et de l'entretien.

Nigel fut donc très mortifié de voir que personne ne se présentait pour le servir, et il le fut d'autant plus, qu'il était en même temps irrité contre lui-même de voir une si petite contrariété l'affecter, lorsque tant d'autres sujets plus importans auraient dû l'occuper. Il doit y avoir certainement quelques domestiques dans une maison aussi vaste que celle-ci, dit-il en errant sur le palier où il avait été conduit par un long corridor de la galerie, au bout duquel il rencontra la première porte de plusieurs appartemens dont les uns étaient fermés et les autres sans meubles ; les uns comme les autres lui parurent inhabités, de sorte qu'enfin il retourna à l'escalier, et résolut de descendre au bas de la maison, espérant y trouver au moins le vieillard ou sa disgracieuse fille.

Dans ce dessein, il entra d'abord dans un petit salon étroit et sombre renfermant un grand fauteuil de cuir tout usé, devant lequel se trouvait une paire de pantoufles, tandis que sur le bras gauche était appuyée une espèce de béquille ; une table de chêne soutenait un énorme pupitre garni de fer et un lourd encrier d'étain. Autour de l'appartement étaient des tablettes, des bureaux et autres objets propres à y déposer des papiers. Une épée, un mousquet et une paire de pistolets étaient suspendus au-dessus de la cheminée avec ostentation, comme pour témoigner que le propriétaire était disposé à défendre sa demeure.

— C'est là sans doute l'antre de l'usurier, pensa Nigel ; et il était sur le point d'appeler à haute voix, quand le vieillard, qu'éveillait le moindre bruit, car le sommeil de l'avarice n'est jamais profond, fit entendre du fond d'une chambre voisine la voix d'un homme irrité, que sa toux du matin rendait encore plus tremblottante.

— Hem! hem! hum! — qui est là! Hum! hum! qui est là? dis-je. — Eh bien! Marthe! hum! hum! Marthe Trapbois! il y a des voleurs dans la maison, et ils ne veulent pas me parler! Eh bien! Marthe! des voleurs! des voleurs! hum! hum! hum!

Nigel tâcha de l'apaiser. Mais l'idée de voleurs avait pris possession du cerveau du vieillard, et il continua à tousser et à crier, et à crier et à tousser, jusqu'à ce que la bonne Marthe arrivât dans l'appartement. Elle cria d'abord plus fort que son père pour le convaincre qu'il n'y avait pas de danger, et pour l'assurer que la personne qu'il entendait était leur nouvel hôte; mais son père ne cessait de répéter:
— Tenez-le ferme! — hum! hum! — Tenez-le ferme jusqu'à ce que je vienne! Elle réussit enfin à apaiser ses craintes et ses cris, et alors elle demanda d'un ton froid et sec à lord Glenvarloch ce qu'il venait faire dans l'appartement de son père.

Nigel eut alors tout le temps d'examiner son aspect, et ce qu'il vit n'était guère propre à changer l'idée qu'il s'en était formée lorsqu'il l'avait aperçue à la lueur de la chandelle le jour précédent. Elle avait ce qu'on appelait alors un *vertugadin de la reine Marie*; non pas ce vertugadin tombant avec lequel on représente ordinairement l'infortunée reine d'Écosse, mais cet autre vertugadin à l'espagnole, qui serrait jusqu'à la gorge la cruelle Marie de Smitfield. Cet antique vêtement était parfaitement assorti au teint fané, aux yeux gris, aux lèvres pâles et au visage austère de la vieille fille, qui portait en outre un capuchon noir en guise de coiffe, disposé de manière à ne laisser paraître aucune mèche de cheveux, probablement parce que dans ces temps, plus simples que le nôtre, on ne connaissait pas encore le secret de déguiser la couleur que le temps commençait à leur donner. La fille de Trapbois était grande, maigre et flasque ; ses bras et ses mains étaient décharnés, ses pieds d'une largeur démesurée, et renfermés dans de grands souliers à talons hauts. Le tailleur semblait avoir voulu déguiser un léger défaut de conformation occasionné par une épaule plus élevée que l'autre ; mais les louables efforts de l'artiste n'avaient abouti qu'à faire remarquer à l'observateur ses bienveillantes intentions, sans lui prouver qu'il eût réussi.

Telle était mademoiselle Marthe Trapbois. — Que faisiez-vous là monsieur ? — Cette question, adressée d'un ton sec, frappa de nouveau l'oreille de Nigel, tandis qu'immobile d'étonnement en sa présence, il la comparait intérieurement à l'une de ces hideuses figures de la vieille tapisserie qui ornait son lit. Il fallut cependant répondre qu'il venait chercher un domestique, parce qu'il désirait allumer du feu dans son appartement pour se garantir de la fraîcheur du matin.

— La femme qui fait notre ménage, répondit mistress Marthe, vient à huit heures. — Si vous avez besoin de feu avant ce temps, il y a des fagots et un panier de charbon de terre dans le cabinet au bas de l'escalier. — Vous trouverez une pierre à fusil et un briquet sur la tablette d'en-haut. — Vous pouvez allumer vous-même votre feu si vous le voulez.

— Non, — non, — non, Marthe, s'écria son père, qui, ayant mis sa vieille tunique, ses braies encore pendantes et ses souliers en pantoufles, entra avec précipitation dans l'appartement, l'esprit probablement toujours plein de voleurs, car il avait à la main une longue rapière qui paraissait encore formidable, quoique la rouille en eût un peu terni l'éclat. — Non, — non, — non, s'écria-t-il, et chaque syllabe était prononcée d'un ton plus emphatique que la précédente ; — monsieur ne se donnera pas la peine d'allumer son feu. — Hum ! — hum ! — Je le ferai moi-même, pour une certaine con — si — dé — ra — ti — on.

Ce dernier mot était une expression favorite du vieil avare, et il le prononçait d'une manière toute particulière, l'épelant syllabe par syllabe, et appuyant avec une sorte d'emphase sur la dernière. C'était une espèce de formule protectrice qui lui servait de sauvegarde contre tous les inconvéniens qui auraient pu résulter de la malheureuse habitude de faire des offres de services, des politesses de toutes sortes, qui, lorsqu'elles sont acceptées sur-le-champ par ceux à qui elles sont faites, mettent quelquefois celui qui s'avance inconsidérément dans le cas de se repentir de sa promptitude.

— Allons, mon père, dit Marthe, cela ne saurait être; que monsieur Grahame allume lui-même son feu, ou qu'il attende que notre femme de ménage vienne l'allumer pour lui; comme il le préfèrera.

— Non, mon enfant; — non, mon enfant; ma fille Marthe, non, répéta le vieil avare. — Jamais femme de ménage ne touchera une grille dans ma maison; elles mettent, — hum! hum! — elles mettent le fagot en dessus, de telle sorte que le charbon ne s'allume pas, que la flamme s'en va dans la cheminée, et que le bois et la chaleur sont également perdus. Mais je vais arranger tout cela convenablement pour notre hôte, pour une certaine considération; et soyez sûre que le feu durera, — hum! hum! durera tout le jour. Ici la véhémence avec laquelle il parlait augmenta sa toux si violemment, que Nigel put à peine comprendre par quelques mots entrecoupés qu'il recommandait à sa fille d'éloigner le fourgon et les pincettes du coin du feu de l'étranger, en l'assurant que lorsqu'il en aurait besoin, son propriétaire s'empresserait de faire ce qui serait nécessaire, pour une certaine considération.

Marthe fit aussi peu d'attention aux injonctions du vieillard qu'une dame du haut ton en fait à celles de son mari qu'elle mène par le nez. Elle répéta seulement, avec le ton du reproche : — Par pudeur, mon père, — par pudeur! —

Puis se tournant vers son hôte, elle lui dit avec sa rudesse accoutumée : — Monsieur Grahame, il vaut mieux s'expliquer d'abord franchement avec vous : mon père est vieux, très vieux ; et son esprit, comme vous pouvez le voir, est un peu affaibli, — quoique je ne voulusse pas vous conseiller de faire un marché avec lui, car vous le trouveriez encore trop fin pour vous ; — quant à moi, je ne suis qu'une femme isolée, et, à dire la vérité, je ne me soucie guère de voir ni de fréquenter personne. Si vous n'êtes pas content de notre maison, de notre asile et de la sûreté que vous y trouvez, ce sera votre faute. On n'en trouve pas toujours autant dans ce malheureux quartier. Mais si vous cherchez des soins et des déférences, je vous préviens que vous ne les trouverez point ici.

— Je ne suis habitué ni à me jeter à la tête des gens, madame, ni à donner de l'embarras, dit Nigel ; néanmoins j'aurais besoin des secours d'un domestique pour m'habiller, — peut-être pourriez-vous m'en procurer un.

— Je vous en procurerai vingt, répondit mistress Marthe, qui dessècheront votre bourse tout en nouant vos lacets, et vous couperont la gorge en faisant votre oreiller.

— Je serai moi-même son domestique, dit le vieillard, dont la pensée distraite un moment commençait à suivre le fil de la conversation. — Je brosserai ses habits, — hum ! — hum ! — Je cirerai ses souliers, — hum ! — et je ferai ses commissions avec promptitude et fidélité. — Hum ! hum ! hum ! hum ! — pour une certaine considération.

— Je vous salue, dit Marthe d'un ton qui faisait de ces mots un congé direct et positif. — Il ne peut être agréable pour une fille de voir un étranger entendre son père parler de la sorte. Si vous êtes réellement un gentilhomme, vous vous retirerez dans votre appartement.

— Je ne veux pas différer un moment, dit Nigel avec respect, car il sentait que les circonstances excusaient la rudesse de la vieille fille ; je voudrais seulement savoir si sérieusement il y aurait quelque danger à se procurer les services de quelque domestique en ce lieu.

— Monsieur, dit Marthe, il faut que vous connaissiez bien peu Whitefriars pour faire une pareille question. Nous vivons seuls dans cette maison, et rarement un étranger y est admis : vous-même vous n'y auriez pas été admis, si l'on avait consulté ma volonté. Regardez la porte, — voyez si celle d'un château-fort est plus solide ; les fenêtres du rez-de-chaussée sont grillées en dehors, et dans l'intérieur regardez les volets.

Elle en ouvrit un, et fit voir un pesant appareil de chaînes et de verrous, destinés à fermer les volets des fenêtres, tandis que son père, se pressant près d'elle, la saisit par la robe d'une main tremblante, et lui dit à voix basse : — Ne lui montre pas le secret pour les fermer et les ouvrir, ne lui montre pas le secret, Marthe, hum! hum! pour aucune considération. — Marthe continua, sans faire la moindre attention au vieillard.

— Et cependant, monsieur, nous avons été plus d'une fois dans le cas de trouver ce rempart trop faible pour nous protéger contre la génération de ces mauvais temps, à cause du bruit qui s'est répandu de la richesse de mon père.

— Ne parle pas de cela, ma fille, dit l'avare irrité encore davantage en entendant seulement faire la supposition qu'il fût riche ; — ne parle pas de cela, ou je te battrai. Oui, je t'apprendrai à dire des mensonges qui risquent de nous faire couper le cou quelque jour, hum! hum! Je ne suis qu'un pauvre homme, continua-t-il en se tournant vers Nigel, — un très pauvre homme, prêt à tout faire dans ce bas monde pour la moindre considération.

— Apprenez donc de quelle manière vous devez vivre ici, jeune homme, continua Marthe. La bonne femme qui vient ici chaque jour vous aidera ; mais sachez que l'homme sage est lui-même son meilleur serviteur.

— C'est une leçon que vous me donnez, madame, répondit Nigel; je vous en remercie, et je l'étudierai à loisir.

— Vous ferez bien, reprit Marthe; et puisque vous recevez les avis avec reconnaissance, je vous en donnerai encore quelques-uns. Ne vous liez avec personne à Whitefriars, — n'empruntez d'argent de qui que ce soit, et surtout de mon père; car, tout radoteur qu'il semble être, il vous attraperait. Enfin sortez d'ici aussi vite que vous le pourrez. — Adieu, monsieur.

Un arbre raboteux peut porter de bons fruits, et un caractère dur et acerbe peut donner de bons avis, pensa lord Glenvarloch en retournant à son appartement, où la même pensée le poursuivit, tandis qu'incapable de se résoudre à faire son feu, il parcourait la chambre à grands pas pour se réchauffer par cet exercice.

Enfin ses méditations se terminèrent par le soliloque suivant; — mais je vous demande la permission d'observer, une fois pour toutes, que je ne veux pas dire par-là que Nigel ait exprimé à haute voix les mots qui vont suivre entre deux guillemets; ce sont les réflexions et les secrètes pensées de mon héros que j'expose ici dans la forme d'un discours plutôt que dans celle d'un récit. En d'autres termes, j'ai mis ses pensées en paroles, et c'est là, je conçois, le but du monologue, sur le théâtre comme dans le cabinet. Telle est du moins la manière la plus naturelle, peut-être la seule manière de communiquer au spectateur ce que l'on suppose se passer dans le cœur du personnage mis en scène.

Il n'est point de semblables soliloques dans la nature, il est vrai; mais à moins de les faire recevoir comme un moyen convenu de communication entre le poète et l'auditoire, nous serions obligés de réduire les auteurs dramatiques à l'expédient de maître Puff, qui représente lord Burleigh communiquant au public un long raisonnement politique par un simple signe de tête.

Dans le récit, l'écrivain peut sans doute dire que les personnages pensèrent telle et telle chose, tirèrent telle ou telle conséquence, arrivèrent à telle ou telle conclusion; mais le soliloque offre un moyen plus concis et plus animé de donner au lecteur la même information. En conséquence, lord Glenvarloch se dit ou doit s'être dit à lui-même :

— « Cette vieille fille a raison, et elle m'a donné une leçon dont je profiterai. J'ai été pendant toute ma vie obligé de demander à d'autres des services qu'il eût été plus noble de ne devoir qu'à moi-même. Je rougis d'éprouver le misérable inconvénient qu'une longue habitude me fait trouver à tre privé d'un domestique ; oui, j'en rougis, mais je rougis beaucoup plus encore d'avoir souffert que l'habitude que j'ai contractée d'être à charge aux autres m'ait constamment rendu, depuis que je suis en cette ville, la victime de ces mêmes événemens que je n'ai jamais tenté de maîtriser. — Être toujours inactif et toujours soumis à une impulsion étrangère ; — protégé par un ami, trompé par un autre, mais aussi passif dans le bienfait que je recevais de l'un et dans le mal que me faisait l'autre qu'un bateau sans voile et sans aviron, errant à la merci des vents et des flots, je devins courtisan, parce que Hériot me le conseilla, — joueur, parce que Dalgarno m'entraîna au jeu, — Alsacien, parce que Lowestoffe l'a voulu : tout le mal ou tout le bien qui m'est arrivé est l'ouvrage des autres, et non le mien. Le fils d'un père tel que le mien ne doit pas tenir plus long-temps cette conduite incertaine et puérile. Qu'il vive ou qu'il meure, qu'il s'abîme dans le gouffre ou qu'il se soutienne sur l'onde, Nigel Olifaunt dès ce moment ne devra son salut, ses succès, son honneur qu'à lui-même, ou bien il périra avec la satisfaction du moins d'avoir usé librement de ses facultés. Je veux écrire sur mes tablettes la sentence de cette vieille fille : — L'homme sage est lui-même son meilleur serviteur. »

Il avait à peine mis les tablettes dans sa poche, que la vieille femme de ménage, qui pour comble de bonheur était affectée d'un rhumatisme, entra dans la chambre pour voir si elle pouvait gagner quelque gratification en servant cet étranger. Elle se chargea d'apporter à déjeuner à lord Glen-varloch; et comme il y avait un restaurateur à la porte voisine, elle revint beaucoup plus tôt que Nigel ne l'avait pensé.

Quand son repas solitaire fut fini, on lui annonça qu'un commissionnaire du Temple cherchait monsieur Grahame de la part de son ami Lowestoffe. Ayant été introduit par la vieille femme dans son appartement, il remit à Nigel une petite malle renfermant les habits qu'il avait demandés, et puis d'un air plus mystérieux il lui remit une cassette ou petit coffre-fort qu'il avait caché sous son manteau. — Je suis content d'en être délivré, dit le commissionnaire en le plaçant sur la table.

— Pourquoi cela? Il n'est certainement pas très pesant, répondit Nigel; et vous m'avez l'air d'un vigoureux jeune homme.

— Oui, monsieur, répondit le commissionnaire; mais Samson lui-même ne l'eût pas porté sans risque au milieu de l'Alsace, si les habitans du quartier avaient su ce que c'était. Veuillez regarder ce que ce coffre renferme, monsieur, et voir s'il n'y manque rien. Je suis honnête homme, et il est sorti en bon état de mes mains; puisse-t-il rester de même! je ne voudrais pas que ma réputation souffrît des accidens qui pourront survenir.

Pour satisfaire le scrupule du messager, lord Glenvarloch ouvrit le coffre en sa présence, et vit que sa petite provision d'argent, avec deux ou trois papiers importans qu'il contenait, et notamment l'ordre de paiement que le roi avait signé en sa faveur, étaient dans le même ordre qu'il les avait laissés; cédant alors aux instances du porteur, il se servit des plumes et du papier que renfermait la cassette, pour écrire deux lignes à M. Lowestoffe, et lui déclarer que les effets lui étaient parvenus en bon état. Il ajouta quelques mots de remercîment pour les services que lui rendait

M. Lowestoffe; et au moment où il venait de cacheter la lettre, et de la donner au messager, son vieil hôte entra dans l'appartement. Son costume noir, qui montrait la corde, était pourtant un peu mieux ajusté qu'il ne l'avait été le matin. Son esprit paraissait moins agité, car sans hésiter ni tousser beaucoup, il l'invita à vider avec lui un large pot de cuir ou espèce de broc contenant de la bière, qu'il portait d'une main, tandis que de l'autre il la remuait avec un petit rameau de romarin, pour lui donner du parfum, comme disait le vieillard.

Nigel refusa, en s'excusant, cette offre polie, et témoigna, par les manières dont il accompagna son refus, qu'il désirait n'être pas dérangé dans son appartement; ce qu'il avait droit d'exiger, eu égard à la réception un peu froide qu'on lui avait faite le matin lorsqu'il était allé de son appartement dans celui de son hôte. Mais la cassette ouverte contenait des objets ou plutôt un métal d'une vertu si attractive pour le vieux Trapbois, qu'il resta immobile comme un chien d'arrêt, le nez en avant; une main tendue, comme la patte que l'intelligent quadrupède tient levée pour indiquer que c'est un lièvre qu'il a en vue. Nigel allait rompre le charme qui semblait avoir ainsi fasciné le vieux Trapbois, en fermant la cassette, quand son attention fut détournée par le messager qui, tenant la lettre, lui demanda s'il fallait la remettre au logement de M. Lowestoffe dans le Temple, ou la porter au Marshalsea [1].

— Au Marshalsea? répéta lord Glenvarloch; pourquoi donc au Marshalsea?

— Pourquoi, monsieur? Ne savez-vous pas, dit le commissionnaire, que le pauvre jeune homme est mis là au pansement, parce qu'on dit que son bon cœur l'a conduit à se brûler les doigts dans le bouillon d'un autre?

---

[1] La prison de Marshalsea, dépendant de la cour de Marshalsea, tribunal civil dont la juridiction s'étendait à douze milles autour du palais du roi, excepté dans la Cité de Londres. — Éd.

Nigel se hâta de lui reprendre la lettre, la décacheta, et ajouta à son contenu de très vives sollicitations pour que son ami lui fît connaître le motif de sa réclusion, l'assurant que si malheureusement il en était la cause, elle serait de courte durée, puisque, même avant de connaître un motif si décisif de se constituer prisonnier, il avait le projet de le faire, et que c'était le parti le plus convenable que sa mauvaise fortune et son imprudence eussent laissé à sa disposition. Il conjurait en conséquence M. Lowestoffe de n'user d'aucun scrupule à son égard; mais que puisque l'intention où il était de se rendre prisonnier était un sacrifice dû à sa réputation, il voulût bien lui indiquer franchement la marche qu'il fallait suivre pour délivrer son généreux ami de la détention à laquelle il craignait qu'il ne se fût exposé par son obligeance imprudente. Il finissait la lettre en disant qu'il laisserait écouler vingt-quatre heures pour attendre sa réponse; et que ce temps expiré, il était déterminé à mettre son projet à exécution. Il rendit le billet au messager, et appuyant sa demande d'une pièce de monnaie, il le pria d'aller le remettre sans délai à M. Lowestoffe en personne.

— Je—je—je—le lui porterai moi-même, dit le vieil usurier, pour moitié prix.

Le porteur, en entendant une proposition qui tendait à le frustrer de son salaire, ne perdit pas de temps pour mettre l'argent dans sa poche, et partit pour exécuter sa commission sans tarder un seul instant.

— Monsieur Trapbois, dit Nigel en s'adressant au vieillard d'un ton d'impatience, avez-vous quelque chose de particulier à me dire?

— Je—je venais voir si vous aviez bien dormi, répondit le vieil usurier, et si je pouvais vous être bon à quelque chose, pour quelque considération.

— Monsieur, je vous remercie, dit lord Glenvarloch, je vous remercie; et avant qu'il eût dit autre chose, on entendit les pas de quelqu'un qui montait.

— Mon Dieu! dit le vieillard avec un tressaillement. Dorothée! femme de ménage! ma fille! tirez les verrous, vous dis-je, femmes! la porte a-t-elle été laissée ouverte?

La porte de la chambre s'ouvrit, et l'on vit entrer gravement le militaire à haute stature que Nigel avait cherché en vain à reconnaître la nuit précédente.

CHAPITRE XXIII.

Le Spadassin. « Bilbo! — C'est le mot d'ordre,
Pierrot.   On l'a dit si souvent,
  « Que ce n'est plus qu'un son emporté par le vent,
  « Un talisman frivole ayant perdu son charme,
  « Que le plus vil goujat entendra sans alarme.
Le Spadassin. « Eh bien! pour les tromper j'aurai recours à l'art:
  « Je laisserai le sabre et prendrai le poignard. »
                    Ancienne comédie.

Le noble capitaine Colepepper ou Peppercull, car il était connu sous l'un et sous l'autre de ces noms et plusieurs autres encore, avait un air martial et ferrailleur, rendu encore plus extraordinaire en cette occasion par une grande compresse de taffetas qui couvrait son œil gauche et une partie de sa joue. Les manches de son lourd pourpoint de velours avaient un luisant et un poli qu'elles devaient à la graisse. Ses gants de peau de buffle lui montaient presque jusqu'au coude; son ceinturon, fait de même étoffe, s'étendait en largeur depuis la hanche jusqu'aux fausses côtes, et soutenait, d'un côté sa large épée à poignée noire, et de l'autre une dague d'un calibre proportionné.

Il salua Nigel avec cet air d'effronterie décidée qui annonce que l'on n'est pas d'humeur à endurer une froide réception, demanda à Trapbois comment il se portait, en lui donnant le nom familier de vieux Pierre Pilori; puis, saisissant le broc, il le vida d'un trait à la santé du dernier et du plus jeune citoyen d'Alsace, le noble et aimable monsieur Nigel Grahame.

Lorsqu'il eut rendu le pot vide et repris haleine, il commença à critiquer la boisson. — Ce n'est là que de la petite bière, vieux Pilori, — et je parie qu'on n'a pas mis de houblon pour la brasser, plus d'une coquille de noix pleine par tonne d'eau. — Vous nous avez quittés de bonne heure, noble monsieur Grahame; mais, sur ma foi! nous avons trinqué en votre honneur, — nous avons vidé la barrique avant de nous séparer. Nous étions aussi tendres que des ouvriers en dentelle; — nous nous sommes battus aussi pour finir la fête. Je porte quelques marques que m'a laissées le ministre, comme vous voyez; — une partie de son sermon ou quelque chose de semblable qu'il aurait dû adresser à mon oreille; mais il a manqué son coup, et a frappé l'œil gauche. L'homme de Dieu porte aussi l'empreinte de ma main; mais le duc nous a réconciliés, et il m'en a coûté plus de vin de Porto que je n'en pourrais supporter, sans compter le vin du Rhin, pour boire à ma paix avec le saint homme. — Mais Caracco[1]! ce n'est qu'un bavard hypocrite, après tout; il faut qu'un de ces jours j'étrille cet homme noir pour substituer à sa livrée du diable toutes les couleurs de l'arc-en-ciel. — Basta! — Est-ce bien dit, vieux Trapbois? où est ta fille, l'ami? — Que dit-elle de mes propositions d'amour? — elles sont honnêtes, j'espère! — Veux-tu avoir un soldat pour ton beau-fils, vieux Pilori, pour mêler l'ame de l'honneur guerrier avec ton sang de parcimonie et d'usure, comme on mêle du brandevin dans de l'ale trouble?

— Ma fille ne reçoit personne de si bonne heure, noble

---

(1) *Carajo*, jurement très expressif en espagnol. — Éd.

capitaine, dit l'usurier, et il conclut sa phrase par un *hum!*
hum! emphathique.

— Quoi! pour aucune con—si—dé—ra—ti—on? dit le
capitaine; et pourquoi pas, vieux fesse-mathieu? Elle n'a
pas de temps à perdre si elle veut faire ce marché, je pense.

— Capitaine, dit Trapbois, j'étais occupé ici avec notre
noble ami que voilà, monsieur Nigel Green. — Hem! hum!
hum!

— Et vous voudriez me voir parti, je gage, répondit le
tapageur; mais patience, vieux Pilori, votre heure n'est pas
encore venue, l'ami. — Vous voyez, ajouta-t-il en montrant
du doigt la cassette, que le noble monsieur Grahame, que
vous appelez Green, a de bons jetons.

— Et vous voudriez bien l'en débarrasser, ah! ah! hem!
hem! répondit l'usurier, si vous saviez comment vous y
prendre. — Mais, Dieu merci, vous êtes de ceux qui viennent chercher de la laine et s'en retournent tondus. Eh bien!
tenez, si je n'avais pas juré de ne jamais faire de gageure, je
parierais que mon hôte vous renverra sans le sou, si vous
osez vous hasarder contre lui, hem! hem! — à quelque jeu
de gentilhomme.

— Peste! tu m'as chatouillé à l'endroit sensible, vieil at-
trape-nigaud, répondit le capitaine en tirant des dés de sa
manche: voilà mes compagnons et mes docteurs à moi. Ils
m'ont rendu plus d'une fois leur dupe, et frappé ma bourse
d'atrophie à force de la purger; mais n'importe: autant vaut
passer son temps à cela qu'à autre chose. — Eh bien! qu'en
dites-vous, monsieur Grahame?

Le capitaine s'arrêta; mais son extrême impudence put à
peine résister au froid mépris avec lequel Nigel répondit à
sa proposition.

— Je ne joue qu'avec ceux que je connais, dit-il d'un ton
sec, et jamais le matin.

— Les cartes vous seraient peut-être plus agréables, dit
le capitaine Colepepper; et quant à ce qui me regarde, voici

l'honnête Pilori qui vous dira que Jack Colepepper joue aussi franchement que qui que ce soit qui ait jamais touché une carte. — On parle de dés pipés, de tours de passe-passe, de mille manières de tricher ; mais je veux être grillé comme une tranche de jambon, si j'ai pu jamais apprendre aucune de ces ruses.

— Vous en connaissez du moins assez bien le vocabulaire, monsieur, dit Nigel avec le même ton d'indifférence.

— Oui, sur mon honneur, reprit le spadassin : ce sont des phrases qu'un gentilhomme apprend par la ville. — Mais peut-être préférez-vous la paume ou le ballon ; nous avons une cour ici près, et d'élégantes raquettes.

— Je vous prie de m'excuser pour le moment, dit lord Glenvarloch ; et s'il faut vous parler clairement, parmi les estimables priviléges que votre société m'a accordés, j'espère pouvoir compter celui d'être seul dans mon appartement quand bon me semble.

— Votre très humble serviteur, monsieur, dit le capitaine, — je vous remercie de votre civilité. Jack Colepepper trouve assez d'amis sans se jeter à la tête des gens. — Mais peut-être voudrez-vous faire une partie de quilles, ou de quelque autre jeu que je ne vous ai pas nommé ?

— Pas davantage, répondit Nigel ; je ne veux jouer à aucun jeu.

Ici le vieillard, qui les avait observés avec ses petits yeux gris, tira le fier-à-bras par le pan de son habit et lui dit tout bas : — Ne faites pas le fanfaron, cela ne prendrait pas ; laissez frétiller la truite, elle mordra bientôt à l'hameçon.

Mais le capitaine, plein de confiance dans sa force, et prenant pour de la timidité la patience méprisante de Nigel ; — excité aussi par la cassette ouverte, commença à parler sur un ton plus haut. Il se redressa, fronça le sourcil, prit plus que jamais l'air féroce d'un spadassin, et continua :

— En Alsace, voyez-vous, il faut être bon voisin, morbleu ! nous couperions la figure à quiconque nous regarderait de travers; oui, monsieur, quand nous aurions affaire à un courtisan musqué. Ventrebleu! je suis militaire, et je me ris d'un lord comme d'un moucheur de chandelles.

— Cherchez-vous une affaire, monsieur? dit Nigel avec calme, et n'ayant dans le fond aucune envie de faire du bruit dans un tel lieu et avec un tel personnage.

— Une affaire? dit le capitaine, je n'en cherche point, quoique je n'en refuse jamais. Je veux seulement vous dire qu'il faut être bon diable, et voilà tout. Mais si nous passions l'eau pour aller voir le combat du taureau? la matinée est belle. — Ventrebleu! ne voulez-vous donc rien faire?

— Je suis singulièrement tenté de faire une chose, dit Nigel en l'interrompant.

— Voyons, dit Colepepper d'un air fendant, voyons, de quoi êtes-vous tenté?

— Je suis tenté de vous jeter par la fenêtre, si vous ne prenez à l'instant la route de l'escalier.

— Me jeter par la fenêtre! Mort et diable! s'écria le capitaine, j'ai bravé vingt cimeterres avec ma seule rapière, et un seigneur ruiné d'Écosse viendra me parler de me jeter par la fenêtre, moi! Retire-toi, vieux Pilori; laisse-moi faire des côtelettes écossaises de ce blanc-bec. C'est un homme mort!

— Pour l'amour du ciel! messieurs, s'écria le vieil avare en se jetant entre eux, ne troublez pas la paix, pour quelque con—si—dé—ra—ti—on que ce soit. Mon noble hôte, ne vous attaquez pas au capitaine, c'est un Hector. Brave Hector, laissez mon hôte, c'est un Achille.

Ici Trapbois fut interrompu par son asthme, mais cependant il continua à s'interposer entre Colepepper, qui ayant mis flamberge au vent, faisait de vaines passes contre son antagoniste, et lord Nigel, qui, s'étant reculé pour tirer son épée, la tenait à la main.

— Finissez vos extravagances, faquin, dit Nigel; venez-vous ici vous exercer à jurer et à faire le vaillant contre moi après avoir bu ? Vous paraissez me connaître, et je suis presque honteux de dire que je vous remets enfin. Souvenez-vous de ce jardin, mauvais drôle, et de la rapidité avec laquelle vous vous sauvâtes à la vue d'une épée nue, devant cinquante témoins. Descendez, monsieur, et ne me forcez pas à bâtonner un lâche comme vous.

La figure du rodomont devint aussi noire que la nuit, à cette reconnaissance inattendue ; car il croyait que son changement de costume et le taffetas qu'il avait sur l'œil l'empêcheraient d'être découvert par une personne qui ne l'avait vu qu'une fois. Il serra les dents, se tordit les mains, et l'on eût dit qu'il cherchait un moment de courage pour fondre sur son antagoniste. Mais le cœur lui manqua, il remit son épée dans le fourreau, tourna le dos dans un sombre silence, et ne dit mot jusqu'à ce qu'il fût sur le seuil de la porte. Là, se retournant, il dit avec un jurement :

— Si je ne me venge pas avant peu de jours de cette insolence, je donne mon corps à la potence et mon ame au diable.

En parlant ainsi, et en lançant à Nigel un regard plein de dépit et de malignité farouche qui laissait encore entrevoir sa frayeur, il descendit et disparut. Nigel le suivit jusque sur le palier de la galerie pour le voir partir, et en revenant il se trouva vis-à-vis mistress Marthe Trapbois, que le bruit de la dispute avait attirée ; et il ne put s'empêcher de lui dire d'un ton de mécontentement :

— Je voudrais bien, madame, que vous donnassiez à votre père et à ses amis la leçon que vous avez eu la bonté de me faire à moi-même ce matin, afin d'obtenir d'eux qu'ils ne viennent plus m'importuner dans mon appartement.

— Si vous êtes venu ici pour y chercher le repos et la retraite, jeune homme, répondit-elle, vous ne pouviez pas plus mal choisir ; autant vaudrait chercher la pitié dans la chambre étoilée, ou des saints en enfer, que le repos dans l'Alsace ; mais mon père ne vous importunera plus.

Entrée dans l'appartement, elle fixa ses yeux sur la cassette, et dit avec emphase :

— Si vous laissez en évidence un tel aimant, il attirera plus d'une lame d'acier contre votre gorge.

Pendant que Nigel fermait la cassette, Marthe, sans beaucoup de respect, reprocha à son père de fréquenter un tapageur et un scélérat comme Jack Colepepper.

— Oui, oui, ma fille, dit le vieillard avec ce clignotement qui témoignait qu'il était content de la supériorité de son intelligence ; oui, — je sais que, — hum ! hum ! mais je l'attraperai ; je les connais tous, et je sais comment les prendre. Oui, je m'y entends.

— Vous vous y entendez, mon père ? dit l'austère demoiselle ; oui, et si bien qu'ils vous couperont la gorge avant peu. Vous ne pouvez comme autrefois leur cacher votre or.

— Mon or, dites-vous, mon or ? reprit l'usurier ; je n'en ai guère, et Dieu sait ce qu'il m'a coûté ; je n'en ai guère, vous dis-je, et je ne l'ai pas gagné sans peine.

— Ruse inutile, mon père, et depuis long-temps vous l'auriez reconnu, si Colepepper ne s'était imaginé qu'il lui serait plus facile de s'emparer de vos biens en s'emparant de ma personne. Mais pourquoi lui parler ainsi ? continua Marthe en s'interrompant avec un geste de pitié et presque de mépris. Il ne m'entend pas, il ne pense pas à moi. N'est-il pas étrange que la soif d'amasser de l'or l'emporte sur le soin de conserver et son or et sa vie ?

— Votre père, dit lord Glenvarloch qui ne put s'empêcher de respecter le bon sens et la sensibilité de cette pauvre femme, malgré sa rudesse ; votre père semble retrouver toutes ses facultés quand il s'agit de son but constant. Je m'étonne qu'il ne comprenne pas la sagesse de vos raisons.

— La nature, répondit Marthe, en a fait un homme insensible au danger ; et cette insensibilité est la meilleure qualité que je tienne de lui ; l'âge lui a laissé assez de finesse pour continuer à se diriger dans le premier sentier qu'il s'est tracé, mais non pour en trouver un nouveau : le vieux cheval aveugle tournera encore long-temps dans le moulin, quoiqu'il ne puisse faire deux pas dans la prairie sans broncher.

— Ma fille, — allons, ma ménagère, dit le vieillard s'éveillant comme d'un rêve dans lequel son imagination s'était probablement amusée de l'idée de quelque friponnerie ; — ma fille, retournez à votre chambre, — tirez les verrous, — veillez bien à la porte, — ne laissez entrer et sortir que le digne monsieur Grahame. — Je vais prendre mon manteau et aller trouver le duc Hildebrod. — Oui, oui, — il fut un temps où ma garde suffisait ; mais plus nous descendons, plus nous sommes sous le vent.

Et avec le refrain accoutumé de son marmottement et de sa toux, le vieillard sortit. Sa fille le regarda quelque temps avec son expression habituelle d'inquiétude et de chagrin.

— Vous devriez persuader à votre père de quitter ce funeste voisinage, dit Nigel, si vous craignez réellement pour sa sûreté.

— Il ne serait pas plus en sûreté dans tout autre, répondit Marthe ; j'aimerais mieux voir le vieillard mort que déshonoré publiquement. Dans tout autre quartier, il serait poursuivi et couvert de boue comme une chouette qui se hasarde au grand jour. Ici il n'a rien à craindre tant que ses camarades profitent de ses talens ; ils le pillent et le volent sous le moindre prétexte ; ils le considèrent comme un vaisseau échoué, d'où chacun peut prendre sa part du butin ; tout ce qu'il possède est regardé comme une propriété publique, et la jalousie qu'ils ont les uns contre les autres suffit peut-être pour le défendre des attaques particulières.

— Je n'en persiste pas moins à dire que vous devriez quitter ce lieu-ci, continua Nigel, puisque vous pourriez trouver une retraite sûre dans quelque contrée éloignée.

— En Écosse, sans doute, dit Marthe en le regardant d'un

œil soupçonneux et scrutateur ; en Écosse, pour y enrichir des étrangers de notre bien ? Ah ! jeune homme !

— Madame, si vous me connaissiez, dit lord Glenvarloch, vous vous seriez épargné le soupçon qu'expriment vos paroles.

— Qui m'en assurera? reprit Marthe avec malice ; on dit que vous êtes un querelleur et un joueur, et je sais jusqu'à quel point on peut se fier à ces sortes de gens dans l'adversité.

— On me calomnie, j'en atteste le ciel, répondit lord Glenvarloch.

— Cela est possible, dit Marthe ; peu m'importent vos folies et vos vices ; mais il est clair que les unes ou les autres vous ont conduit ici. Et à ces mots elle quitta l'appartement.

Il y avait dans les manières de cette femme peu gracieuse quelque chose qui annonçait du mépris pour celui à qui elle parlait. C'était une indignité à laquelle lord Glenvarloch n'avait pas encore été exposé, malgré son peu de richesse, et qui par conséquent lui causa une pénible surprise. L'idée du danger qu'il courait s'il quittait son lieu de refuge ne laissait pas aussi de l'affliger. L'homme le plus brave, placé dans une situation où il est entouré de personnes soupçonneuses, et loin de tout conseil et de toute assistance excepté le secours de son courage et de son bras, éprouve un abattement et un sentiment d'abandon qui pour un moment glacent son cœur, et nuisent même à ses penchans naturellement généreux.

Mais si de tristes réflexions s'élevèrent dans l'esprit de Nigel, il n'eut pas le temps de s'y livrer. S'il avait peu d'espoir de trouver des amis dans l'Alsace, il ne risquait guère de rester dans la solitude, faute de visites.

Il se promenait depuis dix minutes dans son appartement, cherchant à réfléchir au moyen de quitter l'Alsace, quand il fut interrompu par le souverain du quartier, le grand duc Hildebrod lui-même, à l'approche duquel les verrous de l'avare s'ouvrirent comme spontanément. Les deux battans de la porte se séparèrent afin qu'il pût en quelque sorte se rouler dans la maison comme un énorme tonneau, objet auquel il ressemblait passablement par sa tournure, son teint et son contenu.

— Bonjour à Votre Seigneurie, dit-il en clignant de l'œil pour regarder Nigel avec une expression singulière d'impudence et de familiarité, tandis que son farouche bouledogue, qui le suivait, murmurait dans son gosier comme pour saluer de la même manière un chat étique, le seul être vivant de la maison de Trapbois que nous n'ayons pas encore nommé, et qui s'était sauvé au faîte du ciel de lit, d'où il regardait en grimaçant le mâtin dont il accueillait le salut avec la même bonne grace que Nigel le compliment du maître.

— Paix là, Belzie[1]; va-t'en à tous les diables, et tais-toi, dit le duc Hildebrod. — Les bêtes et les fous sont toujours à se quereller, milord!

— Je pensais, monsieur, dit Nigel avec autant de hauteur qu'il put en témoigner en voulant conserver une froide réserve, je pensais vous avoir dit que mon nom était maintenant Nigel Grahame.

Là-dessus son excellence de Whitefriars fit entendre un rire bruyant et plein d'impudence, en répétant le mot jusqu'à ne pouvoir plus l'articuler.

— Nigle Green, — Nigle Green, — Nigle Green! — quoi donc, milord, vous criez avant d'être touché! c'est vouloir se noyer dans un verre de malvoisie[2]. Eh! vous m'avez dit votre secret, vous venez de me le dire; mais je l'avais bien su deviner déjà. Quoi donc! monsieur Nigel, puisque c'est là votre nom, je vous appelais milord, parce que nous avons fait de vous un pair de l'Alsace la nuit dernière, au milieu

---

(1) Diminutif de Belzébuth. — Tr.
(2) Allusion à la scène de Shakspeare où le duc de Clarence est noyé en effet dans un tonneau de malvoisie. — Éd.

des flots de la liqueur que nous avons bue. — Eh bien! que direz-vous à présent? Ah! ah! ah!

Nigel sentant qu'il s'était trahi inconsidérément et sans nécessité, se hâta de répondre — qu'il lui était très obligé des honneurs qu'on lui conférait, mais qu'il ne se proposait pas de rester assez long-temps dans le sanctuaire pour en jouir.

—Eh bien! ce sera comme vous le voudrez, et suivant qu'il vous plaira d'écouter un sage avis, reprit le duc Hildebrod; et quoique Nigel restât debout dans l'espoir d'accélérer le départ de cet importun, celui-ci se jeta dans une chaise qui cria sous son poids, et se mit à appeler le vieil usurier.

La servante parut au lieu de son maître; le duc la traita de vieille sorcière, pour n'avoir pas versé le coup du matin à un gentilhomme étranger, à un hôte honorable comme monsieur Grahame.

—Je ne bois jamais le matin, monsieur, dit Glenvarloch.

—Il est temps de commencer, temps de commencer, répéta le duc. — Ici, vieux rebut de Satan! allez à mon palais, et apportez le coup du matin pour le lord Green. Voyons, que sera-ce, milord? un pot de double ale avec une pomme grillée y surnageant comme une barque sur la Tamise; ou bien, car les jeunes gens ont les dents molles, un verre de vin brûlé au sucre? c'est délicieux contre les brouillards. Ou que dites-vous d'une eau distillée? Allons, nous ferons venir de tout, et vous choisirez. — Jésabel, que l'on apporte la bière, le vin des Canaries, la liqueur, du pain, tout ce qu'il faut, et qu'on l'apporte au compte du nouveau-venu.

Glenvarloch réfléchissant qu'il valait tout autant souffrir pour quelque temps l'insolence de cet homme que de s'engager dans de nouvelles querelles, le laissa continuer après lui avoir fait une seule observation.

—Vous vous mettez à votre aise chez moi, monsieur, mais pour le moment faites comme il vous plaira. Je voudrais pourtant bien savoir ce qui me procure l'honneur de votre visite inattendue.

— C'est ce que vous saurez quand la vieille Débora aura apporté la liqueur. Je ne parle jamais affaires le gosier sec. Mais comme elle tarde! — Je crois qu'elle s'humecte les lèvres en route. En attendant, regardez ce chien, regardez Belzébuth en face; fut-il jamais une bête plus douce? il ne saute qu'à la gorge des gens.

Et après ce panégyrique, il allait faire une histoire qui n'eût pas été des plus courtes, quand il fut interrompu par le retour de la vieille et de deux de ses propres garçons, chargés des diverses liqueurs qu'il avait demandées; seule interruption peut-être qu'il eût pu supporter avec patience.

Quand les verres et les pots furent symétriquement arrangés sur la table, et que Débora, que son altesse ducale gratifia d'un penny en forme de rémunération, se fut retirée avec ses satellites, le digne potentat invita lord Glenvarloch à goûter la liqueur qu'il devait payer. Après avoir observé qu'il était lui-même à jeun, excepté trois œufs pochés, une pinte de bière et un verre de vin clairet, il se mit à prêcher d'exemple.

Glenvarloch avait vu les libations bachiques des lairds d'Écosse et des bourguemestres hollandais; mais leurs exploits (quoique ces deux peuples puissent être considérés comme étant d'une race des plus altérées) n'étaient rien auprès de ceux du duc Hildebrod, qui semblait un véritable banc de sable capable d'absorber telle quantité qu'on voudrait de liquide, sans en être ni fertilisé ni inondé. Il avala d'abord l'ale pour éteindre une soif, dit-il, qui lui donnait la fièvre depuis le matin jusqu'au soir, et du soir au matin. Il fit disparaître le vin pour corriger la crudité de la bière; envoya la liqueur après le vin pour calmer le tout, et puis déclara que probablement il ne boirait plus jusqu'après l'heure de midi, à moins que ce ne fût pour plaire à quelque ami particulier. Finalement il fit entendre qu'il était prêt à parler de l'affaire qui l'amenait de si bon matin ; proposition que Nigel accueillit très volontiers, quoiqu'il ne pût s'empêcher de soupçonner que la plus importante affaire du duc Hildebrod venait d'être terminée.

En ceci néanmoins lord Glenvarloch se trompait ; Hildebrod avant de commencer fit une revue exacte de la chambre, mettant de temps en temps le doigt sur le nez, et lorgnant Nigel de son œil unique, tandis qu'il ouvrait et fermait les portes, qu'il levait la tapisserie qui servait de rideau aux ravages du temps sur la boiserie, qu'il allongeait le cou dans les cabinets, et regardait sous le lit pour s'assurer qu'il n'y avait nulle part de curieux indiscrets. Il reprit ensuite son siége, et fit un signe mystérieux à Nigel, pour lui dire de s'approcher de lui.

— Je suis bien où je suis, monsieur Hildebrod, répondit le jeune homme, peu disposé à encourager la familiarité que cet homme voulait prendre avec lui. Mais l'imperturbable duc continua en ces termes :

— Vous me pardonnerez, milord, et je vous donne maintenant ce titre sérieusement ; vous me pardonnerez si je vous avertis que nous pouvons être écoutés. Le vieux Trapbois est aussi sourd qu'un banc, mais sa fille a l'oreille fine et l'œil exercé. Or c'est d'eux que j'ai à vous parler.

— Parlez donc, monsieur, répondit Nigel en approchant tant soit peu sa chaise du duc ; mais je ne saurais concevoir ce que je puis avoir de commun avec mon hôte et sa fille.

— Vous le verrez avant le temps nécessaire pour vider un quart de pot, répondit le gracieux duc ; mais d'abord je dois vous dire qu'il ne faut pas croire que vous puissiez danser comme un poisson dans un filet devant le vieux Jack Hildebrod, qui a trois fois vos années sur le dos, et qui naquit, comme le roi Richard, avec toutes ses dents déjà poussées.

— Eh bien ! monsieur, continuez.

— Eh bien ! milord, j'oserai dire que si vous êtes, comme

je le crois, ce lord Glenvarloch dont tout le monde parle, ce lord écossais qui a mangé tout son bien.... — Patience, milord, c'est le bruit qui court; on vous appelle le lord épervier qui fond sur tout le monde, même dans le parc. Calmez-vous, milord.

— Je suis honteux, faquin, reprit lord Glenvarloch, d'être irrité de votre insolence; mais prenez-y garde; et si vous devinez réellement qui je suis, songez que je ne saurais supporter plus long-temps ce ton d'impudence et de familiarité.

— Je vous demande pardon, milord, dit Hildebrod avec un air boudeur, mais plus humble; je ne voulais point vous offenser en parlant avec franchise. Je ne sais quel honneur il peut y avoir à se rendre familier avec Votre Seigneurie, mais ce n'est pas du reste un honneur des plus sûrs, car Lowestoffe est privé de la liberté rien que pour vous avoir montré le chemin de l'Alsace. Qu'arrivera-t-il donc à ceux qui vous protègent ici? leur en reviendra-t-il de l'honneur ou de l'embarras? c'est ce que je laisse à juger au bon sens de Votre Seigneurie.

— Personne ne sera dans l'embarras pour moi, dit lord Glenvarloch; je quitterai Whitefriars demain. Non, de par le ciel! je partirai aujourd'hui même.

— Vous serez plus sage après la colère, j'espère, dit le duc Hildebrod. Écoutez d'abord ce que j'ai à vous dire, et si l'honnête Jack Hildebrod ne vous met pas à même de vous tirer d'affaire, puisse-t-il ne plus toucher de cartes de sa vie! Enfin, milord, pour parler clairement, il vous faut *filer la carte* pour gagner.

— Parlez plus clairement, si vous voulez que je vous comprenne, dit Nigel.

— Que diable! un joueur n'entend pas ce français-là; il faut donc vous parler anglais, qui est la langue des nigauds.

— Surtout, monsieur, soyez bref, car je n'ai guère de emps à vous donner.

— Eh bien donc, milord, pour être bref, comme vous le dites en termes d'avocat, j'ai su que vous aviez dans le Nord une terre qui change de maître par manque d'espèces sonnantes de votre part. Oui. Vous tressaillez, mais vous ne pouvez danser dans le filet devant moi, je vous l'ai dit. Le roi vous boude, et la cour vous tourne le dos; le prince fronce le sourcil en parlant de vous; le favori vous traite avec froideur; et le favori du favori...

— Pour abréger, monsieur, interrompit Nigel, supposez tout cela vrai. — Ensuite?

— Ensuite? reprit le duc Hildebrod. Malepeste! ensuite vous seriez reconnaissant envers celui qui vous donnerait les moyens de marcher fièrement devant le roi, comme si vous étiez le comte Kildare, de vous venger des courtisans, de vous moquer des regards froids du prince, de braver le favori de...

— Bien, fort bien, dit Nigel. Mais quel est le moyen de faire tout cela?

— En vous faisant roi du Pérou, milord, du Pérou des latitudes septentrionales; en soutenant votre vieux château avec des lingots, en fertilisant vos biens avec de la poudre d'or; il ne vous en coûtera que de mettre pour un jour ou deux votre couronne de baron sur le front d'une vieille fille, la fille du maître de ce logis, et vous serez possesseur d'un trésor qui fera pour vous tout ce que je viens de dire.

— Quoi! vous voudriez me faire épouser cette vieille fille de mon hôte? dit Nigel surpris et piqué, mais ne pouvant résister à une envie de rire.

— Non, milord; je voudrais vous faire épouser cinquante mille bonnes livres sterling; car le vieux Trapbois a pour le moins amassé cela; et vous rendrez service au vieux bonhomme, qui perdra ses guinées d'une manière moins agréable, car maintenant qu'il a passé ses jours de travail, le jour des comptes arrivera bientôt pour lui.

— En vérité, voilà une offre généreuse, dit lord Glenvarloch; mais je vous prie de me dire avec votre noble candeur, très gracieux duc, pourquoi vous disposez d'une héritière si riche en faveur d'un étranger qui peut vous quitter demain.

— En vérité, milord, dit le duc, cette question sent plus l'ami du chevalier de Beaujeu que tout ce que vous avez dit jusqu'ici; il est juste de vous répondre. Quant à mes pairs, il est nécessaire de dire que miss Marthe Trapbois ne veut d'aucun d'eux, ecclésiastique ou laïque. Le capitaine l'a demandée, le curé aussi; mais elle a rejeté l'un et l'autre; elle se regarde comme au-dessus d'eux; et, à dire vrai, elle a l'esprit trop fin pour se laisser séduire par le premier venu. Pour nous, il est suffisant de dire que nous avons une épouse sur la terre des vivans, et qui plus est, Marthe le sait; ainsi donc, puisqu'elle ne veut renoncer à sa couronne virginale qu'en faveur de quelque homme de qualité, c'est vous, milord que cela regarde, et qui devez emporter tout cet or, dépouilles de tant de dupes, en déduisant seulement de la somme cinq mille guinées pour notre royal avis et notre protection; car sans cela, comme les choses se passent en Alsace, vous trouveriez difficilement à emporter l'argent.

— Mais votre sagesse a-t-elle considéré comment ce mariage peut me servir dans la position critique où je me trouve?

— Quant à cela, milord, si avec quarante ou cinquante mille livres sterling dans votre poche vous ne parvenez pas à vous tirer d'affaire, vous mériterez de perdre la tête pour votre folie, et la main pour avoir tenu les doigts trop serrés.

Nigel comprit qu'il serait peu prudent de rompre avec un homme qui dans le fond lui voulait du bien à sa manière.

— Mais puisque dans votre bonté, lui dit-il, vous avez pris mes affaires tant à cœur, peut-être pourrez-vous me dire comment ma famille recevra une épouse comme celle que vous m'offrez.

— Quant à cela, milord, j'ai toujours entendu dire que

les gens de votre pays savaient tout aussi bien que d'autres de quel côté leur pain était beurré : et certes, par ouï-dire, je ne connais pas de lieu où cinquante mille livres sterling, cinquante mille livres sterling, dis-je, ne procureraient pas un bon accueil à une femme. D'ailleurs, à l'exception du petit défaut de son épaule, mistress Marthe Trapbois est une personne d'un aspect noble et majestueux, qui peut fort bien descendre d'un sang illustre, car le vieux Trapbois n'a guère l'air d'être son père, et sa mère était une femme généreuse et libérale.

— J'ai peur, répondit Nigel, que cette chance ne suffise pas pour lui assurer une gracieuse réception dans une maison honorable.

— Eh bien ! alors, milord, reprit Hildebrod, je vous garantis qu'elle ne sera pas en reste avec ceux qui la recevront mal ; elle est en état de tenir tête à tout votre clan.

— Cela pourrait bien être un petit inconvénient pour moi, dit Nigel.

— Pas du tout, pas du tout, répliqua le duc fécond en expédiens : si elle se rendait insupportable, ce qui serait très possible, — votre honorable maison, je présume, est un château ; il y a des tours, des donjons, — vous pourriez y enfermer votre noble épouse, et vous mettre à l'abri de sa langue.

— Sage conseil, très équitable duc, dit Nigel ; et ce serait un sort digne de sa folie, si elle me donnait le moindre pouvoir sur elle.

— Vous y pensez donc, milord ? demanda le duc Hildebrod.

— Il faut m'accorder vingt-quatre heures de réflexion, dit Nigel, et je vous prie de faire en sorte que personne ne vienne plus m'interrompre.

— Nous rendrons un décret à cette fin, répondit le duc ; et ne pensez-vous pas, ajouta-t-il en mettant sa voix au ton grave d'une proposition commerciale ; ne pensez-vous pas que dix mille livres... ? — ce n'est pas trop pour reconnaître la munificence d'un souverain qui dispose de sa pupille en votre faveur.

— Dix mille! s'écria lord Glenvarloch; — quoi! vous disiez cinq mille tout à l'heure.

— Ah! vous y avez fait attention, dit le duc en portant le doigt à son nez. — Oh! alors je vois que vous m'avez écouté plus sérieusement que je ne croyais. — Bon, bon, nous serons d'accord sur cette considération, comme dirait le vieux Trapbois. — Songez donc à attendrir la future. — Cela ne sera pas difficile avec votre air et votre taille. Je vais empêcher qu'on ne vous interrompe. Je ferai rendre un édit par le sénat à l'assemblée de midi.

A ces mots, le duc Hildebrod prit congé de Nigel.

CHAPITRE XXIV.

« Voici l'heure. — Du ciel la vierge sentinelle
« Déjà de son fanal a caché la clarté ;
« Donne-moi le levier, approche-moi l'échelle :
« Près du loquet, qu'Antoine, en silence posté,
« Arme sa carabine et serve de vedette ;
« Pour toi, prends ton poignard, et suis-moi : cette nuit,
« Si nous réussissons, notre fortune est faite. »
Ancienne comédie.

QUAND le duc Hildebrod fut parti, si Nigel eût écouté son premier mouvement, il aurait ri de bon cœur du sage conseiller qui voulait ainsi l'unir avec la vieillesse, la laideur et un mauvais caractère ; mais sa seconde pensée fut un sentiment de pitié pour le malheureux père et sa fille, qui, étant les seules personnes riches de ce triste quartier, y semblaient, comme Marthe elle-même l'avait dit, le débris d'un navire naufragé sur les côtes d'une contrée barbare, et que la jalousie des peuplades sauvages peut seule sauver un moment du pillage. Il ne put pas non plus s'empêcher de sentir qu'il ne séjournait dans les mêmes lieux que sous des conditions également précaires, et qu'il était considéré par les Alsaciens comme un *don du ciel* sur la côte de Cornouailles, ou comme une caravane mourant de soif, mais riche, traversant les déserts de l'Afrique, et emphatiquement appelée *Dummalafong* par les nations de voleurs qui la voient passer. — Or, *Dummalafong* signifie chose donnée à dévorer, — une proie commune à tous les hommes.

Nigel avait déjà fait son plan pour se tirer à tous risques de sa situation périlleuse et dégradante. Avant de le mettre à exécution, il n'attendait que le retour du messager qu'il avait envoyé à Lowestoffe. Il l'attendit en vain; cependant il ne put se distraire qu'en s'occupant du bagage qui lui avait été expédié de son premier logement, et en cherchant ce qui lui serait le plus nécessaire s'il se décidait à quitter l'Alsace secrètement, vu que le secret et la célérité lui deviendraient indispensables pour obtenir une audience du roi, car c'était là ce qu'il croyait de son intérêt de chercher.

Il trouva, à sa grande satisfaction, que Lowestoffe lui avait expédié non-seulement sa rapière et son poignard, mais encore une paire de pistolets qu'il portait ordinairement en voyage, et qui étaient de véritables pistolets de poche. Après l'idée d'avoir de vaillans compagnons, l'idée qui donne surtout du courage à l'homme est celle de se voir bien armé en cas de besoin. Ce n'était pas sans quelque inquiétude que Nigel avait pensé au hasard de défendre sa vie, si elle était attaquée, avec la méchante rapière que Lowestoffe lui avait remise pour compléter son déguisement. Aussi éprouva-t-il une émotion de confiance qui allait jusqu'au ravissement, lorsque, tirant du fourreau sa fidèle épée, il en essuya la lame avec son mouchoir, et en examina la pointe. Il la fit plier une ou deux fois en la fixant contre terre, pour reconnaître le métal d'une trempe des plus fortes; enfin il la repoussa dans le fourreau d'autant plus vite qu'il entendit frapper à la porte, et qu'il ne se souciait nullement d'être surpris jouant avec son arme nue.

C'était le vieux Trapbois qui venait lui dire avec maintes grimaces que le prix de son appartement était d'une couronne par jour; et suivant la coutume du quartier, payable d'avance; quoique pour lui il ne se fût fait aucun scrupule de laisser l'argent dans les mains d'un brave gentilhomme comme monsieur Grahame, pendant une semaine, une quinzaine, et même un mois, toujours moyennant quelque considération raisonnable.

Nigel se débarrassa du vieux radoteur en lui jetant deux pièces d'or, et retenant la chambre pour huit jours, en ajoutant toutefois qu'il espérait partir plus tôt.

L'avare, l'œil étincelant et la main tremblante, s'empara du précieux métal; et ayant avec un plaisir infini balancé les deux pièces sur l'extrémité de son doigt desséché, commença déjà à prouver que même la possession d'un trésor ne saurait contenter long-temps le cœur le plus avide. D'abord l'or pouvait n'être pas de poids; d'une main prompte il tira de son sein de petites balances, pesa les deux pièces ensemble, et puis séparément, et il sourit d'un air de plaisir en les voyant faire pencher la balance de leur côté : — ce qui pouvait ajouter à ses profits, s'il était vrai, comme on le disait, que l'or qui était de cours dans l'Alsace n'était pas de très bon aloi, et en sortait toujours rogné.

Une autre crainte vint troubler la joie du vieillard; il venait d'entrevoir que Nigel avait l'intention de quitter sa maison sans attendre le terme pour lequel il avait déposé la rente : cela pouvait entraîner une sorte de remboursement qui ne convenait guère à son humeur. Il allait commencer un avertissement de précaution, et citer plusieurs raisons pour prouver que tout remboursement était très préjudiciable aux propriétaires, lorsque Nigel impatienté lui dit que l'argent lui appartenait sans restriction, et sans aucune intention de sa part d'en réclamer la moindre partie, pourvu qu'on le laissât jouir de la liberté et de la solitude qu'il payait.

Le vieux Trapbois avait encore l'habitude des douces paroles qui lui avaient servi à hâter jadis la ruine de maint dissipateur; il se répandait en grands éloges sur la libéralité de son hôte; mais Nigel le prit par la main, et le mit doucement à la porte, qu'il ferma sans rien dire; après quoi il fit pour ses pistolets ce qu'il avait fait pour son épée favorite, examinant avec attention le bassinet, la pierre et même l'état de ses munitions.

Il fut une seconde fois interrompu par quelqu'un qui heurtait à la porte; il cria d'entrer, ne doutant plus que cette fois ce ne fût le messager de Lowestoffe. C'était pourtant la disgracieuse fille du vieux Trapbois, qui marmottant quelques excuses sur la méprise de son père, mit sur la table une des pièces d'or que Nigel avait jetées au vieillard, celle qu'elle gardait suffisant, lui dit-elle, pour le loyer de son logement pendant le temps qu'il avait spécifié. Nigel répondit qu'il avait donné son argent sans aucun désir de le reprendre.

— Faites-en ce que vous voudrez en ce cas, reprit son hôtesse, car le voilà, et je n'y touche plus; si vous êtes assez fou pour payer plus que vous ne devez, mon père ne sera pas assez fripon pour prendre plus qu'il ne lui est dû.

— Mais votre père, répondit Nigel, votre père m'a dit.....

— Oh! mon père, mon père, interrompit Marthe, — mon père faisait ses affaires quand il en était capable; — c'est moi qui m'en charge maintenant, et ce ne sera pas plus mal à la longue pour l'un et l'autre.

Elle regarda sur la table, et remarqua les armes.

— Vous avez des armes, à ce que je vois, dit-elle; — savez-vous vous en servir?

— Je le saurais au besoin, madame; les armes ont toujours été mon métier.

— Vous êtes donc un soldat? demanda Marthe.

— Tout gentilhomme de mon pays est soldat : je ne le suis pas à d'autre titre.

— Ah! oui,— voilà votre point d'honneur. — Couper la gorge à de pauvres gens ; — noble occupation pour les gentilshommes qui devraient nous protéger!

— Je ne fais le métier de couper la gorge à personne, madame; mais je porte des armes pour me défendre et défendre ma patrie au besoin.

— Oui, belles phrases que cela! mais on dit que vous êtes tout aussi prompt qu'un autre à vous engager dans des querelles, quand ni votre sûreté ni votre patrie ne sont compromises; et si ce n'était cela, vous ne seriez pas aujourd'hui venu dans le sanctuaire.

— Madame, reprit Nigel, je chercherais en vain à vous faire comprendre que l'honneur d'un homme, qui doit nous être plus cher que tout au monde, peut souvent lui faire hasarder sa vie et celle des autres pour des causes en apparence frivoles.

— La loi de Dieu ne dit rien de cela, répondit Marthe; je n'y ai lu que ceci : *Tu ne tueras point*. Mais je n'ai ni le temps ni l'envie de vous prêcher ; — vous trouverez ici assez d'occasions pour vous battre si vous le voulez ; et fasse le ciel que le danger ne vienne pas vous surprendre quand vous y penserez le moins! Adieu, pour le moment. — La femme de ménage exécutera vos ordres pour vos repas.

Elle sortit au moment où Nigel, piqué du ton de supériorité qu'elle prenait, était sur le point d'entamer une dispute oiseuse avec la fille d'un vieil usurier, sur le sujet du point d'honneur. Il sourit de la folie où son amour-propre allait l'entraîner.

Lord Glenvarloch profita ensuite de la vieille Débora pour se procurer un dîner passable; et la seule gêne qu'il éprouva fut encore de la part de son vieil hôte, qui entra presque de force en voulant mettre lui-même la nappe. Ce ne fut pas sans peine que Nigel l'empêcha de déplacer les armes et quelques papiers qui se trouvaient sur la petite table près de laquelle il s'était assis l'instant auparavant. Il lui fallut répéter, avec un *non* positif, qu'il ne voulait pas qu'on touchât à cette petite table où le vieux radoteur voulait absolument mettre le couvert, quoiqu'il y en eût deux dans l'appartement.

L'ayant enfin forcé de changer de dessein, il observa que l'attention de Trapbois semblait toujours fixée avec inquiétude sur la petite table où étaient l'épée et les pistolets, dont il s'approchait toujours de plus en plus. Enfin l'usurier, ne se croyant pas aperçu, étendait la main vers les objets qu'il avait si souvent caressés de l'œil; mais Nigel le vit, grace à la réflexion d'une vieille glace fêlée, espèce de dénonciateur auquel le vieillard n'avait pas pensé. Nigel déclara à son hôte, d'un ton de voix sévère, qu'il défendait qu'on touchât à ses armes, et lui ordonna de quitter la chambre. Le vieillard murmurait quelques excuses, avec le mot considération; mais Nigel, sans l'écouter, lui réitéra l'ordre formel de sortir.

La vieille Hébé qui versait à boire au lord Glenvarloch prit son parti contre le Ganymède suranné qui venait usurper ses fonctions, et le menaça de la colère de sa fille. Le vieillard obéissait aux lois du jupon plus qu'à toute autre autorité; c'est pourquoi, effrayé de cette menace plutôt que de celle de Nigel, il partit en grommelant et marmottant. Glenvarloch l'entendit fermer une grande porte au bout de la galerie qui servait de séparation entre les autres parties de cette vaste maison et sa propre chambre; celle-ci, comme le lecteur doit le savoir, avait son issue sur le palier du grand escalier.

Le son des verrous, tirés successivement par la main tremblante de Trapbois, fut pour Nigel l'augure d'une complète solitude pour toute la soirée, et il l'accepta avec plaisir.

La vieille femme lui demanda si elle pouvait encore faire quelque chose pour lui. Le plaisir de le servir, ou pour mieux dire la récompense qu'elle en espérait, semblait avoir renouvelé sa jeunesse et son activité. Nigel demanda de la lumière, du feu, et quelques fagots de réserve pour l'entretenir, car il commençait à sentir l'humidité froide d'une maison située si près de la Tamise. Et tandis que la vieille était allée remplir son message, il réfléchit aux moyens de passer le temps pendant la longue soirée qui le menaçait.

Ses propres rêveries ne lui permettaient guère d'agréables momens; il avait considéré sa situation sous tous les jours possibles, et prévoyait peu de ressources à y songer encore. Les livres lui semblaient le meilleur moyen de changer le cours de ses idées. Quoique, comme la plupart d'entre nous, Nigel fût resté plusieurs heures de sa vie au milieu de vastes bibliothèques sans toucher aux trésors de science qu'elles contenaient, il était alors à portée de sentir tout le prix même d'un livre médiocre.

La vieille ménagère revint bientôt après avec des fagots et des bouts de bougies que Nigel devait brûler les uns après les autres. Ce fut avec surprise qu'elle l'entendit lui demander un livre, — un livre quelconque, — pour abréger le temps et la nuit. — Mais, répondit-elle, elle ne connaissait dans la maison d'autre livre que la Bible de Marthe Trapbois, sa jeune maîtresse, comme elle l'appelait toujours, et qui ne la prêterait pas; — un second volume du Traité d'arithmétique par Robert Record, avec les règles d'équation par Cossike. Ces livres appartenaient à son maître; mais Nigel les refusa. — Elle offrit donc d'aller en emprunter au duc Hildebrod, qui quelquefois (le pauvre homme!) lisait une page ou deux quand les affaires politiques de l'Alsace lui en laissaient le loisir.

Nigel accepta la proposition, et son infatigable Iris alla faire sa seconde ambassade. Elle revint bientôt après avec un vieux bouquin in-4° sous le bras, et une bouteille de vin des Canaries à la main ; car le duc, jugeant que la lecture seule desséchait le gosier, avait envoyé ce supplément liquide, dont il ajouta le prix au compte du matin.

Nigel prit le livre et ne refusa pas le vin, pensant qu'un verre ou deux ne seraient pas de trop dans sa solitude. Heureusement le liquide était d'assez bonne qualité. Il congédia avec des remercîmens et des promesses de récompense la pauvre femme qui avait été si zélée à le servir ; il arrangea son feu et sa lumière, plaça le plus commode des deux fauteuils usés entre la cheminée et la table sur laquelle étaient le vin et les débris de bougie. Après s'être ainsi entouré de tous les agrémens possibles dans le lieu où il se trouvait, il commença à examiner le seul volume que la bibliothèque ducale de l'Alsace lui eût procuré.

Le contenu, quoique intéressant, n'était guère propre à dissiper son humeur mélancolique. Le titre portait : — *Vengeance de Dieu sur le meurtre.* — Comme le pense bien le lecteur bibliomane, ce n'était pas le livre que publia Reynolds sous ce titre imposant, mais un autre plus ancien, imprimé et vendu par Wolfe, et dont un exemplaire aujourd'hui se paierait au poids de l'or[1].

Nigel fut bientôt fatigué des lamentables histoires que ce livre contenait, et essaya deux ou trois autres manières de tuer le temps. Il regarda par la fenêtre ; mais la nuit était pluvieuse et le vent soufflait. Il voulut attiser le feu ; mais les fagots étaient verts, et fumaient sans brûler. Naturellement sobre, il ne but qu'une fois du vin des Canaries, qu'il trouvait trop chaud pour son estomac. Il essaya ensuite de composer un mémoire adressé au roi ; mais à l'idée que sa

---

(1) Il n'en reste plus que trois exemplaires connus : un à la bibliothèque de Kennaquhair, et deux autres, dont l'un en mauvais état, qui sont tous deux en la possession d'un membre distingué du club de Roxburgh, aujourd'hui député à la chambre, au nom d'une grande université (NOTE DU CAPIT. CLUTTERBUCK).

supplique serait traitée avec mépris, il jeta le papier au feu, et reprit le livre.

Sa seconde lecture l'intéressa plus que la première. Les récits, quelque étranges, quelque révoltans même qu'ils fussent, avaient cette espèce de charme horrible qui fixe l'attention. On y trouvait maints actes sanguinaires inspirés par la vengeance, la soif de l'or ou l'insatiable ambition. Mais ce qu'il y avait de plus surprenant et de plus mystérieux dans ces histoires, c'était la manière dont ces crimes avaient été découverts. Des animaux, des animaux dénués de raison, avaient révélé le forfait ; les oiseaux de l'air avaient servi de témoins accusateurs ; les élémens avaient trahi le meurtre qui les souillait ; la terre avait refusé de supporter l'assassin, le feu de réchauffer ses membres glacés, l'eau de rafraîchir ses lèvres, l'air d'entretenir son souffle. Tout en un mot portait témoignage contre l'homicide. Ailleurs, la conscience du coupable le poursuivait elle même, et l'amenait devant les juges ; quelquefois c'était le tombeau qui s'était ouvert afin que le fantôme de la victime pût crier vengeance.

La nuit était avancée, Nigel tenait encore le livre dans les mains, quand la tapisserie s'agita, et le mouvement de l'air fit balancer la flamme des bougies qui l'éclairaient.

Nigel tressaillit, et se retourna avec cette émotion involontaire qui venait de sa lecture, surtout à une époque où la superstition faisait partie des croyances religieuses ce ne fut donc pas sans un léger trouble qu'il aperçut la pâle figure du vieux Trapbois, qui tendait encore sa main flétrie vers la table sur laquelle étaient les armes. Convaincu par cette apparition imprévue que quelque sinistre projet se tramait contre lui, Nigel se leva, prit son épée, et l'appuyant sur le sein du vieillard, lui demanda ce qu'il venait faire dans sa chambre à une heure semblable.

Trapbois ne montra ni crainte ni surprise, et répondit assez distinctement qu'il renoncerait plutôt à sa vie qu'à sa propriété. Lord Glenvarloch étrangement embarrassé, ne savait que penser d'une telle visite. Il employait la menace pour se débarrasser de la présence du vieil avare, quand il fut surpris par une seconde apparition du même côté de la tapisserie, dans la personne de Marthe Trapbois, qui portait une lampe à la main.

Elle avait la même insensibilité pour le danger que son père; car s'approchant de Nigel, elle écarta brusquement son épée nue, et tenta même de la lui arracher de la main.

— N'avez-vous pas honte? dit-elle : — votre épée contre un vieillard de plus de quatre-vingts ans! — Voilà donc l'honneur d'un noble écossais! — Donnez-moi cette épée pour m'en faire un fuseau.

— Retirez-vous, dit Nigel; je ne veux faire aucun mal à votre père. Mais je veux savoir ce qui le fait rôder comme un oiseau de proie auprès de mes armes, même à cette heure de nuit.

— Vos armes! vos armes! répéta Marthe; — hélas! jeune homme, tout l'arsenal de la Tour de Londres est de peu de valeur à ses yeux au prix de cette pièce d'or que j'ai laissée ce matin sur la table d'un jeune dissipateur trop insouciant pour remettre dans sa bourse ce qui lui appartient.

A ces mots, elle montra la pièce d'or sur la table. C'était l'appât par lequel le vieux Trapbois avait été si souvent attiré, et qui, même dans le silence de la nuit, avait tellement occupé son imagination qu'il avait profité d'un passage secret depuis long-temps hors d'usage, pour venir dans l'appartement de son hôte s'emparer pendant son sommeil du trésor qu'il regrettait. Il s'écria alors d'une voix tremblottante :

— Elle est à moi, — oüi, à moi; — il me l'a donnée pour certaine considération. Je mourrai plutôt que de perdre mon bien.

— Elle lui appartient en effet, dit Nigel à Marthe, et je

vous supplie de la rendre à la personne à qui je l'ai donnée.

— Qu'on me laisse en repos dans ma chambre.

— Je vous en tiendrai donc compte, dit la fille en remettant malgré elle à son père la pièce d'or, qu'il saisit de ses doigts décharnés comme le faucon qui tient sa proie dans ses serres ; et marmottant quelques remercîmens du ton d'un chien qui vient de recevoir sa pâture, il suivit mistress Marthe par une porte dérobée qu'on apercevait depuis que la tapisserie était écartée.

— Cette porte sera certainement bien fermée demain, dit Marthe à Nigel, de manière à n'être pas entendue de son père, qui était sourd et tout occupé de sa pièce d'or. Pour cette nuit, je le veillerai attentivement. Je vous souhaite un sommeil paisible.

Ces mots, prononcés avec plus de civilité qu'elle n'en avait encore témoigné à son hôte, contenaient un souhait qui ne devait point être exaucé, quoique Nigel se mît au lit aussitôt après.

Il éprouvait une vive agitation causée par les divers événemens de la journée. Mille pensées contraires troublaient son esprit, et le sommeil le fuyait toujours.

Il eut recours à toutes les ressources communes en pareil cas. Il compta depuis un jusqu'à mille, jusqu'à ce que sa tête en tournât. — Il regarda les tisons jusqu'à en avoir les yeux éblouis. Il écouta les gémissemens du vent et les aboiemens de quelques chiens sans abri. — Tout fut inutile.

Tout à coup, au milieu de cette insomnie, un bruit le fait tressaillir. C'est le cri d'une femme. Il se relève sur son lit pour écouter ; mais il se souvient qu'il est dans l'Alsace, où des vacarmes de toutes les espèces sont communs parmi les habitans de ce quartier, hors de l'atteinte des lois. — Mais un autre cri, et puis un autre, et encore un autre, se succédèrent si rapprochés les uns des autres, qu'il ne put douter, quoique le bruit fût lointain, qu'il n'eût lieu dans la maison même.

Nigel sauta à bas de son lit, mit une partie de ses vêtemens, prit son épée et ses pistolets, courut à la porte de la chambre, et là les cris redoublés le confirmèrent dans l'idée qu'ils venaient de l'appartement de l'usurier. Tout accès vers la galerie était rendu impossible par la porte intermédiaire, que le jeune lord ébranla avec une impatience vaine. Mais le passage secret revint à sa mémoire. Il rentra dans sa chambre, alluma aussi vite qu'il le put une bougie; cruellement agité par la répétition des cris, et encore plus par la crainte qu'ils ne cessassent, il se précipita dans l'étroit corridor, guidé par le bruit, et en descendant le petit escalier qui le terminait, il entendit des voix étouffées qui semblaient s'encourager. — *Frappe-la, assomme-la, — force-la au silence.* — Et la voix de Marthe répétait les cris : *Au meurtre! au secours!*

Au bout de l'escalier était une petite porte qui céda devant Nigel, quand il se précipita sur la scène du crime, un pistolet d'une main, la bougie de l'autre, et son épée nue sous le bras.

Deux brigands venaient d'arrêter les cris de la fille de Trapbois, dont la résistance était attestée par les lambeaux de ses vêtemens et des poignées de cheveux épars sur le plancher. Il y allait pour elle de la vie, car un des coquins avait tiré un long couteau, quand Nigel survint, fit feu sur lui, l'étendit mort par terre, et jeta le chandelier à la tête de l'autre, qu'il attaqua avec son épée. Ce lieu était sombre; quelques reflets de la lune éclairaient seulement çà et là une partie de la chambre. — Le brigand tira son pistolet sans effet, essaya de se défendre avec son sabre; mais il perdit courage, se retira vers la fenêtre ouverte, et s'échappa. Nigel lui tira au hasard son second coup de pistolet, et demanda de la lumière.

— Il y a de la lumière dans la cuisine, répondit Marthe Trapbois avec plus de présence d'esprit qu'on n'aurait pu en attendre d'elle. — Mais arrêtez: vous ne connaissez pas le chemin. — J'irai en chercher moi-même. — O mon père! — mon pauvre père! — Je savais que cela finirait ainsi. — Et tout cela à cause de ce maudit or! Ils l'ont ASSASSINÉ!

CHAPITRE XXV.

> « Au milieu de nos jours la mort vient nous surprendre,
> « Et, tels que des enfans privés de leurs joujoux,
> « Nous la voyons briser nos liens les plus doux.
> « Hélas! malheur à nous si ces nœuds sont coupables. »
> *Ancienne comédie.*

Ce fut un horrible spectacle que celui qui s'offrit aux yeux de Nigel quand Marthe Trapbois revint avec une lumière. La sauvage austérité de ses traits était encore exagérée par l'accès de la douleur, de la crainte et de la colère. Mais cette dernière passion dominait toutes les autres. Sur le plancher était étendu le corps du brigand qui avait expiré sans pousser un seul gémissement, et les flots de son sang en avaient rougi le carreau. Près de là était un autre cadavre sur lequel cette fille infortunée se précipita avec désespoir, car c'était celui de son malheureux père. Bientôt elle se releva; et s'écriant : — Il peut y avoir encore un souffle de vie, elle s'efforça de soulever le corps. Nigel vint à son secours, mais ce ne fut pas sans jeter vers la fenêtre un regard que Marthe, aussi pénétrante que si elle n'eût point été troublée par la colère et la terreur, sut bien interpréter.

— Ne craignez rien, dit-elle, ne craignez rien; ce sont

de vils poltrons auxquels le courage est aussi inconnu que la pitié. — Si j'avais eu des armes, j'aurais pu me défendre contre eux sans assistance et sans protection. — O mon pauvre père! — Tout secours vient trop tard pour ce cadavre déjà raide et glacé. — Il est mort! — mort!

Tandis qu'elle parlait, Nigel l'aidait à soulever le corps du vieil avare; mais ils sentaient assez, au poids inerte de ses membres et à la raideur de ses articulations; que la vie l'avait abandonné. Nigel chercha la blessure, mais il ne la trouva pas; Marthe, avec une présence d'esprit supérieure à celle que l'on devait attendre de la fille de la victime, découvrit l'instrument du meurtre. — C'était une espèce d'écharpe que l'on avait serrée assez étroitement autour de son cou pour l'empêcher d'abord de crier, puis pour lui ôter la vie.

Elle détacha le nœud fatal, et déposant le corps du vieillard dans les bras de lord Glenvarloch, elle courut chercher de l'eau, des liqueurs, des essences, espérant que le cours de la vie n'aurait été que suspendu; mais cet espoir fut vain : elle lui bassina les tempes, lui souleva la tête, ouvrit sa robe de nuit (car il paraît qu'il s'était levé de son lit lorsqu'il avait entendu les voleurs entrer). Enfin elle desserra avec difficulté ses mains raides étroitement fermées, de l'une desquelles tomba une clef, et de l'autre cette même pièce d'or qui, quelques instans auparavant, avait été pour ce malheureux l'objet de tant de sollicitude, et que probablement, dans l'état d'affaiblissement où se trouvaient ses facultés morales, il se préparait à défendre avec la même énergie et le même désespoir que si cette faible somme eût été nécessaire à son existence actuelle.

— C'est en vain, — c'est en vain, dit la fille en cessant ses inutiles efforts pour rappeler une vie qui avait fui; car le vieillard avait été étranglé par les meurtriers. — C'est en vain! — il a été assassiné! — J'avais toujours pensé qu'il en serait ainsi; et maintenant j'en suis le témoin.

Elle ramassa alors la clef et la pièce d'or; mais ce ne fut que pour les rejeter sur le plancher en s'écriant : — Soyez maudites l'une et l'autre, car vous êtes la cause de ce crime.

Nigel alla parler et lui rappeler qu'il fallait prendre à l'instant des mesures pour la poursuite du meurtrier qui s'était échappé, aussi bien que pour se mettre en garde contre son retour. Mais elle l'interrompit durement.

— Silence! dit-elle, silence! Croyez-vous que les pensées de mon cœur ne soient pas suffisantes pour m'occuper tout entière, avec un spectacle tel que celui que j'ai sous les yeux? Je vous dis de vous taire, répéta-t-elle d'un ton encore plus dur : — une fille peut-elle rien écouter lorsque le cadavre d'un père assassiné est sur ses genoux?

Lord Glenvarloch, quoique cédant à cette violente douleur, n'en sentait pas moins l'embarras de sa situation. Il avait déchargé ses deux pistolets, — les voleurs pouvaient revenir, — ils avaient probablement d'autres compagnons, outre celui qui était tombé; il lui semblait même déjà entendre quelques chuchotemens derrière la croisée. Il se hâta de faire part à Marthe de la nécessité où ils étaient de se procurer des munitions.

— Vous avez raison, dit-elle avec un air de mépris. Vous avez même déjà plus osé que je ne l'attendais d'un homme. Allez, pourvoyez à votre sûreté, puisque tel est votre dessein, — abandonnez-moi à mon sort.

Sans s'arrêter pour donner une explication inutile, Nigel se hâta de gagner sa chambre par le secret passage, se pourvut de poudre, et revint avec la même promptitude, s'étonnant lui-même de l'habileté avec laquelle il avait parcouru pendant la nuit tous les détours du passage qu'il n'avait traversé qu'une fois, et dans le moment d'une si vive agitation.

Il trouva à son retour la malheureuse Marthe immobile comme une statue près du corps de son père, qu'elle avait étendu sur le plancher, après lui avoir couvert le visage avec un pan de sa robe. Elle ne témoigna ni surprise ni plaisir du retour de Nigel, mais elle lui dit avec calme : — J'ai terminé tous mes gémissemens ; — ma douleur, — du moins toute celle dont l'homme doit être témoin, est maintenant épuisée. Mais j'obtiendrai justice ; et le lâche qui a frappé ce pauvre vieillard sans défense, lorsqu'à peine quelques jours lui restaient encore à vivre, ne pèsera pas long-temps sur la terre après lui. Étranger que le ciel a envoyé pour hâter la vengeance, — va chez Hildebrod ; il passe la nuit dans ses orgies ! — dis-lui de venir ici, — il y est forcé par son devoir ; il n'osera pas refuser un secours qu'il sait bien que je puis reconnaître. — Que tardez-vous ? allez sur-le-champ.

— Je le voudrais bien, dit Nigel, mais je crains de vous laisser seule ; ces misérables peuvent revenir et —

— Il est vrai, très vrai, — il peut revenir ; et quoique je ne craigne pas d'être assassinée par lui, il pourrait peut-être s'emparer de ce qui le tentait le plus. Gardez cette clef et cette pièce d'or, elles sont l'une et l'autre très importantes. Défendez votre vie si l'on vous attaque ; et si vous tuez ce misérable, je vous rendrai riche. Je vais moi-même appeler du secours.

Nigel allait lui faire quelques observations, mais elle était déjà partie, et au bout d'un moment il entendit la porte de la maison se refermer sur elle. Il pensait d'abord à la suivre ; mais en se rappelant qu'il n'y avait qu'un court espace entre la taverne d'Hildebrod et la maison de Trapbois, il conclut qu'elle ne courait que très peu de danger en le traversant, et qu'il ferait bien pendant ce temps de rester pour veiller le corps de son père, comme elle le lui avait recommandé.

C'était une situation fort peu agréable pour une personne qui n'était nullement habituée à de pareilles scènes, que de rester dans cet appartement avec les cadavres de deux hommes morts depuis à peine une demi-heure, tous deux d'une mort violente, l'un des mains de l'assassin, l'autre par celles du témoin lui-même, exécuteur de cet acte de justice, et sous les yeux de qui leur sang ruisselait encore sur le plancher.

Il détourna sa vue de ces restes inanimés, avec un sentiment de dégoût mêlé de superstition, et il sentit alors que l'idée seule de la présence de ces objets, quoiqu'il ne les aperçût plus, le tourmentaient encore davantage que lorsqu'il avait les regards fixés sur leurs yeux éteints.

L'imagination jouait aussi son rôle; il lui semblait entendre tantôt le frôlement de la robe de chambre de damas usée que portait l'usurier, tantôt un bruit sourd comme si le brigand immolé étendait les jambes pour se relever; tantôt enfin les pas et la voix de l'autre, qui revenait sous la fenêtre par laquelle il s'était échappé. Pour se préparer à ce dernier danger plus réel, et pour bannir les terreurs de son imagination, Nigel se mit à la croisée; il observa avec joie la lumière de plusieurs torches dans la rue, suivies, ainsi que l'indiquait le murmure des voix, par un certain nombre de personnes armées, à ce qu'il paraissait, de mousquets et de hallebardes, et qui accompagnaient Hildebrod; celui-ci n'était plus dans son rôle fantastique de duc, mais dans l'exercice de ses fonctions réelles de bailli du sanctuaire de Whitefriars, et il venait faire une enquête sur le crime et ses circonstances.

Ce fut un étrange et triste contraste de voir ces débauchés arrachés à leurs orgies nocturnes. A leur arrivée dans le lieu de cette horrible scène, ils se regardaient les uns les autres, puis contemplaient ce sanglant spectacle en pâlissant. Ils s'avançaient d'un pas incertain sur ce plancher tout dégoûtant de sang; leur voix, naguère si bruyante, ne faisait plus entendre que des chuchotemens interrompus. Abattus par ce qu'ils voyaient, et la tête encore troublée des liqueurs qu'ils avaient bues, ils ressemblaient à ces hommes qui marchent dans leur sommeil.

Le vieil Hildebrod seul faisait exception; ce sac-à-vin, même lorsqu'il était plein, était encore capable de se remuer s'il trouvait un moteur assez puissant pour le mettre en mouvement. Il paraissait très frappé de ce qu'il voyait, et ses manières en conséquence avaient plus de régularité et de convenance qu'on n'aurait pu lui en supposer dans toute autre occasion. Marthe fut d'abord interrogée, et elle exposa avec une précision et une clarté étonnantes comment elle avait été alarmée par le bruit d'une violente lutte dans la chambre de son père, et cela d'autant plus promptement qu'elle le veillait à cause de quelques alarmes qu'avait données sa santé. En entrant elle avait vu son père terrassé par deux hommes, sur l'un desquels elle s'était précipitée avec toute la violence dont elle était capable. Comme ils étaient masqués, elle n'avait pu, dans la précipitation d'un si épouvantable moment, distinguer si elle avait déjà vu l'un ou l'autre; elle ne se rappelait que les deux coups de pistolet, jusqu'à ce qu'elle se fût trouvée seule avec son hôte, et se fût aperçue qu'un des assassins s'était échappé.

Lord Glenvarloch raconta son histoire ainsi que nous l'avons fait connaître au lecteur. Après ces témoignages directs, Hildebrod examina les lieux; il trouva que les meurtriers étaient entrés par la fenêtre, dont l'un d'eux avait profité pour s'échapper : cependant il lui parut étonnant qu'ils eussent passé par là, cette fenêtre étant garnie de fortes barres de fer, que le vieux Trapbois était dans l'habitude de fermer de ses propres mains à l'entrée de la nuit. Hildebrod constata avec beaucoup de soin l'état de l'appartement, et examina avec attention les traits du voleur mort : il était habillé comme un matelot de la dernière classe; mais personne de ceux qui étaient présens ne reconnut sa figure. Hildebrod envoya chercher ensuite un chirurgien de l'Alsace, qui ayant perdu par ses vices toute la réputation que sa science lui avait attirée, avait fini par être réduit à exercer son métier dans ce pauvre quartier. Il lui fit examiner les corps morts, et dressa un rapport de la manière dont ces deux malheureux paraissaient avoir été tués. La circonstance de l'écharpe n'échappa point à l'habile juge; et ayant écouté tout ce qu'on pouvait apprendre ou conjecturer sur ce sujet, et recueilli toutes les particularités qui paraissaient avoir rapport à ce sanglant événement, il fit fermer la porte de l'appartement jusqu'au lendemain matin, et conduisant la malheureuse fille du mort dans la cuisine, où il n'y avait d'autre personne présente que lord Glenvarloch, il lui demanda d'un ton grave si elle ne soupçonnait personne en particulier d'avoir commis ce meurtre.

— Et vous, ne soupçonnez-vous personne? répondit Marthe en le regardant fixement.

— Peut-être, madame; mais mon devoir est de vous interroger; le vôtre est de me répondre : telle est la règle établie.

— Eh bien! je soupçonne celui qui portait cette écharpe; ne savez-vous pas qui je veux dire?

— Si vous en appelez à mon témoignage, je dois dire que j'en ai vu une pareille au capitaine, et il n'était pas homme à changer souvent de vêtemens.

— Envoyez donc vos gens, et faites-le saisir.

— Si c'est lui, il sera déjà bien loin, mais j'en donnerai connaissance aux autorités supérieures.

— Vous voulez le laisser échapper, répondit Marthe en fixant sur lui un regard sombre.

— De par tous les diables! répondit Hildebrod, si cela dépendait de moi, ce coupe-jarret serait pendu. Donnez-moi le temps; il a des amis parmi nous, vous le savez bien, et tous ceux qui pourraient m'assister sont aussi ivres que des ménétriers.

— Je serai vengée; — oui, je le serai, répéta Marthe, et prenez garde de vous jouer de moi.

— Me jouer de vous? je préférerais me jouer d'une ourse au moment où l'on vient de la démuseler. Je vous le dis, madame, ayez seulement de la patience, nous aurons le coupable. Je connais tous ses repaires; il ne pourra s'en absenter long-temps, et là j'aurai des piéges tendus pour lui. Vous ne pouvez manquer d'obtenir justice, madame, car vous avez tous les moyens de vous la faire rendre.

— Ceux qui me serviront dans ma vengeance, dit Marthe, auront part à cet argent dont vous voulez parler.

— C'en est assez, répondit Hildebrod, et maintenant je voudrais que vous fussiez dans ma maison pour y prendre quelque chose. Ce lieu-ci ne peut qu'être triste pour vous.

— J'enverrai chercher la vieille femme de ménage, répondit Marthe, et nous aurons en outre l'étranger.

— Hum! hum! l'étranger! dit Hildebrod à Nigel, qu'il tira à part; je crois que le capitaine a fait la fortune de l'étranger, lorsqu'il croyait donner un si vigoureux coup de main à la sienne. Je dois dire à Votre Honneur, — pour ne pas dire à Votre Seigneurie, que quelques mots que j'ai laissé échapper devant le coquin, relativement à ce que je vous disais, lui auront, je crois, fait risquer sa vie à ce jeu périlleux. Tant mieux pour vous ; — vous aurez la cassette sans le beau-père; — vous observerez nos conditions, j'espère.

— Je voudrais que vous n'eussiez rien dit à personne d'un projet si absurde, répondit Nigel.

— Absurde! pourquoi? Pensez-vous qu'elle ne voudra pas de vous? Prenez-la les larmes à l'œil, mon ami; prenez-la les larmes à l'œil. Donnez-moi de vos nouvelles demain; bonne nuit, bonne nuit. — Un signe de tête vaut bien un clin d'œil. Il faut que je m'occupe maintenant de mes scellés.

— Cette horible scène m'a tourné la tête. Il y a ici un homme qui a demandé à vous voir de la part de M. Lowestoffe. Comme il disait que son affaire était pressée, le sénat ne lui a fait boire qu'une couple de flacons, et il venait frapper à votre porte quand ce vent a soufflé. — Holà! l'ami, voici monsieur Nigel Grahame.

Un jeune homme vêtu d'une jaquette verte, avec une plaque sur la manche, et la tournure d'un batelier, s'approcha, et prit Nigel à part, tandis que le duc Hildebrod allait d'un lieu à l'autre pour exercer son autorité, fermant avec soin les fenêtres et les portes de l'appartement. Les nouvelles apportées par le messager de Lowestoffe n'étaient pas des plus agréables. Elles furent communiquées à Nigel d'une manière polie : elles portaient en substance que M. Lowestoffe l'invitait à pourvoir à sa sûreté en quittant sur-le-champ Whitefriars, parce qu'un ordre du lord grand-justicier avait été donné pour le saisir, et devait être exécuté le lendemain avec le secours d'un détachement de fusiliers, force à laquelle les Alsaciens ne voulaient ni n'osaient résister.

— Ainsi donc, chevalier, dit l'aquatique émissaire, mon bateau vous attend aux escaliers du Temple, à cinq heures du matin; et si vous voulez mettre en défaut ces limiers, vous le pouvez.

— Pourquoi M. Lowestoffe ne m'a-t-il pas écrit? dit Nigel.

— Hélas! ce brave jeune homme n'en a pas la liberté.

— Ne m'a-t-il pas envoyé quelque gage pour attester votre mission? dit Nigel.

— Un gage? un gage? — Oui, parbleu, cette preuve suffit, et je ne l'ai pas oubliée; puis relevant la ceinture de son pantalon, il ajouta : — Oui, j'en ai une, — vous devez m'en croire, *votre nom est écrit avec un O, pour Græme.* — Eh bien! c'est cela, je pense? — Nous trouverons-nous dans deux heures, pour profiter de la marée et descendre la rivière aussi rapidement qu'une barque à douze rames?

— Où est le roi maintenant? le sais-tu? demanda lord Glenvarloch.

— Le roi? pourquoi? Il descendit hier à Greenwich par eau, comme un noble souverain qu'il est, naviguant aussi souvent qu'il le peut. Il devait aller chasser cette semaine; mais ce projet est rompu, dit-on, et le prince, et le duc, et tout le monde à Greenwich est aussi joyeux que des goujons.

— Bien, répondit Nigel; je serai prêt à partir à cinq heures; viendras-tu ici pour prendre mon bagage?

— Oui, oui, monsieur, répondit le drôle; et il sortit, se

mêlant à la suite turbulente du duc Hildebrod, qui se retirait. Ce potentat pria Nigel de fermer les portes derrière lui, et lui montrant du doigt la femme qui était assise près du feu expirant, les membres raides comme ceux d'une personne que la main de la mort a déjà frappée, il lui dit à l'oreille : — Pensez à ce que vous savez, et à notre marché, ou bien je couperai la corde de votre arc avant que vous puissiez le tendre.

Quoique profondément révolté de la brutalité d'un homme qui pouvait lui recommander de poursuivre de pareils projets sur une malheureuse dans l'état où était Marthe, lord Glenvarloch cependant fut assez maître de lui-même pour recevoir cet avis en silence, et en exécuter la première partie en fermant soigneusement la porte sur le duc Hildebrod et sa suite, dans l'espoir secret qu'il ne les reverrait jamais ni n'en entendrait plus parler. Il retourna alors à la cuisine, où restait la malheureuse fille de Trapbois, les mains encore entrelacées, les yeux fixes et les membres tendus comme ceux d'une personne en extase. Touché de sa situation et de l'avenir qui la menaçait, il s'efforça de la rappeler à la vie par tous les moyens qui étaient en son pouvoir ; et enfin il parut avoir réussi à dissiper sa stupeur et à attirer son attention. Il lui apprit alors qu'il se disposait à quitter Whitefriars dans quelques heures ; — que son avenir était incertain, mais qu'il désirait vivement savoir s'il pouvait contribuer à lui être utile en faisant connaître sa situation à quelqu'un de ses amis ou autrement. Elle parut comprendre avec quelque difficulté ce qu'il voulait dire, et prononça quelques mots de remercîmens courts et peu gracieux, selon son habitude. — Elle accepterait volontiers, dit-elle, mais il devait savoir que le malheureux n'a point d'amis.

Nigel dit qu'il ne voudrait pas l'importuner, mais que, comme il était sur le point de quitter le quartier...

Elle l'interrompit :

— Vous allez quitter Whitefriars. Je veux aller avec vous.

— Venir avec moi ! s'écria lord Glenvarloch.

— Oui, dit-elle ; je persuaderai à mon père de quitter cet antre du meurtre. — Mais comme elle disait ces mots, le souvenir de tout ce qui s'était passé s'offrit à son esprit : elle cacha sa figure dans ses mains, et s'abandonna aux soupirs, aux gémissemens et à des lamentatious qui se terminèrent par des convulsions violentes.

Lord Glenvarloch, étonné, troublé, et sans expérience, était sur le point de sortir pour aller chercher un médecin, ou du moins demander du secours à quelque femme. Mais la malade, lorsque les convulsions se furent un peu calmées, le retint par la manche d'une main, et de l'autre se couvrit le visage, tandis qu'un torrent de larmes vint soulager la douleur dont elle avait été si violemment agitée.

— Ne me quittez pas, dit-elle, — ne me quittez pas, et n'appelez personne. Je ne me suis jamais trouvée dans cet état; et je n'y serais pas maintenant, dit-elle en essuyant ses yeux avec son tablier ; — non, je n'y serais pas s'il ne m'avait aimée, quoique sa fille fût le seul être humain qu'il aimât. — Mourir ainsi, et par une telle main!!!

Et cette malheureuse femme s'abandonna de nouveau à toute sa douleur, mêlant les larmes aux sanglots, aux lamentations, et à tous les signes du plus cruel abattement. A la fin elle recouvra peu à peu le calme par un effort pénible, et résistant aux retours fréquens de son désespoir, par une force de volonté semblable à celle de ces épileptiques qui parviennent à suspendre leur accès. Cependant son esprit, quelque résolu qu'il fût, ne pouvait pas tellement dompter son agitation qu'elle n'éprouvât encore de violens tremblemens, qui par intervalles ébranlaient tout son corps d'une manière effrayante à voir. L'intérêt qu'inspirait à Nigel cette infortunée lui fit oublier sa propre situation et même toute autre chose ; intérêt qui affectait d'autant plus une ame fière, qu'elle-même, avec une fierté égale, semblait résolue à devoir le moins possible à l'humanité et à la pitié des autres.

— Je ne suis pas accoutumée à une pareille situation, dit-elle : — mais la nature est toute-puissante sur les êtres faibles qu'elle a créés. J'ai sur vous quelques droits, monsieur; car sans vous, je n'aurais pas survécu à cette épouvantable nuit. J'aurais désiré que votre secours fût ou plus prompt, ou plus tardif. Mais vous m'avez sauvé la vie, et c'est maintenant un devoir pour vous de tout faire pour me la rendre supportable.

— Indiquez-moi comment cela est possible, répondit Nigel.

— Vous partez d'ici, venez-vous de me dire à l'instant; emmenez-moi avec vous. Par mes propres efforts je ne pourrais jamais m'échapper de cet antre de crime et de misère.

— Hélas! que puis-je faire pour vous? Mon destin, et je ne puis l'éviter, me conduit, selon toutes les probabilités, dans une prison. Je pourrais bien vous emmener, si vous pouviez ensuite trouver quelque ami.

— Un ami! je n'ai point d'amis. Ils nous ont tous depuis long-temps répudiés. Un spectre sortant du tombeau serait mieux reçu que moi à la porte de ceux qui nous ont méconnus, — et s'ils voulaient maintenant me rendre leur amitié, je la mépriserais parce qu'ils l'ont retirée — à celui qui est là (et ici il lui fallut toute sa force d'ame pour résister à un nouveau paroxysme), — à celui qui est là sans vie, continua-t-elle, — à lui. — Non, je n'ai point d'amis. Alors elle se tut, puis elle ajouta soudain : — Je n'ai point d'amis, mais j'ai de quoi en acheter beaucoup. J'ai ce qui peut acheter des amis et des vengeurs. — C'est bien pensé; je ne le laisserai pas devenir la proie des voleurs et des assassins. — Étranger, retournez à cette chambre, entrez courageusement dans la sienne, c'est-à-dire dans la chambre à coucher, dérangez le bois de lit; sous chacun des pieds est une plaque de cuivre comme pour en soutenir le poids, mais c'est celle qui est à gauche, le plus près du mur, qui doit fixer votre attention. — Pressez le coin de la plaque, elle s'ouvrira et vous laissera voir une serrure que cette clef ouvrira. Vous soulèverez alors une trappe cachée, et dans la cavité du plancher vous découvrirez un petit coffre. Apportez-le ici, il nous accompagnera dans notre voyage, et il faudra que nous soyons bien malheureux si ce qu'il contient ne suffit pas pour m'acheter un asile.

— Mais la porte qui communique avec la cuisine vient d'être fermée, dit Nigel.

— Il est vrai, je l'avais oublié ; sans doute ils avaient leurs raisons pour cela ; mais le secret passage qui conduit à votre appartement est ouvert, et vous pourrez aller par là.

Lord Glenvarloch prit la clef, et comme il allumait une lampe pour guider ses pas, elle lut dans ses traits quelque répugnance. — Vous craignez, dit-elle; — il n'y a pas de motif pour craindre. Le meurtrier et sa victime sont tous deux en repos. Prenez courage, j'irai moi-même avec vous ; vous ne connaissez pas le secret du ressort, et le coffre serait trop pesant pour vous.

— Non, non, je ne crains rien, répondit lord Glenvarloch, honteux de l'interprétation qu'elle donnait à cette hésitation d'un moment, née de sa répugnance à jeter les yeux sur un spectacle horrible, répugnance qu'éprouvent souvent ces cœurs courageux qui sont les derniers à craindre un danger véritable. J'exécuterai vos ordres comme vous le desirez.
— Mais pour vous, vous ne devez pas, — vous ne pouvez pas y aller.

— Je le puis, — je le veux, dit-elle. Je suis maîtresse de moi, vous allez le voir. — Elle prit sur la table un ouvrage à l'aiguille non encore terminé, et d'une main ferme et sûre elle passa un fil de soie dans le trou d'une aiguille fine. — Aurais-je pu faire cela, dit-elle avec un sourire plus horrible encore que le regard fixe de son désespoir, si mon cœur et ma main n'eussent été également tranquilles?

Elle monta rapidement jusqu'à la chambre de Nigel, et traversa le passage secret avec la même précipitation, comme si elle eût craint que sa résolution ne l'abandonnât avant que son projet fût exécuté. Au haut de l'escalier, elle hésita un moment avant d'entrer dans l'appartement fatal, puis avança d'un pas rapide dans la chambre à coucher, suivie par lord Glenvarloch, dont la répugnance à approcher de ce lieu de carnage était étouffée par l'inquiétude que lui inspirait celle qui avait survécu à cette sanglante tragédie.

La première action de Marthe fut d'ouvrir les rideaux du lit de son père. Ses couvertures étaient en désordre, suite de sa précipitation à se lever pour s'opposer à l'entrée des assassins dans l'appartement voisin. Le dur matelas offrait à peine un léger enfoncement dans l'endroit où le corps exténué du vieil avare s'était reposé. Sa fille s'agenouilla près de son lit, joignit les mains, et adressa au ciel une prière courte et affectueuse pour lui demander du secours dans son affliction, et la punition des meurtriers qui lui avaient enlevé son père. Une prière plus courte encore, et prononcée à voix basse, recommanda au ciel l'ame du défunt, et demanda pardon pour tous ses péchés, au nom de la grande expiation du Christ.

Après l'accomplissement de ce devoir pieux, elle fit signe à Nigel de lui prêter secours, et ayant dérangé le pesant bois de lit, ils virent la plaque de cuivre que Marthe avait décrite. Elle pressa le ressort, et la plaque s'ouvrant laissa voir la serrure; un large anneau de fer servait à lever la trappe sous laquelle se trouvait le coffre-fort ou petite caisse dont elle avait parlé, et qui parut si pesant, que Nigel, tout vigoureux qu'il était, aurait à peine pu le soulever sans aide. Ayant replacé toutes choses comme ils les avaient trouvées, Nigel, que Marthe assista comme elle le put, se chargea de ce fardeau, et se hâta de le porter dans l'appartement voisin, où était étendu le maître de ce trésor, insensible à un bruit et à un événement qui l'auraient sans doute réveillé si quelque chose eût pu troubler son dernier sommeil.

Sa malheureuse fille s'approcha de son corps, et eut le courage d'ôter le drap dont on l'avait couvert. Elle mit sa main sur son cœur, mais il ne battait plus; elle approcha une plume de duvet de ses lèvres; mais elles étaient immobiles ; puis elle baisa avec un profond respect les veines gonflées de son front pâle, et ses mains décharnées.

— Je voudrais que vous pussiez m'entendre, dit-elle, mon père ; — je voudrais que vous pussiez m'entendre jurer que si je sauve maintenant ce que vous aviez de plus cher au monde, c'est seulement pour m'aider à tirer vengeance de votre mort. Alors elle replaça le drap qui le couvrait, et sans verser une seule larme, sans pousser un soupir ou prononcer un seul mot, elle réitéra ses efforts jusqu'à ce que Nigel et elle eussent porté le coffre dans la chambre à coucher du jeune lord. — Ce coffre passera, dit Marthe, pour faire partie de votre bagage. Je serai prête aussitôt que le batelier viendra vous appeler.

Elle se retira, et lord Glenvarloch, qui vit l'heure de leur départ approcher, déchira un morceau de la vieille tapisserie pour en faire une couverture, qu'il attacha autour de la caisse, de peur que sa forme singulière, et le soin avec lequel elle était garnie de lames d'acier, ne fissent soupçonner le trésor qu'elle contenait. Après cette précaution, il quitta le déguisement qu'il avait adopté en entrant à Whitefriars pour prendre un costume plus convenable à son rang; et se trouvant hors d'état de dormir, quoiqu'il fût épuisé par les événemens de la nuit, il se jeta sur son lit pour attendre que le batelier vînt l'appeler.

CHAPITRE XXVI.

« Noble fleuve, sois-nous propice :
« Sur ton sein notre barque glisse
« Sans interrompre tes échos :
« Nous ne demandons à tes flots
« Que de protéger notre fuite. »
La double nore.

Une lumière blanchâtre, ou plutôt jaunâtre, commençait à percer les brouillards de Whitefriars, quand un léger coup frappé à la porte de l'avare assassiné annonça à lord Glenvarloch l'arrivée du batelier. Il trouva à la porte l'homme qu'il avait vu la nuit précédente, avec un compagnon.

— Allons, allons, monsieur, embarquons-nous sans différer, dit l'un des deux bateliers d'une voix basse, mais rude et énergique ; le temps et la marée n'attendent jamais personne.

— Je ne me ferai pas attendre, dit lord Glenvarloch ; mais j'ai quelques effets à porter avec moi.

— Sans doute, sans doute. Il n'y a personne aujourd'hui, Jack, qui prenne une barque sans la charger comme un charriot à six colliers, et si l'on n'a pas de quoi faire le chargement bien complet, on ne prend qu'un batelet. Allons, voyons, où sont vos effets ?

Un des hommes fut bientôt chargé suffisamment, du moins selon lui, de la malle de lord Glenvarloch avec tous ses accessoires, et, ce fardeau sur les épaules, il s'acheminait vers les escaliers du Temple. Son camarade, qui paraissait le chef, commença à manier la caisse qui contenait le trésor de l'avare, mais il la replaça par terre au même instant, déclarant avec un grand serment qu'il serait aussi raisonnable d'attendre qu'un homme portât Saint-Paul de Londres sur son dos. La fille Trapbois, qui pendant ce temps les avait joints, enveloppée dans un capuchon et dans un long manteau, dit à Glenvarloch :

— Qu'ils la laissent s'ils le veulent, qu'ils laissent tout, pourvu que nous nous sauvions de cet horrible lieu.

Nous avons dit quelque part que Nigel était un jeune homme robuste ; excité par un sentiment énergique d'indignation et de pitié, il fit preuve dans cette occasion de son étonnante vigueur, en saisissant le coffre-fort et en le plaçant sur ses épaules au moyen de la corde qu'il avait passée autour ; après quoi il s'avança d'un pas ferme sous un fardeau qui aurait fait plier trois hommes au moins de notre siècle dégénéré. Le batelier le suivit frappé d'étonnement, en criant : — Monsieur, monsieur, vous auriez pu vous faire aider par moi ; et au même instant il lui offrit de soutenir le coffre par derrière, ce qu'après une minute ou deux Nigel fut contraint d'accepter. Ses forces étaient presque épuisées lorsqu'il atteignit le bateau, que le poids du coffre fit presque enfoncer.

— On croirait, dit le batelier à son compagnon, que nous transportons un honnête banqueroutier avec toutes ses richesses. — Oh ! oh ! bonne femme, que venez-vous faire ici ? — Notre bateau n'est déjà que trop chargé.

— Cette femme vient avec moi, dit lord Glenvarloch ; elle est pour le moment sous ma protection.

— Non pas, non pas, monsieur, répondit le batelier, cela dépasse mes ordres. — Vous ne m'imposerez pas double tâche ; — elle ira par terre. — Quant à une protection, sa figure lui en servirait depuis Berwick jusqu'au bout du monde.

— Vous ne vous opposerez pas à ce que je double la charge si je double aussi le prix du passage, dit Nigel déterminé à ne pas abandonner, sous quelque prétexte que ce fût, cette malheureuse, pour laquelle il avait déjà formé une espèce de plan que la rudesse caractéristique des bateliers de la Tamise était près de renverser.

— Je vous dis, de par tous les diables, que je persiste dans mon refus, répondit le drôle à la jaquette verte; je ne veux surcharger ma barque ni par complaisance, ni pour de l'argent. — J'aime mon bateau autant que ma femme, et peut-être mieux.

— Allons, allons, camarade, dit l'autre, ce n'est pas là parler en vrai batelier; pour un double prix nous conduirions une sorcière dans sa coquille d'œuf, si elle nous l'ordonnait; ainsi donc en avant, et épargne-nous ton bavardage.

En conséquence ils s'embarquèrent aussitôt; et quoique pesamment chargés, ils commencèrent à descendre la rivière assez rapidement.

Les barques plus légères qui passaient devant eux ou qui croisaient leur chemin ne manquaient jamais de les assaillir d'une bordée de ces plaisanteries grossières que l'on appelait alors de l'*esprit de rivière;* l'extrême austérité des traits de mistress Marthe, comparée à la jeunesse, à la taille et à la belle figure de Nigel, en formait le principal sujet. La charge extraordinaire imposée au petit bateau n'échappait pas non plus aux remarques. On les saluait tantôt comme si c'eût été la femme d'un épicier qui allait en partie de plaisir avec son apprenti;—tantôt comme une vieille grand'mère conduisant son petit-fils à l'école,—et une fois aussi comme un Irlandais conduisant une vieille fille au docteur Rigmarole à Redriffe, qui mariait les pauvres pour une pièce de douze sous et un verre d'eau-de-vie. Tous ces quolibets étaient relevés à peu près dans le même style par la jaquette verte et son compagnon, qui soutenaient cet assaut d'esprit avec autant de vivacité qu'on en mettait à les attaquer.

Cependant lord Glenvarloch demanda à sa compagne désolée si elle avait pensé à quelque lieu où elle pourrait demeurer en sûreté avec ses richesses. Elle avoua, avec plus de détails qu'auparavant, que le caractère de son père ne leur avait laissé aucun ami, et que depuis le temps qu'il s'était réfugié à Whitefriars pour éviter certaines poursuites judiciaires que lui avait attirées sa cupidité, elle avait vécu dans une réclusion complète, privée de toute compagnie, autant par le fait de leur résidence en Alsace que par l'avarice de son père. Ce qu'elle désirait maintenant était de trouver dans le premier endroit venu un asile décent, et la société de quelques gens honnêtes, quelque humble que fût leur condition, jusqu'à ce qu'elle eût pu prendre conseil de quelque légiste sur la manière d'obtenir justice du meurtre de son père. Elle n'hésita pas à jeter ce crime sur la tête de Colepepper (communément appelé Peppercull), qu'elle connaissait aussi capable d'un trait semblable de barbarie qu'il était lâche pour affronter le péril : il avait été déjà fortement soupçonné de deux vols, l'un desquels avait été commis avec la circonstance d'un meurtre atroce ; de plus, Peppercull avait, disait-elle, manifesté quelques prétentions à sa main, comme le chemin le plus sûr et le plus facile pour s'emparer des biens de son père ; et sur le refus que ses hommages, si toutefois on peut leur donner ce nom, avaient essuyé en termes positifs, il avait manifesté des projets de vengeance qui, joints à quelques tentatives inutiles dirigées contre leur maison, lui avaient inspiré de fréquentes alarmes tant pour son père que pour elle.

Nigel, si ses sentimens de respect pour cette femme malheureuse ne l'eussent pas retenu, lui aurait fait part d'une circonstance propre à confirmer ses soupçons, et qui déjà s'était présentée à son esprit. Il se rappela ce qu'avait dit le vieil Hildebrod le jour précédent, que quelques communications qui avaient eu lieu entre lui et Colepepper pourraient bien avoir hâté la catastrophe. Comme ces communications étaient relatives au plan qu'Hildebrod s'était plu à former de marier Nigel lui-même à la riche héritière de Trapbois, la crainte de perdre une occasion qui ne se retrouverait plus, jointe à la méchanceté naturelle du lâche coquin trompé dans un de ses projets favoris, l'avait vraisemblablement poussé à cet acte de violence. La réflexion que son nom était en quelque sorte mêlé aux motifs de cette nouvelle tragédie doubla l'intérêt que lord Glenvarloch portait à la victime qu'il avait délivrée, tandis qu'en même temps il formait la résolution secrète de contribuer de tout son pouvoir à découvrir les auteurs de cet horrible attentat, aussitôt qu'il aurait pourvu à ses propres affaires.

Après s'être assuré que sa compagne ne pouvait former un meilleur projet, il lui recommanda de prendre son logement pour le moment dans la maison de son ancien hôte Christie, sur le quai Saint-Paul, lui vantant l'honnêteté du mari et de la femme, et lui exprimant son espoir qu'ils la recevraient dans leur maison, ou la recommanderaient du moins à quelque personne dont ils seraient sûrs, jusqu'à ce qu'elle eût eu le temps de prendre d'autres arrangemens par elle-même.

La pauvre femme reçut un avis si agréable pour elle, dans sa triste situation, avec une reconnaissance qu'elle exprima en peu de mots, mais avec plus d'énergie qu'on n'aurait pu en attendre de son caractère froid.

Lord Glenvarloch informa alors Marthe que certaines raisons qui importaient à sa sûreté personnelle l'appelaient immédiatement à Greenwich, et qu'en conséquence il ne pouvait l'accompagner jusqu'à la maison de Christie, ce que sans cela il eût fait avec plaisir. Mais déchirant une feuille de ses tablettes, il y écrivit quelques lignes pour recommander la pauvre fille à la protection momentanée de son ancien hôte, et aux bons avis que sa position la mettait à même de payer généreusement. Il priait en conséquence John Christie, comme son vieil et bon ami, de lui donner pour quelque temps asile dans sa maison, ou, si cet arrangement ne pouvait lui convenir, de lui indiquer quelque logement convenable.

Enfin il ajouta la commission, plus difficile peut-être, de la recommander à quelque honnête ou du moins habile procureur, pour la poursuite de quelques affaires importantes qu'elle avait à régler ; il signa ce billet de son vrai nom, et le remit à sa protégée, qui le reçut avec une émotion profonde qui attestait sa vive reconnaissance beaucoup mieux que n'aurait pu le faire aucune phrase banale. Cela fait, Nigel ordonna au batelier de se diriger vers le quai de Saint-Paul, dont ils approchaient.

— Nous n'en avons pas le temps, dit la jaquette verte ; nous ne pouvons nous arrêter à chaque instant.

Mais Nigel ayant insisté, ajouta que c'était pour mettre la dame à terre ; le batelier déclara qu'il aimerait mieux avoir sa place que sa compagnie, et dirigea son bateau le long du quai. Deux des porteurs qui sont toujours stationnés en ce lieu se chargèrent sans difficulté de la lourde caisse, et en même temps conduisirent celle à qui elle appartenait à la maison bien connue de John Christie, que tous ceux qui vivaient dans le voisinage connaissaient parfaitement.

Le bateau allégé de son plus lourd fardeau, descendit la Tamise avec un surcroît de vitesse progressive. Mais nous devons cesser ici de l'accompagner pendant quelques minutes pour rappeler quelle fut l'issue de la recommandation de lord Glenvarloch.

Mistress Marthe Trapbois arriva près de la boutique, et elle se disposait à y entrer quand le sentiment accablant de l'incertitude de sa situation et de la tâche singulièrement pénible de raconter son histoire, se présenta à son esprit avec tant de force, qu'elle s'arrêta un moment sur le seuil du logis qui devait être son asile, occupée à penser de quelle manière elle pourrait le mieux seconder les recommandations de l'ami que la Providence lui avait suscité. Si elle avait eu l'usage du monde, dont sa manière de vivre l'avait entièrement séparée, elle aurait compris que la somme d'argent qu'elle portait avec elle était un passeport suffisant pour entrer dans les demeures des nobles et les palais des princes. Mais quoiqu'elle connût en général la puissance de l'or, cependant elle avait assez peu d'expérience pour craindre que les moyens par lesquels ces richesses avaient été acquises ne fissent repousser de la maison d'un humble marchand celle qui venait d'en hériter.

Tandis qu'elle faisait ces réflexions, un plus juste motif d'hésitation servit encore à l'arrêter. C'était une bruyante altercation dans l'intérieur de la maison; elle devint de plus en plus sérieuse, et enfin ceux qui se querellaient sortirent dans la rue.

Le premier qui parut sur la scène était un homme grand, robuste, ayant l'air dur et la démarche semblable à celle d'un Espagnol en colère qui, dédaignant de courir, consent seulement, dans l'excès de sa fureur, à allonger le pas. Il se retourna, aussitôt qu'il fut hors de la maison, vers son antagoniste, simple et honnête marchand déjà tirant sur l'âge : c'était John Christie lui-même, le propriétaire de la boutique et de la maison, qui semblait le suivre dans une agitation peu ordinaire.

— Que je n'en entende plus parler, dit le personnage qui le premier entra sur la scène; — que je n'en entende plus parler : outre que c'est un impudent mensonge, comme je puis le certifier, c'est *scaandalum maagnatum!* monsieur, *scaandalum maagnatum!* répéta-t-il avec cette forte accentuation bien connue dans les colléges d'Édimbourg et de Glascow, que l'on ne peut faire sentir en écrivant qu'en doublant la première voyelle, et qui aurait réjoui les oreilles du roi régnant, s'il eût été là pour l'entendre, — jaloux comme Jacques l'était de conserver ce qu'il croyait la véritable prononciation de la langue latine, plus encore que les prérogatives de sa couronne, et sur laquelle il s'était montré quelquefois si disposé à insister dans ses discours au parlement.

— Je me soucie fort peu du nom que vous lui donnerez, — répondit John Christie; — mais *c'est la vérité*. Je suis Anglais et libre; j'ai le droit de dire la vérité dans ce qui me concerne; votre maître n'est qu'un coquin, et vous un insolent à qui je briserais la tête; ce qui vous est arrivé plus d'une fois à ma connaissance et pour bien moins.

En disant ces mots, il fit tournoyer la pelle dont il se servait habituellement pour nettoyer les marches de sa petite boutique, et qu'il avait saisie comme l'arme le plus à sa portée pour frapper son ennemi. Le prudent Écossais (car nos lecteurs l'ont déjà reconnu pour tel à son langage et à sa pédanterie) battit en retraite, mais avec un air menaçant et portant la main à la garde de son épée, plutôt comme un homme qui va perdre patience que comme alarmé de l'attaque d'un antagoniste auquel sa jeunesse, sa force et ses armes le rendaient supérieur.

— Halte-là! maître Christie, — c'est moi qui vous le dis; halte-là! et prenez garde à vous. J'ai évité de vous frapper chez vous malgré vos provocations, parce que j'ignore à quoi les lois condamnent en pareille circonstance, et même je ne voudrais pas vous frapper dans la rue, ce qui ne nous est pas défendu, parce que je me rappelle vos bontés passées, et que vous êtes une pauvre créature qu'on abuse; mais, de par tous les diables! et je ne suis point accoutumé à jurer, je vous enfoncerais mon André Ferrare de six pouces dans les entrailles si vous me touchiez seulement de votre pelle. M'entendez-vous?

Et en parlant ainsi, quoique reculant toujours devant la pelle menaçante, il fit voir le jour à un bon tiers de sa large épée : la rage de John Christie s'apaisa au même instant, soit par un effet de son naturel pacifique, ou peut-être en partie par l'éclat de l'acier terrible que le dernier geste de son adversaire fit briller à ses yeux.

— Je ferais bien de crier aux bâtons, et de te faire donner un plongeon dans la Tamise, dit-il en abaissant cependant sa pelle, car il n'y a qu'un fanfaron qui puisse tirer sa rapière sur un innocent citadin devant sa porte. Mais va-t'en, et compte sur une anguille salée pour ton souper, si tu approches jamais d'ici. J'aurais voulu aller au fond de l'eau le jour où je reçus chez moi ces voleurs d'Écossais, à figure doucereuse, à langue de miel et à cœur double.

— Il n'y a qu'un oiseau vilain qui salit lui-même son nid, répondit son adversaire, qui peut-être n'en était pas moins fier en voyant que les débats prenaient une tournure pacifique. N'est-ce pas une pitié qu'un brave Écossais se soit marié hors de son pays pour donner naissance à un Anglais comme vous, maître Christie? Mais adieu, adieu pour toujours ; et si jamais vous vous querellez avec un Écossais, mon brave homme, dites de lui autant de mal que vous le voudrez, mais ne dites rien de son patron ou de ses compatriotes, si vous ne voulez pas qu'un claymore fasse connaissance avec votre peau.

— Et si vous continuez à m'insulter devant ma porte encore deux minutes, répondit John Christie, j'appellerai un constable, et je vous ferai voir si les fers d'Angleterre vont bien à des jambes écossaises.

En disant ces mots, il se retourna pour rentrer dans sa boutique avec un certain air de triomphe ; car son ennemi, quel que pût être son courage réel, ne manifesta aucun désir de pousser les choses à l'extrémité, persuadé peut-être que, quelque avantage qu'il pût obtenir dans un combat singulier contre John Christie, il serait plus que balancé par les désagrémens d'avoir affaire aux autorités de la vieille Angleterre: celles-ci, en effet, n'étaient pas fort disposées à se montrer favorables à ses concitoyens dans les fréquentes querelles survenant entre les individus de ces deux orgueilleuses nations, qui conservaient encore un sentiment plus profond de leur ancienne animosité que de leur réunion récente sous le gouvernement du même prince.

Mistress Marthe Trapbois avait habité trop long-temps dans l'Alsace pour être surprise ou effrayée de l'altercation qui venait d'avoir lieu; elle s'étonna seulement que le débat ne finît point par un acte de violence, comme cela serait arrivé dans le *sanctuaire*. Lorsqu'ils se furent séparés, persuadée que cette querelle n'avait d'autre motif que les scènes de la même nature dont elle avait été journellement témoin, elle n'hésita pas à arrêter M. Christie, et à lui présenter la lettre que lord Glenvarloch lui avait donnée. Si elle eût mieux connu ses habitudes, elle aurait certainement attendu un moment plus calme; et elle eut tout lieu de se repentir de sa précipitation, lorsque, sans prendre la peine de lire autre chose que la signature de la lettre, le marchand furieux la jeta par terre, la foula aux pieds, et sans dire un seul mot à la personne qui la lui remettait, mais non sans prononcer une espèce de jurement de malédiction, il se retira dans sa boutique et en ferma la porte.

Ce fut avec une douleur inexprimable que la malheureuse Marthe, sans secours, sans appui, vit ainsi la seule espérance de protection qui lui restait s'évanouir encore une fois, sans pouvoir en comprendre le motif; car pour lui rendre justice, l'idée que son ami qu'elle ne connaissait que sous le nom de Nigel Grahame l'avait trompée, pensée qui se fût présentée à toute autre personne dans sa situation, ne s'offrit point à son esprit. Quoiqu'il ne fût pas dans son caractère de descendre facilement aux prières, cependant elle ne put s'empêcher de s'écrier : — Mais, mon bon monsieur, écoutez-moi un seul instant, par pitié, par bonté, écoutez-moi.

— De la pitié, de la bonté de sa part! mistress, dit l'Écossais qui, quoiqu'il n'eût point essayé de troubler la retraite de son antagoniste, était pourtant encore en possession du champ de bataille : — vous tireriez plutôt de l'eau-de-vie d'une tige de fève, ou du lait d'un rocher : cet homme est fou, fou à lier, vous dis-je.

— Je me suis sans doute trompée sur la personne à qui la lettre était adressée; et en disant ces mots, mistress Marthe Trapbois se baissait pour relever la lettre. L'Écossais, par un mouvement de civilité naturelle, la prévint; mais, ce qui n'était pas tout-à-fait aussi poli, il jeta sur le papier un regard furtif au moment où il le lui présentait, et ayant aperçu la signature, il dit avec surprise: — Glenvarloch! — Nigel Olifaunt de Glenvarloch! — Connaissez-vous lord Glenvarloch, mistress?

— Je ne sais de qui vous parlez, dit mistress Marthe d'un ton chagrin; je tiens ce papier d'un M. Nigel Grahame.

— Nigel Grahame? — Hem? — Oh! oui, c'est vrai; — j'avais oublié, dit l'Écossais; — un grand jeune homme bien planté, à peu près de ma taille, de grands yeux bleus comme un épervier, un parler agréable, un peu d'accent du nord, mais très peu, parce qu'il a long-temps habité les pays étrangers?

— Tout cela est vrai. — Mais où voulez-vous en venir? dit la fille de l'avare.

— Des cheveux de la couleur des miens?

— Les vôtres sont roux, répondit-elle.

— Attendez, dit l'Ecossais, j'allais dire — de la couleur des miens, mais tirant un peu plus sur le châtain. — Eh bien! mistress, si je ne me trompe pas sur sa personne, c'est quelqu'un avec qui j'ai été et je suis encore intime et familier, — et même je puis dire que je lui ai rendu de grands services dans le temps, et que je puis lui en rendre encore; je lui ai toujours porté beaucoup d'intérêt; je crains qu'il n'ait éprouvé beaucoup de désagrémens depuis que nous nous sommes séparés, mais ce n'est pas ma faute, et puisque cette lettre vous est inutile pour celui à qui elle est adressée, regardez comme une faveur du ciel qu'elle soit tombée entre les mains d'un ami particulier de celui qui l'a écrite. Croyez en outre que vous trouverez en moi autant de pitié et de probité que dans qui que ce soit; que je suis disposé à secourir tous les amis de mes amis de mes conseils, ou de toute autre manière, pourvu qu'il ne m'en coûte guère, — étant dans un pays étranger comme un pauvre agneau qui, errant loin de son bercail, laisse une partie de sa laine à chaque buisson anglais qu'il rencontre. Tout en parlant, il lisait le contenu de la lettre, sans en demander la permission; puis il ajouta : — Ainsi donc, voilà tout ce dont vous avez besoin, ma tourterelle? un asile sûr et à vos frais?

— Pas autre chose, dit-elle; si vous êtes homme et chrétien, vous m'aiderez à trouver ce qui m'est si nécessaire.

— Si je suis un homme? répondit le Calédonien, oui, tel que vous me voyez; j'ose aussi me dire chrétien, quoique chrétien indigne, et quoique j'aie entendu fort rarement de saines doctrines depuis que je suis en cette ville; et si vous êtes une femme honnête (alors il la regarda sous le menton), ainsi que vous paraissez l'être, et à vous dire le vrai c'est qu'on n'en trouve pas toujours dans les rues de cette ville; cependant si vous êtes une femme décente et honnête, reprit-il en jetant un second coup d'œil sur sa figure qui certes n'était pas de nature à faire naître le moindre soupçon, je vous indiquerai une maison sûre où vous pourrez vivre paisiblement à un prix raisonnable, et où je pourrai vous offrir mes conseils et mes soins par intervalles, toutes les fois que mes autres occupations me le permettront.

— Dois-je me hasarder à accepter une pareille offre de la part d'un étranger? dit Marthe avec une hésitation bien naturelle.

— Mais je ne vois rien qui doive vous en empêcher, mistress, dit l'Écossais; au surplus vous pouvez toujours voir les lieux, après quoi vous ferez ce que vous jugerez convenable. En outre, nous ne sommes pas entièrement étrangers l'un à l'autre; je connais votre ami et vous connaissez le mien; cette connaissance réciproque est un moyen de communication entre nous, comme le milieu d'une corde en unit les deux bouts ou extrémités; mais je vous expliquerai cela plus au long chemin faisant. — Dépêchez-vous donc d'ordonner à ces deux paresseux de porter votre petit coffre qu'un bon Écossais porterait seul sous le bras. Permettez-moi de vous le dire, mistress, vous verrez bientôt la fin de votre argent à Londres, si vous employez deux fripons pour faire l'ouvrage d'un seul.

En disant ces mots il se mit en route, suivi de mistress Marthe Trapbois, à qui le destin, malgré les richesses qu'il lui avait accordées, ne pouvait procurer pour le moment de conseiller plus sage et de protecteur plus distingué que l'honnête Richie Moniplies, valet congédié.

CHAPITRE XXVII.

« Ici vous trouverez asile et sûreté,
« Et là-bas le péril, la honte et le supplice.
« Je choisis le péril avec sincérité,
« Mais je vous dirai plus ; je brave la justice.
« Si je suis innocent, la honte appartiendra
« Au juge criminel qui me condamnera. »
Le Tribunal.

Nous avons laissé lord Glenvarloch, dont les aventures sont le sujet principal de ce récit, glissant rapidement sur les eaux de la Tamise. Il n'était pas, comme le lecteur a déjà pu le remarquer, d'un caractère très communicatif, ni très disposé à entrer en conversation avec les personnes au milieu desquelles il se trouvait jeté par hasard. C'était un tort dans sa conduite, qui naissait moins de l'orgueil, quoique nous ne prétendions pas le disculper entièrement de ce défaut, que d'une espèce de répugnance timide vis-à-vis des personnes avec lesquelles il n'était pas familier. Cette erreur ne peut être corrigée que par l'expérience et la connaissance du monde, qui donnent bientôt cette importante leçon, qu'il y a toujours quelque plaisir, et ce qui est plus important encore, quelque instruction à retirer de la conversation des personnes au milieu desquelles on se trouve jeté par le cours naturel des événemens de la vie. Quant à nous, nous pouvons le certifier au lecteur, — et peut-être, si jamais nous avons pu contribuer à le distraire un moment, le devons-nous à cela : jamais nous n'avons rencontré dans une chaise de poste un compagnon assez stupide, ou dans une voiture publique un voyageur assez borné pour ne pas en tirer, dans notre conversation avec lui, quelques idées, ou graves ou gaies, et souvent même des choses que nous serions fâchés de n'avoir point apprises, et que nous regretterions d'avoir oubliées. Mais Nigel était un peu renfermé dans la bastille de son rang, comme un certain philosophe (Tom Payne, je crois) l'a dit assez heureusement en parlant de cette espèce de réserve que les hommes de qualité sont enclins à garder, moins par le sentiment d'une morgue aristocratique que parce qu'ils ignorent jusqu'à quel point et avec qui ils peuvent être familiers. En outre, ses propres affaires étaient de nature à l'occuper exclusivement.

Il se tenait donc assis près du gouvernail, enveloppé de son manteau, et rêvant au résultat probable de l'entrevue qu'il désirait avoir avec son souverain. Cette préoccupation eût suffi pour le justifier, quoique peut-être, en questionnant le batelier qui le conduisait, il eût pu en obtenir des renseignemens très importans pour lui.

Quoi qu'il en soit, Nigel garda le silence jusqu'à ce que le bateau approchât de Greenwich ; alors il ordonna à ses deux guides de toucher au rivage, son dessein étant de mettre pied à terre, et de les congédier.

— Impossible, dit le batelier à jaquette verte qui, comme nous l'avons déjà dit, semblait jouer le rôle de maître d'équipage ; il faut que nous allions à Gravesend, où un vaisseau écossais qui a descendu la rivière tout exprès est à l'ancre pour vous attendre, et vous conduire dans votre cher pays du nord. Votre hamac y est disposé, tout est préparé pour vous y recevoir, et vous parlez de débarquer à Greenwich aussi tranquillement que si cela se pouvait.

— Je ne vois pas ce qui s'oppose, dit Nigel, à ce que vous me débarquiez où je veux; mais je ne vois guère comment il vous sera possible de me conduire où je ne veux pas aller.

— Vraiment! et qui donc conduira le bateau de nous ou de vous, monsieur? demanda la jaquette verte d'un ton moitié sérieux, moitié plaisant. Je vous réponds qu'il ira où nous le conduirons.

— Oui-dà? reprit Nigel; et moi, je vous garantis que vous le conduirez où je le voudrai; sinon, vous risquez fort de n'être pas payés.

— Supposez que nous voulions courir cette chance, dit le batelier sans se déconcerter, je voudrais bien savoir, quoique vous ayez le ton si fier — soit dit sans vous offenser, — comment vous feriez pour vous tirer d'affaire en pareil cas.

— Mon moyen est très simple, répondit lord Glenvarloch: vous m'avez vu il y a une heure porter jusqu'au bateau une caisse qu'aucun de vous ne pouvait soulever. S'il y avait contestation entre nous, cette même vigueur qui m'a servi pour mettre le coffre dans la barque me servirait pour vous en faire sortir. Ainsi donc, avant d'engager la lutte, je vous prie de vous rappeler que je saurai vous contraindre à me conduire partout où je voudrai aller.

— Grand merci de votre bonté, dit la jaquette verte, et à mon tour je vous ferai remarquer que mon camarade et moi nous sommes deux, et que, fussiez-vous aussi fort que George-a-Green, vous n'êtes jamais qu'*un;* et que *deux,* vous n'en disconviendrez pas, sont une trop forte partie pour *un;* ainsi, mon ami, vous vous êtes trompé dans vos calculs.

— C'est vous qui vous trompez, répondit Nigel qui commençait à s'échauffer; c'est moi qui suis trois contre deux, coquin! — je porte la vie de deux hommes à ma ceinture.

En disant ces mots, il ouvrit son manteau, et montra ses deux pistolets; — le marinier les aperçut sans s'émouvoir.

— J'ai, dit-il, deux aboyeurs qui valent bien les vôtres, et il montra qu'il était aussi armé de pistolets : ainsi vous pouvez commencer quand vous le voudrez.

—Alors, dit lord Glenvarloch en armant un de ses deux pistolets, le plus tôt sera le mieux. Prenez-y garde, je vous tiens pour un assassin qui a déclaré qu'il voulait user de violence sur ma personne, et je vous brûlerai la cervelle si vous ne me mettez pas à terre à Greenwich. L'autre batelier, alarmé de ce geste, se coucha sur sa rame; mais la jaquette répondit froidement :

—Voyez-vous, monsieur, peu m'importerait de jouer à ce jeu ma vie contre la vôtre; mais la vérité est que l'on m'emploie pour votre bien et non pour votre mal.

— Et qui vous emploie? dit lord Glenvarloch; qui ose se mêler de mes affaires sans me consulter?

— Quant à cela, répondit le batelier avec le même ton d'indifférence, je n'ai rien à vous dire. Peu m'importe, comme je l'ai dit, que vous débarquiez à Greenwich pour vous faire pendre, ou que vous alliez à bord du *Royal Tristle*[1] pour vous échapper dans votre pays; je serai également débarrassé de vous de l'une et de l'autre manière; mais il est peut-être juste de vous donner à choisir.

— Mon choix est fait, dit Nigel; je vous l'ai déjà répété trois fois, je veux débarquer à Greenwich.

—Écrivez-moi sur un morceau de papier que telle est votre volonté positive, dit le batelier; je veux avoir un acte pour prouver à ceux qui m'emploient que c'est vous qui avez violé leurs ordres, et non pas moi.

— Voici un bijou dont ma main ne veut pas se séparer quant à présent, dit Nigel en montrant son pistolet; je vous écrirai ce billet quand je serai à terre.

(1) *Le Chardon royal*, nom du vaisseau. Le chardon est la fleur nationale de l'Ecosse. — Tr.

— Je n'irais point à terre avec vous pour cent pièces d'or, dit le batelier; le malheur vous a toujours suivi, excepté au jeu : faites ce qui est juste, et accordez-moi l'attestation que je désire. Si vous craignez d'être surpris en écrivant, vous pouvez garder mes pistolets. Il offrit en conséquence ses armes à Nigel, qui n'hésita plus à donner au batelier un certificat conçu en ces termes :

— « Les deux bateliers, conducteurs de la barque appelée *le Corbeau*, ont accompli fidèlement leur devoir envers moi, en me débarquant à Greenwich d'après mes ordres exprès, et malgré leur désir de me conduire à bord du *Chardon royal*, à l'ancre à Gravesend. »

Après avoir signé cet écrit des lettres initiales N. O. G., comme indiquant son nom et son titre, il demanda de nouveau au batelier quelles étaient les personnes qui l'employaient.

— Monsieur, répondit la jaquette verte, — j'ai respecté votre secret, ne cherchez pas à découvrir le mien : vous ne seriez guère plus avancé de savoir quelle est la personne pour laquelle je travaille; en un mot, vous ne le saurez pas; — et si vous trouvez du plaisir à vous battre, le plus tôt sera le mieux, comme vous venez vous-même de le dire; vous pouvez seulement être sûr que nous n'avons voulu vous faire aucun mal; et s'il vous en arrive, ce sera vous seul qui l'aurez causé. Cependant ils approchèrent du rivage : Nigel s'y élança aussitôt. Les bateliers débarquèrent sa malle, et lui dirent qu'il y avait près de là beaucoup de pauvres gens qui la lui porteraient où il le désirerait.

— Nous nous séparons amis, j'espère, mes enfans, dit le jeune lord en leur offrant en même temps le double du prix qu'on donne ordinairement aux bateliers.

— Nous nous séparons comme nous nous sommes rencontrés, répondit la jaquette verte. Quant à votre argent, je n'en veux point, ce morceau de papier me suffit. Seulement, si vous me devez quelque chose pour le service que je vous ai rendu, je vous prie de ne pas plonger si avant dans les poches du premier apprenti que vous trouverez assez fou pour faire le cavalier. Et toi, vieux coquin, dit-il à son compagnon, qui fixait un œil avide sur l'argent que Nigel continuait à leur offrir, pousse au large, ou si je prends une rame, je te la romps sur la tête. L'autre obéit, mais il ne put s'empêcher de dire à voix basse, que ce refus était entièrement contraire aux règles des bateliers.

Glenvarloch, quoique sans éprouver pour la mémoire de cette princesse le zèle — de Thalès outragé — du poète moraliste, venait de toucher

Le sol sacré qui vit naître Élisa [1],

dont le palais était alors occupé avec moins de gloire par son successeur. Ce n'était pas, comme un auteur moderne l'a dit, que Jacques fût sans qualités ou sans bonnes intentions, et celle qui l'avait précédé sur le trône était pour le moins aussi arbitraire en fait qu'il l'était en théorie; mais tandis qu'Élisabeth avait une mâle sévérité et une fermeté qui jusqu'à un certain point faisait respecter ses faiblesses, dont la plupart étaient en elles-mêmes assez ridicules, Jacques était si complètement dépourvu de ces deux qualités, que même ses vertus et ses bonnes intentions prêtaient à rire, grace à sa capricieuse irrésolution, de sorte que ce qu'il disait et faisait de mieux portait une empreinte de son caractère sans vigueur. En conséquence, quoiqu'à différentes époques de son règne il ait réussi à acquérir parmi ses sujets une popularité passagère, elle ne survécut jamais long-temps aux occasions qui l'avaient produite : tant il est vrai que la masse des hommes respectera toujours plus un monarque qui sait oser le crime que celui que ses faiblesses rendent ridicule.

Pour en revenir à notre sujet, lord Glenvarloch, comme la jaquette verte le lui avait assuré, fut accosté bientôt par

(1) Élisabeth. — Éd.

un batelier inoccupé qui lui proposa de porter son bagage où il le désirerait ; mais cet *où* était une question qui le laissa quelque temps en suspens. Enfin, se rappelant qu'il était nécessaire d'avoir la barbe faite et les cheveux peignés avant de songer à se présenter devant le roi, et désirant en même temps prendre quelques renseignemens sur la cour, il se fit conduire dans la boutique du barbier le plus voisin, genre de boutique qui, nous l'avons déjà dit, était comme le centre des nouvelles de toute espèce. On lui eut bientôt montré le chemin qui conduisait à ce rendez-vous des bruits publics, et bientôt il fut à portée d'apprendre tout ce qu'il désirait connaître, et bien davantage encore, tandis que sa tête était entre les mains de l'adroit artiste, dont la langue était aussi leste que les doigts, et qui s'exprima de la manière suivante sans faire la moindre pause :

— La cour est ici, — monsieur ; — oui, monsieur, — cela fait grand bien au commerce ; — cela nous vaut de bonnes pratiques. — Sa Majesté aime Greenwich, — elle chasse tous les matins dans le parc ; — il n'y a que quelques personnes comme il faut qui aient leurs entrées au palais ; — point de canaille, point de ces gens mal peignés, pour effrayer le cheval du roi par leurs cris. — Oui, monsieur, il faut que la barbe soit coupée plus en pointe ; c'est ainsi qu'on la porte. Je sais la couper à la dernière mode, — je coiffe plusieurs des messieurs de la cour : — un valet de chambre, deux pages, l'intendant de la cuisine, trois coureurs à pied, deux piqueurs, et un honorable chevalier écossais, sir Munko Malgrowler.

— Malagrowther, vous voulez dire, répondit Nigel en glissant cette conjecture avec beaucoup de difficulté entre deux phrases du barbier.

— Oui, monsieur, — Malcrowder, monsieur ; — comme vous dites, monsieur. — Tous ces Ecossais ont des noms durs à prononcer pour un Anglais. Sir Munko est un bel homme, monsieur; peut-être le connaissez-vous. — Rachetant la perte de ses doigts et les défauts de ses jambes par la longueur de son menton, monsieur; il me prend à lui seul une minute et douze secondes; il me faut plus de temps pour raser ce menton qu'aucun autre que je connaisse dans Greenwich; en somme, c'est un fort bel homme, et un aimable, — un très-aimable gentilhomme; — toujours de bonne humeur; excepté qu'il est si sourd qu'il ne peut entendre dire du bien de personne, et si sage qu'il ne veut jamais croire le peu de bien qu'il entend; du reste, un excellent caractère, excepté lorsqu'on parle trop bas ou qu'un cheveu va de travers. — Vous ai-je coupé, monsieur? Ce sera guéri dans un instant avec une goutte de mon eau astringente; — mon eau astringente, ou plutôt celle de ma femme, monsieur; — car c'est elle qui la fait elle-même; une goutte de cette eau, monsieur, et un morceau de taffetas noir, tout juste ce qu'il en faudrait pour la selle d'une puce; — oui, monsieur, il n'y a rien comme cela. Le prince avait une mouche l'autre jour, et le duc aussi; et vous me croirez si vous voulez, mais il y a déjà dix-sept aunes trois quarts de taffetas noir taillées en mouches pour les courtisans.

— Mais sir Mungo Malagrowther..., répéta Nigel avec quelque difficulté.

— Oui, oui, monsieur, — sir Munko, comme vous dites, aussi aimable, aussi bon que jamais; — vous voudriez lui parler, dites-vous? Oh! oui, vous lui parlerez aisément; aussi aisément toutefois que le permettra son infirmité. A moins que quelqu'un ne l'ait invité à déjeuner, il doit être à manger sa côte de bœuf rôtie chez mon voisin Nel Kilderkin, à quelque distance de l'autre côté de la rue; Nel donne à boire et à manger, monsieur; il est renommé pour les côtelettes de porc; mais sir Munko n'aime pas le porc; pas plus que Sa Majesté le roi ni monseigneur le duc de Lennox, ni lord Dalgarno. — Ah!

je suis sûr, monsieur, que si je vous ai touché cette fois-ci, c'est votre faute et non pas la mienne. — Mais une simple goutte de mon eau et un petit morceau de taffetas pas plus gros que ce qu'il en faudrait pour habiller une puce, juste sous la moustache gauche, cela vous ira bien quand vous rirez, monsieur ; aussi bien qu'une petite fossette ; et si vous voulez saluer votre belle maîtresse ; — mais je vous demande pardon, vous êtes un gentilhomme sérieux, très-sérieux pour être si jeune. — J'espère que je ne vous ai point offensé. — C'est mon devoir de distraire mes pratiques ; — mon devoir, monsieur, et mon plaisir. — Sir Munko Malcrowther ? — Oui, monsieur, j'ose dire qu'il est en ce moment chez Nel ; car peu de personnes l'invitent, maintenant que lord Huntinglen est allé à Londres. Oui, monsieur, — vous le trouverez avec son pot de bière, qu'il remue avec une tige de romarin ; car il ne boit jamais de liqueurs fortes à moins que ce ne soit pour obliger lord Huntinglen, — faites-y attention, monsieur, — ou toute autre personne qui l'invite à déjeuner ; — mais chez Nel il ne boit jamais que de la bière avec son grillé de bœuf ou de mouton, ou peut-être encore de l'agneau dans la saison ; — mais jamais de porc, quoique Nel soit fameux pour les côtelettes de porc ; mais les Ecossais ne mangent jamais de porc. — C'est une chose singulière ; quelques personnes pensent qu'ils sont une sorte de juifs : il y a bien quelque ressemblance, monsieur ; — ne le pensez-vous pas ? Ils appellent notre très-gracieux souverain un second Salomon. — Salomon, comme vous savez, était roi des Juifs : ainsi les choses ont un air de ressemblance, comme vous le voyez. — Je pense, monsieur, que vous vous trouverez maintenant coiffé à votre satisfaction. Je voudrais être jugé par la belle maîtresse de vos pensées. Je vous demande pardon ; — j'espère ne vous avoir point offensé. — Je vous en prie, consultez le miroir ; un coup de fer à cette mèche de cheveux. — Je vous remercie de votre générosité. — J'espère que j'aurai votre pratique tant que vous demeurerez à Greenwich. Voudriez-vous entendre un air de cette guitare pour mettre de l'accord dans votre caractère pendant tout le jour? ting, tan, tong, ting, tang, dillo! — Elle n'est pas trop d'accord; il y a tant de mains qui y touchent! — nous ne pouvons pas garder ces choses-là comme des artistes. Permettez-moi de vous aider à remettre votre manteau, monsieur. — Oui, monsieur, auriez-vous quelque envie d'en toucher vous-même, monsieur? — Le chemin qui conduit à l'auberge de sir Munko? — Oui, monsieur; mais c'est l'auberge de Nel, et non pas de sir Munko. — Le chevalier à coup sûr y mange, et c'est pour cela qu'on peut en un certain sens l'appeler son auberge. Monsieur, — ah! ah! cette maison se trouve là-bas, de l'autre côté de la rue; des poteaux nouvellement blanchis et des volets rouges. — Un gros homme en pourpoint sur la porte : — c'est Nel lui-même, monsieur, — riche de plus de mille livres, à ce qu'on dit. — On gagne plus d'argent à flamber une tête de porc qu'à coiffer un courtisan. — Mais notre profession est beaucoup moins mécanique. — Adieu, monsieur. J'espère avoir votre pratique. En disant ces mots, il laissa enfin partir Nigel, dont les oreilles, si long-temps tourmentées de son intarissable babil, retentissaient encore lorsqu'il eut fini, comme si une cloche les avait assourdies.

A son arrivée à l'auberge, où il espérait rencontrer sir Mungo Malagrowther, de qui, faute de mieux, il voulait apprendre le meilleur moyen de s'introduire auprès du roi, lord Glenvarloch trouva dans l'hôte auquel il s'adressa toute la taciturnité obstinée d'un Anglais.

Nel Kilderkin parlait comme un banquier écrit, ne disant que le nécessaire. Sur la demande qui lui fut faite si sir Mungo Malagrowther était chez lui, il répondit négativement. — Interrogé s'il était attendu, il répondit par une affirmative. A une nouvelle question pour savoir *quand* il était attendu, la réponse fut : — dans l'instant. Lord Glenvarloch lui ayant demandé si lui-même pourrait y déjeuner, l'hôte ne prononça pas seulement une syllabe; mais, le conduisant dans une chambre assez propre où se trouvaient plusieurs tables, il en plaça une devant un fauteuil; et, faisant signe à lord Glenvarloch d'en prendre possession, il lui servit, au bout de quelques minutes, un repas substantiel de roast-beef, et un pot de bière écumeuse, déjeuner auquel l'air vif de la rivière l'avait disposé à faire honneur, malgré les soucis dont il était accablé.

Cependant Nigel levait la tête toutes les fois qu'il entendait ouvrir la porte, impatient de voir arriver sir Mungo Malagrowther, quand un personnage qui, à son apparence, était au moins aussi important que le chevalier, entra dans l'appartement, et commença une conversation très-animée avec l'aubergiste, qui, de son côté, jugea convenable de se tenir la tête nue. Les occupations de cet homme important se devinaient aisément à sa mise. Une jaquette blanche avec des hauts-de-chausses de drap blanc; un tablier blanc, passé en écharpe autour de son corps, et auquel, au lieu de la dague guerrière, était suspendu un long couteau à manche de corne de cerf, et un bonnet blanc couvrant des cheveux élégamment frisés, le faisaient suffisamment reconnaître pour un de ces prêtres de Comus que le vulgaire appelle cuisiniers. L'air avec lequel il tançait l'aubergiste pour avoir négligé d'envoyer quelques provisions au palais, prouvait qu'il était au service de Sa Majesté.

— Ce n'est pas là répondre, dit-il, M. Kilderkin. — Le roi a demandé deux fois des ris de veau et une fricassée de crêtes de coq, qui sont deux plats favoris de Sa très-sacrée Majesté, et nous n'en avons pas parce que M. Kilderkin, n'en a pas fourni à l'intendant de la cuisine, comme son marché l'y oblige.

Alors Kilderkin débita quelques excuses laconiques comme tout ce qu'il disait, et les prononça d'un ton assez bas, comme tous ceux qui se sentent dans leur tort; son supérieur lui répondit d'un ton de voix éclatant : — Ne me parlez pas du voiturier, de la voiture et du marchand de volailles qui vient de Norfolk avec ses poulets; un homme loyal aurait envoyé un exprès. — Il y serait allé sur ses moignons, comme Widdrington. Que serait-ce si le roi avait perdu l'appétit, M. Kilderkin? Que serait-ce si Sa royale Majesté avait perdu son dîner? Oh! M. Kilderkin, si vous aviez le moindre sentiment de la dignité de notre profession, et de ce que dit le spirituel esclave africain, car c'est ainsi que Sa Majesté appelle Publius Terentius, *tanquam in speculo — in patinas inspicere jubeo.*

— Vous êtes instruit, M. Linklater, répondit l'aubergiste anglais, forçant, comme avec peine, sa bouche à prononcer trois ou quatre mots de suite.

— Un pauvre demi-savant, répondit M. Linklater; mais ce serait une honte pour nous, qui sommes les plus fidèles sujets de Sa Majesté, d'être entièrement étrangers à ces arts qu'elle affectionne si tendrement : *regis ad exemplar,* M. Kilderkin, *totus componitur orbis,* ce qui veut à peu près dire, ce que sait le roi, le cuisinier l'apprend. Bref, M. Kilderkin, ayant eu le bonheur d'être élevé dans un lieu où l'on faisait ses humanités pour quarante pence par trimestre, j'ai tout comme d'autres fait quelques progrès. — Hem! hem! — Ici les regards de l'orateur étant tombés sur lord Glenvarloch, il interrompit soudain sa docte harangue, avec de tels symptômes d'embarras, que M. Kilderkin fit un effort sur lui-même, et trouva assez de paroles pour lui demander non-seulement s'il se trouvait mal, mais même s'il voulait prendre quelque chose.

— Non, je ne me trouve point mal, répondit le docte rival du philosophe Syrus. — Ce n'est rien, et cependant j'éprouve quelques vertiges ; je prendrais volontiers un verre de l'*aqua mirabilis* de votre dame.

— Je vais vous le chercher, dit Nel en faisant un signe de tête. Et il n'eut pas plus tôt tourné le dos, que le cuisinier s'approcha de la table où Glenvarloch était assis ; et, le regardant d'un air significatif qui en faisait comprendre plus qu'il n'en disait :

— Monsieur est étranger à Greenwich? ajouta-t-il. Je vous conseille de ne pas laisser échapper l'occasion d'aller faire un tour dans le parc ; — le guichet de l'ouest était entr'ouvert lorsque je suis venu ici ; je pense qu'il sera fermé bientôt, ainsi vous feriez bien de vous dépêcher, — tout autant néanmoins que vous en serez curieux. Voici maintenant la saison du gibier, et il y a plaisir à voir un cerf bien gras. Je pense toujours, lorsque je les vois bondir si joyeusement, quel plaisir il y aurait à mettre en broche leurs beaux quartiers, et à entourer leurs poitrines d'une noble fortification de pâte, avec une grande quantité de poivre noir.

Il n'en dit pas davantage ; car Kilderkin étant rentré avec le cordial, il quitta Nigel, sans attendre aucune réponse, et en lui jetant encore une fois ce coup d'œil d'intelligence avec lequel il l'avait abordé. Rien ne rend l'esprit de l'homme plus alerte qu'un danger personnel : Nigel profita du moment où son hôte consacrait toutes ses attentions à l'officier de la cuisine du roi pour acquitter son écot ; et il se fit aussitôt indiquer le guichet en question. Il s'aperçut qu'il conduisait à un taillis épais destiné à servir d'abri aux biches et aux faons : il conjectura qu'il était convenable d'attendre en ce lieu. Cinq minutes s'étaient à peine écoulées, que le cuisinier arriva tout essoufflé ; avec son passe-partout il se hâta de fermer la porte derrière lui ; et, avant que le lord Glenvarloch eût eu le temps de réfléchir sur cette action, il s'approcha de lui avec inquiétude et lui dit : — Bon Dieu, bon Dieu! lord Glenvarloch! — pourquoi vous exposer ainsi volontairement au danger?

— Vous me connaissez donc, mon ami? dit Nigel.

— Pas beaucoup, milord ; — mais je connais la noble maison de Votre Seigneurie ; mon nom est Laurie Linklater, milord.

— Linklater? répéta Nigel ; je cherche à me rappeler.....

— Avec votre permission, milord, ajouta le cuisinier, j'étais apprenti chez le vieux Mungo Moniplies, à Edimbourg ; et votre noble père ayant pris Richie Moniplies dans sa maison, pour servir Votre Seigneurie, il y avait une espèce de *connexion* entre nous, comme vous voyez.

— Ah! dit lord Glenvarloch, j'avais oublié votre nom, mais non pas vos bonnes intentions ; vous fîtes tout ce qu'il vous fut possible pour mettre Richie à même de présenter une requête à Sa Majesté.

— C'est très-vrai, milord, répondit le cuisinier du roi ; j'ai même failli m'attirer une disgrace ; car Richie, toujours obstiné, ne voulut pas se laisser guider par moi, comme dit la chanson. Mais il n'y a pas un de ces grands cuisiniers anglais qui sache apprêter au goût de Sa Majesté un de nos savoureux ragoûts écossais ; ainsi mon talent me sauva : je fis une soupe délicieuse, un savoureux hachis ; il n'en fallut pas davantage pour renverser la cabale, et au lieu d'une disgrace, je suis monté en grade. Me voilà maintenant un des premiers officiers de la cuisine ; — faites-moi compliment. — J'ai même déjà un doigt dans la charge de pourvoyeur, et j'espère pouvoir bientôt y mettre toute la main.

— Je suis bien aise, dit Nigel, d'apprendre que vous n'avez souffert aucun désagrément à cause de moi, et plus charmé encore de votre bonne fortune.

— Vous avez un bon cœur, milord, dit Linklater, et vous n'oubliez pas les pauvres gens; dans le fait, je ne vois pas pourquoi on les oublierait, puisque le déplaisir du roi peut atteindre les plus grands seigneurs. J'avais suivi Votre Seigneurie dans la rue uniquement pour voir un beau rejeton du vieux chêne, et j'ai failli étouffer d'émotion quand je vous ai aperçu assis publiquement dans cette auberge, lorsqu'il y a tant de danger pour vous.

— Quoi! il y a donc quelque mandat lancé contre moi? dit Nigel.

— Cela n'est que trop vrai, milord; et il se trouve ici des gens qui cherchent à vous noircir le plus qu'ils peuvent. Que le ciel leur pardonne de sacrifier ainsi une maison respectable pour arriver à leurs odieuses fins!

— Ainsi soit-il, dit Nigel.

— Car, quoiqu'on dise que Votre Seigneurie a été un peu de côté, comme tant d'autres jeunes gentilshommes...

— Nous n'avons guère le temps de parler de cela, dit Nigel; l'important est de savoir comment je pourrai obtenir audience du roi.

— Du roi, milord! dit Linklater étonné : pourquoi donc? n'est-ce pas courir vous-même au-devant du danger? n'est-ce pas vous échauder vous-même, si je puis m'exprimer ainsi, dans votre propre cuiller à pot?

— Mon bon ami, reprit Nigel, mon expérience de la cour et la connaissance que j'ai des circonstances où je me trouve, me disent que le chemin le plus direct est en même temps le plus sûr dans ma position; le roi a un assez bon esprit pour comprendre ce qui est juste, et un assez bon cœur pour faire ce qui est bien.

— Cela est vrai, milord, nous le savons, nous qui le servons depuis long-temps; mais, hélas! si vous saviez combien de personnes sont occupées nuit et jour à mettre son cœur en opposition avec sa tête et sa tête en opposition avec son cœur; — à lui faire prendre des mesures sévères qu'ils lui représentent comme des actes de justice, et à lui faire commettre des injustices qu'ils appellent des actes de bonté! Hélas! on peut dire de Sa Majesté et des favoris qui la mènent ce qu'a dit le vieux proverbe fait aux dépens de ma profession : — le ciel envoie la bonne viande, mais le diable envoie les cuisiniers.

— Peu importe, mon bon ami, il faut que je coure ce risque; mon honneur l'exige impérieusement. Ils peuvent me mutiler, me dépouiller, mais ils ne diront pas que j'ai fui devant mes calomniateurs. Mes pairs entendront ma justification.

— Vos pairs! hélas! milord, nous ne sommes pas en Ecosse, où les nobles peuvent faire valoir leurs droits, et cela même contre le monarque. — Cependant si vous êtes déterminé à voir le roi, je ne nierai pas que vous n'en puissiez obtenir grace; car il aime singulièrement qu'on en appelle directement à sa propre sagesse, et même je l'ai vu quelquefois, en pareil cas, tenir ferme à son opinion, qui est toujours généreuse. Seulement n'oubliez pas, et vous me pardonnerez ces détails, n'oubliez pas d'assaisonner vos paroles de latin; une phrase ou deux de grec ne feraient pas mal; et, si vous pouvez rapporter sur quelque sujet le jugement de Salomon en hébreu, et entrelarder le tout d'une ou deux plaisanteries, le plat sera fort de son goût. En vérité, je crois qu'outre mon talent de cuisinier je dois beaucoup aux verges du recteur de notre école, qui finirent par me graver dans la mémoire la scène de cuisine de l'*Heautontimorumenos*.

— Laissant ce sujet de côté, mon ami, dit lord Glenvarloch, pourriez-vous m'apprendre comment je pourrais voir le roi et lui parler le plus tôt possible?

— Si vous voulez le voir bientôt, il galope maintenant dans les allées pour voir lancer le cerf, et se mettre en appétit pour dîner, ce qui me rappelle que je devrais être à la cuisine.... Pour lui parler, ce ne sera pas si facile, à moins que vous ne le rencontriez seul, ce qui arrive rarement, ou que vous ne l'attendiez avec la foule pour le voir descendre; et maintenant, adieu, milord; — puissiez-vous réussir! Si je puis faire quelque chose pour vous, je suis tout à votre service.

— Vous en avez assez fait, peut-être, pour vous compromettre, dit lord Glenvarloch; retirez-vous, je vous prie, et abandonnez-moi à mon destin.

L'honnête cuisinier hésitait encore; mais le son des cors, qui se fit entendre de plus près, lui apprit qu'il n'avait pas de temps à perdre; et ayant averti Nigel qu'il ne fermerait la poterne qu'au loquet, afin de lui assurer une retraite dans cette direction, il pria le ciel de lui être favorable, et lui dit adieu.

Dans l'intérêt que lui témoignait son humble compatriote, et qu'il devait, partie à un sentiment naturel de partialité nationale, et partie au souvenir de bienfaits qui avaient à peine occupé un instant la pensée de ceux qui les avaient accordés, lord Glenvarloch crut voir le dernier témoignage de compassion qu'il recevrait dans ce séjour d'une froide politesse. Il sentit qu'il devait maintenant se suffire à lui-même, ou qu'il était perdu sans ressource.

Il traversa plusieurs allées, guidé par le bruit de la chasse, et rencontra plusieurs officiers subalternes qui le regardèrent comme un des spectateurs que la protection de quelque officier du palais introduisait dans le parc. Cependant, ne voyant encore paraître ni le roi Jacques, ni aucun de ses principaux courtisans, Nigel commençait à délibérer si, au lieu d'encourir une disgrace pareille à celle de Richie Moniplies, il ne devait pas se rendre à la porte du palais, dans le dessein de s'adresser au roi à son retour, lorsque la fortune lui offrit d'elle-même l'occasion d'exécuter son projet.

Il était dans une de ces longues allées qui traversent le parc, lorsqu'il entendit dans le lointain un bruit sourd;

puis il distingua le galop des chevaux ébranlant la terre ; et, averti par des clameurs répétées, il se rangea sur le côté de l'avenue pour laisser le passage libre aux chasseurs. Le cerf, couvert d'écume et noir de sueur, les naseaux ouverts et haletans, fit un effort pour parvenir jusqu'au lieu où se trouvait Nigel ; et là, tout à coup, il fut atteint par deux grands lévriers de cette race qu'emploient encore les chasseurs des montagnes d'Ecosse, et qui a été long-temps inconnue en Angleterre. Un de ces chiens saisit l'animal à la gorge, l'autre enfonça son étroit museau et ses griffes, je dirai presque dans ses entrailles. Il eût été naturel que lord Glenvarloch, persécuté lui-même comme par d'avides chasseurs, eût moralisé dans cette occasion comme le mélancolique Jacques de Shakspeare ; mais l'habitude a aussi ses lois. Je crains que les sentimens de Nigel ne fussent plutôt ceux d'un chasseur que ceux d'un moraliste ; mais il n'eut pas le temps de s'y abandonner long-temps.

Un cavalier suivait la chasse, monté sur un cheval parfaitement dressé, obéissant au frein comme une machine qui reçoit l'impulsion d'un ressort ; de telle sorte que, placé sur sa selle de manière à rendre toute chute impossible, le cavalier, sans crainte ni hésitation, pouvait presser ou ralentir sa course, qui même dans les momens les plus animés de la chasse, n'allait jamais jusqu'au galop, et semblait réglée comme tous les mouvemens d'une monture de manège. La sécurité avec laquelle ce cavalier se livrait à cet exercice, si souvent dangereux, et son équipage, faisaient reconnaître le roi Jacques. Il n'y avait auprès de lui aucun valet ; car c'était souvent une flatterie délicate que de laisser croire au souverain qu'il avait dépassé les autres chasseurs.

— Très-bien, Bash ! très-bien, Bathie ! s'écria-t-il en arrivant ; par la gloire d'un roi ! vous faites honneur aux bruyères de Balwhiter. — Tenez mon cheval, l'ami ; et il s'adressait à Nigel, sans songer à regarder celui à qui il parlait; tenez mon cheval, et aidez-moi à descendre. — Que le diable vous emporte, maladroit! ne pouvez-vous pas vous dépêcher avant que ces fainéans n'arrivent? — Ne lui serrez pas la bride; ne le laissez pas s'écarter. — Maintenant, tenez l'étrier; c'est cela, l'ami; et maintenant nous voilà *in terrâ firmâ*. En disant ces mots, et sans jeter les yeux sur Nigel, le bon roi Jacques, tenant son couteau de chasse, le seul instrument qui eût de la ressemblance avec une épée dont il pût soutenir la vue, — en enfonça, avec grande satisfaction, la lame dans la gorge du cerf, et mit ainsi fin à sa lutte et à son agonie.

Lord Glenvarloch qui savait parfaitement ce qu'il fallait faire en pareille occasion, attacha la bride du cheval du roi à une branche d'arbre, et, se mettant respectueusement à genoux, renversa le cerf mort sur le dos, et tint le *carré* dans cette position, tandis que le roi, trop occupé de son exploit pour remarquer autre chose, plongea son couteau dans le poitrail de l'animal, *secundùm artem*; et, ayant fait une incision cruciale pour s'assurer de l'épaisseur de la graisse, il s'écria dans une espèce de ravissement : — Trois pouces de graisse blanche sur le bréchet! c'est la fleur des cerfs, — vrai comme je suis un pécheur couronné, — et du diable si je ne suis pas le seul de nos chasseurs ici! — Oh! c'est un cerf dix cors, le premier de la saison; Bash et Bathie, vous êtes les plus braves lévriers du monde. Baisez-moi, mes enfans, baisez-moi.

Les chiens se levèrent sur leurs pattes de derrière, puis le léchèrent avec leur gueule ensanglantée, et le mirent en tel état qu'on aurait pu croire qu'une tentative criminelle avait été faite sur sa royale personne. — A bas! à bas! coquins, s'écria le roi, presque renversé par les caresses de ses lévriers. Mais vous êtes comme tant d'autres; laissez-leur mettre un pied chez vous, ils en auront bientôt mis quatre. Et qui êtes-vous l'ami? ajouta-t-il en faisant enfin attention à Nigel, après que le premier moment d'enthousiasme fut passé ; vous n'êtes pas de ma suite. Au nom de Dieu ! qui diable êtes-vous?

— Un infortuné, sire, répondit Nigel.

— Je le crois, répondit le roi avec humeur, sans quoi je n'aurais pas même vu votre ombre. Mes sujets gardent tout leur bonheur pour eux ; mais si le jeu ne leur est plus favorable, je suis sûr d'avoir de leurs nouvelles.

— Et à quelle autre personne pourrions-nous porter nos plaintes, si ce n'est à Votre Majesté qui est le délégué du ciel parmi nous ? répondit Nigel.

— Bien, mon ami, bien, — très-bien parlé ; mais il faudrait aussi laisser le délégué du ciel un peu tranquille sur la terre.

— Si Votre Majesté daigne me regarder (car jusqu'ici le roi avait été si occupé, d'abord de ses chiens, puis de l'importante opération de *rompre*, ou, pour parler plus vulgairement, de dépecer le cerf, qu'il avait à peine jeté un regard distrait sur la personne qui l'avait assisté), vous verrez que la nécessité seule lui a donné assez de hardiesse pour se prévaloir d'une occasion qu'il ne rencontrera plus.

Le roi Jacques leva les yeux, et il pâlit, quoique ses joues fussent encore teintes du sang de l'animal étendu à ses pieds. Son couteau de chasse lui tomba des mains, et il jeta derrière lui un regard incertain, comme s'il cherchait à fuir, ou pour demander du secours ; puis il s'écria : — C'est *Glenvarlochides*, aussi sûr que je me nomme Jacques Stuart. Voilà une belle besogne ! Je me trouve seul et à pied ! ajouta-t-il en cherchant à remonter à cheval.

— Pardonnez-moi si je vous importune, sire, dit Nigel en se plaçant entre le roi et le cheval, écoutez-moi seulement un moment.

— Je vous écouterai mieux à cheval, dit le roi ; je ne puis

entendre un seul mot à pied ; non, pas un seul mot, et il n'est pas convenable que nous soyons si près l'un de l'autre. Eloignez-vous, monsieur, nous vous l'ordonnons, au nom de l'obéissance que vous nous devez. — Où diable sont-ils maintenant?

— Par la couronne que vous portez, sire, dit Nigel, et pour laquelle mes ancêtres ont vaillamment combattu, je vous supplie de vous apaiser et de m'entendre un moment.

Il n'était guère au pouvoir du roi de lui accorder ce qu'il demandait. Sa crainte timide n'était pas cette lâcheté complète qui, par une impulsion d'instinct, force un homme à fuir, et ne mérite que la pitié et le mépris ; c'était une sensation plus plaisante et plus compliquée. Le pauvre roi était à la fois effrayé et en colère ; il désirait mettre sa vie en sûreté, et en même temps il avait honte de compromettre sa dignité ; de telle sorte que, sans écouter ce que lord Glenvarloch cherchait à lui faire comprendre, il se retirait vers son cheval en répétant : — Je suis un roi libre, — je suis un roi libre. — Je ne souffrirai pas qu'un sujet ose contrôler mes actions. — Au nom du ciel! qu'est-ce qui retient Steenie? Dieu soit loué! les voici, ils viennent. — Holà! eh! — Ici! — ici! Steenie! Steenie!

Le duc de Buckingham arriva au galop, suivi de plusieurs courtisans et officiers des chasses, et lui dit avec sa familiarité ordinaire : — Je vois que la fortune a favorisé notre cher roi comme d'habitude. — Mais de quoi s'agit-il?

— De quoi? d'une trahison, autant que j'en puis juger, dit le roi ; et si vous ne fussiez pas arrivé, Steenie, votre compère, votre roi aurait été assassiné.

— Assassiné! Qu'on saisisse ce traître, s'écria le duc. Grand Dieu! c'est Olifaunt lui-même. Une douzaine de chasseurs mirent à l'instant pied à terre, laissant leurs chevaux errer librement dans le parc. Quelques-uns s'emparèrent de lord Glenvarloch, qui crut que toute résistance de sa part serait insensée, tandis que d'autres se pressant autour du roi : — Êtes-vous blessé, sire! êtes-vous blessé ?

— Non pas que je sache, dit le roi dans son accès de frayeur (sentiment bien excusable dans un roi d'un caractère si craintif, et qui avait été si souvent exposé à de criminelles tentatives); — non pas que je sache. — Mais qu'on le fouille, qu'on le fouille : je suis sûr d'avoir vu des armes à feu sous ses habits; je suis sûr d'avoir senti la poudre. — J'en suis sûr.

Lord Glenvarloch ayant été dépouillé de son manteau, et ses pistolets étant découverts, un cri général d'étonnement et d'exécration contre le coupable supposé s'éleva du milieu de la foule, qui grossissait à chaque instant; et ce célèbre pistolet, qui, quoiqu'il fût porté par un homme aussi loyal et aussi fidèle que Nigel, répandit tant de terreur parmi les dames et les cavaliers, dans une solennité récente; — ce célèbre pistolet lui-même ne produisit pas une plus vive consternation que celle qu'excitèrent, et avec aussi peu de fondement, les armes trouvées sur la personne de lord Glenvarloch.

— La mort à ce misérable! — à ce parricide! — à cette bête féroce! fut le cri général. Et le roi, qui était assez porté à estimer sa vie autant qu'elle l'était ou qu'elle paraissait l'être par ceux qui l'environnaient, criait plus fort que tous les autres : — Oui, oui, qu'on l'emmène; je suis fatigué de lui, tout le royaume l'est aussi. Mais qu'on ne lui fasse aucun mal; et, pour l'amour de Dieu, messieurs, si vous êtes sûrs de l'avoir entièrement désarmé, cachez vos épées, vos dagues, et toutes vos armes, car vous risquez de vous faire mal.

A l'ordre du roi, toutes les armes rentrèrent dans leurs fourreaux, car ceux qui jusqu'alors les avaient agitées dans un mouvement d'enthousiasme se rappelèrent l'espèce d'horreur qu'inspirait à Jacques une épée nue. Cette faiblesse paraissait chez ce monarque être aussi naturelle que sa timidité, et on l'attribuait généralement à la terreur qu'avait produite sur sa mère infortunée le meurtre de Rizzio, égorgé devant elle avant qu'elle eût mis son fils au jour.

Dans ce moment, le prince, qui avait chassé dans une autre partie de cet immense parc, et qui avait été informé d'abord assez inexactement de ce qui se passait, survint suivi d'un ou deux gentilshommes de sa suite, parmi lesquels se trouvait Dalgarno; il sauta en bas de son cheval, et demanda avec empressement si son père était blessé.

— Non pas que je sache, mon fils Charles; — mais je suis exténué du combat qu'il m'a fallu soutenir corps à corps avec l'assassin. — Steenie, remplissez-nous un verre de vin; — la gourde est suspendue au pommeau de notre selle. — Embrassez-moi, mon fils Charles, continua le monarque après qu'il se fut réconforté le cœur. L'Etat et vous, ô mon fils, vous avez bien manqué de perdre un bon père, car nous sommes *pater patriæ*, aussi-bien que *pater familias*. — *Quis desiderio sit pudor aut modus tam cari capitis*[1]! — Malheur à moi! les habits de deuil auraient été chers en Angleterre.

Et à l'idée du deuil général qui aurait suivi sa mort, ce bon roi répandit lui-même quelques larmes.

— Est-il possible! dit Charles d'un air sévère; car d'un côté son orgueil était blessé de la faiblesse de son père, et de l'autre il éprouvait tout le ressentiment que devait causer à un fils et à un sujet un attentat contre la vie du roi. Que quelque témoin de ce qui est arrivé prenne donc la parole — lord Buckingham?

— Je ne veux pas dire, milord, répondit le duc, que

---

[1] Quel terme, quelle consolation y a-t-il aux regrets causés par une tête si chère!
(Horace, ode.) — Tr.

j'aie vu aucune violence exercée contre Sa Majesté ; autrement j'en eusse tiré vengeance sur l'heure.

— Votre zèle vous eût égaré, George, répondit le prince; c'est aux lois qu'il faut laisser le soin de venger de pareilles offenses. Mais ce misérable n'était-il pas aux prises avec Sa Majesté?

— Je ne puis l'assurer, milord, dit le duc, qui, malgré tous ses vices, aurait dédaigné de s'avilir par un mensonge; il semblait vouloir retenir Sa Majesté, qui, de son côté, paraissait vouloir monter à cheval; mais on a trouvé des pistolets sur sa personne, en contravention aux lois établies; et comme ce malheureux est Nigel Olifaunt, dont les mauvaises dispositions sont connues de Votre Altesse par plusieurs preuves qu'il en a données, nous croyons avoir quelques motifs de mettre tout au pire.

— Nigel Olifaunt! dit le prince. Comment ce malheureux a-t-il pu déjà oser un nouveau crime? Faites-moi voir les pistolets.

— Ne soyez pas assez imprudent pour toucher de pareilles armes, mon fils Charles, dit Jacques. — Ne les lui donnez pas, Steenie, — je vous le défends par l'obéissance que vous me devez. Ils peuvent partir spontanément, ce qui s'est vu souvent. — Quoi! vous persistez! A-t-on jamais eu des fils entêtés comme de notre temps? N'avons-nous pas assez de gardes et de soldats, sans que vous vous mêliez de décharger vous-même ces armes, — vous, l'héritier de notre sang et de notre dignité, tandis qu'il y a autour de nous tant de personnes payées pour exposer leur vie à notre service!

Mais, sans avoir égard aux injonctions de son père, le prince Charles, avec cette obstination qui le caractérisait dans les bagatelles aussi-bien que dans les objets plus importans, persista à décharger lui-même les pistolets de la double balle dont ils étaient chargés. Tous ceux qui étaient présens levèrent les mains d'étonnement et d'horreur à la pensée du crime qu'on supposait avoir été médité, et auquel on croyait que le roi venait d'échapper.

Nigel n'avait pas encore prononcé un seul mot; il demanda alors d'un air calme à être entendu.

— Eh pourquoi? répondit froidement le prince : vous savez qu'une accusation grave pèse sur vous, et au lieu de vous constituer prisonnier conformément aux lois, on vous trouve ici, vous introduisant auprès de Sa Majesté, et muni d'armes défendues.

— Ne vous en déplaise, mon prince, je portais ces malheureuses armes pour ma défense, et il y a peu de temps encore elles m'ont été nécessaires pour protéger la vie des autres.

— Sans doute, milord, répondit le prince avec le même sang-froid, — votre dernier genre de vie et vos associés vous ont rendu familier avec les scènes de violence; mais ce n'est pas devant moi que vous devez plaider votre cause.

— Ecoutez-moi, — écoutez-moi, noble prince, dit Nigel avec vivacité, écoutez-moi! Vous, — oui, vous-même, — vous demanderez peut-être un jour qu'on vous écoute, et le demanderez en vain.

— Comment, monsieur? dit le prince avec fierté; comment dois-je interpréter ce que vous dites?

— Si ce n'est point sur cette terre, monseigneur, répondit le prisonnier, ce sera du moins dans le ciel, où nous demanderons tous la grace d'être écoutés favorablement.

— C'est la vérité, milord, dit le prince en inclinant fièrement la tête en signe d'acquiescement, et je ne refuserais pas de vous entendre si cela pouvait vous être utile; mais il ne vous sera fait aucune injustice, j'y veillerai moi-même.

— Oui, oui, répondit le roi, il a fait *appellatio ad Cæsarem*[1]. — Nous voulons interroger Glenvarlochides nous-

[1] Appel à César. — TR.

même, en temps et lieu; cependant, qu'on l'éloigne lui et ses armes, car j'en ai les yeux fatigués.

En conséquence de cet ordre, Nigel fut conduit hors de la présence du roi. Cependant ses paroles n'étaient pas tout-à-fait tombées par terre.

— C'est quelque chose de très-étrange, George, dit le prince à son favori, cet homme-là a un extérieur séduisant, une figure heureuse, et beaucoup d'assurance dans le regard et dans les paroles. Je ne puis penser qu'il eût l'intention de commettre un crime si odieux, et si inutile pour lui.

— Je n'ai aucune amitié pour ce jeune homme, répondit Buckingham, dont l'orgueilleuse ambition portait toujours un caractère de franchise, mais je ne puis m'empêcher de partager le sentiment de Votre Altesse; et je pense que notre cher maître s'est peut-être trop hâté de craindre pour ses jours.

— Sur ma vie! Steenie, vous avez tort de parler ainsi, dit le roi; n'ai-je pas senti l'odeur de la poudre? qu'en pensez-vous? Quel autre la sentit, le 5 novembre, si ce n'est Notre Majesté elle-même? Cécil et Suffolk étaient en défaut, ainsi que tant d'autres, lorsque j'éventai la mine; et croyez-vous que je ne sais pas sentir la poudre [1]? Aussi Johannes Barclaius a-t-il pensé qu'il y avait quelque chose d'inspiré dans cette sensation, et a-t-il intitulé son histoire de ce complot : *Series patefacti divinitùs parricidii* [2]; et Spondanus pareillement, dit et en parlant de nous : *Divinitùs evasit*.

— Le royaume fut heureux du salut de Votre Majesté, dit Buckingham, et de cette finesse d'instinct qui sut se tirer du labyrinthe de la trahison par un fil si délié.

— Sur ma vie, Steenie, vous avez raison; il y a peu de jeunes gens qui jugent comme vous de la sagesse de leurs anciens. Et quant à ce traître — je pense que c'est un

---

(1) Allusion au *papist Plot*, conspiration papiste. — Ed.
(2) Récit d'un horrible attentat découvert par inspiration divine. — Ed.

épervier du même nid, — n'avez-vous rien trouvé de papiste sur lui? Voyez s'il ne porte pas quelque crucifix ou quelque autre colifichet de l'église romaine.

— Il serait peu convenable de ma part de chercher à excuser ce malheureux, dit lord Dalgarno; car si l'on considère la noirceur de son attentat, cette pensée suffit pour glacer le sang de tout fidèle sujet. Cependant je ne puis m'empêcher de faire remarquer, avec tout le respect que je dois à l'infaillible jugement de Sa Majesté, et pour rendre justice à quelqu'un qui s'est montré jadis mon ennemi, et qui maintenant s'offre sous de plus noires couleurs; je dois déclarer, dis-je, que cet Olifaunt se montra toujours plutôt puritain que papiste.

— Ah! Dalgarno, vous voilà, dit le roi; et vous aussi, vous nous avez laissé seul, abandonné à nos propres forces et aux soins de la Providence, lorsque nous luttions contre ce coquin!

— La Providence, sous le bon plaisir de Votre Majesté, ne pouvait manquer de secourir, dans cette extrémité, l'objet de la sollicitude de trois royaumes que votre mort eût plongés dans la douleur, dit lord Dalgarno.

— Sans doute, milord, — sans doute, répondit le roi; mais la présence de votre père avec son grand couteau de chasse — m'aurait été d'un grand secours il y a quelques instants; et à l'avenir, pour seconder les bonnes intentions de la Providence en notre faveur, nous voulons que deux soldats de nos gardes se tiennent toujours près de nous.

— Ainsi donc cet Olifaunt est un puritain? — mais pour cela il ne diffère pas beaucoup d'un papiste; car, après tout, les extrêmes se touchent, comme dit le proverbe; il y a, comme je l'ai prouvé dans mon livre, des puritains qui ont des principes papistes : — c'est une nouvelle branche sur un vieux tronc.

Ici le roi fut averti par le prince, qui craignait peut-être qu'il ne se mît à réciter le *Basilicon Doron*[1] tout entier, qu'il vaudrait mieux rentrer au palais, et considérer ce qu'il fallait faire pour tranquilliser le peuple, qui ne manquerait pas d'élever de sinistres conjectures sur l'aventure de ce matin.

A la porte du palais, une femme s'inclina devant le roi, et lui présenta un papier que le monarque reçut, et qu'il mit dans sa poche. Le jeune prince témoigna quelque envie d'en connaître le contenu. — Le valet de service vous le dira, répondit le roi, lorsque j'aurai ôté mon habit de chasse. Croyez-vous, Charles, que je puisse lire tout ce qu'on m'a remis? voyez. — (Et il lui montra les poches de son habit toutes remplies de papiers.) — Nous sommes chargé comme un âne, — si nous pouvons ainsi parler; — comme un âne qui succombe sous une double charge. Oui, oui, *asinus fortis accumbans inter terminos*[2], comme dit la Vulgate; — oui, oui, *Vidi terram quòd esset optima, et supposui humerum ad portandum, et factus sum tributis serviens*[3]. J'ai vu cette terre d'Angleterre, et je suis devenu un roi accablé sous le poids de mille fardeaux.

— Vous êtes, il est vrai, bien chargé, mon cher maître, dit le duc de Buckingham en recevant les papiers dont le roi Jacques vidait ses poches.

— Oui, oui, continua le monarque; prenez ces choses-là pour vous, *per aversionem*, mes enfans! Une poche est pleine de pétitions, l'autre de *pasquinades*: nous avons bien le temps de les lire! Sur mon honneur je crois que la fable de Cadmus est allégorique, et que les dents du dragon qu'il semait ne sont autre chose que les lettres qu'il inventa. Vous riez, petit Charles; — pensez à ce que je dis.

— Lorsque je vins pour la première fois de notre pays,

---

(1) Livre publié par Jacques Ier. — Ed.
(2) Un âne robuste, fléchissant sous un double fardeau. — Tr.
(3) J'ai vu la terre, que j'ai trouvée excellente; j'ai prêté l'épaule, et je suis devenu porteur de fardeaux. — Tr.

dont les hommes sont aussi rudes que le climat, par ma foi, l'Angleterre était une terre promise ; on aurait cru qu'on n'avait rien à faire qu'à se promener sur une eau tranquille, *per aquam refectionis*¹ ; mais je ne sais ni comment ni pourquoi tout a changé de face.—Lisez ce libelle sur nous et notre gouvernement. Les dents du dragon sont semées, mon fils Charles ; je prie le ciel qu'elles ne portent pas de vos jours leur moisson armée, si toutefois je ne la vois pas de mon vivant. Que Dieu nous préserve de ce malheur, car ce sera un jour bien terrible que celui où on la recueillera.

— Je saurai bien détruire cette moisson en herbe ; — qu'en dites-vous, Georges ? répondit le prince en se tournant vers son favori avec un regard où se peignaient son mépris pour les craintes de son père et sa confiance dans sa résolution et sa fermeté.

Pendant ce discours, Nigel, conduit par un homme d'armes, traversait Greenwich, dont tous les habitans, alarmés par la nouvelle d'une tentative faite contre la vie de leur roi, se pressaient autour du traître supposé. Au milieu de la confusion générale, il crut discerner la figure du cuisinier, immobile d'étonnement et de stupeur, et celle du barbier, où se peignaient à la fois l'horreur et la curiosité ; il crut aussi apercevoir son batelier à jaquette verte.

Il n'eut guère le temps de faire des remarques, car on le fit entrer sans délai avec l'homme d'armes et deux soldats des gardes dans une barque qui remonta la rivière aussi rapidement que pouvaient la conduire six vigoureux bateliers ramant contre le courant. Ils traversèrent cette forêt de mâts qui, même alors, donnait déjà à l'étranger une idée étonnante de l'étendue du commerce de Londres, et bientôt ils arrivèrent près de ces remparts et de ces

---

(1) Sur une eau salutaire. — Tr.

bastions noirs et peu élevés qui offrent çà et là une pièce d'artillerie ou une sentinelle solitaire sous les armes, mais qui n'ont rien autre chose de l'aspect effrayant d'une citadelle. Une voûte basse se projetant sur l'onde, qui a reçu plus d'un innocent et plus d'un coupable, couvrait déjà Nigel de son ombre épaisse; le bateau s'approcha d'un large escalier que la rivière mouille de son onde paisible. Le concierge regarda du haut du guichet, et parla à voix basse à l'homme d'armes; quelques minutes après parut le lieutenant de la Tour, qui reçut le prisonnier, et donna une reconnaissance constatant qu'on lui avait remis la personne de Nigel, lord Glenvarloch.

CHAPITRE XVIII.

« Tour de Jules César, opprobre de l'Anglais,
« Que le crime souilla de tant de noirs forfaits. »
GRAY.

TELLE est l'exclamation de Gray. Bandello [1], long-temps avant lui, a dit quelque chose d'à peu près semblable; et la même pensée doit s'être souvent présentée, sous une forme ou une autre, à ceux qui, se rappelant le sort des prisonniers renfermés dans cette mémorable prison d'Etat, peuvent n'avoir eu que trop de motifs pour prévoir le leur. La voûte sombre et basse, qui semblait, comme l'entrée de l'enfer du Dante, ôter l'espoir du retour; — la voix sourde des gardes, et les formalités minutieuses observées pour ouvrir et fermer le guichet; le salut froid et sec du lieutenant de la forteresse, qui témoigna à son prisonnier cette politesse réservée et mesurée que l'autorité paie comme un tribut au décorum; tout pénétra jus-

(1) Moine et conteur italien des premières années du seizième siècle. — ED.

qu'au cœur de Nigel, et lui imprima le sentiment cruel de sa captivité.

— Je suis prisonnier, dit-il, et ces mots s'échappèrent de sa bouche presque malgré lui ; — je suis prisonnier, et dans la Tour !

Le lieutenant fit une inclination. —Mon devoir, dit-il, est de montrer à Votre Seigneurie la chambre où je suis obligé de lui dire que j'ai l'ordre de l'enfermer. Je ferai tout ce que mon devoir me permettra pour vous la rendre agréable.

Nigel se contenta de répondre à ce compliment par un salut, et il suivit le lieutenant dans les vieux bâtimens situés à l'ouest de la parade, et contigus à la chapelle ; bâtimens qui servaient alors de prison d'Etat, mais qui maintenant servent de salle à manger aux officiers de la garde de service. Les doubles portes furent ouvertes ; le prisonnier monta quelques marches, suivi du lieutenant et d'un garde de première classe. Ils entrèrent dans un appartement spacieux, mais irrégulier, bas, sombre, et garni d'un très-mince mobilier. Le garde reçut l'ordre de faire du feu, et d'obéir à lord Glenvarloch en tout ce qui pourrait se concilier avec son devoir ; et le lieutenant se retira après avoir fait sa révérence, accompagnée du compliment d'usage, — qu'il espérait que Sa Seigneurie ne resterait pas long-temps sous sa garde.

Nigel voulut faire plusieurs questions au garde qui était resté pour mettre l'appartement en ordre ; mais cet homme avait pris l'esprit de sa charge. Tantôt il paraissait ne pas comprendre les questions du prisonnier, quoiqu'elles fussent du genre le plus ordinaire, ou bien il s'abstenait d'y répondre ; et lorsqu'il parlait, c'était d'un ton boudeur et laconique, qui, sans être positivement insolent, suffisait pour ne pas encourager un plus long entretien.

Nigel le laissa donc faire son ouvrage en silence, et s'amusa tristement à déchiffrer les noms, les sentences, les vers et les hiéroglyphes dont ses prédécesseurs de captivité avaient couvert les murs de leur prison. Il y vit les noms d'un grand nombre de malheureux oubliés, associés à d'autres dont le souvenir ne pourra s'effacer qu'avec l'histoire d'Angleterre. Les pieuses effusions du zélé catholique, tracées à la veille de sceller à Tyburn sa profession de foi, étaient confondues avec celles de l'inflexible protestant, à la veille d'alimenter les bûchers de Smithfield. La main délicate de l'infortunée Jane Gray, dont la catastrophe devait arracher des larmes aux générations à venir, contrastait avec la main plus hardie qui avait gravé profondément sur les murs l'ours et le bâton brisé, emblème orgueilleux des fiers Dudleys. C'était, comme le registre du prophète, des archives de lamentation et de deuil, où quelquefois étaient consignés les courts épanchemens d'une ame résignée, et des phrases qui exprimaient la plus ferme résolution.

Pendant que lord Glenvarloch s'occupait tristement à réfléchir sur les malheurs de ceux qui l'avaient précédé dans cette prison, la porte s'ouvrit tout à coup. C'était le garde qui venait l'informer que, par ordre du lieutenant de la Tour, Sa Seigneurie allait avoir avec elle dans sa chambre un camarade de prison, pour lui tenir compagnie. Nigel se hâta de répondre qu'il n'avait pas besoin de société, et qu'il préférait rester seul; mais le garde lui donna à entendre, avec une sorte de politesse brusque, que le lieutenant savait mieux que personne comment il devait avoir soin de ses prisonniers; que du reste il n'aurait aucun embarras avec l'enfant, qui était si peu gênant qu'il valait tout au plus la peine d'être renfermé sous clef. —Allons, Giles, cria-t-il, amène l'enfant.

Un autre garde poussa devant lui l'enfant dans la chambre : ils se retirèrent sans plus tarder; et la prison retentit du bruit des serrures et des chaînes, ces formidables barrières contre la liberté. L'enfant était vêtu d'un habillement de drap gris très-fin, orné de galons d'argent, et d'un manteau assorti couleur peau de buffle. Son chapeau, qui était un montero de velours noir, lui couvrait les sourcils, et les longues et épaisses boucles de ses cheveux lui cachaient une partie du visage. Il restait à la place où le garde l'avait laissé, à environ deux pas de la porte de l'appartement, les yeux fixés sur la terre, et tremblotant de timidité et d'effroi. Nigel se serait bien passé de société; mais il n'était pas dans son caractère de voir souffrir quelqu'un sans chercher à le consoler.

—Prenez courage, mon gentil garçon, dit-il. Nous ne serons sans doute ensemble que pour peu de temps; du moins j'espère que votre emprisonnement sera de courte durée, car vous êtes trop jeune pour avoir fait quelque chose qui mérite une longue détention. Allons, allons, ne vous découragez pas. Votre main est froide et tremblante; cependant l'air est chaud, — mais c'est peut-être l'humidité de cette chambre sombre. Approchez-vous du feu.— Quoi! vous pleurez, mon petit homme? ne faites donc pas l'enfant; quoique vous n'ayez pas encore de barbe à déshonorer par vos larmes, vous ne devriez cependant pas pleurer comme une fille. Figurez-vous que vous n'êtes renfermé que pour avoir fait l'école buissonnière, et vous pouvez à coup sûr bien passer un jour ici sans pleurer.

L'enfant se laissa conduire, et s'assit près du feu; mais après avoir conservé long-temps la position qu'il avait prise en s'asseyant, il en changea tout à coup pour se tordre les mains avec l'air de la plus amère douleur; il s'en couvrit ensuite le visage, et pleura tant, que ses larmes coulaient par torrens à travers ses jolis doigts.

Nigel oublia en quelque sorte la situation dans laquelle il se trouvait lui-même, par l'intérêt que lui inspirait le désespoir auquel un être si jeune et si beau paraissait en proie. Il s'assit à côté de l'enfant, et employa les termes les plus insinuans qu'il put trouver pour tâcher d'adoucir son chagrin; et, par un mouvement que la différence d'âge rendait naturel, il passa avec bonté sa main sur les longs cheveux de l'enfant inconsolable. Le jeune homme parut presque embarrassé à cette légère marque de familiarité; et cependant lord Glenvarloch s'aperçut de ce mouvement, qu'il attribua à la timidité, et s'assit de l'autre côté du foyer. L'enfant sembla alors à être plus à son aise, et écouter avec intérêt les raisonnemens que Nigel employait de temps en temps pour l'engager à modérer du moins la violence de son chagrin. Quoique ses larmes continuassent de couler avec abondance, elles paraissaient s'échapper de leur source avec plus de facilité; ses sanglots étaient moins convulsifs, et se changeaient insensiblement en de légers soupirs, qui se succédaient l'un à l'autre sans que ce fût peut-être une preuve d'un chagrin moins vif, bien qu'ils fussent moins alarmans que ses premiers transports.

— Qui êtes-vous, mon gentil garçon? dit Nigel. Considérez-moi, mon enfant, comme un compagnon qui a l'envie de vous obliger, pourvu que vous lui appreniez ce qu'il peut faire pour cela.

— Monsieur, — milord, je veux dire, répondit l'enfant avec timidité, et d'une voix qui pouvait à peine franchir la courte distance qui les séparait, vous êtes bien bon, — et moi, — je suis bien malheureux.....

Un nouveau déluge de larmes interrompit ce qu'il allait dire, et lord Glenvarloch eut besoin de renouveler ses reproches et ses encouragemens bienveillans pour ramener l'enfant à une tranquillité d'esprit qui le rendît capable de s'exprimer d'une manière intelligible. Enfin, cependant, il put dire: Je suis sensible à votre bonté, milord..... j'en suis reconnaissant..... mais je suis bien malheureux; et, ce qu'il y a de pire, c'est que je ne puis accuser que moi de mes malheurs.

—Mon jeune ami, dit Nigel, nous sommes rarement tout-à-fait malheureux sans en être nous-mêmes plus ou moins la cause. — Je puis le dire ; autrement je ne serais pas ici aujourd'hui. Mais vous êtes très-jeune, et vous ne pouvez pas être bien coupable.

— O monsieur ! j'en voudrais pouvoir dire autant... J'ai été volontaire et entêté... imprudent et mutin... et maintenant... maintenant, combien je le paie cher !

— Bah ! mon garçon, répliqua Nigel, ce doit être quelque boutade d'enfant, quelque escapade, quelque folie de jeunesse ; mais encore, comment cela a-t-il pu vous conduire à la Tour ? — Jeune homme, il y a en vous quelque chose de mystérieux qu'il faut que je pénètre.

— Vraiment, milord, je vous assure que je n'ai rien fait de mal, dit l'enfant ému par les derniers mots, qui l'alarmèrent tellement qu'il parut être sur le point de faire un aveu que n'avaient pu arracher de lui les prières et les argumens bienveillans employés d'abord par Nigel.
— Je suis innocent ; c'est-à-dire j'ai eu tort, mais je n'ai rien fait pour mériter d'être enfermé dans ce vilain endroit.

— Dites-moi la vérité alors, reprit Nigel d'un ton à la fois impérieux et encourageant : vous n'avez rien à craindre de moi, et peu de chose à espérer, peut-être ; mais dans la position où je me trouve, je voudrais savoir à qui je parle.

— Avec un être malheureux, un enfant, monsieur, — un enfant étourdi et inconsidéré, comme le disait Votre Seigneurie, répondit-il en levant les yeux et en montrant un visage sur lequel la pâleur et la rougeur se succédaient tour à tour, selon qu'il exprimait la crainte ou la honte. J'ai quitté la maison de mon père sans permission, pour voir le roi chasser dans le parc de Greenwich ; on a crié à la trahison, et fermé toutes les grilles. La peur m'a saisi, je me suis caché dans un bosquet ; j'ai été découvert et interrogé par des officiers des chasses ; ils ont dit que je n'avais pas bien répondu, et l'on m'a envoyé ici.

— Que je suis infortuné! s'écria lord Glenvarloch en se levant et parcourant à grands pas l'appartement; tout ce qui m'approche partage mon malheureux destin! La mort et l'emprisonnement s'attachent à mes pas, et enveloppent tout ce qui m'entoure. Mais l'histoire de cet enfant a quelque chose d'étrange. — Vous dites que vous avez été interrogé, mon jeune ami; permettez-moi de vous demander si vous avez dit votre nom, et la manière dont vous vous êtes introduit dans le parc? Si vous l'aviez fait, sûrement on ne vous aurait pas mis en prison.

— Oh! milord, répondit l'enfant, je ne me souciais pas de leur dire le nom de l'ami qui m'a fait entrer; et, quant à mon père, je ne voudrais pas, pour toutes les richesses de Londres, qu'il sût où je suis maintenant.

— Mais vous ne vous attendez pas, reprit Nigel, à être remis en liberté avant qu'on sache qui vous êtes?

— Quel bien cela leur fera-t-il de retenir un être aussi inutile que moi? dit l'enfant; ils devraient me laisser partir, ne fût-ce que par pudeur.

— Ne vous fiez pas à cela. — Dites-moi votre nom et votre position, j'en instruirai le lieutenant; c'est un homme de bien et d'honneur, et non-seulement il sera disposé à vous faire rendre la liberté, mais je ne doute pas qu'il n'intercède même en votre faveur auprès de votre père. C'est presque une obligation pour moi de vous aider de tout mon pouvoir à sortir de cet embarras, puisque j'ai occasioné l'alarme à laquelle vous avez dû d'être arrêté; ainsi, dites-moi votre nom et celui de votre père.

— Mon nom! *à vous!* oh! jamais, jamais, répondit l'enfant d'une voix qui exprimait une profonde émotion, dont Nigel ne put pénétrer la cause.

— Avez-vous donc si peur de moi, jeune homme, parce que je suis ici accusé et prisonnier? Songez qu'un homme peut être l'un et l'autre sans mériter ni le soupçon ni les fers. Pourquoi vous défier de moi? vous paraissez être sans amis, et ma situation ressemble tant à la vôtre que je ne puis m'empêcher de compatir à votre sort quand je considère le mien. Réfléchissez ; je vous ai parlé avec bienveillance; mon cœur est d'accord avec mes paroles.

— Oh! je n'en doute pas, milord, dit l'enfant; je n'en doute pas, et je veux vous dire tout... c'est-à-dire presque tout.

— Ne me dites, mon jeune ami, que ce qui peut m'aider à vous être utile.

— Vous êtes généreux, milord, et je suis certain... oh! bien certain que je pourrais en toute sûreté me fier à votre honneur ; — mais cependant, ma position est si cruelle et si critique, — j'ai été si imprudent, si téméraire, — que je ne pourrai jamais vous raconter ma folie. Du reste, j'en ai déjà trop dit à quelqu'un dont je croyais avoir touché le cœur... et pourtant je me trouve ici.

— A qui avez-vous fait cette confidence.

— Je n'ose le dire, milord.

— Il y a quelque chose d'extraordinaire en vous, mon jeune ami, dit lord Glenvarloch en retirant avec une sorte de demi-violence la main dont l'enfant s'était de nouveau couvert les yeux. Ne vous attristez pas en vous appesantissant sur votre situation ; votre pouls est agité, et votre main brûlante; étendez-vous sur ce grabat, et tâchez de dormir. C'est le remède le plus prompt et le plus efficace pour bannir les idées qui vous tourmentent.

— Je vous remercie de vos bons conseils, milord; mais avec votre permission, je me reposerai quelque temps dans ce fauteuil, je suis mieux là que je ne serais sur le lit : je réfléchirai tranquillement à ce que j'ai fait et à ce qui me reste à faire ; et si Dieu m'envoie le sommeil dont j'ai si grand besoin, ce sera pour moi un doux bienfait.

A ces mots l'enfant retira sa main de celle de lord Nigel, et, s'entourant le corps et une partie du visage des larges plis de son manteau, il s'abandonna au sommeil et à ses réflexions, tandis que son compagnon, malgré les scènes fatigantes de la journée et de la veille, continuait à se promener en long et en large dans l'appartement, absorbé dans ses rêveries.

Tout lecteur a éprouvé par lui-même qu'il est des momens où, loin d'être maître de ce qui se passe hors de soi, l'homme est trop faible pour imposer un joug même à ses pensées. Nigel avait naturellement le désir de réfléchir avec calme sur sa situation, et d'adopter le plan qu'il lui convenait de suivre, comme homme de sens et de courage : cependant, en dépit de lui-même, et malgré l'état critique dans lequel il se trouvait, il arriva que la situation de son compagnon de prison l'occupa plus que la sienne. Il ne pouvait se rendre compte de cet écart de l'imagination, mais il lui était impossible de s'en défendre. Les accens touchans d'une des voix les plus douces qu'il eût jamais entendues retentissaient à son oreille, quoique le sommeil parût alors avoir enchaîné la langue qui produisait cette mélodie. Il s'approcha sur le bout des pieds pour s'en assurer : les plis du manteau cachaient entièrement la partie inférieure de la figure de l'enfant ; mais le bonnet, qui était tombé un peu de côté, lui permit de voir son front sillonné de veines bleues, ses yeux garnis de longs cils et qui semblaient fermés par le sommeil.

— Pauvre enfant, se dit Nigel, tes yeux sont encore humides des larmes que tu as versées avant de t'endormir. Le chagrin est un cruel compagnon pour un être aussi jeune et aussi délicat que toi. Goûte un paisible repos ; je n'en troublerai pas la douceur : mes propres infortunes réclament mon attention, et c'est d'elles que je dois m'occuper.

Malgré tous ses efforts, il était distrait, à chaque tour qu'il faisait dans sa chambre, par des conjectures qui toutes avaient rapport au jeune homme endormi plutôt qu'à lui-même. Il se tourmentait et s'irritait, se reprochait l'intérêt opiniâtre qu'il prenait aux affaires d'une personne dont il n'avait jamais entendu parler avant ce moment, et qui peut-être servait d'espion à ceux qui étaient chargés de sa garde; mais le charme ne pouvait être détruit, et les pensées qu'il cherchait à éloigner continuaient à le poursuivre.

Après qu'une demi-heure au moins se fut écoulée de cette manière, le bruit discordant des serrures se fit entendre de nouveau, et le garde annonça qu'un homme désirait parler à lord Glenvarloch. — Un homme me parler, dans la situation où je me trouve! qui peut-il être? Et John Christie, son hôte du quai Saint-Paul, termina ses doutes en entrant dans son appartement. — Soyez le bien-venu, mon digne hôte, dit lord Glenvarloch. Comment pouvais-je m'attendre à vous voir dans le logement resserré qu'on m'a donné? Et en même temps, avec la franchise d'une vieille amitié, il s'avança vers Christie; mais John se retira en arrière comme à la vue d'un serpent.

— Gardez vos politesses pour vous, milord, dit-il brusquement; j'en ai déjà eu tant, que cela me suffit pour toute ma vie.

— Hé bien! maître Christie, qu'est-ce que cela veut dire? J'espère que je ne vous ai pas offensé?

— Ne m'interrogez pas, milord, dit Christie avec la même brusquerie. Je suis un homme pacifique, je ne suis pas venu ici pour disputer avec vous dans un tel lieu et dans un pareil moment. Apprenez que je connais à fond tout ce que je dois à la noblesse de Votre Honneur; ainsi dites-moi en aussi peu de mots que vous le pourrez où est la malheureuse femme; qu'en avez-vous fait?

— Ce que j'en ai fait? reprit lord Glenvarloch. Et de qui? je ne sais ce que vous voulez dire.

— Oh! oui, milord, répliqua Christie, jouez la surprise tant qu'il vous plaira : vous devez deviner que je parle de la pauvre folle qui était ma femme avant de devenir la maîtresse de Votre Seigneurie.

— Votre femme! — est-ce que votre femme vous a quitté? et dans ce cas venez-vous la réclamer de moi?

— Oui, milord; quelque singulier que cela paraisse, répondit Christie avec une ironie amère et une sorte de sourire qui formait un contraste sauvage avec la décomposition de ses traits, ses yeux étincelans, et l'écume qui sortait de sa bouche; je viens présenter cette demande à Votre Seigneurie. Vous êtes étonné, sans doute, que je me donne cette peine; mais tout ce que je puis vous dire, c'est que les grands et les petits pensent différemment. Elle a reposé sur mon sein et bu dans ma coupe, et, quels que soient ses torts, je ne puis l'oublier. Si je ne veux plus la revoir, il ne faut pas pour cela qu'elle meure de faim, milord, ou qu'elle fasse pire encore pour gagner son pain, quoique Votre Seigneurie puisse penser que je prive le public en tâchant de corriger ses dispositions.

— Par ma foi de chrétien et mon honneur de gentilhomme! dit lord Glenvarloch, s'il est arrivé quelque malheur à votre femme, j'y suis entièrement étranger. Dieu veuille que vous soyez également dans l'erreur en l'accusant, comme en me supposant son complice.

— Fi donc! milord, reprit Christie; fi donc! Pourquoi vous donner tant de peine? ce n'est que la femme d'un vieux lourdaud de gargotier, qui a été assez sot pour épouser une fille plus jeune que lui de vingt ans. Votre Seigneurie n'en retirera pas plus de gloire qu'elle n'en a déjà acquis; et, quant au soin de vos plaisirs, je pense que dame Nelly ne vous est plus nécessaire. Je serais fâché d'interrompre le cours de vos jouissances; un vieux sot devrait avoir davantage le sentiment de son humble état, mais Votre gracieuse Seigneurie étant renfermée ici avec tout ce qu'il y a de bijoux choisis dans le royaume, dame Nelly ne peut, je pense, être admise à partager les heures de volupté que... Ici l'époux irrité commença à balbutier; il quitta le ton de l'ironie, et, frappant de son bâton contre

terre, il poursuivit : — O traître ! comme je voudrais que
ces membres, que je désirerais avoir vus se briser la première fois qu'ils ont passé le seuil de mon honnête maison,
fussent débarrassés des fers qu'ils ont si bien mérités ! je
te laisserais l'avantage de ta jeunesse et de tes armes, et
je donnerais mon ame au diable si, avec ce bois de chêne,
je ne faisais pas de toi, pour les ingrats et les enjôleurs,
un exemple tel, qu'on citerait en proverbe jusqu'à la fin
des siècles la manière dont John Christie assomma l'amant doucereux de sa femme.

— Je ne saurais comprendre votre insolence, dit Nigel ;
mais je l'excuse, parce que vous êtes abusé par quelque
erreur. Autant que je puis m'expliquer votre violente
accusation, elle n'est nullement méritée de ma part. Vous
paraissez me reprocher d'avoir séduit votre femme ; j'espère qu'elle est innocente ; quant à ce qui me regarde, du
moins, elle est aussi pure qu'un ange dans le ciel. Je n'ai
jamais pensé à elle, jamais je ne lui ai touché la main ni
la joue que par un motif de politesse honorable.

— Oh ! oui, — de politesse !... c'est le mot propre. Elle
vantait la *politesse honorable* de Votre Seigneurie. Vous
m'attrapiez ensemble, avec votre politesse. Milord, milord,
vous n'êtes pas arrivé bien riche, vous le savez ; ce n'est
pas l'appât du gain qui m'a décidé à vous recevoir sous
mon toit, vous et votre spadassin, votre don Diego. Je
ne me suis jamais inquiété que la petite chambre fût louée
ou non ; je n'avais pas besoin de cela pour vivre ; si vous
n'aviez pas pu payer, on ne vous aurait jamais rien demandé. Tout le quai peut dire que John Christie a le
moyen de faire une bonne action, et que ce n'est pas le
cœur qui lui manque. Avant le jour où vous êtes venu
dans mon honnête maison, j'étais aussi heureux qu'un
homme peut l'être quand il n'est plus jeune, et qu'il a des
rhumatismes ; Nelly était la femme la plus attentive et la
plus douce ; nous pouvions bien nous quereller de temps

en temps à propos d'une robe ou d'un ruban; mais après tout, il n'y avait pas de meilleure ame, pas de ménagère plus diligente, eu égard à son âge, avant votre arrivée. Et qu'est-elle maintenant? — Mais je ne serai pas assez fou pour pleurer, si je puis m'en empêcher. Ce qu'elle est n'est pas la question; mais où est-elle? c'est à vous, monsieur, de me l'apprendre.

— Comment le pourrais-je, répondit Nigel, quand je vous dis que je l'ignore aussi-bien que vous, ou même plus encore? Jusqu'à ce moment, je n'ai entendu parler d'aucune division entre votre femme et vous.

— C'est un mensonge, dit brusquement John Christie.

— Eh quoi! vil coquin, s'écria Glenvarloch, voudrais-tu abuser de ma situation? Si je ne te regardais pas comme un fou, dont la démence est peut-être l'effet de quelque outrage, tu ne serais pas à l'abri de toute ma fureur, quoique je sois sans armes : je te briserais la tête contre la muraille.

— Oui, oui, répondit Christie : faites le fanfaron tant qu'il vous plaira; vous avez fréquenté les Ordinaires, vous avez été dans l'Alsace, et vous êtes instruit dans le langage des ruffians, je n'en doute pas. Mais, je le répète, vous en avez menti en disant que vous ne connaissez pas la perfidie de ma femme; car, lorsque vous étiez en gaieté avec vos camarades, c'était l'objet ordinaire de vos plaisanteries; et Votre Seigneurie ne refusait aucun des hommages qu'on voulait bien lui décerner en l'honneur de sa galanterie et de sa reconnaissance.

Il y avait dans cette partie de l'accusation un certain fonds de vérité qui déconcerta extrêmement Glenvarloch; car il ne pouvait pas, comme homme d'honneur, nier que lord Dalgarno et quelques autres ne l'eussent quelquefois plaisanté sur le compte de dame Nelly; et, quoiqu'il ne fît pas tout-à-fait *le fanfaron des vices qu'il n'avait pas*, il ne s'était pas montré du moins assez jaloux de se disculper du soupçon d'un tel crime devant des hommes près de qui c'était un titre d'estime. Ce fut donc avec une sorte d'hésitation et d'un ton adouci qu'il convint que cette supposition avait été l'objet de quelques vagues plaisanteries, mais sans la moindre apparence de vérité. John Christie ne put écouter plus long-temps sa défense.

— D'après ce que vous venez de me dire vous-même, s'écria-t-il, vous avez permis qu'on fît en plaisantant des mensonges sur votre compte; comment puis-je savoir si vous dites la vérité, maintenant que vous parlez sérieusement? Vous trouviez, sans doute, beaucoup d'honneur à passer pour avoir déshonoré une famille honnête! Qui ne croira pas que vous aviez des raisons positives pour appuyer votre lâche bravade? Je ne penserais pas différemment en pareille occasion. Ainsi donc, milord, écoutez ce que je vais vous dire : vous êtes vous-même maintenant dans une fâcheuse affaire; hé bien ! au nom de toutes les espérances que vous pouvez avoir d'en sortir heureusement, et sans perte de la vie et de vos biens, avouez où est cette malheureuse femme. Dites-le-moi, si vous tenez à votre salut.... ou si vous craignez l'enfer.... Parlez, à moins que vous ne vouliez que la malédiction d'une femme tout-à-fait perdue, et celle d'un homme dont vous avez brisé le cœur, vous poursuivent pendant votre vie, et portent témoignage contre vous dans ce grand jour qui viendra après la mort. Vous êtes ému, milord, je le vois; je ne puis oublier le mal que vous m'avez fait; je ne puis même promettre de le pardonner : mais, parlez, et vous ne me reverrez jamais; jamais vous n'entendrez mes reproches.

— Homme infortuné, répondit lord Glenvarloch, vous en avez dit plus, bien plus qu'il ne le fallait pour m'émouvoir profondément. Si j'étais libre, je vous aiderais de tout mon pouvoir à découvrir celui qui vous a outragé, d'autant plus que je me reproche en quelque sorte, par mon séjour dans votre maison, d'être la cause innocente qui aura attiré le séducteur.

— Je suis charmé que Votre Seigneurie me fasse tant de grace, dit John Christie en reprenant le ton d'ironie amère avec lequel il avait ouvert cette étrange conversation; je vous épargnerai tout autre reproche, toute nouvelle remontrance: votre résolution est prise, et la mienne aussi. — Or donc: holà, garde!

Le garde entra, et John poursuivit : — J'ai besoin de m'en aller, frère; veillez bien sur votre prisonnier; il vaudrait mieux que la moitié des bêtes féroces qui sont renfermées ici dans leurs loges retrouvassent leur liberté que de rendre encore à la société des honnêtes gens ce damoiseau à figure douce et à langue dorée.

A ces mots il se hâta de sortir de l'appartement; et Nigel eut tout le loisir de gémir sur la bizarrerie de sa destinée, qui semblait ne jamais se lasser de le persécuter pour des crimes dont il était innocent, et de l'entourer de fatales et fausses apparences. Il ne put cependant s'empêcher de reconnaître intérieurement qu'il avait bien mérité tout ce qui pourrait lui arriver de fâcheux au sujet de cette accusation de John Christie, pour avoir souffert par vanité, ou plutôt dans la crainte du ridicule, qu'on le soupçonnât capable d'un crime infame contre les lois de l'hospitalité, uniquement parce que des sots le regardaient comme une affaire de galanterie. Et le souvenir de ce que lui avait dit Richie, d'avoir été ridiculisé en son absence par les petits-maîtres de l'Ordinaire, parce qu'il affectait de passer pour avoir eu une bonne fortune qu'il n'avait réellement pas eu l'esprit de se procurer, ne fut pas un baume pour sa blessure : sa dissimulation l'avait, en un mot, placé dans la triste position d'être raillé comme un avantageux parmi les jeunes gens dissipés près de qui une semblable intrigue, si elle eût été réelle, lui aurait donné de la considération, tandis que d'une autre part il était flétri du titre de séducteur coupable envers les lois de l'hospitalité par l'époux outragé, qui s'obstinait dans la persuasion de son crime.

CHAPITRE XXIX.

> « Quel serait votre sort, quand la vertu sévère
> « Porte sur vous un œil plein d'un mépris austère,
> « Si le maître divin ne nous avait appris
> « Que l'objet de la haine et celui du mépris
> « Ont à notre pitié des droits irrésistibles. »
> *Ancienne comédie.*

Naturellement, la visite de John Christie aurait pu entièrement détourner l'attention de Nigel de son compagnon endormi; tel fut en effet, pendant quelques instans, le résultat des idées nouvelles que cet incident lui suggéra. Cependant, peu de temps après le départ de cet homme indignement outragé, lord Glenvarloch commença à trouver extraordinaire que l'enfant eût dormi si profondément, tandis qu'ils parlaient à haute voix près de lui. Toutefois il ne paraissait certainement pas avoir remué. Etait-il en effet endormi, ou son sommeil n'était-il qu'une feinte? Il s'approcha de lui pour l'observer, et s'aperçut qu'il avait pleuré, et qu'il pleurait même encore, quoique ses yeux fussent fermés. Il lui frappa doucement sur l'épaule : l'enfant tressaillit, mais ne s'éveilla pas : il le secoua plus fortement, et lui demanda s'il dormait.

— Est-ce que, dans votre pays, l'on éveille les gens pour savoir s'ils dorment ou non? dit l'enfant avec un ton d'humeur.

— Non, mon jeune monsieur, répondit Nigel; mais lorsqu'ils pleurent en dormant, comme vous le faites, on les éveille pour savoir ce qui les afflige.

— Ce qui m'afflige ne regarde personne.

— Cela est vrai; mais vous saviez avant de vous endormir le peu de secours que je pouvais vous offrir dans votre malheur, et néanmoins vous paraissiez disposé à m'accorder quelque confiance.

— Si cela est, j'ai changé d'avis.

— Et je parie que je devine ce qui aura occasioné ce changement dans votre esprit? — Il y a des personnes qui parlent pendant leur sommeil; peut-être avez-vous le don d'entendre en dormant.

— Non, mais le patriarche Joseph n'a jamais fait de songes plus vrais que les miens.

—Vraiment! et, je vous prie, quel songe avez-vous donc fait qui me prive de votre estime? Car tel en est le résultat, à ce qu'il me semble.

—Vous en jugerez vous-même : je rêvais que j'étais dans une forêt sauvage, où la voix des chiens se mêlait au bruit du cor; c'était absolument la même chose que ce que j'ai entendu dans le parc de Greenwich.

— Cela vient de ce que vous avez été ce matin dans le parc, pauvre innocent que vous êtes!

— Un instant, milord, écoutez la suite de mon rêve. Au bout d'une grande avenue de verdure, je voyais un cerf superbe qui était retenu dans les rets; je pensai que c'était sans doute celui qui était poursuivi, et que si la chasse arrivait, les chiens le mettraient en pièces, ou que les chasseurs lui couperaient la gorge : j'eus pitié du noble animal; et quoique je fusse d'une espèce différente de la sienne, et que j'en eusse quelque peur, je songeai à tenter quelque chose pour le délivrer. Je tirai mon couteau, et au moment où j'allais me mettre à couper les mailles du filet, l'animal m'apparut sous la forme d'un tigre beaucoup plus gros et plus féroce que ceux que vous avez pu voir ici, et il était prêt à me déchirer quand vous m'avez éveillé.

— Selon moi, je ne mériterais que plus de remerciemens pour vous avoir délivré d'un pareil danger en vous éveillant.

— Mais, mon joli monsieur, il me semble que toute cette histoire d'un tigre et d'un cerf a peu de rapport avec votre changement de dispositions à mon égard.

— Je ne sais pas s'il en a ou s'il n'en a pas ; mais je ne veux pas vous dire qui je suis.

— Hé bien ! vous garderez votre secret pour vous, petit boudeur, dit Nigel en s'éloignant de lui, et en recommençant sa promenade ; puis, s'arrêtant tout à coup, il ajouta :

— Et cependant vous ne me quitterez pas sans savoir que je pénètre votre mystère.

— Mon mystère ! s'écria le jeune homme avec un air de crainte et d'agitation : que voulez-vous dire, milord ?

— Je veux dire que je puis expliquer votre songe sans le secours d'un interprète chaldéen, et voici l'explication que je lui donne : c'est que l'aimable personne dans la compagnie de laquelle je me trouve ne porte pas l'habillement de son sexe.

— Et quand cela serait ! s'écria-t-elle en se levant tout à coup, et s'enveloppant dans les plis de son manteau ; ces vêtemens, quels qu'ils soient, couvrent une personne qui ne les déshonorera pas.

— Il y a des gens qui regarderaient ce discours comme un beau défi, dit lord Glenvarloch en la regardant avec attention ; mais les femmes ne se déguisent pas en hommes pour faire usage des armes de l'homme.

— Ce n'est pas non plus mon projet, dit la jeune fille ; j'ai d'autres moyens de me défendre, et qui sont assez puissans ; je voudrais d'abord savoir quelles sont vos intentions.

— Elles sont honorables et respectueuses, dit lord Glenvarloch. Qui que vous soyez, quel que soit le motif qui vous a conduite ici, je suis convaincu, — chacun de vos regards, chacune de vos paroles et de vos actions me persuade que vous ne méritez pas qu'on vous manque d'égards, encore moins qu'on cherche à vous insulter. J'ignore quelles circonstances peuvent vous avoir amenée dans une position si équivoque; mais je crois être sûr qu'il n'y a rien, qu'il ne peut y avoir aucune intention suspecte dans votre conduite, qui doive vous exposer à un outrage fait de sang-froid. — Vous n'avez rien à craindre.

— Milord, répondit la jeune personne, je n'attendais pas moins de votre générosité. Quoique je sente combien mon aventure était dangereuse et imprudente, elle n'est pourtant pas si téméraire, et ma présence ici n'est pas tout-à-fait aussi dénuée de protection qu'on pourrait le croire à la première vue, en ne faisant attention qu'au déguisement extraordinaire sous lequel vous me voyez. Je n'ai que trop souffert de la honte d'avoir été vue sous un costume étranger à mon sexe, et des conjectures que vous devez nécessairement avoir formées sur ma conduite; mais, grace au ciel, je suis si bien protégée, que je n'aurais pas éprouvé une insulte sans être vengée.

Ils en étaient là de cette étrange explication, lorsque le garde entra pour servir à lord Glenvarloch un repas qu'on pouvait trouver bon dans sa situation, et qui, sans valoir la cuisine du célèbre chevalier Beaujeu, était bien supérieur pour la propreté et la délicatesse aux banquets de l'Alsace. Un garde resta pour le servir à table, et fit signe à la femme déguisée de se lever pour partager ce soin avec lui. Mais Nigel déclara qu'il connaissait les parens du jeune homme, et il invita sa compagne à prendre place à table auprès de lui. Elle céda avec une sorte d'embarras qui rendait ses jolis traits encore plus intéressans, sans cesser de conserver, avec une grace naturelle, cet air de réserve qu'une jeune personne bien élevée doit avoir à table. Et, soit que Nigel fût déjà prévenu en sa faveur par les circonstances extraordinaires de leur rencontre, soit que son jugement fût réellement fondé sur les observations qu'il pouvait faire, il lui sembla qu'il avait rarement vu une si jeune fille avoir des manières plus nobles, jointes à une simplicité plus naïve ; tandis que le sentiment de sa situation extraordinaire prêtait un caractère singulier à tous ses mouvemens, qui sans être, à proprement parler, ni étudiés, ni faciles, ni embarrassés, offraient pourtant un mélange de ces trois manières d'être. On plaça du vin sur la table, et elle refusa opiniâtrément d'en goûter un seul verre. La présence du garde borna naturellement leur conversation à l'objet dont ils étaient occupés ; mais, long-temps avant que la nappe fût enlevée, Nigel avait formé la résolution de tâcher d'apprendre l'histoire de cette jeune personne, d'autant plus qu'il commençait à croire que le son de sa voix et ses traits ne lui étaient pas étrangers, comme il se l'était imaginé d'abord. Cependant il n'adopta que lentement cette idée, et seulement d'après les observations qu'il fit pendant le cours du repas.

Enfin ils s'étaient levés de table, et lord Glenvarloch réfléchissait sur la manière dont il lui serait plus facile d'entamer le sujet qu'il méditait, lorsque le garde vint lui annoncer une visite.

—Ah ! dit Nigel avec humeur, je vois qu'une prison ne met pas à l'abri des importuns.

Il se prépara cependant à recevoir cette visite, et sa compagne, effrayée, se réfugia dans le large fauteuil en forme de berceau qui lui avait d'abord servi de refuge, s'enveloppa de son manteau, et s'arrangea autant que possible de manière à ne pas être reconnue. A peine avait-elle terminé ses dispositions, que la porte s'ouvrit, et l'honnête citadin George Heriot entra dans l'appartement.

Il jeta, comme à son ordinaire, son coup d'œil pénétrant et observateur autour de la chambre; puis, s'approchant de Nigel, il lui dit : — Milord, je voudrais pouvoir vous assurer que je suis heureux de vous voir.

— La vue d'un ami malheureux, maître Heriot, inspire rarement le bonheur à ceux à qui il est cher! — Cependant je suis bien aise de vous voir.

Il lui tendit la main; mais Heriot s'inclina avec un respect affecté au lieu d'accepter cette politesse, qui, dans ces temps où la distinction des rangs était en grande partie maintenue par l'étiquette et la cérémonie, passait pour une faveur distinguée.

— Vous êtes fâché contre moi, maître Heriot, dit lord Glenvarloch en rougissant, car il n'était pas abusé par le respect profond que lui témoignait l'honnête citadin.

— Nullement, milord, répondit Heriot; j'ai été en France, et j'ai pensé que je ne ferais pas mal d'apporter, avec quelques autres articles plus solides, un petit échantillon de ce savoir-vivre pour lequel les Français sont si renommés.

— Il n'est pas bien à vous, dit Nigel, d'en faire usage le premier vis-à-vis d'un ancien ami qui vous a des obligations.

Heriot ne répondit à cette observation que par une petite toux sèche, après quoi il continua :

— Hem! hem! dis-je, hem! Milord, comme ma politesse française ne peut me mener loin, j'aimerais à savoir si je dois parler en ami, puisque Votre Seigneurie veut bien me donner ce titre; ou si je dois, comme il convient à ma condition, m'en tenir à l'affaire importante qu'il faut que nous traitions ensemble.

— Maître Heriot, répondit Nigel, je vous prie de parler en ami; je vois que, si vous ne croyez pas à toutes les préventions qui s'élèvent contre moi, vous en avez du moins adopté une partie. Parlez avec hardiesse et avec franchise; j'avouerai au moins ce que je ne pourrai nier.

— Et j'espère, milord, que vous ferez réparation.

— Certainement, autant que cela sera en mon pouvoir.

— Ah! milord, c'est une restriction affligeante, mais nécessaire; il n'est que trop facile de causer cent fois plus de mal qu'il n'est possible d'en faire réparation à la société et à ceux qui ont souffert! Mais nous ne sommes pas seuls ici, dit-il en s'arrêtant et en lançant un regard perçant du côté de la jeune fille déguisée qui était enveloppée dans son manteau, et qui, malgré ses efforts, n'avait pu s'arranger de manière à éviter entièrement d'être vue. Plus jaloux d'empêcher qu'elle ne fût découverte que de cacher ce qui l'intéressait personnellement, Nigel se hâta de répondre :

— C'est un page à mon service... vous pouvez parler sans gêne devant lui. Il est né en France et ne sait pas l'anglais.

— Je vais donc parler librement, dit Heriot après avoir regardé une seconde fois du côté du fauteuil; mais je crains que mes paroles ne soient plus sincères qu'agréables.

— Parlez toujours, monsieur; je vous ai dit que je savais supporter les reproches.

— Hé bien! en un mot, milord, pourquoi vous trouvé-je ici chargé d'accusations capables de ternir un nom illustré par tant de siècles de vertu?

— La véritable cause, répondit Nigel, c'est que, pour commencer par mon erreur première, j'ai voulu être plus sage que mon père.

— C'était une tâche difficile, milord; votre père passait pour l'homme le plus sage de l'Ecosse, et pour un de ses meilleurs citoyens.

— Il m'avait recommandé, continua Nigel, d'éviter toute espèce de jeux, et j'ai pris sur moi de modifier cette injonction en réglant ma manière de jouer suivant mon habileté, mes moyens et mes veines de bonheur.

—Oui, milord, suivant vos propres idées, fondées sur le désir du gain : vous espériez toucher de la poix sans vous salir les mains. Il est inutile de nous arrêter sur ce sujet, milord, car j'ai eu le regret d'apprendre tout le tort que cette conduite a fait à votre réputation. Je passerai donc sans scrupule à votre seconde erreur. — Milord, de quelque manière que lord Dalgarno ait pu vous manquer, il devait, en considération de son père, être à l'abri de votre violence.

—Vous parlez de sang-froid, maître Heriot, et moi j'étais excité par mille outrages dont il m'accablait sous le masque de l'amitié.

—C'est-à-dire qu'il donnait à Votre Seigneurie de mauvais conseils, et que vous...

—Que je fus assez sot pour les suivre ; — mais passons sur cela, maître Heriot, s'il vous plaît. Les vieillards et les jeunes gens, les hommes d'épée et ceux qui se livrent à des occupations pacifiques, ont toujours pensé et penseront toujours différemment dans ces sortes d'affaires.

—J'admets votre distinction, milord, entre un vieil orfèvre et un jeune gentilhomme ; — toutefois, vous auriez dû avoir plus de patience, par égard pour lord Huntinglen, et plus de prudence, par égard pour vous-même. En supposant que votre querelle fût juste...

—Je vous prie de passer à quelque autre accusation, dit lord Glenvarloch.

—Je ne suis pas votre accusateur, milord ! mais Dieu veuille que votre conscience vous ait déjà reproché l'outrage indigne dont vous vous êtes rendu coupable envers votre ancien hôte !

— Si j'avais commis le crime dont vous voulez parler, dit lord Glenvarloch, si j'avais été égaré par la tentation d'un moment, il y a long-temps que j'aurais éprouvé le repentir le plus amer, mais si quelqu'un a mal agi à l'égard de cette malheureuse femme, je ne suis point le coupable.

— Jusqu'à présent, je n'avais pas entendu dire qu'elle eût été coupable d'inconduite.

—Allons, milord, dit Heriot avec sévérité, cela ressemble trop à de l'affectation. Je sais qu'il y a parmi nos jeunes gens d'aujourd'hui une nouvelle manière d'envisager l'adultère aussi-bien que l'homicide. J'aimerais mieux vous entendre parler d'une révision du Décalogue pour en adoucir les peines en faveur des ordres privilégiés; j'aimerais mieux cela que de vous ouïr nier un fait dont on sait que vous avez tiré gloire.

— Moi! — jamais je ne me suis vanté d'une pareille chose, jamais je n'en aurais été capable; mais je n'ai pu empêcher de méchantes langues, de mauvaises têtes, d'établir de fausses présomptions.

— Milord, vous auriez bien su leur fermer la bouche, s'ils vous avaient parlé de choses qui eussent été désagréables à entendre, et contraires à la vérité. Allons, milord, souvenez-vous de votre promesse d'être sincère; et un aveu, dans cette circonstance, est déjà presque une réparation. Je veux bien convenir que vous êtes jeune, que la malheureuse est belle, et, comme je l'ai remarqué par moi-même, un peu légère. Apprenez-moi où elle est: son malheureux époux a encore quelque compassion pour elle; il la sauvera de l'infamie; peut-être par la suite la recueillera-t-il encore dans sa maison; car nous sommes de bonnes gens, nous autres, dans la classe des commerçans. Milord, ne cherchez pas à vous mettre au niveau de ceux qui font le mal uniquement pour le plaisir de le faire; c'est l'attribut le plus odieux de l'esprit malin.

— Vos graves remontrances me rendront fou, dit Nigel; il y a une apparence de bon sens et de raison dans ce que vous dites; mais comment pouvez-vous insister si positivement pour que je déclare la retraite de cette femme, quand je n'en ai pas la plus légère connaissance?

— C'est bien, milord, répondit froidement Heriot; vous avez sans doute vos raisons pour ne pas avouer vos secrets; mais, puisque tous mes raisonnemens sur ce point paraissent totalement inutiles, nous ferions mieux de parler d'affaires; — et pourtant l'image de votre père apparaît à mes yeux, et semble m'exhorter à poursuivre.

— Faites ce qu'il vous plaira, monsieur; je n'ai pas d'autre garantie à offrir à l'homme qui doute de ma parole.

— Bien, milord. On dit que le sanctuaire de Whitefriars, — lieu de refuge si indigne d'un jeune homme de qualité et d'honneur, — a été le théâtre d'un meurtre.

— Et vous pensez que j'en suis l'auteur, je présume?

— A Dieu ne plaise, milord! l'enquête du Coroner a eu lieu, et il paraît que Votre Seigneurie, sous le nom emprunté de Graham, s'est conduite avec la plus grande bravoure.

— Pas de compliment, je vous prie, maître Heriot; je suis trop heureux de voir que je n'aie pas assassiné le vieillard, et que je ne sois pas accusé de ce crime.

— Cela est vrai, milord; mais cette affaire même a besoin d'éclaircissemens. Votre Seigneurie s'est embarquée ce matin avec une femme, et, dit-on, une somme considérable en espèces et autres objets précieux; mais on n'a plus entendu parler de cette femme.

— Je me suis séparé d'elle au quai Saint-Paul, où elle est débarquée avec le coffre qui était sa propriété; je lui ai donné une lettre pour John Christie lui-même.

— C'est ce que dit le batelier; mais John Christie prétend n'avoir aucune connaissance de cette affaire.

— Je suis fâché de l'apprendre, maître Heriot. Dieu veuille qu'elle n'ait pas été volée : elle avait le trésor avec elle.

— Je crains le contraire, milord. Mais enfin on est fort

étonné de cette affaire ; notre caractère national souffre de tous côtés. On rappelle la fin malheureuse de lord Sanquhar, pendu pour avoir tué un maître d'armes, et l'on s'écrie qu'on ne veut pas avoir ses femmes corrompues et ses biens volés par la noblesse d'Ecosse.

— Et c'est sur moi qu'on rejette tout cela ! s'écria Nigel ; il est facile de me disculper.

— Je l'espère, milord; et je dirai même que, quant à ce dernier point, je n'en doute pas. Mais pourquoi avez-vous quitté Whitefriars de cette manière ?

— Maître Reginald Lowestoffe m'a envoyé une barque, en me faisant dire de pourvoir à ma sûreté.

— Je suis fâché de vous dire, répondit Heriot, qu'il nie avoir connaissance d'aucun mouvement de Votre Seigneurie, depuis qu'il vous eut expédié un messager porteur de quelques effets.

— Les bateliers m'ont dit qu'ils étaient employés par lui.

— Les bateliers ! il se trouve que l'un d'eux est un vaurien d'apprenti que je connais d'ancienne date ; l'autre s'est échappé, mais le drôle qui est en prison persiste à dire qu'il était employé par Votre Seigneurie, par elle seule.

— Il ment, reprit vivement lord Glenvarloch ; il m'a dit que maître Lowestoffe l'avait envoyé. J'espère que cet excellent jeune homme n'est pas arrêté ?

— Non, répondit Heriot, et il en a été quitte pour une réprimande de la part des assesseurs, pour s'être mêlé des affaires de Votre Seigneurie. La cour désire se maintenir en bonne intelligence avec les jeunes Templiers dans ces temps de commotion ; autrement il ne se serait pas tiré d'affaire si facilement.

— Voici les seules paroles de consolation que j'aie entendues de votre bouche, dit Nigel. Quant à cette pauvre femme, elle et sa caisse ont été confiées à la charge de deux porteurs.

— C'est ce qu'a dit le prétendu batelier; mais aucun de ceux qui sont employés au quai ne veut en rendre témoignage. Je vois que cette idée vous inquiète, milord; mais on fait toutes sortes d'efforts pour découvrir le lieu de refuge de cette malheureuse femme, si toutefois elle vit encore. Maintenant, milord, ma mission est remplie, au moins en ce qui regarde exclusivement Votre Seigneurie; ce qui reste est un genre d'affaire d'une espèce plus précise.

— Procédons-y de suite, maître Heriot; j'aimerais mieux entendre parler des affaires de tout autre que des miennes.

— Milord, vous ne pouvez avoir oublié la transaction qui fut faite, il y a quelques semaines, chez lord Huntinglen, par laquelle une forte somme d'argent fut avancée pour le rachat des biens de Votre Seigneurie.

— Je m'en souviens parfaitement, et la sévérité avec laquelle vous me traitez en ce moment ne peut me faire oublier votre obligeance en cette occasion.

Heriot s'inclina gravement, et poursuivit : — Cet argent fut avancé dans la confiance qu'il serait remboursé sur une reconnaissance faite à Votre Seigneurie, sous le seing royal, en paiement de certaines sommes dues par la couronne à votre père. Je pense que Votre Seigneurie a bien entendu, dans le temps, l'esprit de cette transaction; j'espère que vous comprenez pareillement le compte que je vous en rends maintenant, et que vous en reconnaissez l'exactitude.

— Incontestablement; si les sommes mentionnées dans l'acte ne peuvent être acquittées, mes biens deviennent la propriété de ceux qui ont payé les premiers possesseurs de l'hypothèque, et qui ont été subrogés à leurs droits.

— C'est exactement cela, milord; et la malheureuse situation de Votre Seigneurie ayant, à ce qu'il paraît, alarmé vos créanciers, ils insistent maintenant, je le dis à regret, pour l'une ou l'autre alternative, — la possession des biens, ou le paiement de leur créance.

— Ils ont droit à l'un ou l'autre, et comme je ne puis remplir cette dernière condition dans les circonstances où je me trouve, je pense qu'ils ont droit à se mettre en possession de mes biens.

— Attendez, milord ; si vous avez cessé de m'appeler votre ami, vous verrez du moins que je veux toujours être celui de votre famille, ne fût-ce que par respect pour la mémoire de votre père. Si vous voulez me confier l'ordonnance du roi, je crois que, dans l'état où en sont les choses à la cour, je pourrai recevoir cet argent pour vous.

— Je le ferais bien volontiers ; mais la petite cassette où elle était renfermée n'est plus en ma possession ; on s'en est emparé quand j'ai été arrêté à Greenwich.

— Elle vous sera bientôt rendue, milord ; car j'ai su que le bon sens naturel du monarque et quelques informations qu'il a prises, je ne sais comment, l'ont engagé à démentir toute inculpation de tentative contre sa personne. C'est une plainte entièrement étouffée ; il ne sera procédé contre vous qu'au sujet de la violence dont vous vous êtes rendu coupable envers lord Dalgarno, dans la juridiction du palais, et vous trouverez déjà cette charge suffisante.

— J'aurai la force de la supporter, dit lord Glenvarloch ; mais il ne s'agit pas de cela maintenant. — Si j'avais cette cassette...

— Vos effets étaient dans la petite antichambre quand j'y suis passé, dit le citadin ; la cassette m'a frappé les yeux : je crois que vous la teniez de moi ; elle avait appartenu à mon vieil ami, sir Faithful Frugal. Oui, il avait aussi un fils... Il ne put continuer.

— Un fils qui, comme celui de lord Glenvarloch, ne fit

pas honneur à son père. N'est-ce pas cela que vous vouliez dire, maître Heriot?

— Milord, j'ai dit une parole inconsidérée. La providence de Dieu est infinie, et peut tout réparer. Cependant, je l'avouerai, j'ai quelquefois envié à mes amis leurs belles et florissantes familles, et j'ai vu ensuite de tels changemens lorsque la mort les a laissées sans chef, les fils de tant d'hommes riches réduits à l'indigence, les héritiers de tant de nobles chevaliers sans une acre de terre, que je trouve que ma fortune et ma mémoire, d'après les dispositions que je prendrai, ont la chance de survivre à celles d'hommes plus puissans, quoique Dieu ne m'ait donné aucun héritier de mon nom. Mais ce n'est pas ce dont nous devons nous occuper. — Holà, garde, apportez les effets de lord Glenvarloch.

Ses ordres furent exécutés. Les scellés avaient été mis sur le coffre et la cassette; mais ils furent alors levés, d'après les ordres arrivés de la cour, et tout fut laissé à la libre disposition du prisonnier.

Pressé de mettre fin à cette visite pénible, lord Glenvarloch ouvrit la cassette, et jeta d'abord dans les papiers qu'elle contenait un coup d'œil rapide, ensuite il chercha avec plus de lenteur et de soin; mais tout fut inutile, l'ordonnance signée par le souverain avait disparu.

— Je ne m'attendais pas à autre chose, dit George Heriot avec amertume : donnez une issue à l'eau, elle est bientôt tout écoulée; voilà le commencement du mal. Vous avez perdu un bel héritage, j'ose le dire, sur un malheureux coup de dés, ou sur une maudite carte! Milord, votre surprise est bien jouée : je vous fais compliment de vos talens. J'ai vu bien des jeunes gens querelleurs et prodigues, mais jamais un homme dissimulant avec tant d'art, de si bonne heure. — Cessez, milord, de me regarder avec cet air irrité : le souvenir que je conserve de votre père me fait parler avec amertume, et si son fils ne s'entend reprocher sa dégradation par aucune autre personne, il l'entendra de la bouche du vieil orfèvre.

Ce nouveau soupçon poussa à bout la patience de Nigel ; cependant l'intention et le zèle du bon vieillard, joints aux circonstances qui excitaient son mécontentement, étaient une si bonne excuse qu'ils arrêtèrent le ressentiment de lord Glenvarloch, et le forcèrent, après deux ou trois exclamations d'impatience, à observer le silence d'une morne fierté. Enfin maître Heriot reprit ainsi :

— Ecoutez-moi, milord ; il n'est guère possible que ce papier important soit entièrement perdu. Apprenez-moi dans quel coin obscur, et pour quelle misérable somme il a été mis en gage. — On peut encore faire quelque chose.....

— Vos efforts en ma faveur sont d'autant plus généreux, dit lord Glenvarloch, que vous croyez avoir lieu d'en regarder comme indigne celui qui en est l'objet. Mais ils sont tout-à-fait inutiles. La fortune m'a partout déclaré la guerre : je lui abandonne le champ de bataille.

— Par la mort! s'écria Heriot avec impatience, vous feriez jurer un saint. Je vous dis que si ce papier, dont la perte vous semble si indifférente, n'est pas retrouvé, adieu à la belle seigneurie de Glenvarloch, — à ses tours et à ses forêts, — à son clos et à ses champs, — à son lac et à son ruisseau, — enfin à tout ce qui a été dans la maison d'Olifaunt depuis le temps de Guillaume-le-Lion.

— Adieu donc, dit Nigel. — Et mon deuil en est bientôt fait.

— Morbleu! milord, il vous en coûtera plus d'un regret avant de mourir, reprit Heriot avec le même ton d'impatience et d'irritation.

— Non certes, mon vieil ami, répliqua Nigel. Les seuls regrets que je pourrai avoir, maître Heriot, ce sera d'avoir perdu l'estime d'un honnête homme, et ce qu'il y a de plus triste, je mourrai sans l'avoir nullement mérité.

— Oui, oui, jeune homme, dit Heriot en secouant la tête, faites-moi croire cela si vous pouvez. — Pour conclure, dit-il en se levant de son siège et en s'approchant de celui qu'occupait la femme déguisée, car nos affaires sont maintenant réduites à peu de chose, vous me ferez croire aussi que ce beau masque, à l'égard de qui j'use en ce moment de l'autorité paternelle, est un page français qui ne comprend pas l'anglais.

En même temps il saisit avec une sorte de douce violence le manteau du prétendu page, et traîna au milieu de l'appartement la belle déguisée, qui essayait en vain de se couvrir le visage, d'abord de son manteau, ensuite de ses mains; mais Heriot successivement écarta ces deux obstacles sans trop de cérémonie, et montra à découvert la fille du vieux *chronologiste*, sa charmante filleule, Marguerite Ramsay.

— Voici une belle équipée! dit-il; et en même temps il ne put s'empêcher de la secouer légèrement par le bras; car nous avons remarqué ailleurs qu'il était rigide dans ses principes. — Comment se fait-il, mignonne, que je vous trouve sous un costume si indécent, et dans une situation si humiliante? Allons! votre air de honte est maintenant déplacé; — il aurait dû venir plus tôt. Parlez, ou je.....

— Maître Heriot, interrompit lord Glenvarloch, quelque droit que vous puissiez avoir ailleurs sur cette jeune fille, tant qu'elle se trouve dans mon appartement elle est sous ma protection.

— Votre protection, milord! — Un digne protecteur! — Et pendant combien de temps, mistress, avez-vous été sous la protection de milord? Parlez sans mentir.

— Pendant deux heures, mon parrain, répondit la jeune fille en baissant la tête et en rougissant; mais j'y ai été contre ma volonté.

— Deux heures! répéta Heriot; — c'est assez pour une

mauvaise action.—Milord, c'est, je présume, une autre victime sacrifiée à votre caractère de galanterie ; — une autre aventure dont vous pourrez vous vanter à l'Ordinaire de Beaujeu. Il me semble que le toit sous lequel vous avez rencontré pour la première fois cette petite sotte aurait dû la mettre à l'abri d'un pareil sort.

—Sur mon honneur! maître Heriot, vous me rappelez à présent, pour la première fois, que je vis cette jeune personne dans votre propre maison. Quoiqu'il ne soit pas facile d'oublier ses traits, je faisais d'inutiles efforts pour me rappeler le lieu où je l'avais déjà vue. Quant à vos soupçons, ils sont aussi mal fondés qu'injurieux pour elle et pour moi. Je venais seulement de m'apercevoir de son déguisement quand vous êtes entré. Je suis persuadé, d'après toute sa conduite, que sa présence ici, et sous ce costume, était involontaire ; et, Dieu merci, je n'étais pas capable d'en tirer avantage à son préjudice.

— C'est très-bien parler, dit maître Heriot ; mais un clerc adroit peut lire les Apocryphes aussi haut que l'Écriture sainte. Franchement, milord, vous en êtes arrivé au point que vos paroles ne peuvent passer sans être accompagnées de preuves.

— Peut-être ne devrais-je point élever la voix, dit Marguerite, dont rien au monde ne pouvait étouffer longtemps la vivacité naturelle, mais je ne puis me taire. Mon parrain, vous êtes injuste envers moi et envers ce jeune lord. Vous dites que ses paroles ont besoin de preuves ; je sais où en trouver pour quelques-unes ; et le reste, je le crois sincèrement et religieusement sans en avoir.

— Je vous remercie, jeune fille, répondit Nigel, de la bonne opinion que vous avez exprimée. Il paraît que, sans que j'en sache la cause, je suis arrivé à un tel point qu'on refuse de croire à toute action ou pensée généreuse de ma part. Je n'en suis que plus reconnaissant envers celle qui me rend la justice que le monde me refuse.

Quant à ce qui vous regarde, si j'étais en liberté, j'ai une épée et un bras qui sauraient défendre votre réputation.

— D'honneur, nous voyons ici un Amadis parfait et une Oriane, dit George Heriot; je crois que je ne tarderais pas à avoir la gorge coupée entre le chevalier et la princesse si malheureusement les mangeurs de bœufs [1] n'étaient pas à portée de la voix. — Allons, allons, la dame au cœur trop tendre, si vous avez envie de vous tirer d'affaire, vous n'en viendrez à bout que par des aveux prouvés, et non par des phrases de romans et de comédies. — Au nom du ciel, comment êtes-vous venue ici?

— Monsieur, répondit Marguerite, puisqu'il faut parler, je vous dirai que je suis allée à Greenwich ce matin avec Monna Paula, pour présenter une pétition au roi de la part de lady Hermione.

— Dieu de miséricorde! s'écria Heriot, est-elle aussi dans la danse? N'aurait-elle pu attendre mon retour pour se remuer dans ses affaires? Mais je pense que la nouvelle que je lui avais envoyée lui avait ôté tout repos. Ah! femmes, femmes! — celui qui lie son sort au vôtre aurait besoin d'une double dose de patience, car vous n'en apportez guère dans la communauté. Mais quel rapport cette ambassade de Monna Paula a-t-elle avec votre déguisement absurde? Parlez.

— Mona Paula était effrayée, répondit Marguerite, et ne savait comment remplir son message; vous n'ignorez pas qu'elle met à peine le pied dehors. De sorte.... de sorte que, — je suis convenue d'aller avec elle pour lui donner du courage; et quant à mon costume, vous devez vous souvenir que je le portais à un déguisement de Noël, et que vous ne le trouviez pas inconvenant [2].

— Oui, pour une fête de Noël dans un salon, répliqua

---

(1) *Beef-eaters*. Nom qu'on donne à un corps des gardes des rois d'Angleterre.—Ed.
(2) Ces *mascarades* d'origine religieuse, à l'époque de Noël, ont encore lieu quelquefois en Angleterre. —Ed.

Heriot, mais non pour courir en mascarade à travers les champs. Je m'en souviens, mignonne, et je viens de le reconnaître; c'est à cela, ainsi qu'à votre petit pied, et à un avertissement que j'ai reçu ce matin d'un ami, ou d'une personne qui se donnait pour tel, que j'ai l'obligation de vous avoir reconnue. Ici lord Glenvarloch ne put s'empêcher de jeter un coup d'œil sur les petits pieds que le grave citadin lui-même avait jugé à propos de citer; un coup d'œil seulement, car il vit combien le moindre signe d'une attention trop curieuse ajoutait aux souffrances et à la confusion de Marguerite. — Et dites-moi, ma fille, continua maître Heriot, car notre observation n'était qu'une plaisanterie faite en passant, — lady Hermione savait-elle cette belle œuvre?

— Je n'aurais point osé lui en parler pour tout au monde, dit Marguerite; elle croyait qu'un de nos apprentis allait accompagner Monna Paula.

On remarquera ici que ces mots — nos apprentis, parurent avoir en eux quelque chose qui rompit le charme sous l'influence duquel lord Glenvarloch avait écouté les détails intéressans, quoique interrompus, de l'histoire de Marguerite.

— Et pourquoi n'est-il pas allé avec elle! il eût été certainement un compagnon plus convenable pour Monna Paula que vous, dit le citadin.

— Il avait autre chose à faire, répondit Marguerite d'une voix à peine intelligible.

Maître George lança un coup d'œil rapide sur Nigel, et lorsqu'il vit que ses traits n'exprimaient aucun reproche d'une conscience coupable, il se dit en lui-même : il faut que les choses n'en soient pas au point que je le craignais.

— Ainsi cette maudite Espagnole, avec sa tête remplie, comme elles l'ont toutes, de déguisemens, de trappes, d'échelles de cordes et de masques, a été assez faible et assez sotte pour vous entraîner avec elle dans cette folle expédition? — Et voyons la suite du voyage, je vous prie.

— Au moment où nous arrivions à la porte du parc, répondit Marguerite, un cri : A la trahison! se fit entendre. Je ne sais ce que devint Monna : mais je me mis à courir jusqu'à ce que je tombai entre les mains d'un domestique très-honnête, appelé Linklater. Je fus obligée de lui dire que j'étais votre filleule; de sorte qu'il me tint éloignée des autres personnes, et qu'il me fit parler à Sa Majesté comme je l'en priai.

— Voilà, dans toute cette affaire, la seule marque que vous ayez donnée que le sens commun n'avait pas entièrement abandonné votre petite cervelle, dit Heriot.

— Sa Majesté, continua Marguerite, me fit la grace de me recevoir seule, quoique les courtisans se récriassent sur le danger auquel elle s'exposait, et voulussent me fouiller pour voir si j'avais des armes; mais, Dieu merci, le roi le défendit. J'imagine qu'il avait été prévenu par Linklater de ce que j'étais réellement.

— Bien, jeune fille, dit Heriot, je ne demande pas ce qui s'est passé, il ne me convient pas de chercher à pénétrer les secrets de mon souverain. Si vous aviez été tête à tête avec son grand-père, le Renard rouge de Saint-André, comme David Lindsay avait coutume de l'appeler, par ma foi, j'aurais su ce que je devais en penser; mais, notre maître! Dieu le bénisse! est grave et tempérant; c'est un Salomon en tout, excepté sur le chapitre des femmes et des concubines.

— Je ne sais, monsieur, ce que vous voulez dire, répondit Marguerite. Sa Majesté fut très-bienveillante et très-bien disposée; mais elle dit que je serais envoyée ici, et confiée à la garde de la femme du lieutenant, lady Mansel, qui veillerait à ce que je n'éprouvasse aucune insulte. Le roi promit de m'envoyer dans un bateau couvert, et sous la conduite d'une personne bien connue de vous, et voilà comme je me trouve dans la Tour.

— Mais comment, ou pourquoi êtes-vous dans cet appartement, ma nymphe? dit Heriot : expliquez-moi cela, car je pense que l'énigme a besoin d'être devinée.

— Je ne puis donner d'autre explication, monsieur, sinon que lady Mansel m'a envoyée ici malgré mes instances, mes larmes et mes supplications. Je n'avais peur de rien, car je me sentais protégée; mais je ne sais pas comment je ne suis pas morte de honte et de confusion; comment je n'en meurs pas encore au moment où j'en parle.

— C'est bon, c'est bon; si vos larmes sont sincères, dit Heriot, elles ne feront qu'effacer plus tôt le souvenir de votre faute. — Votre père sait-il quelque chose de votre escapade?

— Je ne voudrais pas pour tout au monde qu'il le sût; il me croit avec lady Hermione.

— Oui, l'honnête David sait mieux régler ses horloges que sa famille. Allons, mignonne, je vais vous reconduire chez lady Mansel, et la prier, au nom de l'humanité, de se charger encore de vous, et, quand elle aura une oie à garder, de ne pas la confier au renard. — Les gardes nous laisseront passer, j'espère, jusqu'à l'appartement de milady.

— Arrêtez un instant, dit lord Glenvarloch : quelque mauvaise opinion que vous ayez conçue de moi, je vous le pardonne : le temps vous prouvera que vous me jugez mal; et vous-même, je pense, vous serez le premier à regretter l'injustice que vous me faites. Mais gardez-vous bien de concevoir aucun supçon contre cette jeune personne, dont les anges eux-mêmes attesteraient la pureté. J'ai observé chacun de ses regards et de ses gestes, et tant que je respirerai, je penserai toujours à elle avec...

— N'y pensez pas du tout, milord, dit George Heriot en l'interrompant; — c'est certainement la meilleure faveur que vous puissiez lui faire, ou bien, pensez à elle comme à la fille de David Ramsay, l'horloger, ce qui n'est pas un sujet propre à de belles phrases, à des aventures romanesques, ou à des complimens en vers ampoulés. — Je vous souhaite le bonjour, milord. Je ne suis pas tout-à-fait aussi dur que mes discours pourraient le faire croire. Si je puis quelque chose — c'est-à-dire si je vois clair à travers ce labyrinthe...; mais ce n'est pas le cas d'en parler en ce moment. — Je vous souhaite le bonjour, milord. — Holà, garde! permettez-nous de passer dans l'appartement de lady Mansel.

Le garde dit qu'il lui fallait l'ordre du lord lieutenant; et pendant qu'il était allé le prendre, ils restèrent tous les trois debout près l'un de l'autre, mais sans parler, et sans oser à peine se regarder qu'à la dérobée, situation qui devait causer quelque embarras à deux d'entre eux pour le moins. La différence de rang, qui était une considération si importante à cette époque, ne put empêcher lord Glenvarloch de reconnaître que Marguerite Ramsay était une des jeunes filles les plus jolies qu'il eût jamais vues, — de soupçonner qu'il n'était pas lui-même tout-à-fait indifférent à ses yeux, sans pouvoir trop s'en expliquer les motifs, — et de penser qu'il avait été cause d'une grande partie de ses tourmens; — l'admiration, l'amour-propre et la générosité lui parlaient à la fois pour elle; et lorsque le garde revint avec la permission qu'on attendait, le salut de Nigel à la charmante fille du mécanicien fut marqué d'une expression qui colora ses joues d'une rougeur aussi vive que celle qu'avait pu exciter tout autre incident de cette journée fertile en événemens. Elle y répondit avec timidité et embarras, s'attacha au bras de son parrain, et sortit de l'appartement, qui, tout sombre qu'il était, n'avait encore jamais paru aussi obscur à Nigel que quand la porte fut fermée derrière elle.

CHAPITRE XXX.

« Quand même tu devrais avec ignominie
« Subir ici la mort,
« Il te reste un ami, ferme, plein d'énergie,
« Pour partager ton sort. »
Ballade de Jemmy Dawson.

Maitre George Heriot et sa pupille, comme on peut bien nommer Marguerite, puisque son affection pour elle le portait à lui prodiguer tous les soins d'un tuteur, furent introduits par des gardes dans l'appartement du lieutenant, qu'ils trouvèrent assis auprès de son épouse. Ils furent reçus par eux avec toute la politesse que le caractère de maître Heriot et le crédit qu'on lui supposait pouvaient faire attendre, même d'un vieux soldat pointilleux et d'un courtisan comme sir Edward Mansel. Lady Mansel reçut Marguerite avec la même courtoisie, et informa maître George que dès ce moment elle n'était plus prisonnière.

— Elle est libre, dit-elle, de retourner dans sa famille, sous votre protection. — Tel est le bon plaisir de Sa Majesté.

— J'en suis bien aise, madame, répondit Heriot, mais seulement j'aurais désiré que sa liberté lui eût été rendue avant sa folle entrevue avec ce singulier jeune homme ; et je suis surpris que Votre Seigneurie l'ait permise.

— Mon brave maître Heriot, dit sir Edward, nous agissons d'après les ordres de quelqu'un plus puissant et plus sage que nous. Les injonctions que nous recevons de Sa Majesté doivent être exécutées à la lettre, et il est inutile de dire que la sagesse de Sa Majesté fait plus que garantir...

— Je suis pénétré de toute la sagesse de Sa Majesté, dit Heriot; cependant, il y a un vieux proverbe concernant le feu et les étoupes. — Mais c'est une affaire finie; n'en parlons plus.

— Je vois sir Mungo Malagrowther qui s'achemine lentement vers la porte de la Tour, avec la démarche d'une grue boiteuse, dit lady Mansel. C'est sa seconde visite depuis ce matin.

— C'est lui qui a apporté l'ordre pour décharger lord Glenvarloch de l'accusation de trahison, dit sir Edward.

— Et c'est de lui, dit Heriot, que j'ai appris une grande partie de ce qui était arrivé; car je ne suis revenu de France que fort tard hier dans la soirée, et presqu'à l'improviste.

En ce moment, sir Mungo entra. Il salua le lieutenant de la Tour et son épouse avec une politesse cérémonieuse, — honora George Heriot d'un signe de protection et de connaissance, et accosta Marguerite de cette manière : — Eh! ma jeune prisonnière, vous n'avez pas encore quitté votre attirail masculin?

— Elle ne prétend pas le quitter, sir Mungo, dit Heriot en élevant la voix, qu'elle n'ait obtenu satisfaction de vous, pour m'avoir, comme un chevalier déloyal, appris son déguisement; — et, en vérité, sir Mungo, je pense que, lorsque vous m'avez dit qu'elle était à courir les champs sous un costume si étrange, vous auriez pu aussi bien me dire qu'elle était sous la protection de lady Mansel.

— C'était le secret du roi, maître Heriot, répondit sir Mungo en se jetant dans un fauteuil avec son air atrabilaire et important; je vous ai donné l'autre avertissement dans une bonne intention pour vous, vous sachant l'ami de la jeune fille.

— Oui, répliqua Heriot, vous avez agi suivant votre habitude. — Nous m'en avez dit assez pour me donner des inquiétudes sur son compte, et vous vous êtes bien gardé de laisser échapper un seul mot pour les calmer.

— Sir Mungo sera sourd à cette remarque, dit lady Mansel ; il faut changer de conversation. Y a-t-il des nouvelles de la cour, sir Mungo? Vous avez été à Greenwich?

— Vous pourriez aussi bien me demander, madame, répondit le chevalier, s'il y a des nouvelles de l'enfer.

— Comment! sir Mungo, comment! dit sir Edward; mesurez un peu mieux vos expressions : — vous parlez de la cour du roi Jacques.

— Sir Edward, quand je parlerais de la cour des douze Césars, je dirais qu'il y règne maintenant autant de confusion que dans les régions infernales. Les courtisans qui y vivent depuis quarante ans, et au nombre desquels je dois me ranger, savent autant de quoi il s'agit, qu'un fretin dans le Maelstorm[1] ! Les uns disent que le roi a regardé le prince d'un mauvais œil; — d'autres que le prince a jeté sur le duc un regard sévère; — quelques-uns, que lord Glenvarloch sera pendu pour crime de haute trahison; — quelques autres, enfin, qu'il y a contre lord Dalgarno des griefs qui peuvent lui coûter la tête.

— Et que pensez-vous de tout cela, vous qui tenez à la cour depuis quarante ans? dit sir Edward Mansel.

— Non, non, ne le lui demandez pas, sir Edward, dit milady en regardant son mari d'un air expressif.

— Sir Mungo a trop d'esprit, ajouta maître Heriot, pour se souvenir que celui qui dit une chose susceptible d'être répétée à son préjudice ne fait que charger une carabine dont le premier venu peut se servir contre lui quand bon lui semble.

— Quoi! dit l'intrépide chevalier, vous pensez que j'ai peur qu'on me tire les vers du nez? Et pourquoi ne dirais-je pas que Dalgarno a plus d'esprit que de probité; — le duc, plus de voiles que de lest; — le prince, plus d'orgueil que de prudence, — et que le roi... — Lady Mansel leva

(1) Dans un tourbillon : mot d'origine norse. — ED.

son doigt en signe d'avertissement ; — que le roi est mon excellent maître, qui m'a donné pendant quarante ans et plus les gages d'un chien, c'est-à-dire des os et des coups? — Que m'importe de dire tout cela? Archie Armstrong en dit pire chaque jour, et ne ménage personne.

— Il n'en est que plus fou, dit George Heriot; cependant il n'a pas tout-à-fait tort, car sa folie, à lui, est sa sagesse. Mais vous, sir Mungo, ne comparez pas votre esprit à celui d'un fou, même à celui du fou de la cour.

— Fou, dites-vous, répliqua sir Mungo, qui n'avait pas parfaitement entendu ce qu'avait dit maître Heriot, ou qui ne voulait pas le paraître ; j'ai été fou, en effet, de m'attacher ici à une cour avare, tandis que les hommes de talent et les hommes braves faisaient leur fortune dans tous les autres pays de l'Europe. Mais ici on ne prend pas garde à un homme, à moins qu'il n'ait une grande clef à tourner (il jeta un regard sur Edward), ou qu'il ne fasse *tin-tin* avec un marteau sur une assiette d'étain. — Allons, messieurs, il faut que je fasse autant de hâte pour m'en retourner que si j'étais un messager salarié. – Sir Edward, et vous, milady, je vous baise les mains. — Je vous offre mes services, maître Heriot; — et quant à cette petite échappée, si vous voulez agir d'après mes conseils, quelques macérations par le jeûne, et une douce application des étrivières, sont la meilleure cure pour ses accès de vertiges.

—Si vous vous proposez d'aller à Greenwich, sir Mungo, dit le lieutenant, je puis vous épargner cette peine. — Le roi va se rendre à l'instant à Whitehall.

— C'est donc pour cette raison que le conseil a été convoqué avec tant de précipitation? dit sir Mungo. En ce cas, je vais, avec votre permission, aller voir ce pauvre diable de Glenvarloch, et chercher à le consoler.

Le lieutenant parut réfléchir et garder un moment le silence avec l'air du doute.

— Le pauvre garçon, continua sir Mungo, doit avoir besoin d'un compagnon aimable qui puisse lui dire la nature du châtiment qu'il doit subir, et autres choses qui l'intéressent. Je ne le quitterai pas que je ne lui aie démontré qu'il s'est complètement perdu de la tête aux pieds ; — il faut qu'il soit entièrement convaincu de l'état déplorable de ses affaires, et du peu d'espoir qu'il a de les rétablir.

— Hé bien, sir Mungo, répondit le lieutenant, si vous croyez réellement tout cela bien consolant pour la partie intéressée, je donnerai ordre qu'on vous conduise dans son appartement.

— Et moi, dit George Heriot, je prierai humblement lady Mansel de vouloir bien prêter des hardes de sa femme de chambre à cette jeune étourdie ; car je ferais tort à ma réputation si je traversais le quartier de la Tour dans cet équipage de fou, — quoiqu'il n'aille pas trop mal à la petite sotte.

— Je vous renverrai tout de suite dans ma voiture, dit lady Mansel avec obligeance.

— Ma foi, madame, puisque vous voulez bien nous honorer de tant de courtoisie, je l'accepterai volontiers, dit le citadin, car je suis accablé d'occupations, et la matinée s'est déjà passée à ne rien faire.

La voiture du gouverneur transporta le digne citadin et sa compagne dans sa maison de Lombard-Street. Il y trouva lady Hermione, qui attendait son retour avec une vive anxiété ; elle venait de recevoir l'ordre d'être prête à comparaître dans une heure devant le conseil privé présidé par le roi.

L'inexpérience de cette dame dans les affaires, et sa longue retraite de la société et du monde, étaient cause que cet ordre avait fait sur elle une aussi vive impression que si elle n'eût pas été la conséquence nécessaire de la pétition qu'elle avait fait présenter au roi par Monna Paula,

George Heriot lui reprocha avec douceur d'avoir fait des démarches dans une affaire importante avant son retour de France, surtout après qu'il l'avait engagée positivement à rester tranquille, dans une lettre datée de Paris, comme elle avait pu s'en convaincre par ses yeux. Elle ne put s'excuser que sur l'influence que ses démarches pouvaient avoir en ce moment sur l'affaire de lord Glenvarloch; car elle était honteuse d'avouer combien elle avait été convaincue par l'importunité pressante de sa jeune compagne. Le motif de l'empressement de Marguerite était naturellement la sûreté de Nigel; mais nous choisirons un autre instant pour montrer le rapport qu'il pouvait avoir à la pétition de lady Hermione. En attendant, nous reviendrons à la visite dont sir Mungo Malagrowther favorisa le jeune lord captif.

Le chevalier, après les salutations d'usage, et après avoir fait précéder son discours par une foule de regrets que lui inspirait la situation de Nigel, s'assit auprès de lui, et, donnant à ses traits grotesques l'expression du plus cruel désespoir, il commença son chant lugubre de la manière suivante:

— Je bénis Dieu, milord, d'avoir eu le plaisir de porter au lieutenant le message clément de Sa Majesté qui vous décharge de l'accusation la plus forte dont vous étiez l'objet, pour avoir conspiré contre la personne sacrée du monarque; car, supposons que pour le second chef, qui est une violation des privilèges du palais et de sa juridiction, vous soyez poursuivi *usque ad mutilationem*, c'est-à-dire jusqu'à la perte d'un membre, comme cela vous arrivera vraisemblablement, ce châtiment n'est rien en comparaison d'être pendu et écartelé vif comme un traître.

— La honte d'avoir mérité un pareil châtiment, répondit Nigel, serait pour moi plus sensible que la douleur du supplice.

— Sans doute, milord, la pensée de l'avoir mérité doit

être un tourment pour votre esprit, répliqua son bourreau; une sorte de pendaison et d'écartellement mental et métaphysique, qui en quelque sorte équivaut à l'application extérieure du chanvre, du fer, du feu, et autres substances semblables sur l'homme physique.

— Je dis, sir Mungo, répéta Nigel, et je vous prie d'entendre mes paroles, que je ne suis coupable d'aucune faute, si ce n'est que j'avais des armes sur moi quand le hasard me conduisit près de la personne de mon souverain.

— Vous avez raison, milord, de ne faire aucun aveu. Nous avons un vieux proverbe : — Avouez, *et cætera*. Du reste, Sa majesté a une aversion déterminée pour toute espèce d'armes, et plus particulièrement pour les pistolets; mais, comme je le disais, il y a un terme à tout. Je vous souhaite de vous tirer aussi bien de l'autre affaire, ce qui n'est pas du tout vraisemblable.

— Assurément, sir Mungo, vous pourriez vous-même rendre témoignage en ma faveur dans l'affaire du parc. Personne ne sait mieux que vous que j'étais dans ce moment poussé à bout par des insultes de la nature la plus odieuse, qui m'avaient été faites par lord Dalgarno, et dont un grand nombre, rapportées par vous-même, ne faisaient qu'irriter encore davantage ma colère.

— Ouais! — ouais! répliqua sir Mungo, je ne me souviens que trop de quelle colère vous étiez enflammé, malgré les diverses remontrances que je vous fis sur le respect qu'exigeait le lieu où vous étiez. Hélas! hélas! vous ne pouvez pas dire que vous soyez tombé dans la bourbe faute d'avertissement.

— Je vois, sir Mungo, que vous êtes déterminé à ne point vous souvenir de ce qui pourrait m'être favorable.

— Je voudrais de tout mon cœur pouvoir vous rendre service, et la meilleure preuve que je puisse vous en donner, c'est de vous expliquer le genre de châtiment auquel vous serez infailliblement condamné, et que j'eus la bonne fortune de voir infliger, du temps de la reine, à un drôle qui avait écrit une pasquinade. J'étais alors dans la maison du lord Gray, qui fit le siège de la Tour: et comme je fus toujours avide de voir tout ce qui est agréable et instructif, je ne pus me dispenser d'être présent en cette occasion.

— Je serais vraiment étonné que vous eussiez pu contraindre votre bon cœur, pour vous éloigner d'un pareil spectacle.

— Eh! Votre Seigneurie m'invite, je crois, à son exécution? J'avoue, milord, que ce sera un spectacle pénible pour un ami; mais je souffrirais tout plutôt que de vous manquer: c'est une belle cérémonie, après tout, une très-belle cérémonie. Le condamné marchait d'un air si intrépide que c'était plaisir de le voir; il était vêtu de blanc, symbole de candeur et d'innocence. L'exécution eut lieu sur un échafaud au carrefour Saint-Paul; très-probablement la vôtre se fera à Charing-Cross. Il y avait les huissiers du sheriff et du maréchal; et qui n'y avait-il pas? — L'exécuteur était là avec son couperet et son maillet, tandis que son valet tenait un fourneau rempli de charbons ardens, et un fer pour cautériser la plaie. — C'était un habile garçon que Derrick. — Grégoire n'est pas capable de trouver une articulation comme lui. Il serait bon que Votre Seigneurie envoyât le coquin chez un chirurgien-barbier pour apprendre un peu l'anatomie. — Ce sera un avantage pour vous et pour d'autres malheureux patiens, et de plus, un service que vous rendrez à Grégoire.

— Je ne prendrai pas cette peine, dit Nigel; si je suis condamné à perdre la main, le bourreau s'en tirera du mieux qu'il pourra. Si le roi la laisse où elle est, elle pourra lui être plus utile.

— Voilà de la noblesse, milord, de la grandeur d'ame; c'est un plaisir de voir souffrir un homme de cœur. Ce drôle dont je vous parlais, — ce Tupps, Stubbes, ou quel que fût le nom que portait ce plébéien, s'avança aussi fier qu'un empereur et dit au peuple : — Mes bons amis, je viens déposer ici la main d'un véritable Anglais. — Et il la mit sur le billot avec autant de tranquillité que s'il l'avait appuyée sur l'épaule de sa maîtresse. Alors Derrick le bourreau, écoutez-moi bien, ajusta le tranchant de son couperet juste sur l'articulation, et frappa avec son maillet d'une telle force, que la main sauta aussi loin de celui à qui elle appartenait, que le gantelet jeté dans la lice d'un tournoi par un champion. — Hé bien, Stubbes ou Tupps ne changea pas de visage, jusqu'à ce que le garçon fît siffler le fer chaud sur son moignon sanglant. Milord, cela grésilla comme une grillade de lard, et le drôle jeta un tel cri, que l'on crut que son courage était abattu; mais pas le moins du monde, car il ôta son chapeau de la main gauche, et l'agita en criant : — Dieu sauve la reine et confonde tous les mauvais conseillers! Le peuple lui répondit par trois acclamations qu'il méritait par son courage; et, sincèrement, j'espère voir Votre Seigneurie souffrir avec la même magnanimité.

— Je vous remercie, sir Mungo, dit Nigel, qui naturellement n'avait pu se défendre d'un sentiment assez désagréable pendant ce récit, dont le vieux chevalier ne voulait lui épargner aucun détail : je ne doute nullement que ce spectacle ne soit très-engageant pour vous et les autres spectateurs, n'importe les sensations de la partie la plus intéressée.

— Très-engageant, répondit Mungo, très-intéressant, — vraiment très-intéressant, quoique pas tout-à-fait autant qu'une exécution pour crime de haute trahison. J'ai vu Digby, les Winters Fawkes, et le reste de la clique de la conspiration des poudres, subir leur supplice; c'était un très-beau spectacle, autant pour le genre du châtiment que pour la fermeté avec laquelle ils le supportèrent.

— Je n'en suis que plus sensible, sir Mungo, à la bonté

qui ne vous a pas empêché, quoi que vous puissiez perdre, de me féliciter d'avoir échappé au danger de donner un spectacle aussi édifiant.

— Comme vous le dites, milord, c'est une perte pour les spectateurs, mais ce n'en est une pour vous qu'en apparence. La nature a été très-libérale envers nous, et nous a donné des duplicata de quelques-uns de nos organes, afin que nous puissions supporter la perte de l'un d'eux, lorsqu'il nous arrive de pareils accidens pendant notre vie. Voyez ma pauvre main droite réduite au pouce et à un doigt par l'arme d'un adversaire, cependant, et non par un instrument de supplice : — hé bien, monsieur, cette pauvre main estropiée me rend, en quelque sorte, autant de services qu'autrefois; et, supposons que la vôtre soit coupée au poignet, vous avez encore votre main gauche à votre service, et elle s'en tirera mieux que le petit nain hollandais qui se montre dans toute la ville, et qui enfile une aiguille, peint, écrit, et agite une pique avec son pied, sans avoir une seule main pour l'aider.

— A merveille! sir Mungo, ceci est sans contredit très-consolant; mais j'espère que le roi épargnera ma main, afin qu'elle puisse combattre pour lui sur le champ de bataille, où, en dépit de votre obligeant encouragement, je verserais mon sang beaucoup plus gaiement que sur un échafaud.

— Malheureusement, répliqua sir Mungo, il n'est que trop vraisemblable que c'est sur l'échafaud que vous devez le répandre. — Pas une ame pour parler en votre faveur, si ce n'est cette jeune fille abusée, Marguerite Ramsay.

— Qui voulez-vous dire? reprit Nigel avec plus d'intérêt qu'il n'en avait témoigné jusque-là à tous les discours du chevalier.

— Eh! qui voudrais-je dire, si ce n'est cette jeune fille travestie avec laquelle nous avons dîné quand nous honorâmes l'orfèvre Heriot de notre présence? Vous savez mieux que moi comment vous l'avez mise dans vos intérêts ; mais je l'ai vue aux genoux du roi pour vous. Elle m'a été confiée pour être amenée ici en tout honneur et en sûreté. Si cela n'avait dépendu que de moi, je l'aurais conduite à *Bridewell*¹, pour lui rafraîchir à coups de verges son sang trop ardent. — Jolie donzelle, qui pense à porter les culottes, et qui n'est pas même encore mariée !

— Ecoutez, sir Mungo Malagrowther, dit Nigel, parlez de cette jeune personne avec le respect convenable.

— Certainement, milord, je ne parlerai d'elle qu'avec tout le respect qui est dû à la maîtresse de Votre Seigneurie et à la fille de David Ramsay, dit sir Mungo en prenant un ton sec et ironique.

Nigel était très-disposé à trouver ici un motif de querelle sérieuse ; mais avec sir Mungo une pareille affaire eût été ridicule : il étouffa son ressentiment, et le conjura de lui raconter tout ce qu'il avait vu et tout ce qu'il avait entendu dire relativement à cette jeune personne.

— J'étais simplement dans l'antichambre lorsqu'elle eut audience, et j'entendis le roi dire, à ma grande inquiétude : *Pulchra sanè puella*; et Maxwell, qui n'a pas l'oreille très-latine, pensa que Sa Majesté l'appelait par son nom de Sawney ; il entra : alors je vis le roi relever de sa propre main la jeune fille, qui, comme je l'ai déjà dit, était travestie en homme. J'aurais pu penser sur cela ce que j'aurais voulu ; mais notre gracieux maître est déjà vieux, et ne fut jamais, même dans sa jeunesse, grand amateur du sexe féminin. Il cherchait à la consoler à sa manière, en lui disant : — Vous n'avez pas besoin de remercier pour cela, ma charmante petite ; Glenvarlochides obtiendra justice. En effet, lorsque nous fûmes remis de notre inquiétude, nous ne pûmes croire qu'il eût aucun

(1) Maison de correction. — ED.

dessein sur notre personne. Et quant aux autres griefs qui sont contre lui, nous les examinerons avec sagesse et scrupule. — Alors je fus chargé de conduire la jeune garçonnière à la Tour, et de la mettre sous la protection de lady Mansel. Sa Majesté me chargea en outre de garder le plus parfait silence vis-à-vis d'elle sur vos torts; car, dit-il, le cœur de la pauvre fille saigne pour le jeune lord.

— Et c'est là-dessus que vous avez charitablement, au préjudice de cette jeune personne, fondé l'opinion que vous avez cru devoir exprimer?

— De bonne foi, milord, quelle opinion voudriez-vous que je conçusse d'une fille qui se travestit en homme, et va se jeter aux genoux du roi pour un jeune seigneur étourdi? Je ne sais pas quel est le mot à la mode, car les phrases changent, quoique les usages restent; mais réellement je dois penser que cette jeune lady, — si vous appelez la fille de Ramsay l'horloger une jeune dame, — se conduit plutôt en *dame* de joie qu'en *dame* d'honneur.

— Vous lui faites une offense grave, sir Mungo; ou plutôt vous avez été trompé par les apparences.

— Tout le monde le sera également, milord, à moins que, pour désabuser tout le monde, vous ne fassiez ce que le fils de votre père ne se souciera guère de faire.

— Et quelle est la chose dont il s'agit, s'il vous plaît?

— D'épouser la jeune fille, de la faire lady Glenvarloch. — Oui, oui, vous pouvez tressaillir, mais voilà où vous en êtes bientôt : il vaut mieux l'épouser que de faire pire, si pire n'est déjà fait.

— Sir Mungo, dit Nigel, je vous prie d'abandonner ce sujet, et d'en revenir plutôt à celui de la mutilation, sur lequel il vous plaisait d'entrer dans tant de détails il n'y a qu'un instant.

— Je n'en ai plus le loisir, dit sir Mungo en entendant sonner quatre heures; mais, aussitôt que votre arrêt aura été prononcé, milord, vous pouvez vous reposer sur moi pour avoir les plus grands détails ; et je vous donne ma parole de chevalier et de gentilhomme que je vous accompagnerai moi-même sur l'échafaud, malgré les regards sévères que cette action attirera sur moi. Je ne crains pas de rester auprès d'un ami dans les momens les plus critiques. A ces mots, il dit adieu à lord Glenvarloch, qui ressentit une aussi vive joie de son départ que quiconque avait jamais eu à supporter la société de ce caustique courtisan.

C'est cependant beaucoup dire, car lorsque Nigel fut seul avec ses réflexions, il ne put s'empêcher de trouver dans la solitude presque autant d'ennuis qu'en la compagnie de sir Mungo Malagrowther. La ruine totale de sa fortune, qui lui paraissait inévitable par la perte de l'ordonnance du roi, à laquelle il avait dû les moyens de racheter son patrimoine, fut un nouveau coup pour lui, et d'autant plus cruel qu'il était moins attendu. Il ne pouvait pas se rappeler précisément la dernière époque à laquelle il avait vu cet acte, mais il était porté à croire que c'était dans la cassette, lorsqu'il y avait pris de l'argent pour payer son misérable logement à Whitefriars. Depuis ce moment, la cassette avait presque toujours été sous ses yeux, excepté pendant le peu de temps qu'il avait été séparé de ses effets par son arrestation dans le parc de Greenwich. L'ordonnance pouvait, en effet, lui avoir été soustraite à cette époque, car il n'avait aucune raison de penser que sa personne ou ses propriétés fussent dans les mains de gens qui lui voulussent du bien. Mais, d'un autre côté, il ne s'aperçut pas que la serrure du coffre-fort eût éprouvé aucune violence ; et, comme elle était d'une construction particulière et compliquée, il pensa qu'on n'aurait guère pu l'ouvrir sans un instrument fait exprès et adapté à ses diverses parties, ce qu'on n'avait pas eu le temps de faire. Mais il avait beau former des conjectures à ce sujet, il était clair que ce papier important avait disparu, et il était probable qu'il n'était pas passé dans des mains amies.

Hé bien, soit! se dit Nigel à lui-même, je ne suis guère plus à plaindre, à l'égard de mes perspectives de bonne fortune, que lorsque j'arrivai pour la première fois dans cette maudite cité; cependant être chargé de lâches accusations, et flétri par d'infames soupçons! être l'objet de la pitié la plus humiliante d'un estimable citadin, et de la malignité d'un misérable courtisan dévoré d'envie, qui ne peut pas plus supporter la bonne fortune et les bonnes qualités d'un autre que la taupe ne peut supporter l'éclat du soleil! C'est vraiment une réflexion déplorable et dont les conséquences doivent s'attacher à mon avenir, et empêcher ma tête ou ma main, si elles me sont laissées, de pouvoir rien exécuter en ma faveur.

La conviction qu'on est l'objet du blâme et de l'abandon général semble être une des peines les plus cruelles auxquelles l'homme puisse être condamné. Les plus atroces criminels, dont les nerfs n'ont pas été ébranlés par les plus horribles tortures, souffrent plus de la pensée qu'aucun homme n'éprouvera de pitié pour leurs souffrances que de la crainte de l'agonie même dont leur supplice les menace; et souvent on les voit essayer de pallier leurs crimes, quelquefois même nier positivement ce que la preuve la plus claire a établi, plutôt que de mourir avec la malédiction universelle. Il n'était donc pas surprenant que Nigel, généralement soupçonné, quoique injustement, dût se souvenir, dans sa position cruelle, qu'au moins il existait un être qui non-seulement l'avait cru innocent, mais qui avait osé, de tout son faible pouvoir, intervenir en sa faveur.

— Pauvre fille! répétait-il; fille malheureuse, imprudente, mais généreuse! ton sort ressemble à celui de cette infortunée qui, dans l'histoire d'Écosse, passa son bras dans les ferrures d'une porte pour l'opposer comme une barrière contre les assassins qui menaçaient d'immoler son souverain. Cet acte de dévouement fut inutile; il ne servit qu'à immortaliser le nom de celle qui en fut l'auteur, et dont le sang coule encore, dit-on, dans les veines de ma maison [1].

Je ne puis expliquer au lecteur si le souvenir de cet acte historique de dévouement, et le sentiment que la comparaison, peut-être un peu outrée, devait produire en faveur de Marguerite Ramsay, ne furent pas un peu moins favorables à celle qui le lui rappelait, quand Nigel revint aux idées de noblesse et d'illustre origine que ce rapprochement réveillait en lui; mais des idées tout opposées y succédèrent bientôt.—Que sont pour moi, pensa-t-il, famille et ancienne extraction? — Mon patrimoine aliéné, — mon titre devenu un reproche; — car qu'y a-t-il de plus méprisable qu'un mendiant titré? — mon caractère flétri par le soupçon! — Je ne puis rester dans ce pays; et si, en le quittant, j'unissais mon sort à celui d'une personne aussi aimable, aussi généreuse et aussi fidèle, qui oserait dire que j'aie dérogé au rang auquel je suis forcé de renoncer?

Il y avait quelque chose de romanesque et d'agréable dans la manière dont il achevait ce tableau d'un couple aimant et fidèle, devenant l'un pour l'autre le monde entier, et bravant ensemble les coups du destin. Une pareille union avec une créature si charmante, et qui lui avait témoigné dans ses disgraces un intérêt si vif et si généreux, se présentait à son imagination sous ces flatteuses couleurs qui charment un jeune homme sensible aux tableaux des romans.

Soudain son rêve fut péniblement troublé par la réflexion qu'il était fondé sur l'ingratitude et sur l'égoïsme. Maître de son château et de ses tours, de ses forêts et de ses terres, de son beau patrimoine et de son nom illustre, il eût rejeté comme une chose pour ainsi dire impossible

---

(1) Catherine Douglas. — ED.

l'idée d'élever à son rang la fille d'un artisan; mais dégradé de sa noblesse et plongé dans les embarras de l'indigence, il était honteux de ne pas se sentir la force d'empêcher que cette infortunée, dans sa tendresse aveugle, n'abandonnât la perspective d'un meilleur avenir pour embrasser la vie précaire et incertaine à laquelle il était lui-même condamné. — Le caractère généreux de Nigel s'épouvanta du plan de bonheur égoïste qu'il s'était tracé; et il fit tous ses efforts pour écarter, pendant le reste de la soirée, le souvenir de cette femme séduisante; ou du moins pour ne pas s'arrêter sur cette idée dangereuse, qu'elle était, dans le moment actuel, le seul être vivant qui parût le considérer comme un objet d'affection.

Il ne put cependant pas réussir à la bannir de ses pensées pendant son sommeil, lorsque, après cette journée fatigante, il se jeta sur sa couche de douleur. — Les traits de Marguerite se mêlèrent aux rêves confus que ces dernières aventures lui avaient créés; et même, lorsque, se retraçant la scène hideuse que lui avait décrite sir Mungo, son imagination lui représenta le fer brûlant sur sa blessure humiliante, Marguerite restait derrière lui comme un esprit de lumière pour lui verser un baume secourable. Enfin la nature, épuisée par ces scènes fantastiques, força Nigel à s'endormir; et il dormit si profondément qu'il ne fut éveillé le lendemain matin que par le son d'une voix bien connue, qui avait souvent interrompu son sommeil à peu près à la même heure.

CHAPITRE XXXI.

« Hé morbleu ! que me fait, monsieur, votre noblesse ?
« Sous ces habits grossiers, accusés de bassesse,
« Coule un sang aussi pur que celui qui jadis
« Anima les Césars ou bien les Sésostris,
« Lorsque ces conquérans nobles et sanguinaires
« A l'état de sujets réduisirent leurs frères. »
Ancienne comédie.

La voix dont nous avons parlé dans notre dernier chapitre n'était autre que la voix grondeuse de Richie Moniplies. Ce brave Ecossais, comme toutes les personnes qui ont une haute opinion d'elles-mêmes, aimait beaucoup, lorsqu'il n'avait point d'autre auditeur, à converser avec quelqu'un dont la bonne volonté du moins lui était assurée ; je veux dire avec lui-même. Il était alors à brosser et à arranger les vêtemens de lord Glenvarloch avec autant de sang-froid et de tranquillité que s'il n'avait jamais cessé d'être à son service ; et il marmottait par intervalles : — Ouf ! — Y a-t-il assez de temps que je tiens ce manteau et ce haut-de-chausses ? Je doute que la brosse y ait passé depuis que nous ne nous sommes vus. Aussi la broderie en est joliment éraillée ! — et les boutons d'or ne sont plus au manteau ; en conscience, et aussi vrai que suis honnête homme, il y en a une bonne douzaine de partis ! cela vient des bons tours de l'Alsace. Que la grace de Dieu nous protège et ne nous abandonne pas à nos propres mouvemens ! Je ne vois pas d'épée ; mais c'est sans doute à cause des circonstances actuelles.

Pendant quelques momens, Nigel ne put s'empêcher de croire qu'il ne rêvât encore, tant il lui semblait improbable que son domestique l'eût découvert, et eût obtenu accès auprès de lui dans le lieu où il se trouvait. Cependant il regarda à travers les rideaux, et se convainquit du fait en reconnaissant le corps sec et allongé de Richie, dont le visage exprimait deux fois plus d'importance qu'à l'ordinaire, et qui s'occupait à brosser avec soin le manteau de son maître, en s'amusant à siffler ou à fredonner de temps en temps quelque refrain d'une ballade écossaise. Quoique suffisamment convaincu de l'identité de sa personne, lord Glenvarloch ne put s'empêcher d'exprimer sa surprise par cette question inutile : — Au nom du ciel, Richie, est-ce bien vous ?

— Et quel autre que moi pourrait-ce être, milord ? répondit Richie. Je ne présume pas qu'on assiste ici au lever de Votre Seigneurie sans y être obligé par son devoir.

— Je suis même étonné, répliqua Nigel, que quelqu'un y assiste, et surtout que ce soit vous ; car vous savez que nous nous étions quittés, et je pensais que vous étiez en Écosse depuis long-temps.

— J'en demande pardon à Votre Seigneurie, mais nous ne sommes pas encore séparés, et nous ne le serons vraisemblablement pas de si tôt ; car il faut que deux personnes soient d'accord pour défaire un marché, comme pour en conclure un. Quoique ce fût le bon plaisir de Votre Seigneurie de mener une conduite qui nous obligeât presque à nous séparer, toute réflexion faite, je ne voulais pas m'en aller. Pour parler franchement, si Votre Seigneurie ne sait pas quand elle a un bon serviteur, je sais, moi, quand j'ai un bon maître ; et, à dire vrai, vous serez mieux servi maintenant que jamais, car il n'y a guère de chance pour que vous franchissiez les limites.

— En effet, dit lord Glenvarloch en souriant, je suis resserré dans les limites de la bonne conduite ; mais j'espère que vous ne profiterez pas de ma situation pour juger trop sévèrement mes folies, Richie ?

—Dieu m'en préserve! milord, Dieu m'en préserve! répondit Richie d'un air qui exprimait à la fois un sentiment de sagesse supérieure et une sensibilité réelle; surtout puisque Votre Seigneurie en convient. Je faisais autrefois d'humbles remontrances, comme c'était mon devoir; mais je ne m'aviserai pas maintenant de rappeler le passé à Votre Seigneurie. Non, je suis moi-même une créature sujette à l'erreur, qui connaît ses petites faiblesses; il n'est pas d'homme parfait.

— Mais Richie, dit lord Glenvarloch, quoique je vous sois très-obligé de vos offres de services, ils ne peuvent m'être ici que d'un faible usage, et ils vous seraient peut-être même préjudiciables.

— Votre Seigneurie me pardonnera encore, répondit Richie, à qui la situation respective des deux parties avait donné un ton dix fois plus décisif que de coutume; mais comme ce sera moi qui conduirai cette affaire, je m'arrangerai de telle sorte que Votre Seigneurie se trouvera fort bien de mes services, et qu'ils ne me seront nullement préjudiciables.

— Je ne vois pas trop comment cela serait possible, ne fût-ce que par rapport à vos intérêts pécuniaires.

— Quant à mes intérêts pécuniaires, milord, répliqua Richie, je me trouve passablement pourvu, et, dans la circonstance actuelle, ma présence ici ne sera ni à charge à Votre Seigneurie, ni ruineuse pour moi. Je demande seulement la permission d'annexer certaines conditions à mon service auprès de Votre Seigneurie.

— Tout ce que vous voudrez, Richie; car, que vous fassiez ou non des conditions, vous n'en agirez pas moins à votre guise. Puisque vous ne voulez pas me quitter, ce qui serait, je pense, le parti le plus sage pour vous, vous ne devez me servir qu'aux conditions qu'il vous plaira; et c'est, je présume, ce que vous vous proposez de faire.

— Tout ce que je demande, milord, dit gravement

Richie en affectant une grande modération; c'est d'être libre d'agir comme je l'entendrai dans certains projets importans que j'ai en vue; je ferai toujours jouir Votre Seigneurie de l'avantage de ma société et de mes soins, tant que cela sera convenable pour moi et nécessaire à votre service.

— Ce dont je présume que vous vous constituez seul juge, répondit Nigel en souriant.

— Sans aucun doute, milord, répliqua Richie avec gravité; car Votre Seigneurie ne peut savoir ce qu'il lui faut; tandis que moi qui vois les deux côtés du tableau, je sais ce qu'il y a de mieux pour vous, et de plus nécessaire pour moi.

— Richie, mon bon ami, dit Nigel, je craindrais que cet arrangement, qui place le maître en grande partie à la disposition du domestique, ne vous convînt guère si nous étions tous deux libres; mais prisonnier comme je le suis, je puis aussi bien être à vos ordres qu'à ceux de tant d'autres : ainsi vous pouvez aller et venir comme vous l'entendrez, car je pense que vous ne me demanderez pas mon avis pour retourner dans votre pays, et m'abandonner à mon sort.

— Que le diable s'accroche à mes jambes si j'en fais rien, s'écria Moniplies; je ne suis pas homme à abandonner Votre Seigneurie dans la tourmente, lorsque je l'ai suivie et qu'elle m'a nourri pendant tout le beau temps; et du reste il peut y avoir encore d'heureux jours après tout ce qu'on a vu; car

> Malgré les vents et les orages,
> — C'est mon pays que préfère mon cœur.
> A peine à travers nos nuages
> L'astre du jour y trahit sa splendeur;
> Mais ce climat si triste et si sévère,
> C'est le climat de mon pays,
> C'est le climat que je préfère,
> C'est le pays que je chéris.

Après avoir chanté cette stance sur le ton d'un chanteur de ballades dont la voix a été cassée à force de lutter contre les mugissemens du vent du nord, Richie Moniplies aida lord Glenvarloch à se lever ; il l'assista à sa toilette avec toutes les marques possibles de la déférence la plus grave et la plus respectueuse ; ensuite il le servit pendant son déjeuner, et enfin il se retira, s'excusant sur une affaire importante qui le retiendrait quelques heures.

Quoique lord Glenvarloch s'attendît nécessairement à être de temps en temps incommodé par la présomption et le caractère pédantesque de Richie Moniplies, il ne put s'empêcher de ressentir la plus vive satisfaction de l'attachement constant et dévoué que ce fidèle serviteur lui avait témoigné dans cette occasion, et il espéra trouver dans ses services un adoucissement à l'ennui de sa prison. Ce fut donc avec joie qu'il apprit du garde qu'il pourrait communiquer librement avec son domestique, pendant les heures où les réglemens de la Tour permettaient l'entrée des étrangers.

Cependant le magnanime Richie Moniplies était déjà arrivé au quai de la Tour. Là, après avoir regardé d'un œil de mépris plusieurs batelets à une rame dont le marinier venait l'assiéger, et dont il rejetait les services d'un signe de main, il appela avec dignité : — La meilleure barque à deux rames ; — et il excita l'activité de plusieurs tritons oisifs de la classe plus élevée, qui, à la première vue, n'avaient pas cru devoir prendre la peine de lui faire des offres de service. Il entra alors dans une barque, s'enveloppa les bras de son large manteau, s'assit à la poupe avec un air d'importance, et ordonna de ramer vers Whitehall. Arrivé au palais, il demanda à voir maître Linklater, sous-chef de la cuisine de Sa Majesté. On lui répondit qu'on ne pouvait lui parler en ce moment, parce qu'il était occupé à faire un potage aux poireaux pour la propre bouche du roi.

— Dites-lui, reprit Moniplies, que c'est un compatriote de ses amis qui désire l'entretenir sur une affaire de haute importance.

— Un compatriote! s'écria Linklater lorsqu'on lui apporta ce message pressant; hé bien, qu'il vienne, et qu'il s'en aille ensuite au diable, si j'ose le dire. C'est sans doute quelque fainéant à tête rousse, quelque grue à longues jambes du West-Port d'Edimbourg; et qui, sur la nouvelle de ma promotion, vient solliciter mon crédit pour être tourne-broche ou marmiton. C'est un grand malheur pour tout homme qui voudrait s'élever dans le monde, d'avoir de pareils amis pendus aux basques de son habit, dans l'espérance de se pousser avec lui. — Ah! Richie Moniplies, est-ce bien vous? Et qui vous amène ici? Si l'on vous reconnaissait pour le garnement qui a fait peur l'autre fois au cheval...

— Ne parlons pas de cela dit Richie, — je suis ici pour la vieille affaire. — Il faut que je parle au roi.

— Au roi? vous avez perdu la tête, dit Linklater; puis il cria à ses aides de cuisine : — Veillez aux tourne-broches, drôles que vous êtes! — *Pisces purga,* — *salsamenta fac ut macerentur pulchrè* [1]. — Je vous ferai entendre le latin, drôles, comme il convient aux marmitons du roi Jacques. Ensuite il continua d'un ton circonspect à l'oreille de Richie : Ne savez-vous pas que votre maître s'en tira difficilement l'autre jour? — Je vous dirai que cette affaire a fait craindre à quelques personnes de perdre leur place.

— Néanmoins, Laurie, il faut que vous me rendiez service aujourd'hui, et que vous glissiez ce petit mot de surplique dans la main très-gracieuse de Sa Majesté. Je vous promets que ce qu'elle renferme lui sera très-agréable.

---

[1] Videz les poissons, et faites que les sauces soient bien liées, etc. — Tr.

— Richie, vous avez certainement juré de dire vos prières dans la loge du portier, le dos découvert, et avec deux laquais armés de fouets, pour répondre *Amen* à vos lamentations.

— Non, Laurie, non, mon garçon, je sais un peu mieux ce que c'est qu'une surplique depuis la première fois, et vous en conviendrez vous-même si vous voulez seulement faire parvenir cette petite note entre les mains du roi.

— Je ne mettrai ni pied ni mains dans cette affaire, dit le prudent sous-chef de cuisine; mais voilà la soupe de Sa Majesté qui va lui être servie dans son cabinet. Je ne puis vous empêcher de mettre la lettre entre le bol d'or et l'assiette; sa personne sacrée la verra lorsqu'elle lèvera le bol, car elle boit toujours tout le bouillon.

— Il suffit, répondit Richie; et il venait de placer le papier en conséquence, lorsqu'un page arriva, et prit le plateau pour le porter à Sa Majesté.

— Prenez garde, voisin, dit Linklater lorsque le plat fut emporté; si vous avez fait quelque chose qui vous attire des coups de verges ou de lanières, c'est bien vous qui l'avez voulu.

— Je n'en jetterai le blâme sur personne, dit Richie avec cette présomption imperturbable et opiniâtre qui faisait le fond de son caractère. — Il attendit l'événement, et il ne tarda pas à en voir l'issue.

Au bout de quelques minutes, Maxwell lui-même entra, et demanda avec empressement qui avait placé un écrit sur l'assiette du roi. Linklater prétendit l'ignorer; mais Richie Moniplies s'avança hardiment, et fit cet aveu emphatique : C'est moi! — vous voyez l'homme.

— Alors suivez-moi, dit Maxwell après l'avoir regardé avec un air de grande curiosité.

Ils montèrent un escalier dérobé, — privilège qui passe à la cour pour une entrée plus voisine du pouvoir que les

— Nullement, dit Richie : n'en déplaise à Votre Majesté, je viens, comme combattait Henry Wynd, exclusivement pour mon compte, et sans en avoir été chargé par personne ; aussi vrai que je ne reconnais d'autres maîtres que celui qui m'a créé, Votre très-gracieuse Majesté à qui j'obéis, et le noble Nigel Olifaunt, lord Glenvarloch, qui m'a fait subsister aussi long-temps qu'il a pu se soutenir lui-même, le pauvre gentilhomme !

— Encore Glenvarlochides ! s'écria le roi : sur mon honneur, il se tient en embuscade contre nous à chaque coin. — Maxwell frappe à la porte. — C'est sûrement George Heriot qui vient nous dire qu'il ne peut trouver ces bijoux. — Cache-toi derrière la tapisserie, Richie ; cache-toi bien, malheureux ; — prends garde d'éternuer, — de tousser, — de respirer ! Ce maudit Geordie Tin-tin est si diabolique, si empressé à débiter sa sagesse, et tellement en arrière pour apporter son argent, que, sur notre ame royale, nous serons bien aise de lui tirer un cheveu de la tête.

Richie se mit derrière la tapisserie pour complaire à l'humeur du bon roi ; et le monarque, qui ne craignait jamais de compromettre sa dignité pour satisfaire un caprice, après avoir ajusté de sa propre main la tapisserie, de manière à cacher le piège, demanda à Maxwell pourquoi il frappait. Maxwell répondit d'une voix si basse, que Richie Moniplies ne put rien entendre, car la singularité de sa situation ne diminuait nullement sa curiosité, ni son désir de la satisfaire le plus possible.

— Faites entrer Geordie Heriot, dit le roi ; et comme Richie put le voir à travers un trou de la tapisserie, si l'honnête citadin n'était pas réellement agité, il était du moins troublé. Le roi, dont la disposition d'esprit ou le caractère était précisément d'un genre à s'amuser de la scène qui allait suivre, reçut son hommage avec froideur, et commença par lui parler d'un air grave et sérieux, mon cœur bondit de vous revoir. Il se tourna ensuite vers Richie, dont la figure stoïque exprimait une sorte de sourire renfrogné, excité par la conduite de Sa Majesté ; mais Jacques interrompit sa joie pour lui dire : — Prenez garde, monsieur, vous ne devez pas rire devant nous ; — nous sommes votre souverain sacré.

— A Dieu ne plaise que je veuille rire ! répondit Richie en rendant à son visage la gravité rigide de sa physionomie naturelle : je ne faisais que sourire, pour que mon visage coïncidât et s'accordât avec la physionomie de Votre Majesté.

— Vous parlez en sujet respectueux et en honnête homme, dit le roi ; mais comment diable vous nommez-vous ?

— Richie Moniplies, fils du vieux Mungo Moniplies du West-Port d'Edimbourg, qui avait l'honneur dans le temps de fournir la table royale de la mère de Votre Majesté, ainsi que celle de Votre Majesté elle-même, de viandes et autres vivres.

— Ah, ah, dit le roi en riant, — car il possédait, comme un attribut utile de son rang, une mémoire fidèle qui l'empêchait d'oublier aucune des personnes avec qui le hasard avait pu le mettre en rapport. — Vous êtes le même traître qui a bien manqué de nous faire tomber sur le pavé de notre propre cour ; mais nous sommes resté ferme sur notre jument. *Equam memento rebus in arduis servare* [1]. Bien n'ayez aucune peur, Richie ; car il y a tant de gens qui sont devenus traîtres, qu'il faut bien qu'un traître, par-ci par-là, devienne, *contrà expectanda* [2], un sujet fidèle. Comment nos bijoux se trouvent-ils entre vos mains ? — Venez-vous de la part de George Heriot ?

(1) *Æquam memento rebus in arduis servare mentem.* Hor. Il y a ici un jeu de mots presque intraduisible, et dont nous essaierons de présenter ainsi le double sens : « Souvenez-vous, dans les passes difficiles, de rester *ferme sur vos arçons.* »
— Tr.

(2) Contre toute attente. — Tr.

— Nullement, dit Richie : n'en déplaise à Votre Majesté, je viens, comme combattait Henry Wynd, exclusivement pour mon compte, et sans en avoir été chargé par personne ; aussi vrai que je ne reconnais d'autres maîtres que celui qui m'a créé, Votre très-gracieuse Majesté à qui j'obéis, et le noble Nigel Olifaunt, lord Glenvarloch, qui m'a fait subsister aussi long-temps qu'il a pu se soutenir lui-même, le pauvre gentilhomme!

— Encore Glenvarlochides! s'écria le roi : sur mon honneur, il se tient en embuscade contre nous à chaque coin. — Maxwell frappe à la porte. — C'est sûrement George Heriot qui vient nous dire qu'il ne peut trouver ces bijoux. — Cache-toi derrière la tapisserie, Richie ; cache-toi bien, malheureux ; — prends garde d'éternuer, — de tousser, — de respirer ! Ce maudit Geordie Tin-tin est si diabolique, si empressé à débiter sa sagesse, et tellement en arrière pour apporter son argent, que, sur notre ame royale, nous serons bien aise de lui tirer un cheveu de la tête.

Richie se mit derrière la tapisserie pour complaire à l'humeur du bon roi ; et le monarque, qui ne craignait jamais de compromettre sa dignité pour satisfaire un caprice, après avoir ajusté de sa propre main la tapisserie, de manière à cacher le piège, demanda à Maxwell pourquoi il frappait. Maxwell répondit d'une voix si basse, que Richie Moniplies ne put rien entendre, car la singularité de sa situation ne diminuait nullement sa curiosité, ni son désir de la satisfaire le plus possible.

— Faites entrer Geordie Heriot, dit le roi ; et comme Richie put le voir à travers un trou de la tapisserie, si l'honnête citadin n'était pas réellement agité, il était du moins troublé. Le roi, dont la disposition d'esprit ou le caractère était précisément d'un genre à s'amuser de la scène qui allait suivre, reçut son hommage avec froideur, et commença par lui parler d'un air grave et sérieux, très-différent de la légèreté ordinaire et inconvenante de sa conduite. — Maître Heriot, dit-il, si notre mémoire nous sert bien, nous avons déposé entre vos mains certains bijoux de la couronne pour une certaine somme d'argent. — Est-ce vrai ou non?

— Mon très-gracieux souverain, dit Heriot, je ne le conteste pas; il a plu à Votre Majesté de le faire.

— Desquels bijoux, et *cimelia*, la propriété nous restait, continua le roi avec la même gravité, sauf toutefois vos droits à réclamer la somme avancée sur eux. Cette avance une fois remboursée, nous rentrons en possession de l'objet confié en dépôt, en gage, en cautionnement. Voëtius, Vinnius, Groënwigeneus, Pagenstecherus, et tous ceux qui ont traité *de Contractu Oppignerationis consentiunt in eumdem*, — s'accordent sur le même point. Le droit romain, le droit coutumier d'Angleterre, et les réglemens municipaux de notre ancien royaume d'Ecosse, quoiqu'ils diffèrent dans un plus grand nombre d'articles que je ne le voudrais, s'accordent dans celui-ci aussi exactement que les trois brins d'une corde bien tissée.

— N'en déplaise à Votre Majesté, répondit Heriot, il n'est pas nécessaire de tant d'autorités savantes pour prouver à un honnête homme que ses droits sur un dépôt cessent du moment que l'argent prêté est rendu.

— Hé bien! monsieur, j'offre de rembourser la somme prêtée, et je demande à être remis en possession des joyaux que j'ai engagés entre vos mains. Je vous ai averti, il n'y a pas long-temps, que j'en aurais un besoin essentiel; car une occasion prochaine devant bientôt nous obliger de paraître en public, il semblerait étrange que nous ne fussions point paré de ces ornemens, qui sont la propriété de la couronne, et dont l'absence nous attirerait infailliblement le mépris et le soupçon de nos vassaux.

Maître George Heriot sembla très-ému par ce discours

de son souverain, et répliqua d'une voix agitée : — J'en atteste le ciel! je suis entièrement innocent dans cette affaire, et je consentirais volontiers à perdre la somme avancée pour pouvoir restituer ces joyaux dont Votre Majesté déplore si justement l'absence. Si les bijoux étaient restés chez moi, le compte en serait facile à rendre; mais Votre Majesté me fera la justice de se rappeler que, d'après ses ordres exprès, je les ai transférés à une autre personne qui avança une somme considérable, à peu près vers l'époque de mon départ pour Paris. Le besoin de cet argent était pressant, et je ne pus trouver d'autres moyens de me le procurer. Je dis à Votre Majesté, lorsque je lui apportai la somme qu'elle désirait, que l'homme dont je l'avais obtenue ne jouissait pas d'une bonne réputation, et elle me répondit en sentant l'or : — *Non olet*, il ne sent pas les moyens par lesquels il a été acquis.

— C'est très-bien; mais à quoi servent ces discours? Si vous avez donné mes bijoux en gage à un tel homme, ne deviez-vous pas, en fidèle sujet, avoir soin que nous eussions la faculté de les retirer? Et devons-nous souffrir la perte de nos *cimelia* par votre négligence, outre que cela nous expose au mépris et au blâme de nos vassaux, et des ambassadeurs étrangers?

— Mon maître et mon roi, dit Heriot, Dieu sait que si je pouvais attirer sur moi, dans cette affaire, le blâme ou la honte pour en préserver Votre Majesté, je regarderais comme un devoir de les supporter en reconnaissance de vos nombreux bienfaits; mais si Votre Majesté réfléchit à la mort violente du prêteur, à la disparition de sa fille et de ses richesses, j'espère qu'elle se souviendra que je l'ai avertie, avec un humble respect, de la possibilité d'événemens semblables, et que je l'ai priée de ne pas m'obliger à traiter avec cet individu en son nom.

— Mais vous ne m'indiquiez pas d'autres moyens, Geordie, vous ne m'indiquiez aucune autre ressource; j'étais comme un homme abandonné; pouvais-je faire autrement que de prendre le premier argent qui s'offrait, comme un homme prêt à se noyer saisit la première branche qu'il rencontre? — Et maintenant, pourquoi n'avez-vous pas rapporté les joyaux? Ils ne sont sûrement pas sous terre, si vous vouliez bien les chercher?

— N'en déplaise à Votre Majesté, répondit le citadin, on a fait toutes les recherches les plus exactes; on les a fait crier partout, et il a été impossible de les retrouver.

— Difficile, voulez-vous dire, Geordie? et non pas impossible, répliqua le roi; car ce qui est impossible l'est ou naturellement, *exempli gratiâ*, comme de faire que deux soient trois; ou moralement, comme de faire que ce qui est la vérité soit mensonge : mais on peut venir à bout de ce qui n'est que difficile, avec du savoir-faire et de la patience; comme, par exemple, Geordie Tin-tin, regardez cela! — Et il déploya le trésor retrouvé à la vue du joaillier étonné, en s'écriant avec un air de triomphe : — Qu'en dites-vous, Tin-tin? Par mon sceptre et ma couronne! le drôle est ébahi comme s'il prenait son roi pour un sorcier. Nous qui sommes le *malleus maleficorum* [1], le marteau qui réduit en poudre tous sorciers, ensorceleurs, magiciens et autres, il croit que nous nous mêlons aussi de magie noire! Mais continuez, brave Geordie; vous êtes un franc et honnête homme, sans être un des sept sages de la Grèce; continuez, et souvenez-vous du compliment que vous nous avez fait, il n'y a pas long-temps, en disant qu'il y avait quelqu'un dans ce pays qui ressemblait à Salomon, roi d'Israël, dans tous ses attributs, excepté dans son goût pour les femmes étrangères, sauf la fille de Pharaon.

Si Heriot fut surpris de voir paraître les joyaux devant

---

(1) Le marteau des maléfices. — ÉD.

lui, et d'une manière si inattendue, au moment où le roi était à le réprimander de les avoir perdus, cette allusion à la réflexion qui lui avait échappé dans son entrevue avec lord Grenvarloch acheva de l'étonner. Le roi fut si enchanté de la supériorité que cela lui donnait pour le moment, qu'il se frottait les mains, et riait de tout son cœur; enfin le sentiment de sa dignité cédant à l'explosion de sa joie, il se jeta sur son fauteuil, et s'abandonna à un rire si immodéré qu'il en perdait presque la respiration, et que ses larmes coulèrent en abondance lorsqu'il chercha à la reprendre. Sur ces entrefaites, les éclats de rire du roi furent répétés par un rire discordant et effroyable, parti de derrière la tapisserie, semblable à celui d'un homme qui, peu accoutumé à donner cours à de semblables émotions, ne se sent, lorsqu'il reçoit quelque impulsion particulière, ni la force de réprimer ni la volonté de retenir sa bruyante gaieté. Heriot tourna la tête avec une nouvelle surprise vers l'endroit d'où ces sons, si inconvenans en la présence d'un monarque, semblaient éclater avec un bruit si énergique.

Le roi, sentant aussi que le *decorum* de son rang était blessé par cette scène, se leva, s'essuya les yeux, et s'écriant : — Fin renard, sors de ta tanière ! il fit sortir de derrière la tapisserie le corps allongé de Richie Moniplies, qui riait encore avec une gaieté plus immodérée que ne l'avait jamais fait aucune commère de son pays un jour de baptême. — Taisez-vous, drôle, taisez-vous; vous n'avez pas besoin d'approcher davantage, comme un cheval de sa mesure d'avoine, quoique ce soit une fort bonne plaisanterie, et que nous l'ayons imaginée nous-même. Il me semble voir encore Geordie Tin-tin qui se croit plus sage que tout le monde. — Je le vois encore, ha! ha! ha! comme Euclio dans Plaute, qui se tourmentait pour retrouver ce qui était auprès de lui :

Perii, interii, occidi. — *Quò curram? quò non curram?* —
Tene, tene. — *Quem? quis? Nescio:* — *nihil video* [1].

Ah! Geordie, vous avez l'œil fin pour vous connaître à l'or, à l'argent, aux pierreries, aux rubis et autres choses semblables; mais vous ne savez pas les découvrir quand ils sont perdus. Oui, oui, regardez-les, regardez-les bien, ils sont en bon état, et il n'en manque pas un; ce sont bien là tous les mêmes, on n'en a pas glissé un faux parmi eux.

Lorsque sa première surprise fut passée, George Heriot était un trop vieux courtisan pour interrompre le triomphe imaginaire du roi, quoiqu'il lançât un regard de mécontentement sur l'honnête Richie, qui continuait ses éclats de rire. Il examina tranquillement les pierres, et les trouvant toutes intactes, il félicita franchement et sincèrement le roi d'avoir retrouvé un trésor qui n'aurait pu être perdu sans quelque déshonneur pour la couronne, demanda à qui il devait payer les sommes pour lesquelles il avait été engagé, et annonça que l'argent était prêt.

— Vous êtes diablement pressé, Geordie, dit le roi, quand il s'agit de payer! Pourquoi tant se dépêcher? Les joyaux ont été rapportés par un de nos braves et honnêtes compatriotes : le voilà. Et qui sait s'il a besoin d'avoir l'argent en main, ou s'il n'aimerait pas autant un bon sur notre trésor à six mois de date? Vous savez que notre échiquier est mal garni maintenant, et vous criez de payer, de payer, comme si nous avions toutes les mines d'Ophir.

— N'en déplaise à Votre Majesté, dit Heriot, si cet homme a réellement droit à cet argent, il est libre d'accorder du temps pour le paiement, si bon lui semble. Mais, quand je me rappelle la manière dont je le vis la première

---

(1) Je suis mort! On m'assassine! Au meurtre! Où aller à présent? où ne pas aller? Arrêtez! arrêtez! Au voleur! Qui? Je ne sais; je ne vois rien. — Ta.

fois, avec son manteau déchiré et sa tête fracassée, j'ai peine à concevoir cela. — N'êtes-vous pas Richie Moniplies, avec la permission du roi?

— Justement, maître Heriot, de l'ancienne et honorable maison de Castle-Collop, près du West-Port d'Edimbourg, répondit Richie.

— Avec la permission de Votre Majesté, c'est un pauvre domestique, dit Heriot; cet argent ne peut lui appartenir honorablement.

— Pourquoi pas? dit le roi; voudriez-vous que nul autre que vous ne pût gravir la montagne, Geordie? Votre manteau était assez mince quand vous êtes venu ici, quoique vous l'ayez bien garni et embelli depuis. Et, quant aux domestiques, il y a plus d'un bas rouge qui a passé la Tweed avec la besace de son maître sur les épaules, et qui maintenant la traverse avec six laquais derrière lui. Voilà l'homme lui-même; interrogez-le, Geordie.

— Je ne sais trop si l'on peut s'en rapporter à son témoignage, répondit le prudent citadin.

— Fi donc! fi donc! dit le roi; vous êtes trop scrupuleux. Les fripons de braconniers ont un proverbe: *Non est inquirendum undè venit* LA VENAISON [1]. Celui qui porte les marchandises a sûrement le droit de demander l'argent. Ecoutez-moi l'ami: dites la vérité, et faites honte au diable. Avez-vous plein pouvoir pour toucher le remboursement? Pouvez-vous accorder un délai de paiement, oui ou non? Parlez enfin.

— J'ai tout pouvoir, si Votre Gracieuse Majesté me permet de le dire, répondit Richie Moniplies; et je consens de tout mon cœur à souscrire aux arrangemens qu'il plaira à Votre Majesté de prendre au sujet du remboursement, dans l'espoir que Votre Très-Gracieuse Majesté voudra bien m'accorder une légère faveur.

---

[1] Il ne faut pas demander d'où vient la venaison. — Tr.

— Oui-da, mon brave, dit le roi; en êtes-vous déjà là? je me doutais que vous feriez comme tous les autres. On dirait que la vie et les biens de nos sujets nous appartiennent, et que nous pouvons en disposer à volonté; mais lorsque nous avons besoin d'eux pour quelque affaire d'argent, ce qui arrive plus souvent que nous ne voudrions, c'est le diable pour en obtenir un sou; encore y a-t-il toujours ce vieux proverbe de —*donnant donnant*. Il n'y a rien pour rien. Hé bien, voisin, qu'est-ce que vous voulez? quelque monopole, je pense? ou peut-être une concession de biens et de propriétés du clergé, ou bien une chevalerie, ou quelque chose comme cela? Il faut être raisonnable, à moins que vous ne vouliez avancer plus d'argent dans nos besoins présens.

— O mon roi! répondit Richie Moniplies, celui à qui appartient cet argent le met à la disposition de Votre Majesté, dégagé de toute caution ou intérêt, pour autant de temps qu'elle le désirera, pourvu que Votre Majesté condescende à montrer quelque indulgence en faveur du noble lord Glenvarloch, présentement prisonnier dans votre royale Tour de Londres.

— Comment! comment, malheureux! comment! s'écria le roi en rougissant et en balbutiant, mais en proie à des émotions plus nobles que celles dont il était quelquefois agité. — Qu'osez vous dire? vendre notre justice et notre pardon! — Nous, couronné roi! nous, tenu par serment à rendre justice à nos sujets à la porte du palais, et responsable de notre administration envers celui qui est supérieur à tous les rois? Ici, il leva les yeux avec respect, porta la main à sa toque, et ajouta avec aigreur : — Nous ne pouvons faire trafic de pareilles marchandises, monsieur; et si vous n'étiez pas un être pauvre et ignorant, qui nous avez rendu aujourd'hui un service utile, nous vous ferions percer la langue avec un fer rouge, *in terrorem* des autres. Emmenez-le, Geordie; payez-le jusqu'au dernier sou, avec notre argent que vous avez entre les mains, et ne vous inquiétez pas du reste.

Richie, qui avait fermement compté sur le succès de ce coup de maître en politique, était comme un architecte dont tout l'échafaudage croule à la fois sous lui. Il tâcha cependant de saisir ce qui pouvait, pensait-il, amortir sa chute.— Non-seulement la somme pour laquelle les joyaux ont été mis en gage, dit-il, mais le double, s'il le fallait, serait mis à la disposition de Sa Majesté, et même sans espoir et sans condition de remboursement, si seulement....

Mais le roi ne le laissa point achever; il cria encore plus fort qu'auparavant, comme s'il redoutait l'instabilité de sa bonne résolution : — Emmenez-le vite, emmenez-le! il devrait déjà être parti, s'il double ses offres de la sorte. Et, sur votre vie, que Steenie ou personne n'entende un mot de sa bouche; car, qui sait l'embarras dans lequel cela pourrait me jeter?— *Ne nos inducas in tentationem.— Vadè retrò, Sathanas.— Amen.*

Conformément aux ordres du roi, George Heriot emmena le solliciteur confus hors de la présence du monarque et hors du palais, et, lorsqu'ils furent dans la cour, le citadin, se rappelant avec une sorte de ressentiment les airs d'égalité que Richie avait pris vis-à-vis de lui au commencement de la scène qui venait d'avoir lieu, ne put s'empêcher de prendre sa revanche en le félicitant, avec un sourire ironique, de son crédit à la cour et du succès que sa requête avait obtenu.

— Ne vous frottez pas la barbe à cause de cela, maître Heriot, dit Richie nullement déconcerté; mais dites-moi où et quand je dois aller vous présenter une surplique pour réclamer les huit cents livres sterling pour lesquelles ces joyaux étaient engagés?

— Dès l'instant que vous amènerez avec vous le véritable propriétaire de cet argent, répondit Heriot, car il est important que je le voie, sous plus d'un rapport.

— Alors je vais aller retrouver Sa Majesté, dit intrépidement Richie Moniplies, et lui demander l'argent ou le gage. J'ai pleins pouvoirs pour agir dans cette affaire.

— Cela se peut, Richie, répondit le citadin, comme il est possible aussi que cela ne soit pas, car tout ce que vous dites n'est pas mot d'évangile; ainsi soyez sûr que je veux y voir bien clair avant de vous payer une si forte somme. Je vous ferai une reconnaissance pour cet argent, et je le tiendrai prêt au premier avis. Mais, mon bon Richie Moniplies de Castle Collop, près le West-Port d'Édimbourg, je suis obligé de retourner en ce moment près de Sa Majesté pour des affaires importantes. A ces mots, il monta l'escalier pour rentrer au palais, ajoutant, par manière de résumé : — George Heriot est un trop vieux coq pour se laisser prendre avec du son.

Richie resta pétrifié quand il le vit rentrer dans le palais, et qu'il se trouva, comme il le croyait, pris au piège. — Peste soit de toi! dit-il entre ses dents, vieux et rusé pince-maille; parce que tu es honnête toi-même, faut-il que tu agisses avec tous les autres comme s'ils étaient des fripons? mais que le diable m'emporte si je me tiens pour battu. — Que Dieu nous protège! Voici Laurie Linklater qui vient de ce côté, et il va venir me demander des nouvelles de la pétition. Par saint André je ne l'attendrai pas.

A ces mots, et en changeant la démarche altière avec laquelle il était entré le matin dans l'enceinte du palais contre une tournure gauche et embarrassée, il retourna rejoindre sa barque, qui était à l'attendre, avec une vitesse qui, pour me servir de la phrase usitée en pareille occasion, ressemblait beaucoup à une fuite.

CHAPITRE XXXII.

BENDICT. « Ceci ne ressemble guère à une noce. »
SHAKSPEARE. *Beaucoup de bruit pour rien.*

MAITRE George Heriot ne fut pas plus tôt de retour dans l'appartement du roi, que Jacques demanda à Maxwell si le comte de Huntinglen était dans l'antichambre, et, sur la réponse affirmative qu'il en reçut, il ordonna qu'on l'introduisît. Après que le vieux lord écossais eut présenté son hommage dans les formes d'usage, le roi lui présenta sa main à baiser, et commença ensuite à lui parler d'un ton grave et sérieux.

— Nous avons dit à Votre Seigneurie, dans notre lettre confidentielle de ce matin, écrite de notre propre main, et qui prouve que nous n'avons ni méconnu ni oublié ses fidèles services, que nous aurions à lui faire une communication qui exigerait de sa part de la patience et du courage, et nous l'exhortions en conséquence à lire quelques-uns des passages les plus pathétiques de Sénèque et de Boëtius, *de Consolatione,* de peur que la charge, comme on dit, ne fasse plier le cheval. — Nous vous recommandons cela d'après notre propre expérience,

Non ignara mali, miseris succurrere disco[1],

dit la reine de Carthage, et je pourrais dire pour mon propre compte, *non ignarus*; mais le changement du genre serait contraire à la prosodie, à laquelle nos sujets du midi sont attachés. Ainsi, lord Huntinglen, j'espère que

(1) Connaissant le malheur, je sais y compatir. — TR.

vous avez agi d'après notre conseil, et que vous vous êtes muni de patience avant d'en avoir besoin. — *Venienti occurrite morbo* ¹. — Préparez le remède avant que la maladie ne vous surprenne.

— N'en déplaise à Votre Majesté, répondit lord Huntinglen, je suis plutôt un vieux soldat qu'un savant ; — et, si mon naturel endurci ne peut me soutenir dans quelque calamité, j'espère obtenir grace en cherchant à mettre à profit un texte de l'Ecriture.

— Oui-da ! voulez-vous faire des citations ? dit le roi. La Bible, mon ami, ajouta-t-il en portant la main à son chapeau, est en effet *principium et fons* ². Mais c'est dommage que Votre Seigneurie ne puisse la lire dans l'original. Quoique nous ayons nous-même favorisé la traduction de cet ouvrage, — car vous pouvez lire, au commencement de chaque Bible, que lorsqu'on crut voir quelques nuages sombres et épais obscurcir la contrée, après la disparition de cet astre brillant, la reine Elisabeth, notre apparition, comme celle du soleil au milieu de sa carrière, chassa aussitôt ces brouillards dont je viens de parler ; — quoique, dis-je, comme cela y est mentionné, nous ayons encouragé la prédication de l'Evangile, et particulièrement la traduction des Écritures des langues originales et sacrées, néanmoins nous convenons nous-même que nous trouvons du plaisir à les consulter dans le texte hébreu, plaisir que nous ne trouvons même pas dans la version latine des Septante, et encore moins dans la traduction anglaise.

— Avec la permission de Votre Majesté, dit lord Huntinglen, si, pour me communiquer les mauvaises nouvelles dont elle me menace dans la lettre qu'elle m'a fait l'honneur de m'écrire, elle attend que je sois en état de lire l'hébreu comme elle-même, je crains de mourir sans

---

(1) Allez au devant de la maladie. — Tr.
(2) Origine et source. — Tr.

connaître le malheur qui est arrivé ou qui est au moment d'arriver à ma maison.

— Vous ne l'apprendrez que trop tôt, milord, répondit le roi; je suis fâché de vous le dire, mais votre fils Dalgarno, que je croyais un saint, parce qu'il était si souvent avec Steenie et Bambin Charles [1], n'est qu'un infame.

— Un infame! répéta lord Huntinglen. Il se contint tout à coup et ajouta : Mais c'est Votre Majesté qui l'a dit. Cependant le ton avec lequel il avait répété le mot — infame — fit reculer le roi comme s'il avait reçu un coup. Jacques se remit aussi, et dit avec le ton piqué qui était ordinairement l'indice de son mécontentement :

— Oui, milord, c'est nous qui l'avons dit, — *non surdo canus*, — nous ne sommes pas sourd. Nous vous prions donc de ne pas élever la voix en nous parlant. Voici le charmant mémoire; — lisez, et jugez vous-même.

Le roi jeta alors dans la main du vieux lord un papier qui contenait l'histoire de lady Hermione, avec les preuves à l'appui, disposées d'une manière si succincte et si claire, que l'infamie de lord Dalgarno, l'amant par lequel elle avait été si lâchement trahie, paraissait incontestable. Mais un père n'abandonne pas si facilement la cause de son fils.

— Avec la permission de Votre Majesté, dit-il, pourquoi cette plainte n'a-t-elle pas été portée plus tôt? Cette femme est ici depuis plusieurs années; pourquoi n'a-t-elle pas réclamé contre mon fils du moment où elle a touché le sol anglais?

— Expliquez-lui, Geordie, comment cela s'est fait, dit le roi en s'adressant à Heriot.

— Je suis désolé d'affliger milord Huntinglen, répondit Heriot; mais je dois dire la vérité. Pendant long-temps lady Hermione n'a pu se faire à l'idée de rendre sa situa-

[1] Baby Charles. — T n.

tion publique; et lorsque sa façon de penser changea à cet égard, il fallut se procurer de nouveau la preuve du faux mariage, ainsi que les lettres et papiers y relatifs qu'elle avait déposés, lorsqu'elle vint à Paris, et peu de temps avant que je la visse, chez un correspondant de son père dans cette ville. Il fit banqueroute par la suite; et en conséquence de ce malheur, les papiers de la dame passèrent en d'autres mains : ce n'est donc que depuis quelques jours que je suis parvenu à les découvrir et à les recouvrer. Sans ces preuves, il eût été imprudent de sa part de produire sa plainte, protégé comme est lord Dalgarno par des amis puissans.

— Vous êtes bien effronté de parler ainsi, reprit le roi; j'entends parfaitement ce que vous voulez dire. — Vous croyez que Steenie aurait mis son pied dans la balance de la justice pour la faire pencher d'un côté. — Vous oubliez, Geordie, quelle est la main qui la tient. Et vous faites d'autant plus de tort au pauvre Steenie, car il a avoué tout à l'heure, devant nous et notre conseil privé, que Dalgarno avait voulu lui donner à croire que cette malheureuse femme était une concubine; ce dont demeura persuadé même quand il la quitta, quoique Steenie pût bien penser qu'une femme de ce genre-là n'eût pas résisté à un homme comme lui.

— Lady Hermione, dit George Heriot, a toujours rendu une justice entière à la conduite du duc, qui, quoique fortement prévenu contre elle, ne voulut pourtant pas se prévaloir de ses malheurs, et lui fournit au contraire les moyens de se tirer des embarras dans lesquels elle était plongée.

— Je le reconnais là. Dieu le bénisse! dit le roi; j'étais d'autant plus porté à ajouter foi au mémoire de cette dame, lord Huntinglen, qu'elle n'y dit aucun mal de Steenie; et pour en finir, milord, l'opinion de notre conseil et la nôtre, aussi-bien que celle de Bambin Charles et de Steenie, est que votre fils répare ses torts en épousant cette dame, ou qu'il se prépare à toute sorte de disgraces et de défaveurs de notre part.

Le personnage à qui il s'adressait était incapable de lui répondre. Il se tenait immobile devant le roi, les yeux ébahis comme si ses paupières n'eussent pu se fermer, et qu'il eût été changé tout à coup en une ancienne statue des temps de la chevalerie, tant ses traits et ses membres vigoureux avaient été raidis par le coup qu'il avait reçu; et un moment après, comme la même statue sur laquelle la foudre viendrait à éclater, il tomba sur le parquet en poussant un pénible gémissement. Le roi fut alarmé; il appela Heriot et Maxwell à son secours, et, comme la présence d'esprit n'était pas son fort, il allait et venait dans son cabinet en s'écriant : — Mon ancien et bien-aimé serviteur, — qui as sauvé notre personne sacrée ! *Væ atque dolor !* Milord de Huntinglen, remettez-vous, — remettez-vous, remettez-vous, mon ami, et votre fils épousera la reine de Saba, s'il le veut.

Pendant ce temps Maxwell et Heriot avaient relevé le vieillard, et l'avaient placé sur une chaise, tandis que le roi, voyant qu'il commençait à revenir à lui, continua à répéter ses consolations avec plus de mesure.

— Levez la tête, levez la tête, et écoutez votre prince, votre compatriote, votre ami. S'il y a de la honte, ce n'est pas sans profit. Il y a de l'or pour dorer la pilule. C'est une bonne compensation, et la famille n'est pas mauvaise; si elle s'est mal conduite, c'est la faute de votre fils, et il peut encore en faire une honnête femme. Ces paroles, quelque sages qu'elles fussent dans la manière ordinaire de raisonner, ne servirent nullement à consoler lord Huntinglen, si même il les comprit entièrement; mais l'émotion et le bon cœur de son vieux roi, dont les paroles commencèrent à être interrompues par des pleurs, produisirent un effet plus prompt. De grosses larmes s'échappèrent malgré lui de ses yeux, tandis qu'il baisait les mains de son maître, qui, pleurant avec moins de dignité et de contrainte, les lui abandonna, d'abord l'une après l'autre, et ensuite toutes les deux à la fois, jusqu'à ce qu'enfin, les sentimens de l'homme prenant tout-à-fait le dessus sur la dignité du souverain, il serra les mains de lord Huntinglen avec l'expression d'une franche amitié, comme s'il eût été son égal.

— *Compone lacrymas*; prenez patience, mon ami, prenez patience, dit Jacques; — qu'ils aillent tous au diable, le conseil, Bambin Charles, et Steenie.—Il ne l'épousera pas, puisque cela vous est si pénible.

— Il l'épousera, de par Dieu, répondit le comte en se relevant, en s'essuyant les yeux et en cherchant à se remettre. J'en demande pardon à Votre Majesté; mais il l'épousera, avec son déshonneur pour dot, fût-elle la plus franche courtisane de toute l'Espagne. S'il a donné sa parole, il faut bien qu'il la tienne, quand même ce serait la plus vile créature du monde. Il le fera, ou je lui arracherai moi-même la vie que je lui ai donnée. S'il a pu s'abaisser jusqu'à employer une ruse aussi vile, serait-ce même pour abuser l'infamie, hé bien! qu'il épouse l'infamie.

— Non, non! continua le monarque, le mal n'est pas si grand. Steenie lui-même n'a jamais pensé qu'elle fût une coureuse des rues, même quand il en avait la plus mauvaise idée.

— Si cela peut achever de consoler lord Huntinglen, dit le citadin, je puis lui certifier que cette dame est d'une bonne naissance, et qu'elle jouit d'une réputation parfaite et sans tache.

— J'en suis fâché, dit lord Huntinglen; — puis s'arrêtant, il ajouta : Dieu veuille me pardonner d'être ingrat à de telles consolations. Mais je serais presque fâché qu'elle fût comme vous la représentez; c'est plus que ne mérite l'infame : être condamné à épouser beauté, innocence et naissance honorable !

— Oui, et fortune, milord, ajouta le roi : c'est une punition plus douce que sa perfidie ne le méritait.

— Il y a long-temps, dit le père affligé, que je me suis aperçu de son égoïsme et de la dureté de son cœur; mais être menteur et parjure ! — je n'avais jamais craint qu'une semblable tache déshonorât ma race. — Je ne le reverrai plus.

— Bah! bah! milord, dit le roi, il faut le tancer d'importance. Je conviens que vous auriez raison de lui parler plus tôt comme Demeas que comme Mitio, *vi nempè et viâ pervulgatâ patrum* [1]; mais quant à ne plus le voir, votre fils unique, c'est tout-à-fait hors de raison. Je vous le dis, mon cher (mais je ne voudrais pas pour tout au monde que Bambin Charles m'entendît), le mien pourrait conter des balivernes à la moitié des filles de Londres avant que je pusse prendre sur moi de parler aussi durement que vous l'avez fait de votre diable de Dalgarno.

— Je prie Votre Majesté de permettre que je me retire, dit lord Huntinglen, et de décider la chose suivant sa conscience et la justice, car je ne désire aucune faveur pour lui.

— Bien, milord; vous pouvez y compter; et si Votre Seigneurie, ajouta le monarque, peut nous dire ce qui pourrait lui être agréable...

— La précieuse amitié de Votre Majesté, dit lord Huntinglen, m'a déjà procuré toutes les consolations que je pouvais espérer sur la terre; j'attends le reste du roi des rois.

— Je l'implore pour vous, mon vieux et fidèle serviteur, dit Jacques avec émotion.

Lorsque le comte se fut retiré, le roi resta quelque

---

(1) C'est-à-dire avec le ton que prennent ordinairement les pères, celui de l'autorité. Citation de Térence. — Tr.

temps absorbé dans ses pensées, et dit ensuite à Heriot :

— Geordie Tin-tin, vous connaissez depuis trente ans tous les secrets de notre cour, quoiqu'en homme sage vous entendiez tout, voyiez tout, et ne disiez rien ; maintenant il y a une chose que je voudrais savoir, par manière d'observation philosophique. Avez-vous jamais entendu parler de feu lady Huntinglen, l'épouse de ce noble comte ? On dit qu'elle n'a pas toujours marché droit dans son pèlerinage sur cette terre, c'est-à-dire qu'elle glissait quelquefois, laissait tomber sa jarretière, ou autres choses semblables ; vous m'entendez ?

— Sur mon honneur, dit George Heriot, un peu surpris de la question, je n'ai jamais entendu dire qu'elle ait donné lieu au moindre soupçon. C'était une femme estimable, très-circonspecte dans sa conduite, et qui vivait dans une grande union avec son époux ; seulement, bonne comtesse, un peu trop attachée à la secte des [tains], était plus souvent avec les ministres que ne l['eût] voulu lord Huntinglen, qui, comme le sait très-[bien Sa] Majesté, est un homme de la vieille roche, aimant [à boire] et à jurer.

— Oh ! Geordie, s'écria le roi, ce sont des fai[blesses] de vieillard dont nous ne répondons pas que nous soy[ons] nous-même tout-à-fait exempt. Mais le monde devient de plus en plus mauvais, Geordie. Les jeunes gens de ce siècle peuvent bien dire avec le poète :

Ætas parentum, pejor avis, tulit
Nos nequiores[1]......

Ce Dalgarno ne boit ni ne jure autant que son père ; mais c'est un débauché, Geordie, et il manque à sa parole et à son serment. Quant à ce que vous dites de la

---

(1) Le siècle de nos pères, déjà pire que celui de nos aïeux, nous a produits, nous, enfans dégénérés encore. HORACE. — TR.

dame et des ministres, nous sommes tous des êtres sujets
à erreur, prêtres et rois aussi-bien que d'autres ; et qui
sait si cela ne peut rendre raison de la différence qu'il y
a entre ce Dalgarno et son père ? Le comte est l'honneur
même, et ne s'occupe pas plus des misères du monde
qu'un noble chien de chasse ne s'amuse à poursuivre un
vil animal ; mais, quant à son fils, on aurait dit qu'il allait
nous faire tous sauter, — nous, Steenie, Bambin Charles,
et notre conseil, jusqu'au moment où il a entendu parler
d'argent. Mais alors, par ma couronne royale ! il s'est mis
à sauter comme un coq sur du fumier. Il y a entre le père
et le fils des différences qu'il serait difficile d'expliquer
dans un sens naturel, suivant Battista Porta, Michaël Scott
de Secretis, et autres. Ah ! Geordie Tin-tin, si le tintamarre
de vos chaudrons, de vos pots, de vos casseroles, et autres
ensiles de toute sorte de métaux, ne vous avait pas tiré
votre grammaire hors de la tête, j'aurais traité plus
ment cette matière avec vous.

ot était trop franc pour exprimer beaucoup de re-
cette occasion sur la perte de ses connaissances
maire ; mais après avoir insinué qu'il avait bien
hommes dont la tête ne pouvait remplir le bonnet
eur père, quoique aucun n'eût été soupçonné de porter leur bonnet de nuit, il demanda si lord Dalgarno avait
consenti à faire justice à lady Hermione.

— Ma foi, dit le roi, je ne doute guère qu'il n'y con-
sente ; je lui ai donné l'état de la fortune de cette dame
que vous nous avez remis dans le conseil, et nous lui
avons accordé une demi-heure pour y réfléchir. C'est le
meilleur argument pour le ramener à la raison. J'ai laissé
Bambin Charles et Steenie lui exposer la nature de ses
devoirs ; et s'il peut résister à faire ce qu'ils lui demandent,
je voudrais bien qu'il m'en apprît le moyen. Oh ! Geordie, Geordie Tin-tin, c'était une belle chose d'entendre
Bambin Charles discourant sur le crime de la dissimula-

tion, et Steenie raisonnant sur la turpitude de l'incontinence!

— J'ai peur, dit George Heriot avec plus de vivacité que de prudence, qu'on ne puisse citer à ce sujet le vieux proverbe de Satan gourmandant le péché.

— De par tous les diables! voisin, dit le roi en rougissant, vous n'êtes pas timide. Je vous permets de parler franchement, et, en conscience, vous ne laissez pas tomber le privilège *non utendo*¹. — Il ne souffrira aucune prescription négative entre vos mains. Est-il convenable, selon vous, que Bambin Charles fasse connaître publiquement ses pensées? — Non, non : les pensées des princes sont *arcana imperii;—qui nescit dissimulare nescit regnare*². Tout sujet fidèle est obligé de dire toute la vérité au roi, mais il n'y a aucune réciprocité d'obligation; — et quant à Steenie, qui a été dans le temps un sauteur de haies, est-ce à vous, qui êtes son orfèvre, et à qui sans doute il fait attendre une somme qu'il est hors d'état de payer, à lui jeter cela au nez?

Heriot ne se sentait pas appelé à jouer le rôle de Zénon, et à se sacrifier pour soutenir la cause de la vérité et de la morale; il ne l'abandonna cependant pas en désavouant ses paroles, mais il exprima simplement le regret d'avoir offensé Sa Majesté, ce dont l'indulgence du roi parut satisfaite.

— Maintenant, Geordie, reprit-il, allons rejoindre l'accusé, et entendre sa défense; car je veux que l'affaire soit éclaircie aujourd'hui. Vous viendrez avec moi; on peut avoir besoin de votre témoignage.

Le roi conduisit Heriot, en conséquence, dans un appartement plus vaste, où le prince, le duc de Buckingham et un ou deux conseillers privés étaient assis à une table devant laquelle se tenait lord Dalgarno, avec l'air de la

---
(1) Faute d'usage. — Tr.
(2) Des secrets d'État. — Qui ne sait pas dissimuler ne sait pas régner. — Tr.

plus grande indifférence et de l'aisance la plus élégante qu'il fût possible d'avoir, eu égard au costume guindé et aux mœurs de ce temps.

Tous se levèrent et s'inclinèrent respectueusement; et le roi, pour me servir d'un mot écossais qui exprime l'habitude qu'il avait de toujours remuer en marchant [1], fut se placer, en se dandinant, dans son fauteuil ou trône, en faisant signe à Heriot de se tenir derrière lui.

— Nous espérons, dit Sa Majesté, que lord Dalgarno est prêt à faire justice à cette dame infortunée, ainsi qu'à son propre caractère et à son honneur?

— Oserai-je demander quel serait le châtiment, dit lord Dalgarno, dans le cas où malheureusement je trouverais impossible de satisfaire aux ordres de Votre Majesté?

— Le bannissement de notre cour, milord, répondit le roi; de notre cour et de notre présence.

— Que je gémisse dans l'exil! reprit lord Dalgarno avec le ton d'une timide ironie. — J'emporterai au moins le portrait de Votre Majesté avec moi, car je ne verrai jamais un roi qui puisse lui être comparé.

— Et le bannissement de notre royaume, milord! dit le prince avec sévérité.

— Cela ne pourra avoir lieu que dans les formes légales, n'en déplaise à Votre Altesse Royale, dit Dalgarno en affectant un profond respect; je n'ai pas ouï dire qu'il y eût aucun statut qui nous forçât, sous peine d'un tel châtiment, à épouser toutes les femmes avec lesquelles nous pourrions faire des folies. Peut-être Sa Grace le duc de Buckingham est-il mieux instruit?

— Vous êtes un infame, Dalgarno, dit le favori aussi altier que violent.

— Fi! milord, fi donc! Parler ainsi à un prisonnier, et en présence de notre royal et paternel patron, dit lord Dalgarno. Mais je couperai court à cette délibération. J'ai

(1) *To toddle*, marcher comme un canard. — Ép.

examiné l'état des biens et propriétés d'Erminia Pauletti, fille du feu noble, — oui, il est traité de noble, ou je lis mal, — Giovanni Pauletti, de la maison de Sansovino à Gênes, et de la non moins noble lady Moud Olifaunt, de la maison Glenvarloch. Ainsi, je déclare que je suis lié par un contract antérieur fait en Espagne avec cette noble dame, et qu'il s'est passé entre nous certaine *prælibatio matrimonii*. Maintenant qu'exige de plus de moi cette grave assemblée?

— Que vous répariez l'outrage infame dont vous vous êtes rendu coupable envers la dame, en l'épousant dans l'espace d'une heure, dit le prince.

— Oh! avec la permission de Votre Altesse Royale, répondit Dalgarno, j'ai une légère parenté avec un vieux comte qui se dit mon père, et dont l'avis peut être nécessaire dans l'affaire. Hélas! tout fils n'a pas le bonheur d'avoir un père obéissant.

Dalgarno hasarda un léger coup d'œil vers le trône, pour faire comprendre le sens de ses dernières paroles.

— Nous avons parlé nous-même à lord Huntinglen, dit le roi, et nous sommes autorisé à consentir en son nom.

— Je ne me serais jamais attendu à cette intervention d'un *proxenata* (expression que le vulgaire traduit par celle d'entremetteur) d'un rang si éminent, dit Dalgarno, ayant peine à cacher un rire moqueur. Et mon père a consenti? Il avait coutume de dire, avant notre départ de l'Ecosse, que le sang des Huntinglen et celui des Glenvarloch ne pourraient se mêler quand même on les verserait dans le même bassin. Peut-être a-t-il envie d'en faire l'expérience.

— Milord, dit Jacques, trève à vos plaisanteries. Voulez-vous à l'instant, et *sine morâ*, épouser cette dame dans notre chapelle?

— *Statim atque instanter*[1], répondit lord Dalgarno; car

---

(1) *Sine morâ*, sans retard. *Statim atque instanter*, aussitôt et à l'instant. — T<small>R</small>.

je vois qu'en agissant ainsi je me mettrai à portée de rendre de grands services à l'Etat. J'acquerrai des richesses pour subvenir aux besoins de Votre Majesté, et une femme pour être à la disposition de Sa Grace le duc de Buckingham.

Le duc se leva, passa au bout de la table où se tenait lord Dalgarno, et lui dit tout bas à l'oreille :

— Vous avez déjà mis une sœur charmante à ma disposition.

Cette raillerie changea complètement l'air de tranquillité qu'avait pris lord Dalgarno. Il tressaillit comme s'il avait été mordu par un serpent; mais il se remit aussitôt, et, fixant sur les traits du duc, encore animés par un sourire, des yeux qui exprimaient toute sa haine, il mit l'index de sa main gauche sur la garde de son épée, mais de manière à ce que Buckingham seul pût s'en apercevoir. Le duc lui répondit par un autre sourire de mépris, et retourna à son siège pour obéir aux ordres du roi, qui ne cessait de s'écrier :—Asseyez-vous, Steenie, asseyez-vous! je vous l'ordonne. Nous ne voulons pas de plaisanterie ici.

— Votre Majesté n'a pas à craindre que je manque de patience, dit lord Dalgarno; et afin de mieux la conserver, je ne prononcerai d'autres mots en sa présence que ceux qui me sont prescrits dans cette heureuse partie du Livre de prières qui commence par *ma bien-aimée*, et finit par *étonnement* [1].

— Vous êtes un méchant endurci, Dalgarno, dit le roi; et si j'étais la jeune dame, sur l'ame de mon père! j'aimerais mieux souffrir la honte d'avoir été votre concubine que de courir le risque de devenir votre femme; mais elle sera sous notre protection spéciale. Allons, milord, nous verrons nous-même cette joyeuse noce. Le roi donna le signal de se lever, et se dirigea vers la porte, accompagné de sa suite. Lord Dalgarno suivait, ne par-

(1) Aux prières du mariage dans la liturgie anglicane. — ED.

lant à personne, et sans que personne lui adressât la parole, avec autant d'aisance et aussi peu d'embarras dans sa démarche que s'il eût été réellement un époux au comble de ses vœux.

Ils arrivèrent dans la chapelle par une entrée particulière qui communiquait à l'appartement du roi. L'évêque de Winchester, dans son costume pontifical, était debout du côté de l'autel ; de l'autre, soutenue par Monna Paula, était lady Hermione, ou Erminia Pauletti, pâle, faible et presque inanimée. Lord Dalgarno s'inclina profondément devant elle ; et le prince, remarquant l'horreur avec laquelle elle le regardait, s'avança, et lui dit avec beaucoup de dignité : — Madame, avant de vous mettre sous l'autorité de cet homme, permettez-moi de vous informer qu'il a rendu justice à votre honneur de la manière la plus complète en tout ce qui a rapport à votre précédente liaison. C'est à vous de voir si vous placerez votre fortune et votre bonheur entre les mains d'un homme qui s'est montré indigne de toute confiance.

Lady Hermione trouva avec beaucoup de difficulté la force de répondre. — Je suis redevable à la bonté de Sa Majesté, dit-elle, du soin qu'elle a pris de me réserver une partie de ma fortune pour pouvoir vivre décemment ; le reste ne peut être mieux employé qu'à racheter la bonne réputation dont je suis privée, et la liberté de terminer mes jours dans la paix et la retraite.

— Le contrat a été rédigé sous nos yeux, dit le roi ; nous avons pris soin particulièrement de détruire la *potestas maritalis*, et de stipuler que les époux vivraient séparés ; ainsi unissez-les, milord évêque, aussi vite que vous le pourrez, afin qu'ils puissent se séparer plus tôt.

L'évêque ouvrit en conséquence son livre, et commença la cérémonie du mariage sous des circonstances si nouvelles et si peu favorables. La mariée ne répondait que par une inclinaison de la tête et du corps, tandis que l'époux répondait effrontement et d'une manière distincte, avec un ton qui ressemblait à la légèreté, pour ne pas dire au mépris. Lorsque tout fut terminé, lord Dalgarno s'avança comme pour donner un baiser à l'épouse; mais la voyant reculer avec un mouvement de crainte et d'horreur, il se contenta de lui faire une révérence profonde. Il se releva ensuite de toute sa hauteur, et s'étendit comme pour examiner la vigueur de ses membres, mais avec élégance, et sans affecter une attitude forcée. — Je pourrai encore danser, dit-il, quoique je sois enchaîné; mais ce sont des chaînes d'or, et elles sont légères à porter. Hé bien! je vois que tout le monde me regarde froidement, et qu'il est temps de me retirer. Le soleil brille ailleurs qu'en Angleterre; mais il faut d'abord que je demande combien on veut acheter cette belle lady Dalgarno. Il me semble qu'il est convenable que je le sache. Faut-il l'envoyer au harem de monseigneur le duc? ou cet honnête citadin doit-il continuer à...

— Retiens ta langue infâme et impure, s'écria son père, lord Huntinglen, qui était resté en arrière pendant la cérémonie; et, s'avançant tout à coup, il saisit le bras de lady Hermione, et s'adressant à son indigne époux: — Lady Dalgarno, continua-t-il, restera comme veuve dans ma maison. Je la regarde comme telle aussi bien que si la tombe s'était fermée sur son époux déshonoré.

Lord Dalgarno donna un instant les marques d'une extrême confusion, et dit d'un ton soumis:

— Milord, si vous désirez ma mort, je ne puis, quoique votre héritier, vous rendre le compliment. Il y a peu des premiers-nés d'Israël, ajouta-t-il en se remettant de la simple apparence d'émotion qu'il avait témoignée, qui puissent en dire autant. Mais je vous prouverai avant de mourir que je suis un vrai descendant d'une maison fameuse par ses longs souvenirs de vengeance.

— Je m'étonne que Votre Majesté l'écoute plus long-temps, dit le prince Charles. Il me semble que nous avons assez souffert son insolence effrontée.

Mais Jacques, qui prenait l'intérêt d'une véritable commère à la scène qui se passait, n'avait pas envie de mettre fin à la controverse ; il imposa silence à son fils, en s'écriant : — Chut! petit Charles. Soyez un bon enfant, chut! Je veux voir jusqu'où ira l'effronterie de ce misérable.

— Je ne dirai qu'une chose, sire, dit Dalgarno ; c'est que sans une simple ligne de cette cédule, tout le reste n'aurait jamais pu me décider à recevoir la main de cette femme dans la mienne.

— C'est sans doute la ligne de la *summa totalis?* dit le roi.

— Non pas, sire, dit Dalgarno : la somme totale eût assurément mérité quelque considération même de la part d'un roi d'Ecosse, il n'y a pas très-long-temps ; mais cela aurait eu peu de charmes pour moi, si je n'y avais pas vu un article qui me donne les moyens de me venger de la famille de Glenvarloch, et qui m'apprend que cette pâle épouse, en mettant dans ma main la torche de l'hymen, m'a donné le pouvoir de réduire en cendres la maison de sa mère.

— Que veut dire ceci? dit le roi. De quoi parle-t-il, Geordie Tin-tin?

— Ce bon citadin, sire, dit lord Dalgarno, a versé une somme appartenant à milady, et qui, grace au ciel, m'appartient maintenant, pour acquérir une certaine hypothèque sur la terre de Glenvarloch. Or, si cette somme n'est pas remboursée demain à midi, elle me mettra en possession des beaux domaines de ceux qui se disaient autrefois les rivaux de notre maison?

— Serait-ce vrai? dit le roi.

— Il n'est que trop vrai, n'en déplaise à Votre Majesté, répondit le citadin. Lady Hermione ayant avancé l'argent pour rembourser le créancier primitif, j'ai été obligé, en honneur et conscience, de lui en transférer les droits, et sans aucun doute ils passent à son époux.

— Mais le bon, dit le roi, le bon sur notre échiquier ne pourrait-il pas fournir au jeune homme les moyens de s'acquitter?

— Malheureusement, sire, il l'a perdu, ou en a disposé. On ne peut le trouver. C'est le jeune homme le plus malencontreux qu'on puisse voir.

— Voilà une belle besogne! dit le roi en s'agitant dans l'appartement, et en jouant avec les aiguillettes de son pourpoint et de ses chausses, d'un air consterné. Nous ne pouvons l'aider sans payer deux fois nos dettes, et nous avons à peine, dans l'état actuel de notre échiquier, les moyens de les payer une seule.

— Vous m'apprenez du nouveau, dit lord Dalgarno; mais je n'en profiterai pas.

— Ne t'en avise pas, s'écria son père, sois un effronté scélérat, puisqu'il le faut; mais venge-toi avec les armes d'un soldat, et non avec celles d'un usurier.

— Pardonnez-moi, milord, dit lord Dalgarno, la plume et l'encre sont mes plus sûrs moyens de vengeance, et l'homme de loi gagne plus de bien avec un parchemin qu'avec une lame d'André Ferrare surmontée d'une tête de bélier. Mais, comme je vous l'ai dit, je n'en profiterai pas. Je resterai demain en ville, près de Covent-Garden; si l'on paie à mon homme d'affaires, chez qui l'acte est déposé, la somme qui m'est due, tant mieux pour lord Glenvarloch; sinon je pars le lendemain, et je fais route pour le nord avec toute la diligence possible, pour prendre possession.

— Emporte avec toi la malédiction d'un père, misérable! s'écria lord Huntinglen.

— Ainsi que celle d'un roi qui est *pater patriæ*, dit Jacques.

— J'espère que ce double fardeau ne m'accablera pas,

répondit lord Dalgarno; et il se retira en saluant ceux qui l'entouraient. Tous les assistans, oppressés et saisis de crainte par son effronterie déterminée, trouvèrent qu'ils respiraient avec plus de liberté lorsque enfin il les eut délivrés de sa présence. Lord Huntinglen, cherchant à relever le courage de sa nouvelle belle-fille, se retira avec elle; et le roi, avec son conseil privé, qu'il n'avait pas congédié, retourna encore dans la chambre du conseil, quoiqu'il fût très-tard. Il ordonna également à Heriot de le suivre, mais sans lui en expliquer la raison.

CHAPITRE XXXIII.

« Je vais écouter aux portes. »
SHAKSPEARE. *Richard III*, acte v, scène 3.

Jacques n'eut pas plus tôt repris sa place devant la table du conseil, qu'il se mit à se démener dans son fauteuil, à tousser, à se moucher, et à donner d'autres indices qui laissaient voir qu'il méditait un long discours. Le conseil se disposa à lui prêter l'attention convenable. Charles, aussi strict à observer le décorum que son père y était indifférent, se prépara à écouter dans une attitude raide et respectueuse, tandis que l'orgueilleux favori, connaissant le pouvoir qu'il avait sur le père et sur le fils, s'étendit avec aisance sur son siège, et en prenant un air d'attention il semblait payer une dette au cérémonial plutôt qu'au devoir.

— Je ne doute pas milords, dit le monarque, que quelques-uns de vous ne pensent que l'heure du dîner est passée, et qu'il est temps de demander avec l'esclave de la comédie : — *Quid de symbolo ?* — Néanmoins, rendre justice et juger selon nos fonctions, voilà ce qui doit nous tenir lieu de nourriture; nous en appelons à votre sagesse pour vous prier de considérer le cas de ce malheureux lord Glenvarloch, et de voir si nous pouvons faire quelque chose en sa faveur sans compromettre notre honneur.

— Je suis surpris que la sagesse de Votre Majesté nous fasse cette question, dit le duc; il est clair que ce Dalgarno s'est comporté comme un des plus effrontés scélérats qu'on puisse voir; et il doit donc être évident que, si lord Glenvarloch lui avait passé son épée à travers le corps, il n'aurait fait que renvoyer de ce monde un misérable qui le souille depuis trop long-temps par sa présence. Je pense que lord Glenvarloch a éprouvé beaucoup d'injustices, et je regrette d'y avoir moi-même contribué d'après les insinuations perfides de ce misérable.

— Vous parlez comme un enfant, Steenie,— lord Buckingham, je veux dire, répondit le roi, et comme un homme qui n'entend pas la logique des écoles; car une action peut être sans conséquence ou même méritoire *quoad hominem*, c'est-à-dire eu égard à celui à l'égard de qui elle a lieu, et cependant très-criminelle *quoad locum*, en considérant le lieu dans lequel elle est faite; de même qu'un homme a le droit de danser *Chrighty Beardie* ou toute autre danse dans une taverne, mais non *inter parietes ecclesiæ*[1]. Ainsi donc, quoiqu'on eût pu faire partout ailleurs une bonne action en frappant lord Dalgarno, d'après la manière dont il s'est conduit, elle est ici contraire à la loi, puisque l'acte de violence a été commis dans la juridiction de la cour; car, permettez-moi de vous le dire, milords, la loi contre les actes de violence serait de peu d'utilité dans notre cour si on pouvait l'éluder en justifiant que la personne frappée est un malhonnête homme. Il est fort triste que je ne connaisse aucune cour de la

---

[1] *Entre les murs de l'église.* Les mots précédens sont expliqués par le roi lui-même. — Tr.

chrétienté où l'on ne puisse trouver de ces gens-là ; et, si l'on doit troubler la paix sous le prétexte de les battre, il pourrait bien pleuvoir des piques de Jeddart jusque dans notre antichambre.

—Ce que dit Votre Majesté, répliqua le prince Charles, est empreint de sa sagesse ordinaire. La juridiction des palais doit être aussi sacrée que la personne des rois, qui sont respectés même parmi les nations les plus barbares, et placés immédiatement après leurs divinités. Mais la volonté de Votre Majesté peut tempérer la sévérité de cette loi, comme de toute autre; et en considération des circonstances où ce jeune lord imprudent se trouve, il vous est loisible de lui accorder un pardon absolu.

— *Rem acu tetigisti, Carole, mi puerule*[1], répondit le roi; et sachez, milord, que nous avons, par un moyen adroit et de notre invention, déjà sondé tout le fond du caractère de ce lord Glenvarloch. Je pense qu'il en est parmi vous qui se souviennent de la part que j'ai prise dans le procès curieux de lady Lake, et de la manière dont je les ai arrangés sur l'histoire d'écouter derrière la tapisserie. Cela me fit souvenir que j'avais lu que Denys, roi de Syracuse, appelé par les historiens Τύραννος, (*tyran*), mot qui ne signifie pas dans la langue grecque, comme dans la nôtre, un usurpateur farouche, mais un roi qui gouverne peut-être avec un peu plus de sévérité que nous et les autres monarques légitimes, que les anciens désignaient sous le nom de Βασιλεύς, (*roi*); cela me rappela, dis-je, que ce Denys de Syracuse fit bâtir pour lui, par d'habiles ouvriers, une *lugg*[2]. — Savez-vous ce que c'est, milord évêque?

— Une cathédrale, je présume, répondit le prélat.

— Que diable! — je demande pardon à votre Seigneurie de jurer, — mais ce n'était point une cathédrale, — ce n'était qu'une cachette appelée la *lugg* ou l'oreille du roi,

---

[1] Tu as touché juste, Charles, mon enfant. — Tr.
[2] Mot écossais qui signifie oreille. — Tr.

où il pouvait se mettre sans être vu, et entendre la conversation de ses prisonniers. Hé bien, messieurs, en imitation de ce Denys, que j'ai pris pour modèle, d'autant plus que c'était un véritable savant dans les langues et un habile grammairien, et qu'il a tenu une école avec beaucoup de succès après son abdication (ou lui ou son successeur du même nom, n'importe lequel); —j'ai fait construire dans la prison d'Etat de la Tour une *lugg* qui ressemble plutôt à une chaire qu'à une cathédrale, milord évêque,— et qui communique avec la tapisserie derrière la chambre du lieutenant, où nous pouvons nous placer, et entendre sans qu'on s'en doute la conversation des prisonniers qui y sont renfermés pour des crimes d'Etat, et nous insinuer ainsi dans les secrets même de nos ennemis.

Le prince regarda le duc d'un œil qui exprimait toute son impatience et son ennui. Buckingham leva les épaules, mais le mouvement fut si léger qu'il était presque imperceptible.

— Hé bien, milords, vous savez tout le tapage qu'il y a eu ce matin à la chasse? — Je ne serai pas revenu de ma frayeur avant que d'avoir dormi une bonne nuit. — Un moment après on nous amena un joli petit page qui avait été trouvé dans le parc. Les soins empressés de ceux qui nous entouraient voulurent nous détourner de l'interroger nous-même; néanmoins, toujours prêt à sacrifier notre vie au service du royaume, nous ordonnâmes à tout le monde d'évacuer la chambre, d'autant plus que nous soupçonnions que ce jeune garçon n'était autre chose qu'une fille. Qu'en pensez-vous, milords?—Il n'y en a guère parmi vous qui se seraient imaginé que j'avais un œil de faucon pour un tel gibier; mais, grace au ciel, quoique nous soyons vieux, nous en savons autant sur ces babioles-là qu'il convient à un homme grave et décent. Ainsi, milords, nous questionnâmes nous-même cette jeune fille, déguisée en homme, et j'avoue que ce fut un interrogatoire charmant et bien suivi. Elle avoua d'abord qu'elle avait pris ce déguisement afin de faire respecter la femme qui devait nous présenter la pétition de lady Hermione, pour qui elle professait une entière affection : soupçonnant *anguis in herbâ*[1], nous la mîmes au pied du mur; elle fut forcée d'avouer un attachement vertueux pour Glenvarlochides, avec une si gracieuse expression de honte et de timidité, que nous eûmes beaucoup de peine à nous retenir pour ne pas joindre nos larmes aux siennes. Elle nous dévoila aussi les viles intrigues de ce Dalgarno contre Glenvarlochides, qu'il attirait dans des maisons de mauvaise compagnie, et à qui il donnait de mauvais conseils sous le voile d'une sincère amitié, ce qui a conduit ce jeune homme sans expérience à agir d'une manière préjudiciable à lui-même, et outrageante pour nous. Mais quelle que fût sa gentillesse à nous débiter son histoire, nous résolûmes de ne pas nous en rapporter entièrement à son récit, et de faire l'épreuve que nous avions imaginée pour de semblables occasions. Nous transportant sur-le-champ de Greenwich à la Tour, nous nous mîmes aux écoutes, comme on dit, afin d'observer ce qui se passerait entre Glenvarlochides et ce page, que nous fîmes placer dans son appartement, pensant bien que s'ils étaient tous les deux de concert pour nous tromper, ils en laisseraient échapper quelque chose. — Et que croyez-vous que nous avons vu, milords? — Rien qui puisse vous donner sujet à rire ni à railler, Steenie; car je doute que vous eussiez joué le rôle décent et vraiment chrétien de ce pauvre Glenvarloch. Ce serait un père de l'Eglise en comparaison de vous. — Et alors, pour mettre sa patience plus à l'épreuve, nous lâchâmes sur lui un courtisan et un citadin, c'est-à-dire sir Mungo Malagrowther et notre serviteur George Heriot, ici présent, qui tourmentèrent le pauvre garçon de toutes les manières, et n'épargnèrent

---

[1] Serpent sous l'herbe. (Anguille sous roche.) — Tr.

pas beaucoup notre royale personne. — Vous savez, Geordie, ce que vous avez dit à propos de femmes et de concubines? Mais je vous le pardonne. — Il n'est pas besoin de vous agenouiller, je vous pardonne, — d'autant plus volontiers que cela se rapporte à une chose qui ne fait pas grand honneur à Salomon, et dont par conséquent l'absence ne saurait nous être reprochée. Hé bien, milords, malgré toutes sortes de tourmens et de mauvais exemples, ce pauvre garçon n'a jamais délié sa langue pour dire contre nous une parole inconvenante.—Ce qui m'engage d'autant plus, agissant toujours d'après vos sages avis, à traiter cette affaire du parc comme une chose faite dans un moment d'emportement, après de vives provocations, et par conséquent à accorder notre pardon absolu à lord Glenvarloch.

— Je suis charmé, dit le duc de Buckingham, que Votre Gracieuse Majesté soit arrivée à cette conclusion, quoique je ne l'eusse jamais deviné d'après la route qu'elle a prise.

— J'espère, dit le prince Charles, que Votre Majesté ne croira pas conforme à sa dignité de suivre souvent cette marche.

— Jamais de ma vie, Bambin Charles, je vous en donne ma parole royale. On dit que les écouteurs sont souvent mal payés de leur curiosité : — sur mon ame, les oreilles me cornent encore des sarcasmes de ce vieux sir Mungo. Il nous a reproché d'être avare, Steenie.—Certainement vous pouvez lui donner un démenti; mais c'est pure envie de la part du vieil invalide, parce qu'il n'a pas un *noble* à mettre dans la paume de sa main; et les doigts lui manqueraient d'ailleurs pour le tenir. Ici le roi fut si charmé de l'esprit qu'il montrait, qu'il en oublia l'irrévérence de sir Mungo; et il se contenta d'ajouter : — Nous donnerons au vieux grondeur *bos in linguam* — quelque chose pour arrêter sa langue, ou il nous tournerait en ridicule depuis

Dan jusqu'à Beersheba ¹. — Maintenant, milords, que notre lettre de grace soit expédiée de suite à lord Glenvarloch, et qu'il soit mis en liberté ; et, comme ses biens vont probablement prendre un mauvais chemin, nous réfléchirons aux témoignages de faveur que nous pourrons lui donner. — Milords, je vous souhaite bon appétit pour le souper, et je désire qu'il ne se fasse pas attendre, car nos travaux nous ont conduits bien tard... — Bambin Charles et Steenie, vous resterez jusqu'à notre coucher. — Milord évêque, vous voudrez bien attendre pour bénir notre repas. — Geordie Heriot, j'ai un mot à vous dire à part.

Sa Majesté prit alors le citadin dans un coin, tandis que les conseillers, excepté ceux qui avaient reçu l'ordre de rester, firent leur révérence et se retirèrent. — Geordie, dit le roi, mon bon et fidèle serviteur, — ici il se mit à jouer avec les aiguillettes et les rubans de son pourpoint, — vous voyez que nous avons accordé, d'après l'impulsion naturelle de notre raison et de notre justice, ce que ce grand drôle de Moniplies, je crois qu'on l'appelle ainsi, a offert de nous acheter moyennant un riche présent; nous avons dû le refuser en notre qualité de roi couronné, qui ne consentira jamais à vendre sa justice ni son pardon pour des considérations pécuniaires. Maintenant quelle pensez-vous devoir être l'issue de tout ceci ?

— La liberté de lord Glenvarloch, et sa rentrée en grace auprès de Votre Majesté, dit Heriot.

— Je sais cela, dit le roi avec humeur. Vous êtes bien sourd aujourd'hui. Je vous demande votre opinion sur ce que ce drôle de Moniplies pourra penser de l'affaire?

— Sûrement, que Votre Majesté est un très-bon et très-gracieux souverain, répondit Heriot.

— Nous avons besoin d'être bon et gracieux, dit le roi

---

(1) Expression biblique : *D'un bout de la Judée à l'autre.* — ÉD.

avec encore plus d'humeur, quand nous avons autour de nous des idiots qui ne peuvent comprendre ce que nous pensons, à moins que nous ne le disions positivement en bon anglais. Voyez ce drôle de Moniplies, monsieur, et dites-lui ce que nous avons fait pour lord Glenvarloch, à qui il prend un si grand intérêt, de notre propre et gracieux mouvement, quoique nous ayons refusé de le faire pour aucun avantage particulier. Alors, vous pourriez lui demander, comme de vous-même, si la reconnaissance et même le devoir lui permettent maintenant d'insister auprès de nous pour le paiement actuel de deux ou trois cents malheureuses livres pour le prix desquelles nous avons été obligé d'engager nos joyaux? En effet, on penserait généralement que vous agissez en bon citoyen si vous preniez sur vous-même de lui refuser ce paiement, puisqu'il a eu ce qu'il regardait comme une satisfaction entière, et qu'en outre il n'a évidemment aucun besoin pressant d'argent, tandis que nous en sommes, disait-il, dans une grande disette.

George Heriot gémit intérieurement. — O mon maître! pensa-t-il, mon cher maître! il est donc écrit que vous n'aurez jamais aucun sentiment noble et bienveillant sans qu'il soit terni par quelque arrière-pensée d'égoïsme et d'intérêt?

Le roi ne s'inquiéta nullement de ce que Heriot pensait; mais, le prenant par le collet, il dit: — Vous m'avez compris maintenant, Tin-tin, retirez-vous: vous êtes un homme sage; gardez votre sagesse pour vous, mais n'oubliez pas nos embarras actuels. Le citadin fit la révérence, et se retira.

— Hé bien! enfans, dit le roi, pourquoi vous regardez-vous comme cela tous les deux? qu'est-ce que vous avez à demander à votre cher papa et à votre patron?

— Seulement, dit le prince, qu'il plaise à Votre Majesté d'ordonner que la cachette de la prison soit fermée immédiatement : — les gémissemens d'un captif ne doivent pas servir de témoignage contre lui.

— Quoi! faire fermer mon oreille, Bambin Charles? En effet, il vaut mieux être sourd que d'entendre mal parler de soi. Ainsi qu'on la fasse fermer, sans tarder ; d'autant plus que j'ai le dos brisé d'y être resté pendant une heure.

— Maintenant, voyons ce que les cuisiniers ont fait pour nous, mes bons enfans.

CHAPITRE XXXIV.

« Le chevalier va trouver ce digne homme;
« C'était la perle et la fleur du barreau.
« En arrivant, il vit sur son bureau
« Force papiers, argent en abondance,
« Pour avertir tous ses cliens d'avance
« Qu'on n'avait pas un avis sans payer. »
HUDIBRAS.

Notre lecteur se souviendra peut-être d'un certain scribe écossais à paroles mielleuses, mal peigné, et vêtu de bougran, qui, dans le commencement de cet ouvrage, est représenté comme un protégé de George Heriot. C'est dans sa maison que nous allons nous rendre ; mais les temps ont bien changé pour lui. Le triste chenil est devenu une chambre de représentation ; — l'habit de bougran est métamorphosé en habit de velours noir ; et, quoique celui qui le porte conserve son air d'humilité puritaine et sa politesse vis-à-vis des cliens d'importance, il peut maintenant regarder les autres en face et les traiter avec tous les privilèges que lui donnent l'opulence et l'insolence qu'elle fait naître. Ces changemens s'étaient opérés en peu de temps ; et quoique le personnage lui-même n'y fût pas encore tout-à-fait accoutumé, ils devenaient de jour en jour moins embarrassans pour lui. Parmi les autres acquisitions de luxe, on voit sur sa table une des meilleures pendules de David Ramsay, dont son œil observe continuellement les révolutions, tandis qu'il envoie de temps en temps un jeune garçon qui lui sert de clerc, pour en comparer la marche avec celle de l'horloge de Saint-Dunstan.

Le scribe lui-même paraissait considérablement agité; il tira d'un coffre-fort un rouleau de parchemin, dont il lut plusieurs passages avec une grande attention; ensuite il se mit à se dire à lui-même : — La loi ne présente aucune issu secrète, aucun faux-fuyant, aucun. Si les terres de Glenvarloch ne sont pas dégagées avant midi, lord Dalgarno les acquiert, certes, à bon marché. Il est étrange qu'il ait pu se faire un ennemi de son patron, et acquérir pour lui-même les beaux biens dont il a si long-temps leurré le puissant Buckingham. — André Skurliewhitter ne pourrait-il pas aussi l'attraper? Il a été mon patron, — c'est vrai, — pas plus que Buckingham n'était le sien; et il ne peut plus l'être, car il part présentement pour l'Ecosse. J'en suis content : — je le hais, et je le crains. Il connaît trop mes secrets, je connais trop les siens. Mais non, — non, — non, il est inutile d'y songer, il n'y a pas moyen de le tromper. — Hé bien! Willie, quelle heure est-il?

— Onze heures passées, monsieur.

— Enfant, retourne à ton pupitre, de l'autre côté, dit le scribe. Que faire maintenant? — Je perdrai la clientelle honorable du vieux comte; et, ce qu'il y a de pire, la vilaine pratique de son fils. Le vieil Heriot s'entend trop bien en affaires pour me laisser plus que ce qui doit strictement m'appartenir selon l'usage. La clientelle de Whitefriars était avantageuse; mais elle est devenue dangereuse depuis..... Pouah! qu'est-ce qui me fait donc penser à cela? à peine si je puis tenir ma plume. — Si l'on me voyait dans cet état! Willie (appelant à haute voix l'enfant), un verre d'eaux distillées. — Ah! maintenant je pourrais regarder le diable en face.

Il prononça ces derniers mots à haute voix et tout près de la porte de l'appartement, qui fut ouverte tout à coup par Richie Moniplies, suivi de deux personnes et de deux porteurs chargés de sacs d'argent. — Si vous pouvez regarder le diable en face, maître Skurliewhitter, dit Richie, vous pourrez bien au moins tourner la tête pour voir un ou deux sacs d'argent que j'ai pris la liberté de vous apporter. Satan et Mammon sont proches parens. Pendant ce temps-là, les porteurs déposèrent leur charge sur le plancher.

— Je......je, — balbutia le scribe surpris, — je ne puis deviner ce que vous voulez dire, monsieur.

— Je vous dis seulement que je vous apporte cet argent de la part de lord Glenvarloch, pour dégager une certaine hypothèque placée sur son patrimoine. Voici maître Reginald Lowestoffe et un honorable Templier, qui viennent en temps et lieu pour être témoins du remboursement.

— Je—je crois, dit le scribe, que le terme est expiré.

— Vous me pardonnerez, monsieur, répondit Lowestoffe; vous ne nous abuserez pas : — Il s'en faut de trois quarts d'heure à toutes les horloges de la Cité.

— Il faut que j'aie le temps, messieurs, reprit André, de compter et de peser l'or.

— Faites-le à votre aise, maître scribe, répliqua encore Lowestoffe. Nous avons déjà vérifié et pesé chaque sac, et nous y avons attaché notre sceau. Ils sont rangés là, au nombre de vingt, chacun contenant trois cents pièces d'or. — Nous sommes témoins que le remboursement est légalement offert.

— Messieurs, dit le scribe, cette affaire intéresse maintenant un puissant seigneur. Je vous prie de calmer votre précipitation, et de me permettre d'envoyer chercher lord Dalgarno, ou plutôt j'y cours moi-même.

En même temps, il prit son chapeau; mais Lowestoffe s'écria : — Ami Moniplies, ferme la porte, si tu as du cœur! il ne cherche qu'à gagner du temps. Pour vous parler net, André, vous pouvez, si vous le voulez, envoyer chercher le diable, qui est le plus puissant seigneur que je connaisse; mais vous ne sortirez pas d'ici que vous n'ayez répondu à notre proposition, en refusant ou acceptant le remboursement que nous vous offrons en deniers bien comptés. Les voilà; c'est à prendre ou à laisser, comme vous le voudrez. J'en sais assez pour ne pas ignorer que la loi est plus forte qu'aucun lord d'Angleterre. J'ai toujours appris cela au Temple, si je n'y ai pas appris autre chose. Faites attention à ne pas plaisanter là-dessus plus long-temps, à moins que vous ne vouliez avoir vos longues oreilles raccourcies d'un doigt, maître Skurliewhitter.

— Mais, messieurs, si vous me menacez, dit le scribe, je ne puis résister à la force.

— Nous ne vous faisons pas de menaces, pas la moindre, mon petit André, dit Lowestoffe; écoutez seulement un petit conseil d'ami, et n'oubliez pas, honnête André, que je vous ai vu dans l'Alsace.

Le scribe s'assit sans répondre un seul mot, et donna un récépissé en bonne forme de l'argent qui lui était présenté.

— Je le prends sur votre parole, maître Lowestoffe, dit-il; j'espère que vous vous souviendrez que je n'ai insisté ni sur le poids ni sur le compte. J'ai été honnête; s'il y a du déficit, c'est moi qui en répondrai.

— Donnez-lui une chiquenaude sur le nez avec une pièce d'or, Richie, dit le Templier. Emportez les papiers, et maintenant allons gaiement dîner où vous voudrez.

— S'il était permis de choisir, dit Richie, ce ne serait

pas à ce maudit Ordinaire; mais, comme c'est à votre choix, messieurs, le régal se fera où vous le voudrez.

—A l'Ordinaire, dit l'un des étudians.

—Chez Beaujeu, dit l'autre; c'est la seule maison de Londres pour le bon vin, un service prompt, des plats exquis, et.....

— Et la cherté, ajouta Richie Moniplies; mais, comme je vous l'ai dit, messieurs, c'est à vous à ordonner, après m'avoir si loyalement prêté votre assistance dans cette petite affaire, sans autre condition que celle d'un léger régal.

La dernière partie de ce discours se passa dans la rue, où, un instant après, ils rencontrèrent lord Dalgarno. Il paraissait pressé : il donna un léger coup de chapeau à maître Lowestoffe, qui lui rendit son salut avec la même négligence et continua lentement son chemin avec son compagnon, tandis que lord Dalgarno arrêta Richie Moniplies d'un signe impérieux, auquel Moniplies obéit par l'instinct de l'habitude, malgré son indignation.

—A la suite de qui es-tu maintenant, maraud? demanda le lord.

—De quiconque marche devant moi, milord, répondit Moniplies.

— Pas d'insolence, coquin. Je désire savoir si tu es encore au service de Nigel Olifaunt, reprit Dalgarno.

—Je suis l'ami du noble lord Glenvarloch, répondit Moniplies avec dignité.

— Il est vrai, répliqua lord Dalgarno, que ce noble lord s'est abaissé à choisir ses amis parmi les laquais. Néanmoins, écoute bien cela : s'il est toujours dans les mêmes dispositions que la dernière fois que nous nous sommes vus, tu peux lui dire que demain à quatre heures de l'après-midi je me dirigerai vers le nord par Enfield-Chase. J'aurai une suite peu nombreuse, car j'ai le dessein d'envoyer mes gens par Barnet. Mon projet est de traverser la forêt à petits pas, et de m'arrêter un instant à Camlet-Moat. Il connaît le lieu; et, s'il est autre chose qu'un fanfaron alsacien, il le trouvera plus convenable que le parc pour certaines affaires. Je sais qu'il est en liberté ou qu'il y sera bientôt. S'il me manque au lieu désigné, qu'il vienne me chercher en Écosse, il me trouvera en possession des biens et des terres de son père.

— Ouf! dit tout bas Richie, il ne manque que deux mots pour ce marché-là.

Il méditait même une plaisanterie sur les moyens qu'il savait avoir pour renverser les espérances de lord Dalgarno; mais il vit dans les yeux animés du jeune lord qu'il y aurait du danger à l'irriter, et, domptant pour la première fois son esprit par la prudence, il se contenta de répondre :

— Dieu veuille que Votre Seigneurie gouverne bien sa nouvelle conquête — lorsqu'elle l'aura! Je m'acquitterai de votre message pour milord, — c'est-à-dire, ajouta-t-il intérieurement, Richie ne lui en dira jamais un mot. Je ne suis pas homme à l'exposer à un pareil danger.

Lord Dalgarno fixa un moment sur lui un regard scrutateur, comme pour pénétrer l'intention du ton sec et ironique qui, malgré la frayeur de Richie, accompagna sa réponse; puis, avec la main, il lui fit signe de continuer son chemin. Il marcha lui-même lentement jusqu'à ce que les trois amis fussent hors de vue; ensuite il retourna précipitamment sur ses pas, frappa à la porte du scribe, qu'il avait dépassée, et fut introduit dans sa maison.

Lord Dalgarno trouva l'homme de loi avec les sacs d'argent placés encore devant lui, et il n'échappa point à son œil pénétrant que Skurliewhitter était déconcerté et alarmé de son arrivée.

— Qu'est-ce que cela signifie? dit-il. Quoi! vous ne me faites pas un mot de compliment sur mon heureux mariage? Vous ne me dites pas une parole de consolation philosophique sur ma disgrace à la cour? Ou bien ma figure, en qualité de sot mari content de sa condition et de favori congédié, a-t-elle la vertu de la tête de la Gorgone, *turbatæ Palladis arma*, comme Sa Majesté pourrait le dire.

— Milord, je suis charmé ; — milord, je suis désolé, — répondit le scribe tout tremblant, qui, connaissant le caractère emporté de lord Dalgarno, redoutait les conséquences de la nouvelle qu'il avait à lui apprendre.

— Charmé et désolé! répondit lord Dalgarno ; c'est souffler le froid et le chaud. Entendez-vous, monsieur, véritable image de la friponnerie personnifiée. Si vous êtes fâché que je sois mari trompé, sachez que je ne le suis que de ma façon, fripon que vous êtes. Elle a trop peu de sang dans les veines pour le dépenser ailleurs. Hé bien! je supporterai comme je le pourrai l'honneur de mes cornes. — J'ai de quoi les dorer, et, quant à ma disgrace, la vengeance l'adoucira. Oui, la vengeance, — et voici l'heure fortunée qui sonne!

L'heure de midi retentit en effet à l'horloge de Saint-Dunstan. — Bien sonné, braves marteaux! s'écria lord Dalgarno triomphant. Le château et les domaines de Glenvarloch sont écrasés sous ces coups retentissans. Si mon épée me seconde demain aussi bien que vos masses de fer me servent aujourd'hui, le pauvre lord dépouillé ne sentira guère la perte que vous lui causez. — Les papiers! les papiers, fripon que tu es; je pars demain pour le nord. Oh! à quatre heures après midi, il faut que je sois à Camlet-Moat, dans Enfield-Chase ; ce soir une partie de mes gens prennent les devans. Les papiers! Allons, dépêche-toi.

— Milord, les — les papiers de l'hypothèque Glenvarloch? — je — ne les ai pas.

— Tu ne les as pas! — répéta lord Dalgarno; les as-tu envoyés chez moi, misérable! Ne t'ai-je pas dit que je viendrais ici? — Que veux-tu dire en montrant cet argent? Quelle scélératesse as-tu commise pour l'avoir?

C'est une trop forte somme, pour qu'elle soit acquise honnêtement.

— Votre Seigneurie le sait très-bien, répondit le scribe tout troublé : l'or vous appartient. — C'est — c'est...

— Ce n'est pas l'affranchissement de la terre de Glenvarloch! dit Dalgarno. Ne t'avise pas de dire cela, ou, sur la place, j'arrache ton ame de procureur de ta carcasse de corbeau. En même temps, il saisit le scribe au collet, et le secoua si rudement qu'il lui déchira son habit.

—Milord, je vais appeler au secours, dit le malheureux tout tremblant, et qui éprouvait en ce moment toute l'horreur d'une agonie mortelle.—C'est le fait de la loi, et non le mien. Que pouvais-je faire?

— Tu le demandes? — Quoi! échappé de l'enfer que tu es, avais-tu épuisé tous tes sermens, tes ruses, tes mensonges? ou t'estimes-tu trop pour en faire usage à mon service? Tu aurais dû mentir, tromper, jurer même que tu avais dit vrai, plutôt que d'arrêter ma vengeance. Mais fais-y bien attention, continua-t-il, je connais plus de tes tours qu'il n'en faut pour te faire pendre. Un mot de moi au procureur-général, et tu es expédié.

— Que voulez-vous que je fasse, milord? Je tenterai tout ce que l'art et la loi pourront accomplir.

— Ah! n'y manque pas, et souviens-toi que je ne manque jamais à ma parole. Garde ce maudit or, si tu tiens à ta vie; ou bien arrête, je ne te le confierai point.

— Envoie tout de suite cet or chez moi; je partirai toujours pour l'Ecosse, et il faudra bien des choses pour m'empêcher de tenir bon dans le château de Glenvarloch contre le propriétaire, avec ses propres munitions. Tu es prêt à me servir? Le scribe l'assura de la plus complète obéissance.

— Hé bien! souviens-toi que l'heure était passé avant que le paiement fût offert, — et vois à te procurer des témoins qui aient bonne mémoire pour prouver ce point.

— Fi donc! milord, je ferai plus, dit André en se ranimant; je prouverai que les amis de lord Glenvarloch m'ont menacé, renversé, qu'ils ont même tiré l'épée contre moi. — Pensez-vous que j'aurais été assez ingrat pour souffrir de leur part le moindre acte au préjudice de Votre Seigneurie s'ils ne m'avaient pas mis l'épée sur la gorge!

— Il suffit, répondit Dalgarno; vous êtes un talent accompli.—Continuez, ou redoutez ma fureur. Je laisse mon page en bas.—Faites venir des porteurs, et qu'ils me suivent avec l'or.

A ces mots, lord Dalgarno quitta la maison du scribe. Skurliewhitter, ayant envoyé son clerc chercher des commissionnaires de confiance pour transporter l'argent, resta seul, et tremblant encore, à méditer sur les moyens de se débarrasser du terrible et vindicatif seigneur, qui connaissait un trop grand nombre de ses méfaits pour n'avoir pas les moyens de le démasquer et de le perdre quand il le voudrait. Il venait en effet d'acquiescer au plan rapidement tracé pour s'emparer des biens affranchis; mais son expérience prévoyait que ce serait une chose impossible, tandis que de l'autre côté il ne pouvait songer aux ressentimens de lord Dalgarno sans des craintes qui faisaient frissonner son ame sordide. Etre au pouvoir d'un jeune lord prodigue, et soumis à ses caprices et à ses mauvais traitemens, lorsque son industrie s'était formé des moyens de fortune, — c'était le tour le plus cruel que le sort eût pu jouer à l'usurier commençant.

Tandis que le scribe était dans le premier accès de son inquiétude, quelqu'un frappa à la porte de l'appartement : il lui cria d'entrer; et un homme parut couvert d'un manteau grossier de drap de Wiltshire, auquel le ciseau n'avait donné aucune forme, attaché par un large ceinturon de cuir et une boucle de cuivre, ce qui était le costume ordinaire des marchands de bétail et des paysans. Skurliewhitter, croyant voir dans ce personnage un client de campagne qui pourrait devenir intéressant, avait ouvert la bouche pour le prier de s'asseoir, lorsque l'étranger, rejetant en arrière le capuchon qu'il avait baissé sur sa figure, présenta au scribe des traits bien gravés dans sa mémoire, mais qu'il ne voyait jamais sans se sentir prêt à s'évanouir.

— Est-ce vous? dit-il d'une voix faible, tandis que l'étranger replaçait le capuchon qui couvrait ses traits.

— Qui voulez-vous que ce soit? répondit celui-ci.

> Enfant du parchemin, né dans un greffe obscur,
>   Entre le sac et l'écritoire,
>   Avorton pétri de grimoire,
> L'encrier fut ton père, et ta mère, à coup sûr,
>   Fut une plume mal taillée.
> La règle, le crayon, instrumens de ta loi,
>   Et mainte page barbouillée
>   Sont tes parens.... Mais, sur ma foi,
>   J'oubliais aussi la potence.
>   Lève-toi, cuistre, en ma présence;
> Et fais la révérence à qui vaut mieux que toi.

— Vous n'êtes pas encore parti, après tous les avis qui vous ont été donnés? dit le scribe. Ne croyez pas que votre manteau de paysan puisse vous sauver, capitaine; — non, ni vos citations de pièces de théâtre.

— Que diable voulez-vous que je fasse? Voulez-vous que je meure de faim? Si je me sauve, il faut que vous m'allongiez les ailes avec quelques plumes. Vous pouvez le faire, je pense.

— Vous auriez déjà pu vous en aller.—Vous avez eu dix livres sterling.—Que sont-elles devenues?

— Elles ont filé, répondit le capitaine Colepepper,— elles ont filé je ne sais où. — J'avais envie de mordre, et j'ai été mordu, voilà tout. — Je crois que ma main a tremblé en pensant à l'expédition de la dernière nuit; car je craignais les docteurs comme un véritable enfant.

—Ainsi donc vous avez tout perdu?—Hé bien, prenez ceci et partez.

—Quoi! deux pauvres pièces! Peste soit de votre bonté, ma foi!—Mais rappelez-vous que vous y êtes aussi intéressé que moi.

— Moi! parbleu non. Je ne voulais que débarrasser le vieillard de quelques papiers et d'un peu d'or, et vous lui avez enlevé la vie.

— S'il vivait encore, il aimerait mieux la perdre que son argent.—Mais ce n'est pas là la question, maître Skurliewhitter; — vous avez ouvert les verroux à secret de la fenêtre, lorsque vous avez été le voir pour affaires, la veille de sa mort. Ainsi soyez sûr que, si je suis pris, je ne danserai pas seul. — Pity Jack Hempsfield est mort; la vieille chanson n'est plus bonne.

>Nous étions trois, nous étions trois,
>Tous trois enfans de la folie,
>Et dans un concerto grivois,
>Petit chef-d'œuvre d'harmonie,
>Chacun des trois, chacun des trois,
>Chacun des trois fit sa partie.

— Pour l'amour de Dieu! parlez plus bas. Est-ce ici le lieu ou le moment de faire entendre vos chansons d'orgies nocturnes? — Mais combien vous faut-il pour votre voyage? Je vous dis que je ne suis pas en fonds.

— C'est un mensonge, un mensonge palpable et grossier.—Combien il me faut, dites-vous, pour mon voyage? Bah! un de ces sacs me suffira pour le moment.

— Je vous jure que ces sacs d'argent ne sont pas à ma disposition.

— D'une manière honnête, cela peut être; mais entre nous, nous n'y regardons pas de si près.

— Je vous jure qu'ils ne sont nullement à ma disposition : — ils m'ont été remis en compte. — Je dois les remettre à lord Dalgarno, dont le page attend ici pour les emporter: et je n'en pourrais détacher une seule pièce sans le plus grand danger.

— Ne pouvez-vous pas différer la remise? dit le spadassin en touchant de sa large main un des sacs, comme si ses doigts étaient impatiens de le saisir.

— Impossible, répondit le scribe; il part demain pour l'Ecosse.

— Ah! ah! dit le capitaine après un moment de réflexion, prend-il la route du nord avec cette charge?

— Il sera bien accompagné, dit le scribe; mais cependant....

— Mais cependant, — mais quoi? reprit le scélérat.

— Non, je ne voulais rien dire.

— Tu mens. — Tu as eu vent de quelque bonne chose : je t'ai vu prendre la pose d'un chien couchant. Tu ne parleras pas plus qu'un épagneul bien dressé, mais tes signes seront tout aussi faciles à comprendre.

— Tout ce que je voulais dire, capitaine, c'est que ses domestiques s'en vont par Barnet, et que lui, avec son page, il traverse Enfield-Chase : il m'a dit hier qu'il marcherait lentement.

— Oui, bien! je commence à te comprendre, mon garçon.

— Et qu'il s'arrêterait, continua le scribe, qu'il s'arrêterait quelque temps à Camlet-Moat.

— Ceci vaut mieux qu'un combat de coqs, dit le capitaine.

— Je ne vois pas le bien que cela peut vous faire, capitaine; mais cependant ils ne peuvent pas marcher vite, car son page montera le cheval qui doit porter tout ce poids, dit le scribe en montrant l'argent qui était sur la table. Lord Dalgarno voit clair dans les affaires de ce monde.

— Ce cheval saura gré à ceux qui le débarrasseront de sa charge, dit le brigand; car, Dieu merci, on pourra le rencontrer.— Il a toujours ce page,— ce même Lutin,— ce diable? Bien! ce jeune drôle a déjà battu le buisson pour moi. Je me vengerai aussi, car je lui en veux d'ancienne date pour une affaire qui s'est passée à l'Ordinaire. Voyons : — Black-Feltham, et Dick Shakebag ; — nous aurons besoin d'un quatrième.—J'aime à être sûr de mon coup; le butin est assez considérable pour être partagé, outre ce que je puis rogner sur leur lot. Allons! prêtez-moi deux livres sterling; voilà qui est bien. Oh! la bonne nouvelle ! Adieu. Et il s'éloigna en s'enveloppant avec soin dans les plis de son manteau.

Lorsqu'il fut parti, le scribe se tordit les mains, et s'écria : — Encore du sang ! — encore du sang ! je croyais en avoir fini ; mais cette fois ce n'est pas ma faute,—non, ce n'est pas ma faute ; — et puis je ne puis qu'y gagner de toutes les manières. Si le scélérat succombe, il cessera de tirailler les cordons de ma bourse ; et si lord Dalgarno meurt,—comme la chose est très-probable ; car, quoique ce drôle ait aussi peur d'une épée nue qu'un débiteur d'un créancier, il est assez brave pour vous tuer en tirant de derrière une haie : — alors je suis mille fois sauvé ; — je suis sauvé, — sauvé !

Nous tirerons sans regret le rideau sur lui et sur ses réflexions.

CHAPITRE XXXV.

« Nous ne devenons pas criminels tout d'un coup.
« Le mal est un ruisseau, faible en quittant sa source,
« Dont la main d'un enfant arrêterait la course
« Avec un peu d'argile employée en jouant.
« Mais laissez-le couler, il devient un torrent.
« Et la religion ni la philosophie
« N'en pourront désormais enchaîner la furie. »
Ancienne comédie.

Les deux Templiers avaient été traités par notre ami Richie Moniplies dans un cabinet particulier, chez Beaujeu, où l'on pouvait le prendre pour un homme de bonne compagnie; car il avait échangé sa livrée pour un habit modeste, quoique d'un drap fort beau, taillé à la mode du temps, mais dont la coupe eût convenu à un homme plus âgé que lui. Il avait positivement refusé de se présenter à l'Ordinaire, malgré les vives instances de ses compagnons, qui auraient voulu pouvoir l'y décider; car il est facile de penser que des rieurs tels que Lowestoffe et l'autre membre de la basoche n'eussent pas été fâchés de se divertir un peu aux dépens du simple et pédant Ecossais, outre la chance de le débarrasser de quelques livres sterling, dont il paraissait avoir un grand nombre à sa disposition. Mais les bouteilles d'un vin pétillant purent se succéder sans réussir à faire oublier à Richie le sentiment du décorum. Il conserva la gravité d'un juge, même en buvant comme un poisson, soit qu'il y fût excité par son goût naturel pour cette liqueur, soit même pour encourager ses hôtes. Lorsque le vin commença à opérer son effet sur leur cerveau, maître Lowestoffe, fatigué peut-être de la bizarrerie de Richie, qui devenait encore plus opiniâtre et plus dogmatique qu'il ne l'avait été, même au commencement du repas, proposa à son ami de quitter la table, et d'aller joindre les joueurs.

On fit en conséquence venir le garçon, et Richie paya l'écot en y joignant un pour-boire généreux, qui fut reçu chapeau bas et genou en terre, avec maints remerciemens.

— Je suis fâché que nous nous séparions si tôt, messieurs, dit Richie à ses compagnons.—J'aurais voulu vous voir vider un autre quartaut avant de vous en aller, ou que vous fussiez restés pour faire un léger souper et prendre un verre de vin du Rhin. Je vous remercie cependant d'avoir ainsi honoré ma petite collation; et je vous recommande à la fortune, dans la route que vous suivez; car l'Ordinaire ne fut, n'est, et ne sera jamais mon élément.

— Portez-vous bien alors, dit Lowestoffe, très-sage et sentencieux maître Moniplies. Puissiez-vous avoir bientôt une autre hypothèque à racheter, et puissé-je vous servir de témoin, pourvu que vous agissiez en aussi bon diable qu'aujourd'hui.

— Vous avez bien de la bonté de parler ainsi, messieurs; — mais si vous vouliez seulement me permettre de vous donner quelques conseils au sujet de ce maudit Ordinaire....

— Réservez la leçon, très-honorable Richie, pour l'instant où j'aurai perdu tout mon argent, dit Lowestoffe en lui montrant une bourse assez bien garnie, et alors la leçon aura sans doute quelque poids.

—Et gardez-en ma part, Richie, reprit l'autre étudiant en lui montrant à son tour une bourse presque vide, pour l'instant où cette bourse sera remplie; et alors je vous promets de vous écouter avec patience.

— Oui, oui, mes amis, répondit Richie, la vide et la pleine s'en vont souvent par le même chemin, et ce n'est pas le meilleur. Mais le temps viendra....

— Il est déjà venu, dit Lowestoffe; la table de jeu est disposée; et puisque bien décidément vous ne voulez pas entrer avec nous, adieu, Richie.

— Adieu, messieurs, dit Richie; et il sortit de la maison, où il laissa ses hôtes.

Moniplies n'était encore qu'à quelques pas de la porte, et il marchait absorbé dans ses réflexions sur le jeu, les Ordinaires et les mœurs du siècle, lorsqu'un homme qu'il n'avait pas remarqué, et qui de son côté n'avait pas fait plus d'attention à lui, le heurta brusquement. Richie lui demanda s'il avait voulu l'insulter; et l'étranger riposta par une imprécation contre l'Ecosse et tout ce qui y tenait. En tout temps une insulte, même moins directe, adressée à son pays natal, aurait provoqué Richie; à plus forte raison quand il avait la tête échauffée par plus d'une double quarte de vin des Canaries. Il était au moment de faire une réponse très-dure, et de soutenir ses paroles du geste, lorsqu'en examinant de plus près son antagoniste il changea de résolution.

— Vous êtes l'homme du monde, lui dit-il, que je désirais le plus voir.

— Et vous, répondit l'étranger, ainsi que tous vos misérables compatriotes, vous êtes le dernier que je désire jamais voir. Vous autres Ecossais, vous êtes toujours faux et flatteurs, et un honnête homme ne saurait prospérer à côté de vous.

— Quant à notre pauvreté, l'ami, c'est comme il plaît au ciel; mais pour ce qui est d'être faux, je vous prouverai qu'un Ecossais porte un cœur aussi loyal et aussi dévoué à son ami qu'un Anglais.

— Que m'importe que cela soit ou non? Laissez-moi m'en aller. — Pourquoi tenez-vous mon manteau? Lâchez-moi, ou je vous jette dans le ruisseau.

— Je crois que je vous le pardonnerais, car vous m'avez rendu autrefois un bon service en m'en retirant.

—Maudite soit donc ma main, si elle a fait cette sottise! Je voudrais que vos compatriotes y fussent tous avec vous, et que la malédiction du ciel tombât sur celui qui vous aiderait à vous relever! Pourquoi m'arrêtez-vous? ajouta-t-il avec colère.

—Parce que vous prenez un mauvais chemin, maître Jenkin, dit Richie. Mais que cela ne vous effraie pas; vous voyez que vous êtes connu. Ouais! le fils d'un honnête homme aurait-il peur de s'entendre appeler par son nom?

Jenkin se frappait le ventre avec violence.

—Allons, allons, dit Richie, cette colère ne sert à rien. Dites-moi, où allez-vous?

—Au diable, répondit Jenkin.

—C'est un triste voyage, si vous parlez à la lettre; mais si c'est par métaphore, il y a des lieux pires dans cette grande ville que la taverne du Diable; et je ne serais pas fâché d'y aller avec vous, et de vous régaler d'une double quarte de vin chaud.—Cela corrigerait les crudités de mon estomac, et formerait un préparatif agréable pour une cuisse de poulet froid.

—Je vous prie, en bonne forme, de me laisser aller, dit Jenkin. Vous pouvez me vouloir du bien, et de mon côté je ne vous souhaite pas de mal; mais je puis être dangereux à moi-même ou à tout autre.

—J'en courrai le risque, pourvu que vous vouliez venir avec moi; voici un endroit convenable, une auberge plus voisine de nous que celle du Diable, qui est un nom de mauvais augure pour une taverne. Celle-ci, à l'enseigne de *Saint-André*, est un lieu tranquille, et où j'ai mangé de temps en temps quand je logeais dans le voisinage du Temple avec lord Glenvarloch. — Que diable avez-vous pour me pousser de la sorte, et presque nous renverser tous les deux sur le pavé?

—Ne prononcez pas devant moi le nom de ce perfide

Ecossais, dit Jin Vin, si vous ne voulez pas que je devienne fou! — J'étais heureux avant l'instant où je le vis; — il a été la cause de tout le mal qui m'est survenu; — il a fait de moi un fripon et un fou.

— Si vous êtes un fripon, dit Richie, vous avez trouvé un huissier; — si vous êtes fou, vous avez trouvé un garde; mais huissier et garde tous deux d'une nature fort douce. Voyez-vous, mon bon ami, on a fait plus de vingt histoires sur ce même lord, dans lesquelles il n'y a pas plus de vérité que dans les mensonges de Mahomet. Tout ce qu'on peut dire de plus mal sur son compte, c'est qu'il n'est pas toujours aussi docile aux bons avis que je voudrais le voir; mais c'est un reproche qu'on peut vous faire aussi, de même qu'à tous les jeunes gens. Venez avec moi. — Allons, venez avec moi; et si un peu d'argent et beaucoup d'excellens conseils peuvent adoucir votre situation, tout ce que je puis dire, c'est que vous avez eu le bonheur de rencontrer quelqu'un en état et en disposition de vous en donner.

L'opiniâtreté de l'Ecossais prévalut sur celle de Vincent, qui était réellement dans un tel état d'agitation et de trouble qu'il se laissait facilement entraîner par les suggestions des autres. Il se laissa conduire dans la petite taverne recommandée par Richie, où ils se trouvèrent assis dans une petite niche avec une double quarte de vin chaud et un sucrier de papier devant eux. On apporta aussi des pipes et du tabac; mais Richie seul en fit usage. Il avait pris cette habitude depuis peu de temps, parce qu'il trouvait que cela ajoutait considérablement à la gravité et à l'importance de ses manières, et que la vapeur accompagnait avec grace les sages paroles qui s'échappaient de sa bouche. Après qu'ils eurent rempli et vidé leurs verres en silence, Richie répéta sa question, et demanda à son hôte où il allait lorsqu'ils eurent le bonheur de se rencontrer.

— Je vous ai dit, répondit Jenkin, que j'allais à ma perte, — c'est-à-dire à la maison de jeu. Je suis résolu de risquer ces deux ou trois livres sterling, pour gagner mon passage avec le capitaine Sharker, qui est dans le port de Gravesend, prêt à partir pour l'Amérique. J'ai déjà rencontré un diable sur mon chemin, qui voulait me détourner de mon dessein, mais je l'ai envoyé promener.—Vous en êtes un autre, à ce que je vois.— Quel degré de damnation me destinez-vous? ajouta-t-il d'un air égaré, et quel en est le prix?

—Je vous prie de croire, répondit Richie, que je ne me mêle de ces sortes d'affaires ni comme acheteur ni comme vendeur. Mais si vous voulez me dire franchement la cause de votre malheur, je ferai tout ce qui sera en mon pouvoir pour vous en tirer, sans cependant vouloir être prodigue de promesses avant de connaître le cas, comme un bon médecin ne donne ses avis sur une maladie que lorsqu'il en a observé les symptômes.

—Personne n'a rien à démêler dans mes affaires, dit le pauvre jeune homme en mettant ses bras sur la tête, et en appuyant sa tête dans ses mains, avec le même découragement que le lama qui, accablé sous une charge trop lourde, se renverse sur la poussière pour mourir.

Richie Moniplies, comme la plupart des personnes qui ont bonne opinion d'elles-mêmes, trouvait un charme particulier à offrir des consolations, afin de pouvoir montrer sa supériorité (car le consolateur est toujours, pour le moment du moins, supérieur à la personne affligée) et de s'abandonner au plaisir qu'il avait à parler. Il infligea au pauvre pénitent une harangue d'une longueur impitoyable, assaisonnée de lieux communs sur la vicissitude des choses humaines, les avantages inappréciables de la patience dans le malheur, la folie de s'abandonner à un désespoir inutile, la nécessité de songer davantage à l'avenir; et il mêlait à ses réflexions quelques douces réprimandes sur le passé, afin de chercher à vaincre l'opiniâtreté du patient, comme Annibal employait le vinaigre pour s'ouvrir une route à travers les rochers.

Il était au-dessus de la nature humaine d'endurer tranquillement ce torrent d'éloquence vulgaire; et soit que Jin Vin désirât arrêter le flux de paroles qui se précipitait ainsi dans son oreille pour aller assaillir sa raison, soit qu'il eût confiance dans les protestations d'amitié de Richie, protestations que le malheureux, dit Fielding, est toujours si disposé à croire, soit uniquement pour exhaler ses chagrins en paroles, il leva la tête, et tournant vers Richie ses yeux rouges et enflammés :

— Morbleu, s'écria-t-il, retiens ta langue, et tu sauras tout.—Tout ce que je demande de toi, c'est une poignée de main et que tu me laisses.—Cette Marguerite Ramsay, — vous l'avez vue, n'est-ce pas?

—Une fois, dit Richie, une seule fois, chez maître George Heriot, dans Lombard-Street. J'étais dans l'appartement où l'on dînait.

—Oui, je m'en souviens, dit Jin Vin; vous aidiez à changer les assiettes.—Hé bien! cette jeune fille si jolie, — car je soutiens que c'est la plus jolie femme de Londres, —est au moment d'épouser votre lord Glenvarloch, que la peste confonde!

—C'est impossible! s'écria Richie, vous déraisonnez; — on vous fait avaler des poissons d'avril tous les mois de l'année, à vous autres badauds de Londres; — lord Glenvarloch épouser la fille d'un artisan de Londres! je croirais plutôt que le Prêtre Jean épouse la fille d'un colporteur juif.

— Ecoutez-moi, frère, dit Jin Vin; je ne souffrirai jamais qu'on parle avec mépris de la Cité, malgré l'état où je suis réduit.

— Je vous demande pardon; je ne voulais pas vous offenser, dit Richie; mais quant au mariage, c'est une chose naturellement impossible.

— Et qui aura lieu cependant, car le duc, le prince et tout le monde y fourrent le doigt; surtout ce vieil imbécile de roi, qui veut la faire passer pour être issue d'une illustre maison, comme tous les Ecossais en ont la prétention, vous le savez.

— Maître Vincent, quoique vous soyez dans le chagrin, dit le consolateur offensé à son tour, trève aux réflexions injurieuses à mon pays.

Le malheureux jeune homme s'excusa à son tour, mais affirma que le roi disait que Marguerite Ramsay descendait d'une famille noble; qu'il avait pris lui-même un grand intérêt au mariage; que depuis le jour où il avait vu Marguerite en chausses et en pourpoint il ne cessait d'en radoter; et il n'y a rien d'étonnant, ajouta le pauvre Vin avec un profond soupir.

— Il est possible que tout cela soit vrai, dit Richie, quoique cela me paraisse bien étrange; mais vous ne devriez pas mal parler des grands personnages. — Ne faites point d'imprécations contre le roi, Jenkin, pas même dans votre chambre à coucher. — Les murs ont des oreilles. — Personne ne peut savoir cela mieux que moi.

— Je ne souhaite pas de mal à ce vieux fou, dit Jenkin; mais j'aurais voulu qu'il ne portât pas les choses si loin: s'il voyait en rase campagne trente mille piques comme celles que j'ai vues dans les jardins de l'artillerie, ce ne seraient pas ses courtisans avec leurs longs cheveux qui viendraient le défendre, je pense.

— Ta, ta, ta, dit Richie, rappelez-vous d'où viennent les Stuarts, et croyez qu'ils ne manqueront jamais ni d'éperons ni d'épée; mais quittons ce sujet, dont il serait dangereux de nous entretenir plus long-temps; je vous le demande encore, quel intérêt prenez-vous à tout cela?

— Quel intérêt? s'écria Jenkin. Quoi! ne suis-je pas en adoration de Marguerite Ramsay depuis le jour où je suis entré dans la boutique de son vieux père? Et n'y a-t-il pas trois ans que je porte ses patins et ses chaussons? N'est-ce pas encore moi qui portais à l'église son livre de prières, et qui brossais le coussin sur lequel elle se mettait à genoux? A-t-elle jamais voulu m'en empêcher.

— Je ne vois pas pour quelle raison elle l'aurait fait, si c'étaient là tous les services que vous lui rendiez. Ah! mon cher, il y a bien peu de gens, sages ou fous, qui sachent mener une femme.

— Et ne l'ai-pas servie au risque de ma liberté, et peu s'en faut au risque de ma tête? Ne m'a-t-elle, — non, ce n'était pas elle, mais cette maudite sorcière qu'elle a employée pour me persuader, comme un sot, de me déguiser en batelier, afin d'aider milord à passer en Ecosse? La peste soit de lui! Et au lieu d'aller tranquillement s'embarquer à Gravesend, n'a-t-il pas été faire du tapage et chercher querelle, montrer ses pistolets et prendre terre à Greenwich, où il a fait quelques mauvais coups qui l'ont fait mettre ainsi que moi dans la Tour.

— Ah! ah! dit Richie en prenant encore un air plus grave qu'à l'ordinaire; ainsi vous êtes le batelier à jaquette verte qui a fait descendre la rivière à lord Glenvarloch?

— Je n'en suis que plus sot de ne l'avoir pas noyé dans la Tamise, dit Jenkin; c'est encore moi qui n'ai jamais voulu dire un mot de ce que j'étais, quoiqu'on me menaçât de me faire embrasser la *fille du duc d'Exeter*.

— Qu'est-elle donc? dit Richie; il faut que ce soit un bien vilain morceau pour en avoir tant de peur, quoiqu'elle soit de si haute naissance.

— La question, je veux dire, — la question. D'où venez-vous donc pour n'avoir jamais entendu parler de la *fille du duc d'Exeter?* Mais tous les ducs et duchesses n'auraient jamais rien pu arracher de moi. Cependant on découvrit la vérité d'une autre manière, et je fus mis en liberté. Je courus à la maison, me croyant un des plus habiles et des plus heureux gaillards du quartier; et elle, — elle, — peu s'en fallut qu'elle ne me donnât de l'argent pour me récompenser de mes bons services! Elle parlait d'une manière si douce et si froide à la fois, que j'aurais voulu me voir dans le cachot le plus profond de la Tour; — j'aurais mieux aimé souffrir la torture jusqu'à la mort que d'apprendre que cet Ecossais allait m'enlever ma maîtresse!

— Mais êtes-vous certain de l'avoir perdue? dit Richie; il me semble étrange que lord Glenvarloch épouse la fille d'un marchand, quoique, j'en conviens, il se fasse à Londres de singuliers mariages.

— Je vous dis que ce lord ne fut pas plus tôt hors de la Tour qu'il vint, accompagné de maître Heriot, lui offrir sa main avec l'assentiment du roi, et je ne sais quoi; et que Sa Seigneurie apporte en outre les plus brillantes espérances de faveur à la cour, car elle n'a pas un acre de terre.

— Bien; et qu'a dit le vieil horloger? demanda Richie : n'a-t-il pas manqué, comme il lui convenait, de crever de joie dans sa peau?

— Il a multiplié progressivement six chiffres; et a reporté le produit; — puis il a donné son consentement.

— Et vous, qu'avez-vous fait?

— Je me suis élancé dans la rue, dit le pauvre jeune homme, le cœur bouillant et l'œil enflammé; et la première personne que je rencontre, c'est la mère Suddlechops, cette vieille sorcière. Et qu'est-ce qu'elle me propose? d'aller sur la grande route.

— Sur la grande route! dans quel sens?

— Comme un clerc de Saint-Nicolas, — c'est-à-dire en voleur de grand chemin, comme Poins et Peto et les autres bons lurons dans la pièce¹. — Et qui croyez-vous que j'aurais eu pour capitaine? — Car elle eut le temps de me dire tout avant que je pusse lui répondre. J'imagine qu'elle prit mon silence pour un consentement, et qu'elle me croyait trop au diable pour qu'il me restât une idée de salut. — Celui qui devait être mon capitaine n'était autre chose que le scélérat que vous m'avez vu rosser à l'Ordinaire, lorsque vous étiez au service de lord Glenvarloch; ce lâche, cet escroc, ce voleur, ce fanfaron, qu'on trouve partout, et qu'on appelle Colepepper.

— Colepepper! ouf! j'ai ouï parler de ce misérable, dit Richie; savez-vous, par hasard, où je pourrais avoir des informations sur lui, maître Jenkin? vous me rendriez un véritable service de me le dire.

— Il vit d'une manière assez obscure; car on le soupçonne coupable de quelque scélératesse, de cet horrible meurtre, je crois, qui a été commis à Whitefriars, ou quelque chose comme cela. Mais j'aurais pu tout savoir sur son compte de la bouche de dame Suddlechops; car elle disait que je le rencontrerais à Enfiedl-Chase avec quelques autres bons diables qui devaient l'aider à piller un voyageur faisant route vers le nord avec un trésor considérable.

— Et vous n'avez pas adopté ce beau projet?

— Je l'ai maudite comme une vieille sorcière, et je m'en suis allé à mes affaires.

— Oui-da! et qu'a-t-elle dit à cela? car elle a dû avoir peur.

— Pas du tout; elle s'est mise à rire, et a dit qu'elle plaisantait; mais, d'après son empressement, je ne vois que trop bien qu'il faut prendre au sérieux la plaisanterie de la diablesse : elle sait que je ne voudrais pas la trahir.

— La trahir! non, s'écria Richie; mais seriez-vous assez

(1) *Voyez* le *Henry V* de Shakspeare. — Ed.

l'ami de ce coquin de Pepper-Cull, ou Colepepper, n'importe son nom, pour le laisser commettre un vol contre un honnête voyageur qui se dirige vers le nord, et qui est peut-être un brave Ecossais : que savons-nous?

— Oui, qui s'en retourne dans son pays chargé d'argent anglais. Mais que ce soit qui voudra, on peut piller le monde entier si l'on veut, je n'ai plus rien à perdre.

Richie remplit jusqu'au bord le verre de son ami, et insista pour qu'il bût ce qu'il appelait une rasade. — Cet amour, dit-il, n'est qu'un enfantillage pour un jeune gaillard aussi éveillé que vous, maître Jenkin; et si vous aviez envie de faire une folie, quoique je pense qu'il serait plus sage de vous adresser à une femme d'un caractère raisonnable, il y a d'aussi jolies filles à Londres que cette Marguerite Ramsay. Vous n'avez pas besoin de tant soupirer; c'est la vérité. — Il y a d'aussi bon poisson dans la mer qu'il y en a jamais eu. Maintenant, pourquoi vous qui êtes un jeune homme aussi vif et aussi spirituel que le soleil est brillant; pourquoi, dis-je, vous affliger de cette manière, et ne pas tenter quelque coup hardi pour améliorer votre fortune?

— Je vous dis, maître Moniplies, que je suis aussi pauvre qu'aucun de vos compatriotes. J'ai rompu mon apprentissage, et je vais courir le pays.

— Allons donc, gardez-vous-en bien, mon ami. Je sais, par une triste expérience, que le pauvre est obligé de se consumer en peine, tandis que celui qui a des rentes se repose tous les jours. Mais du courage; vous m'avez été utile une fois, c'est à mon tour maintenant de vous rendre service. Si vous voulez seulement me faire avoir des renseignemens sur le capitaine en question, ce sera la meilleure œuvre que vous puissiez faire.

— Je devine ce que vous avez dessein de faire, maître Richie; vous voudriez sauver la longue bourse de votre compatriote. Je ne vois pas le bien que cela pourrait me faire, à moins que je n'y mette la main. Je déteste ce fanfaron, ce sanguinaire et lâche brigand. Si vous pouvez me donner un cheval, je consens à vous conduire où la mère Suddlechops m'a dit que je le rencontrerais. Mais vous devez vous attendre à trouver du danger, car quoiqu'il soit lâche lui-même, je sais qu'il aura plus d'un vigoureux compagnon avec lui.

— Nous aurons un mandat d'arrêt; et nous crierons haro contre lui.

— Je ne veux pas de cela, si je vais avec vous. Je ne suis pas homme à trahir lâchement qui que ce soit. Il faut payer de votre personne, si je dois être de la partie. Je veux bien jouer du couteau, mais je ne vendrai le sang de personne.

— Hé bien, dit Richie, il faut que les entêtés agissent à leur manière; vous devez songer que je suis né et que j'ai été élevé dans un pays où il y a plus de têtes cassées que de têtes entières. Du reste, j'ai ici deux francs amis, maître Lowestoffe le Templier, et son cousin, maître Ringwood; ils seront enchantés d'être d'une bonne partie.

— Lowestoffe et Ringwood! s'écria Jenkin; ce sont deux braves jeunes gens, ils seront certainement des nôtres. Savez-vous où les trouver?

— Oui, vraiment, répondit Richie. Ils sont à jouer; on est toujours sûr de les trouver les dés et les cartes à la main.

— Ce sont des hommes d'honneur et à qui l'on peut se fier; et, s'ils sont de cet avis, je risque l'aventure. Allons, tâchez de les amener ici, puisque vous en avez tant à leur conter. Il ne faut pas qu'on nous voie dehors ensemble. Je ne sais comment cela se fait, maître Moniplies, ajouta-t-il tandis que son visage s'animait, et qu'il remplissait à son tour les verres, mais depuis que je pense à cette affaire, je me sens le cœur plus léger.

— Voilà ce que c'est que d'avoir un bon conseiller,

maître Jenkin : et vraiment j'espère vous entendre dire que votre cœur est aussi léger que celui d'une alouette, et cela avant peu. Ne souriez pas, ne branlez pas la tête; mais songez bien à ce que je vous dis. Restez ici en attendant que j'aille chercher ces braves gens. Certainement, les cartes ne leur feront pas refuser une partie comme celle que je vais leur proposer.

CHAPITRE XXXVI.

« Les voleurs ont garotté les honnêtes gens; mainte-
« nant si nous pouvions, toi et moi, voler les voleurs,
« nous nous en irions gaiement à Londres. »
SHAKSPEARE. *Henry IV*, partie II.

Le soleil dorait les clairières d'Enfield-Chase, et les cerfs dont cette forêt était alors remplie se jouaient en groupes pittoresques au milieu des chênes antiques, lorsqu'un cavalier et une dame à pied, quoiqu'en costume de cheval, traversèrent lentement une des longues allées pratiquées pour la commodité des chasseurs. Un seul page, monté sur un genet d'Espagne, qui semblait porter une pesante valise, les suivait à une distance respectueuse.

La femme, parée de tous les ornemens du temps, et surchargée de dentelles, de falbalas et de broderies, tenait d'une main son éventail en plumes d'autruche, et de l'autre son masque de velours noir; elle semblait chercher, par le manège de la petite coquetterie employée dans de telles occasions, à attirer l'attention de son compagnon, qui quelquefois écoutait son babil sans paraître y prendre garde, et parfois interrompait le cours de ses plus sérieuses réflexions pour lui répondre.

— Mais, milord, milord, vous marchez si vite que vous me laissez derrière vous. Allons, attendez, je vais vous prendre le bras; mais comment faire avec mon masque et mon éventail? Pourquoi ne m'avez-vous pas permis d'emmener ma demoiselle de compagnie pour nous suivre et porter mes hardes? Voyez, je puis mettre mon éventail dans ma ceinture, et à présent que j'ai une main pour vous tenir, vous ne me dépasserez plus.

— Avançons donc, répondit le galant, et marchons vite, puisque vous n'avez pas voulu consentir à rester avec votre demoiselle de compagnie, comme vous l'appelez, et le reste du bagage. Vous verrez peut-être un spectacle qui probablement ne vous plaira guère.

La dame lui prit donc le bras; mais, comme il continuait à marcher du même pas, elle se débarrassa bientôt de lui, en s'écriant qu'il lui avait fait mal à la main. Le cavalier s'arrêta, et regarda la jolie main et le bras charmant qu'elle lui montrait en se récriant sur sa cruauté.

— Voyez, dit-elle en découvrant une partie de son bras : je parie qu'il est tout noir ou tout bleu jusqu'au coude.

— Je vous dis que vous êtes une petite folle, répondit le cavalier en baisant nonchalamment le bras endommagé; ce n'est qu'un joli incarnat qui relève le bleu des veines.

— Ah! milord, que vous êtes enfant! répondit la dame; mais je suis bien aise d'avoir quelques moyens de vous faire parler et rire ce matin. Je puis vous assurer que si j'ai autant insisté à vous suivre dans la forêt, c'était dans l'intention de vous distraire. Je suis, je pense, meilleure compagnie que votre page. Et à présent, dites-moi, ces jolies bêtes à cornes ne sont-elles pas des cerfs?

— Oui, Nelly, répondit son insouciant compagnon.

— Et en vérité, que peuvent faire les gens de qualité d'un si grand nombre de bêtes de cette espèce?

— On les envoie à la ville, Nelly, où des gens habiles

font avec leur chair des pâtés de venaison, et portent leurs cornes en trophées, répondit lord Dalgarno, que notre lecteur a déjà reconnu.

— Ah! voilà que vous vous moquez de moi, milord, répondit sa compagne; je sais ce que c'est que de la venaison, quoi que vous en pensiez. J'en mangeais toujours une fois par an lorsque nous dînions chez le substitut du shérif, continua-t-elle avec tristesse, car le sentiment de sa dégradation pénétra dans son esprit, égaré par la vanité et l'inconséquence; mais il ne me parlerait sans doute pas à présent si nous nous rencontrions dans les sentiers les plus étroits de la forêt.

— Je garantis qu'il ne l'oserait, dit lord Dalgarno, parce que vous, Nelly, vous l'écraseriez d'un regard; car je vous crois trop d'esprit pour prodiguer des paroles à un drôle tel que lui.

— Qui, moi? dit Nelly; ah! je méprise trop cet orgueilleux fat pour cela. Savez-vous qu'il faisait tenir le bonnet à la main à tous les gens du quartier, et à mon pauvre vieux John Christie, comme à tout le monde? — Ce souvenir lui arracha quelques larmes des yeux.

— Peste soit de vos gémissemens! dit Dalgarno un peu durement. — Que cela ne vous fasse pas pâlir, Nelly, je ne suis pas fâché contre vous, petite folle que vous êtes. Mais que voulez-vous que je pense lorsque vous êtes continuellement à songer à votre donjon près de la rivière, qui sentait le goudron et le vieux fromage plus qu'un Gallois ne sent l'ognon, et cela quand je vous mène dans un château aussi beau que s'il était dans un pays de fées?

— Y serons-nous ce soir, milord? dit Nelly en essuyant ses larmes.

— Ce soir, Nelly? — non, ni dans quinze jours.

— Hé bien! que le Seigneur soit avec nous et nous garde! — Mais n'irons-nous pas par mer, milord? — Je croyais que personne n'arrivait d'Ecosse autrement. Je suis sûre que lord Glenvarloch et Richie Monipliès sont venus par mer.

— Il y a une énorme différence entre aller et venir, Nelly, répondit lord Dalgarno.

— Certainement, dit sa compagne avec simplicité. Mais cependant je crois avoir entendu dire qu'on allait en Ecosse par mer, de même qu'on en venait. Etes-vous bien sûr du chemin? — Croyez-vous qu'il soit possible que nous y allions par terre, mon cher lord?

— Il n'y a qu'à essayer, ma chère lady, reprit lord Dalgarno. On dit que l'Angleterre et l'Ecosse sont dans la même île; ainsi on peut espérer qu'il y ait quelque route par terre communiquant de l'une à l'autre.

— Je ne pourrai jamais faire à cheval tant de chemin.

— Nous ferons mieux rembourrer votre selle. Je vous dis qu'il faut que vous secouiez la poussière de la Cité, et que de chenille d'un misérable verger vous deveniez beau papillon du jardin d'un prince. Vous aurez autant d'ajustemens qu'il y a d'heures dans le jour; — autant de femmes pour vous servir qu'il y a de jours dans la semaine; — autant de domestiques que de semaines dans l'année. — Vous chasserez à cheval aux chiens et aux faucons, avec un lord, au lieu de tenir compagnie à un vieux boutiquier qui ne sait que vendre sa marchandise et cracher.

— Oui, mais me ferez-vous votre dame?

— Oui, sans doute, c'est-à-dire ma maîtresse; cela ne saurait être différemment.

— Oui, mais je veux dire votre épouse, reprit Nelly.

— Vraiment, Nelly, c'est une chose que je ne puis vous promettre. Une épouse est une chose bien différente d'une maîtresse.

— J'ai entendu dire à mistress Suddlechops, chez qui vous m'aviez logée depuis que j'ai quitté le pauvre vieux John Christie, que lord Glenvarloch allait épouser Marguerite Ramsay, la fille de l'horloger.

— Il y a loin de la coupe à la bouche, Nelly. Je porte sur moi quelque chose qui peut rompre les bans de cette alliance dont on se flatte avant que le jour soit beaucoup plus avancé.

— Mais mon père était aussi brave homme que le vieux David Ramsay, et en aussi belle passe que lui dans le monde, milord; ainsi pourquoi ne m'épouseriez-vous pas? Vous m'avez fait assez de mal, je pense, — pourquoi ne me rendriez-vous pas cette justice?

— Pour deux bonnes raisons, Nelly. Le sort vous a donné un mari, et le roi m'a imposé une femme.

— Oui, milord; mais ils restent en Angleterre, et nous allons en Ecosse.

— Votre argument est meilleur que vous ne l'avez prévu; car j'ai entendu dire aux gens de loi écossais que le lien matrimonial pouvait être rompu dans notre pays, en suivant le cours ordinaire de la loi, tandis qu'en Angleterre il ne peut l'être que par un acte du parlement. Hé bien! Nelly, nous penserons à cette affaire; et soit que nous nous remarions ou non, nous ferons au moins de notre mieux pour être démariés.

— Le pourrons-nous vraiment, mon bien-aimé lord? Alors je penserai moins à John Christie, qui se remariera, j'en suis sûre, car il est à son aise; et je serai bien contente de penser qu'il a quelqu'un pour le soigner, comme j'avais coutume de le faire. Pauvre et bon vieillard! c'était un brave homme, quoiqu'il eût une vingtaine d'années de plus que moi; mais j'espère qu'il ne laissera plus de jeune lord passer le seuil de son honnête demeure : c'est un vœu que je forme pour lui.

Ici la dame fut encore une fois au moment de donner cours à ses larmes; mais lord Dalgarno arrêta son émotion en lui disant avec dureté : — Je suis las de ces amours larmoyantes, ma charmante maîtresse, et je pense que vous ferez bien de garder vos pleurs pour quelque occasion plus pressante. Qui sait quel événement peut dans quelques minutes en demander plus que vous n'en pourrez verser?

—Bon Dieu! milord, que voulez-vous dire par de telles expressions? John Christie (le bon cœur!) n'avait point de secrets pour moi, et j'espère que Votre Seigneurie ne me cachera pas sa pensée.

—Asseyez-vous près de moi sur ce banc, je suis obligé de rester ici pendant quelque temps; et, si vous pouvez garder le silence, j'aimerais à en passer une partie à examiner jusqu'à quel point je pourrai, dans cette occasion, imiter le modèle respectable que vous me recommandez.

Le lieu où il s'arrêta n'était guère, à cette époque, qu'une petite élévation, entourée en partie par un fossé, d'où elle prit le nom de Camlet-Moat. Il y avait çà et là quelques pierres de taille échappées au sort de beaucoup d'autres employées à bâtir dans la forêt différentes maisons pour les gardes-chasses du roi. Ces vestiges, suffisant pour montrer que la main de l'homme s'était jadis exercée dans cet endroit, marquaient les ruines de la demeure d'une famille autrefois illustre, mais depuis long-temps oubliée, les Mandeville, comtes d'Essex, à qui Enfield-Chase et les vastes domaines qui l'avoisinent avaient appartenu dans les temps anciens. Au milieu de ce paysage pittoresque, l'œil parcourait de longues et interminables allées qui, se réunissant à ce point comme à un centre commun, s'éloignaient l'une de l'autre en divergeant. C'était pour cela que ce lieu avait été choisi par lord Dalgarno pour le rendez-vous du combat que, par l'entremise de Richie Moniplies, il avait proposé à son ami outragé lord Glenvarloch.

— Il viendra sûrement, se dit-il à lui-même; il n'avait pas pour habitude d'être poltron; —du moins il était assez brave dans le parc. — Peut-être ce rustre ne lui aura-t-il pas porté mon message? — Mais non, c'est un intrépide coquin, — un de ces gens qui font plus de cas de l'honneur de leur maître que de la vie. — Veille au cheval, Lutin, et prends garde de le laisser échapper ; que ton œil de faucon parcoure chaque avenue pour voir si quelqu'un vient. — Buckingham a reçu mon défi ; mais l'orgueilleux favori allègue de pitoyables ordres du roi pour se dispenser de l'accepter. Si je puis perdre de réputation ce Glenvarloch ou le tuer ; —si je puis lui arracher l'honneur ou la vie, j'irai en Ecosse avec assez de crédit pour couvrir d'or mes infortunes passées. Je connais mes chers compatriotes, — jamais ils ne cherchent querelle à celui qui apporte chez eux ou l'or ou la gloire militaire.

Tandis qu'il se livrait à ces réflexions, et qu'il songeait à la disgrace qu'il avait essuyée, ainsi qu'aux motifs qu'il s'imaginait pour devoir haïr lord Glenvarloch, sa figure subit l'influence de ces émotions diverses. Nelly fut saisie d'effroi ; elle s'assit à ses pieds sans qu'il la remarquât ; et, le regardant avec inquiétude, elle vit son visage s'enflammer, sa bouche se comprimer, ses yeux étinceler, et toute sa personne exprimer la résolution affreuse et désespérée d'un homme qui attend une lutte décisive et prochaine avec un ennemi mortel.

La solitude du lieu, ce tableau si différent de celui auquel elle avait toujours été accoutumée, l'air sombre et lugubre qui se glissait si soudainement sur la physionomie de son séducteur, l'ordre par lequel il lui avait imposé silence, et la singularité de sa conduite en restant si long-temps en repos, sans une cause apparente, lorsqu'il leur restait à faire un si long voyage, tout lui inspirait d'étranges réflexions. Elle avait lu que des femmes avaient été détournées de leurs devoirs d'épouses par des sorciers alliés aux puissances infernales, par le père du mal lui-même, qui, après avoir transporté sa victime dans quelque désert éloigné du genre humain, changeait la forme agréable sous laquelle il s'était rendu maître de ses affections pour reprendre les traits hideux et horribles qui lui sont naturels. — Elle cherchait à éloigner cette idée affreuse qui assiégeait son imagination faible et égarée; mais elle aurait pu vivre pour la voir se réaliser allégoriquement, sinon en réalité, sans l'événement qui arriva bientôt.

Le page, dont les yeux étaient des plus perçans, cria enfin à son maître, en montrant en même temps du doigt l'extrémité d'une avenue, que des cavaliers s'avançaient dans cette direction. — Lord Dalgarno se leva précipitamment en mettant la main au-dessus de ses yeux, regarda le long de l'allée, et au même instant il reçut une balle qui, effleurant sa main, passa droit à travers son crâne, et le renversa aux pieds, ou plutôt sur les genoux de l'infortunée victime de son libertinage. Ces traits, dont elle venait d'observer l'expression changeante depuis cinq minutes, furent pendant un instant agités par des convulsions, et bientôt raidis par la mort. Trois scélérats s'élancèrent de la fougeraie, d'où le coup était parti, avant que la fumée fût dissipée. L'un d'eux, avec beaucoup d'imprécations, se saisit du page, un autre de la dame, et s'efforça d'imposer silence à ses cris par les plus violentes menaces, tandis que le troisième se mit à détacher le bagage que portait le cheval du page. Mais un secours qui arriva à l'instant empêcha qu'ils ne profitassent de l'avantage qu'ils avaient obtenu.

J'ai à peine besoin de dire que Richie Moniplies et les deux Templiers, assez portés à prendre part à tout ce qui promettait un combat, et accompagnés de Jin Vin, qui leur servait de guide, s'étaient mis en chemin bien montés et bien armés, dans l'espérance d'atteindre Camlet-Moat avant les voleurs, et de les prendre sur le fait. Ils n'avaient pas calculé que, selon l'usage des voleurs d'autres pays, plus cruels que les voleurs de grands chemins en Angleterre, ils avaient résolu d'assurer leur vol par un meurtre préalable. Il leur était aussi survenu un accident qui les avait retardés quelque temps sur la route. En traversant une des clairières de la forêt, ils avaient trouvé un homme démonté et assis sous un arbre, gémissant avec tant de désespoir que Lowestoffe n'avait pu s'empêcher de lui demander s'il était blessé. Il répondit qu'il était un malheureux, poursuivant sa femme enlevée par un scélérat; et, lorsqu'il leva la tête, les yeux de Richie rencontrèrent, à son grand étonnement, le visage de John Christie.

— Pour l'amour de Dieu, venez à mon aide, maître Moniplies! dit-il, j'ai appris que ma femme n'était qu'à quelques milles plus loin avec ce noir scélérat de lord Dalgarno.

— Emmenons-le avec nous à quelque prix que ce soit, dit Lowestoffe; un second Orphée cherchant son Eurydice! — Emmenons-le, — nous sauverons la bourse de lord Dalgarno, et nous le débarrasserons de sa maîtresse.
— Emmenons-le avec nous, ne fût-ce que pour jeter de la variété dans l'aventure. D'ailleurs, je garde rancune à Sa Seigneurie pour m'avoir escroqué mon argent au jeu.
— Nous avons dix minutes d'avance.

Mais il est dangereux de calculer trop juste quand il s'agit de la vie ou de la mort. Selon toute probabilité, les deux ou trois minutes qu'ils avaient perdues en montant John Christie sur la croupe d'un de leurs chevaux auraient sauvé la vie de lord Dalgarno : c'est ainsi que son amour criminel devint la cause indirecte de sa mort; c'est ainsi que nos vices chéris deviennent des verges pour nous châtier [1].

Les cavaliers arrivèrent sur le champ de bataille au grand galop, au moment où le coup venait d'être tiré; déjà Colepepper s'était mis à détacher à la hâte le portemanteau de la selle du page, lorsque Richie, qui avait ses raisons pour l'attaquer personnellement, se précipita sur

(1) Citation de Shakspeare. — ÉD.

lui avec une telle violence, qu'il le renversa ; au même instant, son cheval broncha et le démonta lui-même, car l'intrépide Richie n'était pas très-habile écuyer. Néanmoins il se releva aussitôt, et lutta contre le scélérat avec une telle ardeur, que, quoique ce fût un homme vigoureux et un lâche réduit au désespoir, il le terrassa, lui arracha un long couteau, et, après lui avoir porté un coup désespéré avec cette arme, il se redressa sur ses pieds; et, comme son ennemi blessé s'efforçait de suivre son exemple, il lui déchargea un grand coup sur la tête avec la crosse d'un mousqueton ; — ce dernier coup fut fatal.

— Bravo, Richie! s'écria Lowestoffe, qui lui-même ayant croisé l'épée avec l'un des bandits l'avait mis en fuite. Bravo! là gît le crime assommé comme un bœuf, et l'iniquité avec la gorge coupée comme un veau.

— Je ne sais pourquoi vous me raillez sur ma victoire, maître Lowestoffe, répondit Richie avec un grand sangfroid; je vous assure que la boucherie est une excellente école pour s'instruire à cette besogne.

En ce moment, l'autre Templier leur criait à haute voix : — Si vous êtes des hommes, venez ici : — voici lord Dalgarno qu'ils ont assassiné.

Lowestoffe et Richie coururent à l'endroit désigné; et le page, se voyant oublié de tous, saisit cette occasion pour s'échapper dans une direction différente ; et, depuis ce jour, on n'entendit plus parler ni de lui, ni de la somme considérable dont son cheval était chargé.

Le troisième brigand n'avait pas attendu l'attaque du Templier et de Jin Vin, qui avait fait descendre le vieux Christie afin de pouvoir agir plus lestement. Tous contemplaient avec horreur le corps sanglant du jeune lord et le désespoir affreux de la femme : elle s'arrachait les cheveux et poussait des cris déchirans, lorsque tout à coup sa douleur fut suspendue, ou plutôt prit une nouvelle direction par l'apparition soudaine et inattendue de son mari, qui lui dit d'un ton d'accord avec son regard froid et sévère : — Malheureuse femme! tu t'affliges de la perte de ton amant. Alors, regardant le corps sanglant de celui dont il avait reçu une injure si grave, il répéta les mots solennels de l'Ecriture : La vengeance m'appartient, dit le Seigneur, et c'est moi qui l'accomplirai. Moi que tu as offensé, je serai le premier à te rendre les devoirs que la décence doit aux morts.

A ces mots, il couvrit le corps de son manteau, et le contemplant pendant quelques instans, il semblait réfléchir sur ce qu'il avait à faire. Tandis que l'œil de cet homme outragé se détournait lentement des restes inanimés du séducteur pour se porter sur la complice et la victime de son crime, prosternée à ses pieds, qu'elle embrassait sans oser lever les yeux, ses traits, naturellement grossiers et sombres, prenaient une expression de dignité. Il en imposa aux deux Templiers, et repoussa les empressemens officieux de Richie Moniplies, qui d'abord s'était occupé de lui dire son opinion. — Ce n'est pas devant moi qu'il faut te prosterner, dit-il, mais devant ce Dieu que tes offenses ont blessé plus que ne pouvait l'être un vermisseau tel que moi. Combien de fois ne t'ai-je pas dit, lorsque tu étais heureuse et gaie, que l'orgueil précède la destruction, et que la présomption conduit à une chute? La vanité enfanta l'erreur, l'erreur le crime, et le crime a enfanté la mort, sa compagne originelle. Il t'a fallu abjurer le devoir, la pudeur et l'amour honnête, pour te sacrifier à un homme pervers et corrompu; et maintenant, comme un ver qu'on foule aux pieds, te voilà te lamentant auprès du corps inanimé de ton amant! Tu m'as outragé de la manière la plus cruelle, tu m'as déshonoré parmi mes amis, tu as perdu l'honneur de ma maison, et éloigné la paix de mon foyer; mais tu fus mon premier et unique amour, et je ne te verrai pas malheureuse et abandonnée s'il est en mon pouvoir de l'empêcher. — Messieurs, je vous fais autant de remerciemens qu'un cœur brisé peut en offrir. Richie, recommandez-moi à votre honorable maître. — J'ai ajouté du fiel à l'amertume de son affliction; mais j'étais abusé.—Levez-vous, femme, et suivez-moi.

Il la releva par le bras, tandis qu'avec des yeux baignés de pleurs, en poussant des sanglots, Nelly s'efforçait d'exprimer son repentir. Elle se couvrit le visage de ses mains, se laissa conduire par son époux, et ne se retourna que lorsqu'ils arrivèrent au tournant d'une fougeraie qui cachait le lieu qu'ils avaient quitté. Jetant alors avec effroi un regard égaré vers le corps de Dalgarno, elle proféra un cri, et, s'attachant fortement au bras de son mari, elle s'écria avec horreur : Sauvez-moi! — Sauvez-moi! — ils l'ont assassiné!

Lowestoffe était véritablement ému de tout ce qu'il voyait; mais, comme il voulait passer pour un petit-maître du bon ton, il rougit d'une émotion si peu à la mode, et fit violence à ses sentimens pour s'écrier : — Eh! qu'ils s'en aillent! Le mari sensible, crédule, indulgent; l'épouse libérale et accommodante. Oh! qu'un vrai mari de Londres est un être généreux! il porte des cornes; mais, comme un bœuf apprivoisé, il ne donne point de coups. J'aurais aimé à la voir lorsqu'elle a pris ce masque et ce chapeau de castor en place de son bonnet pointu et de sa mentonnière. Nous irons les voir au quai Saint-Paul, cousin; ce sera une connaissance agréable.

— Vous auriez mieux fait de chercher à attraper le rusé voleur de Lutin, dit Richie Moniplies; car, ma foi, il s'est sauvé avec les bagages de son maître et l'argent.

Quelques gardes et plusieurs autres personnes arrivèrent alors à l'endroit, et se mirent à la poursuite de Lutin, mais inutilement. Les étudians leur confièrent la garde des corps étendus sur la poussière; et, après avoir fait une enquête dans les formes, ils retournèrent à Londres, accompagnés de Richie et de Jenkin Vincent : ils y reçurent l'accueil que méritait leur courage. Vincent, auquel on devait la destruction de cette bande de brigands, obtint aisément le pardon de ses erreurs; et ce qui, dans toute autre circonstance, eût pu diminuer le mérite de cette bonne œuvre ne fit au contraire qu'y ajouter dans cette occasion ; c'est qu'ils étaient arrivés trop tard pour sauver lord Dalgarno.

George Heriot, qui soupçonnait la vérité, voulant tirer Vincent d'embarras, demanda à son maître et en obtint la permission d'envoyer ce pauvre diable à Paris pour une affaire importante. Il nous est impossible de l'y suivre; mais tout nous porte à croire que la fortune l'y favorisa, et que lorsque le vieux David Ramsay se retira du commerce par suite du mariage de sa fille, Vincent lui succéda, et prit pour associé son compagnon apprenti. Ce qui nous confirme dans cette conjecture, c'est que le docteur Dryasdust, ce célèbre antiquaire, possède une montre antique, à cadran d'argent, avec une corde à violon pour chaîne, et qui porte les noms de Vincent et de Tunstall.

Maître Lowestoffe ne manqua pas de soutenir son caractère de gaieté, en s'informant de John Christie et de dame Nelly; mais, à sa grande surprise (et même à son détriment, car il avait parié dix livres sterling qu'il s'impatroniserait dans la famille), il trouva la boutique fermée, et apprit que les denrées avaient été vendues à l'enchère, et que le marchand et son épouse étaient partis sans dire où ils allaient. Néanmoins on croyait généralement qu'ils étaient passés dans un des nouveaux établissemens formés en Amérique.

Lady Dalgarno, en apprenant la mort de son indigne époux, éprouva une foule d'émotions diverses au milieu desquelles dominait la pitié, en songeant qu'il avait été frappé de mort au milieu d'une carrière de vices. Cet événement augmenta encore sa mélancolie, et porta une nouvelle atteinte à sa santé, que tant de secousses avaient déjà sensiblement altérée. Rentrée en possession de ses biens personnels par la mort de son mari, elle eût voulu rendre justice à lord Glenvarloch, en traitant avec lui pour le décharger de l'hypothèque prise sur ses biens; mais le scribe, effrayé des derniers événemens, avait cru prudent de prendre la fuite, de sorte qu'il fut impossible de découvrir dans quelles mains les papiers étaient passés. Richie Moniplies avait ses raisons pour garder le silence. Les Templiers qui avaient été témoins du remboursement gardèrent le silence à sa prière, et l'on crut généralement que le scribe avait emporté les papiers avec lui. Nous dirons en passant que la dame Suddlechops, partageant les craintes du scribe, délivra pour jamais la ville de Londres de sa présence, et qu'elle termina ses jours dans le *Rasphaus* [1] d'Amsterdam.

Le vieux lord Huntinglen, l'œil sec et d'un pas assuré, accompagna le cortège funèbre de son fils unique; et si une seule larme échappa de ses paupières et tomba sur la tombe, c'était moins son fils lui-même qu'il regrettait, que l'extinction de sa race dans le dernier de ses rejetons.

CHAPITRE XXXVII.

JACQUES. — « A coup sûr, il va arriver un nouveau déluge,
« et tous ces couples viennent dans l'arche. —
« Voici une paire de bêtes bien étranges. »
SHAKSPEARE. *Comme il vous plaira.*

LA mode change pour les histoires du genre de celle-ci comme pour toutes les autres choses de ce monde. Il fut un temps où l'auteur était obligé de terminer son récit par une description détaillée de la noce, même de la jarretière

(1) Maison de correction. — ED.

enlevée; ce n'était pas assez d'avoir fait passer son héros et son héroïne à travers tant d'épreuves et de dangers, il fallait encore les conduire jusqu'au pied du lit nuptial : c'était le dénouement de rigueur. On n'omettait pas alors la moindre circonstance, depuis les regards tendres de l'époux, et l'aimable rougeur de la mariée, jusqu'au surplis neuf du ministre de la paroisse, et le tablier de soie de la suivante de l'épousée. Mais ces sortes de descriptions sont maintenant négligées, par la même raison sans doute que les mariages publics ne sont plus à la mode, et qu'au lieu de réunir ses amis dans un bal ou dans un banquet, le couple fortuné s'échappe dans une chaise de poste aussi furtivement que s'il voulait prendre la route de Gretna-Green, ou même faire pis encore. Je suis loin de me plaindre d'une innovation qui épargne à l'auteur la peine de faire de vains efforts pour donner un air de nouveauté à ces descriptions banales et cent fois répétées, mais néanmoins je me trouve forcé, dans cette occasion, de revenir à l'ancienne méthode, comme un voyageur peut se trouver obligé de passer par une route qui depuis quelque temps est abandonnée. Le lecteur expérimenté a pu s'apercevoir que le chapitre précédent a été employé à déblayer la route de tout ce qui pouvait l'encombrer, c'est-à-dire de tous les personnages subalternes de notre histoire, afin que la place fût entièrement libre pour l'heureux mariage dont il nous reste à parler.

Il serait vraiment impardonnable de passer légèrement sur ce qui intéressait si vivement notre principal personnage, le roi Jacques. Ce monarque, qui joignait l'instruction à un bon naturel, ne jouait pas un grand rôle dans la politique de l'Europe; mais, en compensation, il était prodigieusement affairé lorsqu'il pouvait trouver une occasion favorable de se mêler des affaires particulières de ses chers sujets; et l'approche du mariage de lord Glenvarloch était pour lui une chose de la plus haute importance. Il avait été frappé, autant du moins qu'il pouvait l'être, lui qui n'était pas très-susceptible de ces sortes d'émotions, de la beauté et de l'embarras de la jolie Marguerite Ramsay, dès la première fois qu'il l'avait vue ; et il se vantait beaucoup de la pénétration qu'il avait montrée en découvrant son déguisement, et en démêlant tous les fils de cette intrigue.

Pendant que lord Glenvarloch faisait sa cour à sa jeune maîtresse, Jacques, pendant plusieurs semaines, se fatigua les yeux au point, à ce qu'il assura lui-même, de mettre presque hors de service une des meilleures paires de lunettes sorties de la boutique du père de Marguerite, à force de fouiller dans de vieux livres et de vieux parchemins pour prouver que la jeune fiancée descendait d'une famille illustre, et détruire ainsi la seule objection que l'envie pût faire contre ce mariage. Ses efforts furent couronnés du plus heureux succès ; du moins il se le persuada, car un jour que sir Mungo Malagrowther déplorait amèrement devant lui que Marguerite Ramsay ne fût pas noble, le roi l'interrompit brusquement, et lui dit : — Réservez vos regrets pour une meilleure occasion, sir Mungo ; sur mon ame royale ! je soutiens que David Ramsay, son père, est noble de neuf quartiers ; car son bisaïeul descendait de l'antique et belliqueuse famille des Dalwolsey, les plus braves chevaliers qui aient jamais tiré l'épée pour leur roi et pour leur pays. N'avez-vous jamais entendu parler de sir William Ramsay de Dalwolsey ? celui dont John Fordoun dit : — Il était *bellicosissimus, nobilissimus*. Son château subsiste encore, pour preuve, à trois milles à peu près de Dalkeith, et à un mille de Bannockrigg. David Ramsay sort de cette souche illustre, et il n'a point dérogé par l'état qu'il exerce ; il se distingue autant que ses ancêtres. Si les anciens chevaliers faisaient des trous avec leurs épées dans les cuirasses de leurs ennemis, hé bien ! il fait des entailles dans les rouages de ses montres. J'espère, monsieur, qu'il est aussi honorable de donner des yeux aux aveugles que de les faire sauter de la tête de ceux qui voient, et de nous montrer à apprécier le temps qui fuit, que de le passer à boire, à crier, à rompre des lances, ou à d'autres occupations aussi peu chrétiennes. Et il faut que vous sachiez que David Ramsay n'est pas un simple ouvrier, mais bien un artiste libéral, dont les merveilles vont presque jusqu'à créer un être vivant ; car ne peut-on pas dire d'une montre ce que Claudien dit de la sphère d'Archimède de Syracuse :

Inclusus variis famulatur spiritus astris,
Et vivum certis motibus urget opus [1].

— Pourquoi, dit sir Mungo, Votre Majesté ne donnerait-elle pas au vieux David des armoiries aussi-bien qu'une généalogie.

— C'est ce que j'ai déjà fait, sir Mungo, dit le roi, et il me semble que nous qui sommes la source d'où découlent tous les honneurs de ce monde, nous sommes libre d'en accorder à une personne qui nous touche de si près, sans offenser le chevalier du château de Girnigo. Nous avons déjà consulté les doctes membres du collège des hérauts d'armes, et nous nous proposons d'ajouter aux armoiries de ses aïeux une roue de montre qui aura le Temps et l'Eternité pour supports, dès que le premier héraut d'armes aura pu décider de quelle manière on doit représenter l'Eternité.

— Je la ferais deux fois aussi grande que le Temps [2], dit

---

[1] « Une intelligence interne obéit aux astres divers, et fait exécuter des mouvemens réguliers à ce travail animé. »
Cette définition de la montre rappelle le trait de ce Highlander cité ailleurs par Walter Scott. Cette espèce de sauvage écossais voyant une montre arrêtée, après l'avoir regardée quelques heures avec admiration, se mit à crier avec douleur qu'elle était *morte*. — Ed.

[2] Chaucer dit qu'il n'y a de neuf que ce qui a été vieux. Le lecteur a ici l'original d'une anecdote qui a été depuis attribuée à un Chef écossais de notre siècle.
— L'Auteur.

Archie Armstrong, le fou de la cour, qui se trouvait alors présent.

— Taisez-vous, ou vous serez fouetté, lui dit le roi en réponse à cette indication. Et vous, mes fidèles sujets d'Angleterre, vous pouvez faire votre profit de ce que nous avons dit, et ne plus tant vous presser de vous moquer de nos généalogies écossaises, quoiqu'elles remontent un peu haut, et qu'elles soient assez difficiles à établir. Vous voyez qu'un homme de bonne famille peut, pendant quelque temps, laisser de côté sa noblesse, et cependant savoir où la retrouver s'il en a besoin. Un marchand ambulant, un colporteur, métier si commun chez nos bons sujets d'Ecosse, ira-t-il étaler sa généalogie aux yeux de ceux qui lui achètent une aune de ruban? Aura-t-il un chapeau de castor sur la tête et une rapière au côté, tandis qu'il porte sa boutique sur le dos? Non, non : il suspend son épée à la muraille, dépose son castor sur une planche, met son arbre généalogique dans sa poche, et fait tout doucement son métier, comme si le sang qui coule dans ses veines ne valait pas mieux que de l'eau trouble; mais qu'il fasse fortune, qu'il devienne un riche négociant, ce que nous avons vu plus d'une fois, voyez la métamorphose qui s'opère aussitôt, milords.

In nova fert animus mutatas dicere formas [1]
Corpora.

Il tire de sa poche sa généalogie, il ceint son épée, il donne un coup de brosse à son chapeau, et le voilà en état de défier tout l'univers. Nous entrons dans tous ces détails, parce que nous voulons vous convaincre que ce n'est qu'après avoir tout examiné mûrement que nous nous sommes déterminé à honorer secrètement de notre présence royale le mariage de lord Glenvarloch avec Margue-

(1) Je dirai, puisque tel est le vœu de ma muse, les êtres que les Dieux revêtirent de formes nouvelles. — Ed.

rite Ramsay, fille et héritière de David Ramsay, notre horloger, et descendant en ligne directe de l'ancienne famille de Dalwolsey. Nous regrettons que le noble chef de cette maison ne puisse être présent à la cérémonie; mais lorsqu'il y a de la gloire à acquérir quelque part, il est rare qu'on trouve lord Dalwolsey dans son château. *Sic fuit, est et erit*[1]. — Geordie Tin-tin, puisque vous vous chargez de faire les frais du repas de noce, j'espère que vous nous traiterez bien.

Heriot s'inclina respectueusement. Dans cette occasion, le roi, qui était grand politique en fait de bagatelles, avait fait d'adroites manœuvres pour se débarrasser du prince et de Buckingham, en trouvant un prétexte pour les envoyer à Newmarket. Il était bien aise d'être délivré de leur présence, pour s'abandonner plus librement à son goût dominant pour le commérage et les petites intrigues; car il trouvait un censeur dans Charles, qui, par caractère, était plus strict observateur du cérémonial, et un autre dans son favori même, qui, depuis quelque temps, ne jugeait plus convenable de paraître approuver toutes les fantaisies de son maître.

Après le lever du roi, sir Mungo Malagrowther attendit le brave citadin dans la cour du palais, et s'empara de lui, malgré tous ses efforts, pour lui faire subir l'interrogatoire suivant :

— Voilà un vilain tour qu'on vous joue, maître George; — il faut convenir que le roi a eu bien peu d'égards :—ce dîner de noce vous coûtera une jolie somme.

— Il ne me ruinera pas, sir Mungo, répondit Heriot; c'est aux bontés du roi que je dois ma fortune, il est juste que ma table soit bien servie le jour où il l'honore de sa présence.

— D'accord, d'accord;... d'ailleurs il faudra bien que nous payions tous plus ou moins. Nous nous cotiserons

(1) Tel il fut, est et sera. — Éd.

sans doute pour faire une dot aux jeunes gens ; car enfin il ne faut pas mettre dans un même lit quatre jambes nues. Voyons, maître George, que vous proposez-vous de donner? Il est juste de commencer par la Cité quand il est question d'argent.

— Une simple bagatelle, sir Mungo. Je donne à ma filleule la bague de mariage. C'est une bague que j'ai achetée en Italie; elle a appartenu à Côme de Médicis. Marguerite n'a pas besoin qu'on vienne à son secours. Elle a une terre qui lui vient de on saïeul maternel.

— Le vieux marchand de savon? Il sera nécessaire d'avoir recours à sa boutique pour laver la tache faite à l'écusson de Glenvarloch. J'ai entendu dire que cette terre n'était pas grand'chose.

— Mais, sir Mungo, elle vaut bien certaines places à la cour, qui cependant sont recherchées par des personnes de qualité.

— La faveur de la cour, dites-vous? la faveur de la cour, maître Heriot? s'écria sir Mungo feignant, suivant son usage, de ne pas l'avoir entendu : c'est la lune dans un seau d'eau. Si c'est là tout son héritage, je la plains du fond du cœur, la pauvre enfant; car je leur porte vraiment un vif intérêt.

— Je vais vous confier un secret qui calmera vos touchantes inquiétudes. Lady Dalgarno donne une dot convenable à la jeune mariée, et assure le reste de ses biens à son neveu.

— Quoi? vraiment? sans doute par égard pour la mémoire de son mari qui est dans la tombe. — C'est une histoire singulière que celle de la mort de ce pauvre lord Dalgarno. Quelques personnes pensent qu'il a eu de grands torts. Aussi, pourquoi aller épouser la fille d'une maison avec laquelle on est en querelle. Il est rare que ces sortes d'alliances soient heureuses. Il est vrai que ce fut moins sa faute que celle des parens qui le forcèrent à ce mariage.

Mais, après tout, je suis charmé que les jeunes gens aient de quoi vivre; qu'ils le doivent à la charité ou à une succession, n'importe. Par malheur, quand lady Dalgarno vendrait tout ce qu'elle possède, même jusqu'à sa dernière chemise, elle ne saurait leur rendre le beau domaine de Glenvarloch. — Il est perdu pour eux, perdu à jamais.

— Il n'est que trop vrai, dit George Heriot; nous ne pouvons découvrir ce qu'est devenu ce coquin d'André Skurliewhitter, ni savoir ce que lord Dalgarno a fait de l'hypothèque.

— Croyez qu'il aura pris ses mesures pour qu'elle ne retombe pas entre les mains de son épouse après sa mort. L'idée que Glenvarloch eût pu rentrer dans ses biens l'aurait troublé dans sa tombe, et je ne doute pas que sur ce point il ne soit bien tranquille.

— Cela n'est que trop probable, sir Mungo; mais j'ai différens ordres à donner pour la fête; je vous laisse vous complaire dans ces reflexions.

— La noce est fixée au 13 de ce mois, n'est-ce pas? lui cria sir Mungo en courant après lui; je serai chez vous à l'heure prescrite.

— Le roi fait lui-même les invitations, répondit Heriot sans se retourner.

— Artisan vil et brutal! dit en lui-même sir Mungo; si ce n'était ces vingt livres sterling que tu m'as prêtées la semaine dernière, je t'apprendrais le respect que tu dois à un homme de qualité; mais en dépit de toi je serai du banquet.

En effet sir Mungo trouva moyen d'être invité ou commandé pour le service du roi le jour de la noce. Il n'y avait qu'un petit nombre de spectateurs à la cérémonie; car Jacques, dans ces occasions, préférait, ainsi qu'il le disait lui-même, les petits comités où il pouvait déposer librement le poids, pour lui si pénible, de la représentation royale. Il manquait au mariage deux personnes qu'on eût dû s'attendre à y voir; c'était lady Dalgarno, que sa santé, ainsi que la mort récente de son époux, empêchait d'y assister; et Richie Moniplies, dont, depuis quelque temps, la conduite avait été extrêmement mystérieuse. Il réglait lui-même à sa fantaisie son service auprès de lord Glenvarloch; et, depuis l'aventure d'Enfield-Chase, il venait régulièrement le matin l'aider à sa toilette, et ne reparaissait que le soir. Il disposait à son gré du reste de la journée, sans rien dire à son maître, qui, ayant alors un nombreux domestique, avait moins besoin de ses services. Cependant lord Glenvarloch était assez curieux de savoir à quoi il pouvait employer tout ce temps; mais Richie ne se montrait nullement pressé d'être plus communicatif.

Le jour de la noce, Richie remplit avec un soin particulier ses fonctions de valet de chambre, et ne négligea rien pour faire ressortir avec avantage la tournure et la taille élégante de son maître. Après avoir présidé à sa toilette avec le plus grand soin, après que le fer eut, suivant son expression, donné le dernier fini à ses longues boucles de cheveux, il mit gravement un genou en terre, baisa la main de son maître, et le supplia humblement de lui donner son congé.

— Eh quoi! quel est ce caprice? dit lord Glenvarloch; si vous quittez mon service, Richie, c'est sans doute pour entrer à celui de ma femme?

— Je lui souhaite, ainsi qu'à vous, milord, un serviteur aussi attaché que moi; mais le ciel l'a voulu : je suis obligé de vous quitter.

— Hé bien, Richie, si vous êtes las du service, nous chercherons à vous trouver quelque autre emploi; mais du moins vous me suivrez à l'église, et l'on vous verra au repas de noce?

— Excusez-moi, milord, et veuillez me permettre de vous rappeler nos conditions : j'ai en ce moment une affaire pressante qui me retiendra pendant la cérémonie;

mais je serais fâché de ne pas paraître au dîner de maître George, car il s'est mis en frais, et ce serait manquer de reconnaissance que de ne pas y faire honneur.

— Faites ce que vous voudrez, répondit lord Glenvarloch, et il ne put s'empêcher de songer un moment au caractère bizarre de son domestique : mais bientôt ces réflexions firent place à celles qui devaient naturellement l'occuper dans un pareil instant.

Le lecteur peut se figurer, sans que nous lui en fassions la description, les fleurs qui furent jetées sur le passage des deux époux, la troupe de musiciens qui accompagna le cortège, — la célébration du mariage par un évêque, le roi qui vint les joindre à Saint-Paul, et livrer lui-même la mariée au jeune lord, au grand soulagement de Ramsay, qui eut ainsi le temps, pendant la cérémonie, de calculer et de combiner avec précision les proportions exactes des rouages d'une pièce d'horlogerie qu'il était alors en train de monter.

Après la cérémonie, les voitures du roi conduisirent les personnes de la noce chez George Heriot, où une superbe collation les attendait dans les appartemens *Foljambe*. A peine le roi fut-il arrivé dans cette jolie retraite, que, jetant à vingt pas son épée et son ceinturon avec autant de promptitude que s'ils lui brûlaient les doigts, et plaçant sur la table son chapeau à plumes, comme pour dire : — repose ici la grandeur! il se versa une grande coupe de vin qu'il vida à la santé et au bonheur des deux époux; il se mit à courir et à sauter dans la salle, débitant ses bons mots, qui n'étaient ni des plus spirituels ni des plus délicats, mais qu'il accompagnait toujours de grands éclats de rire, afin d'encourager le reste de la compagnie à l'imiter.

Sa Majesté se livrait à tout l'élan de sa joyeuse humeur, et l'on allait passer dans la salle du banquet, lorsqu'un domestique vint parler à l'oreille de maître Heriot. Celui-ci sortit aussitôt de l'appartement. Il y rentra quelques instans après, et, s'approchant du roi, il lui dit à son tour quelques mots qui parurent faire tressaillir Sa Majesté.

— Ce n'est pas son argent qu'il redemande? dit le roi d'un ton brusque.

— Nullement, sire. Il est d'une indifférence complète à cet égard, et il attendra aussi long-temps que Votre Majesté le désirera.

— Parbleu, dit le roi, c'est parler en brave homme et en fidèle sujet, et nous lui saurons gré de ces sentimens. Allons, qu'il entre. *Pandite fores*[1]. — Moniplies! — On aurait dû plutôt appeler ce garçon *Monypennies*[2], quoique, sur ma foi, vous autres Anglais, vous croyiez que c'est un nom que nous n'avons pas en Ecosse.

— Rien de plus respectable sans doute que la famille des Monypennies, dit sir Mungo, Malagrowther; c'est dommage qu'elle soit si peu nombreuse.

— La famille semble augmenter chez vos compatriotes, sir Mungo, dit Lowestoffe, que lord Glenvarloch avait invité au banquet, depuis que l'heureux avènement de Sa Majesté au trône en a amené à Londres un si grand nombre.

— Il est vrai, monsieur, il est vrai, dit sir Mungo en secouant la tête et en regardant George Heriot; quelques-uns de nous ne se sont pas mal trouvés de cet événement heureux pour la nation anglaise.

Dans ce moment la porte s'ouvrit, et, au grand étonnement de lord Glenvarloch, on vit entrer son ancien domestique Richie Moniplies dans la parure la plus brillante, et même la plus recherchée. Il avait un costume superbe de brocart, et il conduisait par la main la maigre, la des-

---

(1) Ouvrez les portes. — Tr.

(2) Jeu de mots qu'il est impossible de traduire en français. *Mony pennies* (*plusieurs sous*) veut dire *qui a beaucoup d'argent*. — Tr.

séchée Marthe Trapbois, vêtue de velours noir des pieds à la tête. Cette parure lugubre faisait ressortir si singulièrement la pâleur et la gravité mélancolique de sa figure, que le roi ne put s'empêcher d'éprouver quelque trouble, et de s'écrier : — Quel diable de fantôme nous a-t-il amené là ? Sur mon ame ! c'est une morte qui se sera enfuie du tombeau avec son drap mortuaire.

— Oserai-je, dit Richie, *surpliquer* Votre Majesté d'accorder un regard favorable à celle qui, grace à une petite excursion que nous avons faite ce matin ensemble à l'église, est maintenant mon épouse, et se nomme mistress Marthe Moniplies ?

— Diable ! mon ami, elle a un air terriblement suranné, dit le roi Jacques. Êtes-vous sûr que dans son temps elle n'ait pas été fille d'honneur de la reine Marie, notre cousine, de brûlante mémoire ?

— Je suis sûr qu'elle m'a apporté cinquante mille livres sterling, en bel et bon argent, sans compter le reste ; c'est ce qui m'a fourni les moyens d'obliger Votre Majesté, ainsi que plusieurs autres.

— Vous n'avez pas besoin de parler de cela, dit le roi ; nous n'oublions pas les obligations que nous vous avons pour cette bagatelle, et nous sommes charmé qu'elle ait donné ses richesses à un homme qui sait en faire usage pour son roi et pour son pays. Mais comment avez-vous obtenu sa main ?

— Sire, à l'ancienne manière de notre pays. Elle est le prix de mon courage. Nous étions convenus qu'elle m'épouserait quand j'aurais vengé la mort de son père. Je l'ai vengée, et j'ai pris possession.

— C'est la fille du vieux Trapbois ! s'écria Lowestoffe. Depuis si long-temps qu'elle a disparu, que diable en avez-vous fait ? où avez-vous pu l'enfermer si étroitement, l'ami Richie ?

— Dites maître Richard, si vous le voulez bien, répondit Richie; ou maître Richard Moniplies, si vous le préférez. — Pour répondre à vos questions, je vous dirai que j'ai su lui trouver une retraite aussi sûre qu'honnête chez un de mes compatriotes, et ne vous étonnez pas que j'aie été si discret; il fallait de la prudence, maître Lowestoffe, lorsqu'il y avait en campagne d'aussi fins matois que vous.

Le ton de fierté avec lequel Richie avait prononcé sa réplique excita une gaieté générale, excepté de la part de son épouse, qui fit un signe d'impatience, et dit, avec son ton sec et sa sévérité ordinaire : — Paix, paix, c'en est assez; n'oublions pas ce qui nous a fait venir. Et à ces mots, elle tira une liasse de parchemin qu'elle remit à lord Glenvarloch, en disant à haute voix : — Je prends à témoin Sa Majesté et tous ceux qui sont ici présens, que je rends le domaine de Glenvarloch à son légitime propriétaire, et que dès ce moment il rentre en pleine et entière possession de son bien.

— J'étais présent lorsque l'hypothèque fut rachetée, dit Lowestoffe; mais j'étais loin de soupçonner que ce fût vous qui en fissiez les frais.

— Et quelle nécessité y avait-il que vous en fussiez instruit? dit Richie; eût-il été bien sage d'aller vous le corner aux oreilles?

— Paix, lui dit son épouse, paix encore une fois! Ce papier, ajouta-t-elle en en présentant un autre à lord Glenvarloch, vous appartient aussi; prenez-le, mais ne me demandez pas comment il se trouve entre mes mains.

Le roi, s'approchant de lord Glenvarloch, s'empressa de jeter les yeux sur l'écriture, et s'écria : — Sur notre ame, c'est notre signature royale; c'est ce billet qui est égaré depuis si long-temps! comment se trouve-t-il en votre possession, madame la mariée?

— C'est un secret, dit Marthe sèchement.

— Un secret que ma bouche ne révélera jamais, dit Richie d'un ton résolu, à moins toutefois que mon roi ne me l'ordonne.

— Je vous l'ordonne, s'écria Jacques en tremblant et en balbutiant, excité par une impatiente curiosité, tandis que sir Mungo, à qui il tardait encore plus de pénétrer ce mystère, se dressait sur la pointe des pieds, et, les deux mains passées derrière ses oreilles, semblaient concentrer toutes ses facultés pour ne pas perdre un seul mot. Marthe, pendant ce temps, lançait un regard expressif à Richie, qui, sans s'intimider, dit au roi que le pauvre défunt, son beau-père, très-brave homme dans le fond, ne marchait pourtant pas toujours très-droit; qu'il aimait assez à fouiller dans les poches de ses voisins, et que parfois il lui restait quelque chose dans la main.

— Fi donc, dit Marthe en l'interrompant. S'il faut mettre au jour cette infamie, faites-le du moins brièvement. Oui, milord, ajouta-t-elle en s'adressant à Glenvarloch, la pièce d'or n'était pas la seule amorce qui attirait ce malheureux vieillard dans votre chambre pendant cette nuit terrible que vous n'avez sûrement pas oubliée. Son but, et il en vint à bout, était de dérober ce papier. Le misérable scribe avait passé la matinée avec lui, et je ne doute pas qu'il ne l'eût poussé à ce crime pour vous empêcher de pouvoir jamais rentrer dans vos biens.... S'il y avait dans cette conspiration un complice encore plus puissant, que Dieu lui pardonne, car il est maintenant dans un lieu où il aura à répondre de ce crime.

— Que Dieu lui pardonne, s'écria lord Glenvarloch; et tous ceux qui étaient présens répétèrent la même prière.

— Quant à mon père, ajouta-t-elle, et une sorte de mouvement convulsif se peignit involontairement dans ses traits, son crime lui a coûté la vie; car je suis persuadée que le misérable qui lui a conseillé le vol, le matin même, laissa ouverte la fenêtre par laquelle entrèrent les assassins.

Chacun gardait le silence ; le roi le rompit le premier en donnant l'ordre qu'on arrêtât sur-le-champ le scribe. *I, lictor*, ajouta-t-il, *colliga manus, — caput obnudito, — infelici suspende arbori* [1].

Lowestoffe répondit respectueusement que le scribe avait pris la fuite à l'époque du meurtre de lord Dalgarno, et que depuis on n'en avait pas entendu parler.

— Hé bien, qu'on le cherche partout, dit le roi. Mais changeons de discours. Ces histoires font frissonner involontairement, et elles ne conviennent pas à une noce. *Hymen, ô hyménée !* ajouta-t-il en frappant dans ses mains. Lord Glenvarloch, vous ne dites rien à cette bonne mistress Moniplies, qui vous rend vos biens le jour de votre mariage ?

— Ah ! sire, dit Marthe, qu'il garde le silence ; c'est ce qui convient le mieux à ses sentimens et aux miens.

— Il faut du moins, dit lord Glenvarloch, que je vous parle du remboursement de l'argent que vous avez avancé pour moi, car je ne puis rester votre débiteur à cet égard.

— Nous en parlerons plus tard, dit Marthe ; mais jamais vous ne sauriez être mon débiteur ; et elle ferma la bouche, comme si elle était décidée à n'en pas dire davantage.

Cependant sir Mungo n'était pas homme à laisser ainsi tomber la conversation, et s'approchant de Richie : — C'est une étrange histoire que celle de votre beau-père, brave homme, lui dit-il, et il me semble que votre épouse vous eût dispensé volontiers de la dévoiler.

— Sir Mungo, répondit Richie, je me suis fait une règle de toujours dire moi-même ce que je sais de mal de ma famille, car j'ai remarqué que, si je ne le faisais pas, d'autres s'empresseraient de le dire à ma place.

(1) Va, licteur, lie-lui les mains, — rase-lui la tête, — et suspends-le à l'arbre fatal. — Tr.

—Mais savez-vous, Richie, que vous avez là une maîtresse femme, reprit sir Mungo; et qu'elle m'a tout l'air de vouloir mener son époux?

— Si elle se borne aux paroles, sir Mungo, je tâcherai d'être aussi sourd que qui que ce soit; et si elle en venait aux effets, j'ai un bras pour lui répondre.

— Très-bien dit, Richie, s'écria le roi. Ma foi, sir Mungo, il vous a battu deux fois. En vérité, madame la mariée, pour un fou, votre mari ne manque pas d'esprit.

— Sire, répondit-elle, il est des fous qui ont de l'esprit, il en est d'autres qui ont du courage, et ils n'en sont pas moins fous. Si j'ai pris cet homme pour mari, ce n'est ni pour son esprit, ni pour sa raison; c'est parce qu'il s'est montré mon protecteur lorsque j'étais abandonnée. Il est honnête, il a le cœur bon; c'est plus qu'il n'en faut pour faire excuser un grain de folie. Condamnée à chercher un protecteur dans le monde, qui n'était pour moi qu'un vaste désert, je dois encore remercier le ciel de celui qu'il m'a envoyé.

— Et vous parlez si sensément, dit le roi, que, sur mon ame, je veux essayer si je ne pourrais en faire quelque chose. — Voyons, Richie, à genoux. Que quelqu'un me prête sa rapière.

— La vôtre, M. Langstaff[1] (singulier nom pour un homme de loi). Allons, il n'est pas nécessaire de l'agiter en vrai Templier qui voudrait transpercer un huissier!

Le roi prit l'épée, et détournant les yeux, car c'était un objet sur lequel il n'aimait pas beaucoup à les arrêter, il s'efforça de l'appuyer sur l'épaule de Richie; mais il manqua de la lui enfoncer dans les yeux. Richie, effrayé, voulut se relever; mais Lowestoffe le retint à genoux : sir Mungo dirigea l'épée royale, et l'accolade qui conférait la

---

(1) *Long bâton*. Le roi commet ici, peut-être à dessein, une erreur sur le nom de Lowestoffe. — Tr.

noblesse fut reçue avec respect. — *Surge, Carnifex* [1], dit le roi : levez-vous, sir Richard Moniplies de Castle-Collop. — Et nous, milords, allons nous mettre à table, car la soupe se refroidit.

(1) *Levez-vous, Boucher*. Le roi ne peut s'empêcher de faire une allusion à l'ancien métier du nouveau chevalier, auquel l'auteur a d'ailleurs donné un nom qui le rappelle sans cesse ; car *moniplies* (plusieurs plis) signifie en écossais *tripes* ou plus exactement cette partie des entrailles appelée *panse*, *omasum*, etc.

FIN DES AVENTURES DE NIGEL.

www.ingramcontent.com/pod-product-compliance
Lightning Source LLC
Chambersburg PA
CBHW051321230426
43668CB00010B/1096